中国社会科学院创新工程学术出版资助项目

当代中国学者代表作文库
THE REPRESENTATIVE WORKS OF THE CONTEMPORARY CHINESE SCHOLARS

中国近代史学学术史

张岂之 主编

方光华 李健超 王宇信 撰述

中国社会科学出版社

图书在版编目(CIP)数据

中国近代史学学术史/张岂之主编.—北京：中国社会科学出版社，2019.9

（当代中国学者代表作文库）

ISBN 978-7-5161-2038-5

Ⅰ.①中⋯ Ⅱ.①张⋯ Ⅲ.①史学—研究—中国—近代 Ⅳ.①K092.5

中国版本图书馆 CIP 数据核字（2013）第 002304 号

出 版 人	赵剑英
责任编辑	郭沂纹
特约编辑	丁玉灵
责任校对	王兰馨
责任印制	李寡寡

出　　版	中国社会科学出版社
社　　址	北京鼓楼西大街甲 158 号
邮　　编	100720
网　　址	http://www.csspw.cn
发 行 部	010-84083685
门 市 部	010-84029450
经　　销	新华书店及其他书店
印　　装	北京君升印刷有限公司
版　　次	2019 年 9 月第 1 版
印　　次	2019 年 9 月第 1 次印刷
开　　本	710×1000　1/16
印　　张	28.75
插　　页	2
字　　数	485 千字
定　　价	138.00 元

凡购买中国社会科学出版社图书，如有质量问题请与本社营销中心联系调换
电话：010-84083683
版权所有　侵权必究

目　录

序 …………………………………………………… 张岂之(1)

第一编　近代史学哲学

第一章　古代史学哲学的形成发展及其特色 …………… (3)
第一节　古代史学哲学的形成 ……………………………… (3)
第二节　古代史学哲学的发展 ……………………………… (11)
第三节　古代史学哲学的简单总结 ………………………… (22)

第二章　明清之际至鸦片战争前史学哲学的新发展与近代史学哲学的发轫 …………………………………… (24)
第一节　明清之际学术精神的新趋向 ……………………… (24)
第二节　乾嘉朴学的史学哲学 ……………………………… (35)
第三节　嘉庆道光年间中国社会的变革
　　　　与学术研究新因素的结合 ………………………… (38)

第三章　正统史学的回归与新史学的酝酿
——鸦片战争后至戊戌时期的史学哲学 ………… (49)
第一节　正统史学的复兴 …………………………………… (49)
第二节　经学史研究的新气象与史学哲学的反思 ………… (53)
第三节　外国史地研究与中外历史的对比中
　　　　表现的关于历史进程的新观点 …………………… (61)

第四章　新史学哲学理论的初步建树 …………………… (67)
第一节　戊戌后至20世纪初年的史学思潮 ……………… (67)
第二节　梁启超与章太炎早年的史学思想 ………………… (73)
第三节　新史学思潮的评价 ………………………………… (81)
第四节　正统史学的余波 …………………………………… (86)

第五章　新史学哲学的不同体系 (89)
第一节　章太炎、梁启超史学思想的变化及其所反映的问题 (89)
第二节　传统文化主体论与新史学哲学流派之一 (100)
第三节　文化西化论与新史学哲学流派之二 (119)
第四节　马克思主义文化观与新史学哲学流派之三 (131)

第二编　近代史学方法

第一章　古代史学方法的内容与特点 (141)
第一节　古代史学方法概况 (141)
第二节　古代史学方法的内容 (149)
第三节　古代史学方法的特点 (154)

第二章　清前期史学方法的进步与近代史学方法的开端 (156)
第一节　清初研究方法的进步与史学方法的新因素 (156)
第二节　乾嘉朴学的史学方法 (162)

第三章　鸦片战争前后至戊戌维新时期的史学方法 (169)
第一节　嘉庆道光年间的史学方法 (169)
第二节　鸦片战争后到戊戌维新时期的史学方法 (173)

第四章　19世纪末20世纪初新史学方法的初步运用 (180)
第一节　史学方法的革新思潮 (180)
第二节　梁启超、章太炎早期史学方法观点比较 (184)
第三节　新史学方法的初步运用 (186)

第五章　新史学方法论的三种体系 (189)
第一节　章太炎、梁启超对新史学方法的反思和回顾 (189)
第二节　新史学方法论体系之一 (192)
第三节　新史学方法论体系之二 (205)
第四节　新史学方法论体系之三 (210)

第三编　近代史学学术成果：关于中外历史和历史地理学的研究

第一章　古代史学研究的内容与成果 (219)
第二章　近代史学研究的三个阶段及其特点 (223)
第三章　近代关于清以前中国历史的研究 (228)

第一节	关于先秦史的研究	(228)
第二节	关于秦汉史的研究	(258)
第三节	关于魏晋至宋的历史研究	(266)
第四节	关于元明史的研究	(279)

第四章　近代关于清史的研究 (286)
第一节	清史资料的收集和整理	(286)
第二节	对近代史事的记载和研究	(288)

第五章　近代关于外国史地的研究 (296)

第六章　近代地理学术史研究概论 (300)
第一节	中国近代地理学发展的历史渊源与国势背景	(300)
第二节	中国近代地理学发展的特点	(305)
第三节	中国传统地理学向现代地理学的过渡	(312)

第四编　近代史学学术成果：考古学

上篇　酝酿时期(1840年至五四运动前)

第一章　前期(1840年至19世纪末)中国传统金石学发展的高峰 (319)
第一节	清初金石学的复兴	(319)
第二节	清末的金石收藏与著名收藏家	(320)
第三节	金石著录的出版	(322)
第四节	金石学研究及金石学史著作	(325)
第五节	吴大澂和孙诒让等著名学者的金石学研究及其贡献	(327)

第二章　后期(19世纪末至五四运动前)古器物学的形成 (332)
第一节	列强在我国西部地区的探险式"考古"活动	(333)
第二节	西方考古学思想的传入和我国近代新史料的几次重大发现	(344)
第三节	传统金石学研究范围的扩大与古器物学研究的形成	(358)
第四节	王懿荣和罗振玉等学者推动传统金石学研究向古器物学研究的转变	(366)

中篇　萌芽时期(五四运动后至20世纪30年代初)

第三章　甲骨学草创时期的完成和"罗王之学" (375)

第四章　"层累地造成的古史"与地质学者的史前考古 (379)

第一节 "疑古派"的历史评价 ………………………………（379）
　　第二节 史前考古学的萌芽………………………………………（380）
第五章 近代考古学专门人才的培养……………………………………（390）
　　第一节 与西方国家的合作考古,训练和培养了一批考古人才 ……（390）
　　第二节 留学生成为我国近代考古学形成时期的核心队伍………（392）
　　第三节 一部分金石学家接受了田野考古方法……………………（399）

下篇　形成时期(1931—1934年)

第六章 殷墟科学发掘的第一阶段与我国历史考古学
　　　　(即商周考古)的萌芽 ………………………………………（405）
第七章 我国近代科学意义的历史考古学与史前考古学的形成………（412）
　　第一节 殷墟发掘的第二阶段与我国近代科学意义的历史
　　　　　考古学的形成…………………………………………………（412）
　　第二节 我国近代新石器时代考古学的形成………………………（418）
　　第三节 我国近代旧石器时代考古学的形成………………………（421）
　　第四节 考古学术机构团体与中国近代考古学的形成……………（426）
第八章 近代考古学对其他学科的影响…………………………………（432）
　　第一节 殷墟的科学发掘使卜辞研究进入断代研究的一步………（432）
　　第二节 郭沫若凿破了青铜器两周八百年的浑沌……………………（437）

后记 …………………………………………………张岂之(447)

序

张岂之

  我国有编著学术史的优良传统,远的不说,近现代有些著名史学家就写有学术史专著。在此之前,明、清之际思想家黄宗羲等的《宋元学案》、《明儒学案》实际上也是学术史方面的著作和资料汇编。

  在当代学者中,关于什么是学术史以及如何写学术史,仁者见仁智者见智,没有定论。他们各有所见,从不同的方面给我们以启迪。在前人的启示下,我想简要地谈谈自己对于学术史的看法。

  学术史不同于政治史、法律史等,也不同于思想史。在思想史中含有一定学术史的内容,同样,在学术史中也含有一定思想史的素材,但这二者也不能等同,因为思想史更加偏重于理论思维(或逻辑思维)演变和发展的研究。顾名思义,学术史必须研究"学术",而"学术"的载体主要是学术著作。著作是学术成果的一种表现形式,当然还有其他形式。因此,要求学术史研究并评论有代表性的学术成果,以阐明其学术意义(在学术史上有什么地位与作用)和历史意义(对于当代社会以及后来社会有什么影响)。举例来说,比如说要写一部中国近代史学学术史,需要花费精力去搜集并分析近代各个方面的史学著作(含论文),并力求对它们作出尽量公正客观的评价。很明显,如果离开了对于史学成果的具体分析,那就写不出史学学术史。

  还要指出,史学学术史也不同于史学史,后者主要研究史观史书体例以及史学功能等属于史学本身的演变发展历史;史学学术史研究的方面并不限于史学本身,而且包含有各种史学成果的学术价值和社会效益的估量,以及史学与其他学术成果的关系等。

  史学学术史除去必须对史学成果进行分析评估以外,它还包含其他重要的方面,这就是渗透于各种史学成果之中的理论基础。其中不仅有史观,还有史学哲学、史学方法等丰富内容。关于"历史哲学"一词（或称史学哲学），在国内并未普遍采用，但在国外，从19世纪起，"历史哲学"颇引起学者们的重视，虽然在国外学术界也有异议。不过，我想：这个词是可以用的，因为它比"史观"的范围更广，包含的内容更多，更加具有抽象理论思维的深厚内容。它和"史学思想"有相同的内容，但是二者并不完全等同，因为它偏重于史学中哲学理论的探讨，研究史学和自然以及社会的关系等，带有宇宙观性质。但是它并非哲学教程或哲学讲义，而是史学成果中最深层次的、理论性很强的抽象思维。在史学学术史的研究中，提炼出"历史哲学"，这是一件颇有意义的学术工作，但是在操作方面是相当困难的，用"沙里淘金"来作比喻，也许比较恰当。

依据上述想法，我所设想的史学学术史大体上包含两方面内容，其一是史学成果，其二则是历史哲学和史学方法论。这两方面实际上不能分割，而应融合为一个整体。

为了使上述想法在书稿中得到体现，拟从四个方面去展开论述。第一编："近代史学哲学"。阐述近代史学哲学与古代史学哲学的异同，说明新史学哲学理论的初步建树，并分析新史学哲学的不同体系。第二编："近代史学方法"。拟说明近代史学方法与古代史学方法的异同，并阐述近代史学方法的几种体系。第三编："近代史学学术成果：关于中外历史和历史地理学的研究"。拟分别说明近代对于清以前中国史的研究、近代关于清史的研究、关于外国史地的研究、关于本国历史地理学的研究及其特色等。第四编："近代史学学术成果：考古学"。广义的历史学应包含考古学。考古学的成果为史学的研究提供了直接的历史见证，考古学的成果丰富了史学研究。如果不注重考古学的发现，不研究这些成果的历史价值，不将考古的实物资料与历史的文献资料相结合，要在史学研究中取得突破性和创造性进展，那是很难的。同样，如果不注意史学理论，不研究史学成果，要在考古学上取得卓越成就，可能很难达到目的。从中国近代史学学术史来看，考古学的成果是不宜排除在外的。因此在书稿中用相当的篇幅去阐述近代考古学取得的成果，看来是有必要的。

史学学术史不可能不受时代的影响，一般地说，它和政治以及政治史有着不同程度的联系。在学术史上有多种情况，比如，有些史学成果和一定的政治有紧密的联系；有些成果和政治的联系较少，甚至有些和政治并无直接联系。对于史学家来说，情况也是复杂多样的，不可一概而论。针对这些情况，我设想在《中国近代史学学术史》中似乎不必在每一成果的分析上都和政治挂起钩来，但是需要从学术史的总体上阐明一定的政治和史学学术的联系，在具体的解剖和分析上又必须实事求是。要将这两方面的分析说明做得恰如其分,是颇不容易的。这部书稿究竟做到了几分,我不敢说,这要请读者朋友加以批评指正。

这里我还想谈谈自己曾经走过的弯路。六七年以前,我拟请几位朋友一起编著一部《中国近代学术史》,开始工作不久,我就发现以我们的微薄力量要完成如此巨大的工程,那是不可能的。如果勉为其难地写出一部"概论"性的东西,缺少具体内容,从概念到概念,这又不是我们的本意。于是决定缩短战线,先试着写一部近代史学学术史,取得一点经验,然后如有可能再扩展至其他方面。

这部书稿从起稿到定稿用了五年时间。在起稿过程中,方光华博士协助我做了许多工作,我的一些设想以及关于全书的结构和体例,他很赞成,在写作中不厌其烦地加以贯彻。本书第一、第二编由方光华同志执笔写成,第三编大部分也是由方光华同志所写,其中关于历史地理学术研究(第三编第六章)由李健超同志执笔。第四编由王宇信研究员撰述。我请西北大学李健超教授执笔写了第三编中的一章,即第六章,近代地理学术史研究概论。我还请中国社会科学院历史研究所王宇信研究员执笔起草了第四编:近代史学学术成果:考古学。我感谢他们的密切合作。

书稿写成以后,1994年夏季我和中国社会科学出版社王俊义副总编联系,可否请他们先看看书稿。在一个酷热的上午,中国社会科学出版社郑文林社长兼总编和俊义到我在清华大学西北区的宿舍,来取书稿。我简要地将书稿的内容告诉他们。他们和我的交谈增加了我对书稿的信心。文林、俊义同志将书稿带去交老编辑范明礼同志审定。明礼看得仔细,边看边对书稿作了编辑的技术处理,同时提出了进一步修改的意见。1995年初春,俊义和明礼将稿子带回我的宿舍,我们当面交换了意见。于是从1995年3月起开始了《中国近代史学学术史》的修改补充工作。

几十万字书稿的修改工作,因为有了明礼所提的具体意见,进行起来并不感到十分困难。其中最需要我们反复思考的是,如何准确地评价中国近代史学成果的学术价值。为此,写了改,改了再写,反复多次,才大体上定了下来。修改工作进行了近半年,这部书稿于1995年7月再次送给中国社会科学出版社。

在对书稿的修改过程中,我为了集中时间思考问题,基本上排除了一些社会活动。科学研究需要有安静的环境和可以连贯使用的时间,如果是一曝十寒,外务太多,会使逻辑的理论思维受到影响。

  我衷心地希望同行的专家们和对史学有兴趣的读者朋友,对这本学术史提出宝贵的批评意见。除去史学以外,关于其他学科的学术史,需要学术界的合作,使之逐步完成。

1995 年 1 月 15 日于北京

第一编

近代史学哲学

第一章　古代史学哲学的形成发展及其特色

第一节　古代史学哲学的形成

中国史学，渊源甚远。夏商两代，史官分左右史，左史记言，右史记事。商朝还有典与册的历史典籍。西周时，史官分工更细，有大史、小史、内史、外史、侍史、御史、女史之称。这些史官有的掌管国家的典章，有的负责起草政治命令，有的负责保存各诸侯国的政治文件。他们在长期实践中，已经摸索出一套记叙历史和保存文献的固定方法。清代史家章学诚曾经指出，古代记注有成法，而撰述无定例，这比较准确地表明了古代史学的状况。当时即或尚没有出现专家史著，但已形成了某些固定的记叙历史的方法。这些方法在殷墟卜辞及西周彝器铭文中有比较集中的反映。它体现了一定的史学思想，但还不能说是比较成熟的史学哲学。

真正的史学撰著是从孔子删述鲁史创作《春秋》而开始的。专门的史学著作，其中蕴涵着丰富的史学思想。孔子（公元前551—前479）本人就是一位史学批评家。他认为历史是人群活动的陈迹，"其事则齐桓晋文"，而史学则必须在描述历史过程中突出作者的主体意识，"其义则丘窃取之矣"。史学主体不可脱离历史事实，但可以对历史事实作详略取舍和价值判断，他说："人能弘道，非道弘人。"（《论语·卫灵公》）可以说是孔子第一次从理论上区别了历史与史学，明确了历史客体与史学主体的界限。

至于孔子所谓史学主体所持之"义"，主要是史学家们对于社会历史本质和发展规则的认识，也就是史家的历史观。孔子认为历史的客观进程是继承和发展的统一。他说，夏商周三代各有典礼，但三种礼都是损与益的关系。孔子并不反对对现有社会政治的改良，但他认为社会演变有一个根本不变之道，那就是只有道德和理性的进步才是具有永恒性的。可见，孔子对于历史客体的演变规则和历史发展的本质已作过比较深入的思考，并把它作为史学主体认识历史的必要前提。

孔子还论述了史学主体的内容。他认为史学主体应该与现实生活的伦理主体保持一致，史学家应该具备高尚的道德情操和对社会发展规则的理性认识，并且应该富有敏锐的社会批判力。他自己特别注重对历史人物和事件作道德和价值判断。他删述鲁史而作《春秋》，目的就在于正名、定名分。孟子曾经叙述《春秋》的写作目的，说：世衰道微，邪说暴行有作，臣弑其君者有之，子弑其父者有之，孔子惧，作《春秋》。孔子甚至认为，为了保持伦理道德的严肃性，可以用避讳的办法对历史进行含蓄的记叙。

在春秋战国时期，孔子的史学主张只是一家之言。老子和庄子（约公元前369—前286）就曾对孔子的史学主张作过批评。他们认为，历史应该是自然和人类社会相互统一的过程，以孔子为代表的儒家所提出的历史发展的道德或理性的本质论并非历史的终极本质，因为人类不是宇宙的价值中心。如庄子就通过对人、泥鳅、猿猴、麋鹿、蜈蚣、鸱鸦、鸟、鱼等生物的生理和心理需求，指出无论从生活环境还是从生理需要来说，人的价值标准都不见得是万物的准绳。即使在人类自身，也无法得出普遍有效的结论。道家从而指出，历史的本质应该是万物不得遁而皆存的"道"。道家的"道"作为历史观，主要是指自然历史和社会历史顺其自然、消除人为因素的自由运行过程。道家认为，人类历史已经掺杂了大量的人为因素，积重难返，失道而后德，失德而后仁，失仁而后义，失义而后礼，越来越违背历史的真正本质。道家的历史观，具有两个理论上的贡献，一是它把社会历史明确地置于自然历史之中，把二者看作统一的整体；二是它对历史发展持批评态度，并且提出了历史发展的终极合理性问题，启发人们对社会历史进行更高层次的探索。

道家从自然历史探索人类历史规则的思想，在当时受到重视。战国中期，邹衍（约公元前305—前240）即有感于儒、墨两家"不知天地之弘，昭旷之道"，于是"深观阴阳消息"，通过对自然历史的具体研究，提出了五德终始说。邹衍用五德相胜说解释朝代兴替：

> 凡帝王者之将兴也，天必先见祥乎下民。黄帝之时，天先见大螾大螻，黄帝曰：土气胜。土气胜，故其色尚黄，其事则土。及禹之时，天先见草木秋冬不杀，禹曰：木气胜。木气胜，故其色尚青，其事则木。

及汤之时，天先见金刃生于水，汤曰：金气胜。金气胜，故其色尚白，其事则金。及文王之时，天先见火，赤乌衔丹书集于周社，文王曰：火气胜。火气胜，故其色尚赤，其事则火。代火者必将水，天且先见水气胜。水气胜，故其色尚黑，其事则水。水气至而不知，数备，将徙于土。（《吕氏春秋·有始览·应同篇》）

邹衍认为历史是变化的，王朝更替是历史的必然趋势。但历史变化又是有规则的，它取决于自然运行的规则。自然界五种基本要素，金木水火土存在相克的原理，木克土，金克木，火克金，水克火，土克水。这种相克的程序还借助于某些自然现象有规则地体现出来。人类社会应该从所表现的自然现象中得到启示，并遵循它的演变规则。邹衍的历史观提出了关于历史继承和变异的系统看法，在当时引起了巨大反响。

儒家学派之内，面对社稷无常奉、君臣无定位的社会现状，对孔子的史学思想也展开了广泛的讨论。这一讨论大致围绕两个中心问题：首先是如何辩证地坚持儒家关于社会历史本质的观点。孔子死后到战国中晚期的儒家后学，已经初步意识到孔子维持宗法制度的保守性。孟子（约公元前372—前289）就曾批评过宗法制度下的某些行为规范不合历史潮流，比如血亲复仇，孟子就曾批评说："吾今而后，知杀人之亲之重也。杀人之父，人亦杀其父，杀人之兄，人亦杀其兄，然则非自杀之也，一间耳。"（《孟子·尽心下》）他主张应该以义制仁，提倡以"义"为核心的地域关系行为规范。荀子（约公元前313—前238）还进一步提出"法后王"的主张，认为应该着眼于历史的向前发展去寻求历史的本质。因而孔子的"时中"的思想方法受到儒家后学的继承和发扬，他们强调应该根据时间、地点、条件的变化灵活地采取相应的行为方式。但儒家依然认为，社会的发展变化始终需要建立在道德和理性基础上的秩序。君主应该充分认识到得民者昌、逆民者亡的道理，积极为百姓谋求利益，并培养社会群体的道德情操。理想的统治者应该仁智合一，既有高尚的道德感召力，又有为社会谋求最大利益的理性能力，内圣而外王。

其次是如何消化吸收道家所提出的历史"道"本质论的问题。战国中晚期的儒家学者受到道家天道论的影响，通过对自然现象的具体研究和归纳，在《易传》中提出了儒家的天道观。他们把自然界的运动变化抽象为阴阳二气的运动过程，通过阴阳定位，结合《易经》卦象加以论证：所谓自然天道实质上就是儒家关于社会发展的基本原则。阴阳运动表面上变动不居，周流六虚，不可为典要，恰如其分地体现了现实社会关系剧烈变动的现象，但阴阳运动又是有规则可循的，它始终昭示只有阴阳平衡，居中守正，才是阴阳运动的常态，是阴阳运动的主要方面。它表明只有那些中正顺时、刚健有为的人才能赢得百姓的拥戴，只有那些和谐和充满道义的社会状态才是理性的社会，才是符合自然历史和人类历史本质的社会。

这一时期的儒家学者还把孔子六艺并重的思想进一步发展，指出了只有通过对国家政治、经济、军事、文化等方面的实践，才能体现历史的道德和理性精神。他们在学术思想中广泛摄取道、墨、法、兵、农各家之长，扩展了儒学思想的体系。在历史记叙中，也扩充了历史的含量，不再如孔子《春秋》那样，仅就王室的重要政治、军事、文化、外交活动作简要叙述，而是多方位、多角度地记叙当时的社会生活状况。如《世本》，有帝系篇、作篇、居篇、氏姓篇，不但记叙帝王世系，而且记叙了氏姓源流、居住环境以及器物的发明创造。

经过上述理论建设，儒家回应了道家的挑战，并吸收了道家历史观的某些成果，捍卫了儒家关于历史客体的基本观点。但是，如何把儒家的历史观运用于史学领域，也有一些不同的认识。西汉末年所谓今古文经学的差别，可以说就与春秋战国时期人们对于儒家历史观运用于史学领域的不同理解有一定的关系。就当时对《春秋》的传注来看，影响较大的有《左传》、《公羊传》、《穀梁传》。左丘明传《春秋》，据《史记·十二诸侯年表序》所言：

> 七十子之徒，口受其传指，为有所刺讥褒讳挹损之辞，不可以书见也。鲁君子左丘明，惧弟子人人异端，各安其意，失其真。故因孔子史记，具论其语，成《左氏春秋》。

《汉书·艺文志》亦说："丘明恐弟子各安其意，以失其真，故论本事而作传，明夫子不以空言说经也。"上述两种说法都表明左丘明是通过解释《春秋》经的具体历史事实来阐释孔子关于历史人物和事件的具体评论，从而理解孔子的历史观。而公羊、穀梁则更多地是用儒家的历史观去评论历史事实，甚至由于缺乏对历史事实的具体研究，出现了是非相左的情况。公羊、穀梁的史学方法在战国中晚期也曾风靡一时。像《吕氏春秋》就是以作者的历史哲学为框架，通过灵活运用历史事实而表述作者思想观点的。总之，如何运用历史观去研究历史，在战国时期已经提出了这一具有重大理论意义的课题。

两汉时期，司马迁（约公元前145或135—?）和班固（32—92）分别对儒家的史学哲学进行研究并付诸实践，创作了《史记》和《汉书》。司马迁的《史记》，表面上看，"是非颇谬于圣人，论大道则先黄老而后六经，序游侠则退处士而进奸雄，述货殖则贵势利而羞贫贱"（《汉书·司马迁传》）。似乎不是儒家史学思想的实践。但实际上，司马迁对儒家史学哲学有十分深入的理解。他说他著《史记》的目的，就是要继承孔子以来的史学传统："先人有言：'自周公卒五百岁而有孔子，孔子卒后至于今五百岁，有能绍明世，正《易传》，继《春秋》，本《诗》、《书》、《礼》、《乐》之际？'意在斯乎，意在斯乎！小子何敢让焉。"（《史记·太史公自序》）《史记》是儒家史学哲学第一次全面而系统的实践。

首先是司马迁坚持和发展了儒家关于历史发展的本质思考，用他自己的话说，就是"通古今之变"。

司马迁是通过对黄帝以来的历史进行全面地记叙来思索古今变迁的大势和规则的。他特别关注不同时期、不同阶层的历史人物的命运，试图通过对帝王、贵族、官僚、士大夫、商人、游侠以至社会下层种种人物的生活境遇来揭示历史的本质。《史记》赞扬那些与自然界恶劣环境和那些与社会丑恶势力作斗争的历史人物。他记载了从黄帝以来人民对于山水的治理、土地的改良、农作物的种植、器械的发明等。他也记载了许多反抗黑暗政治和社会不平的英雄人物，歌颂了人类的正义和高尚情操。比如他写大禹治水，三过家门而不入，写郑国修筑郑国渠，如何科学地了解水势并采取相应的方案，写汉武帝时对于黄河的治理。又如他写了周文王、武王对于商纣统治的反抗，写了燕太子丹派刺客荆轲行刺秦始皇，荆轲"风萧萧兮易水寒，壮士一去兮不复还"的勇于自我牺牲的英雄气概，写了陈胜、吴广揭竿而起反抗暴秦统治的斗争精神。

《史记》还探讨了政治道德。司马迁认为，政治必须遵循政治的内在原则，必须以教化为主，刑罚为辅，而良好政治的关键是：君主要以身作则，以德化民。他通过秦皇、汉武的比较，揭示了人君之道，又通过循吏与酷吏的比较，揭示了人臣之道。司马迁非常重视不同政治态度的人物的自我道德修养。他赞扬那些有自知之明，能为民造福，并勇于自我牺牲的政治家。他认为周公和萧何是既具有良好道德品格，又有政治才干的大政治家。对于下层社会的游侠，司马迁加以颂扬，认为这些人物"其言必信，其行必果，已诺必诚，不爱其躯，赴士之厄困。既已存亡死生矣，而不矜其能，羞伐其德"（《史记·游侠列传》）。他们重友谊，讲信义，助人为乐，舍己为人，说到做到，济人困危，刚强正直，伸张正义，不自夸，不图报。这些人虽然身份低贱，多是乡曲布衣，间阎匹夫，但他们的行动却有益于社会，值得肯定。如汉初的朱家、郭解是当时很有影响的侠客。在《赵世家》中，司马迁还描写了程婴、杵臼保护赵氏孤儿的故事，宣传主仆之间、朋友之间的忠义之道。

司马迁还试图从整体上去认识历史。从历史横的方面看，司马迁的《史记》写了《平准书》与《货殖列传》，以专门篇幅记载了社会经济活动的内容。在《货殖列传》中分析社会经济发展状况，指出农业、矿业、手工业、商业都是人类生活不可缺少的生产和经济活动。它们有其自身演变的规则。至于经济和政治的关系，司马迁在《平准书》中记述了因经济发展而引起政治变动的大量史实，肯定"仓廪实而知礼节，衣食足而知荣辱"，认为人的精神面貌与经济状况有着至为密切的关系。从历史纵深来看，司马迁作《史记》，礼、乐、律、历、天官、封禅、河渠八书，就记载了汉武帝以前的历代典章制度。它表明只有对人类社会生活主要内容进行系统思考，才能深入考察历史演化的轨迹，寻求其中的规则。

其次，司马迁还继承和发展了春秋战国以来人们、特别是道家学说关于自然界的认识成果，对自然界和人类社会发展的关系作了研究，用他的话说，就是"究天人之际"。

孔子删削《春秋》，在18000字的篇幅里，记载了242年间的重要天象和地理变化，日蚀、月蚀、地震、山崩、星变、水灾、旱灾、虫灾都在《春秋》一书中有所反映。司马迁著《史记》，专门辟有《天官书》、《律书》、《历书》、《河渠书》《日者列传》、《龟策列传》、《货殖列传》等，记载了重要的天象变化和地理状况，特别记述了大量的地区性经济、物产、水利、风俗等内容。司马迁还探索了天、地、人三者的相互关系。《天官书》中说：

> 日变修德，月变省刑，星变结和。……太上修德，其次修政，其次修救，其次修禳，正下无之。夫常星之变希见，而三光之占亟用。日月晕适云风；此天之客气，其发见亦有大运。然其与政事俯仰，最近天人之符。此五者，天之感动。为天数者，必通三五。始终古今，深观时

变，察其精粗，则天官备矣。

司马迁认为自初生民以来，各朝君主都十分关注日月星辰和历数的变化。其中的主要原因就是因为天象与政治的良恶、朝代的更替、社会的兴衰有密切关系。特别是恒星及五大行星的运行，对人事有紧密的联系，因此需要研究自古以来天人相互感应的规则，深观时变，更加有效地指导人们的现实生活。

司马迁还在《天官书》中记载了分野理论。把天球分为若干天区，使之与地上郡国府州一一对应，凡上天出现某种天象，其所主吉凶必体现在它们所对应的地区。《史记》记载了大量的史传事验现象，对天象与人事的关系进行描述。如，"秦始皇之时，十五年彗星四见，久者八十日，长或竟天。其后秦遂以兵灭六王，并中国，外攘四夷，死人如乱麻，……项羽救巨鹿，枉矢西流，山东遂合从诸侯，西坑秦人，诛屠咸阳"等。

司马迁对天人之际的上述探索，既坚持了天人统一的历史观，又把天象的内容具体化，包含了当时天文学研究的某些成果。虽然其中难免夹杂有神学和迷信的说法，仍然反映了儒家从天道研究历史本质和演变规则的成就。

再次，司马迁吸取了春秋战国以来的史学表述方法，形成了"成一家之言"的著作体例。

《史记》创造了纪表书传的纪传体例。本纪统理众事，按年系录帝王行事和诏诰号令、三公拜罢、宰臣升黜、薨卒刑杀、外交朝贡、灾祥变异，务主简严，对历史起提纲挈领的作用。表则效法周谱，或年经而国纬，或主事、或主时，年代久远则用世表，年代近则用年表、月表。书则记国家大政大法，凡郡县之设置更异、官制兴废、刑罚之轻重、户口之登耗、经济之盛衰、礼乐风俗之丕变、兵卫之兴革、河渠之通塞、日食星变等事，类序罗列，始末俱呈。世家和传则分别记诸侯国以及在历史上产生一定影响的各种类型人物。清代赵翼在《廿二史劄记》卷一《各史例目异同》中曾说："古者左史记言，右史记事，言为《尚书》，事为《春秋》。其后沿为编年、记事二种。记事者以一篇记一事，而不能统贯一代之全，编年者又不能即一人而各见其本末。司马迁参酌古今，发凡起例，创为全史。布纪以序帝王，世家以记侯国，十表以系时事，八书以详制度，列传以志人物，然后一代君臣政事，贤否得失，总汇于一篇之中。自比例一定，历代作史者遂不能出其范围，信史家之极则也。"司马迁糅合原有撰述方法而形成的创造性的史学方法，成为后代正史之楷模。

　　班固曾对本纪的写法作过调整。如他认为高祖之后孝惠帝继位，虽政出吕后，但名号尚存，揆之《春秋》义法，不能不书惠帝纪，应改变《史记》以吕后直接承接高祖本纪的写法。王莽在汉末虽然实际控制了前汉政权，并曾成为帝皇，但班固却认为也不能为王莽立纪。至于《史记》有项羽本纪、陈涉世家，班固都表示反对。认为项羽虽宰制天下，但自汉朝视之，则形同僭伪，立之本纪非其伦。可见班固把本纪视为帝王的专利，并把它作为历史本质的物质载体和集中体现。班固的这种思想显然有把具体的君臣关系等同于儒家所标明的历史本质的倾向。

　　但值得注意的是班固扩展了史学研究的具体内容。《汉书》八表十志，其十志除《天文志》未成、由其妹班昭续写完之外，《郊祀志》、《沟洫志》、《食货志》、《刑法志》《五行志》、《地理志》、《艺文志》、《礼乐志》、《律历志》均涉及汉代社会生活的方方面面。如《刑法志》撮举《周礼》井田军赋大略，附有汉郡国兵制；《五行志》引《尚书·洪范》及欧阳、大小夏侯之说，又多采董仲舒和刘向、刘歆父子之说；《地理志》肇述沿革，先列郡国，后言户口，篇首收《禹贡》全书。《艺文志》辨章学术、考镜源流，取刘歆《七略》，删而为六，对历史文化的记载比《史记》更加宽广。上述记载有助于人们更加全面地认识汉代社会生活的全貌，也有助于了解汉代社会变迁大势。

　　《史记》和《汉书》标志着中国古代史学哲学的正式成型。中国古代史学哲学的基本特征也由它的形成过程而展示出来，有如下几个重要表现：

　　其一，中国古代史学与哲学有不可分割的联系。中国古代史学把对人类社会历史发展的运行规则的探索作为自身的重要目标，并主张结合对自然历史（主要是天文地理现象的变化规则）的研究来阐释人类历史的运行规则。这一目标和思路实际上就是中国古代哲学的目标和思路。因此，从中国古代史学的正式产生和形成时期来看，古代史学与哲学是相互融会、相互贯通的。

　　其二，中国古代史学具有文化史学的特色。就其具体内容来说，由于古人把自然和人类社会看成是统一的整体，因此，中国古代的史学自始至终不是纯粹的社会科学，它不但记叙了人类社会生活的丰富内涵，而且还记载了自然历史，包含了天文地理的变化。就古代史学所思考的问题而言，由于春秋战国时期是中国古代社会由宗法制度向郡县制过渡时期，史家思考历史变化的规则交织着人们对于文化观念的调整。在这种背景下探索天人关系，显然更加注重历史的继承与变异，更加注重对历史作文化史的全面思考，因而先后出现了邹衍的五德相胜说、董仲舒的三统说等。综观五德相胜、五德相生、三统以及三五相包诸说，其理论要点在于既论证历史发展的阶段性，又论证历史发展具有某些稳定性。因此可以说，古代史学哲学也是一种在文化冲突背景下，全面思考历史发展的继承与变异的哲学。

其三，古代史学要求史学主体有对于历史发展本质的高度自觉，同时还需要史学家有为史学献身的高尚志愿。古代史家把史学看做是一种相对独立的文化传统，他们认为只有那些洞知历史本质的人才能承担起史学的重任。因为他们通过究天人之际，通古今之变，能够从世俗的是非和"小我"的局限中超越出来，能够感知历史发展的理性，能够分辨出哪些历史人物是历史理性的自觉承担者，哪些人物是历史理性的非自觉承担者。有了这个前提，史家才能在纷繁的历史事实中找到最为切要的关系，才能对历史保持一种相对冷静的批评态度，才能不为权势和偶然因素所制约。古代史家还强调把史学撰述当做是修己之学，从事史学撰述和研究，与从事其他活动一样，都应该有利于人的道德和理性的培养。

以上三个方面，是中国史学哲学形成时期的基本特征，也是古代史学哲学的精华所在。

第二节 古代史学哲学的发展

魏晋南北朝至明末，是中国古代史学发展的黄金时代。史学成为宣传中国传统文化人文精神的独立学术门类。国家开始组织学者力量，官修史书。北齐天保二年（551），魏收奉诏设局撰修《魏书》，继承了东汉明帝官修《东观汉纪》的做法。其后唐代至宋、元、明，每一个朝代都要召集学者，撰写前一朝代的历史。这一时期，史学著作门类更多，有通史、有断代史、有专门史、有人物传纪。如专史中有典章制度史：唐代杜佑《通典》、宋代郑樵《通志》、元代马端临《文献通考》等就是这方面的不朽著作。有地理史：北朝郦道元《水经注》、唐李吉甫《元和郡县图志》、宋乐史《太平寰宇记》、王存《元封九域志》、元《大元一统志》等。有学术文化史：唐道宣《开元释教录》、宋朱熹《伊洛渊源录》等。史学体例随之也更加完备。除正史纪传体不断为人们使用以外，编年体也有了很大的发展。宋代司马光

《资治通鉴》就是我国第一部较为完善的编年体通史新著作。李焘《续资治通鉴长编》、李心传《建炎以来系年要录》、徐梦莘《三朝北盟会编》，都是《资治通鉴》以后的产物。南宋袁枢就《资治通鉴》的内容，重新排比史事，创立了以事为纲的纪事本末体，写成《通鉴纪事本末》一书。在这一时期，史学评论也日趋发达，唐刘知几的《史通》，就是我国第一部史学评论的巨著，它不但总结了我国唐以前史学发展的情况，而且还开创了我国古代史学理论和史学评论的新形式。

古代史学哲学在这一长期过程中，有了进一步发展。

其一，通过对玄学和佛学的批评，更加明确地坚持了儒家关于历史本质是人伦道德和理性精神的认识。

魏晋时期，玄学思潮兴起。玄学家们用老庄道家思想阐述儒家经典，调和孔、老异同，认为应该区分本体与现象，应该对现象世界进行更高层次的整体把握。何晏（？—249）著有《道德论》、《无名论》、《论语集解》。王弼（226—249）著《周易注》、《老子注》。他们的基本观点是："天地万物皆以无为本。无也者，开物成务，无往而不存者也。"（《晋书·王衍传》）所谓"无"，即《周易》的"太极"或老子的"道"，它是一切有形迹的东西的根据。他们把世界上的事物抽象为"有"、"无"两类，"有"指事物的现象，"无"为事物的本体。"无"比"有"更根本。何晏说："有之为有，恃无以生。事而为事，由无以成。"（《列子·天瑞》注引）王弼说："天下之物，皆以有为生。有之所始，以无为本。"（《老子·四十章注》）对事物本体的认识，反映了魏晋时人对事物本质的重视。玄学家们本身也并不否定事物本质是理想化的人伦道德和理性精神，他们提出了"名教出于自然"的理论。但他们反省历史文化现象、设计现实政治方案、论述政治理想，过于注重"崇本以息末"，忽视了现象世界的具体研究。南北朝时期，玄学佛学结合，佛学把玄学对现象世界的忽视发展到极端，认为一切自然和社会现象都是色、受、想、行、识五蕴的组合，没有任何质的规定性，诸行无常、诸法无我。只有破除对现象世界的执著，通过非有非无、非非有非非无的双向多层否定，才能领悟宇宙的真机。佛学的上述理论比道家和玄学都要复杂得多，也比道家和玄学更为彻底地否定儒家关于历史本质的观点。

自魏晋至明末，儒家对玄学、佛学的批评世代相续。有的侧重玄学、佛学的人生态度，有的侧重玄学、佛学的个别论点。直到宋代，以周敦颐、张载、程颢、程颐、朱熹为代表的理学家，才从理论上系统地批评了玄学、佛学关于世界的现象和本体学说，指出本体离不开现象，本体就是现象世界的规则。如张载（1020—1077）《正蒙·乾称篇》说：

> 释氏语实际，乃知道者所谓诚也，天德也。其语到实际，则以人生为幻妄，有为为疣赘，以世界为阴浊，遂厌而不有，遗而弗存。就使得之，乃诚而恶明者也。儒者则因明致诚，因诚致明，故天人合一，致学而可以成圣，得天而未始遗人，《易》所谓不遗、不流、不过者也。彼语虽似是，观其发本要归，与吾儒二本殊归矣。道一而已。此是则彼非，此非则彼是。固不当同日而语。

理学家反对割裂本体与现象的联系，主张对现象世界作切实和肯定的研究。他们从中得出天道或天理才是自然和人类社会的真正本质，天道和天理又是儒家理想化的伦理道德意识和秩序。可见，宋代理学家对于佛学和玄学的批评，重新树立了对于历史人伦道德本质的信念，使古代史学的人伦道德和理性精神得以巩固和发展。

特别是由于佛教体现着一种有异于儒学的文化观，通过佛学对中国固有文化观念的相互影响和相互适应，到宋明时期，中国固有文化能够像汤用彤先生所论述的那样，由魏晋南北朝的"格义比附"、隋唐时期的"得意忘象"，过渡到此时期的"明心见性"，自觉地化解异质文化的观念，创造了文化移植的范例。[①] 这一文化的移植过程，也使得古代史学哲学的文化特色更为鲜明。

其二，这一时期，通过对神学史观的批判，对自然和人类社会的关系的理解有所进步。

自从邹衍开始用五德相胜说谈历史的循环，董仲舒建立起天人感应的神学史观，对于自然历史和人类社会的相互关系，由于两汉谶纬迷信的传播而更加神秘化。至《晋书·天文志》还说："昔在包牺，观象察法，以通神明之德，以类天地之情，可以藏往知来，开物成务。故《易》曰：'天垂象，见吉凶，圣人象之'。此则观乎天文以示变者也。《尚书》曰：'天聪明，自我民聪明'。此则观乎人文以成化者也。是故政教兆于人理，祥变应乎天文。得失虽微，罔不昭著。"《晋书》不但承认天象与人事的密切关系，而且还

---

① 《汤用彤学术论文集》，中华书局1983年版，第10页。

把分野理论中的十二天区精确到地上的州郡,认为有必要使天象的启示更加精确化。

但也有许多史家和思想家比较敏锐地看到了神学史观的局限。东晋史学家孙盛就曾指出:

> 夫玄览未然,逆鉴来事,虽裨灶、梓慎,其犹病诸,况术之下此者乎?《吴史》书(赵)达知东南有王气,故轻举济江。魏承汉绪,受命中畿,达不能预睹兆萌,而流窜吴越,又不知其术之鄙,见薄于时,安在其能逆睹天道,而审帝王之符瑞哉?昔圣王观天地之文,以画八卦之象,故亹亹成于著策,变化形乎六爻。是以三《易》虽殊,卦爻理一,安有回转一筹;可以钩深致隐,意对逆占,而能遂知来事者乎?流俗好异,妄设神奇,不幸之中,仲尼所弃。是以君子识其大者。(《三国志》卷六三《赵达传》注引)

赵达是三国时期有名的方术家,善长九宫一算之术,声称能够预知来事,解释天象。孙盛指出对于天人之际的重大问题,就是春秋时期最有名的占星术家裨灶、梓慎也无法弄清,何况像赵达这样的方士。他主张应该注重以人事来谈历史,而不应该掺杂方技和迷信的因素。

隋唐时期,中国古代历法产生了转折性的变化。刘焯的《皇极历》、张胄玄的《大业历》、僧一行的《大衍历》,不但考虑了岁差,并用数理推算了比较准确的岁差值,而且还考虑了恒星位置移动的现象。新历的出现使得当时关于年、月、日、时的确定相对准确,而关于天象如日蚀、月蚀的预测也要比以往准确得多。用上述历法去反观古代天文现象,原先以为不正常的天象得到了合理的解释。在这种背景下,刘知几(661—721)在《史通·采撰》篇中对神学史观作了归纳,认为有四种情形:第一,以谶纬迷信入史;第二,以方术家的奇事入史;第三,以神奇故事入史;第四,以阴阳灾异入史。他重点对其中阴阳灾异和谶纬迷信作了批评。他根据史书记载指出,用阴阳灾异观点解释历史,不符合历史事实。如《春秋》记载昭公九年陈国火灾,董仲舒认为这是因为陈国发生弑君事件,引起楚国灭陈。但刘知几说,陈前后被楚灭三次,陈火灾在公元前533年,而董仲舒所说楚庄王灭陈是在公元前598年。可见用阴阳灾异来解释历史具有随意性,"不凭章句,直取胸怀,或以前为后,以虚为实。移的就箭,曲取相谐"(《史通·书志五行》)。他主张对祥瑞、谶纬采取非常理性的态度,应该严肃地研究自然现象的真正规则。

柳宗元和刘禹锡还从哲学角度探讨了天人关系。柳宗元(773—819)指出,自然界没有意志,社会的治乱是人事,天与人"其事各行不相预",他主张"不穷异以为神,不引天以为高,利于人,备于事"(《柳河东集·时令论》上)。刘禹锡(772—842)对柳宗元的观点作了重要补充。他指出天与人在物的基础上是统一的,但自然界和人类社会各有自己独特的职能和规则。自然界的职能是"生万物",人类的职能是"治万物"。自然界的规律是弱肉强食的生存竞争,人类社会的规律是由礼法制度所规定的是非来维持社会秩序。"天之道在生殖,其用在强弱;人之道在法制,其用在是非"(《刘禹锡集·天论》)。因为天人存在差别,故"天人不相预","天之能,人固不能也;人之能,天亦有所不能也"。因为存在相互作用,故天与人又能够"交相胜,还相用"。当社会法制畅行,是非清楚,赏罚严明,人们了解祸福的原因,这时以"是非"为准则的"人理"就能够战胜以"强弱"为准则的"天理"。相反,当法制破坏,是非颠倒、赏罚不明,人们感到无法掌握自己的命运时就容易产生宗教迷信。上述探索对正确理解自然界和人类社会的相互关系有着极为深远的意义。

其三,通过对历史"命运"的研究以及对社会历史重要内容的专门研究,对历史的必然性和偶然性以及历史内容纵横两方面的联系作了初步探求。

历史发展存不存在"命运"?儒家正统思想一贯认为历史人物的穷达寿夭有一种无法把握的偶然性。孟子曾经指出,从人的道德本性和人的道德能力看,人可以不受外界约束而培养出高度的道德境界,这里面没有宿命论的因素,但是人在社会上的际遇,人是否能够把自己的道德理想实现于社会,则有"命"的存在。他认为理想的君子就是要善于看待现实政治生活中的境遇,"莫非命也,顺受其正"(《孟子·尽心上》)。后来荀子还曾经区分义辱与势辱、义荣与势荣,认为人的道德能力没有命运限制,而政治境遇生活条件则有命运(《荀子·正论》)。儒家的命运论在一定程度上反映了社会历史的一个矛盾现象:在一定时期的政治文化生活状况下,往往是那些具有高度道德和理性精神的人们要比常人经受更多的苦难;相反,那些缺乏道德和理性精神的人物却常能享尽殊荣。因此,即使历史的客观本质是理性与道德精神,人所生活的社会世界仍然充满无法理解的偶然性。儒家把这种偶然性当做对历史人物命运乃至历史过程的变化发展的解释，它影响了春秋以来至两汉的史学著作。

魏晋玄学表示了对历史人物个人命运的强烈关注。他们认为如果要适性自由，就应该减弱对功名利禄的追求，而更加注重个性的抒发。可见玄学思潮也默认了人的生活境遇以及历史过程有命运的因素存在。佛教传入中国，掺杂中国固有的感应学说，提出三世报应论，把传统命运观发展到极端。佛教认为，善有善报，恶有恶报，而且这种报应又是在六道轮回的现实世界中进行，既普及于人的前生、今世、来生，又遍及人与其他动植物乃至鬼神世界的联系。这种报应论一方面使人的生活境遇得到解释，即凡个人在现实生活中的遭遇都是他所造"业"的报应，另一方面又使由个人组成的社会秩序也得到解释，即现实政治秩序是不同个体共同造"业"的报应。佛教报应论表面上解释了历史的偶然性，但实质上是把历史的偶然性发展到极端。但它对当时的史学诠释也产生了一定影响。

南朝时期，对佛教因果报应理论进行批评的有何承天、刘峻、范缜等。范缜（约450—约510）曾写《神灭论》否定佛教报应论的轮回载体——神不灭。何承天（370—447）、刘峻（462—521）则分别作《报应问》、《辨命论》对报应学说进行实际的批评。如刘峻指出：孔子圣人，绝粮陈蔡，颜回贤者，短命早死；屈原高才，自沉汨江；同时期的大儒刘瓛兄弟未被重用。可见"昔之玉质金相，英髦秀达，皆摈斥于当年，韫奇才而莫用"。相反，那些作恶的人却得到往往相反的结果。他认为人的死生、贫贱、治乱、祸福是"天之所赋"，是不以人的意志为转移的，至于"愚智善恶，此四者人之所行也"，没有什么命运因素。南北朝时期的反佛教论者，在批评佛教因果报应论的时候，还是利用了儒家关于命运的辩证观点，肯定人的道德理性没有天命，而承认人的生存环境和人生遭遇有天命因素。

唐代中叶，柳宗元和刘禹锡则在一定程度上分析了政治文化史的某些规则，指出可以对个人的生存境遇作出理性的解释。柳宗元的《封建论》，从秦汉时期的历史大势论述了郡县制取代封建制（宗法制）的必然性。刘禹锡的《天论》则强调，如果人们掌握了社会政治的规则，能够妥善地解决政治问题，法令彰明、是非有准、道德高尚，就有可能解释历史人物的某些偶然性。

北宋时期，司马光（1019—1086）在上述关于历史人物命运以及历史命运的思想的基础上，指出从历史人物的个人遭遇来看，个人的穷达寿夭，不可避免地有某些偶然性，但从历史过程来看，政治的良恶完全取决于人的努力与否。"智愚勇怯，贵贱贫富，天之分也。君明臣忠，父慈子孝，人之分也。僭天之分，必有天灾，失人之分，必有人殃。"（《迁书·士则》）"人事可以生存，而自取其亡，非天命也。"（《法言集注》卷五《问明》）他举例说："纣淫虐将亡，灾异并臻，而曰：'我生不有命在天'，是废人事而任天命，得凶而以为吉也"（同上）。司马光不但区分个人道德能力和理性能力与个人的生存境况，又区别个人命运与整个社会的政治命运，指明社会政治需要立足于人事去加以理解，这代表着这一时期史家对于历史内在规则的思索成果。

自魏晋到明末的史学著作也比较侧重对于人类社会生活各主要部分的专门研究，出现了像杜佑《通典》、郑樵《通志》、马端临《文献通考》这类注重氏族、食货、职官、礼制、地理、文化等方面的内部源流的典志体著作，对中国历代的民族史、经济史、制度史、文化史所做的专门研究，也有助于后人深入探索各史的内部演变规则，从而对历史发展的必然与偶然性得出正确的理解。

其四，这一时期发展了古代的史学主体思想。除继续发展了史学主体与伦理主体的相互联系以外，这一时期的史学家还对史家的"才、学、识"作了专门讨论。

刘知几曾说："史有三长，才、学、识。世罕兼之，故史才少。夫有学无才，犹愚贾操金，不能殖货，有才无学，犹巧匠无楩楠斧斤，弗能成室。善恶必书，使骄君贼臣知惧，此为无可加者。"（《新唐书·刘知几传》）所谓史才，是指史家对历史的表现能力。《史通》有《核才篇》，区分文学与史学的两种不同表现方式，认为既要做到保持历史记叙的真实性，又要做到文采灵活多变，那是非常困难的。所谓史学即史学著作的体例和方法。刘知几在《史通》中曾就各种史书体例乃至每一体例的某些部分都作过评述，概括出六家二体之说。六家指《尚书》家、《春秋》家、《左传》家、《国语》家、《史记》家、《汉书》家。二体指纪传、编年。《春秋》、《左传》属于编年，《史记》、《汉书》属于纪传。《尚书》属于记言；《春秋》义在记事，《史记》则开通史规模，《汉书》为断代史之祖，《左传》以年分，《国语》以国别。至于正史各类，一本纪、二世家、三列传、四表历、五书志、六论赞、七序例，刘知几各以一篇加以讨论。故综观《史通》全书，以史官、正史、六家、二体四篇，包含最为丰富。它表明刘知几试图通过对史学体例和方法的源流研究，从而指明各种体裁的利弊。刘知几认为，只有这样，才能具备史学撰述的基本品格。刘知几《史通》还有《识鉴》篇，专门讨论史识。他说：识有通塞，神有晦明，毁誉以之不同，爱憎由其各异。史家的价值标准对历史记叙有十分关键的影响。尽管任何一位史家都不可避免地存在一些局限，但刘知几认为史家起码应该对孔子《六经》的伦理道德精神有所领悟，应该有相对客观的是非标准。他认为对孔子《六经》的道德精神在史学领域的体现，应该像左丘明那样首先证实——保持历史的真实性。他说《春秋》之书，为尊者讳，为亲者讳，去史以传信之义较远；而《左传》则详于史事，他有《惑经》、《申左》之作，对史学的真实性提出了更高的要求。

刘知几所论述的史学主体三要素在唐、宋、元、明时期得到继承和发展。

曾巩在《南齐书目录序》中说：

> 古之所谓良史者，其明必足以周万事之理，其道必足以适天下之用，其智必足以通难知之意，其文必足以发难显之情，然后其任可得而称也。

一个优秀的史家，不但要有对历史发展趋势的敏锐洞察，而且要有对历史本质的深刻领悟，并要有对各种复杂的社会历史现象的理解能力，有关于各种社会历史现象的专门知识，还应有对历史事实灵活生动的表现能力，有对史学著作体例和方法的深入了解。只有具备了上述品质，才能承担起史学的重任，成为优秀的史学家。

司马光以及胡应麟都很强调历史研究的真实可靠性，认为只有在真实的前提下，才能更好地体现史学的伦理之善，才能保证史家的史识的准确性。

但这一时期的史学哲学也有一些局限。

其一，是对《史记》和《汉书》有两种不同的评价，左史而右汉，只有极少数史家能够发明司马迁《史记》的史学哲学，而大多数史家趋同于《汉书》正统化、世俗化的史学哲学观。

自班固指出司马迁是非颇谬于圣人，后来研究《史记》者多沿袭其辞。裴骃《史记集解》即说：

班固有言曰:"司马迁据《左氏》、《国语》,采《世本》、《战国策》,述《楚汉春秋》,接其后者,讫于天汉。其言秦汉详矣。……又其是非颇谬于圣人,……此其所以蔽也。然自刘向、扬雄博极群书,皆称迁有良史之才,服其善述事理。辨而不华,质而不俚,其文质,其事核,不虚善,不隐恶。故谓之实录。"骃以为固之所言,世称其当。(《史记集解·自序》)

多数史家肯定《史记》"实录"的价值,而没有看到司马迁史学观念的灵活性。

两宋时期,随着道德主体意识的强化,有些史家意识到司马迁的史学思想有某些合理因素。如魏了翁(1178—1237)《鹤山全集》记其友罗坚甫的话说:"先友罗坚甫云:班固去司马迁未久也,已不知《史记》书法。"(卷一九〇《师友雅言》)陈傅良(1137—1203)在其《与高炳如监丞书》中说:"《史记》一书,自班氏莫窥其畛,后学祖班,转成巨剥,令人扼腕。若能为发大义,不必若诸家短钉词释,亦千古美事。如《索隐》之类,收拾无常,只是向下功夫。"(《止斋先生文集》卷三十七)他们都主张对《史记》的史学哲学进行阐发,并发扬了《史记》的"公心利欲之辨"的史学观。他们认为《史记》"法天则地","行公无私教"。如吕祖谦(1137—1181)兄弟以及陈傅良都认为《史记》五帝本纪首黄帝,就是明显地代表着司马迁的公理必胜的历史价值观。陈傅良在《答贾端老五书》中说:

其论五帝云,非好学深思,心知其意,固难为浅见寡闻者道。则其所谓学而自负亦不薄矣。惜自班氏妄有瑕摘,后生沿习,遂成牢谈。千五百年间,此书湮晦,正赖吾党自开只眼,不惑于纷纷之论也。(同上书,卷三十五)

司马迁没有后世所谓严格的正统观念,比如在本纪中他写有《项羽本纪》,世家中有《陈涉世家》,这都引起后人争议。应该说两宋时期有些史家对《史记》精神的研究在一定程度上揭示了《史记》那种与具体历史王朝和君主相游离的历史本质论。但总的来看,上述思想不是这一时期的史学哲学的主流。

相反,班固的《汉书》的正统史观则有进一步发展。南北朝时期,习凿齿对三国魏、蜀、吴政权孰为正统、孰为伪统进行评论，由此而导致中国古代史学正统论的激烈讨论。欧阳修、朱熹都曾对正统表示过不完全统一的看法。但正如后来梁启超所指出的，"言正统者，以为天下不可一日无君也，于是乎有统。又以天无二日、民无二主也，于是有正统。统之云者，殆谓天所立而民所宗也。正之云者，殆谓一为真而余为伪也"（《新史学·论正统》）。举凡这一时期的正统论，可以概括为六点：一是以前代之血胤为正，以余为伪；二是以中国种族为正，其余为伪；三是以旧都所在地为正，其余为伪；四是以据位久暂而定其正与伪，久者为正，短者为伪；五是以得地多寡为标准，多者为正，寡者为伪；六是以后之所承者所自出为正，其余为伪。综观上述关于正统的论述，每条理由，互相矛盾。可见正统之争实际上是班固《汉书》统纪观的庸俗化。它把历史的客观本质与王朝的兴盛搅成一团，不完全是早期儒家固有历史观。

与正统论的庸俗化相辅相成，宋明时期的许多理学家都反对对历史过程的曲折进行深入研究，认为读史令人玩物丧志，"读书须是以经为主，而后读史"（《朱子语类》卷一二二）。而读经则又过分强调个人的道德自觉，实际上是希望人们在研究历史时坚持一种宗教式的道德精神。如朱熹（1130—1200）批评吕祖谦兄弟研究《史记》，发露《史记》灵活生动的历史本质论，说吕祖谦兄弟"抬得司马迁不知大小，恰与孔子相似"。并认为苏辙对司马迁的评价才是正确的：苏辙说"司马迁浅陋而不学，疏略而轻信，此二句最中司马迁之失"（同上）。理学家的史学著作如朱熹的《资治通鉴纲目》，以继承发展《春秋》书法自任，对历史事件和人物进行严格的评述。

正统史观与对历史本质道德和理性精神的宗教化，都制约了这一时期史学哲学的深入探索。

其二，史学尚没有彻底清除神学史观和历史"命运"思想，还不能深入解释自然现象与人类社会历史的真正联系，也不能对历史发展的内在矛盾进行具体的分析。

就自然现象与人类社会历史的关系而言，虽然随着对天文历法和地理现象的深入研究，随着天文、地理某些规则为人们所掌握，早期史学著作中那种浓厚的天人感应现象在唐以后得到减弱。但上述进步并没有摧毁此时期史学领域的五德终始说。最典型的是邵雍（1011—1077）在《皇极经世书》中建立起一个庞大的宇宙图式，用元、会、运、世、岁、月、日、辰八个时间单位来说明自然和社会历史的演化。一元为一个基本周期，八个时间单位相互重叠，构成大周期。如一元等于十二会，一会等于三十运，一运等于十二世，一世等于三十岁，一岁等于十二月，一月等于三十日，一日等于十二辰。一元有十二万九千六百岁。元上又有元。他的《皇极经世书》有一套详细的历史年表，按照他所创的元、会、运、世的概念，把历史史实一一排入加以评论。他还对历史的循环周期作皇、王、帝、伯四阶段的循环解释，认为它一如春、夏、秋、冬，周而复始。他认为：

> 三皇春也，五帝夏也，三王秋也，五伯冬也。七国冬之余冽也。汉王而不足，晋伯而有余。三国伯之雄奇者也。十六国伯之丛者也。南五代伯之借乘也。北五代伯之传舍也。隋，晋之子也。唐，汉之弟也。隋季诸郡之伯，江汉之余波也。唐季诸镇之伯，日月之余光也。后五代之伯，日未出之星也。（《皇极经世书·观物内篇》之十）

可知他对于历史的解释完全依据他对于自然现象的规则的推演。

朱熹也相信五德终始说，他曾利用邵雍的图式解释历史上的三统问题。并认为气运是一盛一衰，世道是一治一乱，递相循环。

可见，坚持天道与人道的一致性，试图从自然历史演化出人类历史的过程，始终是此时期史学哲学的一个重点。由此而导致的这一时期历史著作中关于祥瑞与政治的关系之比附亦比比皆是。

就社会历史发展的内部矛盾而言，当时许多史家和哲学家都关注井田制和政治道德诸问题，意识到井田制和政治措施对社会发展有重要的作用。如张载明确提出恢复封建井田制的问题，认为有必要在井田制基础上进行封建分权，只有分权才能臻于治世。但他们往往是托古而抒己见，缺乏对现实政治、经济生活具体矛盾运动的准确的具体分析。如张载提倡井田制，独取《周礼》，他详细分梳《周礼》中有关授田的内容，以及与井田制相配套的赋税制度，构成他的井田制方案的具体内容。

再者，就历史人物个人的遭遇而言，这一时期也始终不能得到理性的解释，相反还从哲学角度发展出"命分"论。魏晋玄学中的郭象（约252—312）《庄子注》，一个核心宗旨就是论证每个人都有固定的性分。一个人在社会等级秩序中处何种地位，该尽什么义务，都是一种必然性。宋明理学还用气禀不齐的命分说对此作了进一步论述。说由于人物所禀之气有清有浊，有厚有薄，故个人的生存状态在气化流行过程中已安排好了。

个人的际遇以及个人在社会生活中的具体位置，都是必然性的，不可能有什么改变。至于"性分"，即个人在天理流行中所得到的伦理道德潜力，则不受限制，关键是依靠"性分"而认识"命分"，并能够豁达地理解和超越"命分"的局限。

可见，对于人类社会自身的具体内容以及其内部关系还有待于深入研究。

第三节 古代史学哲学的简单总结

从春秋战国到明末清初的中国史学哲学应该说是比较发达的。如果我们尊重古代学术的自身特点，把经、史、子、集看做是统一的学术整体，那么我们就会从纯粹史学著作的狭隘范围内跳出来，看到史学广阔的文化背景，特别是那种凝聚了时代具体内容的经学研究传统，就会看到经学史研究所体现的高度概括的关于自然和人类社会关系的认识、关于人类社会自身规则的认识，对中国古代史学所产生的深远影响，从而才有可能对古代史学哲学作出恰如其分的评价。

从春秋战国到明末清初的史学哲学大体上有三个基本特点：

其一，它的哲学基础是经学。这不但是说《六经》所确立的关于人类社会发展的认识以及关于人类理想生存方式的论述直接影响了史学的历史观和史学标准，而且还指经学所确立的关于人类社会的思维方式。也影响了史学的思维方式及其表述方式。古代经学在西汉初期已经奠定了从自然和社会统一的角度去思考人类社会的基本思路，而史学也把究天人之际、通古今之变当做两个并列的重要目标。史著内容兼及自然现象和社会现象各个方面，不愧为历代百科全书。更值得注意的是经学史研究的每一个重要变化和重要结论都能在各个不同时期的史学著作中得到反映。

其二，中国古代史学哲学对人类社会文明有很深刻的理论思考。在中国史学的正式诞生之初，它就提出和论证了道德和理性精神是人类社会发展的客观本质。道德和理性精神是衡量社会发展的终极标准。虽然对道德和理性精神的理解，既有各个时代的差异，又有具体内容的不同，甚至还出现了一系列失误和弊病，但就整体而言，中国史学证明了它所追求的道德和理性精神是人类社会的和谐和正义。围绕这个核心概念，古代史家讨论了政治道德、个人道德、政治的平均主义和社会有等级的共同发展诸问题。

其三，古代史学哲学强调史学的经世致用的功能。中国史学历来以资治为目的，反对纯粹学术化的研究趋向，坚持史学与现实生活的紧密联系。

总之，传统史学哲学是个十分丰富的理论宝库，它是民族文化精神的坚强基石。剔除其消极成分，表彰其永恒的一面，并贯注以时代内容，增添其新的活力，是近代史学哲学所承担的使命。

第二章 明清之际至鸦片战争前史学哲学的新发展与近代史学哲学的发轫

第一节 明清之际学术精神的新趋向

明清之际，学术思想出现了一些新的现象。一方面，经过春秋战国到明末思想学术的长期发展，中国古典哲学经历了它的诸子学、两汉经学、魏晋玄学、隋唐佛学、宋明理学等各阶段和思维形式，已经使原有命题的内涵得到了较为充分的显示和辩论，中国古典哲学有可能对以往学术思想进行总结。另一方面，中国封建社会发展到明末清初，已经衍生出比较成熟的封建经济形态，并派生了许多新的因素；政治的专制与某些地区商品经济日益繁荣的矛盾为学术思想的进一步发展提供了新的素材。加之明清之际，民族危机也使知识分子由反思政治得失而推原学术精神，从而推动了对于史学基本标准乃至史学方法的重新认识，出现了一大批史学家和思想家。

当时，王夫之（1619—1692）着重阐述了关于历史观的看法。他从哲学角度对自然与人类社会的关系作了极富思辨色彩的剖析。他认为，宇宙间存在天道与人道两个根本范畴。它们分别指自然历史过程和社会历史过程的规则。天道和人道的关系表现为两个方面：（1）天道是人道的前提和基础。人类社会的基本要素，譬如人的道德和理性能力，是由自然历史的长期演化过程所产生。（2）人道是天道的价值中心。离开了人类历史，自然历史过程也无所谓"道"。因此，人类社会的历史有与自然历史不同的特殊性。因而既不能割裂二者，也不能混淆二者。王夫之还指出，人类社会的原则是向前递进的，人类社会的物质存在发展到什么程度，人们对"器"的认识达到什么样的水平，就有相应的"道"。他说：

> 洪荒无揖让之道，唐虞无吊伐之道，汉唐无今日之道，则今日无他

第二章 明清之际至鸦片战争前史学哲学的新发展与近代史学哲学的发轫

日之道者多矣。未有弓矢而无射道，未有车马而无御道，未有牢醴璧币钟磬管弦而无礼乐之道，则未有子而无父道，未有弟而无兄道，道之可有而且无者多矣。故无其器则无其道，诚能言之也，而人特未之察也。（《周易外传》卷五）

可见，王夫之主张对人类历史的物质基础进行具体研究，认为只有这样，才能真正理解历史发展之道。他说：

有即事以穷理，无立理以限事。故所恶于异端者，非恶其无能为理也，同然仅有得于理，因立之以概天下也。……异端之言曰："万变而不出吾之宗"，宗者同然之仅得者也。而抑曰吾之宗矣，吾其能为万变乎？为其不能为万变，则吾不出吾之宗，而非万变之不出也。无他学术及之，不足以言，而迫欲言则同然亦报以仿佛之推测也。（《续〈秋左氏传〉博议》卷下）

对于任何事物的研究，都不能以一个固定的东西去强加于事物，而是应该对其作分门别类的具体研究，然后才能从研究中抽象出相应的原理，否则就难免似是而非。王夫之指出：天地日月运行"皆有理以成乎事"，但若"谓彼之理即吾宗之秩序者犹之可也，谓彼之事一吾宗之结构运行也，非天下之至诞者孰敢信其然哉"（同上）。如果生硬地把天地日月的运行模式强加于社会历史，认为社会历史仿生天地日月的运行过程，这就近乎荒谬。王夫之曾具体引证士文伯之论："国无政，不用善，则自取谪于日月之灾"，说"此古人学之未及，私为理以限天，而不能即天以穷理之说也。当历法大明之日，朔望转合之不差，迟疾朒朓之不乱，则五尺童子亦知文伯之妄"（同上）。也就是说如果不掌握天象的真正规则，而用日月蚀及星变说人事，不但无助于对自然现象的客观研究，也无助于对人类社会的客观研究。只有分别对它们进行具体分析，找出它们的真正联系，才是正确的研究天人关系的态度。王夫之的上述思想可以说在柳宗元、刘禹锡的基础上，把古代究天人之际的哲学思想提升到了一个更高的层次。

王夫之还对人类历史的具体规则作过深入思考。比如他曾对历史"命运"论发表过他的独到见解。他认为人类历史有一种必然之势，从远古到他自己所在的时代，人类历史由野蛮而臻文明，经历了政治、经济、思想各方面的具体变化。在《读通鉴论》中他把中国社会在殷末当做一个转折阶段，"至殷之末，殆穷则必变之时"（《读通鉴论》卷二十）。周代所确立的农业文明把中国历史提升到一个新阶段，而中经战国的氏族制没落，中国社会又发生了变化："战国者，古今一大变革之会也。"（《读通鉴论·叙论四》）但无论怎样变化，它都体现着人类道德和理性能力的进化。如周代制定世官世禄，富者即贵者，智愚强柔不分，其势难久，逮乎郡县制，则以智力分富贵，兼并必然而生，私有制成为必然。但秦之代周，势理必然。秦汉以降把利害公之于国民智力，推动了历史理性的向前发展，"秦以私天下之心而罢侯置守，而天假其私以行其大公"（同上书，卷一《变封建为郡县》）。依据他的文明开化史观，王夫之反对把三代当成文明极致的说法，他认为人类文明总是处在各种复杂的矛盾状态之中递进，不能因为看到当时某些不合理因素就美化上古，认为历史是江河日下，人心不古。他说：

> 唐虞以前，无得而详考也，然衣裳未正，五品未清，婚姻未别，丧祭未修，狂狂猱猱，人之异于禽兽无几也。……若夫三代之季，尤历历可征焉。当纣之世，朝歌之沈酗，南国之淫奔，亦孔之丑矣。……至于春秋之世，弑君者三十三,,弑父者三，卿大夫之父子相夷、兄弟相杀……日盛于朝野，……然则治唐、虞、三代之民难，而治后世之民易，亦较然矣。封德彝曰："三代以还，人渐浇讹。"象、鲧、共、驩、廉、恶来……岂秦、汉以下之民乎？……孔子垂训之后，民固不乏败类，而视唐、虞、三代帝王初兴、政教未孚之日，其愈也多矣。……邵子分古今为道、德、功、力之四会，帝王何促而霸统何长？霸之后又将奚若邪？泥古过高，而菲薄方今以蔑生人之性，……君子奚取焉！（同上书，《魏征淳浇之论》）。

即是说，只要认识到文明是在矛盾中推进，那么即使看到后代文明仍有某些不如人意之处，也能知道它比古代要进化得多。王夫之认为这才是对历史变易的正确理解。

王夫之认为，历史的命运即人类道德和理性精神在矛盾运动中的递进，但这种命运还需要历史主体的积极努力。历史理性和道德精神并非是一个纯粹的自然过程，而需要历史人物的参与和创造。历史人物不可能超越当时的历史条件而有所作为，但也不是随顺历史条件而无所作为。他曾提出君相可

第二章 明清之际至鸦片战争前史学哲学的新发展与近代史学哲学的发轫

以造命论,认为历史主要人物的积极努力能使历史条件产生某些变化,而体现历史发展更高的理性。他还认为历史人物参与历史创造,应该有民族文化延续的使命感。

王夫之还对历代正统论作了批评,指出把历史的理性与道德精神当做史学的根本前提和标准,应该避免其世俗化。他说:

> 正统之说,不知其所自昉也。自汉之亡,曹氏、司马氏乘之以窃天下,而为之名曰禅。于是为之说曰:"必有所承以为统,而后可以为天子。"义不相授受,而强相缀系以拚篡夺之迹;抑假邹衍五德之邪说与刘歆历家之绪论,文其波辞,要岂事理之实然哉?(《读通鉴论》卷末《叙论一》)

他回顾以往的正统论,认为关于正统的说法有三变:三代时,"万国各有其君,而天子特为之长。王畿之外,刑赏不听命,赋税不上贡,天下虽合而固未为合"。故此时正统论的含义应是以天下共主为正。及乎春秋之世,天下分裂,"至战国而强秦、六国相为从衡,赧王朝秦",天下无共主名号,哪里又有统可言。故三代至战国,此一合一离之始。汉亡而天下三分,晋东渡,而十六国裂土以自帝,唐亡而各土其土、各民其民,也无所谓统,此一合一离之变。至于宋亡而迄明,中间元朝既不承前,又不启后,有所谓统者绝而不续,此正统论的又一巨变。王夫之从而指出,以天下论者,必循天下之公,天下虽非独盗逆之所可尸,而抑非一姓之私也(同上书,叙论一《不言正统》)。凡正统云者,都是对历史本质的世俗化理解,都是把历史本质等同于一姓一朝的兴衰。实际上,"天下之生,一治一乱,当其治,无不正者以相干,而何有于正?当其乱,既不正矣,而又孰为正?有离,有绝,固无统也,而又何正不正之云邪"(同上)。若是从王朝兴衰立论,则不可能得出自圆其说的正统论。谈历史本质,应该超出王朝局限,"循天下之大公"。

王夫之还特别阐述了史学的功用。他说:"所贵乎史者,述往以为来者师也。为史者,记载徒繁,而经世之大略不著,后人欲得其得失之枢机以效法之无由也,则恶用史为?"(同上书,卷六)史学研究不能局限在历史的烦琐记述之上,而应该关注社会发展的重大问题及其得失经验,以便后人从中得到启发。但他也指出要使史学研究有切实的功效,就必须首先保证史学的真实可靠性。史学的真实可靠,一是指它的价值标准符合历史的客观本质，二是指它的详略取舍和褒贬抑扬都恰当地体现了它所坚持的价值标准。"史之为书，见诸行事之征也。则必推之而可行，战而克，守而固，行法而民以为便，进谏而君听以从，无取于似仁似义之浮谈，只以致悔吝而无成者也。则智有所尚，谋有所详，人情有所必近，时势有所必卤，以成与得为期，而败与失为戒，所固然矣"（同上书，叙论三《不敢妄加褒贬》）。王夫之认为以往对历史事实和人物的评判有两大弊端损害了史学的功用：一是，"放于道而非道之中，依于法而非法之审"。他说有些史家不是没有是非价值标准，而是他们在具体运用时把这些标准搞坏了，因而起到不良影响："褒其所不待褒，而君子不以为荣，贬其所不胜贬，而奸邪顾以为笑，此既浅中无当之失矣；乃其为弊，尚无伤于教、无贼于民也。"二是，"纤曲鬼琐之说"。还有一些史书没有任何是非标准，"谋尚其诈，谏尚其谲，徼功而行险，干誉而违道，奖诡随为中庸，夸偷生为明哲，以挑达摇人之精爽而使浮，以机巧裂人之名义而使枉；此其于世教与民生也，灾逾于洪水，恶烈于猛兽矣"（同上）。因此，王夫之重视史家的自身素质，认为只有对历史本质有高度认识的人才可能写出好的史学著作，才能使历史有益于人生。

王夫之还论述了关于历史经验的借鉴问题。他曾解释"资治"和"通鉴"两词的意义说：

> 曰资治者，非知治知乱而已也，所以为力行求治之资也。览往代之治而快然，览往代之乱而愀然，知其有以致治而治，则称说其美；知其有以召乱而乱，则诟厉其恶；言已终，卷已掩，好恶之情已竭，颓然若忘，临事而仍用其故心，闻见虽多，辨证虽详，亦程子所谓"玩物丧志"也。
>
> 夫治之所资，法之所著也。善于彼者，未必其善于此也。……无不可为治之资者，无不可为乱之媒。然则治之所资者，一心而已矣。以心驭政，则凡政皆可以宜民，莫匪治之资；而善取资者，变通以成乎可久。设身于古之时势，为己之所躬逢；研虑于古之谋为，为己之所身任。取古人宗社之安危，代为之忧患，而己之去危即安者在矣；取古昔民情之利病，代为之斟酌，而今之兴利以除害者在矣。得可资，失亦可资也；同可资，异亦可资也。故治之所资，惟在一心，而史特其鉴也。
>
> "鉴"者，能别人之妍媸，而整衣冠、尊瞻视者，可就正焉。顾衣冠之整，瞻视之尊，鉴岂能为功于我哉！故论鉴者，于其得也，而必推

第二章 明清之际至鸦片战争前史学哲学的新发展与近代史学哲学的发轫

其所以得;于其失也,而必推其所以失。其得也,必思易其迹而何以亦得;其失也,必思就其偏而何以救失;乃可为治之资,而不仅如鉴之徒县于室、无与炤之者也。

其曰"通"者,何也?君道在焉,国是在焉,民情在焉,边防在焉,臣谊在焉,臣节在焉,士之行己以无辱者在焉,学之守正而不陂者在焉。虽拢穷独处,而可以自淑,可以诲人,可以知道而乐,故曰"通"也。(同上书,叙论四《释资治通鉴论》)

在上述论述中,王夫之揭示了史学如何为现实服务,即史学的现代价值问题。他认为我们研究历史,并不只是快意或伤感于以往朝代之盛衰、历史人物之穷达,而是要从其中得到启示,为自己的社会实践所用。他指出寻求历史经验也不是一成不变地继承原有的所谓善法美意。对历史经验的吸取,可以通过两个重要环节:一是把个人放置在原有的历史条件之下,设身处地,思考当时若是自己面临那些问题,将采取什么对策,然后比较历史的经验。只有这样,才能使自己真正懂得历史发展的曲折,才能真正有所收获。经过这样的设身处地,我们就会既看到古人成功的一面可以为我所用,也会看到古人失败的一面也可以为我所资,而不会死守某些成例。二是紧紧围绕个人所面临的现实问题,思考古人的经验在解决现实问题时有何真理的颗粒。王夫之认为借鉴历史就是要思索在条件变化后原有成功的经验还是否有效,要思索在条件变化后原有失败的经验教训是否可以匡正现在之偏?历史经验并不是不变之成规,借鉴历史经验,贵在因时宜而论得失。王夫之从历史事实对此作了充分的说明。他说:"以古之制,治古之天下,而未可概之今日者,君子不以立事;以今之宜,治今之天下,而非必之后世者,君子不以垂法。"故"就事论法,因其时而酌其宜,即一代而各有弛张,均一事而互有伸诎,宁为无定之言,不敢执一以贼道"(同上书,叙论四《因时宜而论得失》)。王夫之认为,历史上人们所遇到的问题和解决办法有某些相通之处,比如民生日用、边防外交、君臣之谊,历代都有一些经验是基本相通的,这是历史经验之所以有效的大前提,但借鉴必须结合现实条件,运用之妙,存乎一心。

另一位清初思想家黄宗羲(1610—1695)则重点表述了他的政治批评思想。在《明夷待访录》一书中,黄宗羲考察政治的起源,认为自秦汉以来的君臣关系以及法令职官,都已经远离它们的本来意义。如远古设君,是天下为主,君为客,只有使天下受其利、使天下释其害,吃苦在前、享乐在后的人才能为君。故远古还有许多人不愿意接受君位。而后世则君为主,天下为客。国家政治设施以及运行都是为了帝王个人的私利。因此,看待这种异化的政治形态,不能像小儒那样,"规规焉以为君臣之义无所逃乎天地之间,至桀、纣之暴而犹谓汤、武不当诛之,而妄传伯夷、叔齐无稽之事,使兆人万姓崩溃之血肉,曾不异乎腐鼠"(《明夷待访录·原君》)。黄宗羲主张不但要更新人们的社会道义思想,更要对制度文化的主体——广大官吏进行思想启蒙。他说:"天下之治乱,不在一姓之兴亡,而在万民之忧乐。"若"为臣者轻视斯民于水火,即能辅君而兴,从君而亡,其于臣道固未尝不背也。……出而仕于君也,不以天下为事,则君之仆妾也;以天下为事,则君之师友也"(《明夷待访录·原臣》)。同时还需要加强制度立法,谋求从制度上制约君权和政治异化的措施。他认为以相权分君权、以学校公是非的办法有一定效应。

黄宗羲的政治思想实际上已经涉及了传统史学十分敏感的问题,即到底如何看待君主政治与儒家关于历史本质认识的相互矛盾。黄宗羲不但认识到了历史本质与历史现象的分合关系,而且还谈到了如何使历史现象理性化的问题。指出只有通过对政治进行具体改造,才能调和它与历史理性的矛盾。

黄宗羲个人的史学实践主要表现在对宋元明学术史的整理。他主持了《明儒学案》和《宋元学案》的撰写。由于两书是宋、元、明儒学思想的研究,黄宗羲没有能充分贯彻他的政治思想。但两书表现了他的学术研究的特点。在《明儒学案·自序》中,他说:

> 羲为《明儒,学案》,上下诸先生,深浅各得,醇疵互见,要皆功力所至,竭其心之万殊者,而后成家。未尝以懵懂精神冒人糟粕。于是为之分源别派,使其宗旨历然。由是而之焉,固圣人之耳也。间有发明,一本之先师,非敢有所增损其间。

在上述论述中,黄宗羲实际上提出了褒贬学术思想的大前提,那就是作者必须对所论述的学术思想之精华有深刻的理解,深浅各得,不能把别人的糟粕当做精华。学术思想的整理同样有一个高瞻远瞩的境界问题。如果不是站在学术精神的制高点,也就不能洞察学术思想之利弊。黄宗羲说,"学问之道,以各人自用得着者为真,凡倚门傍户,依样葫芦者,非流俗之士,则经生之

第二章　明清之际至鸦片战争前史学哲学的新发展与近代史学哲学的发轫

业"(《明儒学案·凡例》)。他主张抓住学术思想最有贡献的部分。

非但如此，黄宗羲的学案在具体撰述方法上也有一些特色。各学案都冠以叙论，作简明扼要的说明，随后分列本案各学者之传略。而传略除介绍学者生平和主要学术观点外，还加以评析，指出他们的学术精髓。然后节录各学者重要著作和语录，其中资料完全取自原著，"皆以全集纂要钩玄，未尝袭前人之旧本也"(同上)。可以说作为一个对阳明心学有独到体认的学术家，黄宗羲是从宋、元、明诸儒关于性命之说的各种观点去分析得失，考验所得的。他实践了他所谓"言性命者，必究于史"的主张。

当时在学术史研究中对历史本质和研究学术史的方法的看法与王夫之、黄宗羲相通的还有顾炎武。

顾炎武(1613—1682)对自汉以来的历代学术有一个整体评价，他认为玄学、佛学和理学中的清谈都不是学术精神之正。他说，玄学清谈误国，这是人人共知的，佛学影响下的理学也有清谈倾向，并且导致亡国，这还没有引起足够重视：

> 刘石乱华，本于清谈之流祸，人人知之，孰知今日之清谈，有甚于前代者。昔之清谈谈老庄，今之清谈谈孔孟，未得其精而遗其粗，未究其本而辞其末，不习六艺之文，不考百王之典，不综当代之务，举夫子论学论政之大典，一切不问，而曰一贯，曰无言，以明心见性之空言，代修己治人之实学，股肱惰而万事荒，爪牙亡而四国乱，神州荡覆，宗社丘墟。昔王衍妙善玄言，自比子贡，及为石勒所杀，将亡，顾而言曰：呜呼，吾曹虽不如古人，向若不祖尚浮虚，戮力以匡天下，犹可不至于今日。今之君子，得有不愧乎其言。(《日知录》卷七《夫子之言性与天道》)

顾炎武花了很大精力去倡导传统学术的经世致用。他认为真正的学术研究必须是"考百王之典"，"综当代之务"，是"修己治人的实学"。他还特别批评了理学单纯的道德意识培养论，认为"心者吾身之主宰，所以治之，而非治于事，惟随事谨省则心自存，不待治之而后齐一也。……至于斋心服形之老庄，一变而为坐脱立忘之禅学，乃始瞑目静坐，日夜仇视其心而禁治之，及治之愈急而心愈乱，则曰易伏猛兽，难降寸心。……古人所谓存心者，存此心于当用之地也，后世之所谓存心者，摄此心于空寂之境也。造化流行，无一息不运,人得之以为心,亦不容一息不运,心岂寂然无用之物哉?此足以发明厉熏心之义"(同上书,卷一《艮其限》)。顾炎武指出理学的精神实质是搞纯粹主体意识的培养,有体而无用,是儒家学术精神的异化。他还试图通过对儒家学术真正传承的研究,而发掘学术史中真正有价值的观点:

> 经学自有源流,自汉而六朝而唐而宋,必一一考究而后及于近儒之所著,然后可以知其异同合离之旨。(《亭林文集》卷四《与人书》四)

他说,如果我们下工夫去深入研究,就会发现古之所谓理学并非当时的学术所能比拟。学术研究的真正精神就是通过对经书所说的道理以及历史背景的考察,而达到修己治人治国平天下的现实目的。

顾炎武重点从学术研究的方法上论述了如何回复传统学术精神的问题。他指出有两条办法可以扭转时弊而逐渐唤醒学术研究的经世精神。其一是强化学术研究的现实感。他说孔子当时的学术思想即有一个明确的目的:

> 古之圣人所以教人立说,其行在孝悌忠信,其职在洒扫应对进退,其文在《诗》、《书》、《礼》、《乐》、《易》、《春秋》,其用之身在出处去就交际,其施之天下在政令教化刑罚。(《日知录》卷十八《内典》)

他极力反对那些缺乏时代意识的浅陋之学。他自己的学术研究紧密关注时代问题:

> 君子之为学以明道也,以救世也;徒以诗文而已,所谓雕虫篆刻,亦何益哉?某自五十以后笃志经史,其于音学深有所得,今为五书,以续三百篇以来久绝之传。而别著《日知录》,上篇经术,中篇治道,下篇博文,共三十余卷,有王者起,将以见诸行事,以济斯世,于治世之隆,而未敢为今人道也。(同上书,卷首《与人书》二十五)

顾炎武的弟子潘耒也说,《日知录》有关国计民生者,必穷源索本,讨论其所以然。书中不仅考察了历史上政权组织结构的各种形式及其利弊,考察了官吏选拔的种种办法及其得失,考察了社会风俗的种种时尚和效用,还针对明末的政治问题提出了积极的建议和主张。顾炎武十分重视社会现实问题的

第二章 明清之际至鸦片战争前史学哲学的新发展与近代史学哲学的发轫

解决和历史经验的提示。

其第二条措施是力避两汉以来那种主观臆断的学术方法,探索一条相对客观的学术方法来扭转学风。顾炎武非常关注学术研究的材料基础和逻辑方法。他说利用第二手资料者如买铜铸钱:"尝谓今人纂辑之书,正如今人之铸钱。古人采铜于山,今人则买旧钱,名之曰废铜,以充铸而已。所铸之钱既已粗恶,而又将古人传世之宝,舂判碎散,不存于后,岂不两失之乎。"(《亭林文集》卷四《与人书》十)因此他指出凡著书立说,引前人之言,必用原文。顾炎武还指出,有了可靠的资料,还需运用一定的方法来研究古人的观点。他自己特别注重音韵、训诂等形式逻辑的归纳方法。比如《易》渐卦上九爻辞:"鸿渐于陆,其羽可用为仪。"由于此卦九三爻辞已说:"鸿渐于陆",有的学者臆以上九爻辞之"陆"为"逵",朱熹也认为这一改动是正确的。顾炎武通过对古音的考证,证明古人读"仪"为"俄",不与"逵"字协韵。从而断定不能改"陆"为"逵",并使九三爻辞和上九爻辞得到较为合理的解释。顾炎武也十分重视运用自己的亲身考察对经籍所载进行实证。他足迹半天下,而每每以书自随,随时对历史地理和典故进行核实。

顾炎武对社会历史的发展本质也有严肃的思考。他认为历史发展最根本的是人文道德的进化。"记曰:圣人南面而治天下,必自人道始矣,立权度量、考文章、改正朔、易服色、殊徽号、异器械、别衣服,此其所得与民变革者也。其不可得变更者则有矣:亲亲也、长长也、男女有别,此其不可得与民变革者也。自春秋之并为七国,七国之并为秦,而大变先王之礼,然其所以辨上下、别亲疏、决嫌疑、定是非,则固未尝有异乎三世也。故曰:其或继周者,虽百世可知也。"(《日知录》卷七《子张问十世》)历史人文道德的客观本质的相通性,既是人类文化传统得以延续的标志,也是学术研究为何能够经世的基础,更是学术研究的主体不能置国计民生和文化使命于不顾的缘由。但顾炎武反对对人文道德精神作宗教化的理解。他认为人文道德精神必须基于一定的现象,正是现象世界的矛盾状况才反映出历史的这种本质。因此要正确理解历史的本质,就需要对历史现象作规律性的把握。比如中央政权和地方行政的关系,汉唐宋明各有异样,就需要对它进行集中研究,再如宦官现象,汉唐宋明又有异样,也需要对它作专门研究。其他如田赋、学校、边塞、风俗,都是很有代表性的课题,都需要进行专门研究。《日知录》总共约1000多条结论,就是把上述历史现象条举件系,找出其中最本质的联系，并体现历史本质的矛盾显露过程。

总而言之，顾炎武的学术思想和方法，把文化史研究的现实感和科学性提升到了首要地位，对清初以后的史学研究产生了重大影响。近人丁寿昌曾说："顾氏举康成以示不敢专辄，更可为师法，并推及宋明义之改经亦多可议矣。明人经学承宋元之后，师心自用，家法荡然。自亭林出而知求之注疏，证之史传，可谓卓识。但蹊径初开，说犹未畅，后之儒者知尚实学，不为空言，我朝经学，直接汉唐，先生轫始之功，不可没矣。"（丁晏《日知录校正·考次经文》）侯外庐先生在其《中国思想通史》第五卷中进一步指出："若指二三百年来清代学者跟着炎武走的是考据学，则又流于学诚所谓'风气之敝'的训诂，不足以说明炎武之学。……清代学者在乾嘉以后发展了他的考据学，却仅有历史的狭义价值。在这一点上，我认为只有王国维是最后继承炎武的人。""从炎武到王国维是近代中国学术的宝贵遗产。"应该说，侯外庐先生的判断是较公正的。顾炎武的学术影响，不但有学术方法，而且有学术精神。近代如王国维、陈寅恪，都在学术史观和方法论上或多或少地受到了顾炎武的影响。

明清之际的学术大家并不限于王、黄、顾三人。这里仅以他们三人的学术研究为例，我们可以看到，这一时期的史学哲学取得了如下进步：

第一，对历史道德和理性精神的认识富有辩证色彩。对历史本质与历史现象的关系的理解有所深入。如王夫之对正统论的批评以及黄宗羲对历代政治制度的批评，都已经把历史本质当成一种客观的逻辑力量，把它与具体历史现象特别是王朝的兴替区别开来。也就是说，他们超越了具体现象的局限，开始用开放和发展的眼光去具体分析历史本质的丰富显现过程。这有助于扭转汉代以来历代正统论的积弊。

第二，对历史具体规则的认识也有所深入。王夫之对自然之道与人道的辩证关系的认识，得出了"天之道，人不可以为道？"（《续〈春秋左氏传〉博议》）和"天者器、人者道"（《思问录·内篇》）两个相关结论。它有助于人们清除自然现象加于人类历史的非本质联系，也有助于人们对人类社会历史的具体原则作真正客观的把握。又如黄宗羲对宋元明学术思想的研究，为后人研究历史现象的一个重要方面——文化学术思想提示了方法和原则。再如顾炎武对历史重要内容的分析，都紧紧抓住每一现象的客观联系，这些都标志着中国古代史学在分析人类社会历史时已经提高了理论思维水平，由对各种历史现象的铺述而转向对内在联系的探索。

第二章　明清之际至鸦片战争前史学哲学的新发展与
　　　　近代史学哲学的发轫

第三，对于史学主体的认识也有所深化。黄宗羲的史学主体观含有史家的权力观点，从这里可以看出从传统史学向近代史学转变的契机。王夫之则强调在更高的层次上对历史本质进行洞察，强调史家敏锐的识见和对历史现象的分析能力。顾炎武强调史家的实证精神与求真意识。这些都表明史学家自身素质的提高。

第四，对于史学的方法也提出了一些创造性的观点。如王夫之认为历史研究应强化主体意识，并详述了如何借鉴历史经验的方法。顾炎武提出了一套行之有效的研究途径。既强调史家的经世致用的目的，又强调历史研究实事求是的科学性。这些都是古代史学能够别开生面的重要原因。

可以说，明清之际的学术思想家们关于历史本质与现象、历史内容及其规则、史学主体与史学方法的观点，为古代史学哲学的近代化准备了条件。推原中国近代史学之发轫，不能忽视也不能低估这一时期史学哲学的发展。

第二节　乾嘉朴学的史学哲学

明清之际的史学思想出现新趋向的前提是对古典经学的重新认识。史学与经学结合，既使学术有了明确的经世意识，也使史学的精神在经学认识的深入过程中得到了深化。但明清之际的这种学术风格并没有为乾嘉朴学所全面继承。乾嘉朴学的经学研究舍义理而沉迷于名物训诂，而史学也重史籍的考校与史实考证。朴学家用治经得出的方法治史，形成了史学考据学。

历史考据学治史，特别注重历史的真实，实事求是，反对驰骋议论。如钱大昕（1728—1804）说："史家以不虚美、不隐恶为良，美恶不掩，各从其实。"（《潜研堂文集》卷二十四《史记志疑序》）王鸣盛在《十七史商榷·序》中亦云：

> 大抵史家所记，典制有得有失，读史者不必横生意见，驰骋议论，以明法戒也。但当考其典制之实，俾数千百年建置沿革，了如指掌。而或宜法，或宜戒，待人之自择焉可矣。其事迹则有美有恶，读史者亦不必强立文法，擅加与夺，以为褒贬也。但当考其事迹之实，俾年经月纬、部居州次，纪载之异同，见闻之离合，一一条析无疑，而若者可褒，若者可贬，听之天下之公论焉可矣。书生胸臆，每患迂愚，即使考之已详，而议论褒贬，犹恐未当，况其考之未确者哉？盖学问之道，求

于虚不如求于实，议论褒贬，皆虚文耳。作史者之所记录，读史者之所考核，总期于能得其实焉而已矣，外此又何多求耶？

乾嘉朴学把史学求真意识提升到了一个前所未有的高度，代表着中国史学的一大进步。

为了提高史学研究的真实性，乾嘉朴学还丰富发展了古代的有关学术方法，形成了考据学的一般原则。朴学家们运用得最普遍的是归纳法。他们读史皆作札记，心有所得，则条记于纸，每每积至数千百条；积累了大量资料，然后归纳而得新说。而一说之立，必凭证据，证据又以最原始者为最可靠。如钱大昕研究两汉史料，如果《汉书》与《史记》牴牾，则宁信《史记》。朴学家们还充分利用历史辅助学科，举凡经学、小学、舆地、金石、版本、音韵、天算等诸专门之学，皆用来以助考史。史家往往也兼为经学家、小学家、舆地家、金石学家、版本学家、音韵学家、天算学家。

总之，乾嘉考据学所形成的学术风尚，培养了中国史学的求实精神，对于扭转长期以来史学著作资料选择的主观性和论点的直觉性产生了很大的影响。

章学诚在乾嘉史学考据之风盛行时，曾批评乾嘉考据学的不足。章学诚（1738—1801），清浙江会稽（今绍兴）人，字实斋。乾隆进士，官至国子监典籍。曾游学朱筠门下，与戴震、汪中、洪亮吉往还论学，对史学尤有所长。

章学诚从学术史角度分析了史学和经学的关系。指出在春秋前，"官师守其典章，史臣录其职载，文字之道，百官以之治，而万民以之察，而其用已备矣。是故圣王书同文以平天下，未有不用之于政教典章，而以文字为一人之著述者也"（《文史通义·内篇·诗教上》）。也就是说，春秋以前，圣王的政治主张完全与政治实践相符，没有著述之事。而春秋时，"道不行而师儒立教"，因为政治不符合人们的理想，才有史著出现。但即使这样，孔子的著述，也不过是保存先王政典，"六艺存周公之旧典"。可是，后来的著作隔离了与经世的联系。当务之急，就是把学术与经世结合起来，史学不能只讲考据，不讲经世。

章学诚对于当时的考据之风作了抨击，他说：

> 世士以博稽言史，则史考也；以文笔言史，则史选也；以故实言

第二章　明清之际至鸦片战争前史学哲学的新发展与近代史学哲学的发轫

史，则史纂也；以议论言史，则史评也；以体裁言史，则史例也。唐宋至今，积学之士，不过史纂、史考、史例，能文之士，不过史选、史评。古人所谓史学，则未之闻也。（《章氏遗书补遗·上朱大司马论文》）

他认为史学包括"功力"和"学问"两个层次。功力即史学的基本功，包括文字考订、史料辨伪、史实考证；而学问则是个人独特的史学见解以及史学撰述心得。他认为乾嘉朴学在这两个层次上缺乏自我认识，混功力为学问：

近人不解文章，但言学问，而所谓学问者，乃是功力，非学问也。功力之与学问，实相似而不同。记诵名教，搜剔遗逸，排纂门类，考订异同，途辙多端，实皆学者求知所用之功力尔。即于数者之中，能得其所以然，因而上阐古人幽微，下启后人津迷，其中隐微可独喻，而难为他人言者，乃学问也。今人误执古人功力以为学问，毋怪学问之纷纷矣。（同上书，卷二十九《外集》三《与正甫论文》）

章学诚特别重视史学的义理。他说："史之大原，本乎《春秋》；《春秋》之义，昭乎笔削；笔削之义，不仅事具本末，文成规矩已也。以夫子'义则窃取'之旨观之，固将纲纪天下，推明大道，所以通古今之变，而成一家之言者，必有详人之所略，异人之所同，重人之所轻，而忽人之所谨。"（《文史通义·内篇四·答客问上》）章学诚所谓史学之义，既包括史家的经世目的和经世主张，也包括史家表述。

历史事实体裁的独创性。

章学诚还对史学的德、才、学、识作了深入的论述。他认为史德即作史者之心术，也就是史家的道德素质和品格，他认为只有那些有严肃使命感和实事求是的求真意识的人，才是史家的代表。"盖欲为良史者，当慎辨于天人之际，尽其天而不益以人也。尽其天而不益以人，虽未能至，苟允知之，亦足以称著述者之心术矣。"（同上书，内篇五《史德》）史才即表述历史事实的才能。史学即史家对史学体例的认识。史识是史家判断历史事实主次轻重，辨析历史事实源流的敏锐识见。章学诚强调四者的统一，说："非识无以断其义，非才无以善其文，非学无以练其事"（同上）。

章学诚曾自叙他与刘知几的不同之处，说"刘言史法，吾言史意，刘议馆局编修，吾议一家著述，截然两途，不相入也"（同上书，外篇三《家书二》）。章学诚与刘知几有许多地方是相通的，但章学诚更加突出了史学著述的个性，强化了史学主体意识。

章学诚的史学思想在当时并没有引起足够重视。他在《与族孙汝楠论学书》中说，平生著作，除"归正朱先生（筠河）外，朋辈征逐，不特甘苦无可告语，且未有不视为怪物，诧为异类者"（《章氏遗书》卷二十二）。但他的史学思想作为乾嘉朴学史学的一个方面，与乾嘉朴学考据学的求真意识一样，都是中国史学走向近代的阶梯。

第三节　嘉庆道光年间中国社会的变革与学术研究新因素的结合

嘉庆道光年间，清朝康熙乾隆时期的盛世已如明日黄花。政治机构臃肿腐朽，运转不灵，阶级矛盾激化，社会不平等状况日趋恶化。而西方资本主义则觊觎中国的商品市场，英国于1840年发动鸦片战争。由于清政府执行了妥协投降政策，使得这场反侵略的正义战争遭到失败，并被迫同英国侵略者签订了中国近代史上第一个不平等条约——《南京条约》。中国一步一步地变成了半殖民地半封建社会。它引起封建社会内部发生各种各样的新变化。

在这一风雨欲来的大变动时期，学术史研究也出现了一些新因素。在经学研究中，汉宋调和成为当时学者的共识。多数经学研究者意识到了把宋明理学一概斥之为空虚无用的局限，看到了宋学讲义理、讲学术研究的主体意识的长处。如陆以湘说，汉学和宋学是研究经学的两条途径，都有价值："譬之登山，或自南或自北，其路之平易远近不能皆同，要皆望是山以行，不迷于所往，则固殊途同归也。"（《冷庐杂识》卷七）胡承珙也认为："治经之法，义理非训诂则不明，训诂非义理则不当，二者实相资而不可偏废。"提出"治经无训诂义理之分，惟求其是者而已。为学亦无汉宋之分，惟取其是之多者而已。汉儒之是之多者，郑君康成其最也，宋儒之是之多者，新安朱子其最也"（《求是堂文集》卷四）。当时无论是重汉学的程恩泽、胡培翚，还是重宋学的潘德舆、夏炘、戴炯孙，都主张以汉补宋、以宋补汉，既考证文句典章，又要推究经籍大意。

第二章　明清之际至鸦片战争前史学哲学的新发展与近代史学哲学的发轫

经学研究的另一个重要动向是，今文经学开始成为经学研究的潮流。在康熙乾隆年间，汉学复兴时，与大多数学者唯东汉许、郑之学是尚的时尚有所不同，庄存与提倡西汉经学。他认为汉学的正统在今文经而不在古文经。阮元的《庄方耕宗伯经说序》评价庄存与的学术特点是："于六经皆能阐抉奥旨，不专为汉宋笺注之学，而独得先圣微言大义于语言文字之外。"（《味经斋遗书》卷首）但在当时，庄存与并没有多大影响。"所学与当时讲论或枘凿不相入，故秘不示人。通其学者，门人邵学士晋涵、孔检讨广森，子孙数人而已。"（同上）但到嘉庆道光年间，庄存与的今文经学受到了重视。董士锡序其书，说："不知者以为乾隆间经学之别流，而知者以为乾隆间经学之正汇也。"（同上书，《董氏易说序》）魏源也说：

> 清之有天下，百余年间，以经学名家者数十辈，独先生未尝支离觚析，如韩（傅）、董（仲舒）、班（固）、徐（干）四子所讥。是以世之为汉学者罕称道之。呜乎，公所为真汉学者，庶几在是。（同上，《武进庄少宗伯遗书序》）

嘉庆道光年间，刘逢禄（1776—1829）对庄存与的今文经学义旨作了进一步申述。他说："余尝以为经之可以条理求者，惟《礼·丧服》及《春秋》而已。经之有师传者，惟《礼·丧服》有子夏氏，《春秋》有公羊氏而已。"（《公羊春秋何氏解诂笺叙》）因此他把上述著作当做圣学的嫡传。特著《春秋论》上下篇，推崇何休《公羊解诂》三科九旨为圣人微言大义所在，极论《春秋》书法与条例应依何休。又作《公羊何氏释例》、《公羊何氏解诂笺》、《发墨守评》、《穀梁废疾申何》诸篇，重提何氏经说。又作《左氏春秋考证》、《箴膏肓评》等，贬低《左传》的价值。其后宋翔凤（1779—1860）著《论语发微》，以《论语》通《春秋》。综观这一时期的今文经学研究，主观上是对儒家经学派别和内涵的深入发掘，而客观上对微言大义的不断发掘，使得《春秋》这部经史一体的著作所反映的史学思想得到阐发，有助于学术研究主体意识的高扬以及对历史客观过程的探讨。

史学研究中，当时对乾嘉史学的评价大体上也趋于一致，肯定乾嘉考据学的科学性，而针砭乾嘉学者的考据离政治现实问题过于遥远。沈垚（1795—1840）对乾嘉学风所熏陶的知识分子形象地作了讽刺。他说：

大概近日所谓士，约有数端，或略窥语录，便自命为第一流人，而经史概未寓目，此欺人之一术也。或略窥近时考证家言，东抄西撮，自谓淹雅，而竟无一章一句之贯通，此又欺人之一术也。最下者，文理不通，虚字不顺，而秦权汉瓦，晋甓唐碑，撮拾琐屑，自谓考据金石，心极贪鄙，行如盗窃，斯又欺人之一术也。（《落帆楼文集》卷八《与孙愈愚》）

他认为考证到"不必考之地"，而天下治乱安危一概不顾，"但求名高于天下，故术愈精而人愈无用"。这样的学术和学者没有什么价值。沈垚指出，"金石特证史一端，非即所以治史"（同上书，《与张渊甫》）。他自己的研究侧重于现实问题的解决，尤其重视对西北边疆的研究。道光八年（1828）他写有《新疆私议》，反对时人所提出的"西域绝远，得之不为益，弃之不为损"的观点，主张保卫新疆，并设计了屯田积谷等具体措施。沈垚以外，龚自珍、魏源也对史学研究提出了一系列新的看法。

龚自珍，字璱人，号定庵，浙江仁和人。生于乾隆五十七年（1792），卒于道光二十一年（1841）。他认为，从学术史的渊源而论，一切学术均属史学。"史之外无有语言焉，史之外无有文字焉。"（《龚自珍全集》第一辑《古史钩沉论二》）不但《六经》皆史，诸子也是史：

　　夫《六经》者，周史之宗子也。《易》也者，卜筮之史也；《书》也者，记言之史也；《春秋》也者，记动之史也；《风》也者，史所采于民，而编之竹帛，付之司乐者也。《雅》《颂》也者，史所采于士大夫也。《礼》也者，一代之律令，史职藏之故府，而时以诏王者也。小学也者，外史达之四方，瞽史谕之宾客之所为也。今夫宗伯虽掌礼，礼不可以口舌存，儒者得之史，非得之宗伯；乐虽司乐掌之，乐不可以口耳存，儒者得之史，非得之司乐。故曰：五经者，周史之大宗也。
　　诸子也者，周史之小宗也。故夫道家者流，言称辛甲、老聃；墨家者流，言称尹佚；辛甲、尹佚官皆史；聃实为柱下史。若道家，若农家，若杂家，若阴阳家，若兵若术数若方技，其言皆称神农、黄帝；神农、黄帝之书，又周史所职载，所谓三皇、五帝之书者是也。……故曰：诸子也者，周史之支孽小宗也。（同上）

第二章 明清之际至鸦片战争前史学哲学的新发展与近代史学哲学的发轫

《六经》皆史,先后为王阳明、章学诚所发明。龚自珍重提此说并扩大为把一切学术都当为史学,有两个重要意义,一是把史学的精神背景扩大为全面的文化形态,使史学超出了单纯史学著作的局限。二是把史学的经世功用显露了出来气。

他说,在周代之前,一代之治即一代之学,"职其法,载之文字,而宣之士民者,谓之太史,谓之卿大夫"。"民之识立法之意者,谓之士。士能推阐本朝之法意以相戒语者,谓之师儒。""王若宰、若大夫、若民相与以有成者,谓之治,谓之道。若士、若师儒法则先王、先冢宰之书以相讲究者,谓之学。师儒所谓学有载之文者,亦谓之书。是道也,是学也,是治也,则一而已矣。"故这时学术和政治无所谓脱离也无所谓联系,政治即学术,学术即政治。而周代以后,政治与学术分离。但政治与学术的紧密联系还有所影响,故虽然"源一而流百焉,其言又百其书焉,各守所闻,各欲措之当世之君民",学术仍然不失经世之旨。而且由于师儒的传授皆出于本朝之先王,且又自尊自重,故"政教未之失也"。等到衰世,当政者失其成法,而师儒犹能抱残守阙,以保成邦国:"及其衰也,在朝者自昧其祖宗之遗法,而在庠序者犹能据所肄习以为言,抱残守阙,纂一家之言,犹足以保一邦、善一国。"经世大法,还能从学术中找到线索。待到晚近,师儒迷失学术宗旨,"重于其君,君所以使民者则不知也;重于其民,民所以事君者则不知也"。这时的学术跟政治就完全脱节了,跟远古学术真相已经是面目全非(同上书,《乙丙之际著议》第六)。通过对学术发展史流变的分析,龚自珍指出了重新发掘学术研究宗旨的必要性。

对于清朝学术,龚自珍有所认识。在《与江子屏笺》中,他曾就江藩《国朝汉学师承记》的汉学名目进行批评,指出把清朝学术称为汉学不很恰当。原因之一是若以清朝之学为汉学,实则是强调清朝学术与宋学的不同。但不宜以汉学概定清朝学术。一般人认为汉学不谈性命道德等学术精神,而宋学则空言性命。其实,"若以汉与宋为对峙,尤非大方之言。汉人何尝不谈性道"?若过分强调宋学义理倾向和汉学的实证倾向,则不但影响了对汉学经世大旨的认识,同样也不利于对清朝学术尤其是国初大师们的学术精神的认识。原因之二是汉学本身非常复杂,"汉人与汉人不同,家各一经,经各一师,孰为汉学"?汉代学术有的利用阴阳五行学说搞神学,而清朝学术却无此类汉学,"汉人有一种风气,与经无与,而附于经,谬以禨灶、梓慎之言为经,因以汨陈五行,矫诬上帝为说经。大《易》《洪范》,身无完肤,虽刘向不免，以及东京内学，本朝何尝有此恶习"？原因之三是清朝学术有开创性的特点，并不完全是汉学的复归："本朝自有学，非汉学。有汉人稍开门径，而近加邃密者；有汉人未开门径；谓之汉学，不甚甘心。""国初之人即不专立汉学门户。"相反如果把清朝学术当为汉学，既难看到清代学术的某些进步，也不利于对清朝学术精神作正确认识，而反而趋同于烦琐的考证。龚自珍对当时学术之弊端也有所体察。他说："琐碎钉铔，不可谓非学，不得为汉学。""近有一类人，以名物训诂为尽圣人之道"，虽"经师收之，人师摈之，不忍深论"。他认为处在承平日久，朝野苟安，而实际上风涌雷动的今天，更应该畅发学术思想的真正精神，切不可流入末世之师儒而不自觉（以上参见《龚自珍全集》第五辑）。

龚自珍因而提出，当务之急在于重新思视学术研究的根本精神。他说，无论研究经学、子学、史学，都应该理解古代学术思想的前提和内在精神。他曾针对当时重经轻史的现象说，"号为治经则道尊，号为学史则道黜"，这是不正常的。其实经史一体，经学出于史学，也只有从历史学角度才能真正理解经学的要旨。"呜呼，周道不可得而见矣；阶孔子之道求周道，得其宪章文武者何事？梦周公者何心？吾从周者何学？逸于后之谭性命以求之者。"（同上书，第一辑《古史钩沉论二》）龚自珍对于学术经世功能的提倡，在当时起到了一定的积极作用。

非但如此，龚自珍还对古代史学的精神作了更深一步的理解。他的古史钩沉，意谓要把古史职官的权威以及史学的重要性重新树立起来。他曾以周代为例说明史官的重要性："周之世官，大者史。"又以周代历史说明史学的重要性："史存而周存，史亡而周亡。"（同上）龚自珍认识到了史学的相对独立地位，并且推崇史学的权威。他曾长篇论述史学与政治的关系，说：

史之材，识其大掌故，主其记载，不吝其情。上不欺其所委贽，下不鄙夷其贵游；不自卑所闻，不自易所守，不自反所学，以荣其国家，以华其祖宗，以教训其王公大人；下亦以崇高其身，真宾之所处矣。何也？古之世有抱祭器而降者矣，有抱乐器而降者矣，有抱国之图籍而降者矣。无籍其道以降者，道不可以籍也。……故夫宾也者，生乎本朝，仕乎本朝，上天有不专为本朝而生是人者在也。（同上书，《古史钩沉论》四）

第二章　明清之际至鸦片战争前史学哲学的新发展与近代史学哲学的发轫

在龚自珍看来，古代史官是每一朝代冷静的旁观者，他们坚守一条客观的标准，以此来记叙每一朝代所发生的历史事件，并为王公大臣指明政治得失和参考经验，教化百姓，从而使历史朝道德理性发展。即使王朝更替，涉及史官立身之地的某种变化以及史书图籍的散播，但史官所赖以存在的基本原则、史学的客观标准则是不能改变的。它不会随朝代的灭亡而灭亡，有超越具体限制的普遍性。龚自珍对史学根本标准的认识和推崇，表明他对古代史学所持的历史本质论有所体认，基本上能够分辨历史本质与历史现象的相即相离的复杂关系。也表明他期望史学发展出一种严肃的社会批评功能。

龚自珍自己把史学研究与社会现实问题紧密结合。他从历史变易的观点得出凡朝廷政治必须注重变更的结论。其著名的《乙丙之际著议》第七篇云：

> 夏之既夷，豫假夫商所以兴，夏不假六百年矣乎？商之既夷，豫假夫周之所以兴，商不假八百年矣乎？无八百年不夷之天下，天下有万亿年不夷之道。然而十年而夷，五十年而夷，则以拘一祖之法，悍千夫之议，听其自睃，以俟踵兴者之改图尔。一祖之法无不敝，千夫之议无不靡。与其赠来者以劲改革，孰若自改革？抑思我祖所以兴，岂非革前代之弊耶？前代之所以兴，又非革前代之弊耶？（同上）

嘉庆道光年间的政治局势确实非动大手术不可。龚自珍闲居北京多年，在日日无所事事的官僚拖沓疲软的办事积习之中，预感到不作全面的整顿，势将不可救药。他希望从史学研究中得到启发，在《上大学士书》中，他说："自珍少读历代史书及国朝掌故，自古及今，法无不改，势无不积，事例无不变迁，风气无不移易。"因此，只有改革才有希望，才有出路。

怎样改革？改革些什么样的内容？龚自珍认为这同样可以从历史经验中得到启示。比如今之朝廷，"一二品之大臣，朝见而长跪，夕见而长跪；朝见而免冠，夕见而免冠"，君权特重，而内外大臣不能有所作为。龚自珍就指出，古代三公大臣，"坐而论道"，只有保持人格上的独立，才能真正辅佐人君。他还引用《中庸》"敬大臣则不眩"、战国郭隗说燕王"帝者与师处，王者与友处，伯者与臣处，亡者与役处"、贾谊谏汉文帝"主上之遇大臣如遇犬马，彼将犬马自为也；如遇官徒，彼将官徒自为也"，认为这三条古训是"圣哲之危言，古今之至诫"。如果君主能记取，就不愁君臣关系不会变好，社会政治就会得到改观（同上书，《明良论》）。又如当时土地兼并严重，龚自珍从古代宗法和井田制中揣摩，得出应该依靠"农宗"的方案才能缓和土地兼并的矛盾：将农村社会成员分为大宗、小宗、群宗、闲民四个等级，按等授田，确立主佃关系。农有百亩田，由长子继承，立为大宗。小宗和群宗可别请田25亩，大宗可雇佣佃农五人，小宗群宗可雇佃农一人。在上述基础上，强化血缘关系和宗法感情。这样社会经济矛盾也可以得到缓和。再如当时西北和东南沿海都面临强敌入侵的威胁。龚自珍提出《西域置行省议》，指出历史的经验证明只有下决心在西域置行省，才能巩固西部边防。龚自珍还做了大量准备工作撰写《蒙古国志》，试图考察北部边疆的部落、世袭、风俗、山川形势、源流分合，从中总结经验教训。他对东南沿海一带的历史地理也很关注。再如社会道德问题，他也非常重视。嘉庆道光年间上下各阶层普遍缺乏羞耻感和正义感。龚自珍指出，"农工之人，肩荷背负之子则无耻，则辱其身而已；富而无耻者，辱其家而已。士无耻，则名之曰辱国；卿大夫无耻，名之曰辱社稷"（同上书，《明良论》）。其他阶层没有正义感还不是太可怕，可怕的是知识分子普遍道德堕落，对国家命运漠不关心，没有对社会的良心与道义。"士不知耻，为国之大耻。"龚自珍认为必须整肃道德。但龚自珍也看到了整肃道德必须公私并举，他认为天地日月、圣帝哲后、忠臣孝子、寡妻贞妇，都有自私之心，而这是人的特性也是万物之当然。只有结合私心、认可私心，才能发展出正确的道德观（同上书，《论私》）。龚自珍还认为，借鉴历史经验，必须灵活，不能拘泥于史。"至夫展布有次第，取舍有异同，则不必泥于经史。"（同上书，《对策》）

龚自珍对现实问题所作的历史剖析，既实践了他学术与政治一体的主张，指出了史学的经世致用，又表明他对于历史内容的分析已经由乾嘉汉学注重事物的真实情形转向史学主体对于历史内容的主观感受，史学研究的主体意识浮现出来。他的思想较之章学诚更有时代感，从他的史学观点，有可能导启出近代历史观和史学观。

与龚自珍的学术思想极其相似的有魏源。魏源，字默深，湖南邵阳人。生于乾隆五十九年（1794），卒于咸丰七年（1857）。他对学术史源流的看法与龚自珍基本相同。他说：

> 道形诸事，谓之治；以其事笔之方策，俾天下后世得以求道而制事，谓之经；藏之成均、辟雍，掌以师氏、保氏、大乐正，谓之师儒；

第二章 明清之际至鸦片战争前史学哲学的新发展与近代史学哲学的发轫

师儒所教育,由小学进之国学,由侯国贡之王朝,谓之士。士之能九年通经者,以淑其身,以形为事业,则能以《周易》决疑,以《洪范》占变,以《春秋》断事,以礼乐服制兴教化,以《周官》致太平,以《禹贡》行河,以三百五篇当谏书,以出使专对,谓之以经术为治术。曾有以通经致用为诟厉者乎?以诂训音声蔽小学,以名物器服蔽三《礼》,以象数蔽《易》,以鸟兽草木蔽《诗》,毕生治经,无一言益己,无一事可验诸治者乎?呜乎?古此方策,今亦此方策,古此学校,今亦此学校,宾宾焉以为先王之道在是。吾不谓先王之道不在是也,如国家何?(《魏源集·学篇》九)

魏源认为,古代学术与政治融为一体,知识分子研究王政典,都密切关系日常生活,都志在运用。而晚近的学术则不是这样,专门讨论些具体问题,学术既不与个人品格和智慧的提高有关,也与现实问题的解决脱节。像这样的学术他认为应该有所改变。

魏源指出,孔子删述《六经》,其宗旨无非在于经世。西汉诸儒亦无不以学问契人事。但自刘歆之后,"卫、杜、贾、马诸君子承刘歆之绪论,创立费、孔、毛、左古文之宗,土苴西京十四博士今文之学,谓之俗儒"。自此以后,郑学大行,"骎骎遂至《易》亡施孟、梁丘,《书》亡夏侯、欧阳,《诗》亡齐、鲁、韩,《春秋》邹、夹、公羊、穀梁半亡半存,亦成绝学。谶纬盛,经术卑,儒用黜,晏、弼、肃、预、谧、赜之徒,始得以清言名理并起持其后。西京微言大义之学坠于东京,东京典章制度之学绝于隋唐,两汉诂训声音之学熄于魏晋"(同上书,《刘礼部遗书序》)。而清代学者在乾嘉年间,由于辨明伪书而推尊东汉古文经学,不能上契西京微言大义经世之旨,实则仍然没有真正了解孔子学说大旨。他说:

> 自乾隆中叶后,海内士大夫兴汉学,而大江南北尤盛。苏州惠氏、江氏、常州庄氏、孙氏、嘉定钱氏、金坛段氏、高邮王氏、徽州戴氏、程氏,争治诂训音声,爪剖抓析,视国初昆山、常熟三顾,及四明黄南雷、万季野、全谢山诸公,即皆摈为史学非经学,或谓宋学非汉学,锢天下聪明知慧,使尽出于无用之一途。(同上书,《武进李申耆先生传》)

而造成的结果,使得学问与政事截然二途,乃至清代中叶之政治风气甚至不如明朝。

魏源著有《书古微》、《诗古微》等，试图显露西汉今文家的经说深义，从而显示古代学术的真正精神实质。他认为饾饤考校与心性迂谈都不是学术的精神实质。学术的精神在于经世，在于通过对历代事物的深入研究找出可资借鉴的经验教训，在于沟通历史与现实的关系。

魏源对于历史发展的趋势有所认识。他说：

> 租庸调变而两税，两税变而条编，变古愈尽，便民愈甚。虽圣王复作，必不舍条编而复两税，舍两税而复租庸调也。乡举里选变而门望，门望变而考试；丁庸变而差役，差役变而雇役。虽圣王复作，必不舍科举而复选举，舍雇役而差役也。兵甲变而府兵，府兵变而扩骑，而营伍。虽圣王复作，必不舍营伍而复为屯田、为府兵也。天下事，人情所不便者变可复，人情所群便者变则不可复。五帝不袭礼，三王不沿乐，况郡县之世而谈封建，阡陌之世而谈井田，笞杖之世而谈肉刑哉？……庄生喜言上古，上古之风必不可复，徒使晋人糠秕礼法而祸世教；宋儒专言三代，三代井田、封建、选举必不可复，徒使功利之徒以迂疏病儒术。君子之为治也，无三代之上之心则必俗，不知三代以下之情势则必迂。（同上书，《治篇》五）

魏源指出，历史存在一种客观的必然趋势。从田制赋税、官吏选举、兵制法制等项的历史演变来看，都不可能舍新而趋旧。因此道家和宋儒对于上古、三代的推崇是不正确的。他主张以学术研究者所面临的现实问题去研究学术，并从中审查原有经验哪些可以为我所用。1826年，他应江苏布政使贺长龄之请，编辑了一部包括政治、经济、文化等方面的资料《皇朝经世文编》，在叙中他明确提出学术研究的几条原则："善言心者，必有验于事矣"，"善言人者，必有资于法矣"，"善言我者，必有乘于物矣"。学术研究应该以研究的问题为核心。魏源指出，如果我们有历史发展的眼光以及对学术主体性的认识，我们就会对历史与现实的关系作出较准确的理解。既不会执古以律今，亦不会执今以律古。"执古以绳今，是为诬今；执今以律古，是为诬古。诬今不可以为治，诬古不可以语学。"（同上）

魏源的历史研究都关注时政之所需。如他所著《圣武记》，其叙说："海警飙忽，军问沓至，忾然触其中之所积。"他反省清朝前中期的军事胜利，希望从中总结经验以解决当时列强觊觎的危机，再度出现"一喜而四海春、一怒而四海秋"的盛世。他的另一部著作《海国图志》，据其子魏耆《邵阳魏府君事略》说："丙午（道光二十六年，1846）夏，以母忧去官……以前年英夷议抚，当事者为其鸢远，不谙底蕴所致。遂于读礼之暇，搜览东西南北四洋海国诸记述，辑《海国图志》及轮船、机器各图说，成六十卷，以资控制。"表明魏源研究外国史地，就是为当时抵御外患出谋划策。在魏源自己写给邓显鹤的信中说：

> 源羁寓无聊，海艘叠警，不胜漆室之忧，说空言以征往事，遂成《圣武记》十四卷，《海国图志》五十卷。……今日史官以蝇头小楷、徘律八韵为报国华国之极事，源厕其间，何以为情。（《宣庆府志》卷一〇二《艺文志》三）

表示他著《圣武记》、《海国图志》二书，目的是为现实问题提供解决的方案。即使不合时尚，不入史馆，也不后悔。正是因为魏源学术思想的经世意识和主体意识，使他通过对外国史地的研究得出了应学习外国的长处的主张。在《道光洋艘征抚记》中，魏源曾提出："尽收外国之羽翼为中国之羽翼，转外国之长技为中国之长技。"在《海国图志》中，他进而提出"师夷长技以制夷"的主张。

综观嘉庆道光年间的史学学术，可以看出这一时期史学哲学的进步主要表现在以下两个方面：

第一，突出了史学的经世功能以及史学研究的主体意识。当时人们对学术发展史的系统反思，形成了对传统学术几个主要发展阶段如孔门《六经》两汉经学、宋明理学、乾嘉朴学的基本看法。对汉学和宋学已经有越来越多的人看到了各自的长处，避免了左宋右汉的学术偏见。当时大多数有思想的学术家们都能从学术的精神实质去评断学术史，对乾嘉朴学的评价也趋于多样化。并且针对乾嘉朴学的不足而进一步上溯寻求孔子学术的宗旨。对《六经》在西汉时期的发展，所谓西汉今文经学的微言大义开始引起愈来愈强烈的关注。

第二，对历史客观本质以及历史具体内容的认识有一定程度的深入。当时龚、魏都认识到了历史的本质必须借助于历史具体内容来体现，如魏源说王道应该是致民富强之术。"自古有不王道之富强，无不富强之王道；王伯之分，在其心不在其迹。心有公私，迹无胡越。……王道至纤至悉，井牧徭役兵赋，皆性命之精微流行其间。使其口心性、躬礼义，动言万物一体，而民瘼之不求，吏治之不习，国计边防之不问，一旦与人家国，上不足治国用，外不足靖疆圉，下不足苏民困，举平日胞与民物之空谈，至此无一事可效诸民物，天下亦安用此无用之王道哉？"（《魏源集·默觚下·治篇》一）他认为宗教化的道德和理性精神以及只注重个人体验的道德境界论，都不是对王道的正确理解。龚、魏研究历史，都是紧紧围绕现实问题。这表明他们把历史本质置于历史现象中去分析。但龚自珍的史统观又表明历史学成为独立学术门类的根据——对于历史本质的看法是不能与当时具体历史现象完全一致的，它具有一定的批判性。历史本质与历史现象的相即相离的关系，虽然龚、魏尚不能对此作超越前人的论述，但他们提出此点，表明他们在精神上已上契明末清初诸儒，有可能使清初以来的史学哲学在接受乾嘉朴学的洗礼之后，进行新的组合。

总之，以龚、魏为代表的嘉庆道光时的史学哲学虽然对于历史本质、历史现象、史学主体内涵都没有提出什么超越前人的见解，但他们都给上述诸因素以一定的学术研究地位，并且在论述中得出的结论能够上通清初以来史学哲学的新因素，同时他们还为史学哲学的发展提供了许多新的材料。他们共同提出了在新的历史条件下如何结合清初以来中国史学的发展成果的理论课题。

第三章　正统史学的回归与新史学的酝酿

——鸦片战争后至戊戌时期的史学哲学

第一节　正统史学的复兴

由于龚、魏诸人的提倡，鸦片战争后，一大批史家一改不事著述的风气，开始撰写元、明史和当代史著作。当代史著述蔚为风气。有的着手对清朝传记资料的收集整理。如李元度（1821—1887）著《国朝先正事略》60卷，李桓（1827—1891）辑《国朝耆献类征初编》720卷。有的着手对当时所发生的历史事件进行记述。如夏燮 1865 年写成关于第二次鸦片战争的《中西纪事》、1869 年写成描述太平军起义的《粤氛纪闻》，王闿运写成《湘军志》，王定安写成《湘军记》，王之春写成《国朝柔远记》等。当时关于近代史（元、明史）的研究也进入高潮。魏源 1857 年前后著成《元史新编》，徐鼒 1861 年写成《小腆纪年附考》、1862 年写成《小腆纪传》，夏燮 1873 年写成《明通鉴》等。

这一时期的"近现代史"著述和研究，在精神上是对乾嘉朴学流弊的进一步反动。他们试图超出对原有经史典籍的考证的限制，以新旧史料撰著可以发挥自身政治伦理主张的专门史著，表达他们对现实政治问题的见解。但由于他们对传统的正统史学体系抱有执著的信念，还不能够从自身所处的社会现实感受到历史所发生的转折性变化，因而很少有人能够在上述著作中表现出对史学哲学的新看法，而是体现出对正统史学精神的全面复兴。

第一，他们把君臣之义以及名节观念当做史学的标准，认为依靠它们可以扭转现实政治的混乱局面。如徐鼒认为："世运治乱之大小"是"人心邪正之分也"。"两汉近古，气节未尽泯亡，其祸变亦数十年而即定，自魏晋南北朝及隋唐五代之季，人心披靡，伦纪荡然。或一人而传见两史，或一官而命拜数朝。荣遇自夸，恬不知耻。故其间篡弑相仍，两千年中，可惊可愕、绝无人理之事，屡见叠出。盖人心之变，世运之穷极矣。"（《小腆纪年附考·自序》）他认为直到朱熹作《资治通鉴纲目》后，"稍识文字者能读之而知其说，于是愚夫愚妇亦晓然于君父之大义，怵然于名节之防"（同上），从而扭转了两汉以来丧廉寡耻的局面。他说他之所以作《小腆纪年附考》，记载南明政权的历史，就是要效法《春秋》和《资治通鉴纲目》之义，通过对易代之际、南明政权中各种人物不同的生活态度和行为的评断，树立人伦道德观念，以唤起士民的道德意识。他说：

> 彝伦叙则人心未死，天理犹存。兵戈水旱之灾，人力可施其补救。彝伦致则晦盲否塞，大乱而不知止。（同上）

史学就是应该奖励名节，整肃道德，移易风气。

这一时期的史学著作大都强化名节思想。如魏源 1857 年前后写成的《元史新编》竭力坚持《春秋》的褒贬思想。"论曰：《春秋》书三叛人名，以惩恶而劝善，其人皆以土地归鲁，鲁史直书其事，不少讳焉。刘整、吕文焕、夏贵、刘梦炎之徒，身为将相大臣，乃亦趋降恐后，无复愧耻，不彰其恶，则贼臣接踵，岂尚有顾忌哉。"（《元史新编》卷二十九《平宋功臣列传》）他说，刘整、吕文焕、夏贵、刘梦炎都是南宋将相大臣，在宋、元易鼎之际，这些人投降元朝丧失廉耻，应该对他们进行批评。相反，对那些忠节之士要大为表彰。

夏燮 1873 年写成的《明通鉴》也是如此。他在《与朱莲洋明经论修〈明通鉴〉书》中说：

> 甲申之变，正史语焉不详，所记殉难诸臣，亦多疏漏，宜博采《北略》、《绎史》《绥寇纪略》及甲申以后之野史，必使身殉社稷之大小臣工，悉取之而登之简策，以劝千秋忠义。（《明通鉴》序）

他通过辑录，把明末甲申之变以及南明王朝的忠臣义士悉附于《考异》，并在这些忠义之士谥号的书法上发挥通鉴书法凡例，不管其谥号是明王朝还是清王朝所赐，都详细地记载下来。《明通鉴》对忠义之士的遭遇倾注了强烈的感情，如他评价张煌言，说：

> 自奉迎监国后，支持十九年，委蛇于干弱尾大之侧，转徙于蛎滩鳌背之间，中历黄、王之交哄，熊、郑之强死，屠、董诸君子之大狱，零丁皇恐，有人所不能堪者。……直至鲁王之死，灰心夺气，始散其军，其亦可为流涕者矣。（同上书，附编卷六）

张煌言是南明鲁政权的著名将领，在极端恶劣的条件下维持残局，最后不屈而死。夏燮对他的道德和人格都给予了同情的评价。

徐鼒的《小腆纪年》与《小腆纪传》二书也极力表彰忠君尽节之士。对不同的情况还采取了不同的书法。如对"仗戈起义，而殉故国"的予以"特书"。如何腾蛟遣兵勤王，虽然无成，《纪年》说："土崩瓦解之势已成，而倦倦不忘君父，嘉其志，不更苛其功也。特书之，以愧世之时危而弃其君者"（《纪年》卷十三）。对"死节"而"不能倡义"的，也肯定他们"奋不顾身，事虽无成，志则可取"，予以"大书"。对那些社会下层百姓，凡有义行的也都"备书"。"《纪年》之录忠义也，先录其功，妇女也、奴仆也、僧也，概以义许之。将以愧士大夫之不如妇女、奴仆与僧者。"（《小腆纪年》卷八）而对叛主降敌之辈则极力鞭挞。他说："降有辱义，叛则乱称。"兵败途穷而被迫投降的，"诛其降而赦其叛"，至于那些"输情敌国，贪一日之荣利"的叛臣，"灭其国、丧其君而不悔，此禽兽所不肯为，靦然人面而为之，其蛇虺枭獍之性，焉可以降臣例哉"！应该予以严厉谴责（《小腆纪年》卷十四）。

除上述著作之外，当时的其他史学著作也同样体现了严格的君臣之防的思想。奕䜣等主编的《钦定剿平粤匪方略》、《钦定剿平捻匪方略》，易孔昭《平定关陇纪略》，周义亭《平定瑶匪方略》，杜文澜《平定粤匪纪略》和杨毓秀《平回志》，魏光焘《戡定新疆纪》等，均记载了清军武装镇压各地人民起义的经过，而在记录中无不"鼓吹庥明，导扬盛美，上追"皇考深恩"，下启"圣朝厚德"（汪堃《盾鼻随闻录》）。并宣扬忠孝节义的名节思想，浸透了"正人心、厉国俗、兴教化"的伦理观念。

第二，他们对历史发展的过程作不出正确的认识，弥漫着突出的命运思想。

魏源的《元史新编》的天命意识十分突出。魏源之所以要研究元史，有非常明确的目的。在《拟进呈〈元史新编〉序》中，他说：

>   元有天下，其疆域之袤，海漕之富，兵力之强，廓于汉。唐。自塞外三帝、中原七帝，皆英武踵立，无一童昏暴缪之主；而又内无宫闱、奄宦之蛊，外无苛政、强臣、夷狄之扰；又有四怯薛之子孙，世有良相辅政，与国同休；其肃清宽厚，亦过于汉唐。……遂至鱼烂河溃而不可救者，何哉？

他认为就元代当政者的自身素质以及政治的清明而言，元朝都有超越前代的地方，加之当时又没有专权的外戚宦官这一导致政治崩溃的邪恶势力存在，也没有外部强敌的侵扰，应该说能够得到长期稳定，可是一旦有险而不可救药，这里面到底有何原因？魏源试图对此作出总结。如果我们拿元、清两朝历史进行对照，就会发现魏源所说的元朝政治的长处都为清所有，元、清都是以异族而一统中原，有许多相似之处，魏源对元亡的历史经验作总结，实质上就是为了清王朝避免重蹈元朝很快消亡的覆辙，看到表面上的安定潜藏着鱼烂河溃的威胁和危机。

就魏源所提出的关于元朝之所以迅速灭亡的原因来看，主要有四点：一是元中叶后，本来应该更多更信任地重用汉人，而朝廷却改变用人政策，高官要职多由蒙古人、色目人担任，及后，州县长官也由他们担任，汉人南人只能为佐，这就加深了民族矛盾。二是国家把大量财富耗费在僧寺佛事以及藩封勋戚，以致贫极江南，富归塞北，激起汉族人民的反抗。三是海都乃颜诸王叛于北，安南、缅甸叛于南，连年征伐，致使元廷虚敝，外强中干。四是黄河溃于北，海漕梗于南，加之剿抚无定策，致使人心涣散（《魏源集·古微堂外集·拟进呈〈元史新编〉序》）。魏源所分析的元亡四大原因是很准确的，既有历史性，又有时代性。至于为何会出现上述四大原因，魏源却把它归结为"命"。

夏燮著《明通鉴》的目的，也是要通过对有明一代朝廷纪纲、礼乐、刑政、天文、历法、河道、漕运以及营兵、练饷、折色、加赋等历史的研究，而揭示明朝的治乱之源，为清王朝的政治困境寻找出路。夏燮通过对明史的系统研究，得出明代政治之腐朽的主要原因在于吏治不整肃，内侍权力过大，统治集团派别林立。总之是无人治亦无法治。夏燮对南明诸政权的分析也有深意所在。如他说南明弘光政权首脑福王，处在亡国的关头，应该有所作为，而他却醉生梦死，当时殿中楹联竟有："万事不如杯在手，一年几见月当头"，旁注"东阁大学士王铎奉敕书"。因此尽管有不少忠臣义士在勉强维持，也不可能摆脱覆亡的命运。但夏燮同样认为这一切都是一种客观的命运，非人力所能挽回的。

因此，综观这一时期的上述史著及其特点，可以看出，这些史家都希望通过对近代史和当代史的研究，找到解决现实问题的方案。他们虽然在分析具体王朝的兴盛、某种典制的流变时，提出了许多具体的、符合历史事实的观点，有些直接针对清王朝政治状况的症结，有强烈的现实作用。但他们还没有把上述认识提高到关于历史本质的全面认识，更没有注入时代所带来的新内容。因而他们既承认天命因素，又试图提高名节观念的作用，并把它转化为抗敌爱国的民族精神和知其不可为而为之的主体意识，体现出泛道德主义的色彩。

这一时期的史学向正统史学的回归和正统史学精神的复兴，对于全面认识古代史学的精神风貌有一定作用，它也使史家的学术研究由纯粹考据更广泛地引向史学著述，为后来超越古代史学体系提供了必要的阶梯。

第二节　经学史研究的新气象与史学哲学的反思

鸦片战争后，经学史研究出现了更大的变局。调和汉、宋之学成了当时的共识。如陈澧（1810—1882）就指出：

> 汉儒善言义理无异于宋儒，宋儒讥汉儒讲训诂而不及义理，非也。近儒崇汉儒，发明训诂而不讲义理，亦非也。（《汉儒通义·自序》）

他从汉代儒学的历史考证入手，指出汉代儒学并不是不讲义理，只讲训诂，而且汉代不同派别的儒学在某些义理趋向上，还是很有共同之处的，因而主张不宜存汉宋门户之见。当时曾国藩也说：

> 自乾隆中叶以来，世有所谓汉学云者，起自一二博闻之士，稽核名物，颇拾先贤之遗而补其阙。久之，风气日蔽，学者渐以非毁宋儒为能，至取孔孟书中心性仁义之字，一切变革旧训，以与朱子相攻难。附和者既不一察，而矫之者恶其恣睢，因并蔑弃其稽核之长，而授人以诟病之柄，皆有识者所深悯也。（《曾国藩文集》卷二《汉阳刘君家传》）

他认为汉学、宋学各有所长，既不能不讲义理，又不能忽视考据。

在这种共识的基础上，庄存与、刘逢禄、龚自珍、魏源等关于汉学之东、西汉的划分以及对西汉今文经学的推崇得到了共鸣。近代今文经学家皮锡瑞曾经指出：晚清今文经学之所以流行开来，是"义愈推而愈高"的结果。他说：

> 乾嘉以后许郑之学大明，……皆主实证，不空谈理，是为专门汉学。嘉道以后又由许郑之学导源而上：《易》宗虞氏，以求孟义；《书》宗伏生、欧阳、夏侯；《诗》宗鲁、齐、韩三家；《春秋》宗公、穀二传。汉十四博士今文说，自魏晋沦亡千余年，至今日而复明，实能述伏、董之遗文，寻武、宣之绝轨，是为西汉之学。学愈进而愈古，义愈推而愈高，屡迁而反其初，一变而志于道，不特知汉宋之别，且知今文古文之分。门径大开，榛芜尽辟，论经学于今日，当觉其易而不患其难矣。（《经学历史》）

由于消除了汉学和宋学的界限，意识到言义理不是学术的短处，势必对汉学的义理进行考究。而东汉许郑之学，虽言义理却不如西汉今文经学之繁复。诚如皮锡瑞所言："前汉今文说专明大义微言，后汉杂古文多详章句训诂。""惟前汉今文学能兼治义理训诂之长，……故其学极精而有用。以《禹贡》治河，以《洪范》察变，以《春秋》决狱，以三百五篇当谏书，治一经得一经之益也。……《尚书大传》多存古礼，与《王制》相出入，解《书》义为最古。董子《春秋繁露》，发明公羊三科九旨，且深于天人性命之学。韩诗仅存外传，推演诗人之旨，足以证明古义。学者先读三书，深思其旨，乃知汉学所以有用者，在精而不在博，将欲通经致用，先求大义微言，以视章句训诂之学如刘歆所讥'分文析义，烦言碎辞，学者罢老且不能究其一义'者，其难易得失何如也！"（同上）西汉今文经学不但讲义理，而且还讲具体运用，并在学术传承上又得师承，故由重估汉学而推至今文经学的兴起，也是晚清学术史研究的必然趋势。

当时对西汉之学的研究，重点在阐发今文经学的微言大义。今文经学的微言大义主要有两个方面：一是天人关系论，二是三世变易的历史观。西汉人讲究自然现象与社会现象的联系，经过魏晋南北朝至清前期的长期研究之后，已经发现其中所谓联系有许多是不可信的。加之乾嘉朴学对此也持审慎意见，故汉人关于天人关系的阐述没有引起多大震动。而三世变易的历史观则受到了今文经学者的高度重视。如前所述，《春秋》三传在注解《春秋》上存在一些差别。公羊春秋传有王鲁、新周、故宋之说，经何休的阐发，成为对历史发展三阶段论的设想。王闿运在研究公羊《春秋》时就曾对此作过申述，把它也当做一种历史观看待。

　　1883年，廖平提出区分经今古文的主张。他认为要更好地分辨两汉之学，就必须对两汉之学产生差异的根本原因进行审察。他认为西汉末年刘歆鼓吹古文经，如《周官》、《左传》等，是形成东汉学风转变的主要原因。他说以前人们区分今古文，如龚自珍只看到了今古文经学所据版本的不同，也有人看到了两者在当时学术地位的差异。他认为应该找到一条可靠的标准来区分二者。1886年，廖平著《今古学考》认为今古文经的根本差异在于二者所说制度的不同。今文经以《王制》为主，古文经以《周官》为主。而孔子的《六经》则统包二者，因为孔子一生学术有前后两期的变化。"孔子初年问礼，有从周之意。""至于晚年，哀道不行，不假手自行其意，以挽弊补偏。"廖平说："予谓'从周'为孔子少壮之学，'因革'为孔子晚年之意志者此也。"（《今古学考》卷下）1887年，廖平"平分今古"的经学思想发生重大变化。他在1887—1897年间著成《知圣篇》和《辟刘篇》（二书初稿均成于1888年，但未及时刊行。前书迟至1902年才出版。后书增订改名《古学考》，1894年作记，1898年付梓），认为古文经的范围极小，而皆有作伪迹象。而经学的今文则是孔子真正的学术精神所在。今文经以《王制》为核心的思想体系，代表了孔子关于政治、文化理想的主张。

　　与廖平相呼应，康有为自1884年写成《礼运注》后，陆续写了《人类公理》（1887—1888年）、《新学伪经考》（1891年刊行）、《孔子改制考》（1892—1896年写成，1897年刊行）等著作，把廖平的观点进一步明朗化。康有为认为孔子的真正思想集中在《春秋》，而公羊传是孔子思想的继承者，其存三统、张三正、异内外的三科九旨，典型地反映了孔子对于历史过程的系统看法，以及关于不同历史阶段的政治设想。

　　廖平和康有为的经学研究，其学术背景是对汉学的重新估价以及对今学的推崇。他们由辨别今古文经入手而导致对孔子学术思想乃至诸子的评价，一方面使汉儒关于孔子学说研究的具体差异得到认识，微言大义得到阐发，另一方面也使得当时人们对于学术的主体意识引起了高度注意。它实际上也反映了鸦片战争前后的学术研究经世致用的意图，也反映了这时期学术主体意识的上升。

应该指出，这一时期的今文经学的研究所阐发的观点有一些是不符合历史的原貌的。在今文经学潮流酝酿过程中，陈澧和朱一新都不同意今文经学的政治化色彩。如陈澧说：

> 刘申受（逢禄）《公羊议·礼制爵篇》云：以春秋当新王，始朝当元勋，进小国为大国，其书公朝．王所，不为公朝起也；王使来聘，书"使"与诸侯同文，著新周也。鲁使如周，不称使，当新王也。公如京师，如齐、晋，皆不言朝，当巡守之礼也。此仍守何氏之说而更甚矣。（《东塾读书记》卷十《春秋三传》）

他认为刘逢禄所论述的关于《春秋》王鲁、新周、故宋诸说，都是沿用何休的说法而把它推到极端。实际上何休的说法来源于董仲舒。"《春秋繁露》云王鲁、绌夏、新周、故宋"，而"公羊无此说也"。惟宣公十六年（公元前593）"成周宣榭灾"，公羊传注云："外灾不书。此何以书？新周也。"但即公羊传中出现的唯一的"新周"一词，也并不能像刘逢禄等人所解释的那样，对东周的政治寄予了新的理想。实际上说的只是"周之东迁，本在王城；及敬王迁成周，作传者号为新周。犹晋徙于新田谓之新绛，郑居郭邻之地谓之新郑，实非如注解"（同上）。陈澧的这一反驳直接针对晚清今文经学家的微言大义，这个根据不牢固，也难说孔子在《春秋》中寄托了什么历史不同阶段的各种不同的政治理想。

朱一新（1846—1894）曾对鸦片战争后经学研究形成今文经学特别是《春秋》公羊说占主要地位的原因以及这种研究的不足作过评述：

> 良由汉学家琐碎而鲜心得，高明者亦悟其非，而又炫于时尚，宋儒义理之学，深所讳言。于是求之汉儒，惟董生之言最精。求之《六经》，惟《春秋》改制之说最易附会。且西汉今文之学久绝，近儒虽多缀辑而零篇坠简无以自张其军。独《公羊》全书幸存，《繁露》、《白虎通》诸书又多与何注相出入，其学派甚古，陈义甚高，足以压倒东汉以下儒者，遂幡然变计而为此。夫公羊大义，通三统故建三正，当周之时，夏正、周正，列国并用，本非异事，不待张皇也。古人所以重三正者，以其合于天运，天运三微而成著，故王者必法天以出治，五始之义，公羊

第三章 正统史学的回归与新史学的酝酿 57

子言备矣。……今乃舍其敬天劝民之大者，而专举改制以为言，夫《春秋》重义不重制，义则百世所同，制则一王所独，……今以《六经》之言一切归之改制，其巨纲细目散见于《六经》者，转以为粗迹，而略置之。夫且以制作为事，而不顾天理民彝之大，以涂饰天下耳目者，惟王莽之愚则然耳。曾谓圣人而有是乎？故曰以思无益，不如学也。(《无邪堂答问》卷一《胡仕榜问董胶西明春秋》)

朱一新认为今文经学之成为学术潮流，是因为纯粹朴学缺乏经世的心得。但由于长期以来对宋学有偏见，故人们反省朴学之失，却上求于西汉之学。西汉之学又以《春秋》经说最引人联想。他认为春秋时期，三正并用，不过是当时历法现象的如实反映，没有什么深意。西汉人在解释三正时，认为它代表了孔子关于据乱世、升平世、太平世的某种理想，这本来就有些过头，而晚清今文经学把《六经》一并当做孔子改制的表现，则更不大容易站得住脚。

朱一新曾就康有为《新学伪经考》和《孔子改制考》的论证作了反证。他说，古文经并非刘歆所能伪造。《史记》、《汉书》关于古文经记载的详略有别并不能证明刘歆伪造了古文经。康有为说《史记》关于古文经本没有什么记载，有记载也是后人窜入的说法是不正确的。因为"当史公时，儒术始兴，其言阔略，《河间传》不言献书，《鲁共传》不言坏璧，正与《楚元传》不言受《诗》浮丘伯一例。若《史记》言古文者皆刘歆所窜，则此二传乃作伪之本，歆当弥缝之不瑕，岂肯留此罅隙，以待后人之攻"（《翼教丛编》）。他还指出，《左传》有相当长的传授，并不是刘歆伪造。而《王制》晚出，并不符合《春秋公羊传》，《论语》与《公羊》更难相合。单纯据《公羊》解经，不能得到《六经》的真意：

公羊家言，如以祭仲为行权，乃假祭仲以明经权之义，非真许祭仲，以齐襄为复九世之仇，乃假齐襄以明复仇之义，非真许齐襄。此类颇多，皆文与实不相与。但此惟《公羊》为然。近儒乃推此义以说群经，遂至典章制度舆地人物之灼然可据者，亦视为庄列寓言，恣意颠倒，殆同戏剧，从古无此治经之法。（同上）

以廖平、康有为为代表的晚清今文经学，为了否定古文经学的地位，把古文经一概视为刘歆的伪造，凡刘歆以前史书关于古文经的记载皆视为后人窜入。而在今文经学中又特别抬高春秋公羊说的地位，从学术史的真实情况来看，是不符合今古文经的历史原貌的。自孔子整理六艺以来，儒家在解释孔子的学术观点时，就产生了各种不同的意见。中经战国秦汉时期，逐渐成为今古文两种典型风格。虽然古文经说的地位之上升迟至西汉末和东汉初，但并不是说古文经没有来历。因此，陈澧和朱一新的反驳也不为无理。

但是晚清今文经学与其说是对学术的探索，还不如说是对学术史的反思。它体现了经学家们以"复古求解放"，借助学术研究以阐述其历史观和政治主张的真实意图。陈宝箴在当时对晚清今文经学的实质看得比较准确。他在《奏厘定学术造就人才折》中说：

> （《孔子改制考》）此书大指，推本《春秋》公羊及董仲舒《春秋繁露》。近今得此说者为四川廖平，而康有为益为之推衍。考证其始，滥觞于嘉道一二说经之士，专宗西汉经师之传，而以东汉后出者概目为刘歆伪造。此犹自经生门户之习。逮康有为，当海禁大开之时，见欧洲各国尊崇教皇，执持国政，以为外国强盛之效实由于此。而中国自周秦以来，政教分途，虽以圣于尧舜、生民未有之孔子，而道不行于当时，泽不被于后世。君相尊而师儒贱，威力盛而道教衰，是以国异政、家殊俗、士懦民愚，虽以嬴政杨广之暴戾，可以无道行之；而孔子之教散漫无纪，以视欧洲教皇之权力，其徒所至皆足以持其国权者，不可同语。是以愤懑郁积，援素王之号，执以元统天之说，推崇孔子以为教主，欲与天主耶稣比权量力，以开民智，行其政教。……其著为此书，据一端之异说，征引西汉以前诸子百家。旁搜曲证，济之以才辩，以自成其一家之言。其失不过穿凿附会。而会当中弱西强，黔首坐困，意有所激，流为偏宕之辞，遂不觉其伤理而害道。（参见叶德辉《觉迷要录》卷一）

晚清今文经学的提倡者，就是试图把孔子打扮成为改制的素王和教主，借助孔子而推行他们自己的改制主张，寻找自身政治思想的合理根据。

值得注意的是，晚清今文经学在阐发孔子的思想时，把个人对于历史的看法糅入其中，实际上体现了他们自己的历史发展观，并在一定程度上突破了经学的思想体系。如康有为《礼运注》记叙其思想的形成过程时，曾说：

> 既乃去古学之伪，而求之今文学，凡齐、鲁、韩之《诗》，欧阳、大小夏侯之《书》，孟、焦、京之《易》，大、小戴之《礼》，公羊、穀梁之《春秋》，而得《易》之阴阳之变、《春秋》三世之义。曰：孔子之道大，虽不可尽见，而庶几窥其藩矣。惜其弥深太漫，不得数言而赅大道之要也。乃尽舍传说而求之经文，读至《礼运》，乃浩然而叹曰：孔子三世之变，大道之真在是矣。大同小康之道，发之明而制之精，古今进化之故，神圣悯世之深，在是矣。

他把《公羊传》所谓"所见、所闻、所传闻"三世与《礼运》的"大同"、"小康"之说结合起来，认为孔子有据乱、升平、太平三世的历史发展观。据乱世与升平世皆行小康之道，而太平之世，则行大同之道：

> 郑玄目录云，名《礼运》者，以其记五帝三王相变易，附阴阳转旋之道。愚按孔子之道，有三世、有三统、有五德之运，仁、义、礼、智、信，各应时而行运，仁运者大同之道，礼运者，小康之道，拨乱世以礼为治，故可以礼括之。……此篇孔子礼治之本，大义微言多在。

又说：

> 大道者何？人理至公，太平世大同之道也。三代之英，升平世小康之道也。孔子生据乱世，而志则常在太平世，必进化至大同，乃孚素志，至不得已，亦为小康，而皆不逮，此所以由顾生民而兴衰也。（《礼运注》）

康有为把中国自春秋战国至秦作为据乱世，秦以后两千余年为升平世："吾中国两千年来，凡汉、唐、宋、明，不别其治乱兴衰，总总皆小康之世也。凡中国两千年儒先所言，自荀卿、刘歆、朱子之说所言，不别其真伪、精粗、善恶，总总皆小康之道也。其故则以群经诸传所发明皆三代之道，亦不离乎小康之世也。"（《礼运注叙》）而康有为当时所处的社会，他自认为已进入由升平世向太平世过渡的阶段。

康有为划分历史阶段的主要标志是"文教"。他说：

> 三世为孔子非常大义，托之《春秋》以明之。……乱世者，文教未明也；升平者，渐有文教小康世；太平者，大同之世，远近大小如一，文教全备也。(《春秋董氏学》)

而所谓"文教"，即每一时期以不同的政治制度为核心的历史文化形态。不同时期均有一套因时制宜的文物典章。他认为三世不能躐等乱次。在据乱世行太平世之道不中乎法，在太平世行升平世之道亦不中乎法。而他认为像他所处的历史阶段，就是要推行重视个性和私有观念的文教制度，并为将来向世界大同做准备。

晚清今文经学所导出的关于社会历史发展规则的思考，较之龚自珍、魏源的历史变易论要具体得多，不但有一套自成体系的政治文化内容，而且对中国清以前的历史演化阶段作了初步的探索，特别是它所表述的关于当时社会所处历史地位以及未来世界的政治文化理想已经呈现了一种对于现实和历史的超越意识。梁启超1901年所作《南海康先生传》说：

> 时西学初输入中国，……彼时所译者皆初级普通学及工艺兵法医学之书，否则耶稣经典论疏耳。于政治哲学毫无涉及。而先生以其天禀学识，别有所会悟。能举一反三，因小以知大，自是于其学力中，别开一境界。(《饮冰室文集类编》下)

后来，他在《清代学术概论》中又论及康有为的《孔子改制考》，说：

> 教人读古书，不当求诸章句训诂名物制度之末，当求其义理。所谓义理者，又非言心言性，乃在古人创法立制之精意，于是汉学宋学，皆所吐弃，为学界辟开一新殖民地。

康有为在西学尚未充分传播，特别是西方近代政治、法律诸思想尚未翻译过来时，从经学研究中所得出的关于历史发展阶段的认识，以及他对于经学学术精神的认识，不但是经学的革命，同时是整个学术界的革命，也是人们精神世界的革命。从康有为破除对于经学的迷信，把经学与诸子放在同一学术地位开始，传统经学作为人们精神世界的支柱地位也受到动摇，人们思考历史与现实，逐渐摆脱传统经学的控制，越来越注重个人对时代的感受与对于未来的洞察。

第三节　外国史地研究与中外历史的对比中表现的关于历史进程的新观点

鸦片战争后至戊戌前后，还出现了一系列对于外国史地的研究著作。这些著作通过对中西历史的比较，得出了关于历史发展阶段的某些新观点。最典型的代表人物是王韬、郑观应、黄遵宪。

王韬（1828—1897），原名利宾，字兰卿，江苏甫里人。1862年，因曾上书太平天国的事情被发觉而逃至香港。1867年，应英国传教士理雅各之约，旅居欧洲三年。曾两次经过法国，"览其宫室之雄丽，廛市之殷阗，人民之富庶，兵甲之强盛"（《重订法国志略·凡例》），引起思想上的触动。对法国的历史、地理以及社会现状有所了解。1870年回香港后，丁日昌嘱他将所纂的《地球图说》中的《法国图说》部分"增辑史事，衰益近闻，著为定本"。他遂广泛搜集资料，又就见闻所及，编撰《法国志略》，成14卷，1890年他又把它增订为24卷。王韬还著有《西古史》、《俄罗斯志》、《美利坚志》等，但均未刊行。1871年，普法战争结束后，王韬还"摭拾前后战书，汇为一书，凡十有四卷"。1886年他又根据普法军队中的随营记录和各国有关评论，增补为《普法战纪》20卷。

王韬对西方历史的初步研究以及他的切身感受，使他对中国社会有了一些理解。他把中国历史分为三个阶段。第一阶段为三代之道，第二阶段为郡县之道，第三阶段为君民共主之道。他划分历史阶段的标准主要是君民关系的表现形式：

> 三代以上，君与民近而世治，三代以下，君与民日远而治道遂不古若。至于尊君卑臣，则自秦制始。于是堂帘高深，舆情隔阂，民之视君如仰天然，九阍之远，谁得而叩之。虽疾痛惨怛，不得而知也；虽哀号呼吁，不得而闻也。（《弢园文录外编》卷一《重民》下）

他说，自郡县制行，"三代之礼乐典章制度荡焉泯焉，无一存焉"（同上书，

《变法》中)。"君既端拱于朝,尊无二上,而趋承之百执事,出而莅民,亦无不尊,辄自以为朝廷之命官,尔曹当奉令承教,一或不遵,即可置之死地,尔其奈我何?"其结果是上下官吏,"其能实心为民者无有也"(同上书,《重民》下)。此种现象到当前已经非改变不可。

王韬根据当时西方政治的情形,把政治分为三种情况,一为君主之国,一为民主之国,一为君民共主之国。他认为就现代西方政治三种形式而言,中国应以行君民共主之道为最佳选择。1873年刊刻的《普法战纪》和1875年书写的《法国志略》,王韬具体比较了普鲁士和法国两种不同的政治形式,他认为普鲁士的君主立宪制比较理想。他说,普法战争法国之所以失败,主要是由于法国民主共和造成内部混乱,缺乏权威。

王韬说,任何历史发展阶段的具体法则都必然要产生一些变化:

> 道有盈亏,势有分合,所谓物穷则变,变则通,通则久,此也。……故草昧之世,民性睢睢盱盱,民情浑浑噩噩,似可以长此终古矣。乃未几而变为中天文明之世,未几而变为忠质异尚之世,且未几而变为郁郁彬彬之世,可知从古无不变之局。(同上书,卷五《六合将混为一》)

因此,当前社会必有所更,不能泥古以为治。"三代之法,不能行于今日。如其泥古以为治,此孔子所谓生今之世而反古之道者也。由此观之,中国何尝不变哉。"(同上书,卷一《变法》上)但他认为,当前的变更应该把握当时的历史特点。他认为这个根本特点就是要把民为邦本的思想当为变更的指导:"天下之治,以民为先,所谓民惟邦本,本固而邦宁也。"(同上书,卷一《重民》上)当时的变更就是要在此思想指导下对政治制度作出调整。他说:

> 英国之所恃者,在上下之情通,君民之分亲,本固邦宁,虽久不变。观其国中平日间政治,实有三代之遗意焉。(同上,卷四《纪英国政治》)

英国的政治之长处不失为中国变更的参照。王韬特别指出,时人只看到西方国家"火器精良,商工之利为英国之基"的表面现象,而没有看到西方国家的政治制度的重要,"不知此乃其富强之末而非富强之本也。……英不独长于治兵,亦长于治民,其政治之美,骎骎乎可与中国上古比隆焉"(同上)。他主张更应该效法西方国家的政治制度。王韬也不忽视科技和商业等方面的变革,他通过大量历史事实说明了向西方学习枪炮技术以及发展民族工商业的重要性。

但王韬又认为向西方取法,推行政治、经济、军事、教育等多方位的变更,不能丧失对中国文化精神的信念。他说:孔子所创立的儒家学说,作为民族文化的基本精神,是不会受到时代变更而动摇的:

诚使孔子生于今日,其于西国舟车枪炮机器之制,亦必有所取焉。器则取诸西国,道则备当自躬。盖万世不变者,孔子之道也,儒道也,亦人道也。(同上书,卷八《普法战纪》前序)

王韬对于历史发展过程的看法以及他关于当时中国所处历史地位的估价,是随着他对于西方历史和现实的了解而提出来的。由于它有一个异质文化的参照系,王韬的观点对于传统史学来说是极具启发意义的。他给龚、魏从经学中阐发的历史变易论补充了许多具体的内容,把中国史学关于历史客体的研究提高到一个新的高度。王韬对自己与龚、魏的区别有所认识。他曾记载日本朋友与他的谈话:

重野谓予曰:"或序先生之文,谓为今日之魏默深。默深所著《海国图志》等书,仆亦尝一再读之,其忧国之心深矣。然于海外情形,未能洞悉蓍龟,于先生之言,不免大相径庭。窃谓默深未足以比先生也。"

余曰:"当默深先生之时,与洋人交际未深,未能洞见其肺腑。然师长一说,实倡先声。惜昔习言之而不为,今日为之而犹袭皮毛也。"

鹿门曰:"魏默深血性人耳,得先生继起,而后此说为不孤也。"(《扶桑游记》)

王韬所记叙的此段对话,比较真实地反映了王韬个人的思想以及他与魏源等人的区别。面对清朝政治和国势与西方的强烈反差,王韬发展了学术经世的主张,并逐渐超出正统史学的轨道,开始避开经学以及所谓名节大防的正统史观,而寻求救国救民的真理。

郑观应（1842—1923），原名官应，字正翔，号陶斋，别号杞忧生、慕雍山人、罗浮待鹤人。广东香山（今中山）人。幼年到过南洋。青年时代，受民族危机刺激学习西语、西学。1860年入上海英商宝顺洋行、太古轮船公司为买办。1880年后，先后由李鸿章、盛宣怀委为上海机器织布局总办，轮船招商局帮办、总办，上海电报局总办，粤汉铁路总办等职。在研究时务实践时务时，形成了维新改革思想。中法战争结束后，编著《盛世危言》。他在70年代所著《易言》中，指出：

> 夫大道数百年小变，数千年大变。考诸上古，历数千年以降，积群圣人之经营缔造而文明以启，封建以成。……洎秦始并六国，废诸侯，改井田，不因先王之法，遂一变而为郡县之天下矣。……至于今，则欧洲各国兵日强、技日巧，无不周游贩运，中国亦广开海禁，与之立约通商，又一变而为华夷联属之天下矣。是知物极必反，变久则通，虽以圣继圣而兴，亦有不能不变、不得不变者，实天道、世运人事有以限之也。（上卷《论公法》）

他根据个人的商业实践，认识到清朝当时的许多制度以及办事作风都已经不适应于社会的向前发展，加之清朝政府无时无刻不受内外双重矛盾的煎熬，郑观应从而提出，在当时世界趋向一体化的时代，再也不能按老办法办事，必须有所改变。稍后他在《盛世危声·自序》，中又说：

> 治乱之原，富强之本，不尽在船坚炮利，而在议院上下同心，教养得法。

他从早年所恃商业、教育等项的变更，上升到要在政治上效法西方政治的良法美意，表明他对当时中国的现状有了更深的理解。而这同样标志着他对于中国历史的整体看法出现了一些新因素。

黄遵宪（1848—1905），字公度，广东嘉应州（今梅州市）人。光绪二年（1876）中举，1877年随何如璋出使日本，1879年撰《日本杂事诗》，他从自己的切身经验排解了对日本政治不同于中国传统的疑惑，对日本政治的长处予以平实的报道。1882年他任驻美旧金山领事，居美三年，1886年回国。1890年又随薛福成使英，1890年撰成《日本国志》40卷。

黄遵宪通过比较日、美、英三国的民主政治，认为日本与英国的政治极相似，他认为从它们的政治优势可以看出，民欲高于一切，顺从民欲的国家才能安定，满足民欲的国家才能发展，也只有民欲纷呈，才能产生西方的政治制度与技艺术数。他认为民欲是推动历史进化的根本原因。

与王韬一样，黄遵宪试图根据西方历史发展的某些特征来划分中国历史的发展阶段。1897年左右，他的《南学会第一、二次讲义》中把中国历史分为三个时期：封建之世、郡县之世、共和之世。封建之世指秦统一中国以前的春秋战国时代，这一时代虽然实行世卿、世禄、世官的世袭制度，但士大夫尚能参与政治，国家大事也谋及庶人，刑赏也与众庶共之。故虽然"其传国极私，其政体乃极公也"。郡县之世指自秦至清代的历史。"自秦以后，国不一国，要之可名为郡县之世。"此时代政府设立"至纤至悉，至周至密"的官僚机构，统治人民。因而也出现了"官之权独揽，官之势独尊"的局面。他认为郡县之世，"官吏专政"，亟待改革。共和之世在中国尚未到来，而在欧美均已成为现实。这种社会"官民上下同心同德"，君民共主，"以联合之力，谋群之益"。黄遵宪认为中国未来社会还是采取君主立宪较好。光绪十年（1884）他出任美国旧金山总领事，目睹美国共和和民主两党竞选，"大则酿祸乱，小则成击刺"，他感到像中国这样长期闭塞的情况，更不能如同美国那样推行民主。这种认识直到他的晚年也未更改。1904年他致梁启超的信，就以他的亲身经历劝诫梁启超不要对中国政治持激进态度。说："既留美三载，乃知共和政体万不可施之于今日之吾国，而是以往守渐进主义，以立宪为归宿，至今未改。"（《人境庐诗草》卷四《致饮冰室主人书》）

王韬、郑观应、黄遵宪等人的学术思想的贡献主要表现为两个方面。其一，他们通过中西历史的对比，对中西历史发展的具体阶段及其主要特点有比明清之际以来的看法更加明确、更加具体的认识。他们对中国社会的发展趋向的前景也要比明清之际以来的有关论述要深入得多、系统得多。其二，正由于他们对中国未来前景有一定的认识，他们关于未来中国的主要特点以及精神风貌的论述，又表现了他们在学术思想上的独立自主精神。也就是说，只有那些对自身所处时代的历史地位认识得较为深刻的人才能把学术研究真正与时代命运联系起来，才有可能开创学术研究的新局面。因此，从他们关于学术问题的研究来看，他们的结论已经显示出了呼之欲出的近代新史学的主要内容。

综观鸦片战争后至戊戌维新时期的史学哲学，可以看到它是龚、魏所揭示的学术史精神的全面发展。只是由于史学家对于时代使命的认识有别，对于所处时代所占历史地位的自我意识有异，才采取了种种不同的表现形式。有些史家主张用传统的正统史学观念以及原有的正统经学体系来整肃人心风俗，挽弊补偏，重新回到历史上所出现过的封建制度的昌盛时期。而另外一些史家则从正统经学体系中发掘出富有时代气息的新思想、新观点，并导致学术史研究也出现了一些前所未有的新因素。还有一些史家则从中西历史的比照中看到了中国社会的不足以及它可能的发展方向，并以此为根据反省固有学术史研究的不足，也形成了关于学术史的许多创造性的观点。

经过这一时期的史学实践，中国史学哲学也由乾嘉朴学占主导地位的形态转向近代经世史学。史学哲学的重点也由研究史学的具体问题转向研究史学的根本问题，它反映出近代史学面临的首要问题——只有深入研究当时社会的特性，才能更好地理解历史的继承和发展。

但这一时期的史学哲学也存在一个很大的缺陷，当时对史学认识论的探讨相对缺乏，没有把关于历史客观存在的哲学思考与史学认识论统一起来。

第四章　新史学哲学理论的初步建树

第一节　戊戌后至20世纪初年的史学思潮

继康有为、廖平之后，中国史学界出现了一个新史学的高潮。

1901年梁启超在《清议报》发表《中国史叙论》，同年章太炎手校本《訄书·哀清史》附《中国通史略例》，都提出要编修一部不同于旧史的中国通史。

1902年，留日学生侯士绾翻译日本浮田和民《史学原论》，名为《新史学》，1903年出版，系统介绍西方史学理论和方法。1902年梁启超在《新民丛报》发表《新史学》，呼吁"史界革命不起，则吾国不救"（《清议报》1902年2月8日第1号）。邓实在《政艺通报》发表《史学通论》，认为"中国史界革命之风潮不起，则中国永无史矣，无史则无国矣"（《政艺通报》1902年8月18日第12期《史学文编》）。马叙伦在《新世界学报》发表《史学总论》，提出："中人而有志兴起，诚宜于历史之学，人人辟新而讲求之。"（《新世界学报》1902年9月20日第19期《史学文编》）留日学生汪荣宝根据日本史学论著编译发表《史学概论》，简要介绍资产阶级史学理论和方法，自称以此为中国将来"新史学之先河"（《译书汇编》1902年12月10日第9期《历史》）。

1903年，上海镜今书局出版一部新近史学著译文集，题名《中国新史学》，在《例言》中提出："中国学科素以史学为最发达，然惟其极，亦不过一大相斫书而已。故非于史学革新，则旧习终不能除。"留日学生曾鲲化，自命"国史氏"，由东新译社出版《中国历史》（署名"横阳翼天氏"，据俞旦初先生考证，为曾氏），在首篇总叙"历史之要质"中指出：中国过去"所谓《二十四史》、《资治通鉴》等书，皆数千年王家年谱、军人战纪。非我国民全部历代竞争进化之国史也。今欲振发国民精神，则必先破坏有史以来之万种腐败范围，别树光华雄美之新历史旗帜，以为我国民族主义先锋"。

19世纪末20世纪初的新史学思潮之新主要表现在：

其一，对旧史学价值标准的批评和对全民本位的史学标准的提倡。

1896—1897年，梁启超在《西学书目表·后序》中指出：讲史学必须知道"历代制度皆为保王者一家而设，非为保天下而设"。"君权日益尊，民权日益衰，为中国致弱之根源。"（《时务报》1896年10月7日第8册）在《续译列国岁计政要叙》中进一步指出："历史有君史、有国史、有民史。"西方国家"民史"盛行，而中国各代历史，"不过为一代之主作谱谍"（同上报，1897年7月20日第33册）。

1897—1898年，严复在《国闻汇编》刊译了斯宾塞《社会学研究》第一篇《论群学不可缓》（此即1903年《群学肄言》的《砭愚》），批评前史体例，"于君主帝王之事，则虽少而必书，于民生风俗之端，则虽大而不载。是故以一群强弱盛衰之故，终无可稽"。

1898年谭嗣同在《湘报·后序下》中，说报纸应该就是"民史"，同时批评过去"二十四家之撰述"，归根到底，"不过一姓之谱谍"，根本无视对民间生活、教育、商业、工业和农业活动的"记载"（《湘报》1898年3月18日第11号）。徐仁铸在《輶轩今语》中也认为："西人之史，皆纪国政及民间事，故读者可考其世。""中国正史仅记一姓所以经营天下、保守疆土之术，及其臣仆翼戴褒荣之陈迹，而民间之事，悉不记载。"十七史"不过十七姓家谱"（《湘学报》1898年3月13日第30册）。

1901年，梁启超在《中国史叙论》中引述法国波留《俄国通志》所云："俄罗斯无历史，非无历史也，盖其历史非国民自作之历史。"说"今吾中国之前史"，"正坐此患"（《清议报》1901年9月3日第90册）。

1902年2月，梁启超在《新史学》中进一步指出："吾国史家，以为天下者，君主一人之天下，故其为史也，不过叙某朝以何得之，以何而治之，以何而失之而已。舍此非所闻也。昔人谓《左传》为相斫书，岂惟《左传》，若二十四史，真可谓地球上空前绝后之一大相斫书也。"他认为："所贵乎史者，贵其能叙一群人相交涉、相竞争、相团结之道，能述一群人所以休养生息、同体进化之状，使后之读者，爱其群、善其群之心油然而生焉"，提出历史应为国民而作（《新民丛报》1902年2月8日第1号）。

1902年6—7月间，赵必振在为《日本维新三十年史》（广东书局出版）所作《序》中明确提出："史之体有三：神权之世，则为神史；君权之世，则为君史；民权发达之世，则为民史。"认为这是"三古同轨，万世一辙"，是世界历史的共同规律。而中国过去的二十四史，只是二十四姓之家谱年表，实即君权之世的共同现象。日本过去有《大日本史》、《山陵志》、《国史略》、《日本政纪》、《日本外史》，也是君权之世的作品，只是到了明治维新之后，历史学者"渐革其旧来之习惯，必纪其有关于社会之大者，而彼一朝一代之家事，不必污我毛锥，于是乃有日本文明史"，然后不为一代一朝之书，而注重社会进化之故。他认为中国史学已到了这一时刻。

1902年8—9月间，邓实在《史学通论》中批评旧史"则朝史耳，而非国史；君史耳，而非民史；贵族史耳，而非社会史。统而言之，则一历朝之专制政治史耳"。他也把神史、君史、民史作为三个不同的史学时代，希望新史家不要沉迷于君主专制之史而不自觉，而要开创中国民史时代。

1902年9月，陈黻宸在《独史》一文中提到："东西邻之史，于民事独详"，反顾"中国自秦以后而民义衰矣"。"民亦卑矣，贱矣，虽至流血百万，伏尸千里，吊荒墟而问故事，无一人知其姓氏者。积冢累墓，悲风烈烈，茫然四望，橐笔无言，民于史无色矣。"他认为，今日中国作史，应该学习西方和日本，重视"民史"，"史者，民之史也，而非君与臣与学人词客所能专也"（《新世界学报》1902年9月16日第二期《史学》）。

1902年10月，署名"樵隐"的《论中国亟宜编辑民史以开民智》指出：中国急需一部"普通民史"。认为中国自"三代以降，有君史，无民史"。并指出目前"朝旨敦促变法，讲究译述，而文人学士，群喜致力于欧美历史、法律、政治、舆图、兵学，以为猎取富贵功名之计，而农工商之守旧如故，内地之闭塞如故，民性之野恶如故，弃本逐末，避实就虚，其抑思殖民政令、强国要图，在此不在彼也"。因此他提议哀"集中国古今物产土性、工商宜忌、盛衰沿革，国家征税出入、轻重利弊之关系，各业物资法度，生理替待盈虚之变更，一一证以欧美当师法、当修改、当参酌之实际，以补列朝国史所未备，命名《普通民史》，使天下智愚贤不肖，真知灼见于国与民之维系》（《政艺通报》1902年10月16日第17期《史学文编》）。

1903年，曾鲲化为他所编著的《中国历史》所写的《中国历史出世辞》，对旧史作了尖锐批评。他认为历史家的天职是："记录过去、现在人群所表现于社会之生活运动及其起源、发达、变迁之大势，而纪念国民之美德，指点评判帝王官吏之罪恶，使后人龟鉴之、圭臬之，而损益，而调剂、而破坏，而改造、而进化者。"自称要"为我国民打破数千年腐败混杂之历史范围,掀拔数千年根深蒂固之奴隶劣性。特译述中国历代同体休养生息活动进化之历史,以国民精神为经,以社会状态为纬,以关系最密切之事实为系统,排繁见而摘要言,革旧贯而造新体,寻生存竞争、优胜劣败之妙理,究枉尺直寻、小退大进之真相,轩文轾野,去锈发莹,以为我国自古以来血脉一统之庞壮国民,显独立不羁活泼自由之真面目"(《中国历史》上卷,东新译社1903年5月9日版)。

1904年,夏曾佑在其《中国历史》之叙中说:"史本王官,载笔所及,例止王事,而街谈巷语之所造,属之稗官,正史缺焉。治史之难,于此见矣。"他认为历史就是应该记载"民智"进化的过程,揭示历史发展不同阶段的国民的文化状况。

1904年,邓实以"民史氏"自命,作《民史总叙》一篇、《民史分叙》十二篇,对他在1902年所著《史学通论》的民史部分作了丰富和发展。民史分叙包括种族史叙、言语文字史叙、风俗史叙、地理史叙、户口史叙、实业史叙、人物史叙、民政史叙、交通史叙、宗教史叙、学术史叙、教育史叙。对什么是民史、民史的内容、民史与民权的关系、民史专史的编修等都阐述了自己的认识(参见《政艺通报》1904年10—11月第17—19号《政学文编》)。

总之,新史学思潮提出了史学应以国民为本位的主张。古代史学的帝王资治通鉴,应该转变为近代史学的国民资治通鉴。应该把以帝皇为中心的史学体裁转变为以国民为中心的史学形式。史学应该展示国民文化史的演进过程,对国民文化史的各项主要内容作出专门缕述,俾今日建设新的国民文化史而有所凭藉。

史学核心的转变导致了对于历史事件和历史人物的不同评价。以晚清太平天国领袖洪秀全为例,1902年章太炎的《中国通史略例》,即将洪秀全与秦皇、汉武并列。1903年,邹容《革命军》就曾对洪秀全作出高度评价。又如陈涉,刘师培在1904年《中国白话报》中发表《中国革命家陈涉传》,把陈涉与孔子并论,"如若没有孔子,就不能集学术大成,这教育就不能完全了。如若没有陈涉,就不能起革命风潮,这政治就不能改革了"。他写陈涉传,目的要"教现在的中国人都晓得革命一件事在我们中国从前也是很有人实行的。就是独立自由的字面,也不是外国人创造出来的"。而"现在的中国,除得实行革命,没有第二个方法"(《中国白话报》1904年第16期)。上述变化都突出地反映了一种不同于传统史学的新史学的产生。

第四章　新史学哲学理论的初步建树

其二，新史学之"新"还表现在当时提出了贯注历史发展的公例和原理，对历史进行重新认识。

这一时期大多数史家都批评了旧史著作虽然叙事繁复，但没有总结历史演变的原理。如章太炎《訄书·哀清史·附中国通史略例》中说："中国自秦汉以降，史籍繁矣，纪传表志肇于史迁，编年建于荀悦，纪事本末作于袁枢，皆具体之纪述，非抽象之原论。"即使像杜佑《通典》、郑樵《通志》、马端临《文献通考》这类专门典志体著作，虽"缀列典章，阊置方类"，对典制源流叙述较详，但也没有归纳出演变的原理，"于演绎法，皆未详也"（同上）。爱作史论的王夫之，"造论最为雅训，其法亦近演绎，乃其文辞反复，而辞无组织，譬诸织女，终日七襄，不成报章也"（同上）。因此，章太炎提出新史学必须以"哲理"为指导，"熔冶哲理，以逐逐末之陋"，使读者在读了中国史后，"知古今进化之轨"。

梁启超1901年在《中国史叙论》中提出"前世史家"与"近世史家"的区别，说："前世史家，不过记载事实，近世史家，必说明所记事实之关系，其原因结果。前世史家不过记叙一二有权力者兴亡隆替之事，虽名为史，实不过一人一家之谱牒；近世史家，必探索人间全体之运动进步，即国民全部之经历及其相互关系"。1902年他又在《新史学》中指出："善为史者，必研究人群进化之现象，而求其公理、公例之所在，于是有所谓历史哲学者出矣。历史与历史哲学殊科，要之，苟无哲学之理想者，必不能为良史，有断然也"。

夏曾佑1902年应商务印书馆之约，编写《最新中学历史教科书》，自1903年起，在《新民丛报》上陆续发表了四篇《中国社会之原》，内容涉及学术思想和政治制度。这些内容后来都纳入他1904—1906年陆续出版的《中学历史教科书》中。夏曾佑把中国历史具体划分为三个时期：自草昧以至周末，为上古之世；自秦至唐，为中古之世；自宋至清为近古之世。他写中国历史的目的，就是要用进化的观点来解释中国古代社会历史的发展。

1905—1906年，刘师培也出版了《中国历史教科书》，他认为："读中国史书有二难，上古之史多荒谬，而记事互相歧；后世之史咸浩繁，而记事多相袭。中国廿四史既不合于教科，《通鉴》、《通典》、《通考》亦卷帙繁多，而近日所出各教科书，复简略而不适于用。欲治中史，非编一繁简适当之中国历史莫由。"（《中国历史教科书·凡例》）而编成一部繁简适当的中国历史，一方面要注意以关系国民的重大历史事实为中心，另一方面要有一套系统的哲学原理。他说有必要参考西方史学的研究成果来编写历史。他编中国历史："不专赖中国史籍，西人作中国史者详述太古事迹，颇足补中史之遗，今所编各课，于征引中国典籍外，复参考西籍，兼及宗教社会之书，庶人群进化之理可以稍明。"他把论述的重点集中在政体异同、种族分合之始末、制度改革之大纲、社会进化之阶段、学术进退之大势等，而以历史进化论贯穿其间。

这一时期，为了给新史学提供理论指导，一些学者还翻译了英国巴克尔《英国文明史》的部分章节，日本坪井九马三《史学研究法》、浮井和民的《史学原论》等。翻译和介绍西方史学理论，一个重要的出发点就是为中国历史研究提供参考。如巴克尔（1821—1862）于1857—1861年著成的《英国文明史》，以很大的篇幅阐述了史学理论和历史研究方法问题。1903年南洋公学译书院刊译的译本，前面载有较详的《亨利·多马斯·勃克鲁传》，这篇传记不仅比较详细地介绍了巴克尔的家庭出身、生活经历、著述《英国文明史》的过程，而且提要钩玄，把《英国文明史》中有关史学理论和方法部分，概括出十条大意。其中有一条即说："统核人群心理间进步之公例，不得凭心理求之；徒凭心理，乃一人自察之法耳。求公例则均一切法，均一切法奈何？破除一切翳障，事事归之实验而已。"

其三，新史学之"新"还表现在提出了一些研究历史的具体方法。

这一时期，几乎所有关于史学革命的文章以及实践都是从文明史的角度立论的。他们认为新史学应该是反映社会进化的全面的文明史。而古代史著虽然保存了文明史的大量资料，但并不十分完备，有些次要的史料现在看来已经赋有新的含义。因此，新史学的第一项工作，就是要"钩汲智沈，以振墨守之惑"（《訄书·哀清史·附中国通史略例》）。即要从旧史料中发现那些有价值的材料，不能墨守成规。同时还要把视野放宽，对于"皇古异闻，种界实迹"以及"外人言支那事者"，均应收集（同上）。梁启超甚至提出要广泛吸取社会学、地质学、地理学、人类学、心理学、语言学、伦理学、逻辑学、天文学等学科的成就与方法，对历史作深入的专题研究。

当时对于如何诠释历史过程和事件也引起了高度认识。为了求得历史事件之间的因果关系，新史学倡导者们提出应该考虑自然律和道德律的影响、宗教的影响，有的还考虑了心理因素。总之，天文、地理、人文乃至人的心理活动诸要素都被分别出来进行专门考察，这些考察有助于古代史学体系由叙述型向诠释型转化（详细情况，见第二编）。

总之，在19世纪末20世纪初掀起的新史学高潮，它经由明清之际以来，特别是鸦片战争以来的长期酝酿，终于鲜明地亮出了它有别于传统史学的旗帜。它表明，传统史学的帝王中心论必须向国民中心论转化，传统史学的历史循环论必须向历史进化论转化，传统史学的史实描述型必须向史实诠释型转化。也就是说，新史学必须有进化的历史哲学为指导，以国民文化史为核心，注重历史内容的因果关系。

19世纪末20世纪初年的新史学思潮，标志着传统史学体系开始全面地向近代新史学转化。

第二节 梁启超与章太炎早年的史学思想

梁启超和章太炎是19世纪末至20世纪初新史学思潮的两面旗帜。

梁启超（1873—1929），字卓如，号任公，1899年后又号饮冰室主人。光绪十五年（1889）中举。1890年由陈千秋引荐，成为康有为的弟子，由学海堂转入康有为主持的万木草堂学习。光绪二十年（1894）随康有为入京准备会试，时值甲午中日战争爆发，由于清政府妥协的外交政策，中国战败。李鸿章代表清政府签订了丧权辱国的"马关条约"。1895年5月，梁启超协助康有为，联合在京的1200多名举人，向清政府上书，提出"拒和"、"迁都"、"变法"三项要求，史称"公车上书"。随后他在《中外纪闻》与《时务报》上撰稿，以《变法通义》为代表的50多篇文章，痛切指陈中华民族面临亡国灭种的危险，宣传"变亦变，不变亦变"的变法维新理论。在1898年6月11日—9月21日的"百日维新"中，梁启超作为康有为的得力助手，曾与谭嗣同等一起，草拟了新政的全部条文，谋划了整个变法事宜。维新失败后，梁启超亡命日本，开始了十余年的流亡生涯。

自20世纪初年开始，梁启超即有志于史学。继1901年著《李鸿章传》（又名《中国近四十年大事记》）之后，他撰有《南海康先生传》，同时还想著《中国通史》，并发表有《中国史叙论》。1902年，他把《叙论》扩充为四万余字的《新史学》之后，陆续发表了《亚洲地理大势论》、《中国地理大势论》、《欧洲地理大势论》、《地理与文明之关系》、《新民说》等，极力宣传"史学革命"的主张。

梁启超认为，在一切学问之中惟史学的功用最大。"史学者，学问之最博大、最切要者也。国民之明镜也，爱国心之源泉也。今日欧洲民族主义所以发达，列国所以日进文明，史学之功居其半焉。然则但患其国之无兹学耳，苟有之，则国民安有不团结者，群治安有不进化者"（《新史学》）。而"于今日泰西通行诸学科中，为中国所固有者，惟史学"（同上）。应该说中国素有发达的史学，但中国却不能像欧洲那样造成民族主义发达，文明日进，"未闻有能为史界辟一新天地，而令兹学之功德普及于国民者，何也？"（同上）梁启超认为这值得深思。

梁启超认为这主要是由于中国传统史学有许多弊病1897年他的《续译列国岁计政要叙》一文就曾指出：

> 有君史，有国史，有民史。民史之著盛于西国，而中土几绝。中土二千年来，若正史，若编年，若载纪，若传记，若纪事本末，若诏令奏议，强．半皆君史也。若《通典》、《通志》、《文献通考》、《唐会要》、《西汉会要》诸书，于国史为近，而条理犹有所未尽。……后世之修史者于易代之后，乃使模拟仿佛，百中掇一二，又不过为一代之主作谱谍。若何而攻城争地，若何而取威定霸，若何而固疆圉、长子孙，如斯而已。至求其内政之张弛，民俗之优绌，所谓浸强浸弱与何以强弱之故者，几靡得而睹焉。即有一二散见于纪传，非大意莫察也。是故君史之蔽，极于今日。（《饮冰室合集·文集第二册》）

他认为中国古史大半都是君史，不过为一代之主作谱牒，对于国家盛衰强弱的原因没有明确交待。已经不符合现实的需要。1902 年他在《新史学》中，把旧史的缺点概括为四弊二病。所谓四弊是：

> "一曰知有朝廷而不知有国家"。以为舍朝廷外无国家，并由此而产生正统观念。"二曰知有个人而不知有群体"。中国之史，本纪列传，实合无数之墓志铭而成，看不到群体之间的力、智、德。"三曰知有陈迹而不知有今务"。非鼎革之后则一朝之史不能出现。"四曰知有事实而不知有理想"。能究明事件之因果，鉴往知来。

所谓二病是：

> 其一，能铺叙而不能别裁，往往有读尽一卷，而无一语有入脑之价

第四章 新史学哲学理论的初步建树

值者。其二，能因袭而不能创作。除太史公、杜君卿、郑渔仲、司马温公、袁枢、黄梨洲外，均是所谓公等碌碌，因人成事。

综观所谓四弊二病，梁启超主要从三个方面对传统史学作了批评：

第一，梁启超批评了传统史学的正统史观。

他指出，旧史学之所以不能为现实所用，不能鼓舞国民，关键在于它的正统史观。他说："言正统者，以为天下不可一日无君也，于是乎有统。又以为天无二日，民无二主也，于是乎有正统。统之云者，殆谓天所立而民所宗也，正之云者，殆谓一为真而余为伪也。"（《新史学·论正统》）正统论的实质在于把历史都当做是为某一君主而运转。梁启超历数历代正统之争，指出以往正统论可以概括为六点：一是以得地多寡而定其正不正。凡混一宇内者，无论其为何等人，而皆奉之以正，如晋、元等。二是以据位久暂而定其正不正也。虽混一宇内，而享之不长者皆位之不正，如项羽、王莽等。三是以前代之血胤为正，而其余皆伪也。如蜀汉、东晋、南宋等。四是前代之旧都所在为正，而其余为伪。如因汉而正魏，因唐而正后梁、后唐、后晋、后汉、后周等。五是以后之所承者所自出为正，而其余为伪。如因唐而正隋，因宋而正周等。六是以中国种族为正，而其余为伪。如宋、齐、梁、陈等。他说，这六条正统论"互相矛盾，通于此则窒于彼，通于彼则窒于此"。没有一条是真正能站得住脚的。梁启超还指出，正统论是奴隶根性的体现，"自为奴隶根性所束缚，而复以煽后人之奴隶根性而已"，应该对它作彻底改变。他说：

无统则已，苟其有统，则创业之而继续之者，舍斯民而奚属哉？故泰西之良史，皆以记叙一国国民系统之所由来，及其发达、进步、盛衰、兴亡之原因结果为主，诚以民有统而君无统也。

统也者，在国非在君也，在众人非在一人也。舍国而求诸君，舍众人而求诸一人，必无统可言，更无正之可言。（同上）

也就是说，如果要标榜历史记叙的重点和核心，那必然是全体国民，而不能是某一君主。

"书法"与"纪年"是与正统论紧密相关的两大问题。梁启超分别作了《论书法》、《论纪年》，对传统史学的书法和纪年作了批评。他说："史家之言曰：书法者本《春秋》之义，所以明正邪、别善恶，操斧钺权，褒贬百代者也。"写某一部史学著作，不可能没有价值标准、是非观念，故书法观念有它的合理之处。但是传统史学，"大率一切行谊，有利于时君者则谓之功、谓之善，反是者则谓之罪、谓之恶"。以君主为核心所得出的是非标准，惟权力是视，哪里是真正的正义？他说：

> 吾非谓史之可以废书法，顾吾以为书法者，当如布尔特奇之《英雄传》，以悲壮淋漓之笔，写古人之性行事业，使百世之下，闻其风者，赞叹舞蹈，顽廉懦立，刺激其精神血泪，以养成活气之人物。……吾以为书法者，当如吉朋之《罗马史》，以伟大高尚之理想，褒贬一民族全体之性质，若者为优，若者为劣，某时代以何原因而获强盛，某时代以何原因而致衰亡，使后起之民族读焉，而因以自鉴曰：吾侪宜尔，吾侪宜毋尔。（《新史学·论书法》）

只有根据国民的发展来衡量、评判历史事件，才能得出真正的是非。

他认为，与正统观念相关，纪年亦是困扰传统史学的一个问题。他主张"纪元不以帝号，则史家之争正统者，其更无说以自文耳"（《新史学·论纪年》）。他主张以孔子生年为标准，来记叙孔子生前与生后的中国历史。

第二，梁启超对旧史的内容铺排也作了批评。

他说："善为史者，必研究人群进化之现象，而求其公理公例之所在。"（《新史学》）但是，古代史学虽然汗牛充栋，却没有归纳出人群进化的公理、公例。知有事实而不知有理想，不能找出历史事件的内在因果关系，鉴往知来。

他认为，撰述历史，必须体现历史的演变规则。他最初根据康有为的公羊三世说，提出历史的发展必然沿着据乱世、升平世、太平世三个阶段前进。1898年东渡日本，对于流行于日本的西方政治、哲学、法律诸著作广泛涉猎之后，他对于历史演变过程有了进一步的认识，提出三世六别说：

> 治天下者有三世。一曰多君为政之世，二曰一君为政之世，三曰民为政之世。多君世之别有二：一曰酋长乏世，二曰封建及世卿之世。一君世之别又有二：一曰君主之世，二曰君民共主之世。民政世之别亦有二：一曰有总统之世，二曰无总统之世。多君者据乱世之政也；一君者

第四章 新史学哲学理论的初步建树

升平世之政也；民者太平世之政也。此三世六别者，与地球始有人类以来之年限有相关之理，末及其世，不能躐之，既及其世，不能阏之。（《饮冰室合集·文集之二·论君政民政相嬗之理》）

根据这种公羊三世说和西方进化论糅合的三世六别论，梁启超指出，传统史学宣扬一治一乱的循环史观，而不能"综观自有人类以来历数千年之大势，而察其方向之所在"，导致史著中看不出国民智慧之嬗进、社会内容之变迁（《新史学》）。

梁启超主张把中国历史作出具体划分。他认为中国历史可分为上世史、中世史、近世史三个阶段。所谓上世史，是黄帝以迄秦统一的历史，是中国民族自发达、自竞争、自团结之时代。所谓中世史，指秦统一后至清代乾隆之末年的历史，是中国民族与亚洲各民族交涉繁赜、竞争最烈之时代，也是君主专制全盛之时代。所谓近世史，自乾隆末年至于今日的历史，是中国民族会同全亚洲民族、与西人交涉竞争之时代，君主专制政体渐就湮灭、而数千年未经发达之国民立宪政体，将嬗代兴起之时代（参见《饮冰室合集·文集之三·中国史叙论》）。因而他指出研究历史就是要根据进化的基本原理，梳理中国历史各方面的内容，从中总结出发展线索，而不能像旧史著那样只注重历史事实的描述。

第三，梁启超批评了传统史学的研究方法，从理论上积极探索新史学的研究方法。

他说："凡学问必有客观、主观二界。客观者，谓所研究之事物也。主观者，谓能研究此事物之心灵也。和合二者，然后学问出焉。史学之客体，则过去现在之事实是也。其主体，则作史、读史者心识中所怀之哲理是也。有客观而无主观，则其史有魄无魂，谓之非史焉可也。"（《新史学》）一切学问都离不开研究的主体和研究对象的客体。学术主体是指研究者们的素质，尤其是对历史发展规则以及对历史发展趋势的洞察。他认为以往史学之所以千人一面，能因袭而不能创作，主要原因就在于史学研究者们没有体现自己独到的认识和个性特征。

梁启超认为新史学的实践者们应该培养自身的学术素质。既要广泛研究西方的政治、法律、哲学著作，从中获得对社会根本问题的有益启示，形成个人理性认识，还要广泛摄取各种学科的研究方法和成果，把它运用于史学研究。这一时期，梁启超非常重视地理和历史的关系。他说："地理与历史，最有密切之关系，是读史者所最当留意也。高原适于牧业，平原适于农业，海滨河渠适于商业。寒带之民，擅长战争，温带之民，能生文明。凡此皆地理历史之公例也。"(《中国史叙论》)比如他解释中国古代文化之所以比较重实际而少宗教色彩，是因为文明"起于北方，其气候严寒，地味塉瘠，得天较薄，故其人无余裕以驰心广远，游志幽微，专就寻常日用之问题悉心研究，是以思想独倚于实际"(《饮冰室合集·文集之七·论中国学术变迁之大势》)。除重视地理因素外，梁启超还分析了影响历史的其他因素，如人种素质、文化传统等。

总之，梁启超比较清醒地认识到了旧史学和新史学的区别。他认为新史学的立足点，新史学的是非观念、价值观念，新史学的研究方法，都必须彻底改造旧史学而加以建设。他试图把旧史的帝王通鉴改造而为国民通鉴，熔铸旧史学的忠孝节义和正统观而为爱国、进取创新的理性精神，把旧史的循环论改造为历史进化论，把旧史的全面铺陈改造为新史学的条分缕析，因果详明。他不愧是当时史学界的陈涉，对于传统史学向现代史学的转化产生了深远的影响。

章太炎(1869—1936)，名炳麟，字枚叔，因慕顾炎武，更名绛，号太炎。浙江余杭人。青年时期入杭州诂经精舍从俞樾学习经史。戊戌变法前夕，与梁启超、宋恕等交接，任《时务报》撰述，与宋恕编辑《经世报》，开始投入政治活动。戊戌变法失败后，到台湾、日本。1901年回国后，积极宣传革命主张，反对君主立宪，发表有《正仇满论》、《驳康有为论革命书》等。1903年因"苏报案"在上海被捕入狱。1906年出狱后东渡日本，参加同盟会，任《民报》主编。辛亥革命后回国。后被袁世凯任命为东三省筹边使，因指斥袁世凯，被软禁于北京。袁世凯死后获释。1917年曾参加护法军政府，任秘书长。"五四"后渐入颓唐。晚年讲学苏州，宣扬国粹。

章太炎对史学素有爱好。幼年从外祖父朱有虔课经，即有意于历史。"窃视蒋氏《东华录》"，"颇涉猎史传"(《太炎自订年谱·光绪九年》)。23岁从朴学大师俞樾受学，在埋首于"稽古之学"的同时，"求《通典》读之，后循诵凡七八过"(同上书，光绪十六年)。但他这时期治史依附于读经，尚没有形成他对史学的系统看法。1894年中日甲午战争爆发，中国失败，对章太炎的触动很大。他走出书斋，赴上海参与《时务报》的编撰。在上海结识了夏曾佑，夏氏常以公羊学影响他，而太炎自己也"略看东西各国

第四章 新史学哲学理论的初步建树

的书籍","收拾学理",开始对政治问题表述自己独立的主张。1897 到 1899年间,太炎发表了《訄书》初刻本中的大部分政论文章,显示出他与康有为、梁启超相一致的政治改良思想。太炎政论一个鲜明的特点是历史感强,大多是结合现实问题,从历史角度切陈改良方案。但此时期太炎依然没有对史学的系统思考。

《訄书》初刻本印行前后,太炎着手翻译西方社会学著作,深入思索社会进化的道理,形成了他初步的自然和社会历史的演化观(参见《菌说》);依据历史进化论,太炎研究了中国历史上的种族、职官、语言文字、风俗习惯、学术流变。在深入研究过程中,太炎对传统史学的基本观念以及叙事方法均产生了不满。1902 年,梁启超《新史学》发表,更加引发了太炎改革旧史学的决心。1904 年《訄书》重刻本中从《尊史》到《别录乙》的七篇文章,集中地反映了这一时期他的史学思想的主要倾向:

第一,对传统史学展开了系统的批评。太炎认为,传统史学的最大毛病是缺乏对历史事实的归纳,从传统史学著作中找不到历史演变的原理:"中国自秦汉以降,史籍繁矣,纪传表志肇于史迁,编年建于荀悦,纪事本末作于袁枢,皆具体之记述,非抽象之原论。"(《訄书》重刻本《哀清史·附中国通史略例》)纪传体一味铺叙史事,而其"书志则不能言物始,苟务编缀,而无所于期赴"(同上书,《尊史》)。即使像杜佑《通典》、马端临《文献通考》一类的专门典志,虽"缀列典章,阆置方类",记叙名物制度略有渊源流变,但同样没有归纳出演变的原理,"然于演绎法,皆未尽矣"(同上书,《哀清史·附中国通史略例》)。对于王夫之的史论,太炎也有微词,"衡阳之圣,读《通鉴》、《宋史》,而造论最为雅训,其法亦近演绎;乃其文辩反复,而辞无组织,譬诸织女,终日七襄,不成报章也"(同上)。他认为王夫之的史论也没有摆脱就事论事的局限,没有总结出历史演变的公理。太炎还认为传统史学关于历史的记载也很不全面,早期史著《世本》全面叙述社会文明史的义法没有得到很好的发扬。如《世本》有帝系、姓氏篇,记载统系和种族,而"后之史独魏收能志《官氏》,顾专述索虏而已。其他族史,未有能为中夏考迹者也"(同上书,《尊史》)。又如《世本》有作篇,专叙历史上的重要发明创造,"其后之史官乃不为工艺作志"(同上)。像司马迁的《史记》对社会习俗描述较备,却相对缺少对庙堂制度的交待;班固的《汉书》于庙堂制度较详,却又忽视了一般社会习俗的描述:"太史知社会之文明,而于庙堂则疏;孟坚、冲远知庙堂之制度,而于社会则隔。"(《致吴君遂书》之八,参见汤志钧《章太炎年谱长编》页140—141)太炎还批评了传统史学中的曲笔,特别就清史资料的真实性提出怀疑。他认为由于清朝历代帝王的文化专制与独断,在实录中史官并非照实直书,而是曲为褒扬,甚至自相矛盾;而私人著述慑于文化专制与文字狱,也不敢甄别史实,故"国史诎于人主",而"私著者复逐游尘以为褒贬,如之何其明枉直也"(《訄书》重刻本《哀清史》)。

第二,对新史学提出了积极的建议。太炎认为改造传统史学已提到日程上来,在1902年与梁启超及吴稚晖的通信中,太炎多次表示要撰著一部新的中国通史。他认为新史著应该克服旧史缺乏理论原理的弊病,应把社会文明的各个方面概括进来。他提出了撰写新史著的指导思想:"熔冶哲理,以逐逐末之陋;钩汲窅沈,以振墨守之惑。"(同上书,《哀清史·附中国通史略例》)所谓"熔冶哲理,以逐逐末之陋",即是说要扭转琐屑的历史记述之风,侧重以"哲理"为指导,对历史作提纲挈领的整体把握。而所谓"哲理",即社会历史进化之理。在《訄书》重刻本中,他认为中国的民族史、典志史、地理史、学术文化史都可贯穿社会演变的进化之理。"所谓史学进化者,非谓其廓清尘翳而已,已既能破,亦将能立。后世经说古义,既失其真,凡百典常,莫知所始,徒欲屏绝神话,而无新理以敉彻之。"(同上)他认为新史著非但要屏绝神话,更应使读者从中知"古今进化之轨"。所谓"钩汲窅沈,以振墨守之惑"是指要重新发掘被旧史著所忽视的史料或赋予旧史料新解释。太炎认为,在史料根据上,"今日治史,不专赖域中典籍",对"皇古异闻,种界实迹",以及"外人言支那事者",均应收集(同上)。在史实的诠释中,应该参照其他民族历史演变的路径,对史料予以新的阐发,"亦有草昧初启,东西同状,文化改进,黄白殊形,必将比较同异,然后优劣自明,原委始见。是虽希腊、罗马、印度、西膜诸史,不得谓无与域中矣。若夫心理、社会、宗教各论,发明天则,悉人所同,于作史尤为要领"(同上)。太炎认为中国旧史著丰富的史料,只要我们剔除其无益国计民生的烦琐部分,并用新的理论予以诠释,就可以整理出关于中国社会历史进化各个方面的资料,撰著有新观点的全面的文明史。

太炎认为,历史是"审端径隧,决导神思"的工具。历史研究一方面应讲究对历史事实的还原以及事实关系的梳理,另一方面还应启导对未来的思考,为当时的人们提供政治、文化等诸方面的借鉴。太炎本人的史学研究结合现实需要,在整理传统学术史、民族史、典章制度史、语言文字史等方面做了大量工作。

综观梁启超和章太炎在20世纪初年所发表的史学思想,可以看出他们在许多问题的看法上都是相近的。他们对传统史学叙事方法、精神实质的相近的批评,表明他们共同感到了传统史学的严重不足。两人都主张在新史学中贯注社会进化的原理,强调史学的历史哲学前提,又都主张全面发掘旧史学的有关资料,撰著有严密因果关系的文明史。他们所标明的新史学的历史发展观、新史学的史学主体意识、新史学的研究方法论,标志着近代史学哲学正式进入其自觉的理论建设时期。

第三节 新史学思潮的评价

新史学思潮的出现不是偶然的。首先,它是明清之际以来特别是鸦片战争以后的史学哲学长期酝酿发展的结果。

新史学的倡导者们大都利用了黄宗羲、王夫之、顾炎武的某些主张。如章太炎在《訄书》初刻本《冥契》篇中说,黄宗羲的政治主张就有现代元素。他还十分推崇顾炎武,他认为顾炎武的民族主义思想甚至超过了黄宗羲,其史学思想和方法应该得到继承和发展。章太炎的《訄书》体例,与顾炎武的《日知录》有很多相似之处。

新史学的倡导者们也重视鸦片战争后的史学成果。他们把王韬、康有为等人所提出的历史进化论作了具体落实。新史学的鼓吹者梁启超、夏曾佑等人都是直接受今文经学观点浸淫,并主张今文经的学者。如夏曾佑的《中学历史教科书》就标榜:"本编亦尊今文经学,惟其命意与清朝经师稍异。凡经义之变迁,皆以历史因果之理解之,不专在讲经也。"也就是说,他写《中学历史教科书》,就是要以今文经学的义理为指导,但不是以经解经,而是要把义理落到实处。夏曾佑还指出,戊戌变法之所以失败,不在于没有义理,而是义理没有以历史作根据。他在《论变法必以历史为根本》一文中指出:"变法之说发端于甲午,实行于戊戌,然皆变法而不见变法之效,非变法之无效也",而是因为当时的变法说没有对中国历史作具体研究。在他看来,"凡合一群之人同立一国,其国中必有要质数端"。如国家的地形、国民的生计、风俗、宗教、政治等等,这五种要质,"甲可生乙丙丁戊,乙亦可生丙丁戊甲,如循环之无端,如帝网之无尽,无一定母子宾主之可言"。虽然其间关系复杂，但总的说来，是政治为最后之果。因此，要进行变法，就首先必须抓住国家地形、国民生计、风俗、宗教的特点，"推本于历史"，不然，"立不合于历史之政治"，则政治本身"亦无有不归澌灭"。当时新史学倡导者们对中国政治史、学术史、宗教史、地理史的专门研究，是值得称道的。如夏曾佑《中学历史教科书》第二编《凡例》所说："本篇与一篇相同，总以发明今日社会之原为主，文字虽繁，其纲只三端。"即一为关乎朝廷政权者，如宫廷之变、群雄之争等；二为中国境内周边民族；三为宗教学术、风俗之类。这些研究比起戊戌时期的经学研究来要深入得多。

新史学的领导者有一部分人并不是今文经学的赞同者，如章太炎、刘师培等。但他们在这一时期的史学主张和史学研究也受了今文经学和西方进化论观点的影响。章太炎在这个时期曾根据达尔文生物进化论以及斯宾塞的观点对中国历史的演化作了一些颇为抽象的探索。刘师培在1905年写成的《读左札记》，不但提出古文经如《左传》也有重民和进化的哲理，而且对这些哲理作了非常广泛的发挥；1905年他所作《周末学术史序》，就以进化的观点对周末的心理学史、伦理学史、论理学史、社会学史、宗教学史、政法学史、计学史、兵学史、教育学史、理科学史、哲学学史、术数学史、文字学史、工艺学史、法律学史、文章学史进行了研究。刘师培的《中国历史教科书》不单把母系氏族向父系氏族社会的转变予以丰富，他研究礼俗和政治制度的演变，也是运用历史进化的观点。

总而言之，这一时期的史学实践是把明清之际特别是鸦片战争以后至戊戌前期那些经学研究和外国史地研究进行初步总结的时期，也就是近代关于历史的哲学思考的史学尝试的时期。其中既有对原有历史哲学的继承，也有发展，通过这一时期的初步尝试，人们对于中国历史的认识有所深化，对于历史哲学的认识也有所提高，并由此而开辟出中国史学的新篇章。

其次，19世纪末至20世纪初年的史学思想又是在传统经学体系开始动摇，古代史学哲学的基础受到削弱、破坏之时所提出的。当时人们的思想观念解放，视野也非常广阔。人们发表关于史学的看法，大都能脱离经学体系，根据个人所理解的西方社会科学的某些原理作独立思考。他们也把王韬等人所论述的西方政法学说，尤其是严复所翻译的赫胥黎的《天演论》的社会进化思想，落实到中国历史的研究中。并通过初步尝试，使上述理论得到更深入的理解，使中国人对于西方社会学说的认识也提到了一个新的层次。

比如梁启超1890年他18岁时拜见康有为，"一朝尽失其故垒"，"自是

第四章　新史学哲学理论的初步建树

决然舍去旧学,自退出学海堂,而间日请业南海之门"(《梁启超年谱长编》页23)。对于自己先前所习学术以及对于经学的看法产生重大转变。但由于当时接触西方著作较少,还是花大力气从经学中区别源流,尊孟贬荀,又好墨子,倡民本大同之论。1898年后,他对日本的西方政治、哲学等著作广泛涉猎,对于社会政治的基本结构及其组织原理,都比早期主要从经学和佛学去引申附会出的观点要深入、系统,已经从对孔子微言大义的训诂式发挥过渡到廓然自求立政立法的公理。1898年11月,他在日本创办《清议报》,1901年他评述此报的特色,说:"《清议报》之特色有数端:一曰倡民权,始终抱定此义,为独一无二之宗旨。……二曰衍哲理,读东西诸硕学之书,务衍其学说,得尺则贡尺焉。……三曰明朝局。……四曰厉国耻。……一言以蔽之曰:广民智,振民气而已。"(《饮冰室合集·文集》之六)在宣传民权时,梁启超甚至逾越康有为的训诫,一度与康有为产生隔阂。1900年《致南海夫子大人书》中说:"夫子谓今日'但当言开民智,不当言兴民权',弟子见此二语,不禁讶其与张之洞之言,甚相类也。夫不兴民权,则民智乌可得开哉?……故今日而知民智之为急,则舍自由无他道矣。中国于教学之界守一先生之言,不敢稍有异想,于政治界则服一王之制,不敢稍有异言,此实为滋愚滋溺之最大病源。"(《梁启超年谱长编》页236—237)这种激进的民主思想虽然由于康有为、黄遵宪诸人的制约,梁启超在1902年后有所退却,但这并不表示梁启超就不再对自由、平等等问题进行独立的思考。梁启超在20世纪初年,连续发表《亚里士多德之政治学说》、《卢梭学案》、《法理学家孟德斯鸠之学说》、《政治学家伯伦知理之学说》和《乐利主义泰斗边沁之学说》,相当广泛地宣传西方特别是近代西方关于国家、法权和伦理的学说。他认为卢梭的《社会契约论》是近代西方革命的理论武器,"自此说一行,欧洲学界,如旱地起一霹雳,如暗界放一光明,风驰云卷,仅十余年,遂有法国大革命之事。自此以往,欧洲列国革命纷纷继起,卒成今日之民权世界。民约者,法国革命之原动力也;法国革命,十九世纪全世界之原动力也"(《论学术势力左右世界》,见1902年《新民丛报汇编》)。避开梁启超政治态度的表面烟幕,可以发现他对于近代政治的理论基础与精神实质有极为敏锐的洞察。

章太炎和刘师培同样是如此。他们深受《天演论》以及其他西方著作的影响,利用他们渊博的历史知识,对许多问题发表了独立的看法。如章太炎《訄书》初刻本的《原变》篇,就用社会进化的观点指出:"物苟有志,强力以与天地竞，此古今万物之所以变。变至于人，遂止不变乎？人之相竞也，以器。……石也、铜也、铁也，则瞻地者以其力辨古今之期者也。"认为生产工具在人类社会发展变化中起着极为重要的作用。他还根据个人的独特感受对历史上的各种学术思想作了提纲挈领的批评。他认为在当今之世，必须像荀子那样取法于旧，着眼于新，既保持表面上的历史延续性，又要对古法进行扬弃（《訄书》初刻本《尊荀》）。他认为当时应该从儒、墨、道、法、侠、兵诸家的理论中摘取那些在历史上受到指责的"异端"，倡导功利谋略思想，发展新的时代精神。章太炎早年的著作如《膏兰室札记》以及《訄书》都曾经大量引用西方各种著作。《膏兰室札记》引用的外文书籍有英国雷侠儿《地学浅释》、侯失勒《谈天》、赫士译《天文揭要》、韦廉臣《格物探源》等。《訄书》重订本引用外文书籍，有《宗教学概论》、《支那哲学史》、《社会学》、《原始人文》、《天然民族之人类学》等，还引证不少外国著名人物的言论。

刘师培 1903 年作《中国民约精义》，利用卢梭的《社会契约论》，对中国历史上历代思想家们关于政治的观点作了评论。他认为理想的政治应该实行分权而治。"吾观欧美各国之定宪法也，其立法之权与行政区为二事，君主者以议会协赞行立法权者也，有可裁法律之权者也。而法律之执行必经议会之协赞，即提议法律案，亦为议院所有之权，非经国务大臣之署名，不得成为法律。"他曾有一个形象的比喻，说政治应该像一驾马车，国民如同马车上的乘客，君主应该是马车上的车夫，君主可以拥有驾驶的权力，但马车开到哪里应该由国民做主。依据这种认识，刘师培检讨中国古代的学术思想、伦理观念，认为有必要进行深刻反省。他说周末学术思想，"管子以法家而兼儒家，以德为本而不以法为末，以法为重而不以德为轻，举君臣上下同受制于法律之中，虽以王权归君，然亦不偏于专制"，比起儒家单纯搞人治主义，既给人君以统治之权，而"无法律以为之限，而徒欲责其爱民，是犹授刃与盗而欲其不杀人也"，要理性得多（《周末学术史序·政法学史序》）。又如中国古代素行家族伦理，把社会国家伦理视作家族伦理的推衍，刘师培认为这有两个主要缺陷，一是不重视公益，二是只讲义务不讲权利。他说："欲矫二弊，则家族伦理不得不改良。"改良的办法是要把家族伦理置于社会国家伦理之下，家族伦理也应该互相均平，既讲义务也讲权利（《伦理教科书》）。

总之，正是由于这些思想家们突破了经学体系的局限，广泛摄取西方政

第四章　新史学哲学理论的初步建树

治法律哲学等人文社会科学学科和天文地理等自然科学的研究成果，并把它们运用到自身关于社会政治和现实问题的思考，才使他们对于自身所处时代的特点及其发展趋势的认识逐步深化。

其三，这一时期新史学思潮的出现也是人们的认识能力进步的结果。自19世纪末严复传播英国经验论和归纳法、批评传统道德性命之学的先验论以来，一大批学人思索人生的道德原则逐渐向西方知识论靠拢。当时梁启超曾先后发表《霍布斯学案》、《斯片挪莎学案》、《培根学说》、《笛卡尔学说》、《进化论革命者颉·德之学说》、《天演初祖达尔文之学说及其略传》、《近代文明初祖二大家之学说》和《论学术势力左右世界》等文章，较系统地探讨了近代西方各派哲学的观点，并指出近世与上古、中古的区别主要是思维方法和世界观的革新。他认为培根的经验归纳法和笛卡尔的推理演绎法是近代文明的两个基础，直到康德才"和合两派，成一纯全完备之学问"（《梁启超哲学论文选·近代文明初祖二大家之学说》）。梁启超认为中国国民尤应吸取西方归纳和推理的认识方法，并相信二者可以为中国学术史研究带来广阔的前景。

与梁启超相类似，章太炎在1903年前后对西方的经验归纳和演绎推理方法也较为信从，当时他诠评前史、褒贬人物，"独于荀卿韩非谓不可易"，倾向于认知色彩较浓的荀况和韩非，非议孔子的道德性命之学。1904年《訄书》重刻本中他评价宋明学术，就清初以来对于宋学的忽视作了具体分析。他说大体上来说，"赫赫皇汉，博士黮之。自宋以降，弥又晦蚀"（《訄书》重刻本《学蛊》）。宋学把汉学的平实精神湮晦不彰，但程朱"犹审己求是"，不像欧阳修、苏轼那样不守绳墨，主观臆断。他评价清初颜元的学风也是立足于归纳与演绎的前提。他认为在宋明浮夸虚诞的学风流弊之时，颜元以"格物"相抗，对于扭转学风起了不可低估的作用。"独恨其学在物，物物习之，而概念抽象之用少。"（《訄书》重刻本《颜学》）不满于颜元对原理的忽视，即对演绎法的忽视。他曾举例说，器物都内含一定的数学原理，不对器物作个别研究，就不能认识器物的数理，但我们一旦掌握了数理，对于那些未形的物器，亦可以计算其差率。因而既不能忽视对事物的具体研究，也不能忽视对归纳出的原理的应用。

史学方法的进步与史家的思维水平有着密切的联系。20世纪初年人们对于认识论的自我反思以及具体研究，是新史学思潮能够提出探求历史事件因果关系的重要原因之一。

因此，若把新史学思潮放在近代史学哲学的发展过程的重要一环来看，我们就能认识到新史学思潮是中国史学近代化水到渠成的结果。通过这一初步实践，史学界不但初步尝试了关于历史的新观点、新方法，而且还从中得到了更深入的启发。

但19世纪末20世纪初年的史学思潮也存在不足。其一，对于传统史学体系还不能进行公正、客观的评价，不能对传统史学的优良传统作正面继承，没有阐明新史学与传统史学哲学的相互联系。比如有些新史学的倡导者们简单地把二十四史当做帝皇家谱，忽略其所保存的大量中国文明史的内容。对于正统史观的抨击也缺乏辩证的态度，看不到它所内含的对于道德和理性精神的尊重。对于传统史学长于叙事的特点也没有引起足够重视。

其二，对于新史学的设计也存在简单化的弊病。比如对于以民本为核心的社会进化原理缺乏有机的阐析，大多侧重于政治、法律诸理论，没有对历史学作全面的分析。而在运用某些原理去解说中国历史时，也不能具体分析中国历史的特点，找不到中国历史的特殊规律。

第四节　正统史学的余波

在新史学哲学的诞生和初步建设过程中，旧史学与新史学的冲突表面化。最典型的代表人物有曾廉、叶德辉、王先谦等人。

曾廉（1857—?），字伯隅，号蠡庵，湖南邵阳人。光绪二十年（1894）中举，戊戌变法时上书斥责康有为"邪说狂煽"，"奉天下而为无父无君之行"，力请下诏斩康、梁，"以塞邪慝之门"（《蠡庵集》卷十二《应诏上封事》）。光绪二十七年（1901）后陆续作《元史考证》、《元书》，极力捍卫正统史学。

曾廉认为，传统学术精神的衰落是最为痛心疾首的事。"今日国贫而兵弱，廉以为犹非所忧也，天下之忧，莫如士大夫尽丧其心，而与之言，则熙熙然自以为达。又叩其深，则谓国家必不可治，此莫大之忧也。"（同上书，卷十《送方厚卿之官福建事》）他试图通过"距邪说、明正道"，挽回世道人心。曾廉认为儒家经典最完美地体现了社会政治和人伦秩序。"故经术一日而存，则圣人之道一日不亡，其为天下之福岂浅鲜哉？"（同上书，卷八《经术润饰史事论》）

曾廉的《元书》主要有感于旧《元史》没有完全遵循《春秋》的褒贬

标准。他重新铺排史事，主要是以封建纲常对《元史》进行修改。

凡《元史》中宣扬儒家三纲五常之道的内容尽量照录，除了《元史》忠节、孝义、列女传所载人物外，曾廉还从其他资料中搜集纪传充实孝义、列女诸传。同时在人物列传的编排上，他煞费苦心，坚持父为子纲，不惜喧宾夺主。在处理历史事件以及评价历史人物时，他所持标准也始终不离君臣、父子、夫妇的三纲和仁义礼智信五常。

王先谦（1842—1917），字益吾，号葵园，湖南长沙人。1861年入湘军长江水师向导营，1865年中进士，官翰林院庶吉士。其后历任江苏学政，清史馆总纂、翰林院侍读、国子监祭酒等官。1890年罢官居长沙，主持思贤、岳麓等书院。1904年放弃讲学，撰有《荀子集解》、《校盐铁论》、《日本源流考》、《汉书补注》、《后汉书集解》、《合校水经注》等。

王先谦认为君主专制政体是最理想的政治方式。他著《日本源流考》，就是要反驳当时人们对日本维新的宣传，用历史来说明日本一直保存了世王制度，并因此而走向了国家富强。他认为明治维新并非像国内某些人所鼓吹的那样，在政治、经济各方面都作了大幅度的变更。实际情况是："所施惟力保农桑、广兴工艺，为得利之实，而以官金资助商公，知保商即以裕国，从而维持附益之。"他还美化中国封建专制制度，说中国百姓，"乐其宽然有余"。并认为中国不能搞地方自治和君主立宪（《日本源流考·序》）。中国要变法图强，只能在地利农桑和工商业方面下工夫。

在《汉书补注》及《后汉书集解》中，王先谦对旧史的体例、史法、史意多所阐发。他捍卫正统史学的正统论和书法。如《后汉书》关于更始应否立纪，王先谦列举张衡、袁宏、刘知几、钱大昕等人的看法，认为更始应该立纪。他对人物的评价也按照忠义标准。如荀彧在汉末试图借助曹操之势以匡复汉室。但曹操势力壮大，荀彧无力回天，反被曹操杀害。范晔和司马光都曾为荀彧投靠曹操作辩护，王先谦却认为，荀彧不忠于一姓，"涑水有仁过管仲之称，东坡有道似伯夷之誉，皆袭取范史之谬，而拟于不伦者也"（《后汉书集解·孔融传》）。

叶德辉（1864—1927），字奂彬，号直山，一号郋园。湖南湘潭人。光绪十一年（1885）中举。深受王先谦、缪荃孙赏识。光绪十八年（1892）中进士。戊戌维新时期，他攻击康有为、梁启超、黄遵宪。针对康有为《长兴学记》，梁启超《读西学书法》、《春秋界说》、《孟子界说》以及徐仁铸《輶轩今语》，分别作《长兴学记驳论》、《读西学书法后》、《正界篇》、《輶轩今语评》等文，攻击"公羊改制之说"和"西学"。

叶德辉认为史学是儒家经学的附庸，不能离开经学精神而去研究历史。儒家所确立的人伦道德原则是一切历史时期都必须信守的根本大道。他还指出读经要做到六征、四知、五通、十戒，总之是要根据历史事实，不能搞微言大义。他说："仲尼没而微言绝，七十子丧而大义乖。""微言已绝，不可复续"，"大义虽乖，可以随时匡正"（《经学通论》）。历史研究只要抓住君臣父子夫妇之大义就足够了，不要搞主观推测。他说，"毋逞毛奇龄之口辩，毋蹈王夫之之冥想，毋染龚自珍、魏源之猖狂，无效王闿运之杜撰"。他说像"廖平、康有为虚诞陋儒，托经术以祸天下，此乃亡国之妖孽，更不必与之言学矣"（同上），"无端倡为怪诞之论托于公羊，如康有为其人，未有不祸国家害风俗者，故吾不言微言而言大义"（同上）。

叶德辉反对"民史"研究。他借刘知几的话说："州闾细事，委巷琐谈，聚而编之，目为鬼神传录，其事非要，其言不经。"同时他又说历代正史并不是不记载民间习俗之事，如《史记》之游侠、货殖，《汉书》之食货志，《后汉书》之逸民、方技，《晋书》之隐逸传，《魏书》之释老志等。他认为正史的民史记载就是民史研究的标准。

总之，以曾廉、王先谦、叶德辉为代表的正统史学是在新史学思潮风起云涌之际，仍然固守传统史学的一个流派。他们的史学观点阻碍了新史学的传播。

第五章 新史学哲学的不同体系

第一节 章太炎、梁启超史学思想的变化及其所反映的问题

1906年前后,章太炎的史学思想发生了一些变化,进入他的史学理论的第二个时期。早在1902年,他在设想撰著《中国通史》的过程中,对如何融会进化之理于具体历史的记叙引起思考,对于西方政治、法律、哲学诸原理能否适用于中国历史也有怀疑。1903年,严复翻译出版英国甄克思所著《社会通诠》,依照甄克思关于历史发展阶段的划分,也把中国分为宗法社会、军国社会。章太炎就曾根据具体史实批评这种划分法不符合中国历史,中国的社会性质既不是宗法社会,也不是七分宗法、三分军国的社会。而中国当时的核心问题也并非是反对"宗法"之类的改革问题,而是民族革命问题。至于康有为所阐发的三世说以及梁启超的历史阶段说,章太炎认为都失之肤浅、主观,他对此尤为反感,认为不符合历史发展的真相,"世儒或喜言三世,以明进化,察《公羊》所说,则据乱、升平、太平于一代而已矣"(《訄书》重订本《尊史》)。1906年随着章太炎对进化的独特见解的形成,他对用进化原理指导历史撰著产生了深刻的疑惑。1906年9月章太炎在《民报》发表《俱分进化论》,认为"进化之所以为进化者,非由一方直进,而必由双方并进。专举千方,惟言智识进化可尔。若以道德言,则善亦进化,恶亦进化;若以生计言,则乐亦进化,苦亦进化。……进化之实不可非,而进化之用无所取"。1910年在《国故论衡》中他进而认为智与愚也是同时并进的。在章太炎看来,社会竞争进化的原理只能说明社会生活的某些表面现象,不能为人生的政治与道德理想提供有益的鉴戒和论证。在1908年发表的《四惑论》中,章太炎甚至把进化视为主观迷妄和幻象,"所谓进化者,

本由根识迷妄所成，而非实有此进"。在上述思想背景下，章太炎的史学思想发生了较大转变。

第一，对传统史学的批评大为缓和。虽然章太炎依然坚持传统史学著作关于文明史记叙不详的观点，但他不再认为旧史著缺乏抽象原理是旧史著的缺陷。他对纪传体、编年体、纪事本末体的批评仅限于它们记叙典章制度不够完备，批评杜、马两通之失也仅指二者未能提炼一个系统。

第二，对新史学的哲理竭力回避。章太炎把早期熔冶哲理的指导思想修改为"熔冶名理"，并排斥史学进化之词（参见《訄书》重订本附考，《章太炎全集》三）。后来他又认为史学与其他科学不同，不需要有原理统括，"诸学莫不始于期验，转求其原，视听所不能至，以名理刻之。独治史志者为异，始卒不逾期验之域，而名理却焉"（《太炎文录初编·征信论》）。

章太炎就如何研究中国历史提出了一些具体原则。他认为对中国历史发展阶段的划分不应硬套西方学者的某些论述。章太炎在《社会通诠商兑》中指出"条例"与具体历史的关系说："抑不悟所谓条例者，就彼所涉猎见闻而归纳之耳，浸假而复谛见亚东之事，则其条例又将有所更易矣。……若夫心能流衍，人事万端，则不能据一方以为权概，断可知矣。"他认为任何社会学原理，都有一定的经验范围，用之于历史研究，应注意与不同历史特点的结合，应该从具体历史事实入手，而不是从已有原理入手。1910 年章太炎发表的《征信论》进一步指出，如果只从抽象的原理出发，以"类例"断"成事"，就无须对历史进行研究，"虽燔史志犹可"。对当时学者动辄以地质年代说远古史事，以金石碑刻补匡史传，章太炎也提出了批评。他认为以地质推断代，有其主观和荒谬之处。而以地下文物证史，"苟无明识，只自罔耳。五市以上，文字或不具，虽化肌骨为胸忍，日夜食息黄壤之间，且安所得？夫发地者足以识山川故处、奇雀异兽之所生长，此为补地志，备博物，非能助人事记载也。往古或有械器遗物，其文字异形不可知，自管仲、孔子去古犹近，七十二家之书，犹弗能识什二，今人既不遍知文武周公时书，横欲寻求鸟迹，以窥帝制，岂可得哉"（《太炎文录初编·信史上》）。他认为研究中国历史对文献史料应采取审慎的态度，不能轻易怀疑原有史料的真实性，他反对学者"信神教之款言，疑五史之实录，贵不定之琦辞，贱可征之文献，闻一远人之言，则顿颡敛衽以受大命"，唯日本史学风尚是从的态度，甚至认为，"主以六籍，参以诸子，得其辜校，而条品犹不彰者，是固不可知也，非学者之耻也"（同上）。如果从文献资料中得不出事件的真相，那么这个真相本不可知，并不是学者引以为耻的事，而不必借助地质年代学、考古学等学科去作主观推测。论叙历史事实，章太炎主张应该效法古史家因事见义的史论方法，既不能以抽象原理套勒历史事实，也不应作"微言大义"式的借题发挥。他说："近世鄙俗之说，谓史有平议者合于科学，无平议者不合科学。案史本错杂之书，事之因果，亦非尽随定则。纵多施平议，亦乌能合科学耶？若夫制度变迁，推其沿革，学术异化，求其本师，凡俗殊尚，寻其作始。如班固、沈约、李淳风所志，亦可谓善于平议矣。而今世之平议者，其情异是。上者守社会学之说而不能变，下者犹近苏轼《志林》、吕祖谦《博议》之流；但词句有异尔"（同上书，《征信论》下）。在《征信论》中太炎还对如何论史作了一系列具体论述。

章太炎特别批评了当时史学界对中国历史典籍和史学科学的虚己主义态度。以今古文经学为例，章太炎指出二者都有师承和流传过程，今文家康有为等以纬书说六籍，非议六籍的真实性，把《六经》视为孔子的主观创作，视古文经是刘歆的伪造，这类观点都是不能成立的。章太炎还认为"中国历史的发达，原是世界第一，岂是他国所能及的"，它同样是科学（1909年《中国文化的根源和近代学术的发达》，载《教育今语杂志》第二册）。因此，"只佩服别国的学说，对于本国的学说，不论精粗美恶，一概不采，这是第一种偏心"（1909年《论教育的根本要从自国民自心发出来》，同上第三册）。

章太炎史学思想的反思时期根据他自己的说法，从1906年出狱赴日本，"方事改革，负绁东海，独抱持《春秋》，窥识前圣作史本意"（《检论》卷三《订孔》下），开始对传统史学进行重新估价，直到1914年《检论》定稿前为止。

1914年，章太炎在北京被袁世凯软禁，"始玩爻象，重籀《论语》诸书，欒然若有悟者"（同上）。"复取《訄书》增删，更名《检论》"，"多所更张"（《太炎自订年谱·民国三年》），其史学思想进入第三个时期，体现出回归传统史学的特点。

章太炎晚年的史学思想体现出对传统史学体系的迷恋。通过对儒释道三家思想的深入研究以及对西方哲学的反省，章太炎对中国文化越加自信。他一改中期所持孔不如佛老的看法，认为孔子忠恕之道，融归纳与演绎为一体，推己及人，"退藏于密，处虞机以制辞言，不以一型锢铸"（《检论》卷三《订孔》下），高于佛老。虽然佛教关于人生境界的分析较儒学精微，但

"居贤善俗,仍以儒术为佳,虽心与佛相应,而形式不可更张"(1918年12月6日《与吴承仕书》,载《章炳麟论学集》)。至于西方哲学,虽然逻辑清楚,解析精微,但在个人体验上不如东方哲学,"大抵远西学者,思想精微,而证验绝少。康德、肖宾开尔(即叔本华)之流,所论不为不精至。至于心之本体何如?我与物质之有无何如?须冥绝心行,默证而后可得;彼无其术,故不能决言也"(1919年4月《与吴检斋书》,载《国故月刊》第二期)。在章太炎看来,东方哲学,特别是儒家经学(包括宋明道学)是民族文化的精华。1933年10月他在《适宜于今日之理学》中说:"今若讲论性天之学,更将有取于西洋;西洋哲学但究名理,不尚亲证,则其学与躬行无涉。科学者流,乃谓道德礼俗,皆须合于科学,此其流弊,使人玩物丧志、从欲而败度",他反对胡适等人以科学改造传统人生哲学的观点。随着太炎对民族精神传统的体验的深入,他对传统史学本质的理解也愈加深入。太炎认为经史是一体相通的,"但究史学而不明经学,不能知其情理之所在,但究经学而不明史学,亦太流于空论,不能明其源流也"(1922年6月18日《申报》,《章太炎十次讲学记》)。他还通过孔子《春秋》的渊源论析,证明《春秋》是孔子效法周史官的"义例"而作的,因此它首先是一部史书,"仲尼所以为《春秋》,徒为其足以留远耳"(《检论》卷二《春秋故言》)。《春秋》与《左传》的关系也非尽如世人所云是孔子作而左丘明传之,"经由丘明所作者矣","传亦兼仲尼作也"(同上)。《周易》也有"记人事迁化"的史著性质(同上书,《易论》)。太炎晚年经史一体相通的思想实质上是试图以传统道德性命之学作为史学的价值标准,漠视对历史客观存在过程的具体规律的探索。

在章太炎晚年的史学论述中,既看不到他对社会进化的哲学分析,也看不到他对中国历史发展阶段的划分,他甚至抨击当时史学界运用西方各种学说对中国历史作出新的诠释的努力。以诸子学说的研究为例,当时有胡适等一批青年学者根据西方一些哲学思想对诸子思想的源流和要点进行梳理,试图探索诸子思想相互影响的客观过程,指明其演变的历史原因。章太炎认为诸子的研究不但要有个人的哲学体验,要有对诸子的文化背景的深刻理解,还要有精湛的校勘功力。他认为当时研究诸子学者,既无经学修养,又无训诂校勘功底,以一孔之见衡断诸子,不能理解诸子思想的真相。他说:"不悟真治诸子者,视治经史为尤难:其训诂恢奇,非深通小学者莫能理也;其言为救时而发,非深明史事者莫能喻也。而又渊源所渐,或相出入,非合六

第五章　新史学哲学的不同体系

艺诸史以证之，始终不能明其流别。近代王怀祖、戴子高、孙仲容诸辈，皆勤求古训，卓然成家，而后敢言诸子。然犹通其文义，识其流变，才及泰半而止耳。其艰涩难通之处，尚阙疑以待后之人也。若夫内指心体，旁明物曲，外推成败利钝之故者，此又可以易言之耶？……岂以学校程年之业，海外数家之书，而能施之平议者哉。"（1922年10月《中华新报》增刊《时学箴言》）他主张研治诸子不可简单用西方某一哲学流派或形态来诠评，既要注意中国学说不同于西方的整体特点，又要对传统经学背景有深入的研究。而研究诸子的目的并不在于发掘什么思想与时代的联系或思想演变的规律，而仅在于揭示思想之间的相互联系。章太炎晚年特别反感《史通》和《文史通义》之类的史学批评著作，他认为："《史通》、《文史通义》之流，只以供人大言，而于历史知识书不具。"（《章太炎年谱撷遗》页139—140）1935年5月他在《与章松龄论学书》中说，章学诚"疏于考索"，《文史通义》"夸大自高，引证多误"，"故近人颂之，诚为过誉"（同上书，页137）。对刘知几和章学诚的不满表明太炎由早年对新史学的积极建设转向对旧史学的全面回归。章太炎既不深究历史发展的客观过程及其规律，也不再探讨史学自身在新的历史时期的体现形式。

　　章太炎晚年继续批评史学研究者的疑古和考古倾向。在1922年6月15日《致柳翼谋书》中章太炎批评胡适以《周礼》为伪作，以《尚书》非信史的论点，"胡适所说《周礼》为伪作，本于汉世今文诸师；《尚书》非信史，取于日本人；六籍皆儒家托，直窃康长素之余唾。此种议论，但可哗世，本无实证，……长素之为是说，本以成立孔教，胡适之为是说，则在抹杀历史"。1934年2月9日《与邓之诚论史书》对当时疑古和唯古器物是尚的史学风气作了抨击，"今人之病，以经为基督圣书，以史为《虞初》小说。名实既谬，攻击遂多，甚者谓考史必求物证以为持论之根。不悟唐、宋碑刻，今时存者正多，独于爵里世系小小之事，颇为得实。至其谋之臧否，行之枉直，不及史官审正远矣。若三代彝器，作伪者众；更有乍得奇物，不知年月名号者，其器既非可信，而欲持是以考史之端，盖见其愚诞也"（《章太炎年谱长编》页943）。他认为研究历史不应轻视文献史料的价值，古器物并不能完整地反映历史事实的原貌。

　　对于史学著述的体例，章太炎也越来越偏向传统史著方法。他从旧史著的完整化入手，对宋辽金元明五史作了具体分析，一反时人以《金史》、《明史》为优，以《宋史》、《辽史》、《元史》为劣的观点，指出"以义法条贯言之，《宋史》有统而《明史》失通也；以典物辞语言之，《辽》《元》存朴而《金史》增华也"（《检论》卷八《哀清史·附近史商略》）。他认为清史的撰著，不能以《明史》为依归，应该效法辽元二史的质朴和《宋史》的义法。太炎还论述了清史拟目的疏漏和错误，主张史学撰著从体例到标目的历史继承性。

梁启超晚年的史学思想也有一些变化。1922年他发表了《中国历史研究法》，1926—1927年又发表了《中国历史研究法补编》等史学理论专著。这些著作体现出如下几个特点：

其一，继续批评传统史学，但措辞和态度有所缓和。

在《中国历史研究法》中，梁启超继续批评旧史学的服务对象狭窄。他说："质而言之，旧史中无论何体何家，总不离贵族性，其读客皆限于少数特别阶级——或官阀阶级，或智识阶级。故其效果，亦一如其所期，助成国民性之畸形的发达。此二千年史家所不能逃罪也。此类之史，在前代或为其所甚需要。非此无以保社会之结合均衡，而吾族或早已溃灭。虽然，此种需要，在今日早已过去，而保存之则惟增其毒。在今日惟个性圆满发达之民，自进而为种族上、地域上、职业上之团结互助，夫然后可以生存于世界而求有所贡献。而历史其物，即以养成人类此种性习为职志。"（《中国历史研究法·史之改造》）由于旧史学的服务对象限定于帝王官僚和知识分子，故略于"人生日用饮食之常识的史迹"和"一般民众自发自进的事业"。因而造成帝王之学和官僚知识分子之学的发达，而大多数老百姓的智慧得不到记载和继承。梁启超认为，在这种狭窄的服务目的指导下所形成的旧史体系，对于维护中国长期的稳定和统一起过积极作用，但它已经不适合历史发展的需要。新的历史条件下，只有每一社会个体都有高度发达的道德和智慧才能组成社会，求得生存和发展。因而梁启超明确提出要把过去的"皇帝教科书"变为"国民资治通鉴"和"人类资治通鉴"。他说：

> 今日之史，其读者为何许人耶？既以民治主义立国，人人皆以国民一分子之资格立于国中，又以人类一分子之资格立于世界，共感于过去的智识之万不可缺，然后史之需求生焉。质言之，今日所需之史，则"国民资治通鉴"或"人类资治通鉴"而已。（《中国历史研究法·史之意义及其范围》）

梁启超晚年也继续批评旧史体系忽略了对于历史内在联系的挖掘和分析。他说，史学的一项根本任务就是要在记叙人类社会赓续活动时，校其总成绩，求得其因果关系。可是，"古代著述，大率短句单辞，不相联属"。即以"纪事本末体"而言，"亦仅以一事为起讫，事与事之间不生联络"（《中国历史研究法・史之改造》）。他认为：

  善为史者之驭事实也，横的方面最注意于其背景与其交光，然后甲事实与乙事实之关系明……是故不能仅以叙述毕乃事，必也有说明焉，有推论焉。（同上）

梁启超晚年还继续指责旧史学对于古代文化研究中的许多重要遗漏。他说，"旧史因专供特殊阶级诵读故，目的偏重政治，而政治又偏重中枢，遂致吾侪所认为极重要之史迹，有时反阙不载。"（《中国历史研究法・史之意义及其范围》）他举例说，《史记》和《三国志》对于巴、蜀、滇二黔记载简略，《隋书》与新旧唐书对佛教文化记载甚少，《元史》、《明史》对元明间杂剧小说毫无录及，这些都是旧史学的不足。

  但值得注意的是，梁启超在批评旧史学的不足时，对古代史学体系作了一些具体分析。《中国历史研究法》第二章即为《过去之中国史学界》，大致勾勒了中国古代史学的发展线索，高度评价了左丘明、司马迁、刘知几、郑樵、司马光、章学诚等人的史学思想，并且看到了古代史家的史学思想与新史学的某种联系。如梁启超指出：司马迁和班固"在历史观念上"有很大区别，"《史记》以社会全体为史的中枢，故不失为国民的历史。《汉书》以下，则以帝室为史的中枢，自是而史乃变为帝王家谱矣"。又说，章学诚的史学观点，"与近代西方之史家言多有冥契"（《中国历史研究法・过去之中国史学界》）。都表明梁启超试图从古代史学体系中吸取其优秀的传统。

  其二，对于新史学的理论有所反省。

  梁启超晚年给史学所下的定义是："史者何？记述人类社会赓续活动之体相，校其总成绩，求得其因果关系，以为现代一般人活动之资鉴者也。"（《中国历史研究法・史之意义及其范围》）这个定义比起1902年《新史学》的定义"历史者，叙述人群进化之现象而求得其公理公例者也"，有一个明显的区别是梁启超在晚年把历史现象看为人类社会赓续活动之体相，而不太侧重"进化"二字。

1923年梁启超在南京金陵大学第一中学，作了《研究文化史的几个重要问题》的讲演，对历史进化提出讨论，最后结论是：

> 一，人类平等及人类一体的观念，的确是一天比一天认得真切。而且事实上也著著向上进行。二，世界各部分人类心能所开拓出来的"文化共业"永远不会失掉，所以，我们积储起来的遗产，的确一天比一天扩大。只有从这两点观察，我们说历史是进化。其余只好编在"一治一乱"的循环圈内了。（《饮冰室合集·文集之四十》）

梁启超对社会是否进化，他从人类文化关系交往的扩展以及人类对自身认识的深入这两个基本点出发，得出社会是进化的结论。他还写有一篇《五十年中国进化概论》，其中指出近代中国境内少数民族的汉化程度加深，这是进化；科举制度扑灭，人们对于祖国历史的认识加深，这是进化；民族建国、民主的精神渗透到国民思想深处，觉得凡不是中国人没有权来管中国的事，凡是中国人都有权来管中国的事，这也是进化。可见，梁启超对近代社会的发展方向还是持肯定态度的。

但梁启超认为，历史是复杂的，其中充满曲折和变化，即使在历史记叙中保持进化的信念，也不能把这种认识普遍套用于历史研究。他认为历史若能把每一时代人群活动的真相复绘出来，并理清其中的最主要的关系，就已经很充分了。

梁启超晚年对于新史学的因果律也产生了一定的怀疑。《中国历史研究法》中，他指出因果关系不是很容易求得的。"一果或出数因，一因或产数果，或潜伏而易代乃显，或反动而别证始明。"（《中国历史研究法·史之意义及其范围》）1923年他的《关于文化史研究的几个重要问题》的讲演则说：

> 因果律是自然科学的命脉，从前只有自然科学得称为科学，所以治科学离不开因果律，几成为天经地义。谈学问者，往往以"能否从该门学问中求出所含因果公例"为"该门学问能否成为科学"之标准。史学向来并没有被认为科学，于是治史学的人因为想令自己所爱的学问取得科学资格，便努力要发明史中因果，我是这里头的一个人。我去年著的《中国历史研究法》内中所下历史定义，便有"求得其因果关系"

一语。我近来读立卡儿特著作,加以自己深入反复研究,已经发觉这句话完全错了。

>历史现象,最多只能说是"互缘",不能说是因果。……佛典上常说的譬喻,"相待如交芦",这件事和那件事有不断的连带关系;你靠我,我靠你,才能成立。就在这种关系状态之下,前波后波,衔接动荡,便成为一个广大渊深的文化史海。(《饮冰室合集,文集之四十》)

梁启超晚年并不忽视对历史进行各种专门的研究和分析。比如他认为要彻底改变旧史体系中记载史实含混的局面,只有首先进行专门研究,才能在理清各项史实的内部源流的基础上撰写出普遍的文明史。但他认为要找出历史事件的具体因果关系则是不容易的。由于他在晚年把历史作为"文化种"这一自由意志的创造,对历史的因果律的认识也只好在认识一些基本的因果关联的前提下,偏向于认为历史是一幅因缘之网的复杂画面。

梁启超晚年对历史研究的方法之论述,主要突出了历史研究的客观性。他特别强调史料的论次,并且认为乾嘉朴学以及古代史料的考伪传统,都是新史学的基本功。《中国历史研究法》重点讲的就是史料整理的方法。在史料整理的基础上,他还指出研究中国古代学问还需要有体验的方法。1923年他作《治国学的两条道路》的讲演,指出研究中国学术有两条路:

>第一条路便是近人讲的"整理国故,……这种方法之应用,我在我去年所著的《历史研究法》和前两个月在本校讲的《历史统计学》里头已经说过大概,虽然还有许多不尽之处,但我敢说这条路是不错的"。但"若是谓除整理国故之外,遂别无学问,那却不然"。对于中国的人生哲学,我们必须"用内省和躬行的方法去研究"。(《饮冰室合集·文集四十》)

梁启超还把体验的方法称为"德性的学问",说它"与文献学之应以客观的科学方法研究者绝不同,这可说是国学里头最重要的一部分,人人应当领会的,必走通了这一条路,乃能走上那一条路"(同上)。

梁启超晚年的史学思想,既坚信近代新史学与传统史学的区别,同时又意识到二者的相互联系,反映出一些变幻游移的色彩。

章太炎和梁启超这两位近代新史学的宣传和鼓动者，在对新、旧史学哲学的反省过程中有一些差异。具体表现是：

　　其一，虽然章太炎和梁启超都对传统学术精神有较为客观的理解，但二者在晚年对于传统学术精神的估价还是有一些差别。

　　早在新史学思潮的勃兴时期，梁启超、章太炎都对传统史学作了批评，但二者的侧重有异。梁启超重点批评传统史学的是非标准不符合现代社会的要求，而章太炎则把批评的重点放在传统史学的体例和内容上。1906年前后，随着章太炎对佛教大乘经典研究的深入，他逐渐认识到从经验角度无法解决人生存在的根本问题，并逐渐放弃了对于西方进化学说的支持，一改早年对孔孟以及宋明道学的抨击态度，认为儒家道德性命之学是民族文化的精华。而在史学上也排斥从经验角度贯彻进化论精神的主张，认为史学只需局限在期验之域，无需以"名理"统驭。另一方面又认为史学的基础即道德性命之学，主张对经学作深入的领会。可以说，章太炎对于传统文化的精神的理解越导向深入，就更加坚信传统文化有它的合理内核。

　　梁启超对传统学术精神的优越性的认识比章太炎要晚。直到1918年他退出政坛，专事学术后，通过近30年的政治实践，梁启超认识到社会的根本问题是人自身的问题，是人的文化观念和素质问题。围绕人的完善，他认为有两大问题值得引起讨论，一是精神生活与物质生活的调和问题，二是个性与社会性的调和问题。他认为理想的社会应该是"人人皆有不丰不觳的平均享用，以助成精神生活之自由向上"，"借个性之缫演推荡而能瑰然具存的社会"（《先秦政治思想》，初载《改造杂志》1922年5月第4卷8号）。而"近代欧美学说，无论资本主义之流、社会主义者流，皆奖励人心以专从物质界讨生活，所谓以水济水，以火济火，名之曰'益多'，是故百变其途，而世之不宁且滋也"（同上）。反观中国古代学说，既强调个性的舒展、又维护社会的统一，"儒家所谓欲立立人，欲达达人，能尽其性，则能尽人之性"，较之西方政治学说要高明得多（同上）。因此，梁启超认为，要谋求社会的改良，其关键在于利用传统文化的优秀成分来改造国民，不一定要宣扬西方的社会学说。他说："盖制度不植基于国民意识之上，譬犹缀邻圃之繁花，施吾家之老干，其不能荣育也。"（同上）梁启超晚年对传统文化充满自信。1923年，他重提1912年10月发起"函夏考文苑"（意为全中国研究院）的志愿，试图创办文化学院，对儒家的人生哲学、佛教文化、文字艺术进行科学整理。他说："启超确信欲创造新中国，非赋予国民以新元气不

可。而新元气绝非枝枝节节吸受外国物质文明所能养成，必须有内发的心力以为之主。"（《梁启超年谱长编》页983）

但梁启超对于传统的敬重，并没有抛弃早年关于政治和社会发展的探索成果。他认为民主和自由仍然是现代政治进步的关键，只不过他认为此二者有可能从传统人文道德中开拓出来。对于他曾经提倡的科学方法，他仍然主张继续发扬、发展。他说，欲整理祖国优秀文化遗产，"必须在旧学上积有丰富精勤的修养，而于外来文化亦有相当的了解，乃能胜任"（同上书，页984）。1924年春夏间，张君劢、丁文江因为人生观问题，发起科玄之战。梁启超曾撰有《关于玄学科学论战之战时国际公法》和《人生观与科学》两文，在后篇中说："我把我极粗浅极凡庸的意见总括起来，是'人生关涉理智方面的事项，绝对要用科学方法来解决；关涉情感方面的事项，绝对超科学。"（同上书，页998）

在上述思想背景下，梁启超对于学术史精神形成一些较为客观的评价。如他提出实践理性和重道德是中国传统学术的精髓，说"中国学术，以研究人类现实生活之理法为中心"，它既不像希伯来、印度那样富于宗教意识，又不像西方近代学术那样对世界进行纯粹科学的认识，是在强烈的入世精神指导下，主要探讨人生安身立命的问题（《先秦政治思想史·序论》）。但梁启超并不认为这些因素可以直接成为现代人的精神食粮，他认为需要加以改造。

其二，虽然章太炎、梁启超对于新史学的原理和方法都有怀疑，但二者对于新史学的发展趋势的预计也有差别。

章太炎早年一度提出要以进化的哲理陶铸历史，并且不排斥对社会学、心理学原理乃至古器物学的方法的借鉴。但随着他对进化原理的扬弃，章太炎把史学限制在实证领域，认为不需要贯彻原理，只需对历史事件进行充分的、有根有据的证明即可。而他认为史学研究的朴实作风，中国有长期的传统，特别是乾嘉朴学的学术方法，应该继承和发扬。章太炎晚年既不重视地下文物资料，也不重视地质年代与考古学。

而梁启超虽然对新史学的原理和方法有所反思，但他仍然坚持用科学方法整理国故。主张扩大学术视野，吸取西方研究方法的长处。

导致章太炎与梁启超晚年史学思想变化的原因是多方面的。既有学术师承的影响，也有个人在社会生活中的境遇影响。但最主要的原因应该是二者对于自身所处时代的使命认识有一定差距。20世纪初的中国既要进行民族革命，又要进行民主革命，而二者又都带有对中国数千年文化传统的重要变更。章太炎的民族主义思想极深。他认为当时的革命主要是民族革命。1899年5月他在《清议报》发表《客帝论》，认为历史上既有"用异国之材为客卿"，则只要清统治者愤发图强，汉族尚可视之为"客帝"。1900年他写《客帝匡谬》，进而提出"满洲弗逐，欲士之爱国，民之敌忾，不可得也"。1901年作《正仇满论》，激烈主张反清。1903年《驳康有为论革命书》明确主张以暴力手段进行种族革命。章太炎的种族革命论虽然包含着对帝制的反对，但并不排斥专制政体，1908年10月他作《代议然否论》，对议会政治进行驳难，说"置大总统则公，举代议士则戾"，认为"代议政体，必不如专制为善。满洲行之非，汉人行之亦非；君主行之非，民主行之亦非"。故虽然章太炎民族革命态度坚决，但他对当时民族革命的近代民主内容的认识相当混乱；至于如何结合二者，使民族革命近代化，章太炎没有从理论上予以深入思考。相反，新史学思潮的其他一些鼓吹者对当时的民主使命感受较深。如梁启超，他受其师康有为的牵制，没有充分展示他的民主思想，但平等自由的理想制约着他后来的行动。辛亥革命后，他组织进步党、研究系，反对孔教，1915年参加反袁称帝的"护国之役"，1917年反对张勋复辟，表明他对于近代社会发展的主要趋势——民主，有强烈的信念。故在清政府被推翻之后，当章太炎的民族主义精神进一步转向传统史学的经学体系时，梁启超却能随时代的前进而有所发展，肯定史学的民主的时代特色和价值标准。

章太炎和梁启超的史学思想的变化共同表明：对于传统史学的批评以及对于新史学的建设，都不是一蹴而就的。对传统史学的认识和对新史学的建设，与对中国传统文化的估价和对中国文化的发展方向的预测是密切相关的。只有深入研究中国近代文化的发展趋势，才有可能理解近代对于古代文化的继承和发展，才有可能积极消化传统史学的优秀成果，建立新史学的哲学体系。

第二节 传统文化主体论与新史学哲学流派之一

20世纪20—40年代期间，围绕中国文化的出路问题，形成了三种不同的文化观。在这场文化讨论中，梁漱溟、熊十力、冯友兰、金岳霖、贺麟等强调近代新文化与传统文化的继承关系，被称为传统文化主体论。他们对于文化问题的论述方式虽不统一，如梁漱溟把文化当成生活意欲的不同表现方式，用文化比较的方式来讨论文化问题；熊十力利用法相唯识学的一切唯识的观点，把文化的问题归结为本体论这一终极依据；冯友兰和金岳霖分别吸取西方新实在主义和逻辑学观点；贺麟谋求传统性命之学与欧洲大陆理性主义和新黑格尔主义的结合等，但他们都对中国传统文化的内在价值充满自信，认为中国传统文化既可以消化吸收外来文化，又有它自身的特色，只有在中国传统文化的根上，才能生长出中国近代新文化。

与这种文化观相对应，史学领域也出现了一种传统色彩较为浓厚的新史学哲学派别。此即以王国维、陈寅恪、陈垣、汤用彤、柳诒徵为代表的新史学哲学体系。他们既受西方学术思想所激荡，又有深厚的传统学术功底，既认识到了西方学术方法的长处，又不丧失对传统学术精神和方法的信念，成为新史学哲学的一个极为重要的派别。

王国维（1877—1927），浙江海宁人，字静安，一字伯隅，晚号观堂。清末秀才。初至上海时务报馆掌书记事，后赴日本留学，学习自然科学并研究哲学、心理、伦理等，深受德国叔本华与尼采的思想影响。光绪二十九年（1903）起任通州、苏州等地师范学堂教习。所著《静安文集》，试图以康德哲学解释中国传统哲学之"性"、"理"诸范畴。中年主攻文学，撰有《人间词话》及《宋元戏曲史》等。其观念糅合有叔本华悲观主义、尼采天才论以及王氏本人崇奉自然的艺术观。辛亥革命后，随罗振玉东渡日本，1916年回国。自1913年起，从事史学，尤致力于甲骨文、金文以及历代石经的考释，卓有成绩，并提出了以实物和文献互证的史学研究方法。20年代与梁启超、陈寅恪等人同任清华国学研究院教授，讲授《古史新证》，对培养文史学者有贡献。1927年在颐和园投昆明湖自尽。

王国维对中国传统哲学别具慧眼，作了他独到的剖析。他受尼采、叔本华等人影响，认为人的本质就是意志，是生活之欲："夫吾人之本质既为意志矣，而意志之所以为意志，有一大特质焉，曰生活之欲。"（《静安文集·叔本华哲学及其教育学说》）生活之欲促使人们了解自然、了解社会，推动人类社会经济、政治、文化艺术的发展，可以说是文明肇生的动力。但生活之欲本身却没有定质，一方面它有无穷无竭的持续追求，另一方面也有满足后由空虚而导致厌倦的表现。王国维认为每一个具体的人，当他把生活意欲体现于世界时，就会时刻处于一种深刻的矛盾状态。要消解生活之欲的矛盾，有多种办法，一种是博爱之德。他说，"以他人之快乐为己之快乐，他人之苦痛为苦痛，于是有博爱之德"（同上）。若是把自己的生活之欲融入对社会群体的生活之欲的尊重和同情，这是中国儒学所主张的"己欲立而立人，己欲达而达人"之仁。但"仁"作为一种道德理想，却不是每个人都能做得到的。王国维认为中国传统道德信仰就缺乏对非道德现象的有效制约，因而必须学习西方的法制精神，必须积极为生活之欲立法，也就是说，要为生活之欲规划出正义的界限。"义之于社会也，犹如规矩之于方圆，绳墨之于曲直也。社会无是，则为鱼烂之民，国家无是，则为无政府之国。"（《静安文集·教育偶感四则》）王国维对中国正义思想之缺乏深表忧虑，说："今转而观我国之社会，则正义之思想之缺乏，实有可惊者，岂独平民而已，即素号开明之士绅，竟侗然不知正义为何物。"（同上）王国维认为要扭转这种状况，使生活之欲理性地表现，一方面要大兴教育，通过对人的生存本质的理解，使大多数人都认识到人人都有生活之欲，是同一意志的表象，从而做到己所不欲，勿施于人。另一方面要用法制强制人们不可侵犯他人的利益。"人有生命、有财产、有名誉、有自由，此数者皆神圣不可侵犯之权利也。苟有侵犯者，岂特渎一人神圣之权利而已，社会之安宁，亦将岌岌不可终日。故有立法者以虑之，有司法者以行之。"（同上）

王国维认为，要摆脱生活之欲所造成的痛苦，还有一条途径就是超脱生活之欲，像佛教所追求的那样进入涅槃之境。在《红楼梦评论》中，他还结合紫鹃、惜春、贾宝玉等人物命运，分析了解脱之途径，认为有观他人之痛苦而对自身命运逐渐体悟而解脱者，有反省自己之痛苦而解脱者。但王国维反对自杀，他认为像金钏投井、司棋冲墙、尤三姐刎剑，都不是真正的解脱，因为自杀是她们祈求的生活之欲没有得到满足。值得注意的是就在《红楼梦评论》结尾，王国维对于生活之欲能否真正超越表示了深深的怀疑。他说，像释迦牟尼、耶稣基督等人是否真正解脱了，从他们的悲悯之心来看并不见得；即使他们真正解脱了，"试问释迦示寂之后，基督尸十字架以来，人类及万物之欲生奚若？其痛苦又奚若？吾知其不异于昔也"（《红楼梦评论》）。他认为意志自我肯定和否定，在逻辑上论证起来是较为困难的。所以叔本华关于生活意志解脱之论还不如儒家的圣贤理想和道德主义。

基于上述认识，王国维评论传统哲学，说儒家哲学的特点是："其于思索未必皆精密，而其议论亦未必尽有界限"（《静安文集续编·书辜氏汤生英译〈中庸〉后》），即传统哲学在形式上不如西方哲学那样讲条理、讲逻辑。王国维还分析了传统哲学中理、性、命等范畴，认为这些范畴都有把经验上的事当成抽象之概念的缺陷。他说只能从经验世界判别善恶、是非，应该消除混淆经验与抽象的弊端。应该指出，王国维批评传统哲学在表述方式上没有逻辑意识以及分辨不清经验与抽象的界限，都是言之有物的，也符合中国传统哲学向近代转化的发展趋向。但王国维始终认为，尽管传统哲学有上述缺点，它的基本命题和精神价值却是应该给予充分肯定的。中国传统哲学以人生为核心，所展开的对人的生存状态的分析以及对人生正道的探求，都有其合理内核。特别是它对道德哲学的研究和悠长的传统，是中华民族理论思维的宝贵遗产。如果对它作出正面继承，并弥补修正其不足，中国哲学仍然有其永久的生命力。可以说，王国维是在经学体系被打破后，纯粹从个人安身立命问题出发思索人生问题，而最终认识到传统哲学的价值的史学家。

王国维说，道光咸丰以来，知识分子有感于国势不振，有的托于先秦、西汉之学，以图变革。及至欧化渐开，士子欣欣然以海外文化是尚，甚至有"舍我熊掌，食彼马肝，土苴百王，糟粕三古"者（《国学丛刊序》）。这种状况值得引起注意。王国维说，今天所处境地，正如魏晋南北朝时期一样，当时佛教传入，曾经引起中国文化的剧烈变更。但是佛教与中国固有文化的关系是一个相互化合的过程。王国维历叙魏晋至宋明时期的学术发展，总结说："（外来之思想）即令一时输入，非与我中国固有之思想相化合，决不能保其势力，观夫三藏之书，已束于高阁，两宋之说，犹习于学官，前事之不忘，来者可知矣。"（《静安文集·论近年之学术界》）外来学术思想，只有与固有文化思想相化合，成为固有文化的有机组成部分，才能生长。法相唯识学由于它的印度佛学色彩太浓，在当时没有多大影响，而天台、华严、禅宗等却因为其中国色彩并被消化于宋学，得到了传承和发展。因而对待今天的西方学说的态度，同样应该是立足于本土文化，对西方学说进行甄别取舍，而不能迷失自己的立场。

辛亥革命以后，王国维学术研究的重点由哲学、文学转至史学。早在他30岁时，他曾说"余疲于哲学有日矣，哲学上之说，大都可爱者不可信，而可信者不可爱。余知其理，而余又爱其谬误伟大之形而上学，高严之伦理学，与纯粹之美学，此吾人所酷嗜者也。然求其可信者，则宁在知识上之实证论，伦理上之快乐学，与美学上之经验论。知其可信而不可爱，觉其可爱而不可信，此近二三年中最大之烦闷矣"（《静安文集续编·自序》）。王国维一方面沉醉于道德理想和道德境界的追求，另一方面又深深地认识到经验世界的真实存在；他既希望能在经验世界中依照正义原则而使个人意志得到合理舒展，另一方面又希望自己超出善恶、利害而成为道德理性的化身。当现实生活中起码的是非标准都日趋混乱之际，王国维的理想与现实的冲突也日趋激烈。他看不到现实经验生活理性化的发展趋向，表面上他舍弃了对理想世界的形上追求，而实际上他对理想的追求更加强烈。在这种背景下，他的史学思想表现出以下两个鲜明特色：

其一，执著地认为中国传统文化的基本精神是一脉相承的，历史发展的终极本质是传统儒家哲学所论证的人文道德精神。

王国维古史研究中有一篇极有名的文章，叫做《殷周制度论》，此文考察殷商与西周的社会变更，认为古代社会变更之剧，莫甚于殷周之际。但他最后的结论则是：

> 殷周间之大变革，自其表言之，不过一姓一家之兴亡与都邑之转移；自其里言之，则旧制度废而新制度兴，旧文化废而新文化兴。又自其表言之，则古圣人之所以取天下及所以守之者，若无以异于后世之帝王；而自其里言之，则其制度文物与其立制之本意，乃出于万世治安之大计，其心术与规摹，迥非后世帝王所能梦见也。

所谓西周立制的心术和规摹，是指西周确立了尊尊、亲亲、贤贤和男女有别之制，以及宗法等级分封等相关制度。王国维认为这种人伦道德精神是根本性的。因此，尽管王国维意识到了中国历代以来在典章制度上有许多不足，比如缺乏法制精神，但他依然认为传统的文化精神是有其一贯性的。

1927年，王国维投水自尽。陈寅恪曾就此发表议论说："世之人大抵能称道其学，独于其平生之志事颇多不能解，因而有是非之论。寅恪以为古今中外志士仁人，往往憔悴忧伤，继之以死，其所伤之事，所死之故，不止拘于一时间一地域而已。盖别有超越时间地域之理性存焉，而此超越时间地域之理性，必非其同时间地域之众人所能共喻。"（《海宁王静安先生遗书·卷首》）陈寅恪与王国维同为清华国学研究院导师，王国维遗嘱将其书籍请陈寅恪、吴宓整理。陈寅恪的评论应该是较为合乎王国维的实际情况的。这位在中国新史学中有杰出贡献的史学家，就是在运用他的理性无法得到对经验生活的满意解答之后，带着他对传统人文精神超越时空的信念，用一种他自己素表反对的自尽方式,为他的理想和现实的冲突打上了一个句号。

其二,积极吸取西方学术方法的长处,发展传统学术方法,为传统史学的新生奠定基础。

王国维曾对中西思维方式作过比较,说:

> 西洋人之特质,思辨的也,科学的也,长于抽象而精于分类,对世界一切有形无形之事物,无往不用综括(Generalization)及分析(Specification)之二法。……吾国人之所长宁在于实践方面,而于理论之方面则以具体的知识为满足。至于分类之事,则除迫于实际之需要外,殆不欲穷究也。……故我中国有辩论而无名学,有文学而无文法,足以见抽象与分类二者皆我国之所不长,而我国学术尚未达自觉(Selfconsciousness)之地位也。(《静安文集·论新学语之输入》)

按照他的看法,凡对所研究的对象,能够运用抽象的思辨,采用综括与分析二法,"求其原因,定其理法",核诸实际而无不合,达到了"事物必尽其真,而道理必求其是",才取得了学术的自觉地位(《观堂别集·国学丛刊序》)。中国传统学术并非没有极其精微的部分,如古代北方学派"深邃统一之哲学",宋人"幽玄高妙"之理学,悲剧感极浓之元杂剧和《红楼梦》等,惟其不在抽象思辨的理论上着力,故往往不能达到真正的科学形态。综观王国维对于传统学术研究的缺点之批评,可以看出他的基本认识还是与章太炎早年的认识相通的,即一方面认为传统学术缺乏对研究对象逻辑严密的实证性分析,另一方面也认为传统学术缺乏对于研究对象作高层次的理论概括。

王国维认为:"今日之时代,已入研究自由之时代,而非教权专制之时代。""异日发明光大我国之学术者,必在精通世界学术之人,而不在一孔之陋儒。"(《静安文集·奏定经学科大学文学科大学覃程书后》)如果不对传统学术进行改造,坚持"思想上之事,中国自中国、西洋自西洋"的顽固态度,那就不能使传统学术得到发展(《静安文集续编·去毒篇》)。他主张既吸取西方严密的分析方法,也吸取西方思辨的综合方法,既有理论概括,又有实证分析,使传统学术研究呈现新的生机。

王国维还强调,运用和学习西方学术研究方法,并不是把传统学术研究的长处排斥不取。他有一个非常有价值的论点,"余谓中西二学,盛则俱盛,衰则俱衰。风气既开，互相推助，且居今日之世，讲今日之学，未有西学不兴而中学能兴者，亦未有中学不兴而西学能兴者"（《观堂别集·国学丛刊序》）。也就是说，他认为中西学术方法有互补性，只有坚持学术研究的民族特色，才能真正成为世界学术研究的一个组成部分。王国维高度评价了传统学术方法知人论世，由其人以逆其志的长处，认为传统学术分析历史事件，注重天文地理、文化环境、政治境遇乃至个人性情等诸方面，视野是相当开阔的。他还特别提到了清代学者的学术成就，认为不能轻视他们的学术影响。

如何结合中西学术方法？王国维提出"能动化合"说。即从原有学术方法出发，以我为主，消化吸纳西方学术方法。王国维自己的学术研究，对于这一点做得较为突出。他的《红楼梦评论》，用尼采、叔本华的哲学原理分析红楼人物的命运，既有传统研究方法细致精微的长处，又讲原理的驾驭，开辟了红学研究的新局面。又如他在古史研究中提出二重证据法，把古史研究的方法论程序提升到了一个自我认识的新阶段。这些都基于王国维学贯中西的文化素养。

王国维对于中国新史学产生了不可磨灭的影响。他对于传统文化精神那种超出个人生命的信念虽然仁者见仁、智者见智，不见得为新史学各个派别的史家所赞同；但他谋求传统学术研究方法与西方学术方法相互结合的努力以及他毕生的学术实践，开辟了一条较章太炎、梁启超更加深入和更加平实可循的新途径，成为新史学各家各派认可的榜样。郭沫若曾称王国维是"新史学的开山"。

陈寅恪（1890—1969），江西修水人。生于光绪十六年（1890）。祖父陈宝箴，父陈三立。1902年，陈寅恪13岁随兄衡恪东渡日本。17岁以病归。18岁考入吴淞复旦公学，1909年20岁毕业。1909—1915年相继留学德国柏林大学、瑞士苏黎世大学、法国巴黎大学。1915—1916年间，曾在蔡锷、谭延闿手下短期任职。1917—1921年留学美国哈佛大学。1921—1925年入德国柏林大学研究院。1926年秋始到清华任教。

陈寅恪同王国维一样，对传统人文道德精神持有强烈的信念。早在1919年，他在美国同吴宓的谈话中，就说："中国古人，素擅长政治及实践伦理学"，虽然有"乏精深远大之思的缺点"，但"至若天理人事之学，精深博奥者，亘万古、横九亥而不变，凡时凡地均可用之。而救国经世，尤必以精神之学问（谓形而上学）为根基"（《吴宓与陈寅恪》第9页）。充分肯定了中国传统学术精神的独到价值。在冯友兰《中国哲学史》的审查报告中，陈寅恪曾经表示他的"思想囿于咸丰同治之世，议论近乎（曾）湘乡、（张）南皮之间"（冯友兰《中国哲学史》下册附录）。曾国藩、张之洞鼓吹的都是中学为体、西学为用的观点。陈寅恪在20世纪30年代仍然固守这种思想，不是说他的政治态度依然与前清有何瓜葛，而是表示他对中国传统文化的精神有执著的信念。

陈寅恪也认为当时中国处在本土文化与外来文化的冲突时期，他认为有必要从历史经验中总结经验教训。他同样运用了佛教与中国固有文化相互影响的例子，指出："窃疑中国自今以后，即使能忠实输入北美或东欧之思想，其结局也当等于玄奘唯识之学，在我国思想史上，既不能居最高之地位，且亦终归于歇绝者。其真能于思想上自成系统，有所创获者，必须一方面吸收输入外来之学说，一方面不忘本来民族之地位。此二种相反而适相成的态度，乃道教之真精神，新儒家之旧途径，而二千年吾民族与他民族思想接触史之所昭示也"（同上）。同王国维一样，他也认为只有立足于本土文化，通过对其他民族文化的消化吸收，才能形成真正有生命力的新文化。

陈寅恪基本上是用文化史的观点去研究历史，历史就是文化关系。他特别关注文化冲突背景下社会制度和统治政策特色。他的研究重点在不古不今的隋唐历史。1932年他在清华开晋至唐文化史课，1940年写成《隋唐制度渊源略论稿》，1941年完成《唐代政治史述论稿》，就是希望通过历史上这一段文化冲突相对尖锐时期的研究，看出文化问题的某些规则。《唐代政治史述论稿·自序》说：

> 寅恪尝草《隋唐制度渊源略论稿》，于李唐一代法制诸端，妄有所论述。至于政治史事，以限于体例，未能涉及。兹稿所言则以唐代之政治史为范围，盖所以补前稿之未备也。夫吾国旧史多属于政治史类，而《资治通鉴》一书，尤为空前杰作。今草兹稿，可谓不自量之至！然区区之意，仅欲令初学之读通鉴者得此参考，或可有所启发，原不敢谓有唐一代政治史之纲要，悉在此三篇中也。

表示他研究唐代政治策略的重点并不在复原唐代政治史原貌，而是要像《资治通鉴》那样，使读者有所领会和启发。比如他研究影响唐代政治的氏族集团，追溯到宇文泰建立北周的文化政策，就曾指出，宇文泰只有少数六镇之民，复局促于关陇一隅之地，终能并吞分有多数六镇之民族及雄据山东富饶区域之高齐，这不是一二君主贤愚及诸臣材不材之所致，而是因为北周采取了适宜的文化政策。他说：宇文泰"必别觅一途径，融合其所割据关陇区内之鲜卑六镇民族，及其他胡汉土著之人为一不可分离之集团，匪独物质上处同一利害之环境，即精神上亦必具同出一渊源之信仰，同受一文化之熏习，始能内安反侧，外御强邻。而精神文化方面尤为融合复杂民族之要道"（《唐代政治史述论稿·上篇·统治阶级之氏族及其升降》）。当时宇文泰通过把所割据之关陇地区称为汉化发源之地，不复以山东江左为文化之中心，以关中本位政策取得了政治上的成功。陈寅恪认为，文化化合的规则就是如此，即积极利用自身的优势，形成精神和制度上的高度凝聚力，否则就难以在冲突中得到保存和发展。

陈寅恪文化史学的另一个特色是异常关注个人或社会集团在文化状态下的境遇。他研究过陶渊明、王导，唐代之李、武、韦、杨婚姻集团以及明末之柳如是等。1947年作《元白诗笺证》，用元稹、白居易之诗研究唐玄宗到唐宪宗这段由盛转衰的历史，主要考证了初唐一段，李、武、韦、杨婚姻集团支配唐初政治的状况，唐玄宗和杨贵妃的关系，元稹与崔莺莺的关系，白居易《琵琶行》中的琵琶女的身世等。他后来历十年时间，于1964年写成《柳如是别传》初稿，通过陈子龙、程嘉遂、钱谦益等知识分子与女柳如是的分合关系，反映明末知识分子的心态和精神面貌等。这些都反映了陈寅恪从文化史角度分析历史人物的命运以及从历史人物的命运研究文化史的史学眼光。他希望从文化背景下看出个体生命的个性，也希望从个体生命中树立政治和道德的人伦精神。这一点堪称是陈寅恪对于我国传统史学精神的正面继承和发展。

陈寅恪还积极探讨了传统学术方法的改造问题。他认为以往文化史研究有两大缺陷：

> 旧派失之滞。旧派作中国文化史，其材料半出廿二史中儒林、文苑等传及诸志，以及《文献通考》、《玉海》等类书。类书乃供科举对策搜集材料之用，作史没有必要全行采入。这类文化史不过抄抄而已。新派失之诬。所谓"以科学方法整理国故者"，有解释，看上去很有条理，然甚危险，有适用不适用处。（转引自蒋天枢《陈寅恪先生传》，载

第五章　新史学哲学的不同体系　　　　　　　　109

《纪念陈寅恪先生诞辰百年学术论文集》)

所谓"滞"就是艰涩而不流畅，主要指没有明确的条理；所谓"诬"就是无中生有，把本来没有的说成是有的。陈寅恪认为既不能不讲条理，也不能无中生有。他认为这需要研究者必"神游冥想，与立说之古人处于同一境界，而对于其持论所以不得不如是之苦心孤诣，表一种之同情，始能批评其学说之是非得失，而无隔阂肤廓之论"（冯友兰《中国哲学史·附录·审查报告一》)。可以说，陈寅恪提出了研究历史和思想在进行归纳时所应注意的方法论问题。

至于资料搜集和整理，陈寅恪认为中国固有的考据学，足以辨明资料之真伪，关键在于如何运用。他认为应该放宽史料范围，不但要注意正史资料，举凡遗文别集都可以证史，出土文物文献同样有极重要的学术价值。

蒋天枢曾经把陈寅恪的治学概括为四大特色：一曰淑世为怀，笃信白氏（居易）"文章合为时而著，歌诗合为事而作"之旨；二曰探索自由之义谛；三曰珍惜历史传统文化；四曰续命河汾之向往（《陈寅恪先生传》）。应该说，陈寅恪的史学研究具有以上几个特点。他的文化史学在新史学中有独到的价值。

陈垣，广东新会人。生于光绪六年（1880），1971年6月卒。7岁入私塾，1897年18岁入京应顺天乡试，失败，1898年教蒙馆授徒。1907年起习医，1910年于光华医学堂毕业，对史学发生兴趣。1913年后，他用了较长时间写成《四库书目考异》，并编纂了各种便于研究的目录和索引，积累了很多资料。1917年他完成了《元也里可温教考》。在以后的几年里，他陆续发表了《开封一赐乐教考》、《火祆教入中国考》、《摩尼教入中国考》、《元西域人华化考》和《回回教入中国史略》。1925年以后，他又着重于目录学、史源学、校勘学、避讳学、年代学的研究，写成《中西回史日历》、《二十四史朔闰表》、《史讳举例》、《中国史料的整理》、《〈元典章〉校补》、《校勘学释例》、《〈艺风年谱〉与〈书目答问〉》、《〈四库提要〉中的周亮工》等专著和论文。1937—1945年，他留在北京，从1940年发表《明季滇黔佛教考》开始，文风有较大改变。1943年他给友人的信中说："从前专重考证，服膺嘉定钱氏；事变后颇趋重实用，推尊昆山顾氏；近又进一步，颇提倡有意义之史学，故前两年讲《日知录》、今年讲《鲒琦亭集》，亦欲正人心、端士习，不徒为精密之考证而已。"1940年《清初僧诤记》、1941年《南宋初河北新道教考》、1943—1945年《〈通鉴〉胡注表微》都代表着陈垣当时的史学思想。

陈垣对传统史学的人伦道德精神有深切的体验。1945年他发表《〈通鉴〉胡注表微》，表面上是对南宋末元朝初年胡三省注释司马光《资治通鉴》的研究，实则通过对胡三省史学思想的阐发表明他自己的史学主张。其中他首先分析了胡三省对民族文化的忧虑以及对人伦道德的信念。《表微》辟有"伦纪篇"，指出："伦纪为人类所共有，无间华夷。"又有"夷夏篇"，指出："内诸夏而外夷狄"的说法，"非尊己而卑人。内外亲疏之情出于自然，不独夏对夷有之，夷对夏亦然。当国家承平统一时，此种意识不显也；当国土被侵凌或分割时，则此种意识特著"。也就是说，胡三省注释《资治通鉴》所表现出的民族意识和道德意识，是中国传统史学的基本精神，也是一切民族历史的普遍精神，具有永恒的价值。陈垣较之传统史学进步的地方，是他把民众的力量放到了一个更加醒目的地位。他说："民心者，人民心理之向背也。人民心理之向背，以政治善恶为依归；夷夏之防，有时并不足恃，是可惕然者也。"（《民心篇》）统贯人文道德精神的是民心向背。这一点较之王夫之轻视民众的力量，过分注重民族界限要进步，更能反映时代变易的特色。

陈垣亦对历史人物的安身立命之道深表关注。他通过《表微》中的"生死篇"、"臣节篇"、"出处篇"、"货利篇"，畅述了传统史学所树立的人生观。他说传统史学褒贬历史人物的是非标准是："能致身为第一义，抗节不仕者次之，保禄位而背宗国者，在所必摈。"（《臣节篇》）他认为这种在儒学精神下所确立的生死观，是中国传统史学的价值所在。

可见陈垣的史学精神和价值取向是基本上趋同于传统史学的人文道德。但陈垣并不主张一味固守传统史学精神而无视外来文化的吸收与改造。在《表微》的《释老篇》中，他说：

> 然信仰贵自由，佛老不当辟，犹之天主不当辟也。且孟子尝距杨墨矣，杨墨何尝熄；杨墨而熄，亦其有以自致，非由孟子之距之也。韩昌黎辟佛亦然。唐末五代禅宗之盛，反在昌黎辟佛以后，其效可睹矣。况隋唐以来，外来宗教如火祆、摩尼、回回、也里可温之属，皆尝盛极一时，其或衰灭，亦其教本身之不振，非人力有意摧残之，吾国民族不

第五章　新史学哲学的不同体系

一，信仰各殊，教争虽微，牵涉民族，则足以动摇国本，谋国者岂可不顾虑及此。孔子称"攻其恶，无攻人之恶"，使孔子而知有异教，必以为西方之圣而尊敬之。故吾人当法孔子问礼老聃，不当法孟子之距杨墨也。故身之注《通鉴》，于释老掌故，类能疏通疑滞，间有所讥切，亦只就事论事，无辟异端习气，与胡明仲《读史管见》之攘臂而争者不同，足觇其学之粹、识量之宏也。

陈垣反对对外来文化采取排斥态度，认为只有通过相互了解、相互吸收，才能和平共处，达到学术信仰自由。他认为学术研究中对待外来文化现象应该像胡三省注《通鉴》那样客观平实。

陈垣也积极探索传统学术方法的更新。他说学术研究既要有严密的考证意识，同时又要有抽象思辨的意识。"考证为史学方法之一，欲实事求是，非考证不可。彼毕生从事考证，以为尽史学之能事者固非；薄视考证，以为未足道者，亦未必是也。"（《〈通鉴〉胡注表微·考证篇》）而无论哪种方法，陈垣都非常强调它的民族特色。譬如中国历史文献中的书法、义例、避讳等，就是在中国独特的文化背景下所形成的表现手法。研究中国历史必须对这些问题作规则性的把握。1928年，陈垣所著《史讳举例》，他总结洪迈、顾炎武、钱大昕、赵翼、王鸣盛等学者关于避讳的研究成果，加以系统化，归纳出避讳学的一般方法，包括避讳所用之方法、避讳之种类、避讳改史实、因避讳而生讹异、避讳学应注意之事项、不讲避讳之贻误、避讳学之新用、历朝讳例等八个方面。又如1931年，他在校补沈刻《元典章》的基础上，著《校勘学释例》，对历代以来的校法进行归纳，说：

> 昔人所用校书之法不一，今校《元典章》，所用者四端：一为对校法，即以同书之祖本或别本对读，遇不同之处，则注于其旁。刘向《别录》所谓"一人持本，一人读书，若怨家相对者"，即此法也。此法最简便，最稳当，纯属机械法。其主旨在校异同，不校是非。故其短处在不负责任，虽祖本或别本有讹，亦照式录之，而其长处在不掺己见。得此校本，可知祖本或别本之本来面目……
>
> 二为本校法。本校法者，以本书前后互证，而抉摘其异同，则知其中之谬误。吴缜之《新唐书纠谬》、汪辉祖《元史本证》，即用此法。此法于未得祖本或别本以前，最宜用之……

  三为他校法。以他书校本书，凡书采自前人者，可以前人之书校之，有为后人引用者，可以后人之书校之，同时并载者可以同时之书校之……

  四为理校法。段玉裁曰："校书之难，非照本改字不讹不漏之难，定其是非之难"，所谓理校法也。遇无古本可据，或数本互异，而无所适从之时，则须用此法。此法须通识为之，否则卤莽灭裂，以不误为误，而纠纷愈甚矣。

通过对传统史学方法的归纳，陈垣使得人们对传统史学方法有了一个理性的认识，并且为进一步运用这些方法，从事历史研究，指明了具体途径。

陈垣的史学方法的目标，就是要在传统学术方法的基础上发展出新史学的方法。牟润孙先生曾经回忆说：

  中西史学如何结合，为当前一大课题。先师当年全力支持姚从吾留学德国，既希望他学会西洋史学方法，与中国史学相结合，而结果并不理想。继姚而后的，虽也作了同样功夫，而最后目的始终无法统一起来。援庵先生由考据及西方汉学入手，也学了西洋方法，而终于回到通经致用的中国传统史学路途上来。他早期研究宗教史、中西交通史，最后回到研究《资治通鉴》，讲传统政治史，讲传统史学方法，诚如向觉明（达）所批评，援庵先生成了"正果"。（《从〈通鉴胡注表微〉论援庵先师的史学》，载北京师范大学编《陈垣校长诞生百年纪念文集》）

汤用彤（1893—1965），湖北黄梅人。生于甘肃渭源。父霖，字雨三，戊戌时丢官后先后在兰州、北京设教馆。汤用彤"幼承庭训，早览乙部"，接受了严格的传统教育。1911年由北京顺天学堂考入清华学堂。1917年毕业于清华，同时考取官费留学，因眼疾未能成行。留校任《清华周刊》主编，并教授国文。同年赴美，就读于汉姆来顿大学，主修社会学、政治学。1918年转哈佛大学研究院，以新人文主义者白璧德为师，主攻哲学及梵文、巴利文，与吴宓、陈寅恪有"哈佛三杰"之称。1922年获哈佛大学哲学硕士学位。应吴宓之邀，任东南大学教授，哲学系主任，教授中国佛教史、印度思想史。1926—1927年任天津南开大学哲学系教授。1927年夏返南京任中央大学（原东南大学）哲学系教授。1930年，以特聘教授名义延至北京大学任哲学系教授，完成《汉魏两晋南北朝佛教史》和《印度哲学史》讲稿，并开始转向魏晋玄学研究。1937年随北京大学南迁云南蒙自。1939—1942年在云南昆明西南联大，兼北大文科研究所主任。1946年随校北返北京，仍任北大哲学系主任，兼文学院院长。为哲学系开设魏晋玄学、英国经验主义、欧洲大陆理性主义、印度哲学史。

汤用彤对中国文化的出路问题十分关注。1914年，刚过20岁，汤用彤就在《清华周刊》上发表了《理学谵言》一文，提出了他关于文化问题的基本思想。他认为看待一种文化现象，评判它的价值，应该看它对于人的道德品性的铸造。他说，如果从这个角度去看东西文化，我们就不会"昧于西学之真谛；忽于国学之精神"。就会发现表面上已落后于时代的传统性命之学，特别是宋明理学，仍然有其现实价值。1918—1922年，汤用彤留学美国，师从新人文主义者白璧德，通过对于美国文化的切身体验和研究，汤用彤进一步认识到："世界宗教、哲学，各有真理，各有特质，不能强为撮合。……夫取中外学说互为比附，原为世界学者之通病，然学说各有特点，注意各异，每有同一学理，因立说轻重、主旨不侔，而其意义迥殊，不可强同也。"（《评近人之文化研究》，载1922年12月《学衡》第12期，收入《汤用彤学术论文集》）每一种文化的宗教和哲学，在造就人的道德品质方面，有其真知灼见，有其合理的一面。至于在论述方式和侧重点上的互相歧异，那是由于各自的文化背景所造成的。因此，不能就表面上的相似而强求一致，也不能因其表面的相异而忽略其相同。应该对每一种文化持同种态度，通过深入的研究，去寻找它们精神实质的相通之处。由此可见，汤用彤要求研究者透过各种文化表面上的差异，去发掘文化现象的本质联系，既注意文化现象的普遍性，又坚持文化现象的特殊性，他的文化观已经完全超出了简单的国粹论者。

对于不同文化的冲突和融合，汤用彤通过对佛教文化与中国古代思想文化的相互影响过程的深入研究，总结出关于"文化移植"的一般法则。他这样说道：

> 一个地方的文化思想，往往有一种保守或顽固的性质，虽受外力压迫而不退让，所以文化移植的时候，不免发生冲撞；又因为外来文化必须适应新的环境，所以一方面，本地文化思想受外来影响而发生变化，另一方面，因外来文化思想须适应本地的环境，所以本地文化虽然发生

变化，还不至于全部放弃其固有特性，完全消灭本来的精神。

所以文化思想的移植，必须经过冲突和调和的两个过程。(《文化思想之冲突与调和》，载1943年1月《学术季刊》一卷二期文哲号，收入《汤用彤学术论文集》)

文化冲突和调和的结果是：本地文化和外来文化都必须改变而又不至彻底改变，它们在相互了解相互吸收的基础上，达到更高层次的融合。

汤用彤著有《汉魏两晋南北朝佛教史》、《隋唐佛教史稿》等著作。他指出佛学传入中国之初，之所以为人们所接受，得力于魏晋玄学的理论准备以及佛教依傍黄老方技的表现形式。而佛学之所以能成为隋唐思想界的主流，又由于在南北朝晚期，中国佛教已逐渐脱离印度佛学的原貌，开始进入自觉的理论建设时期。隋唐佛教宗派繁多，只有禅宗得以流传开来，原因在于它的中国化特色最为突出。而另一方面，受佛教影响，中国固有的文化思想也在产生变更，汤用彤说："犹之说没有南北朝的文化特点，恐怕隋唐佛学也不会有这样情形，没有隋唐佛学的特点及其演化，恐怕宋代的学术也不会是那个样子。"(《隋唐佛教之特点》，载《汤用彤学术论文集》)

不仅如此，汤用彤还结合具体研究总结出文化冲突融合的一般历程，这就是汤用彤所说的由"格义"到"寄言出意"再到"明心见性"的三个阶段，也就是由形似到传神，再到综合创新的三个阶段。格义阶段，在中国佛教文化发展史上是指汉魏和西晋时期，人们用中国固有的某些名词概念比附印度佛教的范畴，从而得到对佛教基本知识的大致了解。但依靠格义还不足以理解佛教的精神面貌。故寄言出意的方法成为人们进一步了解佛教的重要方法。汤用彤认为："大凡外国学术初来时理论尚晦，本土人士仅能作枝节之比附，及其流行甚久，字义稍明，则渐可观其会通。此两种文化接触之常例。佛学初行中国亦然。其先比附，故有竺法雅之格义。及晋世教法昌明，则亦进而会通三教。于是法华权教，般若方便，涅槃、维摩四依之义流行。而此诸义，盖深合于中土得意忘言之旨也。"(《论格义——最早一种融合印度佛教和中国思想的方法》，载《理学·玄学·佛学》)言出意的阶段，人们已避开两种文化表面上的相似，探索它们本质上的相通，由此得到的结论，不但使人们对不同文化的性质有所领会，也使人们认识到不同文化的统一性和相通性。在这种基础上，即进入文化综合创新所谓"明心见性"的阶段。汤用彤认为宋代理学就是如此吸收佛学的理论成果的。他说，"华人融合中、印之学，其方法随时代变迁，唐以后为明心见性。"（《魏晋玄学论稿·言意之辨》，载《汤用彤学术论文集》）。

汤用彤从具体研究中总结出的文化冲突和调和的一般法则，表明中国新文化必然是以民族性为特点，充分吸取异质文化的长处，并使异质文化的长处成为民族文化的血液。依据这种认识，汤用彤同样对传统史学的精神保持有较强烈的信念。

对于传统学术方法的认识，汤用彤也是持开放态度的。他的史学实践表明，他既认识到了传统学术方法，特别是乾嘉考据学的长处，同时又积极吸取西方学术方法的长处。比如他的魏晋玄学研究，通过运用西方哲学严密的逻辑和范畴，使玄学的有无、本末、体用诸范畴得到清楚地辨析。他曾非常强调学者不同文化的学术素养。说："越是研究中国哲学，越要多了解欧洲哲学。"（任继愈《汤用彤先生治学的态度和方法》，载《燕园论学集》）他给学生开课，也是魏晋玄学、印度哲学、英国经验主义或新大陆理性主义一起开。他特别注意西方哲学范畴的分析。他对斯宾诺莎实体（Substance）、属性（Attribute）以及洛克的观念（Edea）、知觉（Perception）等范畴有精细而准确的分析，说明西方哲学有某些范畴与中国古典哲学是相通的，认为分析研究中国古典哲学，也可运用西方的方法等。总之，汤用彤的学术方法，特别是比较研究的方法，既继承传统考据方法，又吸取西方学术方法之长，为中国史学的进一步发展做出了贡献。

柳诒徵（1880—1956），字翼谋，号劬堂，江苏镇江人。自幼受传统教育，潜心帖括经策。1901年由陈庆年介绍，到张之洞主持的江楚编译局担任分纂，编辑教科书。在江楚编译局受业于张之洞的弟子缪荃孙。光绪二十九年（1903）随缪荃孙赴日本考察教育。1902年他曾增辑日本人那珂通世《支那通史》成《历代史略》六卷八册。1903年创办南京思益小学堂，并任历史教员。同时又从事实业教育，在江南中等商业学堂兼授商业道德及中国商业史两门课。1905年编成《中国商业史》讲义二册。1908—1910年，他受陈庆年嘱托，在黄绍箕（1907年逝世）商定义例的基础上辑补《中国教育史》。1911年武昌起义，他在镇江亲迎孙中山，担任镇江临时参议会副会长等职。但不久袁世凯复辟，他深感失望。1916—1925年任南京高等师范学校、东南大学历史系教授。此后长期担任大学教授及图书馆馆长。1922年1月于东南大学与吴宓、刘伯明、杨光迪、汤用彤、胡先骕等人创办《学衡》

杂志，1924年起任《学衡》南京编务处干事。1932年与缪风林在南京创办钟山书局。1948年，他发表《国史要义》一书。

柳诒徵认为，"国之有史，莫古吾若"（《修史私议》，载1922年《史地学报》第一卷第4号）。中国传统史学有其独到的精神价值。20世纪初年以来，人们对传统史学采取激烈的批评态度，主要原因是时人没有真正理解传统史学体系。他曾明确指出：传统史学的前提就是儒家哲学，特别是《春秋》学：

> 近人讲史学，不知推本《春秋》，漫曰《春秋》是经非史，而中国史学之根本不明。惟就史以求史，故其于史汉亦不解所谓；不但于史汉不知所谓也，即众人所甚崇拜之史学家，若章氏之《文史通义》主要之语，亦不能解矣。（《国史要义·史义》）

他认为，如果我们把视野伸展到传统史学深厚的哲学背景，就会发现传统史学有许多地方是颇具慧识的。比如传统史学的正统观念，历经时人批驳，柳诒徵却认为：

> 吾族由大一统而后有所谓正史，由正史而后有所谓通史、集史，而编年与纪传之体虽分，要皆必按年纪录，虽史才之高下不同，而必持之正，始足以经世而行远。……而前史之断断于一家传统者，非第今不必争，亦为昔所不取。而疆域之正、民族之正、道义之正，则治史者必先识前贤之论断，而后可以得治乱之总因。疆域不正则耻，民族不正则耻，推此二耻之所由来，则自柄政者至中流士夫，全体民众，无不与有责焉。吾史之不甘为偏隅，不甘为奴虏，非追往也，以绍后也。（同上）

他说，尽管历史上确实有为某一王朝争正统的现象，但传统史学的正统观念也有正义、爱国、保卫领土完整的含义，我们批评正统观，不能把这些都排斥掉。

又如传统史学特别强调史家的道德修养。传统史家的道德，依靠平时生活的积累，并不是由于著史而有德。正由于史家把平素的修养运用到史学著述，又把史学研究过程当为品德的锤炼过程，才形成了传统史学"温柔敦厚、疏通知远、广博易良、洁净精微、恭俭庄敬"的《春秋》学特色（《国

第五章 新史学哲学的不同体系

史要义·史德》）。而当时的批评者看不到这些长处，一味贬低传统史家的史德，柳诒徵认为这都是不符合历史实际的。他还指出，若拿20世纪初年以来的一些新史学的倡导者们的史德与传统史德相比，真有点今不如昔之慨。比如当时流行的轻易疑古和附会之风：

> 以他族古初之蒙昧，遂不信吾国先哲之文明。举凡步天治地，经国临民，宏纲巨领，良法美意，历代相承之信史，皆属可疑。其疑之者，以他族彼时不过图腾部落，吾族甚不能早在东亚建此大邦。复以晚近之欺诈，推想前人之假托，不但不信为事实，即所目为乌托邦之书，亦不敢推论其何时有此理想。只能从枯骨断简，别加推定。必至春秋战国之分裂，始能为秦汉之统一，而春秋战国秦汉制度思想之由来，亦不能深惟其故。至其卑蔑已甚，遂若吾族无一而可，凡史迹之尤卓绝者，匪藉外力，或其人之出于异族，必无若斯成绩。此等风气，虽为梁氏所未料，未始非梁氏有以开之，故论学立言，不可不慎。（同上）

一些新史学的倡导者，惑于西方文明发展的线索，对中国悠久的历史和特点不能作出具体分析。他们连起码的史德——尊重历史的真实都做不到，哪里能够超出传统史德，做出更多的成绩！

又如传统史学的结构和方法，柳诒徵认为也不能轻易否定。他说，传统史学在叙事时既讲究史事的全面记载，又注意在传述某一历史人物时，为了维护道德教训的基本目的，对正面人物讳言其不足，这应该好好总结。又如纪传体史书既讲历史事件的时间、空间上的关联，又能用极简练的笔墨描写极丰富的历史，这些都是我国史学方法的长处（《国史要义·史联》），不宜过分贬低传统史学研究的方法。

诚然，传统史学也不是十分完备的。柳诒徵对此也不讳言。他曾说：

> 治史之识，非第欲明撰著之义法，尤须积之以求人群之原则。由历史而求人群之进步，近人谓之历史哲学。吾国古无此名，而其推求原理，固已具于经子。近人治史多本进化之论。盖缘西哲就生物之演变，测人群之进步，而得此基本观念。治吾史者，准此以求，亦可以益人神智。然梁启超论研究文化史之问题，对历史现象是否进化，即生疑问；刘咸炘论美人彻尼所举史律，谓道德常进亦常退，若大概言之，宁谓智

进而德退；章炳麟俱分进化论谓善恶相缘并进，其说尤懿。故吾人治中国之史，仍宜就中国圣哲推求人群之原理，以求史事之公律。(《国史要义·史识》)

柳诒徵所谓历史哲学，即历史演变的客观法则。中国传统史学对于历史演变的总法则和某些具体历史内容的内在联系有所论述，但相对而言，较为薄弱。新史学倡导者们明确提出以哲理指导历史研究，讲究对历史内容的内在联系的归纳和抽象，柳诒徵认为这显然是必要的，它有助于传统史学的近代化。他列举梁启超、章太炎等人关于哲理的研究情况，指出要使中国史学弥补这一局限，还需要根据中国固有的经子哲学论点，对中国历史的演变法则作出独到的归纳。

柳诒徵也意识到传统学术方法的某些不足。比如传统史学过分注重书法，缺乏对历史事件简洁明了的论述和研究，这些已明显不符合时代要求。他认为对此应该改革。但他认为改良学术研究的方法，应立足于吸收传统学术方法的精意：

> 子玄论史，溯源六家，推暨流别，限于二体。……晚近学者，旁通译寄，病吾国史，专纪帝王。猥欲更张，恢宏民物，宗尚既别，勾材亦殊。分析篇章，标举名类，号称新史，上掩前徽。于是人有新制，家矜制作，诋诃往哲，攘斥旧籍，迁固之徒，殆束阁矣。然代撰相续，如绳莫截，凡今之为，率沿自昔。……专家学者，旁求域外，诅观国故，渐识家珍……吾观近制，冥符古谊，剖析本末，标曰双轨：一则类举件事，原于《世本》；一则以时属事，本之《春秋》。视刘氏所陈，六家二体，尤为简要，通贯古今焉。(《中国史学之双轨》，载《史地学报》1926年第1期)

他认为《世本》和《春秋》的史学方法，尤其是后世史学研究的楷模。讲史学方法的改良，不能忽视二者。

柳诒徵对于传统史学的精神和方法的认识基本上与王国维、陈寅恪、陈垣、汤用彤是相通的，只是由于他没有前者那样深厚的西学功底，他的史学思想所表现出的传统风格更加突出。

总之，以王国维、陈寅恪、陈垣、汤用彤、柳诒徵为代表的新史学流派，或从个人安身立命出发、或从中国历代文化冲突与调和的经验的总结出发，认识到中国传统文化及其精神价值在新文化中仍有其生命力。他们以不同的方式对传统学术精神和学术方法作了弘扬，试图把传统史学的道德人文精神转化为具有近代特征的新人文精神，把传统史学的伦理主体改造为科学与道德相统一的史学主体，对新史学的发展方向提出了自己的认识。他们所提出的历史与文化结合、史观与考据结合、文献与实物结合、中西学术方法的结合等，构成了中国近代学术思想极有价值的一页，今天仍然有其参考价值。

第三节　文化西化论与新史学哲学流派之二

在20世纪20年代前后，当梁启超、章太炎向传统思想回归，甚至认为只有中国传统文化才能挽救西方危机的时候，当传统文化主体论者希望从传统文化发展出中国近代新文化，并积极从学术演变的规则进行认真探究的时候，有人循着戊戌以来的价值取向，仍然把西方文化当做中国文化的发展目标。其中最有代表性的是陈序经和胡适。

陈序经在其所著《中国文化的出路》（1934年）和《东西文化观》（1937年）对全盘西化的主张作了具体阐发。他认为中国的一切都不如西方。"从文化发展的趋势上看去，周秦既比不上古代的希腊罗马，而中古的中国又比不上中古的欧洲。"相对而言，"从文化发展上看去，不但是三千年来欧洲人所处的地位，已比我们为优，就是他们在文化阶级上，已比我们高了几级"（《东西文化观》第十九章，广州岭南大学1937年1月版，第169页）。在对东西文化进行了纵的比较后，他又从横的方面作了进一步发挥。他宣称，在饮食、穿着、居住、娱乐、交通、法律、道德、哲学、文化、科学、教育等方面，我们"都大大不如人"，而且，"我们一切的农、工、矿、渔、盐、商等业，也是样样不如人"，甚至医术、美术、音乐以至文字，较之西方，都是相形见绌。因此，陈序经的结论是："非彻底和全盘西化，不足以自存"（同上书，第178页）。

胡适也是全盘西化的倡导者。1928年，他写了《请大家来照照镜子》的短文，主张"死心塌地的去学人家"以解决中国的"根本问题"。他说："不要怕丧失我们自己的民族文化，……无论什么文化，凡可以使我们起死回生、返老还童的，都可以充分采用，都应该充分采用。"（《介绍我自己的思想》）1935年3月，在"中国本位文化"与"全盘西化"的论战中，胡适在《独立评论》上撰文声明："完全赞成陈序经先生的全盘西化论"，并于5月写了《充分世界化和全盘西化》一文，将全盘西化的提法改扩"充分世界化"。

与这种文化观相对应，新史学领域也出现了一种独立的史学哲学形态，此即以胡适、傅斯年为代表的史学流派。

胡适，原名洪骍，字适之。安徽绩溪人。1891年12月出生于一个亦官亦商的家庭。其父胡传，曾随吴大澂先后在东北边疆和广东、海南供职，颇有志于边疆地理。胡适6岁丧父，由母抚育成人。1904年到上海新式学堂读书，1906年入中国公学，1910年考取第二批留美官费生，成为美国康奈尔大学农科学生，不久转学文科，1914年毕业。1915年进入哥伦比亚大学研究院，跟随实用主义哲学家杜威学哲学。在哥伦比亚大学期间，其学术兴趣逐渐集中在哲学、历史学和文学方面。1917年5月完成了他的博士论文《中国古代哲学方法之进化史》，6月启程回国。不久被聘为北京大学教授，任职至1926年。1938年出任国民政府驻美国大使，回国后，任北京大学校长。1949年4月起寓居美国。1958年到台湾任"中央研究院"院长。1962年去世。

胡适对于史学哲学的认识源于他对文化问题的思考。当梁漱溟在1922年出版《东西文化及其哲学》时，胡适看后批评说：

东西文化问题是一个很复杂的问题，（是）利用历史的精神和方法寻找双方文化接触的时代如何选择去取的问题，而不是东方文化能否翻身为世界文化的问题。（《读梁漱溟先生的〈东西文化及其哲学〉》，载《胡适文存》二集卷三）

他说，文化是民族生活的样法。不同的民族所面临的问题是大同小异的，而生活的样法也是大同小异。不可能把东西方文化截然分裂为两截，如梁漱溟所谓西方文化是意欲向前要求为其根本精神的，中国文化是以意欲自为调和持中为其根本精神的，印度文化是以意欲反身向后要求为其根本精神的。胡适认为：

今日最没有根据而最有毒害的妖言，是讥贬西洋文明为唯物的（Materialistic），而尊崇东方文化为精神的（Spritual）。(《我们对于西洋近代文明的态度》，载 1926 年 7 月 10 日《现代评论》第四卷第 83 期)

他认为任何一种文明都是物质和精神两个因子的结合，都是同样的生活意向的现实表现。文化的区别主要是人们在解决基本相同的问题时所采取的不同的解决样式。胡适曾提出"有限的可能说"（The Priciple of Limited Possibilities）。譬如各民族的人都面临饥饿的问题，只有"吃"的解决办法，但吃的东西是面包、是米饭，抑或是棒子面，……吃什么和如何吃则有不同的办法。文化就是如此，它是人们在应付生活、解决生存问题所创造的生活样式，它是在同一前提下所呈现的多种可能。

可以看出，胡适坚持世界文化本质上的同一性，认为没有绝对差异的两种文化，并认为不同的文化都是同一问题下的多种解决方式的表现，它们之间可以求同存异。问题是胡适对于文化的价值标准偏向于以西方特别是美国文化为中心。他认为评价一种生活样式的优劣，关键要看在这种生活样式下社会个体的才能和品格展示到了什么程度。他说：

自治的社会、共和的国家，只是要个人有自由选择之权，要个人对于自己所行所为都负责任。若不如此，决不能造出自己独立的人格。社会国家没有自己独立的人格，如同酒里少了酒曲，面包里少了酵，人身上少了脑筋：那种社会国家决没有改良进步的希望。(《易卜生主义》，载《中国新文学大系》卷一)

胡适反对对不同文化的优劣进行烦琐的争论。他认为每种文化在解决生活问题时总会创造一些独到的物质和精神成果，在这里作量的对比没有多大意义。关键是看这种文化对于社会个体在物质和精神上的满足程度。如果一种文化能给个体以较丰备的物质和精神享受，那么这种文化必定比其他文化优越，是其他文化学习的榜样。

胡适力驳西方只有物质文明没有精神文明的观点，他说："我们可以大胆地宣言：西洋近代文明绝不轻视人类的精神上的要求。我们还可以大胆地进一步说：西洋近代文明能够满足人类心灵上的要求的程度，远非东洋旧文明所能梦见。"(《我们对于西洋近代又明的态度》) 他比较了中西科学以及宗教和道德，最后说：

> （西洋近代文明）建筑在"求人生幸福"的基础上，的确替人类增进了不少的物质上的享受；然而他也确然很能满足人类的精神上的要求。他在理智的方面，用精密的方法，继续不断地寻求真理，探索自然界无穷的秘密。他在宗教道德的方面，推翻了迷信的宗教，建立合理的信仰，打倒了神权，建立了人化的宗教；抛弃了那不可知的天堂净土，努力建设"人的乐国"，"人世的天堂"，丢开了那自称的个人灵魂的超拔，尽量用人的新想象力和新智力去推行那充分社会化了的新宗教和新道德，努力谋求人类最大多数的最大幸福。（同上）

而反观中国传统文化，一方面不重视自然科学，没有强烈的求知欲；另一方面中国古代的道德只注重个人的修养，"虽然也有自命普度众生的宗教，虽然也有自命兼济天下的道德，然而终苦于无法对整个社会下手，无力实行，只好在个人的身心上用功夫，做那向内的修养。越向内做功夫，越看不见外面的现实世界；越在那不利捉摸的心性上玩把戏，越没有能力应付外面的实际问题"（同上）。总而言之，在胡适看来，中国文化所展现的生活态度和生活样式远远不如西方近代。1934年胡适曾就如何保持民族文化的信心而连续发表三篇文章《论信心与反省》。他竭力反对对中国传统文化作较高的估价，他说："中国几千年之久的固有文化，是不能迷恋的，是不能引导我们向上的。那里浮沉着的几个圣贤豪杰，其中当然有值得我们崇敬的人，但那几十颗星儿，终究照不亮那满天的黑暗。"（《三论信心与反省》，载《胡适论学近著》第一辑卷四）

因此，他认为只有模仿近代西洋文明，才有可能在世界文化中占得一席之地，才能建设出中国近代新文化。这显然是偏见。

值得注意的是，胡适虽然主张学习近代西洋文明，但他似乎不是特别注重对中国政治、经济等体制的改造，而是特别关注对社会个体的改造。他曾经提出"社会有机体"的概念，认为社会个体的生活态度都会对社会产生影响。社会个体的精神状况和行为方式造就文化样式。反过来，文化样式培育独特的社会个体的精神面貌和行为方式。胡适注重社会个体的改造，在前提上与梁启超、章太炎以及新文化运动者们的认识是相符的。经过洋务运动、戊戌维新、辛亥革命，人们开始认识到中国文化的改造，不但是科学技术问题、政治制度问题,而且是思想方法问题。但当其他人力主以陈瓶装新酒,重新焕发民族道德哲学的生命力的时候,胡适则主张对中国人的思想观念和行为方式作彻底改变,学习西方尊重知识、注重实效的实证精神;学习西方为人类大多数人谋幸福的献身精神;改变传统的直观、玄想的思想方式,跳出不重实效、只讲个人体验的道德狭隘范围。胡适特别向中国人推荐杜威的实验主义。他说:"杜威哲学的最大目的,是怎样使人有创造的思想力,只是怎样使人类养成那种创造的智慧(Greative Intelligence),使人应付种种环境充分满意。"(《杜威思想论》,载1919年7月《每周评论》第31号)

胡适考虑文化问题的核心就是看这种文化给人们提供了一种怎样的生活样式。而胡适史学思想的一个最鲜明的特征就是主张史学方法应与史学主体在社会中的生活方式保持统一。

胡适主张仿效西方实证精神而改造国民思想。他也认为史学研究同样需要强化实证意识。他特别反对在历史研究中运用那些含混不清的概念和名词。1919年7月他在《每周评论》第31号发表《多研究些问题,少谈些"主义"》,对于所谓社会发展原理去研究历史和现实的学术倾向作了批评。1935年他在《今日思想界的一个大弊病》一文中,就陶希圣《为什么否认现在的中国》一文引用了不少像"资本主义"、"自由"、"封建主义"之类的名词进行批驳,说:

> 现在有一些写文字的人最爱用整串的抽象名词,翻来覆去,就像变戏法的人搬弄他的"一个郎当、一个郎当、郎当—郎当"一样。他们有时候用一个抽象名词来代替许多事实,有时候又用一大串抽象名词来替代思想,有时候同一个名词用在一篇文章里可以有无数的不同的意义。我们这些受过一点严格的思想训练的人,每读这一类的文字,总觉得无法抓住作者说的是什么话,走的是什么思路,用的是什么证据。老实说,我们看不懂他们变的是什么掩眼法。(引自《中国现代散文精品·胡适卷》)

胡适认为,用抽象名词代替许多具体的历史事实,这毛病是笼统、是混沌,是抹杀事实。用一连串的名词排列来代替思想的层次,来代替推理的程序,容易产生武断。滥用名词是中国几千年文字瘴的遗毒,如同"色不异空,空不异色,色即是空,空即是色"的模范文本,叫人摸不着头脑。解决这种状况，办法只有用具体事实作验证。胡适的看法有一定道理，但是他贬低范畴的重要性，看不到科学的理论与范畴恰好是事实的最本质的概括。

胡适高度评价"五四"新文化思潮的学术意义。他认为："新思潮的根本意义只是一种新态度（——评判的态度）。简单的说，只是凡事要重新分别一个好与不好。"他把新思潮概括为"研究问题，输入学理，整理国故，再造文明"（《新思潮的意义》，载1919年12月《新青年》第7卷第1号）。所谓国故，即中国过去的文化史。胡适认为"五四"新思潮，使人们逐渐掌握了一种不同于传统的学术精神和研究方法，依靠它去研究整理中国历史文化，可以把古代历史中的"胡说谬解"和"武断迷信"剔除，为中国学术谋求解放，开创中国学术史的新局面。

胡适史学思想的另一个特征，是他结合中国历史文化的特点，提出"大胆的假设，小心的求证"这一种史学方法。

胡适说，历史就是人们生活样式的遗存。没有人们的经验生活，就没有历史。当人们的生活样式已成为过去而被后人作为借鉴的时候，人们就有可能根据个人的兴趣和爱好对以往的经验进行多角度的思索和估价。从这个意义上说，历史作为一种客观化了的实在，他就像一个很服从的女孩子，百依百顺地由我们替她装扮起来。胡适从而认为，所谓历史的态度，就是"对于每一种事物制度，总得想出它的前因与后果，不能把它当作一种来无踪去无影的孤立的东西，这种态度就是历史的态度"（《问题与主义》，载《胡适文存》一集卷二）。因此，从逻辑上说，胡适认为每一个史学主体，都可以根据自己的需要或爱好，对历史事实进行研究，找出其前因后果。而评判孰是孰非的标准只有看谁拥有更多的历史材料，谁的逻辑力量更强烈。由此，胡适导出了他"大胆的假设，小心的求证"的史学方法。

胡适说："实验主义只是一个方法，只是一个研究问题的方法"。他的方法是："细心搜求事实，大胆提出假设，再细心求实证。"（《我的歧路》，载《胡适文存》二集卷三）所谓大胆的假设，就是史学主体根据个人的初步研究以及学术倾向，提出对某一历史问题的解决的猜想。所谓小心的求证，就是围绕这一猜想去广泛寻求资料，构成达到结论的严密的逻辑基础。

胡适认为文化的根本问题在于国民的精神面貌和生活态度。由于他关注的主要是个体在文化状况下的生活样式和情趣，因此，他的史学方法也未能对历史问题的重要方面作出突破。正如唐德刚所指出：利用胡适先生所谓"精密的方法"，"他可以发前人之所未发。把古书里的'言'字，'汝'字，

'尔'字……分析得头头是道；但是如果碰到'郡'字、'县'字，这些与制度史、社会史有关的字，他那套方法便不够用了"，"社会经济上的大变动，……当然不是胡适的治学方法所能治得出来的"（《胡适口述自传》第六章《青年期逐渐领悟的治学方法》注）。

胡适的史学思想表面上竭力反传统，但他融人生原则与史学方法于一体，与传统史学坚持为人与为学的统一有异曲同工之妙。他希望开辟传统学术研究的新局面，但那套方法也不足以完全摆脱旧史学的局限。胡适的新方法倒是与乾嘉朴学有着极其相似的地方并具有比乾嘉朴学更高的目的。他曾对乾嘉学者的成果和研究方法作出高度评价。从胡适身上，我们可以看出传统思想文化是多么深刻地影响人们，也可以看出，不管胡适怎样鼓吹全盘西化，其思想深处仍然离不开传统文化的因子。

胡适的史学哲学说到底是一种以史学主体独立自由为前提的方法论哲学。他既排斥任何先验的本质论，也反对把史学原理用于史学研究，他把史学还原于史学主体对历史现象的逻辑思考。但由于他一方面对史学主体的逻辑能力缺乏具体的历史分析，另一方面又对辩证逻辑的地位认识不够，他排斥对历史事件进行结构性分析，反对对历史事件最本质联系的探索，所以他对史学主体的内涵的确定"破"多于"立"，过分注重了它的独立性、自主性，虽然有其合理的因素，但不足以将这一史学哲学的内在意蕴充分展示出来。而胡适史学哲学最多只能在学术方法上能为后人提供一定启示。许多受胡适影响的学者固然在方法上比胡适更加精密，但他们未必能了解胡适史学哲学的深远用心。

傅斯年，字孟真，山东聊城人，1896年3月（光绪二十二年二月十三日）生。少年时在私塾攻读《四书》、《五经》。1905年春，入东昌府立小学堂。1909年考入天津府立中学堂。1913年考入北京大学预科，1916年夏毕业。随即升入中国文学系本科国文门。1918年1月，他在《新青年》四卷一号发表了《文学革新申议》一文，提出他对文学革命的主张。1918年秋，约集同学罗家伦等发起成立新潮社。1919年初出版《新潮》杂志。《新潮》月刊是继《新青年》之后公开主张文学革命的又一刊物，在青年中很有影响。"五四"以前，反对纲常名教，提倡个性解放和男女平等；提倡白话文，主张文学革命，"五四"运动后，开始宣传资产阶级民主思想及西方文化。1922年3月因经费困难停刊。1919年夏，傅斯年毕业，当年秋天考取山东官费留学，1920年夏进入英国伦敦大学研究院，从史培曼（Spearman）教授研究实验心理学及生理学，兼治数学。1923年他从英国到德国，进入柏林大学研究院学习相对论、比较语言学以及哲学、历史等。1926年冬，由德归国。1927年秋，他在中山大学创办语言历史学研究所，同时出版周刊。并筹备中央研究院历史语言研究所。1928年9月任该所秘书兼所长。1949年1月任台湾大学校长，1950年12月20日，因脑溢血病逝于台北。

傅斯年的史学哲学也建立在方法论基础上，并明显受了胡适的影响。他对认识论与逻辑学发生兴趣，留学欧洲时又攻读实验心理学、理论物理和比较语言学，这些选择都因胡适的影响所致。傅斯年曾旁听胡适在北大的中国哲学史课程（顾颉刚《古史辨》第一册《自序》）。胡适在课堂上对逻辑能力的强调无疑使傅斯年意识到了一种新的学术方法，由此他对逻辑产生了异常强烈的兴趣。一方面，他也从梁启超、胡适对清代朴学方法的评估中感到"清代的学问很有点科学的意味，用的都是科学的方法"，像整理旧学，"非借朴学家的方法和精神做不来"。另一方面，他把重点仍然放在西洋科学方法的吸收。"若直用朴学家的方法，不问西洋人的研究学问方法，仍然是一无是处，仍不能得到结果。"（《清代学问的门径书几种》，《傅斯年全集》第四册，台湾联经出版事业公司）他认为要"纠正中国人荒谬的思想，最好是介绍西洋逻辑思想到中国来"。因为"逻辑是一切学问的基本，是整理学问的利器"。他还声称只有杜威（John Dewey）和失勒（F. C. S. Schiller）的实验态度的逻辑（Logic In the Pragmatic attitude）才是"真逻辑"，"因为这是逻辑界最近最新的出产品，这是自从亚里士多德以来最切实的逻辑，这是近代思潮进化的结果"，"是基于近年心理学的发展而成"（同上）。

傅斯年比较敏锐地抓住了胡适和西方实验主义的思想核心。在杜威来华前两个月发表的《失勒博士的形式逻辑》中他断言："方法论主宰哲学，……每个哲学家都有特殊的逻辑，就是他的特殊的方法论。"（同上）

傅斯年对方法论的重视与他对中国国民的特性的认识以及他对社会改造的认识相关。他认为真正意义上的社会，应该是有严密组织的、有健全活力的有机体。可是中国的现状只有群众，不算真正的社会，因为"中国社会里面，只是散沙一盘，没有精密的组织，健全的活动力，差不多等于无机体"（《戏剧改良面面观》，载《傅斯年全集》第四册）。中国国民安于现状，不求进取。"中国人不懂得'理论论'（Idealism）和'理想家'（Idealist）的真义。说到理想，便含着些轻薄的意味，觉得'理想'即是'妄想'（Fancy），'理想家'即'妄人'（Grank）。"（同上书，《再论戏剧改良》）他们缺乏主见，随波逐流。"唐朝诗赋是时尚的，他们就拼命弄诗赋；宋朝制艺是时尚的，他们就拼命弄制艺；明朝八股是时尚的，他们就拼命弄八股；现在英文是时尚的，他们就拼命弄英文。"（同上书，《白话文学与心理的改良》）所以中国人往往表现的是"识时务"的小聪明，"既不会拼命发挥自己的主义，也决不会拼命反对别人的主义"，只会看风使舵（同上）。傅斯年分析批判了中国社会流行的人生哲学和人生观念。他说："我平素想到中国国民思想的情形，觉得有三种主义主宰他：第一是形式主义，第二是前定主义，第三是命定主义。"所谓形式主义就是只管形式，不管事实；所谓前定主义就是只知道有前定标准，不知道还有自己，自己也是个人；所谓命定主义是无可奈何，以命定了之。他认为这三种习惯应该急起改造（同上书，《顾诚吾〈对于旧家庭的感想〉附记》）。他还分析了当时中国的种种人生观，认为流行较广、危害最深者有：（1）庄子和阮籍为代表的达生观。它齐生死，同去就，以无所谓的态度看待人生。他认为这是"非人性的人生观"。（2）以隐遁之士为代表的出世观。它有肉体出世和精神出世两种。他认为像超脱这种人生的幸福是不可求的，这种人生观"也是拿'非人'论人，不能解释人生的意义"。（3）物质主义。只求物质享受，不管精神生活。他认为这种人生观是最可痛恨的。（4）遗传的伦理观。它教导人们应"为圣人制定的道德而生"，"不许有我，不许我对遗传下来的道德的条文有惑疑。硬是拿着全没灵气的人生信条，当作裁判人生的一切标准"。这种人生观也是根本不承认有人生的（同上书，《人生问题发端》）。所以对于中国国民的社会，只有推翻和另造。但傅斯年认为，改造国民和中国社会的办法只能是精神上的。"到了现在，大大应该有一种根本的觉悟了：形式的革新——就是政治的革新——是不中用的了；须得精神上的革新——就是运用政治的思想的革新——去支配一切。"（同上书，《白话文学与心理的改革》）而所谓政治的思想的精神革新即灌输西方政治和哲学思想，其中最主要的就是实用主义。他认为"切实、有用"的实际逻辑学，有助于"纠正中国一切不着边涯浑沌浮乱的思想"（同上书，《失勒博士的形式逻辑》）。傅斯年从国民性格和中国社会的现状及其改良出发，认识到实际逻辑学对于中国社会改造的重要，较为自觉地认识到了方法论哲学在当时中国文化发展中的意义。

傅斯年也像胡适那样，试图培育出近代国民具有西方民主精神的独立人格。他生性豪爽直率，锋芒毕露，爱憎分明，遇不平事，能仗义执言，无所顾忌，比胡适表现出更加耿介的书生意气。对于共产党和国民党的政治主张，他都持不同意见。但他有对国家兴亡的强烈责任心，对政治问题有强烈的正义感。抗战时期和抗战以后，他以在野之身，以学者身份，不顾胡适的劝阻，弹劾孔祥熙，抨击宋子文。1947年2月15日出版的《世纪评论》中，有他的《这个样子的宋子文非走开不可》一文，对孔宋家族进行抨击。1947年2月4日，他在致胡适的信中说：

> 一，我们与中共成势不两立之势，自玄学至人生观，自理想至现实，无一同者。他们得势，中国必亡于苏联。二，使中共不得势，只有今政府不倒而改进。三，但我们自己要有办法，一入政府即全无办法。与其入政府，不如组党，与其组党，不如办报。……五，我们是要奋斗的，惟其如此，应永久在野，盖一入政府，无法奋斗也。……六，保持抵抗中共的力量，保持批评政府的地位，最多只是办报，……（《胡适来往书信选》下，中华书局1980年版，第170页）。

这种想法实质上是受西方政治体制的影响，在半殖民半封建的中国，不过是一种幻想而已。

傅斯年的上述方法论哲学来源不止是胡适，他在留学德国时，深受德国语言考据学的影响，非常崇拜兰克（Leopold von Ranke，1795—1886）和莫母森（Thedor Mommsen，1817—1903）。在中国传统史学中，他最景仰的是司马光、欧阳修、顾炎武、阎若璩和钱大昕。在当代学者中章太炎、陈寅恪、顾颉刚对他的影响也很大。他在筹备历史语言研究所时，在集刊第一本第一分册上用筹备处名义发表《历史语言研究所工作之旨趣》一文，长达7000余字。这篇文章是他的方法论哲学在史学领域的宣言。他在这篇文章中指出了史学进步的三个标准：（一）凡能直接研究材料，便进步；凡间接的研究前人所研究或前人所创造之系统，而不繁丰细密的参照所包含的事实，便退步。（二）凡一种学问能扩张他所研究的材料便进步，不能的便退步。（三）凡一种学问能扩充他所作研究时应用的工具的，则进步；不能的便退步。后来劳幹在谈到《历史语言研究所工作之旨趣》时说：孟真先生这篇论文之中，首先揭明了我们做历史的人所做的工作，绝对不允许有任何的主观偏见存在。历史学换句话说，就是史料处置学。他是经验科学的一支，和生物学、地质学属于经验科学完全一样。我们在中国做历史研究的人们有时是要整理国故的，但其中却并不是好恶的偏见，而是为的材料的方便。对傅斯年提出的历史学发展的三个标准，劳幹也作了进一步的阐述。他说：第一，必须能发现新问题，对于历史材料的处理，要能够直接从材料本身着眼，不应以前人处理的旧公式为满足；然后历史的研究才可能有新的发展。第二，必须扩大使用材料的范围。就性质来说，应扩大到史籍材料以外的材料，例如地下的彝器、甲骨、简牍、明器、敦煌卷子、档案，以及从人类学调查得来的材料。就地域来说，应当扩大到汉语文化以外的材料，即使在中国文献中比较忽略的，例如属于匈奴、鲜卑、突厥、回纥、契丹、蒙古、女真等族的文献和其他资料，也应该加以重视。第三，必须扩大研究手段。现代历史学研究，已经成了各种科学的方法汇集，地质、地理、考古、生物、气象、天文等学科，无一不是史学研究者的工具。因此，凡是研究历史的人，对于语言学、文字语言工具和一般自然科学知识都是必须具备的。

傅斯年的史学主张显示了哲学的逻辑力量。在他看来，方法（逻辑能力）既已成为史学研究的出发点，又是史学进步的真正标准，方法论成为了史学的核心。傅氏在北京大学开过史学方法课程，写过《史学方法导论》，还编撰《中国古代文学史讲义》，在《叙语》中说明治文学史的方法。至于《性命古训辩证》所发明的语言历史门径，更是独创。

与胡适一样，傅斯年也排斥史观的运用，傅斯年说："我们高呼：一，把那些传统的或自造的仁义礼智和其他主观，同历史学和语言学混在一起的人，绝对不是我们的同志。"（《历史语言研究所工作之旨趣》）他又在《史料与史学发刊词》中说："本所同人之治史学，不以空论为学问，亦不以史观为急图，乃纯就史料以探史实也。史料有之，则可因钩稽有此知识，史料所无，则不敢臆测，亦不敢比附成式。"（同上）在《史学方法导论》中，他说：

  史学的对象是史料，不是文词，不是伦理，不是神学，并且不是社会学。史学的工作是整理史料，不是作艺术的建设，不是作疏通的事业，不是去扶持或推倒这个运动、那个主义。（《傅斯年全集》第二册）

在其得意之作《性命古训辩证》中他也说："历史无定例，天演非一途，故论史实宜乎不可必，不可固也。"总之，傅斯年既反对用原理指导历史研究，也反对在历史研究中找出历史发展的规律。他认为如果要超出对个别、具体事物的认识而要取得一般的、总体性的认识，那就不可避免地加入主观因素。"历史上件件事都是单体的，本无所谓则与例"，历史没有两件相同的事，"所以归纳说是说不来，因果是谈不定的"（《闲谈历史教科书》，同上书，第四册）。这实际上是否认了历史研究的探索历史规则的现实意义。而他对于研究历史的这种偏见，也是源于他对唯物史观的抵制。

傅斯年比胡适高明之处是他把方法论哲学延伸到史料的建设问题上。他对历史上的著作体例有所研究。在《史记研究》中，他赞许太史公为"今世史家"，认为《史记》有三长：一在"整齐殊国纪年"，二在"作为八书"，三在"疑疑亦信"。1928年他所撰《中国古代文学史讲义·泛论一》明白表示，写史既不能像汉学家只排比事实，也不能像理学家"于事实未彰之先，即动感情"，必须"发乎考证"而又"止乎欣感"（同上书，第一册）。撰于"一二八"事变后的《闲谈历史教科书》也明确主张"把历史知识当作人学"，"借历史说明生命界最近一段的进化论"，"把历史教科做成公民教科"，借历史以启发国民"爱国心"、"民族向上心"、"纪律性"和"不屈性"（同上书，第四册）。可见傅斯年也认为以逻辑力量为核心，结合国民应有的政治道德和民族自信思想，可以将史料组成一定的体系。傅斯年还认识到任何史学主体的逻辑能力都是有限的，因而不可能有真正客观的历史认识。他说，即使在自然科学领域，许多科学家自以为客观的见解，实际上也包含着许多假说，在社会科学的发展过程中，"社会文化之偏见"就更多。他认为只有用多元主义代替主观主义，史学研究从各种不同角度去进行，主观性才会逐渐减少，客观性才会逐渐增加。

胡适、傅斯年所代表的新史学流派是近代新史学体系中一个很有特色的派别。他们对于近代文化问题所采取的态度，既不像文化本位主义者那样注重文化传统的正面继承，又不像马克思主义者那样注重对原有文化结构的革命和改造，而是以个人主义为基本出发点，把他们理想化了的西方文化当做价值追求。但他们并不是民族文化虚无论者，他们提出了看待文化问题的一个新的角度。尽管他们从个人独立自由出发，在评判传统文化时有时言辞过于片面，但他们的史学思想，把史学的个性和科学性摆在第一位，提倡独立和合乎逻辑的史学研究，对于促进中国近代史学研究的科学化、程序化起到了一定的积极作用。即使那些在文化问题上不能完全同意他们主张的史学家，也可能从他们的史学思想中受到一些启发。顾颉刚便是其中较有影响的一位。

　　顾颉刚（1893—1980），古史辨派的核心人物。他研究古史的重要贡献，是创立"层累地造成的中国古史"观。所谓层累地造成的中国古史观，是说战国、秦汉以来的古书中所讲的古史系统，是由先后的不同时代的神话传说一层一层积累起来造成的，不同的古帝神话传说发生时代的先后次序和古书中所讲的古史系统排列的先后恰恰相反。1923年他在《与钱玄同先生论古史书》的前记中作了进一步阐发，说这有三个意思：第一，是说时代愈后，传说的古史愈长，如周人心目中最古的人是禹，到孔子时有尧舜，到战国时有黄帝、神农，到秦有三皇，到汉以后有盘古等。第二，是说时代愈后，传说中的中心人物愈放愈大，如舜，在孔子时只是一个无为而治的圣君，到《尧典》就成了一个家齐而后国治的圣人，到孟子时就成了一个孝子的模范。第三，是说今人研究古史，如沿此系统上溯，纵或不能知道某一事件的真确的状况，但可以知道某一事件在传说中最早的状况。即使不能知道东周时的东周史，也至少能知道战国时的东周史。他还提出要从杂乱的古史中分出信史与非信史，必须打破四项非信史的基本观念：（1）打破民族出于一统的观念；（2）打破地域向来一统的观念；（3）打破古史人化的观念；（4）打破古史为黄金世界的观念。以上是"层累地造成的中国古史"观的大致内容。

　　顾颉刚的这种古史观很显然反映出胡适史学哲学的方法论色彩。虽然顾颉刚自叙其史学方法受了郑樵、姚际恒、崔述、王国维、胡适、钱玄同的影响，但他主要受了胡适的影响。胡适史学方法的本质是以史学主体的逻辑能力为准绳。而顾颉刚则历史地分析不同历史时期的人们对历史的认识状况，并相信人们对历史的观念是随时代的推移而变化的。从方法论角度来看，顾颉刚把胡适的方法论延伸到了史学认识的不同历史阶段，是胡适史学方法的发展，它也同样能够容纳胡适史学方法的若干内容，但也同样存在胡适史学方法的片面性和主观性。依据顾颉刚的古史观，人们也许可以了解某一时代的历史观念，但要说明历史本来的面目乃至历史观念所体现的实际具体内容，则需要依靠唯物史观的指引。

第四节　马克思主义文化观与新史学哲学流派之三

　　在20世纪20年代所展开的关于中国文化的未来走向的大讨论中，马克思主义传入中国。李大钊、陈独秀等马克思主义者，提出了建设具有中国民族特色的、科学和民主的文化重构理论。

与当时其他流派的文化观不同，李大钊、陈独秀等马克思主义者摆脱了从抽象的名词概念去谈新文化的局限，他们认为文化问题不是抽象的，而是与社会制度及其经济基础密切相关的。谈文化必须以一种文化的生产力与生产关系、经济基础与上层建筑的相互矛盾运动作为根本。历史发展的规律，不能在人们的头脑中去寻找，而应深入到社会经济生活的过程。李大钊说，社会生产方式最根本的动因是物质生产力的发展。"生产力一有变动，社会组织必须随着它变动。"（《我的马克思主义观》，载《新青年》第6卷第5—6号）因此，每一种生产力水平和生产关系状况，就必然会造成相应的政治制度和意识形态的变化，从而表现出文化样式。当生产力水平发生变化，生产关系也就产生变更，社会政治制度和思想意识也随之变更，文化样式也从而变革。没有一成不变的文化样式。

李大钊、陈独秀等马克思主义者，依据马克思主义文化观，对中国文化出路作出了预测。他们认为随着中国社会生产力的发展，特别是近代生产关系的变化，一种民族的、科学的新文化必然到来。而要达到这种新文化目标，不能像其他文化流派一样，只注重精神上的批判，而是应该用武器的批判代替批判的武器，也就是说要"颠覆宗法社会、封建制度、世界资本主义，以完成世界革命的伟业，——如此方是行向新文化的道路"（《东方文化与世界革命》，载《新青年》季刊第2期）。只有积极用行动反对帝国主义、反对封建主义，使中国社会从腐朽状况中走出来，才能建立起一个新的中国，建设中国新文化。

与这种文化观相对应，近代新史学出现了以李大钊、郭沫若、侯外庐等为代表的马克思主义史学哲学体系。

李大钊（1889—1927），字守常，河北乐亭人。16岁考入天津北洋政法专门学校，24岁留学日本，进早稻田大学政治本科。在日本，他接触到各种社会主义思潮，并学习马克思主义。1916年回国后，先后担任《新青年》、《少年中国》、《每周评论》和《晨钟报》等进步刊物的编辑或主任编辑。1918年1月受聘北京大学图书馆主任。1920年，他发起组织马克思主义学说研究会，同年，任北大教授，在史学、经济、法律等系，以及北京朝阳大学、中国大学、女子高师等院校授课。他参加了筹建中国共产党和领导北京地区党组织的革命活动。1927年4月6日被捕，28日遇难。李大钊在宣传马克思主义及对其他形形色色的非马克思主义的斗争中，旗帜鲜明，并以马克思主义唯物史观为指导，研究历史，是中国马克思主义史学的奠基者，对开创中国马克思主义史学做出了杰出的贡献。

1919—1920 年，李大钊先后发表了《我的马克思主义观》、《唯物史观在现代史学上的价值》、《物质变动与道德变动》、《由经济上解释中国近代思想变动的原因》等有关历史科学的论文，1924 年出版《史学要论》，不仅系统地介绍了马克思主义有关唯物史观、剩余价值和阶级斗争学说的基本内容，并初步运用唯物史观指导历史研究。

李大钊认为，历史是"人类生活的行程，是人类生活的连续，是人类生活的变迁，是人类生活的传演，是有生命的东西，是活的东西，是进步的东西，是发展的东西，是周流变动的东西"（《史学要论》）。因此，研究历史应研究人类生活的历史。他认为历史有其客观规律。他批判了把历史看作个别的、孤立的现象的观点，强调要把人类社会的历史"看作一个整体的、互为因果、互有连锁的东西去考察它"（同上）。

要寻求历史的客观规律，就应该坚持马克思主义唯物史观。李大钊认为：社会物质生产方式是社会发展的决定因素，人民"生产衣食的方法"是决定社会发展的关键，"经济的要件是历史上唯一的物质要件"（《我的马克思主义观》）。虽然其他物质条件，如人口、地理环境，对社会发展有影响，但它不是社会发展的决定因素。他还认为，推动经济活动以及社会生活方式的变动的内在原因是生产力与生产关系的矛盾、经济基础与上层建筑的矛盾。他说，物质的生产力是社会发展的"最高动因"，生产力一有变动，社会组织必须随着它变动，这时作为上层建筑的法律等也发生变动。

李大钊认为研究历史就是研究社会现实，马克思主义史学工作者的任务，就是要为社会现实的改造服务。他对中国封建经济崩溃、中国资本主义经济的发展，以及由此而产生的新思想、新思维非常关注，引导人们接受新思想，学习马克思主义。

郭沫若（1892—1978），原名开贞，四川乐山人。青年时受过传统教育，随后追求新学，积极参加反清反帝的学生运动。1914 年东渡日本，先学医，后从事文学活动，并接受马克思主义。1924 年，他翻译日本早期马克思主义经济学家河上肇的《社会组织与社会革命》，1925 年参加"五卅"运动，1926 年参加北伐。1928 年 2 月再到日本。自 1928 年至 1937 年，他先后撰写了《中国古代社会研究》等巨著,开辟了中国马克思主义史学研究的新纪元,为创建中国马克思主义史学做出了卓越的贡献。

《社会组织与社会革命》一书的翻译是郭沫若思想转变的关键阶段。此书是河上肇自1921年3月至1922年10月的论文纂集。书中分析了资本主义生产方式的特征和资本主义生产力发展的困境(上编);探讨了社会组织与个人生活之间的相互关系(中编);考察了关于社会革命的若干问题(下编)。河上肇自称:"在考察社会之组织及社会组织之变革的时候,我是始终立足于唯物史观的,这可以说是唯物史观之实际的应用。"(《社会组织与社会革命·原序》)通过翻译,郭沫若对马克思主义唯物史观有了较深的理解,他当时写道:"我译完此书所得的教益不浅呢!……这本书的译出在我一生中形成一个转换的时期,把我从半眠状态里唤醒了的是它,把我从歧路的彷徨里引出了的是它。"(《孤鸿——致成仿吾的一封信》,《沫若文集》第10卷)此书使他对"欲于中国现状之下提倡私人资本主义"的主张有了明确的态度,他由此而更加坚信马克思主义。1928年赴日本后,他学习了《资本论》,翻译了马克思的《政治经济学批判》和《德意志意识形态》,对马克思主义唯物史观作了深入研究。

郭沫若说:"对于未来社会的期望逼迫着我们不能不生出清算过往社会的要求。古人说,前事不忘后事之师,认清过往的来程也正好决定我们未来的去向。"(《中国古代社会研究·自序》)他在马克思主义史学领域内的突出影响是他运用马克思主义唯物史观,解剖中国古代社会的秘密,从而为未来中国的去向提供启示。

在郭沫若之前,以李大钊为代表的先进知识分子,在宣传唯物史观方面做了不少工作。但他们并没有对中国历史发展的过程进行深入具体的研究。而1928—1929年,寓居日本的郭沫若,先后发表《周易的时代背景与精神生产》、《〈诗〉〈书〉时代的社会变革及其思想上的反映》、《中国社会之历史的发展阶段》等论文,1930年郭沫若把上述论文与尚未发表的《卜辞中的古代社会》、《周金中的社会史观》汇集出版,题名《中国古代社会研究》,最早尝试把马克思主义唯物史观指导中国历史的具体研究。

尽管此书对中国历史发展过程的许多具体论述今天看来并非不刊之论,甚至作者自己后来也不断作了修正,但它在以下三个基本问题上却为中国马克思主义历史学的形成奠定了坚实的基础。

第一,此书明确认为中国历史的发展有客观规律。郭沫若从分析生产工具和生产关系入手，揭示了中国从远古到近代的社会历史经历了原始共产制、奴隶制、封建制和资本制等几种生产方式的更替。认为西周以前是原始共产制的氏族社会，西周是奴隶制社会，春秋以降是封建制社会，而鸦片战争之后则是资本制社会。郭沫若把鸦片战争后的中国近代社会说成是资本制社会，是把近代中国社会纳入世界资本主义体系来考察的，虽然不甚确切，但把中国作为世界的一部分来考察，是具有远大眼光的。

第二，唯物史观与历史材料紧密结合。在郭沫若之前，罗振玉、王国维在搜集和整理古代史料方面做了许多工作，特别是对甲骨文和金石文字的研究，大大丰富了古代社会的史料基础。王国维"二重证据法"突破了传统考据学的藩篱，把实证史学推到一个新的阶段。郭沫若继承和发展了罗振玉、王国维的业绩。流亡日本期间，他先后出版了《甲骨文字研究》、《卜辞通纂》、《殷契粹编》、《两周金文辞大系考释》、《金文丛考》、《古代铭刻汇考》等文字学的重要著作。他以这些材料作为基础，运用唯物史观去研究，使得史料显示出了新的生命。尽管他对有些文献的时代性和真实性的鉴定还有值得修正之处，但《中国古代社会研究》一书利用大量史料所得出的观点，比起当时其他论著来具有更强的说服力。

第三，历史研究紧密联系中国社会变更。1927 年大革命失败后，中国国内展开了一场关于中国社会性质和革命性质问题的论战。郭沫若在《中国古代社会研究·自序》中说：

> 对于未来社会的待望逼迫着我们不能不生出清算过往社会的要求。目前虽是"风雨如晦"之时，然而也正是我们"鸡鸣不已"的时候。（《郭沫若全集·历史编》第 1 卷 10 页）

他选择历史这个阵地，向人们揭示中国社会和西方社会一样，经历了大致相同的发展阶段，而又带有中国的特点，也必然向社会主义和共产主义社会发展。

侯外庐（1903—1987），山西平遥人。1923 年考入北京政法大学和北京师范大学，在政法大学攻读法律，在师范大学学习历史。1924 年，在李大钊影响下，开始接触马克思主义著作。1926 年冬天，立志翻译《资本论》。1927—1930 年，在法国巴黎大学文学院就读，把主要精力放在《资本论》

的翻译工作上。回国后受聘任哈尔滨法政大学经济学教授。1932年受聘任北平大学法学院教授，同年他与王思华合译的《资本论》第一卷上册出版。1934年在山西养病期间，他一边继续翻译《资本论》，一边开始把兴趣转向史学研究。先后出版了《中国古代社会与老子》（1934年）和《社会史导论》（1939年）。1941年至1946年，他寓居在重庆郊区北碚附近，集中精力从事史学研究，先后出版了《中国古典社会论》（后改名为《中国古代社会史论》）和《苏联历史学界诸争论解答》等论著。在思想史研究方面，他出版了《中国古代思想学说史》、《中国近世思想学说史》等专著。

侯外庐在中国马克思主义史学理论中做出了探索性的贡献。他认为马克思主义唯物史观是解剖中国历史和中国思想史的有力武器。但他研究中国历史和思想史，是想把马克思主义史学理论中国化。他认为在人类社会历史的发展过程中，存在着共同的规律，但在共同发展规律中，各民族又有不同的特点；他则更加侧重于特点的探讨。

1939年，侯外庐发表《社会史导论》，他依据《资本论》中关于生产方式的理论，结合中国社会史的特点，提出了对生产方式的独特认识。他依据《资本论》的启示，认为生产方式是"劳动者和劳动资料的特殊结合方式"，指出生产力、技术、劳动手段等都可视为"社会诸关系的指示器，然而不是决定作用的规定者"，只有生产方式，即劳动者和劳动资料的特殊结合方式才是划分社会形态的真正标准。由此出发，他具体研究了中国古代社会劳动者状况以及劳动资料、特别是土地的占有与使用状况，研究了中国古代社会二者的特殊结合方式，提出了对中国古代社会的特殊性的认识。如他认为中国古代氏族社会向奴隶制社会的过渡，保留了氏族血缘关系，走着"维新"的路径，这不同于欧洲希腊的奴隶制。又如，他认为西周奴隶制下的奴隶是以家室计算的集体奴隶，西周的土地为氏族贵族所有，两方面的结合便产生了西周的奴隶生产制度。周代奴隶制的建立是将氏族制和宗族制融合为一体，其中有大量氏族制残余。他由此分析了春秋战国时期的思想意识，认为由于氏族制残余的传统，国民阶级的晚出，他们在表述新的政治、人生理想时，只有求助于对传统的重新诠释。虽然孔子把古代先王加上不可企及的人性，把先王作为道德理想来拟人托古；墨子把古代先王作为人类理想的代表者；道家又以一种超先王的思想对孔、墨理想先王进行批判和否定，但实质都是"宗教先王向理想先王的转化"，它反映了国民阶级的难产以及它和传统思想学术的深刻联系（《韧的追求》，第245—248页）。

总之，马克思主义史学哲学的传播和实践，对新史学的发展产生了巨大的作用。它在寻求历史因果关系，发掘历史本质方面，比起其他新史学流派显得更加深入、更加辩证，更加触及历史的本质。它不是从思想到思想，不是从观念到观念，而是深入到社会历史的本质，力求解决历史演进的根本原因在哪里。

值得进一步指出的是，以李大钊、郭沫若、侯外庐为代表的中国马克思主义史学流派，并没有否定近代新史学其他思想体系的成果。如侯外庐就曾对章太炎、王国维作过精深的研究，他认为章太炎治史所表现出的历史与逻辑相统一的方法论趋向可以为马克思主义新史学的发展提供启示，王国维古史研究的角度和方法更应该是马克思主义史学古史研究的起点。侯外庐魏晋南北朝至隋唐的佛教研究，以及隋唐社会关系变动的研究，分别继承和发展了汤用彤、陈寅恪诸人的研究成果。他曾以思想史的研究为例，说明马克思主义新史学与其他史学的关系说："思想史却亦在于继承前人之自得，而发抒自己时代的自得，此一点一点的自得之有价传统便形成了人类认识的洪流，汇合于伟大的科学，哲学上'物自身'的占有，就是顺着这样的历史，从必然王国进入自由王国。"（《中国近代启蒙思想史》，人民出版社1993年版，第186页）虽然其他史学流派没有全面展现历史的发展规则，但是他们的研究成果有助于马克思主义史学的建立和发展。

还应指出中国马克思主义史学家提出了解剖中国历史和现状的钥匙，但他们并没有割裂新文化与传统文化的联系。相反，他们从不同侧面对传统文化作了深入的论述。李大钊肯定了传统文明塑造的人格的现代效用。郭沫若也没有割裂现代文明与传统文化的联系。1921年6月他写有《伟大的精神生活者王阳明》，认为儒家的内圣外王之学可以"创造出人生之意义"。后来他在这篇文章的《附论二》中写道：

> 我的想法是：在个人的修养上可以体验儒家精神努力于自我的扩充以求全面发展，而在社会的兴革上则当依社会主义的指导努力吸受科学文明的恩惠，使物质的生产力增加，使物质的分配平等，使各个人的精神得以遂其全面发展。一切都向着这个目标走去时，一切新旧的争端都可以止息了。（《郭沫若全集·历史编》第3卷）

他的这种信念一直延续到生命的晚期。侯外庐也深刻地认识到中国社会一贯是"旧的拖住新的",传统有其强大的生命力,在思想史研究中他偏重"异端"思想的发掘,并认为异端思想是新文明的活力之源,但他也并没有否定传统思想中的优秀部分。上述种种因素充分说明,否认新史学阵营的派别对立和冲突是不正确的,同时否认新史学阵营的统一和融合也是不正确的。唯物史观与其他史观确实有原则性分歧,但也不能由此否认它们之间的相互影响。

第二编

近代史学方法

第一章 古代史学方法的内容与特点

第一节 古代史学方法概况

一 古代史学方法的萌芽和初步发展

中国自古就有一套史官制度,史官保存了较为丰富的历史文献。在记载某些历史内容时,史官们摸索出了一些通行的方法。王国维曾说:"书法先日、次月、次年者,乃殷周记事之体。"(《观堂集林》卷一《洛诰解》)周灭商后,中央王朝设立了掌管历史典册和当时文诰的大史,并委派史官分赴诸侯国,负责各国文献的记述和呈送。周王朝还规定了一些统一的记事办法,虽然它的目的是为了保持周王朝文诰与诸侯盟书乃至各级文书格式的统一,并非为了史学著述,但也同样体现出史学方法的萌芽。

孔子撰著《春秋》,方法上应该受了他以前的记事方法的影响,尤其是受了鲁国史官的影响。鲁史官设置于周初分邦建国之时,《左传》定公四年记载鲁伯禽受封,包括卜史在内。因而其史官的设置年代比晋、楚、宋各早100余年。其史料记载久远,体例也较完备。孔子在尊重鲁国史官的记事方法的基础上,根据他的史学观,通过对鲁国史书的详略取舍,创作了《春秋》。

孔子撰述《春秋》,使史学由史料记注上升为史学著述。《史记·三代世表序》说:"孔子因史文次《春秋》,纪元年,正时日月,盖其详哉。"这说明详细订正年月时间顺序,是孔子撰述《春秋》的主要内容。现传《春秋》所记242年间诸侯访聘、会盟、战争乃至自然界发生的日食、地震、山崩、大水、大旱等现象,都按明确的年月日记载。它与甲骨文的零碎、金文的篇目孤立、《秦记》的"不载日月"、"文略不具"(参见《史记·六国年表序》)相比,已由史料记载发展到系统描摹和历史评析。非但如此,孔子撰述《春秋》还揭示了史学著作的方法程序。其一是史料的收集。在孔子生活的时代,当时流传的主要文献是《诗》、《书》、《礼》、《乐》、《易》、《春秋》等。在流传过程中有损坏、错乱、丢失，同时还有人为的原因，导致史料毁弃。如《孟子·万章下》所说："诸侯恶其害己也，而皆去籍。"孔子周游列国时，有意识地与弟子们做过收集征求史籍的工作，晚年返回鲁国，又尽力做了整理和删削工作。其二是史料的甄别。史料中对同一事件的记载有同有异、有详有略。孔子在回答子张问如何求得福禄时曾说："多闻阙疑，慎言其余，则寡尤，多见阙殆，慎行其余，则寡悔。言寡尤，行寡悔，禄在其中矣。"（《论语·为政》）这种人生态度表现于史料甄别，既要多闻多见，广泛收集同一事件的不同记叙和不同见解，又要阙疑阙殆，对不能做出正确判断的史料不能轻易相信，更不能断章取义。孔子说："盖有不知而作之者，我无是也。"（《论语·述而》）其三是史料的陶铸。孔子修《春秋》以鲁史为底本，在史实上他大多沿用鲁史官的说法。但孔子亦并非一循其旧，他根据"正名"的思想和他关于自然现象的认识，对史料的记述有所调整。《左传》曾对孔子《春秋》的取裁标准作过论述，说孔子关于自然现象记载与否的标准是"凡物不为灾不书"（《桓公二十九年》），对诸侯国历史事件的记载与否的标准是：凡诸侯同盟、战争、崩薨、即位等事件，只要符合礼制，就记录下来。就《左传》所归纳的《春秋》关于史实的记叙规则来看，孔子修《春秋》并非对242年史事条举件系，而是有所选择。至于具体叙述，孔子严格遵循他的正名思想。如《春秋》云"天王狩于河阳"，据《左传》所述，鲁史原文是"晋侯召王以诸侯见"。孔子认为"以臣召君，不可以训"，乃改为"天王狩于河阳"。《左传》曾经把《春秋》记事的书法进行概括，内容相当复杂。这些概括虽然并不一定完全是孔子的思想，但它反映了孔子修《春秋》的正名思想。《左传》概括《春秋》的特点说："《春秋》之称，微而显，志而晦，婉而成章，尽而不污，惩恶而劝善，非圣人谁能修之。"（《成公十四年》）

《春秋》是我国第一部思想和方法相统一的史学著作。孔子寓褒贬于记叙，他所创造的史学义法既吸取了原有史料记述方法的长处，又体现了他个人关于历史事实的认识，体现了他对历史发展的整体看法。它标志着中国古代史学方法的诞生。

孔子所创始的史学方法在春秋战国时期得到了进一步发展。这有三个方面的表现：

第一，《公羊》、《穀梁》通过对孔子《春秋》记事体例和方法的研究，对孔子的史学义法作了纤细必致的发挥。

《穀梁》传《春秋》最重《春秋》中的正变之义，认为《春秋》经文有明正，有复正，有变之正。所谓明正，就是明白直接地记叙某事，表示孔子对此事的肯定态度。如《穀梁传》僖公四年春王正月，公会齐侯宋公陈侯卫侯郑伯许男曹伯侵蔡，蔡溃。《穀梁传》说，鲁桓公联合诸侯攻讨蔡国，这件事本不算大事，但孔子把它记载下来，这是因为蔡国没有抵抗，桓公攻讨有理，而且桓公"不土其土，不分其民"，符合道义。孔子记载此事，表明孔子对此事的肯定。所谓复正，就是对那些复归于正的历史事实记载下来，表示孔子对此前发生事件的批评态度。如鲁定公十四年，天王使石尚来归赈。《穀梁传》认为周王朝多年来与鲁国没有礼制规定的来往，现在周天子改变了过去的做法，恢复礼制，孔子记载它是贵复正。它表明孔子对周鲁礼制崩坏的历史现象的批评。所谓变正，就是以一种隐晦的笔法来揭示历史事件的真相，表达孔子对某一历史事件的真实态度。如鲁隐公元年，不言即位。《穀梁传》说，鲁隐公因众人推举而为君，他想将来桓公长大后还政于桓公，故"不言即位，成公志也，将以让桓也"。但还政桓公的打算本来就不正，加之桓公后来杀隐公自立为君，所以《春秋》不言隐公即位，一方面批评隐公的做法不合礼制，另一方面也显示出隐公的本意，以指斥批评鲁桓公。《公羊传》对于《春秋》奇正变例也有许多发挥。但它比《穀梁传》更注意孔子对不同历史时期的历史事实的

记叙特点。它指出孔子有据鲁、亲周、故殷的思想态度，孔子根据所见、所闻、所传闻的不同情况有不同的叙事体例。汉代何休《公羊解诂》曾概括地说：

所见者谓昭定哀、己与父时事也。所闻者，谓文宣成襄、王父时事也。所传闻者，谓隐桓庄闵僖、高祖曾祖时事也。异辞者，见恩有厚薄、义有浅深、时恩衰义，将以理人伦、序人类，因制治乱之法。故于所见之世，恩己与父之臣尤深。大夫卒，有罪无罪皆日录之。……于所闻之世，王父之臣，恩少杀。大夫卒，无罪者日录，有罪者不日。……于所传闻之世，高祖曾祖之臣恩浅，大夫卒，有罪无罪皆不日。……于所传闻之世，见治乱起于衰乱之中，用心尚麤觕。故内其国而外诸夏，先详内而后治外，录大略小，……于所闻之世，见治升平，内诸夏而外夷狄。……于所见之世，著治太平。夷狄进至于爵，天下远近大小若一，用心尤深而详。

也就是说,《公羊传》认为孔子根据历史事件发生的时代先后,有详略不同的记叙方法,而且这种方法又与孔子的历史观是相一致的。

《公羊传》和《穀梁传》与其说是对孔子《春秋》义法的研究,不如说是他们自身关于史学著作方法的认识。但如果没有这样一个相当复杂和深入的讨论,孔子对原有记叙方法的发展和提炼就难以显示出其史学意义。这一讨论使史学著作与史料记叙更加明确地区别开来,它在中国古代史学方法的发展中的作用不能忽视。

第二,《左传》在发挥《春秋》凡例的同时,还结合史法与史实,对史学著述方法作了新的尝试。

《公羊传》和《穀梁传》虽然把史学凡例提升到了很高的地位,但它们往往对历史的真实性缺乏深入研究。鲁桓公十六年(公元前696),卫朔篡位得不到卫国人民的爱戴,被迫出逃齐国。鲁庄公五年(公元前689),鲁与齐、宋、陈、蔡违抗周天子之命,伐卫入朔。孔子记载此事用书法讥刺鲁庄公不顾齐襄公杀父之仇,而为了得到卫国的珍宝勾结齐国去攻打卫国。而《穀梁传》却于庄公六年(公元前688)冬,"齐人来归卫宝"条,注云:归卫宝者本为卫人,孔子为轻庄公之罪,乃以齐为首恶,故书齐人来归卫宝。这种解释显然是由于不明史实而牵强附会所导致。《左传》则不同于《公羊》、《穀梁》,它虽然也不时地指出孔子《春秋》中的书法凡例,但它把凡例的阐发与历史研究结合起来。它增广《春秋》史事,创作史论,强调凡例的史实基础。《左传》重视交待历史事件的原委,注意记录各种历史人物的政治主张、历史见解和宗教观点,涵括了极为丰富的历史事实。它表明《左传》的作者比孔子更加关注历史事件的前后联系。《左传》叙事,有的每事自为一章,如晋重耳流亡近二十年的生活,《左传》都把它写在僖公二十三年。有的则分年散见,前呼后应。如《左传》记载自成公七年至襄公二十九年卫国所发生的事件,都是围绕卫国国君献公与大臣孙林父、宁戚之间的斗争。卫献公一度被驱逐,亡命在外多年,后又返国复位。此事既有卫君臣矛盾,又有晋、齐大国之间的矛盾,本事始末长达三十四年之久。《左传》记叙在此期间卫国所发生的大事,紧紧围绕这一主题。如与此事无关者,即使《春秋》记载,《左传》也一概从略,或附见于其他诸侯事中。凡与本事有关者,即使《春秋》未载,《左传》亦必广记而备言之。这清楚地表明:《左传》在依据一定义法来编次史事时,并非只注意到某一种特殊历史现象,而是力图把特殊历史现象放在事件发生的过程中去理解。与《公羊》、《穀梁》相比较，有它独到的地方。

第三，史料编纂和史料甄别的方法更加丰富。

春秋战国时期，史料的规模和内容都要比孔子时代详细得多。由于周王朝地位下降，史官记注转而以各诸侯国为核心，各种史料撰述形式相继出现，其中较重要者有《竹书纪年》、《世本》、《山海经》、《战国策》等；还有跟历史有关的图谱和地图。这些著述大体上反映出中国历史撰述的五种基本形式。白寿彝先生就曾指出：历史撰述发展到战国时期，史书的基本体裁都已出现。"《春秋》经传和《竹书纪年》是编年的形式，而三传中的某些部分又都有传记体和纪事本末体的形式，不过后两种形式在这里是没有得到展开的。《山海经》、《禹贡》、《周礼》、《仪礼》，都是属于典志体。《尚书》、《国语》、《战国策》都属于纪言体，而也都有纪事的部分，《尚书》又有纪事本末体的专篇。《世本》和别的历史撰述已有表谱，但都没有流传下来。这些体裁的出现，标志着中国史学早期的最高阶段，为此后历史撰述的成长准备了先行的条件。"（白寿彝《中国史学史》第一册，上海人民出版社 1986 年 8 月第 1 版，第 267 页）

特别是春秋战国时期，学者们还提出了分析历史资料的一般方法。儒家孟子对于史事，注意史实跟传说的区别，也注意到记载中夸大和失实的地方。他在论到《周书》中的《武成》篇说："尽信书，则不如无书。吾于《武成》，取二三策而已矣。"（《孟子·尽心下》）道家庄子认为"两喜必多溢美之言，两怒必多溢恶之言"（《庄子·人间世》）。法家韩非更指出："孔子、墨子俱道尧舜，而取舍不同，皆自谓真尧、舜，尧、舜不复生，将谁使定儒、墨之诚乎？……今乃欲审尧、舜之道于三千岁之前，意者其不可必乎！无参验而必之者，愚也。"（《韩非子·显学》）当时儒家荀子还深入分析了人们不能正确认识历史、产生偏见或错误的多种原因，说："欲为蔽，恶为蔽，始为蔽，终为蔽，远为蔽，近为蔽，博为蔽，浅为蔽，古为蔽，今为蔽。"他认为人情的好恶、事态的终始、空间的远近、数量的多少、时间的古今，都可成为偏见产生的条件。故他提出要有超越成见的认识（《荀子·解蔽》）。《荀子·非十二子》以及《庄子·天下篇》都用解蔽的精神对战国诸子学术之蔽进行了批判性总结。这种批判怀疑精神有助于对历史文献资料的理性态度的发展。

先秦时期史学方法的上述成果在两汉得到集中体现。从史官制度上看，汉代史官的职掌更加明确、更加具体。其中一类掌史料图籍，《汉书·百官公卿表》说；御史大夫官属有中丞，在殿中兰台，掌图籍秘书，到后汉变为兰台令史。其中二类为太史令丞，为奉常官属，职责为收集当时社会经济文化生活的各种资料。地方机关的史料管理工作也有发展，郡太守和县令之下，设有主簿、丞等属官，负责郡守、县令的文书管理。中央还设置了专门的史料保管处所如石渠阁、兰台和东观。中央政府还多次发布诏令，广开献书之路，使原有文献资料得以汇集。这个时期还出现了大规模的文献整理工作。刘向、刘歆父子典校群书，刘向每校一书，作出叙录，叙述作者生平、内容大旨和篇章目录。他重视学术流别，把校定的古籍分为六类、三十八种。刘歆把中国先汉旧籍分为七略，每一略又有分类。他们的工作开创了大规模校书、大规模缮写定本的范例。

从史料编纂看，两汉也形成了较有系统的方法。如有关皇帝的史料，有起居注。据清代姚振宗所补《汉书》和《后汉书》艺文志，汉代起居注有《建武注记》、《宣宗起居注》、《长乐注记》、《灵帝起居注》、《献帝起居注》等五种。有关两汉典章制度的史料，有应劭《汉宫仪》、卫宏《汉旧仪》、马融《汉律章句》、郑玄《汉律章句》等。有关两汉地理的有《三辅黄图》、《地形图》、《十三州记》等。东汉明帝时，还开始编次《东观汉记》。可见，两汉时期，从史料保存到史料编次，都有一套完备的方法。史官职责的进步，反映出古代史官制度的功能的继承与转化。

两汉史学方法进步的另一重要体现是：司马迁和班固在孔子所创造的史学著述方法为《左传》、《公羊》、《穀梁》所发展了的基础上，结合战国秦汉之际史学方法的其他成果，创作《史记》和《汉书》，形成了史学著述的新方法。司马迁和班固有意识地成一家之言，把自己著史的目的明确区别于史料编纂。司马迁在《报任安书》中曾说："网罗天下放失旧闻，考之行事，稽其成败兴坏之理，凡百三十篇。亦欲以究天人之际、通古今之变，成一家之言。"班固作史虽然没有司马迁那样自负，他自己只说是："探纂前记，缀辑所闻，以述《汉书》"，但《汉书》鲜明地体现了班彪、班固父子以儒家正统思想进行历史认识的特色。这都表明司马迁和班固都继承和发展了孔子以史学体现自己政治、伦理主张的著述精神。非但如此，《史记》和《汉书》还取春秋战国各种史体之长，形成了纪传体史书体例。虽然《史记》为纪传体通史，《汉书》为纪传体断代史，但纪、表、书（志）、传的体例基本上吸取了春秋战国以来编年、纪传、纪事本末、典志、表谱等五种体裁的长处，并把它们融为一体。对于后来史学的发展产生了深远的影响。

《史记》和《汉书》代表着中国古代史学方式的初步总结，体现了中国古代史学方法的基本特征。

二 古代史学方法的进一步发展

魏晋南北朝至明末是中国古代史学方法的进一步发展的时期。史学方法的进步表现为：

其一，史官的职责和分工更加细致明确，注记与撰述分为二途。两汉时期，太史令除掌管天文星历外，始兼管记言记事的历史著述。魏晋时开始设置专职史官。据刘知几《史通·史官建置》记载，在晋时注记与撰述尚未分开，著作郎同时是起居注官，到元魏，始置起居令史，每行幸宴会，则在御左右，录帝言及宾客酬对，后又置修起居注二人，多以余官兼掌。后来虽然记注与撰述的职官称呼有异，但记注者只掌记注，而起居注则由专史撰述，而史官的职责转向著述。这导致官修正史制度产生。继东汉史官撰《东观汉记》之后，沈约、萧子显、魏收均以史官奉敕编述。至唐太宗既定天下，乃命史臣编修《晋书》，又敕撰梁、陈、齐、周、隋五书，大开史局，此后历代史官，本其陈法。

史官撰述功能的强化，更加要求史料的完整，史官除对以皇帝为中心的政治经济文化军事活动的详细记载之外，还依靠政府力量，形成制度，提出对各级政府部门的文献汇整和移交的要求。对于史料收集与保管，经过长时期的实践和经验积累，到隋唐时期还形成了若干法律性的规定。宋以后文献收集保存工作的条例更加严密，各级地方文献档册必须按期逐级上报，文献保管不善者要受到严厉处分。

其二，史料的分类更加科学。由于文献收集保存制度的完善，魏晋南北朝至明末，史料的范围越来越广。加之佛教、道教等文化现象日益普及，地下文物资料也不时出土，对于史料如何合理地归类，这一时期的史家提出了许多看法。晋荀勖在魏郑默初《中经簿》的基础上作《新簿》，将群书分为四部。甲部录六艺、小学，乙部录子、兵、术数，丙部录史书、旧事，丁部录诗、赋、图赞。东晋初，李充依此而校录图书。宋元嘉（424—453）中，谢灵运造《四部目录》，元徽（473—477）中，王俭作《四部书目》，又作《七志》，一曰经典志，二曰诸子志，三曰文翰志，四曰军书，五曰阴阳，六曰术艺，七曰图谱，并附佛道于书中。梁时阮孝绪分图书为《七录》，一曰经典，二曰纪传，三曰子兵，四曰文集，五曰技术，六曰佛，七曰道。《隋书·经籍志》进而分图书为四部，一曰经部，二曰史部，三曰子集，四曰集部。这一分类法成为后代文献分类的共同标准。其中史部之书又分为十三类：曰正史类，古史类，杂史类，霸史类，起居注类，旧事类，职官类，仪注类，刑法类，杂传类，地理类，谱系类，簿录类。唐代杜佑即在此基础上对史料如何分类提出更为合理的认识，认为可分为八门，曰食货、选举、职官、礼乐、兵、刑法、州郡、边际，较之《隋书·经籍志》，他更加注重史料的内容。

其三，对于史料的辨伪和鉴别，魏晋南北朝至明末已形成了初步的史料考据法。魏晋南北朝时期，出现了一些纠谬订误的考据著作。如三国蜀的史学家谯周撰《古史考》，依凭旧典，纠正《史记》之谬误，所考订的史实，涉及文字、氏族、姓氏、人物和历史事件。东晋史学家孙盛著有《异同评》，订正史事年代，辨别史籍记载之误。南朝宋时裴松之撰《三国志注》，征引诸种不同记载辨析《三国志》的纰谬。北魏郦道元的《水经注》，更以作者对长城以南、秦岭淮河以北地区山川形势的实地踏访，用社会实践中获得的知识来验证文献记载的正确与否。上述史家及其著作，在文献史料的审核中，都不同程度地运用了本证、他证、理证等技巧和方法。考据作为历史研究中的一种必要方法，在隋唐以后日益引起史家的重视。唐代刘知几的《史通》，就以考据精神对历史记载失实的原因进行归纳。唐代柳宗元也擅长考证工作，他对于《列子》、《文子》、《鹖冠子》、《亢仓子》、《晏子》等典籍的考辨，很注意从思想内容方面寻绎文献产生时代及其作伪踪迹。两宋时期，学者们大胆地用义理来审视文献典籍。欧阳修、司马光、王安石、郑樵、朱熹、叶适、李心传、陈振孙、晁公武等人，他们的辨伪对象，由一般图书延伸到《尚书》、《周易》、《诗经》、《左传》等儒家经典。明代中期以后，一些学者强调史学的严肃性，也做了一系列辨伪工作。如梅鷟著《尚书考异》，判定古文《尚书》之伪，把前此怀疑古文《尚书》的真实性的论述集中起来，提出了一些辨析伪书的普遍原则。王世贞撰《史乘考误》，批评当时"实录"记载不实，野史怪诞虚妄，铭状溢美谄谀。胡应麟撰《四部正讹》，在辨析100多部伪书的基础上，更提出了一整套鉴定文献真伪的具体方法。这些考据意识与考据方法有助于提高史学著作的科学性、真实性。

其四，在这一时期，史学撰述的体例与方法也日益繁复。除历朝纪传体正史外，还有编年体、纪事本末体、典志体、会要体等。其中传人者有年谱、行状、行述、墓志、墓表、神道碑、墓志铭、传记等，叙事者有纪事本末等。总之，凡原有史学记注和撰著方法都得到了充分实践，并不同程度地得到了完善。同时，还出现了对撰著方法的理论探索。如刘知几《史通》，全书分内外二篇，内篇三十九，外篇一十三，或明史料研究法，如《疑古》、《惑经》等篇，或明史著编著方法，如《叙事》、《直书》、《曲笔》等篇，或批评历代史著体例，如《六家》、《古今正史二体》等篇。其中对体裁的论述尤为详细，对于《春秋》编年与《史记》纪传在体例上的创见尤为推崇。又比较了《史记》与《汉书》的体例，认为《汉书》胜过《史记》。又主张效法《尚书》，更立"书"一门，专收古人言论。并认为除年表外，其他不必保存。刘知几的这些看法虽然未必完全恰当，但他所体现的史学方法的批评意识，直接影响到宋元明时期的史学体例衡评。

其五，魏晋南北朝至明末，史家研究历史乃至研究史学自身的发展，都体现出寻求事实内部主要联系的特色。由于魏晋玄学把中国先秦两汉的宇宙生成论思维逐渐转化为本体论思维，佛学的传入又使本体论思维得到进一步强化，隋唐时期以及宋元明时期的史家在分析历史及史学问题时，往往体现出较以前更强的逻辑能力。如刘知几的《史通》在评析前代史书体例以及史学表现手法时，就运用了"求名责实"、"分门别类"、"多重引证"、"比较评论"等方法。因而不但《史通》自身的逻辑线索较为丰满，《史通》对某一史学问题的评论也显示出较强的逻辑力量。

总之，魏晋南北朝至明末是中国古代史学方法的充分呈现和充分发展的时期。它在中国古代史学方法的发展过程中具有重要的地位。

第二节 古代史学方法的内容

中国古代史学方法广义而言应该包括史料收集和保存方法、史料编次方法、史料甄别和考辨方法、史料陶铸方法。其中史料陶铸方法又包括史论方法、史著方法。有的学者把上述方法概括为史料学和历史编纂学。如果注意到中国文化中的史官制度，我们确实不应忽视中国古代史料学的方法论成就，但若把史料学的目的置于历史编纂学之中，我们就可看出，中国古代史学方法主要包括史著、史考史注、史论三个基本类型。

史著方法包括编年体、纪传体以及纪事本末体、典志体等体例的讨论。

编年体的著述方法渊源于商周。周公制礼时已确定了记事的一些基本原则，如记事必以事系日，以日系月，以月系时，以时系年等。孔子修《春秋》，使原有记事方法得以发展，形成了编年体著作方法的一般原则；其中包括对史实的确定和史实的表述两大方法。孔子所提出的史实确定方法，根据《左传》的解释，它主要是选择那些发生在社会生活中的大事，比如重要的政治、经济、军事、文化政策和活动，以及天文地理方面的不正常现象。如果这类史实在原有记述中缺乏记载，孔子采取多闻阙疑的态度，如果没有确定的证据，孔子一般不写到所著《春秋》之中，至于史实的表述，孔子依据西周以来以事系时的编年方法来记载他所确定的史实。但在具体记载过程中，他根据其正名的思想，对如何叙述一件史实作了一番较为深入的思考。首先他规定了一些自然现象和社会现象的概念，如"凡雨，自三日以往为'霖'，平地尺为'大雪'"（《左传·隐公九年》），"凡师，敌未阵曰'败某师'，皆阵曰'战'，大崩曰'败绩'，得俊曰'克'，覆而败之曰'取某师'，京师败曰'王师败绩于某'"（《左传·庄公十一年》）。通过规定一些名词概念，使得在记叙史实中不致由于措辞而引起误解。其次，孔子对于如何在史实记叙中维护史学的道德鉴戒作用也颇费心思。如公元前722年，郑庄公举兵讨伐他的弟弟共叔段，据《左传》的记载，鲁《春秋》的原文是"郑伐公弟段于鄢"。孔子认为郑庄公作为哥哥没有阻止共叔段的背叛，是失教，而共叔段作为弟弟却背叛哥哥，是不悌。故改为"郑伯克段于鄢"，讥刺郑庄公与共叔段有损兄弟之道，弄成如两个敌国相争的局面。

孔子的上述史学方法为公羊、穀梁所发挥。穀梁传《春秋》，对孔子寓褒贬于《春秋》的深意作了纤细必至的发挥。他认为《春秋》经文有明正、有变正、有复正，有时用一目了然的书法来叙述史实，有时又用比较隐晦的书法来表明作者对某一史实的主观评价，试图通过对《春秋》叙事方法的论述，把孔子《春秋》当做一部纯洁、完整的伦理法典。《公羊传》也有对《春秋》书法的论述，比《穀梁传》要突出的是，它认为孔子在春秋240余年的史事记述中，根据所传闻、所闻、所见的不同特点，对不同历史时期的史实，有不同的书法。《公羊》和《穀梁》把编年体的书法提高到了一个更高的理论水平。

至西汉，荀悦的《汉纪》采取过编年体，唐代姚思廉也作过编年体通史，但都不是很成功。到北宋，司马光和他的助手刘放、刘恕、范祖禹、司马康等人编纂《资治通鉴》294卷，使编年体著述方法得到了进一步发展，并影响了后代编年体著作的著述。如梁启超所说："司马温公《通鉴》亦天地一大文也,其结构之宏伟,其取材之丰赡,使后世有欲著通史者,势不能不据为蓝本,而至今卒未有能逾之者矣。"(《新史学》)司马光著《资治通鉴》的方法程序是:

第一,确定史实。司马光有一裁取史实的标准,"专取国家盛衰,系生民休戚,善可为法,恶可为戒者"(《进〈资治通鉴〉表》)。所谓关国家盛衰,主要是反映王朝政治的清浊的史实,而系生民休戚者,则主要包括食货、刑罚、仪礼、职官、军事等重要政制。司马光围绕上述标准,对历代正史和其他典籍的有关资料进行了大规模收集,并提出了对不同记载"折中以归一是"、"参考同异"、"择可信者从之"的考证方法。

第二,具体编纂。司马光等人首先拟定了编纂的凡例。据南宋王应麟《玉海》卷四七"资治通鉴条"及《宋史·艺文志》,司马光修通鉴前作有《通鉴前例》一卷,定出全书用语、格式等方面的凡例36条。然后参照北宋历法专家刘羲叟的《长历》辨定旧籍所载史事的朔闰、甲子,以年系君主,以君主系朝代(列国对峙或分裂时期颇长时,只取一国一帝之年号),分别系以史实,作长编。最后进行删修增补而成书。

第三,具体叙事方法。《资治通鉴》主要反映出如下几点:对于某些重要历史事件,采用连载法,始末贯通,因果彰明。有些事件历经数日,有的历经数月,有的历经数年,司马光都注意到其中的前后呼应。对于一代或一个历史时期,《资治通鉴》往往抽出一二事而兼顾其他,使得在混乱的历史现象中,记载有主有从。至于那些不宜单立条目,而又值得一提的次要史实,《资治通鉴》采用附叙法,如阮籍居丧饮酒,阮咸追宠婢累骑而还,刘伶嗜酒,嵇康好锻结怨,都集中在嵇康卒年条下。对于某些起点不明的史事,在叙述其主要部分时,《资治通鉴》往往用追叙法,先溯由来,再及本事,补充其发展线索。

《资治通鉴》标志着我国古代编年体史著方法的高峰。

纪传体史著方法是我国古代史著方法论的另一重要部分。它以司马迁《史记》为典型代表。其中反映的方法论程序是:

其一,确定史实。司马迁提出的取裁史实的前提是:"考信于六艺","折中于夫子","非天下所以存亡,故不著","择其言尤雅者","总之不离古文者近是"。即他选择的是那些集中反映人伦道德精神的正反相须的发展过程的史实,史实必须真实可靠,又必须能够体现历史生活重大方面的发展过程。司马迁曾利用多种途径收集符合他标准的史料,既包括皇室所藏图书档案，又包括散佚民间的诸侯史记乃至金石、文物，还包括他自己的亲身调查。对于所采集的史料，司马迁也作过初步的考证工作，他曾"厥协六经异传，整齐百家杂语，去其言之不雅训者"。

其二，编纂史实。《史记》选择了纪传体例。本纪以年为纲，师法《春秋》编年方法。书、表则效法战国以来的典志、图谱，世家和列传则仿照战国以来传体；本纪使史著对历史发展的大势有一个整体概念，至于军政外交的具体经过都见于表和书。世家载历代诸侯、封国以及有重大影响者，列传则以"时代为序，以类相从"，记叙历史上发生过一定影响的人物。《史记》把纪传表书的叙事体例组合为一个有机整体，成为后代正史的楷模。

其三，具体叙事方法。司马迁在《史记》中运用得最成功的是"互见法"，他利用纪传表书的相互关联，充分表达了他对历史的一些基本看法。如汉高祖之取得天下，与他有许多谋臣勇将分不开，在《汉高祖本纪》中，他不可能对汉高祖的谋臣良将都叙说清楚，但在《高祖功臣侯表》中，则叙述了功臣侯的兴废，表明汉高祖之取得天下，事资群力。通过利用互见法，既反映了历史的真实，又维护了史学的道德鉴戒功能。如《项羽本纪》，完美地塑造了项羽的英雄形象，通过巨鹿之战、鸿门宴、垓下之战三个主要场面，集中反映了项羽的英勇善战和重个人感情的性格特点，至于他的缺点，在本纪中只是轻描淡写，却在《高祖本纪》、《陈丞相世家》、《淮阴侯列传》、《黥布列传》等篇中补叙。又如《萧相国世家》所叙萧何功绩，为收秦律令图书、举韩信、镇抚关中、举曹参自代。至于定汉家律令，受汉高祖遗命辅佐惠帝等事皆略。定汉家律令见于曹参、张汤传，而受高祖遗命则从萧何临死、惠帝临问体现出来。至于萧何害怕功高震主，而请上林空地、械系廷尉等事，《史记》把它说成是受谋士影响，并非萧何自己的主张。这既不掩盖历史史实，又保全了萧何至忠体国的形象。

《史记》的纪传体方法标志着古代正史体例的定型。经过班固的发展，成为历代正史的楷模。

古代史著方法还有从纪传体的表、书、志独立发展出来的典志体，以及从编年体中导出的纪事本末体。各自形成了一些独特的方法，但也没有超出纪传和编年的方法论范围。

古代史考和史注方法论思想，起源于春秋战国时期。庄子曾说："两喜必多溢美之言，两怒必多溢恶之言。"孟子也说："尽信书则不如无书，吾于《武成》，取二三册而已矣。"法家韩非指出："孔墨俱道尧舜，而取舍不同，

第一章 古代史学方法的内容与特点

皆自谓真尧舜，尧舜不复生，将谁使定儒墨之诚乎？"公羊、穀梁以及左丘明在传注孔子《春秋》时，既有对《春秋》书法的注解，也有对《春秋》史事的考证和增补。但总的说来，春秋战国尚未确立史考和史注的普遍原则。司马迁著《史记》，曾对所裁择的史料作过一番考证，但也没有专门论述其考证的具体方法和过程。三国时谯周撰《古史考》25篇，就曾对《史记》所叙史实的错误进行过纠正，指出《史记》有许多史实不准确。司马迁之后，考证法沿三个门类发展：一是关于古籍的辨伪，二是关于史实的辨伪，三是关于古籍的校勘。其中古籍辨伪以明代王世贞《史乘考误》、胡应麟《四部正讹》为代表。胡应麟在刘向、韩愈、欧阳修、吴棫、王应麟、朱熹等人考辨伪书的基础上，提出了辨识伪书的八法：

（1）"核之《七略》以观其源"。碰上一本可疑的古书，先查看《汉书·艺文志》是否著录过。

（2）"核之群志以观其绪"。接着检查历代《经籍志》或《艺文志》，如果《汉志》已著录，看它在什么时候佚失，如果《汉志》未著录，看它出现于何时的《艺文志》。

（3）"核之并世之言以观其称"。要是历代志书均未记载，就看与此书同时代的其他著述有无引用。

（4）"核之异世之言以观其述"。检查此书出现以后的各种著述，看是否被引用或发挥。

（5）"核之文以观其体"。把此书所使用的语言、文体和同时代、同类的其他著述比照，看有无差异。

（6）"核之事以观其时"。看它所记述的一些事是否与当时实际相符合。

（7）"核之撰者以观其托"。如果由上述六点判明是伪书，还应考查一下撰者是古人还是今人，看出作伪者的用心。

（8）"核之传者以观其人"。看此书的传播者是谁。

至于史实的考订方法，司马迁之后，有南朝裴松之《三国志注》集中诸家关于同一史事的不同记载，来比照陈寿的记述；有司马光的《通鉴考异》，结合他编纂《资治通鉴》的实践，用具体史实说明为什么他在《资治通鉴》中不采用其他有关记载，而选择或折中出《通鉴》中的观点。

至于古籍的校勘，主要是用不同版本和有关资料对同一书籍互相对校、比勘其文字篇章的异同，订正其中的谬误。

上述三个方面的考证方法是互相统一的，基本形成考据学的主要原则。

它已包括内考证和外考证以及理证等方面。

古代史论的渊源也很早。《左传》的"君子曰"以及诸子百家的某些关于历史事件的评析，都是史论的萌芽。有的还以自己的一套关于社会和自然的哲学思想作为史论的大前提，如《吕氏春秋》。西汉有贾谊和陆贾的史论，司马迁《史记》中论赞结合，不时发表对某一历史阶段或某一历史事件的评价。到唐刘知几，还形成了对史学自身的评论性著作《史通》。此后有宋吕祖谦的《东莱博议》等。不同时代的史论，所注重的内容有不同，但所体现的方法则有相似之处，如强调史论结合，不能空洞地发议论，应联系当时当地的历史实际等。

第三节　古代史学方法的特点

中国古代史学方法有如下几个基本特点：

第一，无论是史学著述、史学考证，还是史论，都强调方法运用者的史学品德。虽然对于史德的论述，古代史学家各有侧重，并不完全一致，但共同体现出：它是在社会现实生活中，磨炼出来的一种符合儒家人伦道德精神的品德。如以编年和纪传体为典型代表的史学著述方法，都强调著述者抓住历史过程中那种最能体现人伦道德精神的正反相须的发展过程的重大事件，同时又强调维护史学著作的道德鉴戒功能。对于正面人物，用互见法或某种凡例曲折地显示其个性缺点，而不正面显示传主的劣迹。对于反面人物，则予以真实地揭露。古代考证方法也强调考证的标准是儒家《六经》，若涉及《六经》内容的史料，以《六经》为主，若不涉及《六经》，也以《六经》的是非标准作为考证的前提。至于史论方法，它所显示的目的主要在于从具体历史事实上获得关于人生的有益启示。如《易传》所说："君子以多识前言往行以蓄其德。"如《颜氏家训·勉学篇》说："夫所以读书学问，本欲开心明目，利于行耳。"因此史论也十分强调史学主体的道德品格。故古代史学方法具有极其浓厚的人伦道德色彩。

第二，无论是史学著作、史学考证、史学评论，它们所揭示的方法论程序，与古代哲学思维方式有密切的关系。古代哲学家把客观世界视为一个有机的整体，自然与社会、社会人员之间存在历史和现实的普遍联系。任何社会个体的生命，其内在规定都由这种联系中反映出来，并延续下去。因而古代哲学不把极其复杂的因果关系简单化，宁愿承认它是一个普遍的无限的过程。在史学著作中，古代史学曾采取以时间、人物、事件为核心的三种表述形式，但其中任何一种形式，都特别注意它的历史含量，十分注意史实之间的相互关联。既追究"天人之际"，又探索"古今之变"；既显示天人之间的某种联系，又把社会和个人置于历史文化的无限延续过程之中。古代考据方法和史学评论方法也体现了上述特点，总是根据事物之间的普遍有机联系去发现史实记载的异同、判断史事的是非。

第三，古代史学方法强调方法与观点的统一。如史学著作方法，无论是孔子、司马光，还是司马迁、班固，既重视史学体例的独创性，又重视体例的目的性，注意使体例比较完整地体现著作者的个人意图。至于史学考证和史学批评方法，同样强调方法与论点相统一，更不能使方法本身违背作者所坚持的某一论点。

古代史学方法有许多精华值得我们认真总结。

在实践中，古代史学方法也存在一些缺陷：

一是，由于它强调史学方法的前提是史学主体的道德，而此道德在古代又表现为史学主体对人伦道德精神的领悟和修养；因此，对人伦道德的认识水平，影响了一个史家运用史学方法的程度。

二是，古代史学方法追求体现天人之间、人人之间多层面的因果联系，并有典志体对于天文历法、山川地理、礼仪职官、种族语言等方面的专门梳理，并显示出这些方面的发展源流，但还没有更加精练地体现事物在空间和时间上的因果关系，更没有形成对社会历史发展过程所显示的复杂因果关系进行归类，并予以科学分析。

三是，古代史学著述、史学考证、史学评论三种方法没有很好地结合在一起。史学著述中虽然不排除考证，但像司马光《通鉴考异》与《资治通鉴》相得益彰、相辅相成的史学著作不多。没有形成以史学著述为核心、融考证与评论为一体的史学方法论体系。

第二章　清前期史学方法的进步与近代史学方法的开端

第一节　清初研究方法的进步与史学方法的新因素

古代史学方法的近代化，主要是使之科学化。由于古代史学方法与古代哲学及其思维方式有密切联系，史学方法只有在古代哲学及其思维方式有所进步的基础上，才有可能展开高层次的建设。

如第一编所述，明清之际，一大批思想家已形成了对儒家哲学的新认识，他们大都对儒家人文道德本质的历史观采取发展的、开放的态度，强调在丰富的日常生活、生产活动、政治行为中去发现人情物理的客观规则。如王夫之就认为，虽然儒家的人伦道德是历史发展的"不易之理"，但这一不易之理不是抽象的，不能离事言理。王夫之还猜测到社会历史的客观趋势。如他论述郡县制代替西周封建制，认为它是历史本身的客观趋势。他甚至说："势之顺者，即理之当然者也。"（《读四书大全说》卷九）凡是与历史的客观趋势相符者也必然与儒家人伦道德的历史本质论相统一，也必然符合人伦道德精神。他又说："时异而势异，势异而理异"（《宋论》卷十），正是由于时代不同，每个历史时期的必然性也有不同，儒家所主张的人伦道德的历史本质也必然表现出不同的形式，并没有那种凌驾于社会历史之上、凝固不变的"天理"。顾炎武认为儒家经典的精神实质并不是告诫人们有一种超出具体社会生活的玄虚之道存在，而是告诫人们依据正确的规则在切实的社会生活以及对自然界的能动改造中得到生命的真实意义。

在这种思想背景之下，人们对于认识世界的能力和方法也出现了新的观点。王夫之通过批评佛教在"能"、"所"范畴中的唯心认识，提出了他对认识的正确看法。他说：

第二章 清前期史学方法的进步与近代史学方法的开端

> 境之俟用者曰所,用之加乎境而有功者曰能。能、所之分,夫固有之。释氏为分授之名,亦非诬也,乃以俟用者为所,则必实有其体,以用乎俟用;而以可有功者为能,则必实有其用。体俟用,则所固以发能;用用乎体,则能必副其所。(《尚书引义》卷五)

也就是说佛教把外部环境、等待认识作用去认识的对象叫做"所",把认识作用叫做"能",本来是很正确的。但它"以能为所""消所入能",把外部世界和认识对象消融于主观认识活动之中,实质上是以主观代替客观。他认为正确的认识观点是必须承认对象的真实性,必须对认识对象采取切实的认识方法。王夫之认为宋明时期许多儒家知识分子把人伦道德抽象化,无视历史发展的客观过程,实际上是受了佛教认识论的影响。当务之急就是要明确主体和客体的界限,依据认识过程的客观原则去把握社会历史的发展趋势。顾炎武也认为,人们的知识都是经过学习逐渐积累起来的,世界上根本就没有所谓先天的知识。他在《日知录》卷七"朝闻道夕死可矣"条中说:"有一日未死之身,则有一日未闻之道","君子之学,死而后已"。他还依据自己的求学经验,总结出一条原则:"昔日之得,不足以为矜,后日之成,不足以自限。"这些严肃对待认识对象、承认认识过程的客观性和艰巨性的观点都明显有别于宋明儒学主敬、内省的认识气象。

历史哲学与认识方法的进步带来了学术方法的进步。它主要有如下表现:

第一,对于史学的经世意识逐渐形成了辩证认识。明清之际的学术家都坚持学术必须有经世济用的价值。如顾炎武说:

> 孔子之删述《六经》,即伊尹、太公救民于水火之心,而今之注虫鱼、命草木者,皆不足以语此也。故曰:"载之空言,不如见诸行事"。夫《春秋》之作,言焉而已,而谓之行事者,天下后世用以治人之书,将欲谓之空言而不可也。愚不揣,有见于此,故凡文不关于《六经》之旨、当世之务者,一切不为。(《亭林文集》卷四《与人书三》)

他认为孔子删述《六经》的目的即在经世致用,像《春秋》这样的史学著作,表面上看不过是些议论,但它可以起到致治的效果。他认为这是学术研究的榜样,值得继承和发扬。但当时的学术家们并不是肤浅地理解学术经世意识。他们认为只有对历史进行具体研究，找出古今成败得失之原由和历史发展的趋势，才能把学术经世的目的科学地体现出来。史学之经世，并不在于建构抽象的天理；而是要研究历史事件的曲折，细究其成败得失之枢机，从而使后人受到启发。顾炎武积三十余年读书所得，编次而成《日知录》，自言"平生之志与业皆在其中"，其弟子潘耒评价此书"凡经义、史学、官方吏治、财赋、典礼、舆地、艺文之属，一一疏通其源流，考证其谬误。至于叹礼教之衰迟，伤风俗之颓败，则古称先，规切时弊，尤为深切著明，学博而识精，理到而辞达。是书也，意惟宋名儒能为之，明三百年来殆未有也"（《日知录·潘耒序》）。像这样一部关系"民生国命"的著作，也并不是去畅谈儒家的道德性命，而是从历史与现实相结合的角度，思索民族文化兴衰的规则，探讨社会发展的办法。

第二，对于历史研究的具体方法提出了更高的要求。当时王夫之把史学研究提高到与民族文化的延续息息相关的地位。他认为研究历史应该以对历史发展的理与势的认识为前提，如果只看到历史事件的成败得失，而缺乏对历史事件所体现的历史本质的深入了解，往往会使史学研究起不到良好的借鉴效用。他分析以往历史研究，认为有一个弊端应引起注意："放于道而非道之中，依于法而非法之审"，它造成的结果是褒贬失当，甚至出现"纤曲嵬琐之说"（《读通鉴论·叙论三》）。王夫之认为，要扭转以往历史研究所形成的这一弊端，一方面要把史家的哲学修养（即对儒家经典的精神实质的认识）提到首要地位，另一方面还需要史家深入细致地分析历史事件的各种因素，走入历史事件之中，设身处地，洞知其中的曲折。王夫之的历史研究有许多方法，如他注重事件的历史渊源，他剖析每一事件、每一制度都要论究其产生的根源，如"郡县之法，已在秦先"（《读通鉴论》卷一），"谏之有官，自汉设谏议大夫始，晋初立国，以傅玄、皇甫陶为之，唐之补阙拾遗，宋之司谏，皆放此而立也。谏有专官，而人臣之得进言于君仅矣。虽然，古今之时异，而广听之与慎听也，不得不殊；进言之迹同，而受益之与防邪也，亦各有道，未可一概而论也"（同上书，卷十一）。正由于王夫之把历史事件和文物制度放在整个历史过程中去考察，他总是能超出具体现象的限制，对历史事件作出比较准确的评价。王夫之还很重视背景分析。他非常注意历史人物所生活的时代风尚，并根据不同风尚来分析历史人物的行为。如他分析五代、北宋初年陈抟、种放等人的时代背景，认为陈抟意在救世，后来见宋初之治，其志已行，故托于隐，而种放等人的经世抱负和隐逸

第二章 清前期史学方法的进步与近代史学方法的开端

情怀均不及陈抟（《宋论》卷三）。又如他论西域在汉时为疣赘，在唐时为护臂，认为这主要是两汉时，西域"各有君长，聚徒无几，仅保城郭，贪赂畏威，两袒胡、汉，皆不足为重轻，故曰赘疣也。至唐，为安西，为北庭，则已入中国之版。置重兵，修守御，营田牧，屹为重镇。……惟二镇屹立，扼吐蕃之背以护萧关。……使割安西、北庭以畀吐蕃，则戎马安驱于原、洮，而又得东方怀归怨弃之士卒为向导以为深入，祸岂小哉"（《读通鉴论》卷二十四）。王夫之对历史人物的心理活动也有较为深切的把握。如他论蜀汉政权诸葛亮与刘备的关系，认为刘备更信任关羽，因为诸葛亮欲托刘备以兴复汉室，而刘备不过欲借兴复汉室之名自立为王，两人政治心理不同。总之王夫之研究历史重视理性思辨能力的运用，他认为只要通过对历史人物和历史事件的纵、横等多方面的分析，就不难理解历史人物和历史事件的真实面貌，从而对它们作出正确的判断。

顾炎武的历史研究更加重视史料的真实性。他认为凡学术研究都要有证据，一个观点的得出应有史料作基础。如《日知录》卷二十八"东向坐"条，他说"古人之坐，以东向为尊"。其所持证据从《礼记》、《新语》、《史记》、《汉书》、《后汉书》列举了不少材料。又如同书卷二十九"海师"条，为论证"海道用师，古人盖屡行之矣"，他列举了吴越、汉武、刘裕、魏明帝、苻坚、唐太宗等人利用海师的资料。顾炎武十分重视观点的资料基础，他强调资料的原始性。他说用第二手资料著书如买铜铸钱。为了避免不重蹈原始资料的流弊，顾炎武主张引文必注明出处："前辈时文，无字不有出处。今但令士子作文自注出处，无根之语，不得入文。"（《日知录》卷十六"经义论策"）顾炎武还将资料的内涵扩展到文献之外。其所作《金石文字记序》说：

> 余自少时，即好访求古人金石之文，而犹不甚解，及读欧阳公《集古录》，乃知其事多于史书相证明，可以阐幽表微，补阙正误，不但词翰之工而已。比二十年间，周游天下，所至名山巨镇、祠庙伽蓝之迹，无不寻求。……其可读者，必手自抄录，得一文为前人所，末见者，辄喜而不寐。一二先达之士，知余好古，出其所蓄，……遂乃抉剔史传，发挥经典，颇有欧阳、赵氏二录之所未具者，积为一帙，序之以贻后人。（《亭林文集》卷二）

顾炎武把金石碑刻也当为史料,用以证史。如《日知录》卷四"春秋时月并书"条,即用了钟鼎古文作参证。他也很重视个人的亲身调查,潘耒在《日知录·序》中说:"(先生)足迹半天下,所至交其贤豪长者,考其山川疾苦利病,如指诸掌。"全祖望《亭林先生神道表》也说:"(先生)所至陁塞,即呼老兵逃卒,询其曲折,或与平日所闻不合,则即坊肆中发书而对勘之。"(《鲒崎亭集》卷十二)《天下郡国利病书》、《肇域志》、《日知录》都凝聚了顾炎武实地考察的心血,他写的《郡县论》、《钱粮论》、《生员论》、《军制论》、《形势论》、《田功论》、《钱法论》等经济政治军事专论,也都是以广泛的调查研究为基础的。

顾炎武历史研究用得最多的是归纳法。他通过对材料的归类排列,找出其中带有普遍意义的结论。如对古代重要典籍的研究,他主张按"字音→字义→文义"的顺序来理解古籍。在实践这种观点时,他大量运用了归纳的方法。如《尚书·洪范》篇中有"无偏无颇,遵王之义"一句话,唐玄宗见到此篇别处皆协韵,此处颇与义不协韵,认为有误,改"颇"为"陂"。顾炎武找出古书中有"义"之处,加以归纳,证明古人读"义"若"我",颇、义协韵,《洪范》原文不应改动。他为证明某个字的读音,往往归纳上百条材料,据统计,为证明"行"古音读若"杭",他排列了364条材料;为证明"下"古音读若"户",他排列了219条材料。

顾炎武论史,也并不以归纳法自限,他总是着眼于当世之务,通过对历史现象实事求是的分析,找出解决现实问题的方案,对资料的真实性的认识和归纳法的运用,是他发表史论的前提和基础。如他论郡县制,他认为"封建之废非一日之故也,虽圣人起亦将变而为郡县。方今郡县之敝已极,而无圣人出焉,尚一一仍其故事。此民生之所以日贫,中国之所以日弱,而益趋于乱也"(《亭林文集》卷一"郡县论")。他通过具体研究历代政治体制的得失,指出郡县制的最大弊端是中央集权与地方自主的矛盾。高度集权势必造成法令滋彰,既约束了地方官的行政自由,也使得奸诈之徒播弄是非。他主张"寓封建之意于郡县之中",完善乡里基层组织,改变由中央"多设之监司"、"重立之牧伯"的一贯做法(《日知录》卷八"乡亭之职"条)。他对西汉乡亭制度大加推赏,"当曰为三老者,多忠信老成之士也,上之人所以礼之者甚优,是以人知自好,而贤才亦往往出于其间"。而"近世之老人则听役于官,而靡事不为,故稍知廉耻之人,不肯为此,而愿为之者,大抵皆奸滑之徒,欲倚势以凌百姓也,其与太祖之设立老人之初意悖矣"(同上）。又如他论风俗，说"风俗者，天下之大事"（同上书，卷十三"廉耻"条），"论世而不考其风俗，无以明人主之功"（同上书，"周末风俗"条）。《日知录》卷十三的"周末风俗"、"秦纪会稽山刻石"、"两汉风俗"、"正始"、"宋世风俗"、"清议"诸条，都是对晚周以至明末社会风俗的历史考察，包括社会舆论、士人道德、吏风民俗等各个方面。他特别赞赏东汉社会风俗之美，认为是三代以来未曾有过，东汉之后，唯南宋社会风俗可比东汉。针对明末风俗的颓废，他提出了具体的整顿措施，认为首先应提倡"清议"，让士大夫大胆议论政治得失，以建立一个合乎道义的、独立的舆论监督环境。其次，要士人自觉自尊，培养自己的高尚品德。顾炎武根据自己的切身经历感慨地说："目击世趋，方知治乱之关，必在人心风俗。而所以转移人心，整顿风俗，则教化纪纲为不可阙焉。百年并世养之而不足，一朝一夕败之而有余。"（《亭林文集》卷四《与人书》九）这些深刻的见解，至今仍有参考价值。

第三，对于史学著作的体例也形成了一些新的看法。明末清初曾经兴起一股私人修史的风气。明朝遗老大都有为故国修史之志。黄宗羲曾辑《明史案》242卷，又辑《明文海》482卷，将明代史料，网罗略备。其弟子万斯同参与清修明史的工作，对于《明史》贡献极大，结果《明史》比明初人修的《元史》、元人修的《宋史》都好，在正史中算是一部很好的书。顾炎武对史著体例也有研究，他最推崇司马迁的《史记》和司马光的《资治通鉴》。他说这两部书叙述史事，条分缕析，很有条理。如"秦楚之际，兵所出入之途，曲折变化，唯太史公序之如指掌，以山川郡国不易明，故曰东曰西曰南曰北，一言以下，而形势了然"。"太史公胸中，固有一天下大势，非后代书生之所能及也。"（《日知录》卷二十六"史记·通鉴兵事"条）他说《资治通鉴》叙事也有《史记》的这一特点。对于史书体例，顾炎武认为"表以纪治乱兴亡之大畔，书以纪制度沿革之大端"，表和书（志）是史书应该必备的体例。陈寿《三国志》、范晔《后汉书》都忽略了表的作用，这是很大的缺陷。直至欧阳修编《新唐书》，作"宰相表"、"方镇表"、"宗族世系表"，才恢复《史记》、《汉书》的优良传统。顾炎武还说，作史者对历史事件和历史人物的论断，不宜凭空而发，而要"于序事中寓论断"，他认为《史记》把叙事和论断结合得天衣无缝，值得后来史家学习和借鉴。

最值得注意的是，当时马骕的《绎史》160卷还新创了一种体例。其书分为五部：太古10卷，三代20卷，春秋70卷，战国50卷，外录10卷。记录秦亡以前的历史，内容包括政治、经济、学术三个方面。大体上是纪事本末体，但又有37篇世系表，一卷年表，后边又有《天官书》等专叙制度的书志，还有图，末附古今人表，表列书中的人物。这种体例显然有点像后代通史的做法。此书叙次史事的方法，尤和以前不同，在正文里面，它不用自己的话，而将以前的史料，直录原文，加以编排，每段史料，皆注明出处。对于史料的真伪，时代的先后，他还下过一番甄别的工夫。这种注重客观的谨慎态度，反映出明清之际史学求真的特点。

总之，明清之际的学术思潮由反对空疏无用之学转向经世致用的实学，对于史学方法所形成的上述认识，进一步把史学的经世意识建立在客观实证性的历史研究的基础之上，不但有助于古代史学方法的经世态度科学化，也有助于历史研究自身的科学化。

第二节　乾嘉朴学的史学方法

乾嘉朴学是从清初学术方法发展起来的。其过渡性人物如阎若璩、胡渭、毛奇龄、万斯大、万斯同、顾祖禹，或者亲承清初学术大家之师传，或者欣羡其余韵，虽然他们受文字狱的震慑，淡化了清初学者的经世抱负，但他们继承和发展了清初学者的求实精神。如阎若璩提出"一物不知，以为深耻"，并把考据法扩展到历史地理和经史专门著作的辨析，著《古文尚书疏证》，在前人基础上证明古文尚书为伪造。这种学术研究专门化的倾向，导致乾嘉朴学学术研究的专精和深入。

朴学中的史学研究就其大势而言，有校注旧史、重订旧史、重辑旧史诸派。

校注旧史派源于顾炎武《日知录》。《日知录》根据历代正史和其他史籍，读书有所得，则条列之。但《日知录》的出发点是忧国家民族之存亡，系生民之休戚。故其论史注意典章制度之沿革，风俗人心之陵替。乾嘉时期采取《日知录》这种史学研究形式的史家有许多，惟赵翼《陔余丛考》（43卷）、《廿二史劄记》（36卷）等深得其味。如《陔余丛考》中的《论史法》、《论国制》，《廿二史劄记》中的《东汉尚名节》、《六朝清谈之习》、《南朝陈地最小》、《南朝多以寒人掌机要》、《唐前后米价贵贱之数》、《宋初考古之学》、《元代专用交钞》、《永乐中海外诸番来朝》等，能把一代史事归纳于某一论题，而这些论题又都是关于一代制度、政治外交、风俗上的重

第二章 清前期史学方法的进步与近代史学方法的开端

大事件。

但乾嘉朴学中的旧史校注之作大都没有这种眼光，他们把重点放在文字考订和史例疏通以及地理、官职的辨别之上。如钱大昕《廿二史考异》序说：

> 二十二家之书文字烦多，义例纠纷。舆地则今昔异名，侨置殊所。职官则沿革佚代，冗要逐时。欲其条理贯串，了如指掌，良非易事。且夫史非一家之书，实千载之书。祛其疑，乃能坚其信，指其瑕，益以见其美。拾遗规过，非为龂龂前人，实以开导后学。

这一类著作，除王鸣盛《十七史商榷》、钱大昕《廿二史考异》外，尚有王念孙《读书杂志》中关于《史》、《汉》之部，杭世骏《诸史然疑》、洪颐煊《诸史考异》等。

重订旧史派又可分为多种情况：有的并没有增加内容，不过是改变原史的组织形式。沈炳震认为《新唐书》简严，而《旧唐书》详备，作《新旧唐书合钞》260卷，附《补正》六卷，"本纪列传一以《旧书》作大文，而《新书》分注。惟《旧书》诸志多阙略，其缺者固当从《新书》增入"（《郑堂读书记》卷十八）。有的既补充内容，又扩大其组织。有的补撰某史中一部分内容，增补某一形式。如万斯同《历代史表》等。

重辑旧史派把过去已经有的书，而唐宋以后亡佚的内容，不论多少，从各方面尤其是从类书里把它们分类纂辑出来。如战国末年出现的《世本》，钱大昭、洪饴孙等人曾作辑补。《竹书纪年》，陈逢衡有《竹书纪年集证》40卷、雷学淇有《竹书纪年义证》40卷。《后汉书》有姚之骃《八家后汉书辑本》。《旧五代史》有邵晋涵辑本等。

以上各类史学研究虽然其经世抱负不及清初，但专门和精深则有过之而无不及。学术研究的专门化带来了研究方法的进步。乾嘉史学家对于经、史文献资料所做的校注、重订和重辑工作，使得传统考据法在继承历代以来、特别是明代中叶以后的考据法的基础上，形成了一个庞大的方法论体系。这种方法体系，根据考察对象的不同，可以分为外考证和内考证二端。

所谓外考证是以历史文献为考察对象，借助文字、音韵、训诂、版本、校勘、辨伪等学问，校正历史文献本文的错误，鉴定文献史料的真伪及其年代。内考证则以文献记载的历史事实为考察对象，通过分析、比较、归纳和推理等方法，验证、鉴别、评估历史著作中所载历史事件、名物制度的来由和真实性。

外考证包括校勘学和辨伪学两种技术。所谓校勘，即校出文献在流布传抄中的笔误，辨别版本的精粗，最好能找到初本。王鸣盛说："欲读书必先精校书，校之未精而遽读，恐读亦多误矣，读之不勤而轻著，恐著亦多妄矣。"（《十七史商榷·序》）校勘的内容大抵包括改讹文、补脱文、去衍文等。其具体方法主要有四：（1）本证法：用本书证本书，又包括内证与对证两项。所谓内证，是以同一文献中的前后两部分内容互相比勘，从中发现本文的乖舛牴牾之处，而后抉择异同，纠谬正误。如王鸣盛《十七史商榷》即用本证法校勘十七史的舛误，把十七史的纪传表志各篇互相稽考，寻出其中的前后矛盾，订正史家或传抄者造成的错误。所谓对证，就是把同一种典籍的所有版本统统汇集一起，参互勘校，辨析文献的错简互倒、衍文、脱文、误字，以订正文献中的错误。（2）他证法：在验证某一文献时，利用与该文献相关的其他典籍资料，来验证该文献本文的正误，如赵翼的《廿二史劄记》，多以各史相互关联者互相对勘，以《汉书》比勘《史记》，以《三国志》校正《后汉书》，以《南史》对勘《宋书》、《齐书》、《梁书》、《陈书》，以《北史》比勘《魏书》、《齐书》、《周书》，又以《北史》与《南史》互相验证，以《新唐书》与《旧唐书》互相验证，以《新五代史》与《旧五代史》互相校勘。（3）音证法：利用汉字音义之间的联结关系，"因声以求义"，订正文献中的错别字（假错字）。如王引之《经义述闻·自序》说："训诂之旨，存乎声音，字之声同声近者，经传往往假借。学者以声求义，破其假借之字而读以本字，则涣然冰释，如其假借之字而强为之解，则诘屈为病矣。"（4）理证法：据理以推论典籍讹误。顾炎武《音学五书·音论》说："本证者，诗自相证也；旁证者，采之他书也；二者俱无，则宛转以审其意，参伍以偕其韵。"后来乾嘉考据家们对此法也有继承。

外考证之校勘只能订出版本中的纰漏讹误，而要鉴定文献史料的成书年代及史料的真伪，则需要进一步辨伪。乾嘉史学辨伪工作包括：（1）利用历代图书目录，考镜源流，看流传下来的典籍，在历代《艺文志》、《经籍志》中是否出现，何时出现。（2）验证典籍本文所反映的思想观念，看它与何时代的思想意识的特点相符。崔述《考信录提要》说："文必因乎其时也。所以汉人好谈谶纬，则所撰之《泰誓》，'乌流''火覆'，祥瑞先呈；晋人喜

第二章 清前期史学方法的进步与近代史学方法的开端

尚排偶，则所撰之《泰誓》，'斲胫''剖心'，对待独巧。誓诰不及二帝，而伪古文《尚书》虞世有伐苗之誓，盟诅不及三王，而《吕氏春秋》武王有四内之盟。甚至王通之《元经》，以隋人而避唐讳。是知伪托于古人者未有不自呈露者也。"（3）从考察典籍所载典章制度、天文历算、地理沿革验证文献真伪。如阎若璩考证《古文尚书》，就是通过把该书所载的政治制度、历法地理等名物典章与先秦史书记载的内容两相比勘，以确凿的证据考订《古文尚书》乃后人所撰的伪书。（4）根据文献的文体及所用语言词汇的时代特征，考订文献的时代及真伪。如崔述《考信录提要》卷下说："唐、虞有唐虞之文，三代有三代之文，春秋有春秋之文，战国秦汉以往魏晋亦各有其文焉。非但其文然也，其行事亦多有不相类者，是故战国之人称述三代之事，战国之风气也；秦汉之人称述春秋之事，秦汉之语言也。《史记》直录《尚书》、《春秋传》之文，而或不免杂秦汉之语。《伪尚书》极力摹唐虞、三代之文，而终不能脱晋之气。无他，其平日所闻所见皆如是，习以为常而不自觉，则必有自呈露于忽不经意之时者。少留心以察之，甚易知也。"（5）考证文献所载史事和人物在作者所处时代之后，则其中必有伪窜或伪撰者。（6）考察同时代的其他著作，看此文献是否为同时代或稍后的著作所称引，如有称引，则此书为真，如引文不同于今本，则其中有伪。

总之，外考证考证了文献史料的基本前提。而内考证则运用比较、分析、归纳和推理等形式逻辑方法，去考察、证明本文所陈述的历史事实的可信性与可能性，鉴定文献中所记载的历史事件、典章制度、地理沿革是否符合历史实际，揭开历史事实的真实面目。内考证在具体方法上有与外考证方法相交叉之处，一般包括如下程序：一曰质疑，找出疑惑之点；二曰虚己，不能轻易假设；三曰博证，凡立一说必搜集证据，举凡诸子百家、偏霸杂史、稗官野乘、山经地志、谱牒簿录、小说笔记、诗文别集、释老异教，以及钟鼎款识、山林冢墓、祠庙碑碣，尽取以供佐参；四曰断案，根据大量史料，进行抉择，究委竟源，破疑析义。

乾嘉考据学的方法有一定的科学性和有效性。他们运用上述方法，考证文献，克服了司马迁以来历史家依靠个人的学识主观先验地凭事理推测、鉴别史料方法的局限，建构了一套行之有效的操作程序，对于史学的科学化、客观化起了推动作用。

同时，乾嘉考据家们的理性精神也有助于原有史学考据方法突破经学的限制。如洪榜《戴东原行状》记载戴东原非议朱熹的权威，而不固守成说，

"必征诸古而靡不条贯，合诸道而不留余议，巨细毕究，本末兼察……夫然后传其信，不传其疑，疑则阙"（《东原集·与姚姬传书》）。如王鸣盛说："求于虚不如求于实，……总归于务求切实。"（《十七史商榷·序》）虽然考据家们个人自觉程度不一，他们摒宋儒之伪，目的在于发挥汉学，使"二帝三王，孔门之事焕然大明于世"（崔述），但他们的史学方法为求文献史料之真提供了基础。

但是，这种考据法最大限度也只是在文献史料本身的真实性上得到科学的论证，关于如何诠释文献，理解文献典籍的记载，从中求出因果联系则是考据方法所未能想及的。乾嘉史家的主观目的只在求得历史的真实，他们反对对历史的真实性再作发挥引申，前编所引王鸣盛《十七史商榷·序》充分反映了这一点。

值得注意的是，乾嘉学者通过对历史文献的考据性研究，对历代史著体例和方法也有比较客观的了解。如赵翼《廿二史劄记》中就有"史记编次"、"史记变体"、"史汉互有得失"、"后汉书三国志书法不同处"、"三国志书法"、"宋书本纪书法"、"宋齐书带叙法"、"齐书书法用意处"、"齐书类叙法最善"、"南史仿陈寿三国志体例"、"南北史子孙附传之例"、"魏书多曲笔"、"北史书法与周隋书不同处"、"欧史书法谨严"、"宋史排次失当处"、"辽史立表最善"、"元史列传详记日月"、"明史立传多存大体"等条目，对廿二史书法体例作了简明扼要的评析。如"欧史书法谨严"条评欧阳修《新唐书》、《新五代史》："不阅《旧唐书》，不知《新唐书》之综核也。不阅薛史，不知欧史之简严也。欧史不惟文笔洁净，直追《史记》，而以《春秋》书法寓褒贬于纪传之中，则虽《史记》亦不及也。"（《廿二史劄记》卷二十一"欧史书法谨严"）赵翼分析了欧阳修用兵之名和立后妃之名等种种书法，认为欧阳修写史文笔极为精练。当时邵晋涵（1743—1796）曾参与《四库总目提要·史部提要》的工作，著有《南江文钞》二十七部史书提要，除《三国志》与《旧五代史外》，二十四部正史中其他史目俱在，此外尚有《史记集解》、《史记正义》、《两朝纲目备要》、《通鉴前编》、《通鉴纲目前编》五部提要，内容与四库存史部提要有同有异。这些提要主要评论史书性质，很注意史法的渊源和特点。如叙《史记》，除考订版本外，还指明"其叙事多本《左氏春秋》"，而"其义则取诸《公羊春秋》"，"世尝讥史迁义法皆背经训，而称其文章为创古独创，岂得为通论哉"！又如他评《后汉书》，说："东汉尚气节，此书创为《独行》、《党锢》、《逸民》三传，表彰

第二章 清前期史学方法的进步与近代史学方法的开端

幽隐，搜罗殆尽。然史家多分门类，实滥觞于此。"虽然他认为史书名目的增加要谨慎，但对一些合理的名目他颇为赞成。如他说："范氏所增《文苑》、《列女》诸传，诸史相沿，莫能刊削，盖时风众势，日趋于文，而闺门为风教所系，当备书于简策，故有创而不废也。"对诸史书法义例，邵晋涵也有比较，如他说："《南史》体制之乖裂，不必绳以迁、固之义法也，即据《北史》以参证而知其疏舛矣。"（以上均见《南江文钞》之各史书提要）

章学诚在当时对史著义法的研究基础上，提出了创造有个性特色的史学著作的目标。由于他有朴学关于史法研究的背景，其方法论的具体论述就显得比以往史家要高明得多。他认为一个史家在史学上的地位，不但取决于他所选择的题材，而且取决于他是否有体例上的创造。司马迁《史记》之所以为后世效法，在于"其范围千古，牢笼百家者，惟创例发凡，卓见绝识，有以追古作者之原，自具《春秋》家学耳"（《文史通义·申郑》）。他所揭示的史学著述程序是：

第一，搜集资料。章学诚特别重视资料的搜集工作，他把它视为史学著作的必要准备。他曾具体分析编次史料的三种目的："有及时撰集，以待后人之论定者"，"有志著述，先猎群书以聚新楃者"，有"陶冶专家，勤成鸿业"者（《文史通义·答客问下》）。他认为凡史料都与著述有关，故不论出于何种目的，都应讲究史料的编次方法，尽量为史学著作提供全面的史料。他还特别论述过地方志的史料价值。

第二，裁择史实。章学诚认为史家著史，都有一个中心思想，围绕此中心思想，然后去选择有关的史实。

第三，确定写作体例。他认为史学体例贵在圆而神。而纪传体与编年体又各有其不足："纪传之书，类例易求而大势难贯"，"编年之史，能径而不能曲，凡人与事之有年可纪、有事相值者，虽细如芥子必书，其无年可纪与无事相值者，虽巨如泰山，不得载也"（《文史通义·史篇别录例议》）。他认为："以编年之法治纪传则有余，以纪传之例治编年，则类例不能无所缺矣。儒林列女之篇，文苑隐逸之类，纪传所必具，而编年不必皆有其人。"（同上）他认为在纪传和编年前另列别录，可以弥补两种体例的缺陷。如就编年内所提及的人物、事件作一大体概述，在编年内见纪传规模；在纪传之纪、表、志、传中事实相连者，各于其类附注篇目，置于全书之首，使纪传体含编年和纪事本末之长。但他自己则认为纪事本末体最好，"按本末之为体也,因事命篇,不为常格,非深知古今大体,天下经纶,不能网罗隐括,无遗无滥。文省于纪传,事豁于编年,决断去取,体圆用神,斯真《尚书》之遗也。在袁氏初无其意,……但即其成法,沉思冥索,加以神明变化,则古史之原,隐然可见"(《文史通义·书教下》)。

第四,史实的具体表述法。章学诚认为史实表述不一定要完全照抄史料原型。应根据写作需要,在不违背原意的前提下,加以合理合情的取舍。"史文千变万化……记事之法,有损无增,一字之增,是造伪也。往往有极意敷张,其事弗显,刊落浓辞,微文旁缀,而情状跃然,是贵得其意也。记言之法,增损无常,惟作者之所欲,然必推当日意中之所有,虽增千百言而不为多。苟言虽成文,而推言者当日意中所本无,虽一字之增,亦造伪也。或有原文极繁富,而意未昭明,减省文句,而意转刻露者,是又以损为增。变化多端,不可笔墨罄也。"(《章氏遗书》卷十四《方志略例》一)

第五,附撰史注,章学诚认为史学著作中,不宜旁注,"著作之体,援引古义,袭用成文,不标所出,非为掠美,体势有所不瑕及也"(《文史通义·说林》)。但一部良好的史学著作,史注是不可缺少的辅佐。他主张撰史者自己为自己的史著作注:"太史自叙之作,其自注之权舆乎!明述作之本旨,见去取之从来,已似恐后人不知其所云,而特笔以标之。……班书年表十篇与地理、艺文二志皆自注,则又大纲细目之规矩也。其陈、范二史,尚有松之、章怀为之注。至席惠明注《秦纪》,刘孝标注《世说新语》,则杂史支流,尤有子注,是六朝史家法未亡之一验也。自后史权既散,纪传浩繁,惟徐氏《五代史注》,亦已简略,尚存饩羊于一线,而唐宋诸家,则茫乎其不知涯涘焉。宋范冲修《神宗实录》,别为《考异》五卷,以发明其义,是知后无可代之人,而自为之解,当与《通鉴举要》、《考异》之属,同为近代之良法也。"(《文史通义·史注》)章学诚所提出的史学著述方法,典型地反映了史学著作体例的进步以及史学著述与考证的有机结合,它标志着古代史学著述方法论已经上升到一个新的理论水平。

总之,从明末清初到鸦片战争前期,古代史学方法逐渐向科学化方向发展,已经酝酿出近代史学方法论的萌芽,与此时期史学哲学的进步现象一样,其中的各种因素也不是同步发展的,如乾嘉学者过于强调史学考证意识,对史学著作方法和史论方法认识不够,也没有出现史学上的宏篇巨制。各种方法论新要素的结合和系统化,尚需经历一条曲折艰难的发展历程。

第三章　鸦片战争前后至戊戌维新时期的史学方法

第一节　嘉庆道光年间的史学方法

尽管清代中期的史学方法取得了巨大进步，但这些方法在当时的影响并不是同等的，影响清代中叶史学研究的主要是考据法。考据法所开辟的史学研究新天地，使大批史学爱好者有章可循，只要勤于读书，善于排比，即可取得一定成果，而王夫之的史论方法与章学诚的撰著方法却不为时人所理解。

史学方法的沉闷局面的改变导源于社会政治文化形势的改变，19世纪初年内忧外患的政治局面使一些目光敏锐、时代触觉比较灵敏的思想家、史学家逐渐意识到乾嘉学风的弊端，他们反省学术研究的历史渊源，得出传统学术研究并不是一味考据，考据（如汉学）也并不是不讲义理，而讲义理者（宋学）也并不是摒弃考据，总之无论从汉学和宋学看，没有像清代考据那样为考据而考据的。因此，他们强调在经学史研究中应该贯彻考据与义理的统一，而在史学研究中，则应该扭转考据于不必考证之地的无用学风，重视研究与国计民生密切相关的史学问题，并把考据成果汇为有个性色彩、有时代特色的史学著述。其中最有代表性的是龚自珍和魏源。

龚自珍对清前期学术的基本方法有较深的素养。他对当时的目录学、校雠学以及古器物学都有很深的了解。如他在《慈云楼藏书志序》中说："目录之学，始于刘向。嗣是而降，约分三支：一曰朝廷官簿，荀勖《中经簿》、宋《崇文总目》、《馆阁书目》之类是也；一曰私家著录，晁公武《郡斋读书志》、陈振孙《书录解题》之类是也；一曰史家著录，则班史《艺文志》、《隋书·经籍志》以下是也。三者体例不同，实相资为用，故不能偏废。三者之中，体例又二：史家著录，惟载卷数，其他一则载卷数，一则条书旨。

其最详者，则又胪注某抄本、椠本，旁及行款印记题跋"（《龚自珍全集》，第203页）。对目录学之源流论述颇为精辟。在考订校勘方面，他著有《六经正名》及《答问》、《大誓答问》、《说中古文》、《非五行传》、《最录穆天子传》、《最录易纬是类谋遗文》、《最录尚书考灵耀遗文》、《最录春秋元命苞遗文》、《最录平定罗刹方略》、《与陈博士笺》、《与江子屏笺》等。在古器物学方面他把古彝器分为祭器、养器、享器、藏器、陈器、好器、征器、旌器、约剂器、分器、赂器、献器、媵器、服器、抱器、殉器、乐器、徼器、瑞器等19类（同上书，第262页，《说宗彝》），并主张用彝器铭文来补充史学研究资料，并提出彝器铭文是最早的文章和史料（同上书，第267页，《商周彝器文录序》）。龚自珍对碑刻也很重视，他说："古者刻石之事有九，帝王有巡狩则记，因颂功德，一也。有畋猎游幸则记，因颂功德，二也。有大讨伐则记，主于言劳，三也。有大宪令则记，主于言禁，四也。有大约剂大诅则记，主于言信，五也。所战、所守、所输粮、所瞭敌则记，主于言要害，六也。决大川、浚大泽、筑大防则记，主于形方，七也。大治城郭宫室则记，主于考工，八也。遭经籍溃丧，学术歧出则刻石，主于考文，九也。九者国之大政也，史之大支也。"（同上书，第264页，《说刻石》）他著录有《商周彝器文录》、《汉器文录》、《秦汉石刻文录》、《自晋迄隋石刻文录》、《镜录》、《瓦录》，收集古代石刻铭文。

龚自珍重视目录、校雠和古器物学等基本学术方法，但他的目的并不是就事论事，而是希望运用一套严格的方法程序，依据更加广泛的材料，对经史典籍的宗旨得出深入认识。这种方法论思想受他外祖父段玉裁的影响很深。段玉裁认为经学本无今古文之别，由于经异师，异师而异字，遂相左右。故"非考文之圣出于世，有德有位，未易言其是非而定于一也"（同上书，第三辑《最录尚书古文序写定本》）。因此，段玉裁一生深研许慎《说文解字》，期望对汉以上文字本字、本音、本义、引申义的还原而逐渐了解经史意蕴。龚自珍对此深以为然，他说："今文古文同出孔子之手，一为伏生徒读之，一为孔安国读之。未读之先，皆古文矣，既读之后，皆今文矣。惟臣读者人不同，故其说不同。源一流二，渐至源一流百。此如后世之翻译，一语言也，而两译之，三译之，或至七译之，译主不同，则有一本至七本之异。"（同上书，第一辑《大誓答问》）他很遗憾汉代契刻所存不多，认为如果各经师的传本和学徒的笔录得以保存的话，今天要了解经史原貌就容易多了（同上书，《古史钩沉论三》）。但古器铭文的利用可以弥补上述缺陷。如商周彝器，其文就"可以补今许慎书之阙，其韵可以补《雅》《颂》之隙，其事可以补《春秋》之隙，其礼可以补逸礼，其官位氏族可以补《世本》之隙，其言可以补七十子大义之隙"（同上书，第四辑《商周彝器文录序》）。这种利用学术基本方法而寻求历史典籍的精神实质的学术态度比单纯考据显然有所突破。

龚自珍在史学研究方法方面突出的贡献是他的史论。他曾借庄存与的话说："辨古籍真伪，为术浅且近者也，且天下学童尽明之矣，魁硕当弗复言。"（同上书，第142页，《资政大夫礼部侍郎武进庄公神道碑铭》）表明他主观上并不以乾嘉朴学考据法为归宿。他甚至批评钱大昕《潜研堂集》"考证琐碎，绝无关系，而文笔亦拙，无动人处"（同上书，第429页，《语录》）。他希望史学研究者从考据中超脱出来。而他个人的实践即以敏锐的政治嗅觉来论史，以史事关涉时政。龚自珍的史论既不像贾谊《过秦论》粗略分析秦亡之原因，更不像吕祖谦《东莱博议》大发纲常天理之余叹，但也不同船山史论究历史治乱的总因与人情世故之曲折，而是紧紧围绕现实政治的首要问题。如是不是要变法以改革弊政？是不是要振兴宗族以固邦本？是不是要任用良才以为辅弼？是不是要早虑边防以杜觊觎？龚自珍研究历史不仅仅是说明历史事实的真相为终极目标，他主要是想从历史经验中提出解决现实问题的方案。如他从公羊派历史观提出变革必然性；作《农宗》提倡巩固宗法关系以防民乱；作《明良论》大声呼吁起用人才，作《西域置行省议》提倡在新疆设立行省。龚自珍的史论的清新之风与时代意识在当时的史学领域产生了影响。

龚自珍曾经考虑过史学著述的问题，但道光前后，对史学著作的方法论述较有代表性的是魏源。

魏源在考订史学方面大致沿袭乾嘉考据方法。如他编著《元史新编》，采取"择善而从，不必己出"的态度，广征博引史料，进行校勘比较，择其优者而从。参加过此书原稿整理工作的邹代过、欧阳俌评论说："原稿有删易旧史者，有创补新篇者，亦有全用成文者。列史如班之于马，率多袭其辞；缘事迹掌故，须有实证，未可凭虚臆造，非掩取前人之作以为己有也。旧史疏舛四出，魏先生重加讨订，兼取众长集为杰构。体例笔削，是非褒贬，不惮独用主裁，至于文辞，固不期尽自己出也。"（《元史新编》，《附校勘节略》）

魏源的史著在体例上有其独特之处。比如《圣武记》的编纂，魏源以纪事本末为体裁，叙述努尔哈赤至嘉庆年间清朝内外军事活动始末。既以年代为先后，又依用兵地域为分类，充分显示出作者驾驭史料和概括史料的能力。又如其《元史新编》，他吸取编年体史书的长处，虽用纪传体，而列传则以人系事，以事系时，故其历史顺序感非常强，而不像旧著那样纷杂。同时，他传人与传事相兼，凡一事之下诸可写传之人，均列为一传。如他创立了元代诸朝所平服各国传：太祖平服各国、太宗宪宗两朝平服各国、中统后屡朝平服各国、中统后屡朝平服叛藩等。又如他把元朝历史分为"开国"、"世祖"、"中叶"、"元末"四个时期，把各时期的列传合编起来，如开国时期有《开国四杰》、《开国四先锋二部长》、《开国武臣》、《开国相臣》、《开国文臣》等传，世祖时有《世祖相臣》、《世祖文臣》、《世祖言臣》等。梁启超在《中国近三百年学术史》中说："魏著讹舛武断之处仍不少，盖创始之难也。但舍事迹内容而论著作体例，则吾于魏著不能不深服，彼一变旧史'一人一传'之形式，而传以类从。但观其篇目，即可见其组织之独具别裁。章实斋所谓'传事与传人相兼'，司马迁以后未或行之也。故吾谓魏著无论内容罅漏至何等，然因属史家创作，在斯界永留不朽的价值矣。"纪传体之合传自史迁创作始，有如老子申韩合传、屈原贾谊合传。诚如近人所言，司马迁或以两人或数人在学术上有源流关系而合传（如老子韩非），或以其遭遇以及气质之相似而合传（如屈原贾谊），此后班固创《儒林传》等，也是以类相从。但在魏源之前，传人与传事相兼，以年为纲，而合一事件之各主要人物之传，则正史少有此例。魏源在史著中的这一独创，堪谓他将纪事本末体进一步融会后纳入纪传体裁，是他对旧史著述体例的发明。

魏源对史论也非常重视。比如他作《圣武纪》共14卷，而后四卷《武功余纪》，分《兵制兵饷》、《掌故考证》、《事功杂述》、《议武》四个专题，就是他专门就军事问题所发表的议论。内容不仅仅是对清代武功的历史经验发表意见，同时也联系当时所面临的军事问题，并在其中首次提出尽收夷人之长技为我所用的思想。同时，每一事件之后，或有附考，或按以"臣源曰"，既考订史实，又略作评价，显示出魏源史论的灵活多变的特色。

魏源《海国图志》还从理论上提出了研究世界史地的方法问题。在魏源之前，中国虽然也有一些记载外国史地的著作，但从未有人将其视为一个单独的史学分支而从理论上加以探讨。魏源肯定了研究世界史地的必要性，"地气天时变，则史例亦随世而变"。他认为研究世界史地，首先要有坚实的史料基础，应从"立译馆翻夷书"入手，尽量采用外国人的著述，"以西洋人谭西洋"、"以夷人谭夷地",避免孤立地"以中土人谭西洋"之弊。其次,应该加强世界史地研究的系统性,其《海国图志》既照顾世界史的整体,又顾及世界各国地理的系统。魏源还注意到东西方历史的联系和对比。《海国图志》一书有《南洋西洋各国教门表》、《中国西洋历法异同表》、《中国西洋纪年通表》,分别对佛、回、基督教各世界宗教和中西纪年历法作了对比考察,这种历史比较法给近代史学研究以深远的影响。

总而言之,鸦片战争前后史学方法论讨论取得了以下几点成就。

第一,它从经学史研究和史学研究等方面较广泛地显露了乾嘉考据方法的局限,认识到虽然考据是历史研究不可或缺的部分,但它不代表史学方法的全部内涵。同时,它指出史学方法论包含了两个层次,考据法只能得出史料的真实面目,它是史学撰述的前提和基础,也是史论的前提和基础。它客观上提示了清初史学诸方法(包括船山史论方法、章学诚史著方法与乾嘉考据方法)的统一。

第二,它强调史学方法的经世感和创造性,反对无关大局的纯粹史学研究,反对纯粹考据史学形态,要求在史学研究中贯注史学研究者的社会感受。并且指出了史例和史学研究的时代性,不同时代有不同的史学撰述和史学研究方式。指出了史论在史学中的地位,并就如何发表史论提出了一些不同于前人的看法。

第三,它丰富和完善了清初以来史学研究的一些具体方法。如史料范围及其某些部类的分类,史著体例的完善,史学范围的扩大等。

鸦片战争前后的史学方法探讨使清初以来史学方法的进步因素酝酿了相互结合的可能,并且由于龚魏等人比较强烈的史学主体意识,这一可能的结合的内涵也暗含有极其鲜明的近代发展方向。因此,它们可视为近代史学方法的开端。

第二节 鸦片战争后到戊戌维新时期的史学方法

从鸦片战争到戊戌维新前期,史学方法出现多种多样情况。一些学者继续运用和发展乾嘉考据法,整理史料和史籍。如王先谦编撰《汉书补注》、《后汉书集解》,郝懿行《晋宋书故》,杨守敬《隋书地理志考证》,丁谦《元秘史地理考证》、《圣武亲征录地理考证》,叶德辉校勘《元朝秘史》等,都是利用乾嘉史学方法。另一些学者则试图超越考据学的局限,撰述史学著作。但同是史学著作，有的试图继承孔子《春秋》以及正史的体例和义法、编著史书，以表述个人的政治伦理观点。如徐鼒的《小腆纪传》、《小腆纪年附考》，夏燮的《明通鉴》，王闿运的《湘军志》和其他当代史著作。有的则期望以史著形式体现自己的史料辨伪成果，改正原有史著或补充所缺内容，如洪钧的纪传体《元史译文证补》。有的则结合个人考证成果与政治抱负为一体，如何秋涛《朔方备乘》，张穆《蒙古游记》。更有一些史著，通过介绍外国历史和政治，表现出作者改良社会现实的政治立场，如黄遵宪的《日本国志》为代表的外国史研究。总之，这一时期史学方法论探索继续讨论了考据方法与史学撰述的关系问题，实践了原有各种史著体例，如纪传体、编年体、纪事本末体、典志体，也实践了各种史料编纂形式，如起居注、会典、纪略、方志等，还根据涉外关系的繁复，编次了历朝"筹办夷务始末"把史论方法提到了新阶段。

这一时期史学方法的进步主要有如下表现：

第一，关于史料的收集和编次。这一时期的史料编次意识较之清前期有所加强。当时奕䜣主编了平粤、平捻、平回、平苗等方略。一些清军将领及地方官吏也编次了相关的方略或纪略。与列强的交涉过程，也用《筹办夷务始末》方式保存下来。而私人编次史料，也打破了清前期对当代史的禁忌状况。继钱仪吉（1783—1850）编次《碑传集》（120卷，收集后金天命至嘉庆年间2000余人的碑传）之后，有李元度编次《国朝先正事略》（60卷，收清代名臣、名儒、经学、文苑、遗逸、循良、孝义七门，正传500人，附见者608人）、李桓编次《国朝耆献类征初编》（720卷）、缪荃孙编次《续碑传集》（86卷）。在编次史料过程中，一些史家对编次的方法作过论述。如缪荃孙曾指出节录原始资料，而又不失原意的办法是："要皆借名人之文字，即以存名人之事迹；抑或删节改易，事有误者，间作夹注而已"（《续碑传集·叙》）。他认为最好是借权威人士的评说来表述对某一事件的看法，若评述的某些事实有错误，则用夹注予以说明。

第二，各种体例的史学著作相继出现。其中编年体史著以徐鼒《小腆纪年附考》、夏燮《明通鉴》为代表。他们对编年体史法的论述比较周详。

（1）关于年、时、月、日的排定法。夏燮认为编年体一定要有准确的时间观念，他认为在编年体之间夹杂"先是"之类的追叙，是不妥当的。另外干支纪年纪月一般比较清晰，但干支纪日就容易发生混乱，因此，编年史应按照司马光的做法，先考订朔闰，然后把有关日的干支加以检定。如果不确定就放置在本月；如果月上不合，则放在本季；如果季上不合，则放在本年。总之一定要按时间先后为序（《明通鉴·义例》）。

(2) 关于史实的时间确定。夏燮说："《明史》本纪，多据实录，故其日月干支最详，然稽之传志，则多不合。盖《实录》所记攻战剿抚及克复郡邑等事，多据奏至京师之月日；而传中记事，本之原奏者多据交绥月日，故有近者十数日，远者数十日不等。"（同上）他主张按实际发生的日期书事，而不宜据奏章呈报京师之月日。

(3) 关于朝代更换之际的纪时法。夏燮主张用朱熹《资治通鉴纲目》例，用分注法。比如清顺治元年，南明福王立于南都，就在大清年号下分注南明政权年号。至于元明之际，则以大明年号为主，分注至正年号等。

(4) 关于帝号的记法。夏燮认为在未正位之前，不宜书帝，是什么官职就书什么官职。至于谥号，他主张依据朝廷的封赐，但南明政权封典不备，也应酌采清朝的封号。

魏源的《元史新编》、何秋涛的《朔方备乘》、徐鼒的《小腆纪传》、洪钧的《元史译文证补》是这一时期较有代表性的纪传体史著。他们对纪传体史学方法也有一些发展。如魏源《元史新编》对于史料的陶冶就颇为究心。魏源《元史新编》约着手于1847年，脱稿于1857年。关于他的史学体例的独创性，在上节已详述，此处不赘。何秋涛的《朔方备乘》（约1858年草成）也基本上沿用了我国传统的纪传体，但它对编年和纪事本末体也有吸收，如前12卷为皇帝圣训与钦定官书，紧接6卷为圣武述略，二者基本上把全书的大纲予以提领，类于本纪又非本纪，接下来24卷却又是考证，大不同于以往正史体例。其中既有传6卷、表7卷、图1卷，又有纪事本末2卷，记2卷，考订群书15卷，辨正诸事5卷。何秋涛在叙述北方边徼时，汇著述与考证、注释为一体，乃至使他的著述体例非常难以统一，这种合纪传、编年、纪事本末、考订、注释为一体的编撰方法，是他的独创。

徐鼒的《小腆纪传》是不完备的纪传体，单有纪和传。卷一至卷七为南明四朝皇帝之本纪，卷八至卷六十五为列传。在纪中他在大清年号下别书南明年号，而列传既有人物单传，也有类传，在体例上的创建却不是太大。

洪钧《元史译文证补》30卷（其中十卷有目无书）约成书于1893年左右，1897年刊刻。是书卷一为《太祖本纪译证》，卷二至卷二十五（存15卷）为定宗、宪宗本纪补异、后妃公主表补辑及一些列传补译，卷二十六至卷三十为地理志西北地附录释地、西域古地考、蒙古部族考、元世各教考、旧唐书大食传考证。洪钧此书主要是根据他见到的外国蒙元史资料以补正元史，故在体例上承旧《元史》的纪、传、表、志。

这时期的典志体著作最有代表性的是黄遵宪的《日本国志》。此书40卷，采用典志体例，但也有一些创新。其一是详今略古，详近略远。黄遵宪说："检昨日之历以用之今日则妄，执古方以药今病则谬，……今所撰录皆详今略古。"（《日本国志·凡例》）故此书对日本古代历史交代简明扼要，而对日本维新史则细致周详。其中《国统志》三卷，合计3000年史事，而维新史部分即独成一卷。其二是议论横生，意出词表。该书每卷都有"外史氏曰"，或评论日本史事，或针砭中国积弊，与旧典志体不完全相似。其三是灵活运用图表、史表。全书有89个表，格局与现代统计表相似。此书还多用自注，把相同的史事并于一处，前后缀连，起纪事本末效用。

此时期的当代史著作，几乎全部采用了纪事本末体，如魏源的《道光洋艘征抚记》，梁廷枏的《夷氛闻记》，夏燮的《中西纪·事》、《粤氛纪事》，王闿运的《湘军志》，梁启超的《戊戌政变记》等，但规模都难与袁枢《资治通鉴纪事本末》相比。

整体看来，这一时期的史学著作方法有两个共同特色：其一，大多数史著都结合了考据方法。如编年体史著《明通鉴》与《小腆纪年》，都自著有《考异》或《附考》，不但交待了著作体例，裁择史实的标准，评价人物的理由，还对疑难问题作了考订，交待了史料来源。而纪传体史著，如何秋涛《朔方备乘》，把考证二十四卷紧接于本纪之下，洪钧《元史译文证补》，也有大量考证。总之，史学著作与史学考据相结合，是当时史学著作的重要特点，体现了近代史学深刻的求真意识。其二，史家著史的体例体现出较强的灵活性。除极少数史家对原有体例进行极力弥缝、完整之外，大多数史家都在自己的史著中，糅合了各种体例，特别是典志体和纪事本末体。如魏源《元史新编》吸取编年体和纪事本末体以补纪传体，何秋涛用典志体结合纪传体等。这种混合体例的史著方法论思想，体现了近代史家强烈的逻辑意识，他们试图比前人更加清晰地反映历史事实之间的因果关系，而且在他们的史学著作中明显地表现出传统与现实之间的联系。

第三，关于史学考证。这一时期考证著作颇多，既有王先谦编撰的《汉书补注》、《后汉书集解》，郝懿行《晋宋书故》，杨守敬《隋书地理志考证》，丁谦《元秘史地理志考证》、《圣武亲征录地理志考证》，叶德辉校勘《元朝秘史》等关于史学著作的专门考证，又有魏源的《诗古微》、《书古微》，廖平《今古学考》，康有为《新学伪经考》等关于经学著作的考证。上述考证著作一方面继承和发展了乾嘉考据学的某些具体方法，如洪钧的《元史译文证补》，就把史料对勘比较法扩大到中西史籍的异同比较，用西文元史资料对照中文的有关记载，或以汉文证西文之误，或以西文证汉文之误，或中文、西文互补。他还用音韵法辅助考证蒙古史料中不同记载的人名、地名、族名。另一方面，这些考证著作还把鸦片战争时期结合考据与义理的意图进一步明确化。如魏源《诗古微》、《书古微》，试图通过考证来重新整理经学源流。至于康有为《新学伪经考》，把西汉迄清的今古文之争作了一个总结，认为西汉新出的古文书全是假的，使古书的大部分如《周礼》、《左传》、《毛诗》和刘歆所"窜改"的书根本动摇，引起了当时思想界的剧烈变动。

第四，关于史学评论。这一时期的史学评论多种多样。有的表现为史学著述中的按语和评论，如丁谦、洪钧、王韬、黄遵宪诸人的史著的评论。有的表现为引证经史的政论，如郑观应《盛世危言》（1898年刊）中的《道器》、《学校》、《西学》、《考试》、《议院》诸篇。还有专门的史考，如康有为的《新学伪经考》（1891年）、《孔子改制考》（1892—1896年定稿，1897年刊），廖平的《今古学考》（1886年著）、《知圣篇》（1888年著，1898年刊）、《辟刘篇》（1888年著，1902年刊），以及朱一新、叶德辉等人的反驳。

从史论的方式看，这一时期的史论大致可分为"就事论事"派、"引申比附"派及"微言大义"派。如丁谦的史地研究所发表的议论大都是就史地上所争论而不能统一的问题，广泛搜集资料，从史料对校中引申出自己的主张。又如洪钧《元史译文证补》对元史中的有争议的问题也是利用中西文资料相互参校而择其优者而从。它们是乾嘉论史"就事论事"的余风。

"引申比附"派是王韬、郑观应等人。他们或以中国古典史学史著为鉴，或以西方史学事件为鉴，通过叙述历史事实而引发自己的政治主张或学术主张。因为目的不在确证历史事实的准确性或厘析其过程，因此它主要借助于历史事件在当时的影响而引为借鉴。此种史论方法在这一时期特别盛行。

"微言大义"派主要的代表是廖平、康有为和梁启超早期的史论。他们表面上注重历史事实本身的真实性，对历史事实作了不同程度的考订，而实质上凭自己的主观臆测强释史料，以史料为服务于他们的政治主张的工具。如康有为把《六经》、诸子书都视为孔子和诸子进行政治改制而创立和宣传他们各自的教义的著作。而为了论证这一观点,其《孔子改制考》一书开首即"上古茫昧无稽考",以此为其推论的大前提,而摒上古史一概不论。又如他为了论证刘歆伪造古文经,视《史记》、《楚辞》经刘歆羼入者数十条,出土之钟鼎彝器,皆刘歆私铸埋藏以欺后世。梁启超后来也反省康有为"往往不惜抹杀证据或曲解证据"(《清代学术概论》)。

上述三种史论流派有关于史论方法的一般特点。如他们都认为史论应该基于史料,不能没有史料而浪作铺张。承乾嘉史学考据之风的史家非常注重史料,他们的结论都是通过大量史料的排比中得来。而廖平、康有为等,为了阐发他们关于孔子儒学的不同于时俗的见解,也花了很大精力去搜集今文学派的经学史资料,比勘《周礼》与《礼记·王制》、《史记》与《汉书》有关记载的不同。当时认为从史料中得出论点,大致有三种方法:(1)比较法。其中又有史料比较与历史事实和典章制度的横向比较之别。王先谦、丁谦、洪钧诸人大都是根据史料的不同说法、不同文字来相互比勘,从中得出较近历史事实的真实论点。而研究外国史地的史学研究者如王韬、黄遵宪等人,在浸淫外国史学资料的同时,尝试了历史横向比较方法。如他们比较普鲁士、英国、日本政治制度与美国、法国的异同,并又与中国政治相比较,有的还涉及社会风俗的比较。康有为、廖平诸人的史论也利用了比较法,康有为比较了诸子与孔子的异同,认为孔子和诸子有共同的改制思想,不同之处在于改制的主张有异。他们还比较了今文经学与古文经学在典制归属方面的区别,得出了区分二者的根本标准。(2)归纳法。归纳法是乾嘉考据学运用得十分广泛的史学方法,它讲究从同一类史料中归纳出一个论点。但乾嘉学者尚局限在史料现象的归纳上。这一时期关于史料归纳除上承乾嘉考据学之外,归纳的范围已扩大到史料的字外之义,如廖平、康有为通过对今文经学派经学主张的归纳,得出结论说今文经学派的特点在其改制精神,这就使归纳法兼摄有抽象概括的成分,超越了原有归纳法的史料列举形式,有助于对史料所反映的本质作出总结。(3)演绎法。演绎法在乾嘉史学中运用不够,而这一时期的史论对演绎法运用较广,如王韬、黄遵宪通过外国政治制度的研究,得出君主立宪是比较好的政体,由封建、郡县到如今君民共治是历史客观发展的进程。他们以此来分析中国历史的具体过程,并认为在中国也应实行君主立宪。又如康有为从西方政治了解到耶稣在西方文明中的地位,得出西方文明藉于崇教的结论。他把这条结论抽象为一条普遍原理,以之衡量中国历史,提出孔子创立儒教说。

在这一时期的史论方法的发展过程中,对于如何继承和发展原有史论方法,争论是相当激烈的。争论最集中地反映在廖平、康有为的史论与朱一新、叶德辉等人的驳论中。由于乾嘉史学方法实事求是的科学态度的长期熏陶,人们对史论的史料依据有深刻的自觉。廖平、康有为为了自成一说,缺乏对史料的各个方面作审慎平实的分析,议论有武断之处,影响了他们的结论的可靠性。其中的失误不可避免地给他们政治上的反对派留下了攻击的余地。而当时反对派的批驳,避开其政治因素,也体现了一定的史论科学化意图。

总之,从鸦片战争到戊戌前后,传统史学方法的精粹得到了具体的运用。而且当时的史家并不满足于仅仅继承传统史学方法,他们力求探求一种更加有效、更加符合时代要求的史学方法。

第四章　19世纪末20世纪初新史学方法的初步运用

第一节　史学方法的革新思潮

19世纪末20世纪初，中国史学界出现了前所未有的革新思潮。晚清经学研究强化了学术主体意识与社会进化论的结合，使得人们对学术研究的时代特点有更加深入的认识。明清之际所揭橥又为龚自珍、魏源所强调的学术经世意识得到了广泛的认同，经世的具体内涵也得到初步确定。大多数史家意识到史学经世的目的就是要撰著与君民共主或民主政治理想相联系的、服务于民族革命的国民资治通鉴。鸦片战争以来，史学方法所表现出的考据与义理相结合的倾向，既强化了史学的主体意识，也强调了学术研究的逻辑基础，反映出古代史学方法立足于朴学以求自身发展的趋势。19世纪末，严复传播英国学术的经验归纳和演绎推理，批评传统道德性命之学的先验因素，史学的科学化进一步提上日程。19世纪末20世纪初年的新史学思潮，在对旧史学的精神实质进行批评的同时，对旧史学的方法也作了深入反省，提出了新史学的方法论设想。

综观19世纪末20世纪初史学方法讨论，大致有以下看法：

第一，史料的范围应该更加丰富，重点应该有所变更。

1897年梁启超所作《续译列国岁计政要叙》一文指出：中国旧史学主要是君史。1902年他发表《新史学》再次指出旧史学"知有。朝廷而不知有国家"，"知有个人而不知有群体"。由于旧史学的记叙重心在君主，对国民社会生活没有引起足够重视，因而遗漏了大量的重要史料，它所反映的并不是中华民族文明的全貌。他试图撰著一部新的中国史，据《饮冰室合集·专集之四十九》所附"原拟中国通史目录"，其书计划分为三大部：一为政治之部，包括朝代、民族、地理、阶级、政制组织、政权运用、法律、财

第四章 19世纪末20世纪初新史学方法的初步运用

政、军政、藩属、国际、清议及政党12篇；二为文化之部，包括语言文字、宗教、学术思想、文学、美术、音乐剧曲、图籍、教育8篇；三为社会及生计之部，包括家族、阶级、乡村都会、礼俗、城郭宫室、田制、农事、物产、虞衡、工业、商业、货币、通运13篇。

1904年，章太炎重刻本《訄书》中说，《世本》有帝系、姓氏、作篇、居篇等，既记载了中华民族的统系，又记叙了居处环境和发明创造，可是后来史家并没有继承和发展这种史学义法。比如历代正史很少有为华夏民族叙其源流，也很少有史官为工艺作志（《訄书》重刻本《尊史》）。他认为社会竞争主要是种族之争，而种族之争既是种族政治制度与思想意识之争，又是种族生产工具和生产活动之争，是种族文明的整体之争。可是当人们面临种族竞争和民族危机，想正本清源，反省中华民族数千年的进化史时，却发现旧史学对此没有全面地反映。

1904年，夏曾佑著《中国历史》，其叙说："神州建国既古，往事较繁。自秦以前，其记载也多歧。自秦以后，其记载也多仍。歧者无以折衷，仍者不可择别。况史本王官，载笔所及，例止王事，而街谈巷语之所造，属之稗官，正史缺焉。治史之难，于此见矣。"虽然旧史记载有如上弊病，但"运会所遭，人事将变，目前所食之果，非一一于古人证其因，即无以知前途之夷险"。所以他重新搜集史料，写成"文简于古人，而理富于往籍"，"足以供社会之需"的《中国历史》。

1905—1906年，刘师培也批评过去中国史书之叙事，"详于君臣而略于人民，详于事迹而略于典制，详于后代而略于古代"。他著《中国历史教科书》，"其用意与旧史稍殊"，注重"历代政体之异同，种族分合之始末，制度改革之大纲，社会进化之阶级，学术进退之大势"。他与章太炎一样，还认为"今日治史，不专赖中国典籍，西人作史者，详述太古事迹，颇足补中史之遗"。故他"于征引中国典籍外，复参考西籍，兼及宗教社会之书，庶人群进化之理可以稍明"（《中国历史教科书·凡例》）。

可见19世纪末20世纪初，由于史学价值观念的变更，史家对史料的眼光也更加开阔。他们提出史料对象不能像旧史著作那样只着重与君主政治有关的部分，还应该收集关系社会文明各个方面的资料，甚至收集未有文字以前的太古史料。这种史料观念对于打破经史子集的界限、提高野史笔记金石碑刻资料的地位、促进中国考古学的发展，都起到了积极作用。

第二，对史料必须依据新的历史观，结合各种方法，使之得到合理的诠释。

新史家对古代史著的叙事形式作了批评，他们认为旧史学只重视历史材料的编次，"能铺叙而不能别裁"，没有使史料得到合理的解释。新史学则必须以进化论为指导，探求历史事实之间的因果关系、研究历史发展的大势，从而对史料作出新的诠释。如梁启超说："前世史家，不过记载事实，近世史家，必说明所记事实之关系，其原因结果。前世史家不过记叙一二有权力者兴亡隆替之事，虽名为史，实不过一人一家之谱牒，近世史家，必探索人间全体之运动进步，即国民全部之经历及其相互关系。"（《中国史叙论》）

1903年，曾鲲化在《中国历史·体裁之界说》中说："凡史学者，仅着眼于时势之表面，事实之皮毛，而不究其无形界之原因如何？结果如何？运动如何？则社会之关系不能晓；仅注意于帝王之仁智暴愚，将相之颈脆贤不肖，而不输热血以熟察全国人民生活如何？运动如何？普通学识如何？则社会之进步发达与黑暗昏冥，茫然无据矣。"他所编《中国历史》，据出版者的介绍，"其材料，精选东西洋名著支那历史二十余种，及中国诸类朝史野史，上自古碑古记，下至昨日新闻，莫不一一搜罗而熔铸之。其内容，支配教育、学术、政治、外交、武备、地理、宗教、风俗、实业、财政、交通、美术诸要点，淬厉固有之特质，介绍外国之文明。其体裁，仿泰西文明史及开化史例，分编章节"（《游学译编》1903年第6册）。

1904年，章太炎重刻本《訄书》提出新史学必须熔冶哲理，而旧史著"皆具体之纪述"，典志体也"无所于期赴"，故而必须依据新的史观对历史材料进行新的诠释，以"决导神思"。

总之，新史家提出了诠释史料的目标。它反映了当时人们认识能力的进步。历史研究不但要使史料本身的真实面貌得到考据的证明而加以确定，还要使史料所体现的历史内涵以及史料之间的因果联系得到说明。这种诠释性的史学方法观念是龚自珍、魏源以来考据与义理相结合的学术方法的进一步发展。

为了使史料得到合理的诠释，新史家一方面吸收和宣传西方进化论，培养自己新的历史观，另一方面还宣传和介绍西方各种学术方法观点。如梁启超就提出，西方社会学、人类学、地理学、心理学、语言学、伦理学、逻辑学、天文学等学科的成就和方法，可以帮助史家对历史进行深入研究。章太炎、刘师培也认为语言文字学和逻辑学、话学的观点和方法可以益人心智，有助于解开历史材料之谜。上述关于具体研究方法的观点对于条理古代学术研究的各种具体研究方法，总结其规则，提高其运用的自觉性，起了推动

第四章 19世纪末20世纪初新史学方法的初步运用

作用。

第三，提出了改造旧史学著述体例的积极建议。1901年，梁启超就"欲草具一中国通史，以助爱国主义之发达"。他的《中国史叙论》即该通史的叙论。1902年章太炎在致梁启超的信中也谈到他要创作中国通史的设想，信中说："今日作史，若专为一代，非独难发新理，而事实也无由详细调查。惟通史上下千古，不必以褒贬人物、胪述事状为贵。所重专在典志，则心理、社会、宗教诸学，一切可以熔铸入之。典志有新理新说，自与《通考》、《会要》等书徒为八面锋策论者异趣。亦不至如渔仲《通志》，蹈专己武断之弊。然所贵乎通史者，固有二方面：一方以发明社会政治进化衰微之原理为主，则于典志见之，一方以鼓舞民气，启导方来为主，则必于纪传见之。四千年中帝王数百，师相数千，即取其彰彰在人耳目者，已不可更仆数。通史自有体裁，岂容为人人开明履历！故于君相文儒之属，悉为作表。其纪传则俱取利害关系有影响于今日社会者，为撰数篇。"（《新民丛报》1902年第13号《章太炎来简》）1904年重刻的《訄书·哀清史》附有《中国通史略例》，有他所拟通史的详细目录，计分五表、十二典、十纪、二十五别录，共100卷。1902年，陈黻宸也阐述了他编写中国历史的大纲："自五帝始，下迄于今，为之次第，作表八、录十、传十二。"其所拟八表目录是：帝王年月表、列代政体表、历代疆域表、邻国疆域表、平民习业表、平民户口表、平民风俗表、官制沿革表。十录目录为氏族录、礼录、乐录、律录、历录、学校录、食货录、山川录、文字语言录、昆虫草木录。十二列传为仁君列传、暴君列传、名臣列传、酷吏列传、儒家列传、任侠列传、高士列传、列女列传、一家列传、义民列传、盗贼列传、胥吏列传（《新世界学报》1902年9月16日《独史》）。其他就通史体例发表过意见的还有曾鲲化、夏曾佑、刘师培等。

根据这一时期史家对史学著作体例的论述，可以看出：史家所设想的新史学的著作体例是集纪传、编年、纪事本末、典志体为一体的史学体例，其中以典志体和纪事本末为核心。当时对这种新体例还进行过讨论。如1905年许之衡在《国粹学报》第六期撰文说：编写历史，"其体必当机仲（袁枢）、君卿（杜佑）一派"。认为"必不当断代，而不嫌断世（如上古、中古、近古之类），借以考民族变迁之迹"。他说："史公知其意，故《史记》不断代，然袭用其体，则大不便。《史记》自五帝至汉武，卷帙已多，况至今日乎。此所以必不能不用机仲之体，而辅以君卿"。"列传万不能合于历史之内。"并说："余杭章氏（章太炎）拟著出《中国通史》，体亦仿史公，改列传为别录，所搜颇挂一漏万，书固未成，体例亦殊未精也。"他认为只有曾鲲化所著《中国历史》的通史方法，才有前途，"后必有放大光明于我国史界者，余为之祷祀以求焉"（《读〈国粹学报〉感言》）。可见，对于史学著作的体例，当时不但提出了混合各种体例长处的要求，比以往史学方法讨论更进步的是，还提出了把各种体例进行有机的重构、消化于一种新的著作体例的要求。

当时曾鲲化、夏曾佑、刘师培的中国历史著作，都以时代为序，仿西方文明史例，分编章节，每编先叙皇室宫廷大事以及政治、军事大事，接述宗教、政治、学术、风俗，形成了传统叙事体向章节体史著的过渡。

值得提及的是，当时有些史家还论述了史著体例与史识的内在关系。如陈黻宸曾指出："史必有独识，而后有独例。"（《独史》）这些史家对史学著作体例产生变化的时代背景有较深的理解，因而更能觉察到传统史著体例的发展方向。

总之，19世纪末20世纪初年的新史学方法通过更新史料观念、强调史学的诠释性和改造史著体例，使得史料编次与史学著述的区别更加明显。它强化了史学著作与研究的主体观念的融会，既要求史学著作体现出作者对历史过程的整体看法，又要求史学研究体现出作者对不同历史阶段、不同历史环节的具体问题的明确观点。它是明清之际以来史学方法发展的汇聚，也是西方学术方法与中国学术方法的初步结合，它形成了古代叙事型史学和考据型史学向研究型、诠释型史学的过渡。

第二节　梁启超、章太炎早期史学方法观点比较

梁启超与章太炎是19世纪末20世纪初新史学思潮中的两面旗帜。他们的史学方法观点既有相同的一面，也有不同的一面。试略作比较，以见新史家对于新史学方法的一般理想和不同预计。

第一，梁启超、章太炎都主张革新史料观念，但他们论史料的出发点有异。

如前所述，梁启超在1897年所作《续译列国岁计政要叙》一文中就指出中国旧史学主要是君史，记叙重点在"若何而攻城争地，若何而取威定霸，若何而固疆域、长子孙，如斯而已"。"至求其内政之张弛，民俗之优

第四章 19世纪末20世纪初新史学方法的初步运用

细,所谓侵强侵弱,与何以强弱之故,几靡得而睹焉。"1901年他作《中国史叙论》,提出新史学必关系国民全部之经历。1902年在《新史学》中,他又认定新史学"必当合人类全体而比较之、通古今文野之界而观察之"。并明确指出旧史学史料之遗漏主要是由于它以帝王将相为记叙中心。因此,他主张把帝王中心论改变为国民中心论,认为只有这样,才能避免旧史学遗漏重要史料的弊病,挖掘新史料,使中国史学符合新史学"叙一群人休养生息同体进化之状"的真谛。

章太炎在同时期也对旧史学史料的不全面深表不满。他认为《世本》的文明史例并没有为后来史家所继承发扬。像司马迁的《史记》,对社会习俗描述较备,却相对缺少对庙堂制度的记载,《汉书》记载庙堂制度较详,却又相对忽视对社会习俗的描述。特别是华夏民族的源流,后来史家竟没有人认真关注。但章太炎针砭旧史学史料之遗漏,主要是从民族独立和民族革命的角度去考虑,他认为当时史学之要务在于为中华民族提供一部全面的文明史,可惜旧史学对这些内容的记载残缺不全。

第二,梁启超、章太炎共同批评了旧史学对历史事实缺乏归纳,但梁启超所谓新史学的历史规则主要是历史演变的整体线索,而章太炎所谓新史学的历史规则重点是各类历史材料的内部演变源流。

梁启超认为旧史学除史料不全外,还有一个缺陷是对历史事实缺乏归纳,没有总结出历史演变的规则。他说:"善为史者,必研究人群进化之现象,而求其公理、公例之所在。"(《新史学》)但旧史学却不能"综观自有人类以来万数千年之大势,而察其方向之所在"(同上)。章太炎在同时期也指出从旧史中难以找到历史演变的线索。他说:"中国自秦汉以降,史籍繁矣……皆具体之记述,非抽象之原论。"(《訄书》重刻本《哀清史·附中国通史略例》)

虽然梁启超、章太炎都指出了旧史学缺乏对历史事实的归纳的弊病,但梁启超所说的归纳主要是历史演变的整体线索。他认为历史学的目的之一就是要使今人明确以往的历史发展大势以及现在所处的地位。他侧重对历史发展作全盘观察,提出三世六别之说。而章太炎虽然也重哲理,在此时期表现出对历史进化的兴趣,但他的重点则在于梳理各类历史材料的内部源流。他认为新史学的作用是"审端径遂,决导神思",应该根据社会进化的认识,分别整理中国民族史、制度史、学术史、工艺发明史、社会风俗史等内容的发展线索。

第三，梁启超、章太炎都批评了旧史学的某些具体方法，但他们对新史学方法的设想又有一些差别。

梁启超认为中国旧史学在体例上有两个严重缺点："能铺叙而不能别裁"，"能因袭而不能创造"。也就是说，旧史学没有充分体现史家的个性。章太炎在同时期也对旧史学的体例有不满，主张革新旧史体例，融会史家独识，撰著新的中国通史。

但梁启超论新史学方法，重点在强调历史哲学对历史研究的统摄。他说："凡学问必有客观主观二界。客观者，谓所研究之事物也。主观者，谓能研究此事物之心灵也。和合二者，然后学问出焉。史学之客体，则过去现在之事实是也。其主体则作史者读史者心识中所怀之哲理是也。有客观而无主观，则其史有魄无魂，谓之非史焉可也。"（《新史学》）他认为正因为旧史家不敢把自己独到的历史认识贯穿于史学著述，才导致史料编次与史学著述界限不清，史学体例千篇一律。梁启超十分重视史家自身的哲学修养，说："历史与历史哲学虽殊科，要之，苟无哲学之理想者，必不能为良史，有断然也。"（同上）

而章太炎论新史学方法则更多地集中于史学研究的具体方法。他对汉代古文家的治学方法和乾嘉朴学的研究方法给予了高度重视，并认为墨子和荀子的经验法颇有近代学术方法的精神。他还认为革新旧史体例，只有吸取纪传体、纪事本末体和典志体的长处，才能得到满意的结果。1902年他拟出的中国通史目录基本上还是遵循旧史学叙事传人相结合的特点。

梁启超、章太炎在19世纪末20世纪初年所表现出的史学方法论共识，反映出中国史学发展的客观趋势，而他们史学方法论所表现出的差异，则表明如何促成旧史学到新史学的过渡，还存在理论分歧，他们还不能圆满地回答这个问题。

第三节　新史学方法的初步运用

新的史学方法观念的诞生，带来了当时历史研究的新局面。首先，大批史家以进化史观指导历史研究，初步探索了历史阶段的内在逻辑关系。有的研究者还对中国上古史的社会形态作了较为新颖的分析。刘师培根据卢梭的《社会契约论》的观点以及严复关于图腾社会的论述，认为中国上古已存在图腾社会，同样有从渔猎到农耕、由图腾到宗法的进化过程："伏羲之世作

第四章 19世纪末20世纪初新史学方法的初步运用

网以渔,教民以猎,而田猎所余留以供食,由野畜易为家畜,而游牧制度以兴,亦号包羲。""神农教民播谷,与民并耕,由游牧易为耕稼",从而进至"游牧耕稼并行之制。"(《中国历史教科书》第一册)夏曾佑所撰《中学历史教科书》认为,从"知有母,不知有父"演变成父系家庭,是中国社会必经的阶段。其次,对于历史上一系列具体问题作了新颖的探索。如章太炎1907年发表于《民报》第14号的《官制索隐》,提出了"神权时代天子居山说","专制时代宰相用权说","古官制发源于法史说"。当时对于百家诸子的思想,也提出了不少新观点。如梁启超在1902年写成《论中国学术思想变迁之大势》,1904年写成《中国法制学发展史论》,刘师培1905年发表《周末学术史发微》,章太炎1906年发表《诸子学略论》,不但探索了诸子百家的思想特点,而且还探索了它们相互之间的影响。

但由于诠释型的史学研究法还只是新史学的初步阶段,对于如何科学地诠释历史,当时尚没有形成有体系的观点和方法,因而在实践中出现了一些非科学因素。如梁启超1904年《中国历史上革命之比较》,以历史上的革命影射当时革命派的革命学说。1908年他作《王荆公》,把王安石变法说成是他个人意志活动的结果,说"免役法"是"世界上最名誉之革命","条例司"是社会主义等。1908年他作《管子传》,说管仲听政于民,"与近代立宪政治合",管仲重法治和官吏职责是"虚君政治","与责任内阁合"。以上种种表现,反映出新史学方法尚存在一些局限。

其一是史学研究的经世性与科学性的统一问题。

新史学的主观目的,就是要为中国近代文化的发展提供借鉴。经世意识是新史学形成的动力。但是对于如何处理学术经世和学术科学化的关系,当时尚未能形成科学的方法。以梁启超为核心的新史学流派,主张微言大义式地研究历史,把历史研究的主体性提升到第一位。比如为了论证维新变法之易,不惜把孔子打扮成托古改制的圣王。为了论证西方某些社会演变原理的普遍性,不惜教条化地划分中国历史发展的阶段。因此,在新史学的思潮中,一些新史学方法的提倡和实践者,对新史学方法的科学性产生了怀疑。如章太炎在1906年后,就提出了一些修正新史学方法的主张。1907年他发表《〈社会通诠〉商兑》一文,对严复以图腾、宗法、军国的社会演化程序硬套中国历史发展阶段的做法,进行了驳斥,指出中国当时并不是宗法社会。同时他指出"条例"与具体历史的关系:"抑不悟所谓条例者,就彼所涉历见闻而归纳之耳,浸假而复谛见亚东之事,则其条例又将有所更易矣。

……若夫心能流衍，人事万端，则不能据一方以为权概，断可知矣。"他认为任何原理，都有一定的经验范围作基础，用之于历史研究，应注重与历史的不同特点相结合。1910年他发表的《征信论》对上述观点作了进一步申述。章太炎还特别反感历史研究中的比附风气。他说："诸微言者，眇万物而为论，立意造端，异于恒众。非挢其文使不可句度，隐其词使不可解沽，若方士之为神符也。"（1910年《说林》第一册《信史》上）他主张在史料基础上，通过深入研究，得出合理的结论，不宜师心自用，造作奇论。

其二是新史学方法与旧史学方法的关系问题。

新史学的建设必然遇到如何对待旧史学方法的问题，中国古代史学方法与古代哲学的思维方式有密切的关系。古代哲学家把客观世界当成一个有机整体，自然与社会、社会人员之间存在着历史和现实的普遍联系。个体的历史及其特征都通过这种联系而反映出来。在史学著作中，古代史学曾采取以时间、以人物、以事件为核心的三种表述形式，既显示了自然存在与人类社会的某种联系，又把社会和个人融于历史文化的无限延续过程之中，此外古代史学方法还强调方法与人格的统一，这些并不与新史学的方法论形成尖锐矛盾。但是新史学思潮对此也没有作具体分析。

又如对待西方学术方法的问题。当梁启超等人继续宣传西方学术方法之时，章太炎对当时西方史学方法进行了思考。章太炎提出："中西学术，本无通途。适有会合，亦庄周所谓射者非前期而中也。"（1906年《与人论朴学书》）认为中西学术方法的结合应该重新认识。他指出，文献史料是最可靠的资料，而地质年代学、考古学、古文字学，都只是学术之一偏。由于它们无法使自身完全准确，故不能排斥文献史料而惟求之于金石文字："世人多以金石匡史传，苟无明识，只自罔耳！五帝以上，文字或不具，虽化肌骨为胸忍，日夜食息黄壤之间，且安所得？夫发地者，足以识山川故处，奇雀异兽之所生长，此为补地志、备博物，非能助人事记载也。"（1910年《说林》第一册《信史上》）因此，他说："信神教之款言，疑五史之实录，贵不定之琦辞，贱可征之文献，闻一远人之言，则顿颡敛衽以受命，后生不悟，从以驰骋，废阁旧籍，鹜为败纸。人之彦圣，而违之俾不通，以不能保我子孙黎民。枳句来巢，空穴来风。悲夫！昔者吾友尝从事于斯矣。"（同上）总之，章太炎等史学家，由于他们个人深厚的乾嘉史学方法的修养，他们比较明确地认识到了新史学方法的某些不足。但是他们无力解决这些问题，这些为后来新史学的发展留下了课题。

第五章　新史学方法论的三种体系

第一节　章太炎、梁启超对新史学方法的反思和回顾

20世纪20年代前后，章太炎和梁启超对新史学方法作了回顾。章太炎逐渐认识到东方哲学及其思维方式的独到价值，他认为古代学术方法体现了中国哲学及其思维的精神特征，值得认真回味。对于传统史学体例以及乾嘉朴学的实证精神，章太炎作了肯定的分析。1914年他出版《检论》，将《訄书》重刻本《中国通史略例》删去，代之以《近史商略》，通过具体评论《宋史》、《辽史》、《金史》、《元史》、《明史》以及《初定清史叙目》，表明他对传统史著体例的重视，试图通过相互比较，使传统史著体例在《清史》的创作过程中得到进一步完善。如他认为正史撰著重在保存史料的真实，写清史应效法辽、元史之朴质。至于清史例目，一定要名实相符，如清史叙目拟编《国语志》，"此以辽金二史《国语解》误之也"，但清代文字语言并没有特别发明，用不着多此一举；此外如儒学、畴人、叛臣、卓行、佞幸诸传亦都有可议之处。至于朴学，章太炎在《检论·学隐》篇中明确指出："诸学皆可以驯致躬行。近世为朴学者，其善三：明征定保，远于欺诈；先难后得，远于徼幸；习劳思善，远于媮惰。"他认为晚清以来对于朴学的攻击有些过头，它使得学者舍难就易，造成晚清学风的空疏和浮夸。

对于新史学研究中的不良倾向，章太炎作了严肃的批评。他特别反感史学研究中的主观性和随意性。如当时的诸子学研究，有的人并没有解通诸子的文字音义，也没有理解诸子思想的历史背景。却以"学校程业之年、海外数家之书"作根据，对诸子妄加评论，他认为这无助于学术研究的真正进步。他主张研究每一种学问，首先要注意对于材料的考据和疏解，在辨明其文句字义后，再来综合当时历史背景而阐发其思想价值。研究历史和思想并不能以西方某些观点和主张来凌驾，而是应具体分析研究对象的具体特点。

他还反对轻易怀疑原有文献史料的价值，认为考古学、地质学、古器物学等具体方法的运用应该非常审慎，更不可以考古学、古器物学取代文献史料的研究。

总之，章太炎晚年的史学方法思想体现出更强的独立性。他对流行的西方学术方法及其在史学研究中的运用抱怀疑态度，认为只有在传统朴学体系的方法论基础上才能发展出新史学的诠释方法，只有在传统史著体例的方法基础上才能发展出科学的新史学著作体例，反映出他对建设新史学方法的独到见解。

梁启超晚年也意识到新学的宣传没有取得预期效果："自二十年来，所谓新学新政者，流衍入中国，然而他人所资为兴国之资，在我受之，几无一不为亡国之媒。"（《饮冰室合集·文集二十八·中国道德之大原》）故他试图立足于传统，使西方思想与传统思想相结合，来改变以往的失败。但梁启超明确主张，"要发挥我们的文化，非借它们（指西方）的文化做途径不可。因为他们研究的方法，实在精密"（《梁任公近著·欧游中一般观念及一般感想》）。他坚持继续运用20世纪初年以来西方的社会历史理论和史学方法，整理民族文化遗产。1921年他写成《中国历史研究法》，1922年1月发行，对新史学的方法作了进一步的发展。他认为新史学著作包括如下几个环节。

第一，史料收集。"史料不具或不确，则无复史可言。"（《中国历史研究法》第四章）梁启超把史料分为普通史料和特别史料。普通史料即散见于各史的史料，而特别史料包括反映某一时代中某些共性的史料，如"春秋以前部落分立之状况"、"中国留学印度之人物"等，也包括记录"一人之言行，一事之始末"的"具体史料"。他认为对特别史料尤应进行重点搜集。

第二，史料鉴别。梁启超分别出"正误"、"辨伪书"、"辨伪事"、"证明某书之必真"四种情况。其中"正误"，他注重"反证"，有了较强的反证，则史料之伪"终不能回护"；若无明确证据，则存疑待"旁生的触发"而逐步推求。至于"辨伪书"，他结合前人的论述，讲了12种方法；"辨伪事"他讲了七种方法；"论证某书之真"的方法他讲了六点。但上述四项，在方法上也颇多交叉重复。

第三，研究历史。他说他的历史研究法的重点在于此项内容。他说："吾非谓治史学者宜费全部精神于此等考证。"史料只是研究的基础；主要的问题在于如何进行具体研究。他总结前有经验，提出了一些具体构想。他认为历史研究应划分为"普遍史"和"专门史"两项,并且指出,由于社会日趋复杂,像古人那样,仅凭"一手一足之烈"和"独断之学",去编撰"普遍史",已不可能。故应先由专门家对专门史进行研究,然后再由有"通识"的史家去做综合贯通工作。

他谈的专题研究方法的程序是:(1)"当画出一史迹集团为研究范围"。历史是一个整体,但为研究方便,可以划分范围。史学研究第一步就是要确定研究方向和范围。他主张选那些"涵覆量较广的题目","分观之,最少可以觑出一时间社会一部门之动相","合观之,则各时代全社会之动相皆见"。如"中华民族是否中国之原住民?抑移住民?""世界他部分之文化民族——例如印度、欧洲等,其与我接触交通之迹何如?其影响我文化者何如?我文化之影响于彼者又何如?"等。(2)"集团分子之整理与集团实体之把捉"。所谓整理集团分子,就是把有关选题的资料进行搜集、分类;所谓把捉集团实体,就是要对选题的全貌有一个认识。(3)"常注意集团外之关系"。虽然划出了研究专题,但还要注意专题外的历史联系,不能做孤立的研究。(4)"认取该集团之人格者"。对所选专题的代表人物,应该进行分析。(5)"精研一史迹之心的基件"。即分析当时的心理因素和思想原因。(6)"精研一史迹之物的基件"。即分析当时的自然环境、社会环境。(7)"量度心物两方面可能之极限"。具体分析思想观念乃至社会环境的作用程度。(8)"观察所缘"。分析造成历史事实的各种直接原因,阐明历史发展的偶然性与必然性。

至于普遍史的著作方法,梁启超认为它不是各种专门史的简单拼凑,"作普遍史者须具有一种通识,超出各专门事项之外,而贯穿乎其间。夫然后甲部分与乙部分之关系见,而整个的文化,始得而理会也"。

可见,梁启超晚年对于如何结合乾嘉考据法的长处,如何具体发展新史学方法的研究程序,都作了积极的探讨。他使新史学方法的各种要素成为有体系的理论观点。他在晚年曾动手撰写《中国通史》,写出了《春秋载纪》、《战国载记》等,也对各种专史作过具体研究,如《清代学术概论》、《中国近三百年学术史》和文化史的研究等。

但也应看到,梁启超晚年对新史学方法也产生了一定程度的怀疑。在《历史研究法》发表的次年,他在《研究文化史的几个重要问题》的讲演中,对史学研究运用归纳法的最大效律、历史是否有因果律等产生了疑问。他也认为,用西方所谓科学的历史方法,最多只能发掘中国历史中的某些方面，对于中国文化精神性的一面，则需要用躬行内省的德性方法去研究（《治国学的两条途径》）。如果用西方科学方法，去评价中国的性命道德之学，不但不能发掘其精华，反而造成对传统文化精神的扭曲。

章太炎和梁启超这两位曾积极投身新史学方法论建设的史学家，虽然对于旧史学方法的反省和认识的迟早和程度有别，对于新史学方法论的前景的判断有异，但他们晚年所体现的史学方法论的复杂性，一方面反映出新史学方法自身的不足，另一方面也反映了古代史学方法是一个沉重的传统，它交织着民族文化精神和思维习惯，使得任何简单的方法论都难以动摇它。它表明，新的史学方法，既需要对传统史学方法进行科学剖析，更需要对传统史学方法的哲学思维基础乃至中国传统文化进行创造性的转化，培育出新史学方法融继承与创新为一体的文化背景。

第二节　新史学方法论体系之一

以王国维、陈寅恪、陈垣、汤用彤、柳诒徵为代表的民族文化主体论史学流派，提出了近代新史学方法的一个重要类型。他们强调在传统学术方法基础上，结合近代西方学术方法发展出新史学方法。

王国维认为中国旧学问长于实际，而西方学术则"长于抽象而精于分类"，"对世界一切有形无形之事物，无往不用综括（Generalization）及分析（Specification）之二法"（《静安文集·论新学语之输入》）。按照他的看法，凡对研究对象能够运用抽象的思辨，采用综括与分析二法，"求其原因，定其理法"，"使事物必尽其真，而道理必求其是"，才取得了学术上的"自觉地位"，才能符合近代新史学的真谛。上述基本认识与19世纪末20世纪初年的新史学目标是相通的。新史学必须以科学的研究方法找出历史事实之间的因果关系，说明历史发展的趋势，王国维对此持赞同态度。

王国维曾经设想，研究史学必须具备如下学科的基本知识：（1）中国史，（2）东洋史，（3）西洋史，（4）哲学概论，（5）历史哲学，（6）年代学，（7）比较语言学，（8）比较神话学，（9）社会学，（10）人类学，（11）教育学，（12）外国文学（《静安文集续编·奏定经学科大学文学科大学章程书后》）。这些知识不仅有中西历史的基本知识，还有历史哲学乃至社会学、人类学、神话学、语言学、教育学的专门知识，可见王国维研究史学的视野是很开阔的。王国维能够在历史研究上取得重大成就，就与他这种开

第五章 新史学方法论的三种体系

阔的学术视野有关。陈寅恪曾经说,王国维善于利用外来文化观念指导自己的学术研究,这是王国维超出前人的原因。但王国维也很反感学术研究的主观倾向,他反对过于抽象的研究,说:"夫抽象之过,往往泥于名而远于实,此欧洲中世学术之一大弊,而今世之学者犹不免焉。"(《静安文集·论新字语之输入》)历史研究没有抽象不可能进步:"乏抽象之力者,则用其实而不知其名,其实亦遂漠然无所依,而不能为吾研究之对象。"(同上)但若过于抽象也无助于历史研究的深入。他认为外来文化观念只能开发人的思维、引起人的联想,但研究历史则必须从事实出发,以事实决事实。

王国维在方法论领域的最大贡献是他提出了二重证据法,从旧史学研究方法的继承与发展角度为新史学指明了一条具体的方法途径。

所谓二重证据法,即以地下出土的资料如甲骨文、金文等证传世文献,又以文献证甲骨文、金文等新史料。王国维说:"吾辈生于今日,幸于纸上之材料外,更得地下之新材料。由此种材料,我辈固得据以补正纸上之材料,亦得证明古书之某部分全为实录,即百家不雅驯之言亦不无表示一面之事实。此二重证据法惟在今日始得为之。"(《古史新证》第一章"总论")《殷卜辞中所见先公先王考》、《续考》是他研究古书古史,利用二重证据法的典范。两文对《史记·殷本纪》等古书所载商代帝王世系,用甲骨文加以证明,并用甲骨文与《山海经》、《竹书纪年》、《楚辞·天问》及《吕氏春秋》的传说互证,既补充《殷本纪》的殷王世系,又证明古书传说有一定真实性。王国维认为二重证据法"达观二者之际,不屈旧以就新,亦不屈新以从旧",能够在比照中接近历史的真实。

二重证据法的第一个特点是对史料有很开阔的看法。王国维对于新史料异常关注。他把新史料的发现视为新学问之发现。他说:"古来新学问起,大都由于新发现。"(《静安文集续编·最近二三十年中国新发现之学问》)有孔子壁中书出,而后有汉以来古文家之学;有赵宋古器出,而后有宋以来古器物、古文字之学;而近代则有殷墟卜辞、流沙坠简、敦煌写本和边疆民族碑刻等史料出现,可谓新史料之发现的时代。从辛亥革命后开始,王国维对甲骨卜辞、钟鼎款识、封泥玺印、秦砖汉瓦、石经木简、玉贝古钱、历代权衡、碑刻铭志等都进行过研究。他认为殷墟的卜辞"有裨于经史二学"(《观堂集林》卷九《殷卜辞中所见先公先王考》),简牍材料对于西北的历史地理研究具有重要意义,由于有这部分材料,沙漠上的废址"骤得而呼其名,断简上之空名,亦得而指其地,较前此凭空文考定者,依据灼然"(同上书，卷十七《流沙坠简后序》），唐代写卷是研究唐代制度、风俗、宗教的重要依据。故他说："自宋人始为金石之学，欧、赵、黄、洪各据古代遗文，以证经考史，咸有创获，然涂术虽启，而流派未宏。近二百余年始益光大，于是三古遗物应世而出，金石之出于丘陇窟穴者，既数十倍于往昔。此外如洹阴之甲骨，燕齐之陶器，西域之简牍，巴蜀齐鲁之封泥，皆出于近数十年间，而金石之名乃不足以该之矣。之数者，其数量之多、年代之古，与金石同，其足以考证经史，亦与金石同，皆古人所不及见也。"（同上书，卷十八《齐鲁封泥集存序》）

至于文献史料，王国维也有很正确的认识。他说，"上古之事，传说与史实混而不分，史实之中固不免有所缘饰，与传说无异，而传说之中往往有事实之素地"（《古史新证·总论》）。所以即使像《五帝德》、《帝系姓》一类言不雅驯的史料，也有历史的某些真实。王国维考史就利用了《山海经》、《楚辞》以及后代一些诗文。他认为只要运用得当，它们都有助于历史真实的显现。

二重证据法的第二个特点是广泛采用乾嘉朴学的考据方法。罗振玉在《观堂集林·序》中说：

> 余谓征君之学，于国朝二百余年中，最近歙县程易畴先生及吴县吴愙斋中丞。程君之书，以精识胜，而以目验辅之。其时古文字、古器物尚未大出，故肩涂虽启，而运用未宏。吴君之书，全据近出之文字器物以立言，其源出于程君，而精博则逊之。征君具程君之学识，步吴君之轨躅，又当古文字、古器物大出之世，故其规模大于程君，而精博过于吴君。

程易畴和吴大澂都根据乾嘉朴学的治学方法取得了突出的成果。程著《通艺录》，其中《考工创物之记》以古文字、古器物考释《考工记》等文献所载之实物。吴大澂著《权衡度量实验考》，参考古器以推古代尺度。王国维读过他们的书，其研究方法显然受了他们的影响。但他对乾嘉学术的了解，不仅是受程、吴二人影响。他对戴震、钱大昕、汪中、段玉裁、王念孙等人都很有研究。1912 年，他在日本详读戴、程、钱、汪、段、王诸学者之书，1913 年他圈读过段玉裁《说文》、《尔雅》等书，所以他对乾嘉朴学的考据方法也有较深的了解，其二重证据法也糅合了考据方法的许多长处。

第五章　新史学方法论的三种体系

二重证据法，首先要求对史料本身作一番检查。对于文献史料，王国维往往利用目录学、版本学来了解作者情况、成书年代、流传情况。对于新发现的史料，王国维往往利用古文字学来释读。他还写过《两周金石文韵读》，推进古代音韵学研究。他在《毛公鼎考释自序》文中论古文字与古史研究，说：

> 顾自周初迄今，垂三千年，其迄秦汉，亦自千年。此千年中古文字之变化，脉络不可尽寻，故古器文字有不可尽识者，势也。古代文字，假借至多，自周至汉，音亦屡变，假借之字，不能一一求其本字，故古器文义有不可强通者，亦势也。……苟考之史事与制度文物，以知其时代之情状，本之诗书以求其文之义例，考之古音以通其义之假借，参之彝器以验其文字之变化。由此而之彼，即甲以推乙，则于字之不可释，义之不可通者，必间有获焉。（《观堂集林》卷六）

可见，王国维对乾嘉考据法领悟较深，而且能够超越金石、文字学一物一器的考订范围，把考据法应用到历史研究的大背景、大范围中去。

二重证据法的第三个特点是它虽以乾嘉朴学方法为基础，却突破了乾嘉朴学方法的局限。这首先表现为王国维把文字的训释和史事、制度的考察结合起来。如《鬼方昆夷猃狁考》，王国维把文献记载和小盂鼎、大盂鼎、毛公鼎、虢季子白盘等金文记录结合起来，从文字、音韵学说明商周间的鬼方、混夷、獯鬻，宗周之季的猃狁，实为一族（同上书，卷十三）。他还考察各种材料有关此族的记载，进一步断定此族的史事和地理位置有其一致性。其次王国维还把历史进化和历史因果关系的认识贯穿到考据之中。王国维说："凡事物必尽其真，而道理必求其是，此科学之所有事也。而欲求认识之真与道理之是者，不可不知事物道理之所以存在之由与其变迁之故，此史学之所有事也。"（《国学丛刊·序》）事物总有一个萌芽、发生、发展、衰落的过程。旧考据学的缺陷是把对象当为静止的东西，而王国维则否。他的《汉魏博士考》可说是一部汉代学术流变的简史，其《金界壕考》考察了金代界壕工程的整个过程，《胡服考》考察了胡服流入中国千余年的变化历史。王国维很善于抓住对象的关键，他往往能从一个侧面而推断出重大的历史事件。如《殷周制度论》，他通过多种材料的比较，看出周人制度有大异于商者。这种考据境界非乾嘉学者所堪比拟。

二重证据法既不全盘否定传统史学方法的成就,相反,它使传统学术方法得到运用,同时又注入了近代新史学的观点和方法,在相当程度上协调了新、旧史学方法的冲突,也协调了新史学经世性与科学性的冲突。郭沫若评价王国维是"新史学的开山"。顾颉刚也推崇他史学研究"求真的精神,客观的态度,丰富的材料,博洽的论辨",诀为他已经"开出一条研究的大路"(《古史辨》第一册《自序》)。

陈寅恪的史学方法论与王国维在基本出发点上是一致的。他也期望根据传统学术方法的长处结合西方学术方法形成新史学方法论。如第一编所指出,陈寅恪是从文化史角度研究史学。他认为,以往研究文化史有两个缺陷:"旧派失于滞。旧派作中国文化史,其材料半出廿二史中儒林、文苑等传及诸志,以及《文献通考》、《玉海》等类书。类书乃供科举对策搜集材料之用,作史没有必要全行采入。这类文化史不过抄抄而已。新派失之诬。所谓'以科学方法整理国故者',有解释,看上去很有条理,然甚危险,有适用有不适用处。"(转引自蒋天枢《陈寅恪先生传》,载《纪念陈寅恪先生诞辰百年学术论文集》)

传统学术研究忽视对历史研究对象内在关系的概括归纳,而新潮派史学则往往强史料从我,用一些先入为主的理论去硬套历史事实。这两种不足都应该避免。陈寅恪高度肯定了新史学的发展趋向。1935年他为陈垣《元西域人华化考》作序,序中说:"近二十年来,国人内感民族文化之衰颓,外受世界思潮之激荡,其论史之作,渐能脱出清代经师之旧染,有以合于今日史学之真谛。"他认为应该肯定新史学的成绩,新史学吸取西方学术方法的长处,又有学术经世的学术精神,其发展方向是符合时代要求的。问题在于新史学方法既要避免旧史学方法论的缺陷,也要继承和发展传统学术方法的长处,改正新史学方法自身的不足。

陈寅恪在新史学方法体系中的最大贡献是他结合考据意识和从文化史角度研究学术的思路,开辟了新史学之文化史学的方法途径。

所谓文化史学方法,是指从文化史角度、根据一定的方法程序,来研究历史问题。陈寅恪的文化史学方法也有三个特点:

第一,它把古往今来的一切文化印迹都作为史料。陈寅恪打破了经、史、子、集的界限,他的史学研究,不但运用了《史记》、《资治通鉴》、《资治通鉴长编》等各种体例的史著,也利用了各种史书的注释。他博采类书，由《艺文类聚》、《太平御览》、《太平广记》、《文苑英华》、《册府元龟》到佛、道二藏，无所不取。最著特色的是他还很重视神怪小说、笔记野乘和地志，在科名录、药典、书谱、墨迹之外，还采及《齐民要术》之类的农书。甚至中国境内之外族遗文，如梵文、巴利文、蒙、藏、满、西夏、突厥、兀吾儿、于阗、波斯文也都被当为史料。

第二，它继承和刷新了考据方法。陈寅恪在《王静安先生遗书序》中曾概括王氏治学方法为三条：（1）"取地下之实物与纸上之遗文互相释证"，（2）"取异族之故书与吾国之旧籍互相补证"，（3）"取外来之观念与固有之材料互相参证"。实际上，陈寅恪在考据方法上也有这些特点。如《吐蕃彝泰赞普名号年代考》就是以中、蕃史传与《长庆唐蕃会盟碑》碑印吐蕃文著录相比较（《金明馆丛稿二编》第98—107页）。《忏悔灭罪金光明经冥报传跋》，以敦煌写本、梵文原文和中译旧籍互勘，还参考藏、蒙译本、俄人所藏突厥文本、德人所藏吐蕃文断简、法人所用东伊兰文残篇以及东西洋学者的论析（同上书，第256—257页）。

陈寅恪运用考据法最频繁的有两种：其一是语言比较法。陈寅恪在欧洲留学时主要学习语言学，除学习欧洲一般语言外，他着重学习了梵文、巴利文、蒙文、藏文、突厥文、西夏文、波斯文、土耳其文。他认为，从同一语系作音韵、训诂的比较，可能对语言有很深刻的理解。但他的兴趣主要在用语言比较来研究历史。以佛教典籍的考释而言，在1927—1933年的七年中，他发表近二十篇序、跋、释、论，都是用异文写本和遗文遗物与考据对象互相比勘。如《斯坦因KharaKhoto所获西夏文大般若经考》就是取中译本与西夏、西藏重译本、斯氏残本比勘参校，以定其优劣异同（同上书，第187—191）。但陈寅恪运用语言比较法，并不局限在典籍异同，他还要分析异同中所体现的意义。如1932年发表于《清华学报》七卷一期的《莲花色尼出家因缘跋》，他发现敦煌写本中记莲花色尼出家因缘，其中只有六种咒誓恶报，而印度原文资料中却有七种恶报。他通过语言比勘，发现印度原本中多了莲花色尼屡嫁，其所生子女皆离散不复相识，后来莲花色尼竟与其所生之女共嫁于其所生之子的一则故事。陈寅恪认为，这一情节与汉族传统的伦理观念相距太远，所以只有删削，"莲花色尼出家因缘中聚麀恶报不载于敦煌写本者，即由于此"。可见，陈寅恪不但扩大了语言比较的范围，而且还把语言比较引申到文化史问题的研究。

陈寅恪利用的第二种主要考据法是史料考异法。陈寅恪很推崇司马光的

《通鉴考异》、李焘的《资治通鉴长编》和李心传的《建炎以来系年要录》。他认为发源于"魏晋南北朝僧徒合本子注之体"的史注和考异法应该得到发扬。陈寅恪研究历史，总是广聚异同，宁失于繁，毋失于略。如《李德裕贬死年月及归葬传说辨证》所用材料，有诗文集、墓志、史传、年谱、笔记、野乘、小说七类40余种（同上书，第8—51页），《天师道与海滨地域》引用文献达50种（《金明馆丛稿初编》第1—40页）。他的《隋唐制度渊源略论稿》、《唐代政治史述论稿》、《元白诗笺证稿》以及《柳如是别传》，都有史料考异的特色。

第三，它贯注了陈寅恪关于文化问题的哲学认识。陈寅恪认为，无论是语言比较还是史料考异，如果不"征诸史实"，"证以当日情事"，就不可能对史料进行真切的理解，所以解释古书古事，"不可仅于文句之间反复研究"，"并须旁采史事人情，以为参证"（《金明馆丛稿二编》第262页）。而对史实人情的理解，又离不开史学研究者看待历史问题的态度。陈寅恪认为历史的根本问题是文化问题，是文化的发生发展问题。而影响文化发生发展的因素主要是民族文化冲突和社会内部各集团力量之升降。所以他把魏晋南北朝至隋唐这一段民族文化冲突最激烈、社会集团力量变易最频繁的历史当做研究的重点。试图依靠考据而达到他对文化问题的"通识"，依靠"通识"反过来又促进对疑难问题的真切了解。

陈寅恪早期的考据性文章，体现出他探求文化交流规则的愿望。他关注佛教哲学对道教和儒家的冲击，也看到了佛教典籍被中国人的改造，并由此得出外来文化与本土文化的相互影响之说。后来他又通过对魏晋南北朝王导、崔浩、寇谦之诸人的研究，得出魏晋南北朝政治受儒家大族和法家寒门的影响。这两方面的研究使得他把民族冲突和统治阶级地位之升降当成文化问题的核心，从而导致他对隋唐制度和政治特点的评论。他得出结论说，要探索中古社会的演变线索，就必须明究中古民族和社会集团势力的消长以及二者之间的相互关系。这一结论反过来使他的《元白诗笺证稿》能够在元稹、白居易的诗歌中看出前人所未看出的问题。如他指出，唐代古文运动以及唐贞元、元和间小说实质上是进士出身的士大夫们人生观和社会思想在文学领域的反映。他们渴望创造一种能够形象如实地表达他们思想感情的文学形式。白居易的《长恨歌》、《琵琶行》，元稹的《连昌宫词》、艳诗及悼亡诗，以及白居易的新题乐府与元稹的古题乐府就是这种文学思想的典型表现。

陈寅恪的文化史学方法论虽然对文化问题的理解未必十分精当，但他按照这一套方法取得了突破性的成果。他的历史研究特别是中古文化史研究的成果成为新史学各种派别所共同承认的财富。他的研究方法为新史学的深入发展提供了又一条具体途径。

陈垣也试图结合传统学术方法，发展出新史学方法。

据蔡尚思回忆，陈垣肯定新史学的发展方向，他认为清代朴学"囿于小学，疏于史事"（《中国佛教史籍概论》），确实有所缺陷，新史学要求对历史现象进行分析、说明，这是正确的。但陈垣认为研究历史现象不能泛泛而谈。他说："像胡适的《中国哲学史大纲》之类的所谓名著，很像报章杂志，盛行一时，不会传之永久。"他的愿望是"专精一二类或一二朝代"，做窄而深的研究，这样才能避免空泛，成专门之学问（蔡尚思《陈垣先生的学术贡献》，载《励耘书屋问学记》，三联书店1982年6月版，第8页）。

陈垣在新史学方法体系中的最大贡献是他整理和革新了传统考据法。有以下特点：

一是，史料范围十分广泛。陈垣所用史料数量甚多。据许冠三统计，《元西域人华化考》（约8万字），用史料220种；《史讳举例》（8万字），用史料117种；《明末滇黔佛教考》（15万字），用史料170种；《南宋初河北新道教考》（7万字），用史料68种；《通鉴胡注表微》（20万字），用史料256种。以未成书的论文言，材料最富的《回回教入中国史略》（约1万字），用史料超过70种（《新史学九十年》上册，香港中文大学出版社1986年版，第121页）。总的来说，陈垣也把一切文明印迹都视为史料。1923—1927年撰的《元西域人华化考》，以金石录和诗文集为主体，所引元、明人诗文集约百种，在一般史家常用的正史、方志、杂记、随笔外，连画旨、画谱、画法、进士录等，亦搜罗无遗。陈垣论史，多以碑文、郡书、地志、诗文集和语录为主要史料，以正史、稗史、游记、随笔、杂记为辅助史料，并参用类书、档案、世谱、字书、画谱、书谱和信札。版本不厌其多，连手稿他也十分重视。他蒐集和考释过王念孙《广雅疏证》和钱大昕《廿二史考异》的部分手稿。

二是，重视目录学、校勘学，提出史源学。陈垣治学由张之洞《书目答问》入门，深知目录学是一切学术研究的起点。他曾花很长时间研究《四库全书》，写过《四库书名录》、《四库撰人录》和《四库书名考异》，研究

《四库全书》收编的书是如何写成的，有哪些版本。陈垣研究问题，总是先编目录，如为了研究元史，他编过《元六十家文集目录》和《元史目录》；研究回教史，就先编《回教汉文著述表》；研究基督教史，则撰《明末清初教士译著现存目录》和《基督教史资料目录》；研究道教史，先成《道家金石略》；研究佛教史，有《佛教史籍概论》。他教学生，也是从目录学起，经常开设的课程有"中国史学名著评论"、"元史目录"、"中国基督教史目录"和"佛教史籍概论"等。

对校勘学，陈垣特别重视。他把校勘学总结出一些规则。他著有《元典章校补释例》（后改名《校勘学释例》），在校补沈刻《元典章》的基础上，对历代校勘方法作了归纳，总结出对校法、本校法、他校法、理校法四种校例。

陈垣还认为研究历史要注重史料的源头。自30年代初起，他曾先后在北师大、北京大学和辅仁大学开设史源学课程，初名"史源学研究"，后改称"史源学实习"，以《廿二史劄记》、《日知录》、《鲒琦亭集》和《十七史商榷》为教材，训练学生追查各书原料的出处，并考辨它们的正误。据他考析，这些清代作品，"错误以《劄记》最多，《鲒琦》次之，《日知》较少"（《陈垣史学论著选·致陈乐素（家书）》）。他认为清理史源既可窥先圣用功之密，亦可揭前人致误之由，更可防止"浊流靡己"（李瑚《励耘书屋受业偶记》，载《励耘书屋问学记》第115页）。

三是，重视工具书，创新历史年代学和避讳学。陈垣发表的重要工具书是《中西回史日历》和《二十史朔闰表》。中国与回回很早就有往来，但史实在各自的史书中记载有出入。中国和回回历法不同。后来又有西历传入。陈垣下工夫把阴历、阳历、回回历三者一天一天排起来，著成《中西回史日历》。后来他又作了一个简本《二十史朔闰表》，解决了中国历史上一个极为复杂的问题。

陈垣还写了《史讳举例》，对中国历史上的避讳现象作研究，总结出几种方法，弄清在什么情况下用什么办法避讳。并在此书第八卷列出历代避讳表，说明每一朝避什么，如何避，这对研究中国史很有帮助。

四是，不以考据自拘，重视史事疏解和思想表微。陈垣曾说："考证为史学方法之一，欲实事求是，非考证不可。彼毕生从事考证，以为尽史学之能事者固非，薄视考证，以为不足道者，亦未必是也。"（《通鉴胡注表微·考证篇》）他认为讨论文献的版本、目录，考订史实的真伪是一切历史研究的基础。但也不能把它视为史学的唯一方法。应该在考证基础上说明史实的发生、发展,并揭示它的思想价值。1917年他发表的《元也里可温教考》,就是在考证基础上,对也里可温之定义、何时传到中国、教派戒律、在中国当时有多少信徒、教派的代表人物、它与当时政治的关系、与其他宗教的关系,作了具体分析,使读者对元也里可温教有了一个明确而系统的了解。《元西域人华化考》则不但疏释了西域人华化的表现及其过程,而且还暗示出文化融合的一般倾向。这种说明历史事实的思想价值的研究倾向在《通鉴》胡注的研究中表现得更加充分。他通过对胡氏注释的研究,阐明胡三省所注的虽是史书,却是借注史以发挥他的政治理论,并且蕴涵着反抗元朝统治的思想。即使是陈垣的目录性著作,也表现出他的这种不以考证自拘的特点。如1946—1948年著成的《中国佛教史籍概论》,对于佛教典籍的介绍,也显示了他独特的治史风格。书中不但说明了版本、卷数的流衍,交待了作者的大体情况,还介绍了典籍的主要内容和体例,评论了典籍的得失,甚至还说明了典籍在史学上被利用的情况,还辨别了后人对于此典籍的误解。读起来清新明丽,既觉得真实,而又无读纯粹考证著作的烦琐之感。

五是,陈垣对传统史著体例也有很深的认识。对于传统史学著作所体现的史德,以及史德运用于史学著作这两个方面,他都在《通鉴胡注表微》中作了十分精辟的论述,并指出了《通鉴》"书法"的特点。他认为传统史学方法所富有的文化精神是古代史学方法的长处。他自己也试图对此作继承和发展。1950年他给武汉大学中文系席鲁思教授的信中说:"'九一八'事变以前,为同学讲嘉定钱氏之学,'九一八'以后,世变日亟,乃改顾氏《日知录》,注意事功,以为经世之学在是矣。北京沦陷后,北方士气委靡,乃讲全谢山之学以振之。谢山排斥降人,激发故国思想。所有《辑核》、《佛考》、《诤记》、《道考》、《表微》等,皆此时作品,以为报国之道至此矣。所著已刊者数十万言,言道、言僧、言史、言考据皆托词,其实斥汉奸、斥日寇、责当政耳。"(转引自刘乃和《重读〈通鉴胡注表微〉札记》,载《资治通鉴丛论》)

陈垣的史学方法论目标,就是要在全面继承传统史学方法的基础上,创造出新史学的研究方法,他较为全面地证明了传统学术方法的活力。

汤用彤对新史学方法的态度与上述诸人基本一致。他在新史学方法体系中的主要贡献是探索了文化比较的方法。有以下几个基本观点:

首先，他认为应该对每一种文化持有一个端正的态度，在没有深入研究各种文化现象时，不能对任何文化作简单的判断。每一种文化都有其特性，但又体现出人类文化的共性。它们是共性与殊性的统一。汤用彤研究印度佛教和中国文化，能够准确地把握它们的相似之处，他研究魏晋玄学有无、本末、体用范畴，也能运用那些在精神上有相契之处的西方哲学的范畴，但他又不是把这些相通之处完全等同，注意到了不同文化背景和特点。

其次，他认为对文化比较应该坚持全局和重点相统一的态度。汤用彤反对对文化现象作孤立的比较。他研究佛教文化，却写有《印度哲学史略》，对印度其他思想文化作了研究。注意了文化的全局，才能抓住某种文化现象的实质。但注意全局并不是说要面面俱到，还应抓住每一发展时期最典型的思想。汤用彤说："观察往者之哲学思想而归纳之称为属于某时代者，固有其特殊之方法、态度分野。而此一时代之哲理家（思想家）亦罕能超出其时代之定式。……此一时代各种文化活动，靡不受此新方法、新理论之陶铸，而各发挥此一时代之新型。"（《魏晋玄学和文艺理论》，载《理学·佛学·玄学》）因此，文化研究应该点面结合，即注意全盘，又要有重点。

最后，汤用彤指出文化比较，应透过表面现象，找出每种文化的真正可比的方面。他曾经深切地批评过文化研究中的浮浅之风，反对作表面上的泛泛之谈。他自己研究文化现象，总是深入领会其真正的精神实质，找出文化的可比性。如他详细地阐述了斯宾诺莎《伦理学》的上帝概念，认为斯宾诺莎的"上帝"是运动的自然，与王弼贵无论有相似之处。可谓超出了表面词句的相似，而善于抓住思想的本质。

汤用彤关于文化比较方法的论述，还吸收了传统考据学的一些优点。《汉魏两晋南北朝佛教史》就是这两种方法结合的范本。在此书中，每一个观点都基于精确的考证。他考证过历史事件、历史人物、文化典籍，力图避免主观臆断，使后人有一种重视历史的真实感受。如他在考证基础上得出玄学的产生是由中华固有学术传统的自然演进，与佛学关系不大，佛学倒是受玄学洗礼之后，才被接受，并且丰富了玄学的思辨。他又在考证基础上得出结论，认为南朝三论学与鸠摩罗什时代的般若学关系不大，是南朝佛学自身发展的理论需要。可见，文化比较方法与传统考据法的有机结合，使汤用彤的学术研究成为一个博大的体系，具有很高的学术价值。

柳诒徵认为不同历史时期人们有不同的历史知识的要求，所以历史研究的重点和表现形式也应有所变革。但这一变革不能与以往历史研究完全脱节。他重点论述了新史学著作体例与古代史著体例的关系问题。

第一，新史著的材料只有取材于旧史著，不能轻易怀疑和否定旧史著的史料价值。柳诒徵承认，由于我国"历代政宗，率沿帝制"，史书记载也"病重庙堂，略述民事"（《修史私议》，载《史地学报》1922年第1卷4号）。即典志体史书，虽然有《汉》传《货殖》，《魏》志《释老》，但毕竟"未尽民依"，"至于《农书》、《棉谱》、《陶录》、《茶经》，或列之于子家，或济之于说部，作者既不以为经世之图，读者亦罕目为史官之裔"（同上）。虽然旧史有上述缺点，但不能抹杀其史料价值。"然必谓吾民生事，文献无征，方册所垂，惟有帝王家乘，则又所谓持不根之论，蹈数典之讥也。"旧史著中并不乏民生资料的记载，只不过需要"钩沈索隐"，"捃摭百氏，胪举万流"，作一番收集工夫而已。因此二十四史，浅人苦其多，而通人正患其少（同上）。

对于作为史料的旧史，他主张把原有整理成果加以系统化。如当时规定国史馆之职有二：一曰修历代通史，一曰辑民国史。但他认为："历代旧史，不可轻改，今之史馆，宜以补刊正史，别修专史为正。补刊取其存古，专修取其通今。"所谓补刊正史，即把二十四史纪传表志所缺略的部分加以补著，尤其要注意清代人成果的汇编："有清一代，考史之书，校正讹脱，辑补逸文，钩稽表志，厘析疆域，皆以补前人之未备，供末学之研究。第其书多散见本集，屡附丛书，或别本孤行，或只篇仅见，未有附之正史，勒为巨编，俾学者省獭祭之劳，斟史者靡鲁鱼之误者（自注云：王氏《汉书》例极可仿，近唐氏校注两《唐书》尚未卒业）。今既宏开史馆，旁求秘书，宜及兹时，网罗排比，发凡起例，集其大成。校勘考证，则属之本文；补撰表志，则增其篇第。其偏隅小国，割据诸邦，正史不详，别有专著，或整齐旧籍，增益新知。（若《元史新编》、《蒙兀儿史》类），抚翼前修，绍述正统者（若《宋史翼》、《小腆纪年》类）亦依其年代，附刊某书，庸拓史宬，而成完璧。"（同上）他主张将正史之校勘、补著、辑逸、增著集为一篇。

他还论及一些正史之外的史料，"他如西北道里，东南附庸，外史綦详，西籍尤夥。（如喜尔兹《中国西域地理考》，亨利玉尔《马可波罗游记注》类），并宜迻译，以广异闻。又如圣哲画像、地舆图说，以逮历代宫室舆服、器用甲兵、钱币文字、钟鼎文字、钟鼎碑版，可以考当时之文物，觇往哲之精神者，咸为橅印，取证史文"。

1924年《史地学报》第三卷第一期《拟编全史目录议》，他提出研究历史，入手之法是先编一部史料目录。"自来目录家区分经史子集四部，划史部于经、子、集之外，既无以见史之全体，即就史书一部分论，所谓正史、杂史、编年、纪传等类，分画亦不精密。近年新书、古器日出不穷，复无人以最近之书物，合旧有之书，编制一精详之目录者。是以向学之士，虽欲着手整理史籍，往往不得要领，拟请同社同组（指中华教育改进社历史研究组）诸公，合力编一部全史目录，打破从来经、史、子、集及正史、编年之类之范围，以分代史、分类史、分地史、分国史四种为纲，而以经、史、子、集及近出诸书，外国人研究吾国史事之书，推之图谱器物，凡与史事有关者均为条举件系，汇引一编，俾学者知欲治某朝某类之史，可先按目而求，尽得其原料之所在，然后再用近世史学家之眼光方法编制新史，始不致蹈壁虚造之讥。否则空言整理，意与事违，虽有雅才，徒张脸腹，非所语于实事求是也。司马迁之著《史记》，述其最要之法，曰网罗天下放失旧闻，曰厥协六经异传，整齐百家杂语，然则网罗整齐者，固吾国史家成法也。"

可见柳诒徵用一种开放的史料观论述了古代史料的价值及其整理问题。虽然这一工作相当困难，至今尚未能完成，但其中不无真知灼见。

第二，反对割裂新史学与传统史学方法。对于古代史学著作的精意，柳诒徵曾作充分论述。他认为今日著史，也应吸取其中良法美意。他提出史学双轨说："子玄论史，溯源六家，推及流别，限于二体。……晚近学者，旁通译寄，病吾国史，专纪帝王。猥欲更张，恢宏名物，宗尚既别，句材亦殊。分析篇章，标举名类，号称新史，上掩前徽。于是人有新制，家矜制作，诋诃往哲，攘斥旧籍，迁固之徒，殆束阁矣。然代禩相续，如绳莫截，凡今之为，率沿启昔。……专家学者，旁求域外，诅观国故，渐识家珍。渊珠山金，颇事网凿，寻绎旧典，骎骎日上。又复侈陈史法，精辨原料，求真祛伪，述往思来，较其畛域，视昔为恢矣。吾观近制，冥符古谊，剖析本末，标白双轨。一则类举件事，原于《世本》；一则以时属事，本之《春秋》。视刘氏所陈，六家二体，尤为简要，通贯古今焉。"（《中国史学之双轨》，1926年《史地学报》第1期）他认为《世本》记"帝系世谱，本纪世家，氏姓作居，其类孔夥，匪同家乘，惟著昭穆"，"总若正史表志，专若刑法职官"，都为一类。"世之论者，诋谟旧史，只重皇王，不明社会，抑知作篇所记，托往始钻燧，以迄琴瑟旆冕，弓矢戈矛，律历算数，书契图画，衣裳杵臼，医巫舟车，规矩准绳，耒耜罣篷，生民所资，胪陈厥始，曷尝遗弃民事?"而且《世本》"第尊九五,史识之高",超迈印埃诸国媚鬼崇神。新史著关于文化各种历史形态的专门研究应该取法《世本》。而《春秋》编年系事,有极强的历史时间概念,叙一代大势更应效法。柳诒徵设想优良的史著应该是二者完美的结合。

总之,王国维、陈寅恪、陈垣、汤用彤、柳诒徵等人提出了发展民族史学方法的重大问题。如前所述,中国古代史学方法与中国古代思维方式有密切联系,传统思维方式在其发展过程中逐渐克服其自身的缺点,其优点得到继承和创新。只要这种思维方式的合理性没有受到动摇,与之相联系的史学方法的价值就必然被新史学所认识。王、陈、汤、柳的史学方法论主张和史学实践对此作了最好的证明。他们为中国新史学的发展做出了不可磨灭的贡献,值得我们认真学习和借鉴。

第三节　新史学方法论体系之二

胡适、傅斯年等提出了近代新史学方法的另一种发展方向。

胡适受西方文化特别是西方近代逻辑思想理论的影响甚深,他认为民主和经验逻辑是中国文化的发展趋向,所以在1917年写学位论文《先秦名学史》时,他提出的问题是:"我们怎样才能以最有效的方式吸收现代文化,使它能同我们固有的文化相一致、协调和继续发展。"(参见学林出版社1983年12月中译本)他认为这一方面需要中国知识界领导人物的远见和历史连续性的意识,也需要学术研究培养一种"科学"的生活态度和"民主"的精神。

1919年年初,为反对国故社《国故》月刊"昌明中国固有之学术"以"保存国粹",新潮社《新潮》第1卷5号刊登了毛子水《国故和科学精神》,认为国故派研究国故"既不知道国故的性质,亦没有科学的精神",只是"抱残守阙而已",将国故加以整理。傅斯年在此文末尾写了附识,进一步明确提出了研究国故的两种完全不同的态度:一是整理国故,一是追慕国故。而正确的态度应是"必须用科学的主义和方法"来整理国故。但他们同时也认为整理国故"没有多大的益处"。而胡适则认识到了整理国故的重要性。1919年8月,他写了关于整理国故答毛子水的一封信。一方面赞成并支持毛子水提出的用科学精神来整理国故的主张,另一方面又批评了他们从

"有用无用"的狭隘功利主义出发，不重视整理国故的缺点。他指出："现在整理国故的必要，实在很多。我们应尽力指导'国故家'用科学的研究法去做国故的研究，不当先存一个'有用无用'的成见，致生出许多无谓的意见。"（原载《新潮》第2卷第1号，收入1921年12月上海亚东图书馆《胡适文存》卷二）胡适主张"有一个为真理而求真理的态度"，甚至认为"发明一个字的古义，与发现一颗恒星，都是一大功绩"。

1919年11月《新青年》第7卷第1号发表胡适《新思潮的意义》一文，他把新思潮表述为研究问题、输入学理、整理国故、再造文明四大内容。说："新思潮对于旧有文化的态度，在消极的一方面是反对盲从，是反对调和；在积极的方面，是用科学方法来做整理工夫。"他还提出了区分国粹、国渣的必要，以及具体研究方法和步骤：第一步是条理，系统地整理。第二步是寻出每种学术思想的前因后果。第三步是用科学的方法作精确的考证，弄清古人的真意。第四步才是综合："各家都还他一个本来真面目，各家都还他一个真价值。"（收入《胡适文存》卷四）1922年11月5—6日，胡适在《国学季刊》发刊宣言中总结了清代300年间汉学研究的成绩和缺点，在这个基础上，对研究国故的原则和方法作了更深入系统的阐述，可以说是他关于整理国故的一篇完整的宣言。他特别发表了"还本来面目"的观点，说："整治国故，必须以汉还汉，以魏晋还魏晋，以唐还唐，以宋还宋，以明还明，以清还清，以古文还古文家，以今文还今文家，以程朱还程朱，以陆王还陆王，……各还他一个本来面目，然后评判各代各宗各人的义理的是非。不还他们的本来面目，则多诬古人；不评判他们的是非，则多误今人。但不先弄明白了他们的本来面目，我们决不配批判他们的是非。"胡适说这是一种"历史的眼光"，它要求尊重历史，"还他一个本来面目"。在此基础上，把历史置于一定阶段，依照今人的标准去评价是非功过。在宣言中，他还提倡"比较研究"，反对学术上闭关自守，"向来学者误认'国学'的国字是国界的表示，所以不承认'比较的研究'的功用。——附会是我们应该排斥的，但比较的研究是我们应该提倡的"。

胡适具体整理国故的方法包括：其一，关于史料的收集与审定。胡适非常重视证据，因而史料是他整理国故的出发点。在1919年《中国哲学史大纲》的导言中，他曾把史料分为原料和副料，原料指关于研究课题的第一手资料，而副料即辅助资料。胡适的史料观念是非常丰富的，凡一切社会生活的文献与非文献资料都是史料。胡适也非常重视史料的审定。他认为对待史料，首先应有怀疑的态度，"宁可疑而过，不可信而过"。特别是对于上古史料，如果没有充分的证据可以审定，不能拿来作研究凭证。1921年1月，他在给顾颉刚的信中指出："大概我的古史观是：现在先把古史缩短二三千年，从诗三百篇做起。将来等到金石学、考古学发达上了轨道以后，然后用地下掘出的史料，慢慢地拉长东周以前的古史。至于东周以下的史料，亦须严密评判，宁疑古而失之，不可信古而失之。"（《自述古史观书》，《古史辨》第一册页22—12）而对于比较可靠的文献史料，胡适也强调辨伪和审定。在《中国哲学史大纲》导言中，他专就哲学史料的审定列出了一般原则，认为审定包括内证与外证。内证又可根据：（1）史事，看书中的史事是否与作书的人的年代相符；（2）文字，看书中所用文字是否与作者当时的文字相符；（3）文体，看书中文体是否与作者当时文体相符；（4）思想，看书中表达的思想观念是否与作者所处时代的思想相符；（5）旁证，看当时其他作品与是书的关系。外证包括：（1）校勘，由于古书传写脱误，故需要校勘；（2）训诂；（3）贯通，把每书的内容要旨加以融会贯串，理出一个脉络条理，演成一家有头绪的学说。

胡适关于史料收集与审定的方法源于乾嘉学者的治学方法，也受到西方历史学方法的启发。在《胡适口述自传》中他说他在康奈尔大学时，选修过布尔（G. Lincoln Burr）教授的"历史的辅助学科"，包括语言学、校勘学、考古学、高级批判学（圣经及古籍校勘学）等。由于布尔的启发，他翻阅了《大英百科全书》第十一版由浦斯格（JohnP. Postgate）所写的《版本学》条，并作了详细的笔记。并说"杜威对有系统思想的分析帮助我对一般科学研究的基本步骤的了解；他也帮助我对我国近千年来——尤其是近三百年来——古典学说和史学家治学的方法，诸如'考据学'、'考证学'（的了解）。这个传统的治学方法，我把它们英译为 EvidentialInvestigation（有证据的探讨），也就是根据证据的探讨（无证不信）。在那个时候，很少人（甚至根本没有人）曾以现代的科学法则和我国古代的考据学考证学的方法上有相通之处，我是第一个说这话的人，我之所以能说出这话来，实得之于杜威有关思想的理论"（唐德刚译《胡适口述自传·实证思维本》）。

其二，关于论点的提出，胡适认为史料审定过程中，同样可以提出一些论点，如关于版本流传过程及其讹误原因的看法。但史学的主要目的还是在接近真实的史料基础上提出作者个人的分析。胡适在《中国哲学史大纲》导言中把史料审定、理出史实线索当做"述学"，而把"明变"、"求因"、"评判"视为述学基础上的高级批判。所谓"明变"即在于使学者知道古今思想沿革变迁的线索。"求因"即指出沿革变迁的原因，分析个人才性特点，时势背景及思想学术上的继承关系，"评判"是把每一家学说发生的效果揭示出来，看一家学说在同时代的思想和后来思想上产生了何种影响，看它在风俗政治上产生了何种影响，看它造出什么样的人格。

至于史料和史论的关系，胡适曾提出一个很有影响的口号叫"大胆的假设，小心的求证"（《治学的方法与材料》，《胡适文存》三集卷一页183）。说："科学方法只是'大胆的假设，小心的求证'十个字。没有证据可悬而不断，证据不够只可假设，不可武断，必须等到证实以后，方才奉为定论。"（《介绍我自己的思想》，《胡适论学近著》页645）胡适曾经提到过假设之前应搜集材料，如他说："实验主义只是一个方法，只是一个研究问题的方法。他的方法是：细心搜求事实，大胆提出假设，再细心求实证"（《我的歧路》，《胡适文存》二集卷三页99）。但他专讲治学方法时，对提出假设的必要条件，总是避而不谈。并说："假设不大胆，不能有新发明"（《清代学者的治学方法》，《胡适文存》卷二页242）。甚至说："假设是愈大胆愈好"（《治学方法》，《胡适讲演集》上册页14）。1921年8月13日他的日记中也记载"做历史有两方面，一方面是科学——严格的评判史料，——一方面是艺术——大胆的想象力。史料总不会齐全的，往往有一段，无一段，又有一段。那没有史料的一段空缺，就不得不靠史家的想象力来填补了"。而"小心的求证"就是求得假设的证实。

胡适的史学方法体现出他学术经世的用心，他曾说："我治中国思想与中国历史的各种著作，都是围绕着'方法'这一观念打转的。'方法'实在主宰了我四十多年来所有的著述。"（《胡适口述自传》第五章《哥伦比亚大学和杜威》）方法论是胡适史学研究的核心。但正如他所说，"从根本上说，我这一点实在得益于杜威的影响"（同上）。他试图把传统史学方法的近代化归结为逻辑实证化，虽然有助于近代史学方法的科学化，但由此也导致他在对传统方法的文化背景认识上有局限，从而也不可能对传统史学方法作出全面的科学评价，只能认识到传统史学方法的考据法。尽管他标榜这一套学术方法源于乾嘉朴学，正统考据学家也因为他的学术方法宗旨而并不把它视为考据学的继承和发展。同时，又由于他对西方史学方法的文化背景认识不够全面，也难以使他的新史学方法真正西化。因此，依照他的方法，虽然有助于加强学术的怀疑精神和实证意识，但难以找出对中国文化问题的现实解决办法，也难以找到中西文化的真正契合点。

傅斯年在近代新史学方法体系中的贡献是他揭橥"近代历史学只是史料学"的大旨，发展比较研究法和历史语言研究法。

傅斯年史学方法的核心是史料学说。他认为中国史学界虽然自古就有广泛搜求史料，精心鉴别史料，力图再现历史真实的传统，并且形成了乾嘉朴学的求实风格，但整体而言，中国史学多是因袭各种体例，在没有对历史材料进行深入考辨的基础上去著史。傅斯年说："历史学不是著史。著史每多多少少带点古世中世的意味，且每取伦理家的手段，作文章家的本事。近代的历史学只是史料学，利用自然科学供给我们的一切工具，整理一切可逢着的史料。"（《历史语言研究所工作之旨趣》，载《历史语言研究所集刊》第一本）也就是说，没有对历史材料进行深入考辨的中国古代史学著作，其实质是主观的、伦理的。而历史学必须是客观的、科学的。所以他提出历史学只是史料学，其目的就是要扭转长期以来对史著的偏重，把具体的、客观的史学研究放到第一位。

史料学说的第二个核心内容是他把材料的范围充分扩展。傅斯年提倡全面地搜集各种历史资料。他说："史料的发现，足以促成史学的进步。而史学之进步，最赖史料之增加。"（《史学方法导论》，载《傅斯年全集》第二册）并说"我们要能得到前人得不到的史料，然后可以超越前人；我们要能使用新材料于遗传材料之上，然后可以超越同见这些材料的同时人"（同上）。在他看来，古往今来，人们生活的一切遗留，不论是物质的还是观念的，都是史料。古文字、古器物、庙宇建筑、石刻雕塑、民俗传说、观念信仰、正史野史、档案笔记、小说戏曲等都被纳入了史料的范围。傅斯年将上述史料理论贯彻到实践中去，他组成历史语言研究所，在许多新的史学领域进行了开创性的工作。安阳殷墟的考古发掘、清内阁大库档案的整理、民族学语言学的实地考察，都是在他扩张史料的思想指导下进行的，并取得了重大成就。

傅斯年所提出的奋斗目标是"要把历史学语言学建设得和生物学地质学等同"（《历史语言研究所工作之旨趣》）。他要把历史研究的科学性体现出来。他论述和运用得较多的科学方法主要有二种：其一是史料比较法。他说："假如要问我们整理史料的方法，我们要回答说：第一是比较不同的史料；第二是比较不同的史料；第三还是比较不同的史料。"（《史学方法导论》，《傅斯年全集》第二册）这种比较他曾归纳为八对性质不同的史料的对勘互证：（1）直接史料对间接史料，（2）官家的记载对民间的记载，（3）本国的记载对外国的记载，（4）近人的记述对远人的记述，（5）不经意的记载对经意的记载，（6）本事对旁涉，（7）直说对隐喻，（8）口说的史料对著文的史料。在上述八种比较法中，他最重视的是"新发现的直接史料与自古相传的间接史料的相互勘补"。与王国维、陈寅恪相比较，他的史料比较内容的范围更加广泛。

其二是语言学观点治思想史的方法。由训释文字入手，探究文章的义理，是中国传统的治学方法。乾嘉学者明确提出"由声音文字以求训诂，由训诂以求义理"的研究方法。傅斯年认为语言文字是治学的基本功夫。在欧洲留学期间，他认真学习西方语言学和语言比较方法。1936年他写成《性命古训辨证》一书，提出了"以语言学的观点解决思想史中之问题"的主张。他搜集卜辞、金文中有关性、命二字的资料两万余条，通过比较，说明其原训及字义的演变，从而对先秦时期的哲学、伦理观念进行梳理，进而讨论其发展演变过程，涉及思想史的许多问题。

傅斯年还很强调历史研究中自然科学知识和方法的运用。他说："现代的历史学研究，已经成了一个各种科学的方法之汇集。地质、地理、考古、生物、气象、天文等学科，无一不供给研究历史者以工具。顾亭林研究历史事迹时自己观察地形，这意识虽然至好，但如果他能有我们现在可以向西洋人借来的一切自然科学的工具，成绩岂不更卓越呢？若干历史学的问题非有自然科学之资助无从下手，无从解决。"（《历史语言研究所工作之旨趣》）所谓利用自然科学之工具，主要有两层意思，一是将自然科学的知识直接运用于历史领域，二是将自然科学的方法引入史学领域。

总之，傅斯年明确提出了史学科学化的主张，他试图把历史研究建立在严密的史料考辨和形式逻辑之上。这一出发点导致他和胡适一样，看到了中西学术方法的某些长处，但也同样存在胡适方法论上的种种缺陷。

第四节 新史学方法论体系之三

李大钊、陈独秀、郭沫若、吕振羽、翦伯赞、范文澜、侯外庐等马克思主义史学家提出了新史学方法的另一条发展道路，使近代史学方法论发展到发掘历史本质的唯物和辩证的高度。

李大钊1924年出版的《史学要论》，是我国第一部系统论述马克思主义唯物史观及其对史学研究的指导作用的理论著作。他说："马克思的历史观，普通称为唯物史观，又称为经济的历史观。"社会有基址与上层，"社会的基址，便是经济的构造"，即人类的社会的存在。"社会的上层，便是法制、政治、宗教、伦理、哲学、艺术等，马克思称之为观念的形态。""从来的史学家，单欲从社会的上层说明社会的变革——历史，而不顾社会的基础，那样的方法，不能真正理解历史。社会上层，全随经济的基址的变动而变动，故历史非从经济关系上说明不可。这是马克思的历史观的大体。"同时，他强调：依据这个"根本理法"，"治史学者，亦得有法可循"。瞿秋白1924年发表的《社会科学概论》，也强调只有用马克思主义的唯物史观，才能真正发现社会发展的客观规律。1930，郭沫若出版《中国古代社会研究》，第一次自觉地运用马克思主义唯物史观研究中国历史。在研读《家庭、私有制和国家的起源》的过程中，郭沫若认识到唯物史观和辩证方法的重要性，他试图以此来解析中国古代历史的发展历程，从1928年8月到1929年11月，先后写成五篇用唯物史观剖析中国古代社会的重要史学论文。在研究中，他感到单靠文献材料不足以说明问题，于是研读了当时出版的所有的殷代甲骨文和殷、周两代青铜器图录的铭文与考释，创造性地将古代史研究与古文字研究结合起来，写出17篇考释文章，后结集为《甲骨文字研究》出版。《中国古代社会研究》和《甲骨文字研究》，为中国史学方法的发展划出了一个崭新的时代。"他是首先用马列主义的眼光来研究中国古代史的一个，他天才地一个一个地解开了那些古代的神秘的谜，为我们的理性开辟了一条通到古代人类社会的大道。不管它或许包含着一些缺点，甚至个别的错误，然而它的成果，毫无疑义地为一切后来者研究的出发点。"（李初梨《我对郭沫若先生的认识》，载1941年11月18日延安《解放日报》）

继郭沫若1930年出版《中国古代社会研究》之后，吕振羽1934年4月发表了《中国经济之史的发展》，7月出版《史前期中国社会研究》，用马克思主义关于人类社会发展的普遍原理，划分了中国历史发展的具体阶段，并运用考古资料，结合神话传说，对原始社会作了开创性的论述。1936年他又出版了《殷周时代的中国社会》，支持郭沫若关于中国历史上存在奴隶制的见解，并就殷周两代的社会性质以及奴隶制与封建制的分界，提出了有异于郭沫若的见解，首创西周封建论。1937年他出版《中国政治思想史》，通过社会存在与社会意识的辩证研究，系统地论述了从商代到鸦片战争时期政治思想的发展过程。

翦伯赞在1930年11月发表《中国农村社会之本质及其历史的发展阶段之划分》，用马克思主义史观分析了中国农村社会"封建的生产方法"的特点。1938年出版《历史哲学教程》，针对当时的状况，指出："我之所以特别提出历史哲学的问题，因为无论何种研究，除去必须从实践的基础上，还必须要依从正确的方法论，然后才能开始把握和理解其正确性。"1943年以后，他运用马克思主义史学方法，结合中国历史实际，写成并出版了《中国史纲》第一、二卷。

范文澜在1940年写的《关于上古历史阶段的商榷》，曾指出郭沫若用唯物史观研究中国古代历史，其功甚伟，其影响亦甚大。他运用唯物史观撰写了《中国通史简编》。

侯外庐1939年发表《社会史导论》，对划分社会发展阶段的标准，结合马克思《资本论》的有关论述，作了独特的论述。1942年出版《中国古典社会论》（1947年修订再版时改为《中国古代社会史》）。1944年出版《中国古代思想学说史》，前者从可征信的甲骨文开始，论述了中国古代社会（即奴隶社会）发展所经历的西周、春秋、战国三个阶段，指出了中国古代奴隶制的具体特点；后者则与此相应，论述了中国古代社会思想（即奴隶社会思想）发展的三个阶段；第一阶段为学在官府的畴官贵族之学，以西周《诗》、《书》为代表；第二阶段为邹鲁缙绅《诗》、《书》传授之学，主要为批判地发展起来的孔墨显学；第三阶段为"天下多得一察焉以自好"的战国百家争鸣之学。社会史与思想史的紧密结合，是侯外庐史学研究方法的一个鲜明特色。他后来回忆他主编多卷本《中国思想通史》的历程，说："运用马克思主义特别是政治经济学理论分析社会史以至思想史，说明经济基础与上层建筑、意识形态之间的辩证关系，是我们这部思想史紧紧掌握的原则。把思想家及其思想放在一定的历史范围内进行分析研究，把思想家及其思想看成生根于社会土壤之中的有血有肉的东西，人是社会的人，思想是社会的思想，而不作孤立的抽象的考察。对先秦诸子、两汉经学、魏晋玄学、隋唐佛学、宋明理学、明清前后启蒙思想，无不如是。"（《韧的追求》，页327）对于中国封建社会的社会史，如中国封建土地所有制形式、中国封建社会由前期向后期转变的特征、中国封建社会前后期农民战争的纲领等，他作过独具特色的研究，后来汇辑为《中国封建社会史论》出版。

总之，从李大钊开始的马克思主义史学方法论，已成为一个代表中国史学发展方向的历史趋势。这套史学方法论的程序是：

第一，史料收集与整理。研究历史，离不开史料。马克思主义史学家的史料概念集中了近代以来所有关于史料的论述，把史料的范围扩大到文献与非文献的各个方面。非文献史料包括遗址、遗物、口头传说及风俗习惯等，文献史料则是集经史子集四部的所有文字资料和出土文献。因而对文献与非文献史料的收集，又涉及考古学、民俗学、古文字学、目录学等专门方法。马克思主义史学家对此给予了高度重视。至于史料的考证，马克思主义史学家也很注意乾嘉学者和近代史学家的研究成果和方法论经验，强调形式逻辑的基础地位，但他们反对把整理史料当为史学工作的终极目的。他们认为形式逻辑对于考订历史资料，在训诂名物方面确有其重要贡献，但在涉及重大历史事件，对人物、政治、经济、文化等作综合的历史说明时，就显得无能为力。因此，不能回到乾嘉学派中去。

郭沫若对传统考据学就采取了分析的态度。他说：

> 研究历史当然要有史料。马克思主张尽可能地占有大量资料，也说明资料对科学研究的重要。占有了史料，就必须辨别它的真假，查考它的年代，去其糟粕，取其精华，这一番检查的功夫，也就是所谓考据。这些工作是不可少的，是应该肯定的。（《关于目前历史研究的几个问题》，《郭沫若全集·历史编》第3卷）

郭沫若对中国古代考据成绩给予了高度重视。他也很推重近代罗振玉、王国维对考据学的贡献。他认为：

> 罗振玉的功劳即在为我们提供出了无数的真实的史料。他的殷代甲骨的搜集、保藏、流传、考释，实是中国近三十年来文化史上应该大书特书的一项事件。
>
> （王国维）遗留给我们的是他知识的产品，那好像一座崔巍的楼阁，在几千年来的旧学的城垒上，灿然放出了一段异样的光彩。（《中国古代社会研究·自序》，《郭沫若全集·历史编》第1卷，页8）

并说："大抵在目前欲论中国的古学，欲清算中国的古代社会，我们是不能不以罗、王二家的业绩为其出发点了。"（同上）但郭沫若又不是无条件地趋同于传统考据学，他的突破主要表现在以下几个方面：

（1）以科学的马克思主义理论为指导，重在探求事物的本质和规律。郭沫若与中国传统考据学及胡适的实用主义考据学有根本区别。以《中国古代社会研究》为开端，郭沫若始终强调历史研究"必须用马克思列宁主义的方法，即辩证唯物主义和历史唯物主义的方法"。他所从事的考据，也同样是在马克思主义唯物史观指导下进行的，具有批判的性质。郭沫若曾指明"批判"和"整理"的根本区别：

"整理"的终极目标是在"实事求是"，我们的批判精神是要在"实事之中求其所以是"。

"整理"的方法所能做到的是知其然，我们的"批判"精神是要"知其所以然"。

"整理"自是批判过程所必经的一步；然而它不能成为我们所应该局限的一步。（《中国古代社会研究·自序》，《郭沫若全集·历史编》第1卷，页7）

所谓"实事之中求其所以是"与"知其所以然"，就是要力求探讨事物的本质和规律。比如王国维从卜辞里面剔发出殷代王统的世系，证明并改正了《史记·殷本纪》和《帝王世系》的有关记载，这无疑是一大创获。郭沫若则在此基础上进一步分析考证，弄清了殷代31帝17世，而兄弟互相继承者过半数以上，进而指出这是氏族社会的一种表现，这就大大增进了对殷代社会发展的认识。又如王国维于古彝器中发现女字十有七，肯定"女子之字曰某母，犹男子之字曰某父"，认为"盖男子之美称莫过于父，女子之美称莫过于母。男女既冠笄有为父母之道，故以某父某母字之也"（王国维《女字说》）。而郭沫若则在此基础上考证出祖（且）、妣（匕）实为牡牝之初字，即男女生殖器之象形，说明了上古时代的生殖神崇拜和宗教的起源。总之，正是由于郭沫若以唯物史观为指导，他的考据所得结论超越了前人，更加接近历史的本质。

（2）拓展考据范围，更新考据方法。郭沫若改变传统考据学主要限于儒家经书字句的注疏和名物的考证，使考据学服务于社会发展史、历史发展规律的探讨。最突出的是把古文字和古代史的研究结合起来。如他考释甲骨文的"贝"和"朋"，说明"贝"和"朋"是当时通行的货币，证明殷商已有商品经济；考释"刀"、"辰"，说明"刀"为犁形，"辰"这犁头，石制，证明"殷商已有犁耕"（《甲骨文字研究》）。这些都是从文字学研究而获得对殷商社会的生产状况、农业发展、交换关系的了解。

侯外庐也是如此，在历史资料方面，他主张谨守考证辨伪的治学方法，吸取前人的成果，再进一步改进或订正他们的说法。他很推崇王国维和郭沫若在古文字研究中所取得的成绩，也很重视历代关于文物典籍的考据成果。侯外庐说，20到30年代的中国社会史论战，有两个缺点：其一是对马克思主义的基本原理没有很好消化，融会贯通；其二是不少论著缺乏足以征信的史料作为基本的立足点，往往在材料的年代或真伪方面发生错误。他一方面用十年功夫从事《资本论》的翻译，提高马克思主义理论素养；另一方面在历史研究中认真克服史料的非准确性。他的论文和著作，对若干文字和书籍版本，都不惜展开篇幅来论述。对于搜集的材料，他主张去伪存真。他说："中国史料汗牛充栋，真伪相杂。无论研究中国历史、思想史，要想得出科学的结论，均须勤恳虚心地吸取前人考据学方面的成果，整理出确定可靠的史料。……如果要研究中国历史，尤其是古代史，就必须钻一下牛角尖，在文字训诂、史料考证辨伪方面下一番工夫"（《侯外庐史学论文选集》上册第17—18页）。

第二，辩证地解释历史。马克思主义史学家们坚持从社会存在解释社会意识，解析生产力与生产关系的关系，理解经济基础与上层建筑的矛盾运动。如研究中国封建社会时，着重土地制度的研究，这方面的研究成为理解中国封建社会的钥匙。马克思主义史学家认为一切历史文化现象都可以在当时的经济活动中找到最后的原因。解释历史现象、思想意识，都不能离开当时的历史条件。郭沫若等马克思主义史学家都遵循从社会史、经济史角度对中国历史和思想作深入研究，从而使上述领域体现出历史唯物主义的特征和辩证性质。

第三，史论结合，坚持材料和观点的统一。

总之，马克思主义史学方法与马克思主义世界观是一个统一的整体。它形成了对传统学术方法的全面转化。较之文化主体论者和全盘西化论者，这套史学方法既满足了新史学的理论要求，又满足了新史学的实证要求，并且突破了形式逻辑的局限，有条理清晰、分析问题深入历史文化的本质联系的特点。它之所以成为中国当代史学研究的主流，产生了比其他史学流派更深远的影响，不是偶然的，有它方法论的独到之处。

这些马克思主义史学大师们都没有忽视近代其他史学方法流派的积极贡献。如郭沫若声称王国维是他的老师，侯外庐对章太炎、刘师培都很有研究。这些充分显示马克思主义史学可以吸收和消化其他史学方法论流派的理论成果。遗憾的是，后来有一段时间人们对此没有引起足够重视。今天，我们仍然面临着这样的课题：正确评价传统史学方法和近代史学方法，使马克思主义史学方法得到进一步提高，推动史学研究的深入发展。

第三编

近代史学学术成果：
关于中外历史和历史地理学的研究

第一章　古代史学研究的内容与成果

古代史学研究的内容主要包括四个方面：

第一是史料编次。它包括实录和其他资料汇编。我国自古就有一套完备的史官制度。史官的一项重要职责即负责收集和保存文献，记载以皇帝为核心的军政大事。其中关于皇帝的记载称为《实录》，它是时政记事、起居注、日历等资料的汇编，实际上是国史的长编、一代正史的蓝本，具有重要的史料价值。地方志也是一种史料编次。据《周礼·春官》记载，外史掌四方之志，当时诸侯国史或四方志乘一类的史书即后世地方志的滥觞。秦汉时，不但有"郡国地志"的纂修，而且还有地域志、风俗志的编撰。班固的《汉书·地理志》还为全国性区域志的编撰奠定了体例规模。魏晋南北朝时期，方志大量出现，体例也进一步完善。隋代还开始了全国性区域志的编撰。此后历代均有继承。方志的类别有统志，记叙全国疆域区分；有通志，又称省志，记一省区域；有府志，又称郡志、厅志、州志、县志，分别记相应行政区划。方志记载了所属行政区域内的地理、民数、赋税、物产以及一些不入"正史"的人物事迹，保存了正史所不能涵括的许多史料。

第二是史著撰述。它包括纪传、编年、纪事本末、典志、会要和其他别史。自西汉时期司马迁确立纪传体体例后，历代史家仿此编修本朝史或前代史，到隋唐之际而成为正史的标准体例。《史记》、《汉书》、《后汉书》、《三国志》、《晋书》、《宋书》、《南齐书》、《梁书》、《陈书》、《魏书》、《北齐书》、《周书》、《南史》、《北史》、《隋书》、《旧唐书》、《新唐书》、《旧五代史》、《新五代史》、《宋史》、《辽史》、《金史》、《元史》、《明史》，共24史，把中国自黄帝至清初的重要历史事件汇括无遗。编年体史书起源很早。孔子删述之《春秋》即编年体。东汉荀悦就班固《汉书》仿《左传》之体作《汉纪》，也用编年体例。此后各代几乎都有编年体史书出现。及宋司马光编纂《资治通鉴》，编年体史书又有进一步发展。它上起战国，下终五代，记载了1360多年的历史。继司马光之后，有李焘《续资治通鉴长编》、李心传《建炎以来系年要录》、徐梦莘《三朝北盟会编》、谈迁《国榷》等。纪事本末体由南宋袁枢首创。之后有明陈邦瞻《宋史纪事本末》等。典志体专讲典章制度的沿革。最早涉及典章制度的是典谟训诰及三礼。汉代司马迁《史记》以八书记载汉武以前的历代典章制度的原委，东汉班固《汉书》改书为志，此后各代凡涉及典章制度的，修史者依前例散记于有关史书各志中。唐刘秩作《政典》，遂有典章制度的专著。后来杜佑作《通典》，在志的基础上详细论述历代典章制度，其义法对后世产生了很大影响。继此有宋郑樵的《通志》与元马端临的《文献通考》。与典志相近的是会要、会典。它详叙一代典章制度，与《通典》、《通考》相比较，有如纪传体中有通史和断代史。会要的纂辑，始自唐德宗时苏冕编唐高祖至德宗九朝事，宣宗时杨绍复等有所续作。宋初王溥重加整理，成《唐会要》100卷，分514门，记唐代各项制度的沿革变迁。王溥又撰《五代会要》30卷。南宋末年，徐天麟撰《西汉会要》70卷、《东汉会要》40卷，合称《两汉会要》，分帝系、礼、乐、舆服、学校、运历、祥异、职官、选举、民政、食货、兵、刑法、方域、蕃夷等类，材料十分丰富。

　　第三是史注、史补。孔子作《春秋》，其弟子传《春秋》，后来分为《公羊》、《穀梁》、《左传》等家，形成了传注史书的不同方法。秦汉以后，注史书多沿左氏义法。《史记》写成后，最早为之作注的是东汉人延笃，撰《史记音义》一卷。其后自晋至唐有关《史记》的注释有十三家之多。流传至今的有南朝宋裴骃的《史记集解》80卷、唐司马贞的《史记索隐》30卷、唐张守节的《史记正义》30卷。《汉书》写成后，东汉服虔与应劭也曾为之作《汉书音义》，唐时颜师古集东汉以来23家之说，总为《汉书注》。《后汉书》有南梁刘昭注、唐章。怀太子注。《三国志》有裴松之注。唐代史馆设局修正史，正史有注者减少。而司马光作《资治通鉴》，另作《通鉴考异》30卷，说明材料去取理由，对改变史注的面貌起了积极作用。补史之作在秦汉时期已经出现。《史记》原书写到《今上本纪》，遭忌讳而被删掉《景帝纪》、《武帝纪》；在流传过程中，亡缺之篇增至十篇。褚少孙、刘向、刘歆父子等人都对《史记》有所增补。其后补著、续著成为古代史学的一个重要方面。

　　第四是史论史评。《四库全书总目》把史评分为两类，一类是"考辨史体"，一类是"品骘旧闻、抨弹往迹"。梁启超则将史论分为三类，即理论、事论、杂论。理论指评论史学的体例义法，如刘知几《史通》；事论指评论史事的是非得失，杂论考订史事的正误异同。我国古代史论源远流长，先秦时期，诸子百家多借论史事以明主张。这是早期史论的一种典型形式。先秦史籍中还有一种史论，即《左传》中的"君子曰"，它是史家于著述之后，或评论史事，或褒贬人物，或补充史事，属于按语性质，附在史文之末。《左传》"君子曰"的史论形式为后世史家所沿用。自秦汉以来出现了《史记》的"太史公曰"、《汉书》的"赞"、《汉纪》的"论"、《东观汉纪》的"序"、《后汉书》的"论""赞"、《三国志》的"评"以及后史的"史臣曰"等。除此之外，还有一种序论，于史篇之前，加入文字说明著作宗旨、体例源流，如《史记》、《汉书》、《后汉书》都有此类"序论"。史学体例的评论发端于秦汉而完型于唐。早在两汉之际，班彪、班固父子曾对《史记》及西汉后期的史学作过评述。南北朝时期，刘勰作《文心雕龙·史传篇》，对先秦至两晋史籍作了专门批评。到了唐代，刘知几将这种史学形式发展成"总括万殊，包吞千有"的史学批评著作，写成我国第一部史学评论专著《史通》。《史通》问世后，宋元之间出现了郑樵《通志·总序》等史学批评著作。

值得注意的是，上述四类史学研究的内容并不是截然分裂的。每一种形式都兼含其他三类的内容。如裴松之的《三国志注》，其注史工作包括补阙、备异、惩妄、论辩四个方面。他在《上三国志表》中说：

> 按三国虽历年不远，而事关汉晋，首尾所涉，出入百载。记注分错，每多舛互，其（陈）寿所不载，事宜存录者，则罔不毕取以补其阙。或同说一事，而辞有乖杂，或出事本异，疑不能判，并皆抄内，以备异闻。若乃纰谬显然，言不附理，则随违矫正，以惩其妄。其时事当否，乃寿之小失，颇以愚意，有所论辩。

裴松之将补阙列为第一项，补阙主要补记重要事件与人物。如曹操推行屯田一事，陈寿仅于《武帝纪》和《任峻传》中用50多个字略作记载，说明"军国之饶，起于枣祗而成于峻"。而裴注以180字的篇幅阐明了曹操对屯田问题的认识和领导、推行中的艰辛和成效。又如诸葛亮七擒孟获，陈寿一笔带过。而裴松之补充200多字，将蜀汉和戎政策交待清楚。王弼开魏晋玄学之先声，陈寿仅以23字记之。裴松之引何邵《王弼传》补其生平与学说，引孙盛《魏氏春秋》反映时人的评断，引《博物志》介绍其家世，提供了王弼的重要史料。马钧在指南车、翻车、连弩、发石车以及织绫机上有重大发明创造，陈寿《方技传》了无涉及。裴松之以1200多字补充了这类史料。此外，与重大事件与人物有关的重要文献，如曹操的《明志令》、《举贤无拘品行令》，曹丕《与吴质书》，李密《陈情表》，亦由裴注得以传世。这可谓是史补。

所谓备异与惩妄，都是针对一事的多种记载，或存疑，或随违矫正。如刘备三顾茅庐，《诸葛亮传》有详细记载，而魏人鱼豢《魏略》和西晋司马彪《九州春秋》所记不同，认为是诸葛亮先拜访刘备。裴松之将两书记载均抄录于注，可为备异。又对其说加以辨析，引《出师表》所说"先帝不以臣卑鄙，猥自枉屈，三顾臣于草庐之中，咨臣以当世之事"一段，说明"非亮先诣备"，可谓惩妄。这可谓史注、史考。

所谓论辩，包括评史事与评史书两个方面。评史书大致又可分为评体例安排和叙事描写两个方面。如纪传体的传，一般有专传、合传、类传。而类传如何划分，意见颇不一致。裴松之主张"事类相从"，批评陈寿将非为一类的人物放在一传之中。如贾诩实属"算无遗略、经权达变"的奇士，应放在善作筹划的程昱、郭嘉等人的类传中。但陈寿却把他放在德智两全的荀彧荀攸传中，是失其类。在叙事描写上，裴松之强调顺情合理，反对严语之不通"。这可谓是史论。

总之，从春秋战国时期到明末的史学，无论从史料编次、史学著述、史注史补、史论史评等方面来看，都取得了丰富的成果。它对中国历史以及外国某些历史作了丰富的记述，保存了民族历史文化，为后人了解和研究中国历史提供了丰富的资料。在补注考订过程中，对一些历史资料以及某些历史问题作了具体的辨析和整理，订正了原有记载及流传中的一些谬误，为后人更全面、更准确地研究历史提供了帮助。它对某些历史事实、历史过程的评论，为后人理解历史事件的曲折和研究历史发展的线索与本质提供了参照。而它对史学自身的批评与反省，也有助于后人客观地把握古代史学发展的历程及其哲学与方法体系。

第二章　近代史学研究的三个阶段及其特点

明末清初到20世纪40年代的史学研究大致可分为三个时期：

第一，明末清初到鸦片战争前后，是以考据方法为手段，以经、史考证为重点的研究时期。

明末清初之际，思想家们反省宋明理学的缺点，认为理学之所以出现有异于先秦孔孟的思想倾向，一个重要原因，就是受佛教思维方式影响，没有客观地对儒家经学进行深入研究。他们指出，改变理学缺点的一条有效途径，就是扭转长期以来空疏的学风，用客观的态度对儒家经学进行重新研究。此种态度渐渐扩展到对史学的研究，形成了考据学的高潮。

当时经学家治经，不重发明经义，而注重文字训诂、校勘和古经的辨伪；史家治史也不重写史，而重视史籍的考订、辨正和补注。经学分吴、皖两派。吴派以惠栋为首，弟子有沈彤、江声、余萧客，汪中、江藩、刘台拱等人也属此派。皖派以戴震为首，金榜、程瑶田、凌廷堪、任大椿、卢文弨、孔广森、段玉裁、王念孙、王引之属此派。吴派以博闻强记为特征，较注重遵守家法。皖派有只注实事求是，不守一家的特点。史学的派别，浙东史学较之其他史学略有一些不同，但分界不如经学明显。

当时出现了一大批注释和考订旧史的著作。比较典型的有钱大昕《廿二史考异》，王鸣盛《十七史商榷》，赵翼《廿二史劄记》，杭世骏《诸史然疑》，张熷《读史举正》，洪颐煊《诸史考异》，洪亮吉《四史发伏》，梁玉绳《史记志疑》，钱塘《史记三书释疑》，钱大昭《汉书辨疑》、《后汉书辨疑》，惠栋《后汉书补正》，沈钦韩《两汉书疏证》，全祖望《汉书地理志稽疑》，梁玉绳《汉书古今人表考》，杭世骏《三国志补注》，钱大昭《三国志辨疑》，方恺《新校晋书地理志》，章宗源《隋书经籍志考订》，姚振宗《隋书经籍志考证》，沈炳震《唐书宰相世系表订伪》，钱大昕《宋辽金元四史朔闰考》、《辽金元三史拾遗》，厉鹗《辽史拾遗》等。或合篇汇校，或单篇注释，规模之广，考证之精，超过以往任何一代。

至于补史之作，这时期比较重要的有：万斯同《历代史表》，齐召南《历代帝王年表》，孙星衍《史记天官书补目》，钱大昭《后汉书补表》、《补续汉书文志》，侯康《补后汉艺文志》，洪亮吉《补三国疆域志》，侯康《补三国艺文志》，洪饴孙《三国职官表》，周嘉猷《三国纪年表》，姚振宗《三国艺文志》，侯康《补晋书艺文志》，洪亮吉《东晋疆域志》、《十六国疆域志》，卢文弨《魏书礼志校补》，周嘉猷《南北史表》，徐文范《东晋南北朝舆地表》，黄大华《唐藩镇年表》，钱大昕《修唐书史臣表》、《唐五代学士表》，周嘉猷《五代纪年表》，顾怀三《补五代史艺文志》，倪灿《宋史艺文志补》、《补辽金元三吏艺文志》，卢文弨《金史礼志补脱》，钱大昕《元史氏族表》、《补元史艺文志》等。上述著述，对于完备古代史学做出了巨大贡献。

总之，这一时期通过运用历史考据法，乾嘉学者们对于古代经史文献资料进行了一次较为全面的清理，为近代史学的进一步发展，打下了扎实的资料基础。

第二，1840年至戊戌前后是以经学史、元明史、当代史、边疆史为研究重点，考据法和史学著作方法相结合的研究时期。

这一时期，思想家和史学家有感于民族危机和政治危机，认为纯粹考据法离社会现实过于遥远，试图在重新定义传统学术概念的基础上，加强史学研究和经学研究的经世色彩，因而对经学史的研究，由注重东汉郑、许之学而转移到注重西汉今文学，由名物训诂而进至微言大义，出现了魏源的《诗古微》、《书古微》，陈立的《公羊义疏》、《白虎通疏证》，朱一新的《无邪堂答问》，陈澧的《东塾读书记》，廖平的《今古学考》、《辟刘篇》、《知圣篇》，康有为的《新学伪经考》、《孔子改制考》等。并就经学史的发展线索，各派的主要观点，乃至经学史研究应该遵循的方法等问题，展开了激烈的讨论，曲折地反映了在经学外衣下的现实政治主张。

在史学研究中，史家对古代史学的经世特点有了较为真切的体认。他们一方面扩大考据法的范围，把考据集中在较有现实意义的史学问题之上；另一方面，也尝试着用古代史学的"春秋"笔法，通过对历史上与当代人物和事件的评价，来激励士民的道德和政治意识。这类著作比较典型的，有：魏源的《元史新编》，徐鼒的《小腆纪传》、《小腆纪年附考》，夏燮的《明通鉴》，曾廉的《元书》，张穆的《蒙古游牧记》，何秋涛的《朔方备乘》，魏源的《圣武记》，洪钧的《元史译文证补》等。

至于在乾嘉学者工作的基础上，进一步完成乾嘉学者的考据成果的，有：夏燮《校汉书八表》，汪士铎《汉志释地略》，丁谦《汉书西域传考证》，周寿昌《汉书注校补》，朱一新《汉书管见》，王先谦《汉书补注》，周寿昌《后汉书注补正》，汪士铎《南北史补志》，杨守敬《隋书地理志考证》，周寿昌《五代史记纂误补续》，缪荃孙《辽文存》，李文田《元朝秘史注》，沈曾植《元朝秘史补注》等。

第三，戊戌后至20世纪40年代是以先秦史、元明清史为研究重心，实践新史学方法论的研究时期。

随着经学史研究的深入，对经学的原有信仰受到一定的冲击，重新整理被儒家美化了的上古历史，探讨经学与社会历史之间的相互关系，成为当时经学史研究的新课题。而西方进化论的传播以及西方社会学关于上古文明的某些论述，又为整理中国先秦史提供了参考。加之1899年河南安阳出土殷商甲骨，经过王懿荣、刘鹗、罗振玉、王国维、唐兰等人的收集、整理，基本上可以为研究者所利用。19世纪末20世纪初，中国西北地区又发现了汉晋简牍和敦煌文献，其中汉晋简牍经罗振玉、王国维、向达、劳幹等人的整理，为汉晋历史研究增添了更加充分的资料，提出了文献与文物资料相印证的历史课题。在这样的背景下，先秦史研究、秦汉史研究成为史学研究的重点。梁启超、章太炎、夏曾佑、刘师培诸人关于中国上古文明发展历程以及宗教、学术的具体研究，特别是章太炎的《检论》，梁启超的《先秦政治思想史》，王国维的《古史新证》，胡适的《中国哲学史大纲》，顾颉刚用累成的古史观对上古神话和历史的分析，都是富有创造性的研究成果，为进一步探索中国历史和思想学术的发展规则提供了基础。

在这一时期，元明清史研究仍然为史学家们所瞩目。王国维晚年对蒙元史作了较深入的研究，在沈曾植等人的基础上，撰成《蒙古史料校注四种》，并附有《鞑靼考》、《萌古考》等文。陈垣著有《元也里可温教考》、《元西域人华化考》等；并对沈家本《元典章》刻本作了校补，撰成《沈刻〈元典章〉校补》。洪承钧还翻译了《多桑蒙古史》、《马可波罗行记》、《蒙古史略》，出版了九本《西域南海史地考证译丛》，集中了沙畹、伯希和等西方史家的许多重要论文。还有屠寄编成《蒙兀儿史记》、柯劭忞撰成《新元史》。至于清史，梁启超著有《清代学术概论》、《中国近三百年学术史》，章太炎著有《清建国别记》，孟森于1914年发表《心史史料》第一册，赵尔巽等编辑了《清史稿》等。

中国近代的中外历史研究，反映出如下几个特点：

其一，史学研究与社会现实状况密切相关。清初学者有感于宋明理学的局限，提倡用平实客观的方法重新研究儒家经典，以求得对当时社会问题的解决，无论在哲学、政治学、教育学等领域，都出现了一系列新思想，新观点。但清中期，学者们迫于文字狱的淫威，只好片面地继承他们前辈的治学方法，在思想上没有经世致用的意图和理想。他们以复古为最高目标，但仅仅局限于文字之古，不惮其烦地广征博引和运用文字、音韵、训诂知识进行精心考辨，对古文献的整理做出了巨大贡献，对其中思想内容的探讨则不能相称。18世纪末，随着社会危机和民族危机的逐渐加深，清朝统治者已经无力维持政治上的高压政策，学者们开始提倡经世致用，关注现实政治，出现了庄存与、刘逢禄、宋翔凤、龚自珍、魏源、廖平、康有为、梁启超等今文经学的鼓吹者。今文经学的复兴，表面上是老调重弹，但其间处处渗透着学者们对时代的焦虑和思考。其他史学研究者亦以民族忧患意识为基本点，对历史上的民族问题、边疆问题、内政外交问题进行研究，深究其成败得失，试图为社会现实问题提供解决的办法。直到20世纪20年代前后，逐渐形成对近代文化发展趋向的不同估价，从而形成研究历史的不同角度和不同观点。

其二，史学研究重点的转移与史学哲学和史学方法的变革，以及新史料的发现有十分密切的关系。清初学者主张对天人之际、古今之变进行信而有征的研究，史学研究的范围极为宽广，典章制度、天文地理、民风民俗、学术思想以及史学理论，都在研究之内。而乾嘉朴学则唯主实事求是，研究的范围虽然也很广泛，但重心已转移到经、史典籍的校勘、整理。鸦片战争后，史学倾向于为现实问题的解决服务，经世史学兴起，一时人们最关心的问题，如边疆问题、历史的变易问题也成为史学研究的核心问题。19世纪末20世纪初，史学提出建立为近代国民服务的、带有总结历史发展规则特色的新史学的课题，史学理论和学术史、社会发展史的研究成为史家注目的重点。20世纪20—40年代，随着各种史学流派的哲学主张和方法论体系的形成，史学研究呈现出发展趋势的多元化，导致近代新史学研究的繁荣局面。

新史料的发现也是史学研究发展的一个重要因素。乾嘉朴学对于金石文字给予了高度重视，印行了不少金石文字的专著。这种史料观点使原有历史问题找到更加广泛的研究基础。鸦片战争后，人们睁开眼睛看世界，海外相关文化现象和历史材料都被当做史学研究的参考。如鸦片战争后的蒙元史研究，就立足于域外蒙元史籍的传入和比勘。特别是19世纪末20世纪初年考古界的几大重要发现，对于促成新史学的产生和发展起了不可低估的作用。

其三，每一时期的研究内容，与前一时期有继承关系，研究课题总是在前一时期有所酝酿，史学研究总是谋求对前一时期史学成果的充实和突破，显示出历史研究内容上的连续性和继承性。

总之，近代史学研究的成果，既是对古代史学成果的丰富和发展，也是对古代史学成果形式的更新与改造。近代史学就是沿着肯定与否定继承与变异的道路向前发展的。

第三章　近代关于清以前中国历史的研究

第一节　关于先秦史的研究

对上古史的研究，在春秋战国时期形成了第一次高潮。诸子百家搜集史料，论证各派观点，对上古史必然有所取舍甄别。如儒家利用旧籍写了《尧典》、《皋陶谟》，墨家谈了不少虞夏商周"古圣王"的历史和故事，道家追溯了尧舜以前的古史传统。但他们往往随自己的理论需要改造文献。这一时期对当时的历史和学术思想也有所研究，出现了孔子《春秋》、左丘明《左传》以及《庄子·天下篇》、《荀子·非十二子》、《韩非子·显学》等论著。

西汉时期，司马迁作《史记》，深感有关上古史的记载多神怪之言，缙绅之士难言之，用六艺作标准对它们作了整理；对于春秋以来的各种学术思想，他依据其父司马谈《论六家要旨》的观点作了简要总结。西汉末年，刘向、刘歆等总校群书，整理了上古先秦史的基本史料，主要包括《尚书》、《诗经》、《春秋》、《周礼》、《仪礼》、《礼记》、《周易》、《左传》、《国语》、《战国策》、《世本》等。他们还对古代学术史作了更详细地分类。后来班固《汉书·艺文志》就是在他们的基础上条理先秦学术源流。大体而言，汉代对于上古先秦史的研究基本上有两派：今文经学家用阴阳五行、五德终始说划分古史，推原古代学术的微言大义；古文经学家则多从文字训诂、名物制度方面去研究。但两派互有影响。《汉书·律历志》保存的由刘歆加工改造过的古史系统一直支配后来的史学著作。汉代纬书中更有大量关于古史的虚构说法。三国时谯周《古史考》、晋初皇甫谧《帝王世纪》，按照汉代纬书的编造，融入古史资料，提出了复杂的、线索化的古史系统。

宋代出现了一些考述古史的著作，如司马光《稽古录》、刘恕《通鉴外纪》，两书都涉及古史研究。吕祖谦《大事纪》、金履祥《通鉴前编》，叙古史虽常从汉人之说，但选取史料比较谨慎。另有胡宏《皇王大纪》，根据邵雍《皇极经世》记叙盘古到东周末年的史事。罗泌《路史》则详细引用远古传说，其《国名记》分列古帝王的后代及周世各国的族姓，利用了残留至宋代的上古史料。宋代对儒家经典的研究也进入了一个新的阶段，他们注重义理，用佛、道两家的宇宙学说和心性理论区探讨儒家经典的哲学特色，形成了对儒家经典的新认识。对于先秦典籍，他们还根据义理进行了大胆怀疑。如欧阳修《易童子问》论定《系辞》非孔子作而是汉儒所作；欧阳修《问进士策》、苏轼《策"天子六军之制"篇》及苏辙《历代论周公篇》等都以为《周礼》非周公所作，应为战国之书；李觏《常语》、司马光《疑孟》辨《孟子》内容之误；苏轼《书传》谓《胤征》为羿矫命叫胤侯出征，《康王之诰》不当在凶礼中有吉礼；晁说之《诗序论》四篇论《诗序》之非等。这些都是对汉代以来的传统经学提出的挑战。

一　清初至鸦片战争前的先秦史研究

清初及乾嘉年间，对于先秦史的研究主要集中在史料辨伪。如马骕《绎史》博引古籍，并标明材料出处，加以疏通辩证，每篇的末尾还有作者本人的论断。虽然所引材料还不十分科学，但仍是先秦史研究的重要参考资料。崔述《遗书》对先秦史料也作了广泛收集，他以经、传为主，其他资料符合经文、传文者并列，不符合者根据不同情况，另列"备览、存疑、附录、附论、备考、存参"诸目。对于儒家经典进行辨伪的有阎若璩和惠栋对《古文尚书》的辨伪。阎若璩钻研三十余年撰成《古文尚书疏证》，终于断定自东晋以来历代立于学官的《古文尚书》是伪造的，惠栋《古文尚书考》为阎若璩提供了更加充实的材料，终于完成了这一疑案的判定。姚际恒还对群经作了辨疑，写有《九经通论》，后又写有《古今伪书考》。总之，清初及乾嘉时期的学者，他们以实事求是的学风对先秦历史和学术史的重要资料，从经学史研究的角度作了认真辨别；非但如此，他们也对先秦史作了研究。如关于先秦典制史的研究，秦蕙田著有《五礼通考》，以吉礼、凶礼、军礼、宾礼、嘉礼为目，对古代礼典作了独到的疏解。顾栋高的《春秋大事表》在整理《春秋》和《左传》的史实过程中，也整理了春秋时期的重要典章制度。对于先秦年代和地理问题，当时学者也很关注。崔述《三代正朔通考》、顾栋高《春秋朔闰表》、姚文田《春秋经传朔闰表》、胡渭《禹贡锥旨》、顾栋高《春秋列国地形口号》、高士奇《春秋地名考略》、江永《春秋地理考实》、阎若璩《四书释地》，都是其中的有名代表作。

二 鸦片战争前后至戊戌维新时期的先秦史研究

鸦片战争前后至戊戌维新期间的先秦史研究有三个方面的表现：其一，对先秦历史的研究大多承袭乾嘉学者的传统。其中关于先秦年代的研究，最有贡献的是林春溥，著有《竹柏山房丛书》，丛书中的《古史纪年》、《古史考年异同表》、《战国纪年》、《竹书纪年补证》，都是关于先秦年代的考证。他还作了一部古代编年史，上起黄帝，下迄周平王五十一年，以启《左氏春秋》。继起者有王韬，他利用西方天文历算成就及英人察满推算《春秋》日食记载的成果，撰《春秋朔闰至日考》，为春秋年代考订提供了比较精确的根据。对于先秦地理的研究，有程恩泽、狄子奇合著的《战国策地名考》20卷，宋翔凤《四书释地辩证》二卷等。

其二，对先秦经典的研究在承袭乾嘉传统的同时显示出新的研究方向。在阎若璩、惠栋对《古文尚书》辨伪之后，寻求真古文、今文尚书原貌的工作即开始着手。清代朴学家做了大量搜集资料和校勘的工作，凡能搜集到的汉代古文、今文材料，尽量都搜集起来。有的学者还从语言、文字、音韵、训诂、词汇、语法等方面做了精深的研究，使许多本来无法读懂的文句大抵可以探索到它的一些意义。如段玉裁《古文尚书撰异》32卷，分别考校由今文28篇析成的古文31篇，各篇按句详细搜集异文异说，根据早期字书来分析文字及句读问题；王念孙、王引之父子所撰《读书杂志》、《经义述闻》、《经传释词》，以训诂学来解决《尚书》中的疑难问题。与《尚书》研究大致相同，清代朴学家还致力于《春秋》、《周礼》等经及诸传的汉代旧注的搜集和研究。如洪亮吉晚年用十余年时间写成《春秋左氏诂》20卷，大量搜集贾逵、服虔、郑兴、郑众等人的注疏并作对比考证；刘文淇《左传旧疏考证》以揭示孔颖达《左传正义》对六朝旧疏的继承和吸收为主要任务，系统研究《左传》在唐初的研究状况等。在鸦片战争前后到戊戌维新期间，继续做上述今、古文旧注的整理和比较工作的有俞樾的《群经平议》35卷，这是继《经义述闻》之后辨析经义迭有创见，特别是在运用语法、假借字方面更见功力的又一部要著。

鸦片战争前后经学研究的一个重要动向是今文经学的兴起。清代考据学"家家服郑，人人贾马"的治学风气使得汉学中的东汉之学的原貌得到逐步恢复。但其中也孕育着新的研究方向。身处乾隆时，开常州学派先河的庄存与专重微言大义，反对拘守马、郑古文经学。他于众经之中，首推汉代今文经学中唯一传下的《公羊解诂》，写有《春秋正辞》。其门人孔广森撰《公羊通义》，阐发何休的观点。乾嘉之际，庄述祖把《春秋》公羊传的大义推演到群经之中。刘逢禄、宋翔凤当嘉道之际，进一步发扬今文之学。刘逢禄作《公羊何氏释例》、《公羊何氏解诂》、《发墨守评》、《穀梁废疾申何》、《箴膏肓评》、《春秋左传考证》等篇，其中《春秋左传考证》彻底否定《左传》在先秦时期作为释经之传的资格，认为《左氏春秋》犹《晏子春秋》、《吕氏春秋》，它成为《左传》乃是由于刘歆的改编。刘逢禄的两位门生龚自珍、魏源承其衣钵。龚自珍撰《六经正名》一篇及《六经正名答问》五篇，对整个经学提出新说。以前儒家把十三经都奉作圣人之言，说《诗》、《书》、《易》、《仪礼》、《春秋》皆孔子所定，《周礼》、《尔雅》为周公所定，《礼记》、《三传》、《论语》、《孝经》皆孔子弟子及后学所记孔子之言，《孟子》则得孔子真传。总之，无一非承周公孔子之学。龚自珍则指出其间有经、传、记、群书之别，并不都是经。如《三传》即传，《礼记》即记，《论语》、《孝经》、《周官》为群书，《孟子》为子书。这些书产生时间先后迥异，传、记大都成于汉代。他又撰《五经大义终始答问》九篇，把今文家所倡《公羊》三世之说，用来解释所有各经。魏源撰《书古微》12卷，其《自序》开头即说："《书古微》何为而作也，所以发明西汉《尚书》今古文微言大义，而辟东汉马、郑古文之凿空无师传也。"他认为西汉今古文本即一家，自后杜林称得漆书古文，马融作传，郑玄注解，由是古文遂显于世，今文遂为所压。及东晋伪古文出，而马、郑亦废。清儒徒知攻东晋晚出古文之伪，遂以马、郑本为真，不知马、郑古文亦不可信。他用《史记》、《尚书大传》及见于《汉书》的今文三家之说与刘向之说来反对马、郑之说。魏源另著有《诗古微》、《公羊古微》、《易象微》，都是用汉今文否定汉古文。魏源之学传王闿运。王闿运之学传于廖平。廖平对经学的认识一生经历了六次变化，自号六译老人。前三变皆讲今古之学，从平分今古到尊今抑古，再变而成古大今小，从提倡今文说转变为提倡古文说。其经学初变期的代表作是《今古学考》，二变阶段的代表作是《辟刘篇》（后改名《古学考》）和《知圣篇》。《今古学考》分上下两卷，卷上为表，卷下为论。主要论点是：(1) 汉代经学有今文、古文两派。(2) 这两派可以上溯到先秦："经在先秦已有二派，一主孔子，一主周公。……齐、鲁，今学；燕、赵，古学。汉初儒生达者皆齐、鲁，以古学为异派，抑之，故致微绝。"(3) 西汉今学盛，东汉古学盛。(4) 今文古文并称，始于许慎《五经异义》。(5)《五经异义》严分今文、古文二派。(6) 今文、古文两派界限至郑玄而泯灭。(7) 今文、古文两派区分的标准不在文字，而在礼制。今学主《王制》，古学主《周礼》。1888年，他又述今学为《知圣篇》，古学为《辟刘篇》。1894年改撰《古学考》，认为"今学传于游、夏，古学张于刘歆；今学传于周秦，古学立于东汉：非秦、汉以来已两派兼行"。实际上否定了《今古学考》中今古两派源于先秦的说法，认为古学主要是刘歆的伪造，故他写此专辟刘歆的《古学考》。廖平的这些观点影响了康有为。康有为撰《新学伪经考》和《孔子改制考》两书。《新学伪经考》主要说明汉代孔子壁中所出古文诸经全是刘歆为帮助王莽篡取汉政权而伪造的。王莽政权叫"新"朝，故这些经亦称为"新学伪经"。刘歆为了使伪经的传承信而可征，他还遍伪群经，窜乱《史记》，假造传承谱系。《史记》、《汉书》中有关古文经在西汉的流传情况，都出自或承自刘歆的增窜，非《史》、《汉》之旧。其中有一篇叫《秦楚六经未尝亡缺考》，说明汉代今文经本来完整，并不像刘歆《移太常博士书》所说的"书缺简脱"。《孔子改制考》主要说明汉代所传今文诸经，全是孔子托古改制的著作。周末诸子并起创立自己的学说，托古改制、争胜互攻，孔子也只是诸子之一，创立儒教，编造《六经》，托之尧、舜、文、武，这些全是托古而不是真古。

晚清今文经学的兴起，既有学术原因，又有政治原因。从学术角度看，乾隆时期，家诵许郑，群薄程朱，自宋学而复归东汉之学。嘉庆、道光以后，由许郑之学导源而上，《诗》宗三家而斥毛氏，《书》宗伏生、欧阳、夏侯而去古文，《礼》宗《仪礼》而毁《周官》，《易》宗虞氏以求孟义，《春秋》宗《公羊》而排《左氏》，西汉十四博士之说于是复明，自东汉之学而复于西汉之学，这势必导致今文经学的复兴。从政治角度看，道光、咸丰以来的政治社会情态和乾嘉时期有很大不同。学人蒿目时艰，惧陆沉之有日，觉斯民之待拯，对于专究名物训诂之末的学风深致不满，对于《公羊传》张三世、通三统、绌周王鲁、托古改制等"非常异义可怪之论"也容易相契。

晚清今文经学的复兴给先秦历史和学术史的研究带来了新的活力。一般而言，古文经学相信中国古代的文化在尧、舜以前已十分发达，以后每况愈下。今文经学则认为中国古代文化的发达不在孔子所叙的尧舜，而在诸子争鸣的春秋、战国时期。如康有为认为上古茫然无稽，孔子所描写的尧舜时期的文化只是孔子"托古改制"的宣传手段，和老、庄托于太古、许行托于神农、墨翟托于夏禹,是一样的把戏。至于古文家所谓周公治天下的《周礼》,至早也是战国时候理想化的作品,决不是什么周公的著作。这样的古史观也导致对孔子的新评价。古文家把孔子当做史学家,是古代文化的保存者。而今文家则把孔子当做哲学家,他与先秦诸子同列。而对于先秦历史典籍及其相互关系的认识也由此而出现很大的变化。如《春秋》与《左传》的关系问题,《周礼》的性质与成书年代问题,都势必引发人们的重新思考。

其三,诸子学研究开始发端。胡适在其《中国哲学史大纲》中指出:

> 清初的汉学家嫌宋儒用主观的见解来解古代经典,有"望文生义"、"增字改经"种种流弊。故汉学的方法,只是用古训、古音、古本等客观的根据,来求经典的原意。……但是汉学家既重古训古义,不得不研究与古代儒家同时的子书,用来作参考互证的材料。故清初的诸子学,不过是经学的一种附属品,一种参考书。不料后来的学者,越研究子书,越觉得子书有价值。故孙星衍、王念孙、王引之、顾广圻、俞樾诸人,对于经书与子书,简直没有上下轻重和正道异端的分别了。到了最近世,如孙诒让、章炳麟诸君,竟都用全副精力发明诸子学。于是从前作经学附属品的诸子学,到此时代,竟成专门学。一般普通学者崇拜子书,也往往过于儒书。岂但是"附庸蔚为大国",简直是"婢作夫人"了。(《胡适学术文集》,中华书局1991年版,第13页)

胡适的这一评说基本符合清代诸子学研究的发展线索。清代对诸子学的重视,首先出于探索上古语言、文字、句法的规则之考虑。如王引之《广雅疏证》、《经传释词》、《读书杂志》,广收经史子书,研究上古语法规律。后来俞樾《诸子平议》继承了这一做法。但在训诂、句法研究之外,学人对子书中有关儒家经典的佚文、异文的记载也给予了高度重视,如惠栋的《左传补注》,引及诸子有《荀子》、《墨子》《韩非子》、《孙子》、《吴子》、《尉缭子》等。还有一些学人对诸子进行专门研究,如魏源著有《老子本义》、《孙子集注》,孙诒让著有《墨子间诂》等。但这些诸子研究在当时尚只能以儒家经典为准绳,不敢正视诸子的"异端"思想。胡适曾以翁方纲为例,说明当时对诸子研究的情况。翁方纲原与卢文弨、孙星衍同为治墨学之一人,他的《复初堂文集》十五有《书墨子》一篇,作于乾隆晚年(约1790年),其中说:"今之学者读《孟子》,而尚治《墨子》之书,其其外于圣人之徒，又无疑也。虽其书尚存，观之亦若自成一家之言，而究与圣贤之道大异，则又无疑也。近日江南有翰林孙星衍者，锓梓《墨子》之书……有生员汪中者，则公然《墨子》撰序，自言能治《墨子》，且敢言孟子之言兼爱无父为诬墨子。此则名教之罪人，又无疑也"（见《胡适学术文集·中国哲学史》，第725页）。翁方纲治墨子而以"反墨子"面目出现，可见当时诸子研究的矛盾状况。这种局面直到康有为《孔子改制考》出，其平列的诸子观，才突破了经、子的界限，诸子学研究始别开生面。

三　戊戌维新后的先秦史研究

19世纪末20世纪初，史学提出了建立为近代国民提供历史借鉴、带有总结历史发展规则特色的新史学的课题，先秦史研究也产生了深刻的变化。以下仅就三个方面作简要叙述：

第一，对于今、古文经学进行了科学地探索，提示了后人整理今古文经学的一般方法。19世纪末20世纪初，康有为继续阐述他的今文经学观点，撰有《中庸注》、《孟子微》、《论语注》、《大学注》。另有一位学者崔适著《史记探源》、《春秋复始》、《论语足征记》、《五经释要》诸书，引申康有为《新学伪经考》之说。但在这一学术潮流之中，章太炎、刘师培都竭力维护古文经说的历史地位。章太炎著有《春秋左传读》，其中对刘歆伪造说作了有力的驳斥。刘师培不但力辩今文派对古文经学的厚诬，还提示了解决今古文经之争的一般方法。

1905—1906年刘师培在《国粹学报》上连续发表《读左札记》，以《左传》为核心，第一次鲜明地表述了他对当时今、古文之争的态度。

首先，他驳斥了今文经学家们对《左传》的诬蔑。刘师培认为：《左传》并非刘歆的伪造。他的一个有力证据是，《左传》在刘歆以前就有传承。他说：

> 《左氏》经传得之汉初，自张苍受业荀卿，传《左氏》学……故高祖之诏引其文（《韩信传》），叔孙通之论并采其说以制礼。下迨文帝诏书，武帝制令，哀帝封册，咸述其文，汉廷有司，亦持以议礼。（《左氏学行于西汉考》）

刘师培认为《左传》自成书以来，相传不绝如线，其中最重要的是荀子、贾谊、司马迁、翟方进等，他特别写了《司马迁〈左传〉义序例》的专篇论文，证明《左传》对司马迁创作《史记》产生过重要影响，不能说是远在他们之后的刘歆所伪造。

刘师培的另一个有力证据是，《左氏春秋》所载史实和解经的语句在刘歆以前的各种著作中曾不断为人所征引。他说：

> 自刘申受谓刘歆以前左氏之学不显于世，近儒附会其说，谓《史记》所引《左传》，皆刘、班所附益。此说不然。(《读左札记》)

他曾作《周秦诸子述左传考》、《左氏学术于西汉考》，一一引证先秦诸子如《吕氏春秋》、《韩非子》以及西汉时《淮南子》、《春秋繁露》等书对《左传》的直接或间接的引用，从而证明《左传》有许多关于史实的独到的描述，不断地为荀子、韩非、刘安、司马迁所征引，如果《左传》是刘歆伪造，又怎么能够为上述诸人所征引？刘师培的上述两个证据较为有力地批评了刘歆伪造说的要害。

至于《左传》与《春秋》的关系，刘师培也驳斥了左氏不传《春秋》之说。他说：

> 自汉博士谓左氏不传《春秋》(《汉书·刘歆传》)，范升谓左氏不祖孔子而出丘明，师徒相传又无其人(《后汉书·范升传》)，晋王接遂谓左氏赡富，自是一家书，不主为经发(《晋书·儒林传》)。近儒武进刘氏，遂据此以疑《左传》。案：汉严氏春秋引《观周篇》云：孔子将修《春秋》，与左丘明乘如周，观书于周史，归而修《春秋》之经，丘明为之传，共为表里。《观周篇》，《孔子家语》篇名（此真《家语》，非王肃所造之《家语》也）；而引于汉人，且引于公羊经师，则《左传》为释经之书，固公羊家所承认矣。刘向《别录》云：左丘明授曾申。刘向素以《穀梁》义难《左传》，而于《左传》之传授言之甚详，则《左传》为释经之书，又《穀梁》家所承认矣（同上）

也就是说，《左传》是为解释《春秋》而作，曾经在非伪造的《孔子家语》中有明确记载，而这种记载被公羊家所认可，穀梁家还对《左传》学的流传脉络作过探索，可见在西汉时期，今文经学家本身都承认了《左传》的解经地位。

刘师培还进一步分析《春秋》经与三传的关系，说：

> 《春秋》者，本国历史教科书也，其必托始于鲁隐者，则以察时势之变迁，而先今后古，略古昔而详晚近，则《春秋》又即本国近世史也。虽然，以史教民，课本所举仅及大纲，而讲演之时，或旁征事实，以广见闻，或判断是非，以资尚人。时门人七十弟子三千，各记所闻，以供参考。而所记之语，复各不同，或详故事，或举微言，故有左氏、穀梁、公羊之学。然溯厥源流，咸为仲尼所口述，惟所记各有所偏，亦所记互有详略耳。（同上）

因此，左传与公羊、穀梁传经方式的差别，直接导源于孔子弟子们记录的差别，导源于孔门弟子学术兴趣的差异，并不是只有《公羊》、《穀梁》才是解释《春秋》的作品，而《左传》同样是解经之作。

其次，刘师培挖掘了《左传》的政治文化思想，证明它与孔子思想存在一致性。晚清今文经学的一个重要观点就是古文经缺乏孔子素王改制的经世精神，没有历史发展的观点和政治理想。刘师培认为这不符合古文经学的面目。他说，就华夷之辨来看，"公、穀二传之旨，皆辨别内外，区析华戎。《左传》一书，亦首严华夷之界，僖二十三年传云：杞成公卒。书曰子，杞，夷也。二十七年传云：杞桓公来朝，用夷礼，故曰子。此左氏传之大义也，亦孔门之微言也"（同上）。也就是说《左传》一书也在解经过程中突出了夷夏之防，具有民族主义思想，可以用来抵御外侮。

至于今文经学所诩为独发的君轻民贵之说，刘师培也认为《左传》中比比皆是：

> 晚近数年，晢种政法学术播入中土，卢氏民约之论，孟氏法意之编，咸为知言君子所乐道，复引旧籍，互相发明，以证晢种所言君民之理皆前儒所已发。由是治经学者咸好引公穀二传之书，以其所言民权多是附会西籍，而《春秋左氏传》则引者阙如。予按隐公四年经云：冬，十有二月，卫人立晋，左氏传云：书卫人立晋，众也，以证君由民立，与公穀二传相同。又宣公四年经云：郑公子归生弑其君夷，左氏传云：凡弑君称君，君无道也；称臣，臣之罪也。以儆人君之虐民，与公羊传

之释莒君被弑，亦合若符节。(同上)

因此，刘师培认为《左传》对孔子创法垂意的微言大义也知之甚深。所谓左氏不知《春秋》之义的观点，是"真不知《春秋》之义矣夫"！

最后，刘师培还反省了人们对于《左传》产生误解的缘由，并提出了一些解决误解的方法。既然《左氏传》本身并不违背《春秋》，那是什么原因导致人们的误解？刘师培认为这主要是由于三个原因：一因卷帙浩繁，一因汉儒无完全之注，一因后儒斥为伪书。《左传》比《公羊》、《穀梁》内容赡富，由于西汉时又未成为经学主流，一直没有人给它完整地作注解。东汉时，随古文经地位的上升，《左传》也受到一定重视，但贾逵、郑众等虽有注，也未完整地保存下来，只有晋杜预《春秋左氏传集解》得以完整地保留下来。而杜预的《集解》，又受公羊、穀梁的影响，并不遵循《左传》的特点，穿凿附会，反而把《左传》引向歧途，丧失了自身的特点。后儒之所以把《左传》斥为伪书，大多是因为受杜预的影响，刘逢禄、廖平、康有为对《左传》的理解，也大多以杜预《集解》为凭据。刘师培认为《左传》之义厄于征南，杜预不是《左传》的功臣，而是《左传》之祸首。

那么，怎样才能扭转对《左传》研究的不利状况？刘师培说：

今观左氏一书，其待后儒之讨论者约有三端：一曰礼，二曰例，三曰事。(同上)

所谓"礼"，就是说要研究《左传》阐述的礼典礼制。晚清今文经学认为《左传》所阐述的礼制跟《周礼》有相合之处，而与《王制》相异，刘师培认为这需要进行深入研究，看看是否与《王制》相背，如果相背，它体现了什么特点？而且，"左氏佚礼若能疏通证明，亦考古礼者所必取也"。所谓"例"，即《左传》的书法。《左传》有独特的书法，只有实事求是地去理解，才能把握《左传》的思想，而不能依照公羊、穀梁，依样画葫芦。所谓"事"，就是《左传》的史实。刘师培认为有必要理清《左传》所载史实的采源及其被引用的情况。他说，礼例事"三书若成，则左氏学必可盛兴，若夫历谱地舆之学，治左氏者多详之，惟考证多疏，董而理之，殆后儒之责欤"(同上)。

可见，刘师培所提出的关于《左传》研究的课题，都是一些专门史研究的课题，极为准确地抓住了《左传》学自身的不足。

《读左札记》代表了刘师培经学研究的基本思路，有两个基本特征，一是整理经学研究的历代旧注，深入辩证其中的是非，二是对原有经典进行专门研究，明确各经典的基本特色。整理旧注和专门研究二者，都体现了学术研究实事求是的态度，既是刘师培对乾嘉汉学学风的继承，也是刘师培对家世学风的继承。

刘师培的《读左札记》受到了当时学术界的重视。早在1903年，章太炎就因刘师培关于《左传》学的许多观点和思路与之相合，而深叹"吾道因以不孤"。受《读左札记》启发，章太炎曾对他自己作于1891—1896年间的《春秋左传读》作过重新整理。

刘师培的《读左札记》也基本确立了他后期经学研究的重心。1908年刘师培脱离资产阶级知识分子革命群体而投靠清政府，虽然政治上步入歧途，但学术上则专精于《左传》和《周礼》。1910年写成《春秋左氏传时月日古例考》，1912年写成《春秋左传答问》、《春秋左氏传古例诠微》，1913年写成《春秋左氏传例解略》，1916年写成《春秋左氏传例略》，上述著作都体现了刘师培对《左传》研究的深入和进步。而他所提出的关于《左传》例和《左传》礼的独到认识，都基本上遵循了《读左札记》的思路。他的研究成果，对我们今天研究和整理《左传》、《周礼》诸书仍有启示意义。

第二，对上古先秦历史及其演变线索作了深入研究。自康有为提出上古茫然无稽，中国上古社会是怎样一种形态？它走的是怎样一条发展途径？这些问题便成为史学研究的重要课题。以顾颉刚为代表的"古史辨"派以疑古思想为核心，对先秦历史作了反思性的研究，其主要成果体现在《古史辨》。《古史辨》第一册，出版于1920年，第七册出版于1941年。参加讨论的学者除顾颉刚外，还有钱玄同、童书业、罗根泽、杨向奎、杨宽等。第一册是顾颉刚与胡适、钱玄同、刘掞藜等讨论古史的信件和文章，以禹为讨论的中心，兼及历史的辨伪著作。第二册上编讨论古史问题，中编讨论孔子和儒家问题，下编是关于第一册的评论。第三册专门研究《易经》和《诗经》，中心思想是恢复这两部儒家经典的原貌，认为《易经》是卜筮书，《诗经》是乐歌。第四册由罗根泽编，专门讨论诸子，上编讨论儒墨两家，下编讨论道法两家。第五册上编讨论汉代经学上的今古文问题，下编讨论阴阳五行的起源及与上古帝王系统的关系。第六册由罗根泽接着第四册编，上编通考先秦诸子、下编专考老子。第七册由童书业编，共分三编。上编是古史传说的通论，有顾颉刚的《战国秦汉人的造伪和辨伪》、杨宽的《中国上古史导论》。中编是三皇五帝考，有顾颉刚、杨向奎合著《三皇考》和吕思勉、蒙文通、缪凤林等关于三皇五帝的论文。下编是唐、虞、夏史考，有顾颉刚与童书业合作的几篇论文和吕思勉、陈梦家、吴其昌等的论文。《古史辨》继承了我国历代辨伪疑古的传统，把我国先秦至两汉的古书以及有关古史的记载，作了系统的分析，结论是先秦史料的真实性值得怀疑，古史记载本来不过是神话传说。它打破了人们对沿袭两千多年的古史系统的信念。

但与此同时，也有一些学者利用甲骨文、金文与古籍相印证，开始了古史的重建工作。罗振玉多年从事甲骨文、金文和其他文物资料的收集、整理和刊布，为先秦史研究提供了大量的原始材料。如《殷墟书契前编》八卷、《殷墟书契后编》二卷、《殷墟书契续编》六卷、《殷墟书契菁华》一卷、《三代吉金文存》二十卷。王国维将甲骨文研究运用到古史上去，提出二重证据法，证明《史记》对殷代先公先王世系的记载基本上是正确的。他还著有《殷礼征文》、《古史新证》，对殷代社会作了多方面的探讨。走罗、王之路的，尚有容庚、商承祚、徐中舒、唐兰、于省吾、刘节、丁山、陈梦家等学者。

1928年，前中央研究院进行了第一次殷墟发掘，揭开了中国考古学的新篇章。前中央研究院还发掘了不少石器时代的遗址。参加发掘、整理，研究这些考古资料的学者有李济、梁思永、董作宾、尹达、夏鼐、胡厚宣、高去寻、郭宝钧、石璋如等。他们对重建上古先秦历史也做了十分有意义的工作。

值得特别提出来的是，19世纪末20世纪初梁启超、章太炎倡言史学革命，宣传新史学理论，他们都发愿创作中国通史，勾勒中国历史所谓进化的线索。这一目标的实现，首先面对的就是对上古先秦史的剖析。梁启超、章太炎虽然没有很快实现其宏愿，但也出现了夏曾佑的《最新中学历史教科书》和刘师培的《中国历史教科书》。他们试图参照西方某些社会学理论，对中国上古历史的发展线索进行研究，从而"发明今日社会之原"（《中学历史教科书》第二编《凡例》）。他们指出自草昧至周末的中国上古历史与西方上古文明的演变大体相似，经历了渔猎、游牧、耕稼等几个不同社会阶段，有从母系向父系社会过渡的轨迹。刘师培还认为父系社会大体在虞夏形成，至殷周而渐备，他认为周初是中国文明大启的时代。

王国维在夏曾佑、刘师培的基础上，对于中国上古历史作了深入研究。他研究古史的目的，根据罗振玉的说法，是"反经信古"、"守先待后"（《王国维遗书》卷首，罗振玉《海宁王忠悫公传》）。也就是说他不满于由康有为掀起的疑古惑经之风，认为这种"横流、邪说"损害了人们对于中国传统文化的自信，导致民族文化虚无主义，引起对经学所论证的道德学说的怀疑。因此，王国维要通过"实事求是"的研究，来证明经学和古史的真实性。王国维的史学研究确实富有这种特色。《观堂集林》的绝大多数篇章，都是通过具体史实证明周公所制礼制的真实历史状况并说明这些礼制以及相关理论在历代的流传，并从而证明传统道德思想对近代文化建设有其积极的意义。但王国维古史研究的影响主要不在于此，而是在于他运用新出土的卜辞以及钟鼎铭文，研究出了殷周间制度的演变，比夏曾佑、刘师培等更加完备，更加准确地反映了殷周两代社会生活的嬗变轨迹。

1898年和1899年之交，中国近代学术史发生了一件重要的大事：河南安阳县西北五里的小屯，出土了无数龟甲兽骨的破片。骨片上多刻有古代文字。经过王懿荣、刘鹗、罗振玉等人的整理、研究，确定为殷墟卜辞。殷墟卜辞为古代史研究提供了第一手直接资料。王国维对这种新史料的发现引起了高度兴趣，从1915年开始他就展开了关于甲骨卜辞和商周史等"新学问"的研究。他认为借助甲骨卜辞和文献资料的互证，就可以更加清晰地看到古代礼制的演变历程以及周公制礼的历史意义。

通过甲骨卜辞与地上文献的相互印证。王国维首先考证了殷商世袭制。在王国维之前罗振玉在所著《殷商贞卜文字考》以及《殷墟书契考释》中曾指出甲骨卜辞中有24名系帝王名谥。王国维在罗振玉研究的基础上，对殷商世系进行了系统的考证与研究。他考订了大乙（成汤）至帝辛（纣）的先王世系，他还考订了大乙以前的部分先公世系，更正了《史记·殷本纪》关于商代帝王世系记载的错误。这一考证，不但证实了《史记》等文献资料关于上古记载的基本可信，而且证实了中国文明确有其悠久和连绵不断的历史。其次，王国维发现了殷周之间某些制度的差异。他在研究商代世系时发现王位的继承是以弟继为主，子继辅之，无弟然后传子。而周代则明确确立了嫡长子继承制。这是殷周制度的一个显著差别（王国维的这一结论并不完全正确，武丁后嫡子继承已成为商代世系的主要标准）。他又发现卜辞中先公王大多是特祭，而且殷之先妣也有特祭。而周制天子七庙，诸侯五庙，"妣合祀于祖，惟丧祭与祔始有特祭"（《王国维遗书》九《殷礼征文》）。可见商代尚无庙制，没有形成如周代那样有严格男女差别和等级差异的祖先祭祀制度。王国维还证明，商代"不常厥邑"。盘庚以前八迁，盘庚以后五迁，而周代则有固定的城市宗周和洛邑，可见商周都邑制度也存在显著差别。他又根据卜辞中缺乏受土的记载，断定殷商对敌国是征服而非占有，没有形成周代将敌国之民和领土分封给诸侯的制度。他概括殷周制度的异同说："中国政治与文化之变革，莫剧于殷周之际"。"自其表言之，不过一姓一家之兴亡与都邑之移转，自其里言之，则旧制度废而新制度兴，旧文化废而新文化兴。又自其表言之，则古圣人之所以取天下及所以守之者，若无以异于后世之帝王，而自其里言之，则其制度文物与其立制之本意，乃出于万世治安之大计，其心术与规摹，迥非后世帝王所能梦见矣"（《王国维遗书》，《观堂集林》卷十，《殷周制度论》）。

王国维还特别分析了在所谓新旧文化、制度转移时期思想观念的变化。他指出："周之制度典礼，乃道德之器械，而尊尊、亲亲、贤贤、男女有别四者之结体也"（同上）。周代制度体现出重道德的鲜明特色，与商代重鬼神的观念有巨大区别。而周代道德观念的核心则是宗法制度下的"敬德"和"重民"。王国维列举《尚书·康诰》以下九篇对"民"的重视，指出周代统治思想对百姓的高度注意。

如前所述，王国维强调殷周制度的区别是为了证明周公之德和周之所以兴。但他根据卜辞和地上文献所整理出来的上古制度的演变线索，对于认识长期以来被神化了的上古历史具有极大的开创意义。最早受王国维研究成果的影响，并把古史研究提高到一个更高层次的是郭沫若。郭沫若指出："（王国维）遗留给我们的是他的知识产品，那好像一座崔巍的楼阁，在几千年来旧学的城垒上，灿然的放出一段异样的光彩。"（《郭沫若全集·历史编》第1卷，《中国古代社会研究·自序》8页）并说："大抵在目前，欲论中国的古学，欲清算中国的古代社会，我们是不能不以罗、王二家的业绩为出发点了。"（同上）

郭沫若在罗振玉、王国维的研究基础上，运用马克思、恩格斯关于氏族社会向阶级社会过渡的有关理论，最早提出殷周之际是中国氏族社会向奴隶社会过渡时期的观点。他说："商代的社会应该还是一个原始公社制的氏族社会，至少应该是这种社会的末期"。而"周代已进入了奴隶制社会"（同上书，19页）。为什么商代社会还只是氏族社会末期？郭沫若指出了三个证据：其一是商代保存了母系氏族社会的遗迹。如兄终弟及和特祭先妣、卜辞中的少父多母都是这种现象的反映。其二是商代的生产状况主要是渔猎和牧畜，还没有发达的农业。郭沫若统计了罗振玉所辑卜辞有关渔猎和畜牧的记载，证明商代社会生产主要是渔猎和畜牧。而卜辞有关田的记载，主要是种植刍禾供牧畜和狩猎之用（同上书第 1 卷，《中国古代社会研究·卜辞中的古代社会》）。其三，商代还没有形成阶级社会的宗教观念和等级秩序。所有这些证据都是在王国维研究的基础上作出的。郭沫若还把王国维关于卜辞研究的初步结论运用到《周易》和《诗》、《书》的分析中。他说："待见甲骨文字以后，《诗》、《书》、《易》中的各种社会机构和意识才得了它们的泉源。"（同上书，196 页）并先后写成《周易时代的社会生活》、《〈诗〉、〈书〉时代的社会变革及其思想上的反映》，他根据关于氏族社会向奴隶社会过渡的认识，找到了在《易》、《诗》、《书》中两种社会生产关系思想观念过渡的线索。

还要提到的是，在王国维、郭沫若基础上再作深入研究的是侯外庐。侯外庐曾在 1946 年写成《中国古代社会史论》，自序中说：他的古史研究是"步着王国维先生和郭沫若同志的后尘"。王国维考辨史料的谨严方法、郭沫若独辟蹊径的科学勇气是他的老师。但侯外庐又与郭沫若关于氏族社会向奴隶社会过渡的认识有一些差别。侯外庐认为中国古代社会走的是一条独特的路径，中国古代奴隶社会与马克思、恩格斯关于亚细亚生产方式的论述基本相当。根据侯外庐对于划分社会阶段标准的认识，他细致研究了在氏族社会向奴隶社会过渡时期中国古代社会的生产资料与生产力相结合的特殊方式，总结出了商周之际的社会变革的本质。

首先，侯外庐认为西周已经确立了奴隶制土地国有制，并且确立了奴隶制生产方式。他指出：王国维的研究已经证明卜辞中没有受土的记载，而周代在土地所有形态上便有了可证文献，如《尚书·吕刑》"有邦有土"和《诗经》"普天之下，莫非王土"等。且"邦""土"二字在字源上同义。可见土地私有不但是周代社会的主要特征，而且这种私有主要是国家所有。原来的氏族首领成为土地的最大占有者。这与西方首先经过氏族公社的共耕制然后转变为"把农地分作各个小块"，成为小土地所有者的发展趋向显然不同。与此相应，氏族社会中分化出的被剥削阶层也未能成为独立的劳动生产者。侯外庐指出：王国维根据卜辞和周代文献的比照，证明周代已经没有大量杀死俘虏的现象，并初步知道了"民"的价值，但尚没有揭示劳动力价值为何变得越来越重要的根本原因。这一点由郭沫若的研究得到了解释。但王国维所提示的"民"的分配方式却一直未得到确切的解释。王国维在青铜器铭文研究中表明在周代分封、赏赐时，民多以"室"为计算单位。侯外庐又研究了周代的"赐家"、"赐室"，乃至春秋时代的"分室"、"兼室"，证明周代奴隶的使用方式是以族为单位的大规模的集体生产，这又与西方氏族成员成为独立的劳动生产单位不同。可见周代所确立的奴隶制土地国有制以及家族化的奴隶生产，是中国氏族社会向奴隶社会过渡的特殊方式。

其次，侯外庐还研究了周代城市与农村的特殊关系。王国维曾指出："都邑者，政治与文化之标志也"（《王国维遗书》，《观堂集林》卷十，《殷周制度论》），并研究了殷代都邑十三迁的历史。郭沫若从中得出商代还处于游牧时代的结论。但周代都邑到底有什么特征？王国维和郭沫若都没有作过详细论证。不过王国维的《明堂庙寝通考》则指出了周代城市与宗庙不可分（《王国维遗书》，《观堂集林》卷三，《明堂庙寝通考》）。侯外庐在王国维的研究基础上又有新的进展，认为殷末周初作邑作邦，主要是供氏族贵族居住，由于被征服的氏族被转化为集团奴隶，必须有足够维持镇压、统御这些集团奴隶的物质基础，故周初作邑作邦实际上是为了镇压和统御集团奴隶而采取的措施。而这种邦邑即成为国家，成为维系宗法制度的主要基地。后来随着周族的繁衍在向外发展过程中，同样有营国、封国的运动。可见，从东营洛邑以至春秋初年的所谓"诸侯城楚丘而封卫"等，可以说是城市国家筑城建国的一段历史。古代城市对农村的这种统属关系，决定了中国奴隶社会政治的独特形式。

再次，侯外庐还研究了在这种特殊的社会过渡时期的意识形态和思想观念。他指出：王国维看到了周初礼制的道德意义，看到了敬德、重民思想的萌芽。郭沫若认为周代敬德重民思想是"人的发现"，体现了奴隶社会对于劳动力价值的初步重视。但侯外庐则进一步研究了王国维所提出的问题："周之政治，但为天子诸侯卿大夫设，而不为民设乎？"他得出了比王国维更加深入的解答。侯外庐认为在奴隶制社会的形成时期，中国之所以没有"国民式"的思想，主要是因为没有发达的私有权观念，也没有形成国民阶级。"土地既然被氏族贵族公有制支配着，国民阶级既没有在历史上登场，则思想意识的产生，也当然不是国民式的，而是君子式的。"（《中国思想通史》第一卷，第一章《中国古代社会和古代思想》，第25页）因为不是从经济的私有化逐渐分化出阶级，而是依靠政治军事力量分为氏族贵族和集团奴隶，造成了上古思想"学在官府"，思想学术必然被宗子维持的经济所决定。

如果说郭沫若以马克思主义为指导，其《中国古代社会研究》一书证明了中国与西方一样，经历了氏族社会、奴隶社会、封建社会的发展阶段，并论证了商周之际是氏族社会向奴隶社会的过渡阶段，侯外庐则通过具体研究指明了中国氏族社会向奴隶社会过渡的特殊途径。他们的研究成果都是从王国维的研究成果出发，王国维对中国上古历史的研究成为马克思主义新史学揭示中国上古历史演变线索的基础。由此可见，中国近代史学虽然存在学派，但他们在研究中有继承与创新的相互关系。

值得注意的是，对于中国上古史的认识是一件非常复杂的学术工作。它随着新史料的不断发现和史家对于上古文明史认识的提高必然有所深化。郭沫若后来改变了他对殷代是氏族社会末期的判断，认为殷代是典型的奴隶制社会，并认为奴隶社会直到春秋战国之际才逐渐崩溃，从而对殷周制度上的差异不再过于强调。于是他对王国维的史学贡献也作出了不同于以往的评价。他说："王氏在卜辞研究之余有《殷周制度论》之作，认为'中国政治与文化之变革莫剧于殷、周之际'，这是一篇轰动了全学界的大论文，新旧史家至今都一样地奉以为圭臬。在新史学方面，把王氏的论文特别强调了的，首先是我。我把它的范围更扩大了，从社会发展方面来看，我认为殷代是原始社会末期，周代是奴隶社会的开始。这一扩大又引起了别一种的见解，认为殷代是奴隶社会的末期，周代是封建社会的开始。这见解到现在都还在相持，但其实都是由于演绎的错误。"并说："《殷周制度论》的价值已经不能够被这样过高估计了。"（《十批判书·古代研究的自我批判》）从王国维出发，并超越王国维，正是近代新史学的发展趋势，也是马克思主义史学发展的必然结果。

第三，对于先秦诸子乃至先秦学术源流作了较为系统的整理。

戊戌维新后，诸子研究逐渐成为史学研究的重。在康有为平列的诸子观的引发下，对于诸子的本来面目、哲学特性，学者们依据各自的认识，特别是参照当时传入中国的西方社会学、政法学、哲学诸观点作了探索。其中比较突出的是章太炎和刘师培。

章太炎在《訄书》（重订本）中对先秦学术思想作了分析。他提出恢复孔子本来面目的课题。他指出：孔子不过是先秦诸子之一，"孔氏闻望之过情"（《訄书·订孔》）。孔子地位之高，由于他曾删订《六经》，其实春秋时代通六艺者并非孔子一人。"六艺者，道、墨所周闻。"（同上）只是那时"老、墨诸公，不降志于删定六艺，而孔氏擅其威"。到了汉代六艺复兴，孔子的地位才超出诸子。所以孔子在学术史的地位主要是保存文化典籍。"孔氏,古良史也。辅以丘明而次《春秋》,料比百家,若旋玑玉斗矣。谈、迁嗣之,后有《七略》。孔子死,名实足以抗者,汉之刘歆。"(同上)孔门后学主要是孟荀两派。"孟子博习故事则贤,而知德少歉矣",在学术上没有什么贡献。而"荀卿以积伪俟化治身,以隆礼合群治天下。不过三代,以绝殊瑰;不贰后王,以綦文理"。所谓积伪俟化,是说在人性论上重后天培养,所谓隆礼合群,是说荀子在政治上重社会人群,他法后王而不守旧,体现出强烈的现实精神。特别是荀子重视逻辑,"其正名也,世方诸仞识论之名学,而以为在琐格拉底(苏格拉底)、亚里斯大德(亚里士多德)间。由斯道也,虽百里而民献比肩可也。其视孔氏,长幼断可识矣。"(同上)荀子的逻辑思想与西方逻辑学有相通之处,如能实现,可以富国富民。

  对于道家,章太炎崇庄子而抑老子,"学者谓黄老足以治天下,庄氏足以乱天下",这是不对的,"夫庄周愤世湛浊,已不胜其怨,而托厄言以自解,因以弥纶万物之聚散,出于治乱,莫得其耦矣。其于兴废也何庸"(同上书,《儒道》)。庄子学说不与流俗为伍。而老子学是人君南面之术,所谓"将欲取之,必固与之",是为争夺天下提供阴谋权术,比起儒术来还要阴鸷。"且夫儒家之术,盗不过为新莽,而盗道家之术者则不失为田常、汉高祖。"(同上)

  1906年,太炎发表《诸子学略说》,进一步指出:"有商订历史之孔子,则删订《六经》是也;有从事教育之孔子,则《论语》、《孝经》是也。"他肯定孔子保存文化典籍之功,批评孔子湛心荣利,惟在趋时。认为孔子之学,叫人时中,"时伸时绌,故道德不必求其是,理想亦不必求其是,惟期便于行事则可矣。用儒家之道德,故艰苦卓厉者无,而冒没奔竞者皆是"。所以他认为应肯定孔子变机降神怪之说而务人事、变畴人世官之学而及平民的功绩,但必须排斥其热衷竞进。他还认为"老子以其权术授之孔子",而"孔子之权术,乃有过于老子者"。老子与庄子有别,"庄子晚出,其气独高,不惮抨弹前哲,愤奔走游说之风,故作《让王》以正之;恶智力攻取之事,故作《胠箧》以绝之"。他指出墨家独胜之处在其非命之说,但墨子之《非命》,"亦仅持之有故,未能言之成理也"。法家"略有二种,其一为术,其一为法"。"为术者,则与道家相近;为法者,则与道家相反。""亦有兼任术法者,则管子、韩非是也。《汉志》,《管子》列于道家,其《心术》、《白心》、《内业》诸篇,皆其术也;《任法》、《法禁》、《重令》诸篇,皆其法也。韩非亦然,《解老》、《喻老》,本为道家学说;少尝学于荀卿,荀卿隆礼义而杀《诗》、《书》,经礼三百,固周之大法也。韩非合此二家,以成一家之说,亦与管子相类。"在此《诸子学略说》中,章太炎对诸子的思想来源也作了分析。他认为"诸子出于王官","古之学者,多出王官。世卿用事之时,百姓当家,则务农商畜牧,无所谓学问也"。欲为学者,必为世卿胥徒,所以诸子不可能凭空起家。"《史记》称老聃为柱下史,《庄子》称老聃为征藏史,道家固出于史官矣。孔子问礼于老聃,卒以删定六艺,而儒家亦自萌芽。墨家先有史佚为成王师,其后有墨翟,亦受学于史角。阴阳者,其所掌为文史星历之事,则左氏所载瞽史之徒,能知天道者是也。其他,虽无证验,而大抵出于王官。"诸子虽出王官,但并不是死守畴官世业,而是"寻求义理","既立一宗,则必自坚其说,一切载籍可以供我之用,非束书不观也。虽异己者,亦必睹其籍,知其义趣,惟往复辩论,不稍假借而已"。

可见章太炎不但对先秦诸子的来源与特质作了简要评析,还基本上指出了诸子各派的要点。虽然所述并不完全准确,但比起此前孤立的诸子研究来,无疑是学术史上的一件大事。

刘师培在同时期对周秦学术也作了研究。1905年,他在《国粹学报》发表《周末学术史序》,其中指出诸子学说的来源,所论与章太炎基本相似。刘师培说:"有周一代学权操于史官,迨周室东迁,王纲不振,民间才智之士各本其性之所近以成一家言。"(《周末学术史序》)他认为周末学术有深厚的文化背景,班固《汉书·艺文志》所论官师合一之旨深契周代学术之微,其诸子出于王官论与龚自珍所谓"师儒之替"异曲同工,都说明了周末学术经历了畴官世袭到官师失职、师弟传业的发展过程。

刘师培认为:儒家学说主要是伦理学说,它继承发展了唐虞以来的伦理观念,"古代君臣言伦理者以十数,然总其指归,不外以中矫偏,易莠为良"。"孔子之道,大抵以仁为归,以忠恕为极则,厥后曾子说止善,子思述中庸,孟子以仁义礼智为四端,虽立说差殊,然孔门绪论,不外修齐,以社会国家之伦理皆由家族而推,由亲及疏,由近及远,重私恩而轻公谊,盖仍宗法制度之遗则也。"(同上书,《伦理学史序》)孔子这一思想重德礼,轻政刑,视法律为至轻。其立说之初是欲以社会的道德自觉来消弭日益激烈的等级冲突,但惟其囿于名分尊卑之说,不欲尽去其等差,其欲使为君者与臣民一体的愿望是实现不了的。"夫人君既操统治之权,无法律以为之限,而徒欲责其爱民，是犹授刃与盗而欲其不杀人也"，故儒家所言政法是不圆满的（同上书，《政法学史序》）。

道家与儒家相反，他们轻视道德，"欲以在宥天下，而悉废上下之等差。盖老聃倡论，力斥君主之尊严；庄周述之，斥君位为盗窃，视君位为畏途；列子继之，明君位之无常，视人君如无物，并以政法为致乱之源，惟政刑不作，乃足以语至隆。杨氏为我之论，许行并耕之词，其遗派也。平等是其所长，而无为亦其所短"（同上）。道家通过对社会现象进行归纳而得出社会一般原理。

墨家倡兼爱之说，欲人人兼爱交利，爱人如己，争竞不生（同上书，《伦理学史序》）。"以众生平等为归，以为生民有欲，无主则乱，由里长乡长国君以上同于天下，而为天子者又当公好恶，以达下情，复虑天子之不能践其言也，由是倡敬天明鬼之说以儆惕其心。是墨子者，以君权为有限者也，较之儒家，其说进矣。"（同上书，《政法学史序》）墨子倡节用，节人君之私用为一国之公财，以务本去末为主。倡非攻，以安境息民之旨戢弭争端，亦救时之良法也。墨家"学求实用，于名、数、质力之学，咸略引其端"（同上书，《理科学史序》）。

法家学说，刘师培重点研究了管子。他认为管子以法家而兼儒家。"以德为本而不以法为末，以法为重而不以德为轻，合管子之意观之，则正德利用者，政治之本源也。以法治国者，政治之作用也。举君臣上下同受制于法律之中，虽以王权归君，然亦不偏于专制，特法制森严，以法律为一国所共守也。"（同上书，《政法学史序》）商鞅著书，亦知以法治国之意，重国家而轻民庶，以君位为主以君为客，然立法不泥古此其所长。韩非亦然。复以峻法严刑助其令行禁止，而治吏之刑较治民为尤重，"盖纯以法律为政治本者也"（同上）。法家重视理财，"管子持国家主义，亦以利民为先，以正德之本在于利用厚生，故富贵之法约有三端，一曰改圜法，二曰兴盐铁，三曰谋蓄积。而理财之法亦与列国迥殊，有所谓贷国债者矣，有所谓税矿山者矣，又有所谓选举富商者矣，与晳种所行之政大约相符，又以财货轻重之权操于君主，而力禁君主之削民，盖以富民与富国并重者也"（同上书，《计学史序》）。

刘师培对周秦诸子的研究与章太炎有一些差别。如果说章太炎在此时期主要关注诸子学说的社会效果，刘师培则更加关注诸子学说的思想体系，因而对诸子的评析也有一些差异。他们的研究成为新史学进一步探索诸子思想的基础。

1919年2月，胡适在其博士论文《先秦名学史》基础上写成的《中国哲学史大纲》上卷由商务印书馆出版，其中把中国哲学分为三期，自老子至韩非为古代哲学，又名诸子哲学；自汉至北宋为中世哲学；自明以后，中国近世哲学完全成立。其书对诸子哲学作了系统地分析。

胡适认为老子约生于周灵王初年（公元前570年左右），孔子曾问礼于他。老子对当时的政治进行批判，创立一种革命的政治哲学，他理想的政治是极端的放任无为。老子观察政治社会的状态，从根本上着想，要求一个根本的解决，提出了天道观念。他打破天人同类的谬说，立下后来自然哲学的基础。他最初提出名实之争的问题，虽深知名的用处，但又极力崇拜无名。无名论的实质是反对智识；攻击文明，诽毁制度文物。老子的人生哲学只是要人无知无欲，要人不争。

庄子约死于公元前275年左右。其哲学的起点只在一个万物变迁的问题。《庄子·至乐篇》说明了物种最初时代的种子变作微生物、再变为下等生物、然后一层一层进化到最高等的人类的过程，说明了万物自生自化，并无主宰的道理。但庄子没有说明适者生存、优胜劣汰的进化原理。庄子的名学和人生哲学都与这种完全天然的进化论很有关系。由于庄子认为万物都是天然进化的，故天下的是非不是永远不变的。所以他名学的第一步只是破坏的怀疑主义，他不信辩论可以定是非，只有用变化的观点去对待是非才能认识到是与非的统一。庄子的人生哲学只是一个达观主义，对于一切寿夭、生死、祸福，也一概达观，一概归到命定，其秘诀是"依乎天理，因其固然"。庄子哲学的特征是出世主义。他虽与世人往来，但眼光处处超出世俗。他虽说天道进化，但否定人为，其学说是社会进步和学术进步的大阻力。

孔子学说的一切根本在一部《易经》。《易经》讲天地万物的变化都是由简到繁，孔子也深信由前可以知后。《易经》把道理当做物象的作用，孔子因而认为人类历史上种种文物制度都起源于对法象的仿效。这些法象包括天然界的种种现象，也包括物象引起的意象或观念。《易经》讲卦象或爻象的吉凶，孔子因而相信人的行为都有仪法标准。所以孔子哲学的根本观念即是：（1）一切变迁都是由微变显，都是由简易变繁赜。（2）人类的一切器物制度礼法，都起于种种"象"。（3）正名以建设一种公认的是非真伪的标准。《春秋》三种方法——正名字，定名分，寓褒贬——都是孔子实行"正名"、"正辞"的方法。孔子学说一以贯之，只是要寻出事物的条理系统，用来推论。孔子的知识论学思并重，他把学问主要当为读书学问，忽视了实践经验。孔子人生哲学即伦理学，不但注重模范的伦理，还注重行为的动机。

孔门弟子有子张、漆雕氏、曾子诸派。但正传的一派可以子夏、子游、曾子为代表。他们主要提出了孝和礼两大问题。曾子把孝的道理说得很透彻，并提高人伦中父子一伦的地位，这是孔门人生哲学的一大变化。孔子的"仁的人生哲学"要人尽仁道，要人做一个"人"。孔子以后"孝的人生哲学"要人尽"孝"道，要人做一个"儿子"。这种人生哲学固然有道理，但未免太把个人埋没在家庭伦理里面了。孝道后来进一步沦为宗教，这在祭祀中体现得十分明显。礼的观念凡经过三期：第一是指宗教的仪式，第二是一切风俗习惯所承认的规矩，第三是合于义理可以做行为模范的规矩。儒家后学主要是把礼形式化、复杂化了。

《大学》和《中庸》两部书是孟子、荀子以前的儒书。其思想核心是注重个人，并对道德心理作了深入研究。它们是儒学向后期转变的反映。

孟子主张性善论，把个人看得十分重要，其政治学说很带有民权的意味。孟子论政治，不用孔子的"正"字，却用墨子的"利"字。但他又不肯公然用利字，故用"仁政"两字，含有乐利主义的意味。

荀子约公元前230年左右死于兰陵。荀子学问很博，曾研究同时诸家的学说。荀子哲学的第一个特点是他用老子的"无意志的天"来改正儒家墨家的"赏善罚恶"有意志的天，同时却又能免去老庄天道观念的安命守旧种种恶果，他要人征服天行以为人用。但荀子的"戡天主义"不是科学家的"戡天主义"，他反对对事物进行深远的理论研究，是极端短见的功用主义。他对于当时生物进化的理论，也不赞成。但他虽不承认历史进化古今治乱异道之说，却反对儒家"法先王"之说，他主张法后王。在人性论上他主张性恶，推崇人为，其教育学说趋向"积善"一面，主张用礼乐来涵养节制人的情欲。荀子对知识论的心理根据有详细分析，其名学完全是演绎法，主要涉及了概念的由来、概念的作用、论辩的原则。

墨子大概生在周敬王二十与三十年之间（公元前500至前490年），死在周威烈王元年与十年之间（公元前425至前416年），其学说与儒家有关系。儒家无鬼神，墨子倡明鬼论；儒家厚葬久丧，墨子倡节葬论；儒家重礼乐，墨子倡非乐论；儒家信天命，墨子倡非命论。儒墨两家的根本不同是两家哲学的方法不同。儒家只讲应该如此，不问为什么应该如此。而墨子以为无论何种事物、制度、学说、观念，都有一个为什么。儒家重动机，墨子讲效用，墨子认为无论什么理论，什么学说，必须能改良人生的行为，始可推尚。墨子逻辑的具体应用是三表法：上本之于古者圣王之事，下原察百姓耳目之实，发以为刑政，观其中国家百姓人民之利。第一表说过去的经验阅历可以作为借鉴，第二表说耳目经验可以检验认识的真假，第三表说实际效果是检验认识的重要标准。墨子是一个宗教家，其宗教以天志为本，兼爱、非攻、明鬼、非命、节葬、非乐、尚贤、尚同是其教条。

墨家后学分出"科学的墨学"，此即别墨。其思想主要体现在《经》上下，《经说》上下，《大取》、《小取》六篇之中。这六篇是中国古代名学最重要的书。其中论述了知识的过程和条件；把对知识的种类分为三种：一种是别人传授给我的（闻），一种是由推论得来的（说），一种是自己亲身经历来的（亲）；还论述了分辨真伪是非的方法："故"——研究物之所以然，再用来做立说的根据，"法"——研究事物的法象，把已知之故作为前提以推论同类法象之所以然。以上是论辩的根本方法。具体方法有："或"——疑而不决，"假"——假设，"效"——演绎，"辟"——比喻，"侔"——比较，"援"——引征，"推"——归纳，其中以推最为重要。《墨辩》六篇非但是名学奇书，里面还有无数有价值的材料，有算学、几何、光学、力学、心理学、人生哲学、政治学、经济学。

墨学中绝原因有三，一是由于儒家的反对，二是由于政客猜忌，三是由于墨家后进的"诡辩"太微妙。

古代本没有什么法家，孔子的正名论、老子的天道论、墨家的法观念，都是中国法理学的基本观念。所谓法家的人物和著作有：管仲与《管子》、申不害与《申子》、商鞅与《商君书》、慎到与《慎子》、尹文与《尹文子》、尸佼与《尸子》、韩非与《韩非子》。中国古代法理学有如下几个基本观念：第一，无为主义；第二，正名主义；第三，平等主义；第四，客观主义；第五，绩效主义。在法家之中，韩非最有特别的见地。韩非相信历史进化，其学说最重参验。

中国古代哲学的中绝不是由于焚书坑儒，而是由下列四种原因：第一，怀疑主义的名学。《庄子·齐物论》打消了对知识的信仰。第二，狭义的功用主义。荀子、韩非强调学说研究立刻见效的功用，打消了对科学和哲学的理论兴趣。第三，专制的一尊主义。荀子、韩非、李斯"别黑白而定一尊"，宣判了古学的死刑。第四，方士派迷信的盛行。古代哲学没有打破古代通行的宗教迷信。

胡适《中国哲学史大纲》有两个明显特点：其一，他反对诸子出于王官的说法。认为"诸子之学皆春秋战国之时势世变所产生，其一家之兴，无非应时而起。及时变事异，则向之应世之学翻成无用之文。于是后起之哲人乃张新帜而起。新者已兴而旧者未蹐，其是非攻难之力往往亦能使旧者更新"（《诸子不出于王官论》，见《胡适学术文集·中国哲学史》，第596页）。所以他写《中国哲学史大纲》，径从老子和孔子写起。其二，他评析诸子学说的基本尺度是逻辑学和进化论。

胡适的诸子哲学的研究产生了很大反响，它推动了诸子学特别是墨学研究的深入发展，但也引起了广泛批评。章太炎认为胡适诸子不出王官之说是抹杀历史。梁启超后来在京演说《评胡适之中国哲学史大纲》，也指斥此书缺点甚多，尤其是对孔子、庄子的论述，如同隔靴搔痒。如本书第一编所言，章太炎、梁启超晚年对中国文化的认识有所变化，他们对诸子的评价也较前期、中期有所不同，他们主张根据中国文化的特点来了解诸子学说。其中最有代表性的是章太炎一反以前对孔子道德性命之说的贬斥态度，认为孔子忠、恕之说高于道家。他还指出："原来我国的诸子学，就是现在西洋所谓哲学。中国哲学有特别的根本，外国哲学是从物质出发的，……中国哲学是从人事发生的"（《太炎学说》上卷，《说新文化与旧文化》）。故中国哲学虽不如西方学说细密精微，但它有证验，讲理性（实践理性）。如《墨子》中《大取》以学说为主，而论理为断制，《小取》及《经学》上下以论理为主，而学说为佐证，其名学带有浓厚的实践性和主观性（《太炎文录续编》卷二，《〈墨子·大取〉释义序》）。

梁启超自1920年起，先后写有《老子哲学》、《孔子》、《子墨子学说》、《先秦政治思想史》、《墨子学案》、《孔老墨以后学派概观》、《先秦学术年表》、《庄子天下篇释义》、《司马谈论六家要旨书后》、《史记中所述诸子及诸子书最录考释》、《儒家哲学》等论文和专著研究先秦诸子。其中《先秦政治思想史》和《儒家哲学》最能反映梁启超对先秦诸子研究的倾向和用意。他对先秦诸子的研究，是试图从中清理出一个"国民意识"的基础，也就是说，他试图通过对先秦诸子的长短优劣的对比分析，清理出古代思想学术的科学和民主的因素，找出古代思想学术的现代价值。

梁启超认为先秦诸子虽然号称百家，但足够称为显学的是儒、墨、道、法四家。在《先秦政治思想史》中，他认为上述四个学派所提出的政治主张，形成了中国四大思想潮流，这就是无治主义、礼治主义、人治主义、法治主义。比较而言，他认为儒家的礼治兼人治的政治主张较为合理，儒家的均安主义和尽性主义尤有利于调和精神生活与物质生活以及个人与社会的两重矛盾。梁启超还对中国先秦学术的一般特点作了归纳，他认为中国学术"以研究人类现实生活之理法为中心"，"以今语道之，即人生哲学及政治哲学所包含之诸问题也"（《先秦政治思想史·序论》第一章）。

梁启超认为先秦诸子有其深刻的思想渊源。在《先秦政治思想史》前论八章中，他专门讨论了这一问题。他从《诗经》、《周易》、《尚书》、《春秋》三传、《国语》等史籍中征引了许多资料，论述了百家学说兴起之前，天道观、民本思想、政治与伦理的关系、经济观念的形成与发展等问题。他认为这些是诸子思想的来源。而孔、老、墨三家学说出现后，我国古代学术文化始画然标出有系统的主张，成为一家言。他还指出，从学理上说，道家的道，儒家的礼，法家的法，都是从古代天道观念演变出来的。

梁启超认为儒家学说以孔子为创端。孔子学说的最高目的是修己安人，其社会效果是内圣外王。内圣讲修养，外王讲实践。孔门之教分为四科：一是修养，后来发展为"义理之学"；二是语言，后来发展为"词章之学"；三是政事，注重社会政治活动，即后来的"经济之学"；四是文学，注重文物，后来发展为"考证学"。

孔子思想主要有下列内容：一曰学。梁启超不同意胡适在《中国哲学史大纲》中把"学"当做读书的论断。他认为学是养成人格的手段，包括智识和实践两个方面。二曰仁。他说仁是孔子思想的核心，仁是人与人交往中显现出来的一种人格，"智的方面所表现者为同类意识，情的方面所表现者为同情心"。仁是平等的人格主义，与后儒提出的三纲五常不同。三曰正名。梁启超认为，正名有利于促进仁的意识的觉醒和普及，其结果则是实现大同理想社会。他说《春秋》深察名号，反映了孔子的"革命思想"，全书将鲁国二百四十多年的历史分为"据乱世"、"升平世"、"太平世"，揭示了历史进化的轨迹。四曰礼乐。孔子认为礼治是积极养成人们良好道德习惯的工具，它比消极的法治去强制人们就范要好得多。五曰性命。孔子论性强调性的后天因素，启迪了后来性善性恶的讨论。孔子的知命主义从积极方面说可以养心，从消极方面说是劝人做命的奴隶。六曰中庸。梁启超认为孔子中庸主要是一种文化融会精神。

孔子死后，儒家学派即发生分裂。《荀子·非十二子》篇分儒家为子游、子张、子夏、思孟四派,连荀子本人应为五派。《韩非子·显学》虽分儒家为八派,但无史籍可考。整体而言,春秋战国时代的儒学大约分为两派:一派注重外观的典章文物,以有若、子夏、子游、子张为代表,一派注重内省的身心修养,以曾参、子思、孟子为代表。

孟子对孔子学说的发展主要表现为:其一,兼言仁义。义就是"应接事物之宜",它体现了孟子"反对颓风、扶持正气"的做法。其二,义利之辩。孟子把义放在利上,其轻利是一种新的效率论。人生确在"绝无效率"或"效率极小"而必须做的事情,又有"效率极大"而不愿做的事。孟子重动机,有利于社会进步。但轻利包含了反对权力思想的用意。其三,性命问题。孟子讲性善,性善根于心,但他对心体关系的认识是不正确的。孟子讲命,俟命是静止地等待客观的命运。这与孔子思想相近。

荀子与孟子相对照,从另一个角度对儒学作了改造。他提出性恶论,重视后天教育,但也没有说明人性本质上的差别。荀子的政治主张根源于他的性恶论,故他主张"明分"。故他虽然也主张礼治,但其中贯彻了法的精神。

墨家和儒家一样,也是应时而生的学术流派。墨家尊大禹,与孔子称道尧舜用意相同,都是用复古来挽救时弊。"节用"、"节葬"、"非乐"等针对当时奢靡之风而发。"尚同"、"尚贤"、"兼爱"、"非攻"针对"内竞激烈"、"奸利迭起"的现象而发。与儒、道不同,墨子另辟天地,讲"天志"、"明鬼"、"非命",力图建立一个"宗教哲学",借以收揽人。"经上"、"经下"、"经说上"、"经说下"、"小取"、"大取",则大讲"论理学"(即逻辑学),意图开拓学术新领域。墨学的政治思想"其注重同情心与儒家同,惟不认远近差等,其意欲使人各撤去自身的立脚点,同皈依于一超越的最高主宰(天),其政治论建立于绝对平等理想之上,而自由则绝对不承认,结果成为教会政治,吾名之曰'新天治主义'"(《先秦政治思想史·本论》第二章)。梁启超还从诸子论著及其他史籍记载中,考证了墨子门人及其后学37人的简要经历及思想倾向。他认为墨学中绝非一方面由于儒学独尊,另一方面也由于其自身有矛盾和偏狭的思想成分。

梁启超认为,道家在孔、墨之后问世。它是"儒家行后的一种反动,为儒家之敌对的学派"。道家学说包括本体论、作用论。道家本体论"以虚空不毁万物为宗",它说明了人类行为必须"法自然",这超越了儒家的"天命"观和墨家"天志"说,有利于打破各种迷信。"后来子思说,'天命之谓性,率性之谓道'",以及董仲舒讲"道之大原出于天"等,都是受《道德经》影响，但把天地人的关系颠倒了。本体论主要是名相问题。有与无只是道的异名，而人们往往拘于名而忽略其实，所谓"道生一，一生二，二生三，三生万物"，就是说由道产生出事物阴阳、正负的对立概念，由这些概念再产生出许多新的概念。名相观念层出不穷，使得人们迷于名相而不知返。所以要破除名相观念，复归于道，就应该"镇之以无名之朴"。作用论的根本观点是"常无为而无不为"。道家的无为并不是无所作为，它有多种含义，其中最主要的一种是它借用自然现象揭示了人类社会活动的多面性。任何人的创造虽然以"损不足以奉有余"为占有欲望，但结果是"既以为人己愈有，既以与人己愈多"。道家无为而无不为的毛病是把"不争"引入了社会生活，以非人的自然属性来否定人的自然属性。所以道家学说一方面有刷新社会的作用，另一方面也有"将人类心机揭得太破"，"教猱升木"的作用，而其消极抗世的倾向更使人们养成"懦巧猾的劣根性"。

　　道家学派有杨朱顺世的个人主义，他主张人人不损一毫，人人不利天下，从而达到天下大治，这是极端的自然主义必然产生的颓废思想。有陈仲为代表的遁世的个人主义，他主张"上不臣于王；下不治其家，中不索交诸侯"。有许行为代表的无政府主义。但他们在学术史上的影响不大。反映出道家的"无治主义"向"法治主义"过渡的人物是慎到。道法两家在法自然的机械的人生观上是一致的。

　　法家学派形成较晚，虽然管仲、子产时已有法治思想的萌芽，但自慎到、尹文、韩非相继出现，法家才正式形成学派。法治学说的一个共同特点是立足于性恶论。法家的理论主要是法理学说。梁启超对"术"论颇为排斥。"法家起自战国中叶，逮其末叶而大成，以道家之人生观为后盾，而参用儒墨两家正名核实之旨，成一种有系统的政治学说，秦人用之以成统一之业，汉承秦规，得有四百年秩序的发展"，所以法家有其积极的一面。但法家不能正本清源，对人主没有约束，其执行中又"法而不议"。特别是法家有愚民思想。这些都是消极的。

　　儒、墨、道、法虽然各有自己的主张，但也有一些共同看法。如他们统一天下的想法是不同的，但要求天下统一的倾向却是一致的，这促进了中华民族的团结和统一。四家都重视教育，把教育当做推行其政治主张的手段，其影响也是深远的。除道家外，其他三家各有自己的社会经济思想，墨家强调节用，儒家强调平均，法家重农抑商，这对后来产生了综合性的影响。

　　刘师培、章太炎、胡适、梁启超的诸子学说研究暴露了先秦学术史研究亟待深入的许多问题。它表明，要理解先秦学术史的原貌，整理其发展线索，不但要有对中国历史和学术特质的理解，而且要结合历史与思想，只有这样，才能对诸子学说做出科学的整理。

最先结合先秦社会史的具体过程而解释学术思想的是胡汉民、郭沫若。胡汉民于1919年发表中国哲学史研究的文章，认为中国古代曾有井田制度，而井田制度的破坏是先秦诸子产生的原因。郭沫若于1928年后，陆续发表关于《易》、《诗》、《书》的社会背景与思想反映的研究文章，试图从《诗》、《书》、《易》中找到对当时社会现状的反映。1945年郭沫若在重庆出版《青铜时代》和《十批判书》两部关于先秦社会和学术思想的研究著作，在其中依据他对先秦社会的新认识，对先秦学术思想作了较系统的评价。在其早年的《中国古代社会研究》里，郭沫若认为殷代是氏族社会，西周是奴隶制社会，春秋以后是封建制社会。《十批判书》中之《古代研究的自我批判》一文，则认为殷周都是奴隶制社会，春秋战国之际开始向封建制过渡，秦末农民起义才是奴隶制的终结。依此认识，郭沫若对先秦学术思想作了如下论述：

（1）关于孔子和儒家。郭沫若认为孔子所处的时代是中国奴隶制向封建制转化的大变革时期。在这一变革中，"孔子的立场是顺乎时代的潮流"。孔子的思想核心——仁要求每个人要把自己当成人，也要把别人当成人，是顺乎奴隶解放潮流的。孔子的教育思想，特别是孔子的"教民"、"有教无类"的主张，打破了过去只有奴隶主贵族才能受教育的权利，是把教育普及到下层劳动人民及奴隶的新思想。孔子的自然必然论的天命观对殷周宿命论天道观来说是进步的。对于孔子学派，郭沫若根据《韩非子·显学篇》分列的儒家八派作了进一步研究。认为子张氏之儒"在儒家中是站在民众的立场的极左翼的"；子思、孟氏出于子游氏；颜氏之儒的避世倾向后来成为庄子一派的师表；不列于《显学第》的子夏之儒，则是法家的始祖（《十批判书·儒家八派的批判》）。在《荀子的批判》中，郭沫若对荀子的宇宙观、人性论、社会政治理论进行了详尽的探讨。认为荀子不仅集儒家之大成，同时也集百家之大成。

（2）关于墨家。郭沫若一反戊戌以来对墨子的推崇，对墨子学说采取了严厉的批判态度。他否定了墨子的哲学思想进步性，认为墨子"尊天"、"明鬼"、"非命"都是一种神权理论。他也否定了墨子的政治主张，认为墨子的兼爱具有愚民的效用，其尚同则是鼓吹奴隶主专政。墨子"非乐"、

"节葬"、"节用"等思想对解放生产力、发展经济没有积极意义（《青铜时代·墨子的思想》及《十批判书·孔墨的批判》）。

（3）关于道家。郭沫若非常重视道家的研究。他认为稷下黄老道家至少分为三派：一是宋钘、尹文一派，他们以调和儒、墨的面目出现，继而演化为名家。二是田骈、慎到一派，他们把道家的理论向法理方面发展，成为真正的法家。三是关尹一派，关尹即环渊，是《道德经》的作者，旨在发明老氏之旨。关尹一派后来演化为术家（《十批判书·稷下黄老学派的批判》）。在《庄子的批判》一文中，郭沫若认为真正把黄老思想继承发展下来，而与儒、墨鼎足而立的重要人物是庄子。庄子对动荡后的社会进行反省，认为前一代人奔走呼号而业已实现的奴隶解放和私有权的认可，并没有给人们带来幸福，他于是对现实的一切采取不合作态度。

（4）关于法家。郭沫若认为法与术有区别。在《前期法家的批判》中，郭沫若论述了李悝、吴起、商鞅、申不害四人，认为前三人言"法"，而申不害言"术"。"法"是正式公布的成文法，"术"则是人君暗藏于心的权术。郭沫若肯定前者而否定后者。他对后期法家韩非深表反感，认为韩非是把早期法家言法的精神同申不害的帝王南面之术结合起来，导致专制主义发展到空前的高度。

（5）关于名辩思想。郭沫若打破"名家"范围，把先秦诸子百家中所有的名辩思想都作了分述。他认为名辩思想家有：列御寇，宋钘和尹文，倪说，告子和孟子，惠施与庄子，公孙龙，墨家辩者，邹衍，荀子。他认为名辩源于"正名"的需要，但后来流于诡辩，辩术没有得到正确阐发。

侯外庐从社会史转向思想史研究较晚，1942年写成的《中国古代思想学说史》是他从社会史转向思想史的一个界碑。但他的先秦思想学术史研究与他的社会史研究形成了有机的统一，使近代诸子思想学术的研究上升到一个更高的阶段。

侯外庐认为，中国古代奴隶社会与希腊为代表的古典奴隶制不同，它是从家族到国家，国家混合在家族里面，走的是维新的路径。从西周到春秋战国的思想学说史实质上是国民阶级思想的成熟和发展史。它经历了大致三个阶段：第一阶段为学在官府的畴官贵族之学，第二阶段为邹鲁缙绅之学和孔墨显学，第三阶段为战国并鸣之学，其中有一个严密的逻辑发展线索。

首先侯外庐探讨了"东周以前何以有畴人官学而无国民之私学"的问题。他认为这是因为在中国奴隶社会的诞生之际，保存了大量氏族残余，土地在氏族贵族公有之下，国民人物既没有在历史上的登场，则思想意识的生产，亦当不是"国民"的，而是"国有"的。

其次，侯外庐探索了诸子的起源。他认为春秋时代，周道衰微，国民阶级和国民意识逐渐出现，所以学术下私人，畴官世学一变而为缙绅私学和孔墨显学。

侯外庐从而对儒学作出了如下评析：他指出孔子对民族历史的态度是用"仁"把道德律从氏族贵族的专有形式下拉下来，安置在一般人类的心理要素上，并给以体系的说明，但"仁"在具体制度方面又扣在传统制度——礼——上。孔子的天道观乃至认识论方法论，孔子的教育思想，都充满了固守传统与超越传统的矛盾。它反映出国民道德被氏族贵族的道德所桎梏。儒家后学，无论是子张、子夏为代表的形式化之儒，还是子思、孟子为代表的神秘主义之儒，均表现为孔学积极精神的萎缩。只有荀子，他在国民阶级的基础上，对儒学作了积极改造。

墨学得到了侯外庐的高度评价。他认为墨学是国民阶级的自觉理论。其兼以易别的学说明确划分贵族和国民阶级，非攻、非乐、节葬、尚用的社会政治思想代表着国民阶级的利益。非命说表现出国民阶级的自信。墨学的天道观认识论都与儒学形成鲜明对立，其"明辩其故"和"察知其类"的逻辑方法体现出要问氏族遗制一个为什么的特征。所以墨学代表着国民阶级的进一步觉醒。墨学衰微的原因主要因为其学派性质与后来封建制不相容，是墨学的革命性导致了学术自身的悲剧。

老子晚于孔墨而开战国诸子之先声，老学是孔墨显学的批判发展。老子的自然天道观虽然洞察到自然界的一些规律性，但老子认为这种规律性是无法认识的，他不相信真理已包含在认识过程之中。老子处在显族社会相对实现的时期，但不同情财货有余的国民阶级新贵族，其复归于未有私有制的无阶级社会的主张，代表着社会转型过程中氏族农民对现实生活的无可奈何和对前途的忧虑。至于庄子，虽然在思维形式上进一步破坏了孔墨显学，但也不能形成新型的社会理想，处世的宿命观成了其道德律的基本理论，最后只能导致宗教信仰主义。

法家是奴隶社会向封建社会转化过程中最激进的代表，法家既有"法"、"术"理论自身的来源，也有道、儒及其他学派的影响。法家的悲剧是因为他们一方面以法术之士的资格和贵族斗争，另一方面又以接近权势者的资格和贵族妥协。他们的"术"的机会主义性质，不但减低了理论价值，而且限制了国民阶级的发展。

侯外庐曾这样评析诸子思想的共同特点:"就历史的属性来看,中国的'贤人'与希腊的'智者'同为古代国民阶级的思想代表,……在希腊,思想史起点上的思想家,例如泰勒士,一开始就提起了(并且也解答了)宇宙根源的问题;与此一问题相平行,也从事于自然认识的活动。但是在中国,思想史起点上的思想家,不论孔子和墨子,其所论究的问题,大部分重视道德论、政治论与人生论;其所研究的对象也大都以人事为范围;其关于自然的认识,显得分量不大,其关于宇宙观问题的理解,也在形式上仍遵循着西周的传统。"(《中国思想通史》第一卷,人民出版社1957年版,第131页)他认为这是由于中国奴隶社会国民阶级的晚出,使得他们在表述新的政治理想时,只有求助于对传统的重新诠释,他们对自然只有用"譬如"的类比方法,不能为进一步的自然认识定立命题。故先王观念是诸子所普遍注重的问题。但无论是孔子把先王作为道德理想来托古,还是墨子把古代先王做为人类理想的代表者,抑或是道家以超先王的思想对孔墨先王进行批判和否定,其实质都是"宗教先王向理想先王的转化",它体现了中国先秦诸子与传统学术的联系(《韧的追求》,三联书店1985年版,第245—248页)。

先秦诸子经过章太炎、刘师培、胡适、梁启超、郭沫若、侯外庐等人的研究,成果累累。

综上所述,可以看出,中国近代史学在先秦史研究方面取得了巨大成就。这一成就的取得,主要有如下原因:(1)文献资料的长期积累以及新史料的不断发现,足以使先秦史的研究在原有基础上作进一步深入。(2)先秦史是中国历史之源,要了解中国历史和学术的发展,就必须追溯这一源头。史学革命也必然以此为出发点。新的史学观念和新的史学方法为先秦史的研究开辟了宽阔的道路。

第二节 关于秦汉史的研究

秦汉史研究的基本史料是《史记》、《汉书》、《后汉书》、《三国志》、《汉纪》、《后汉纪》、《东观汉记》、《七家后汉书》及秦汉时期的诸子书等。

在清以前对秦汉史的研究主要表现在对上述基本史料的注释。《史记》最早有东汉延笃《史记音义》对它作注。自晋至唐,有关《史记》的注释达13家之多,流传至今的有南朝裴骃《史记集解》80卷、唐司马贞《史记索隐》30卷、唐张守节《史记正义》30卷。为《汉书》作注最早的是东汉服虔与应劭。东汉至唐注者达23家，唐颜师古集而注之。范晔《后汉书》，南朝梁刘昭率先为之作注，他选《续汉志》析为30卷，注以与《后汉书》并行。唐章怀太子李贤再为范书作注。《三国志》成书后，南朝宋文帝命裴松之为之作注，以补阙、备异、正误、论辩为宗旨，征用书籍达150种以上，丰富了《三国志》的史料。除此之外，清以前还有些史家对秦汉史料进行整理和发掘，如宋徐天麟撰《西汉会要》70卷、《东汉会要》40卷；宋洪适撰著录两汉碑刻的《隶释》，收入汉魏隶书石刻文字183种，后又辑《隶续》21卷，这是我国现存最早的集录汉魏石刻文字的专书。

清初至乾嘉时期，对秦汉史研究的主要成就乃是在考据之风盛行下对秦汉史籍的整理和考订。其中有关《史记》的有：钱大昕《廿二史考异》中的《〈史记〉考异》、《三史拾遗》，王鸣盛《十七史商榷》中的《〈史记〉商榷》，赵翼《廿二史劄记》中的《〈史记〉〈汉书〉劄记》，王念孙《读书杂志》中的《读〈史记〉杂志》，梁玉绳的《〈史记〉志疑》等。有关《汉书》的除上述诸人史著的有关篇章外，还有沈钦韩的《汉书疏证》。有关《后汉书》的有：惠栋《后汉书补注》，其体例仿裴松之《三国志注》，援引诸家后汉书，详细作注，并注出处，间加按语，以抒己见；沈钦韩《后汉书疏证》，以考订名物、正谬补缺、通畅事理为长。还有钱大昭《后汉书辨疑》等。

清初及乾嘉年间，学者们还对秦汉史籍作了补注和辑佚工作。如《汉书》新创有《古今人表》，以极小篇幅将古今人物详列无遗。但在撰写过程中有一些失误，梁玉绳著《汉书古今人表考》九卷，考证其讹误，详注史料出处，订正了一些讹误。又如《后汉书》、《三国志》都缺艺文志，钱大昭曾补撰《后汉书艺文志》，侯康也撰有《补后汉书艺文志》四卷、《补三国艺文志》四卷。万斯同、钱大昭还对《后汉书》、《三国志》作过补表。对秦汉史料进行辑佚的有孙星衍，他辑录过《汉宫七种》，其中有汉王通《汉礼器制度》一卷，汉阙名《汉宫》一卷，汉王隆著、胡广注《汉官解诂》一卷，汉卫宏《汉旧仪》二卷、补遗二卷，汉应劭《汉官仪》二卷，汉蔡质《汉官典职仪式选用》一卷，吴丁孚《汉仪》一卷，这是研究汉代官职方面的重要史料。孙星衍与邢澍还合撰有《寰宇访碑录》，收录了不少属于秦汉时期的碑刻资料。

鸦片战争前后至戊戌时期的秦汉史研究有三个主要成就：

其一，是史料辑佚的规模进一步扩大，史家力求恢复秦汉史籍原状。汪文台、严可均、汤球等人，在乾嘉学者的基础上，对秦汉史料作了大规模的辑佚。汪文台辑《七家后汉书》21卷，从清代保存的古文献中搜集有关秦汉史料，辑出谢承《后汉书》八卷，薛莹《后汉纪》一卷，司马彪《续汉书》纪传部分五卷，华峤《后汉书》二卷，谢沈《后汉书》一卷，袁山松《后汉书》二卷，张璠《后汉纪》一卷，佚名氏《后汉书》一卷。汤球集辑了郑玄遗书九种和刘珍等人的《东观汉纪》等。严可均所辑《全上古三代秦汉三国六朝文》的秦汉部分，汇集了秦汉时期散佚的诸子文赋。

其二，对秦汉史籍作继续考释、补订的工作。其中关于《史记》、两《汉书》的有：刘文淇的《楚汉诸侯疆域志》三卷，根据年月顺序对楚汉之际、群雄割据的疆域情况作了校订。夏燮《校汉书八表》八卷，以《汉书》纪、传、志校表，又以表校表，指出《汉书》八表在传写刊刻中的错误，还指出了致误的一些原因。汪士铎《汉志释地略》一卷，对《汉书·地理志》的地名作了考释。此外还有陈澧《汉书地理志水道图说》七卷，丁谦《汉书西域传考证》等。周寿昌《汉书注校补》56卷，对颜师古的《汉书注》加以校补。王先谦《汉书补注》120卷，汇集了唐颜师古以来67家考订成果，特别注意对名物制度的考订，对《汉书》的讹误，有所纠正，资料收集较为丰富。周寿昌还撰有《后汉书补正》八卷，旨在纠正李贤注之失。

关于《三国志》的补注有：梁章钜《三国志旁证》30卷。他鉴于《三国志》所载史实有相互矛盾之处，而裴松之注释又过于芜杂，并有传写错误，虽清初以来考证勘补者不少，但未有综贯全书予以考校的。他以数十年之功，博求群籍，对《三国志》的疑难之处一一疏通证明，于地理的辨析尤为精审。周寿昌著《三国志证遗》四卷，辑录了前人所未逮的旁证三百余条。

其三，对两汉经学历史作了新颖的研究。鸦片战争前后，秦汉史研究的一个重大变化是史家超出纯粹资料考据和史实考订范围，以两汉经学历史为主线，对汉代学术流变作了探索性的研究。自庄存与反对拘守马、郑古文经学，推崇东汉何休《公羊解诂》，秦汉经学研究的两大门派逐渐形成。尊今文者竭力梳理汉代今文经学体系的传承，并指斥古文之无据。如魏源《两汉经师今古文家法考叙》云：

  夫西汉经师，承七十子微言大义：《易》则施孟、梁丘，皆，能以占变知来；《书》则大小夏侯、欧阳、倪宽，皆能以《洪范》匡世主；《诗》则申公、辕固生、韩婴、王吉、韦孟、匡衡，皆以三百五篇当谏书；《春秋》则董仲舒、隽不疑之决狱；《礼》则鲁诸生、贾谊、韦玄成之议制度；而萧望之等皆以《孝经》、《论语》保傅辅道。求之东京，未或有闻矣。(《魏源集》上册，中华书局1976年版，151页)

他还说："西京微言大义之学，坠于东京；东京典章制度之学，绝于隋唐；两汉故训声音之学，熄于魏晋。"（同上书，152页）故他认为有必要勾勒今古文经学的传承关系，并严格加以区别。在《书古微》中，他在刘逢禄非议《左传》的传经地位的基础上，指责马、郑所据《尚书》亦不可信。总之，只有西汉今文经学才是孔学的嫡传，而东汉古文经学则与王莽改制有很大关系，其真实性值得怀疑。而尊古文经学者，则不但要花精力论证古文家法的真实可信，还试图找到古文经学的传承，说明古文家法在西汉并非毫无反映，它的出现并不是因刘歆的鼓吹。如刘文淇作《春秋左氏传旧注疏证》，对《左传》的汉人旧注作了集大成的总结。这种互相对立的研究一直延续到戊戌时期，廖平、康有为完全否定古文经学的价值，认为它是由于刘歆的伪造，而章太炎、刘师培等则认为古文家法在西汉历历可考，非刘歆所能伪造。

两汉经学的研究不但有助于解开汉代经学历史之谜，也有助于对汉代诸子思想的深入认识，《淮南子》、《中论》、《潜夫论》等逐渐引起史家关注，秦汉学术思想的全貌也因此而可能被逐渐显示出来。

19世纪末到20世纪40年代，对秦汉史的研究开始运用新观点和新方法，取得了重大成就。其一，挖掘、整理了秦汉新史料，考订、补注秦汉旧史料。新史料其中主要是：（1）罗振玉、王国维合撰《流沙坠简》共三册。1906—1908年，英国人斯坦因在我国敦煌得到汉代木简705枚，法国人沙畹把它公布出来。罗振玉、王国维从沙畹的书中选录简牍、纸片、帛书的照片，共收588支（张），撰成《流沙坠简》，为研究秦汉历史提供了新史料。（2）劳幹撰《居延汉简考释》。1930年，中国和瑞士组成西北科学考察团，在今内蒙古额济纳河流域的汉代烽火燧遗址中发现了一批汉简，共有一万余支。在抗战期间，劳幹对这些汉简作了分类研究，撰有《释文》与《考证》，连同图版，共为三个部分，于1943年在四川南溪石印出版。居延汉简是两汉时期张掖郡居延、肩水两都尉辖区内的官方文书，大部分属于西汉中期至东汉初的遗物,涉及此地区的政治、经济、军事等,史料价值较高。

戊戌以后,继续对秦汉旧史著作补订、考注的有:杨守敬《汉书地理志补校》二卷,王先谦等《后汉书集解》50卷、《续志集解》30卷,汇集钱大昕、沈钦韩、周寿昌及惠栋等人的注释成果,吸取汪远孙、全祖望、钱坫、吴卓信、陈澧关于地理的校释成果。李锐于律历的校释成果,徐松于西域传的校释成果,编成集解,以章怀太子和惠栋注为主,对后汉人物、典章、制度进行重点补订。杨守敬《三国郡县表》补正八卷,对吴曾仅《三国郡县表》加以考订。

其二,对秦汉社会史作了开创性的探索。王国维利用《流沙坠简》的有关资料,对秦汉史实,特别是汉郡和西陲地理作了一系列考证,著有《秦郡考》、《汉郡考》、《汉会稽东部都尉治所考》、《后汉会稽东部侯官考》等文。其中《汉郡考》分上下两篇,上篇论郡,下篇论国。他指出《汉书地理志后叙》中所谓西汉103郡国,大多是平帝时的疆域,真为高帝刘邦所置者,不及1/3。他还考证了汉代郡国从文、景到昭、宣之后的流变。1914年他所作《流沙坠简序》中,考证了西汉敦煌郡的治所及范围。对汉代的制度,王国维也作了研究。如《汉魏博士考》一文,就对汉代博士官的演变以及诸经立于学官或废止的情况,作了精辟的论述。继王国维之后,对秦汉社会作专题研究的有:柳诒徵1922年发表《汉官议史》,对汉代的议政制度史作了叙述。陶希圣1931年出版《西汉经济史》、陈啸江1936年出版《西汉社会经济研究》、马元材1944年出版《桑弘羊及其战时经济政策》,分别对秦汉经济史作了研究。在专题研究的基础上,新的秦汉史著作开始出现。翦伯赞1946年由重庆大孚出版公司出版了《中国史纲》之秦汉史卷,吕思勉1947年由开明书店出版了《秦汉史》上下卷。

秦汉社会的历史地位和性质问题在20世纪20—30年代的社会史论战中曾经受到关注。郭沫若1930年出版的《中国古代社会研究》中指出秦以后中国进入封建社会。但这一问题直到40年代才受到真正重视。翦伯赞在其《中国史纲》秦汉史卷中说:"中国历史之科学研究,其自上而下者,大抵皆停止在殷周阶段,其自下而上者,则又皆停止在鸦片战争。自殷周而后迄于鸦片战争这两千余年的历史,……则有待于详细的研究。因此,当我们的研究进入秦时代,就要走向中国历史学上的荒原了。"他在此书中运用马克思主义理论阐明秦与汉的政治历史、社会经济构造、国家政权性质和秦汉的意识形态,认为秦是"中期封建社会序幕",两汉为"中期封建社会的确立和展开"。书中还着重提出和研究了一些新问题,如汉代农业和手工业问题,商业都市与商业资本家问题,西汉政权性质问题,农民大暴动与秦、西汉灭亡的关系问题。侯外庐1947年发表《汉代社会新论》、1950年发表《汉代社会史绪论》,依据他解剖古代社会的理论和方法,对秦汉封建化过程及其特殊化路径,作了具体研究。他认为汉武帝法度形成之时,中国进入封建社会。因为,封建主义生产方式的广阔基础是农业与家庭手工业的结合,这种结合在商鞅变法时已有萌芽,但其法典化则在于汉代关于食货的定义;秦汉土地所有制的支配形式是土地国有制,皇帝是最高的土地所有者,贵族和豪强地主的土地占有权在法律上受限制,汉代的科条和户口组织法令意味着对土地所有形式的法典化;汉代的户律意味着编户齐民对领主的封建隶属关系的法典化。

其三,对秦汉学术思想作了更深入更广泛的研究。戊戌之后,对两汉经学作进一步研究的有今文派崔适、钱玄同以及古文派章太炎、刘师培等。崔适的《史记探源》对其中有关古文经学的记载说成全是刘歆窜入以说明今文经的真实可信。钱玄同本出章太炎之门,可他却转而宗今文,他认为《新学伪经考》出世之后,汉古文经之为伪造已成不易之定论。而章太炎、刘师培则对西汉古文经的传承作了细致的探索,并证明经今、古文是汉初以来并行的两种学术流派。王国维也指出:战国时,秦用籀文,六国用古文,秦并天下以小篆和隶书统一文字,于是古文籀文并废。汉初,初出的经传都用今文重写,但也有一些"古文"书写的古书陆续出现。这时去古稍远,非有特别的古文训练的人,不能解读这些古书。只有像司马迁那样"年十岁则诵古文",有古文训练的人才能认识和解读它们。所以《史记》中的"古文经"记载是真实可信的,古文经并非刘歆伪造。

但两汉经学之今古文问题,并没有因此而得到完满地解决。1930年,顾颉刚发表《五德终始说下的政治枏历史》,坚持刘歆作伪的说法。其主要论点肇端于康有为、崔适。康有为在《新学伪经考》中认为,今文家的古史系统之中,"五帝"只是黄帝、颛顼、帝喾、尧、舜,没有少昊;在古文家的历史中,颛顼之上添出了少昊,又把伏羲、神农一起收入,用以证实古文家伪造《周礼》的三皇五帝说。崔适在《史记探源》中进一步认为:"刘歆欲明新之代汉,迫于皇天威命,非人力所能辞证,乃造为终始五德之说。……是增少昊为五帝而分配五德,固自歆为王莽典章文章始矣。歆斯以为此说者,颛顼水德而下,喾木、尧火、舜土、夏金、殷水、周木,双复为火,新复为土，则新之当受汉禅，如舜之当受尧禅也。"顾颉刚赞成他们的意见，他对先秦、西汉古书中与此有牵涉的材料进行了一番大清理，进一步证明刘歆作伪。

钱穆早在《五德终始说下的政治和历史》发表前就推出了驳斥作伪说的名文《刘向歆父子年表》，向作伪说提出了28条质疑。他认为刘歆作伪在时间上不能成立，争立古文经博士离刘向之死不到二年，当时刘歆领校五经才数月，这么短的时间要遍伪诸经，不可能。而且刘歆作伪，在当时不能保守秘密，与刘歆同校书者非一人，习古学者数千人，如何无人揭露骗局？1935年，钱穆又发表《评顾颉刚五德终始说下的政治和历史》，认为刘歆把少昊加入古史，只是把当时已有的传说和意见加以写定，并非无端伪造。钱穆可说是对刘歆作伪说作了有力的反驳。

随着经、子界限的打破，人们分析秦汉学术思想也并不完全从经学史的角度。如章太炎在1904年重订本《訄书》中，著《学变》，论述汉晋学术变迁，指出由董仲舒的神学思想经过扬雄的《法言》、王充的《论衡》，到汉末魏初的崇尚法家，再到魏晋玄学的产生，这期间学术有五变。他认为董仲舒以阴阳五行附会天人感应，建立神学，名为博士，实则教皇。所产生的效果"使学者人人碎义逃难，苟得利禄，而不识远略"。因此扬雄著《法言》，吸收道家思想批评儒家神学。但《法言》本身文辞虽美，内容却很肤浅。王充著《论衡》，"不贵难知而易造"，"不务深迂而难睹"，"汉得一人焉，足以振耻"。对汉末魏初法家思想的兴起，章太炎评价甚高，认为王符《潜夫论》、仲长统《昌言》、崔寔《政论》，都切中东汉政治之弊病。

刘师培1905年在《国粹学报》发表《国学发微》，其中论秦汉学术，除论及秦汉经学历史外，还谈到了神仙方术在汉代的变化。他认为上古以来有神术，有仙术，"特上古之时，社会蒙昧，崇信神仙，然神仙之术各自不同，以天地神祇咸有主，持人世之权，是为神术。以人可长生不死变形登天，是为仙术"。儒家、道家本无涉神仙之术，但儒家"侈言古礼，而礼有五经，莫重于祭，因尊崇祭礼不得不言及祀神，此儒家之书所由杂糅神术也"；"道家特重养身……庄列之流，皆以身处浊世，咸有厌弃尘世之怀，往往托言仙术以寄其思，此道家之书所由托言仙术也"。但神仙之说在秦以前未"合之为一"。至秦始皇采用邹衍五德终始之说，神仙始合而为一。秦人以祀神为求仙之基，由是儒生之明祀礼者咸得因求仙而进用，汉代亦然"。儒者窜仙术于儒术，谶纬之书从而出现。道家在西汉时如刘安惟慕游仙之术，不信神术，但东汉时，神术亦窜入道家。神仙之术的合流为佛教的传入打下了基础（《刘申叔先生遗书》第二函）。

在章太炎、刘师培的研究基础上，胡适在1930年左右写成《中国中古思想史长编》。其书稿分七章：第一章齐学，第二章杂家，第三章秦汉之间的思想状态，第四章道家，第五章淮南王书，第六章统一帝国的宗教，第七章儒家的有为主义。他还写有《中国中古思想小史》。他认为秦汉之际，思想趋于混合，包括阴阳家、神仙家、道家在内的齐学在秦始皇初年得到了广泛传播。汉帝国初年，曹参做齐国相，把胶西盖公请出来指导他治国，盖公教他清净无为。曹参后继萧何为汉的相国，也是无为而治，这对汉代政治产生了很大影响。汉初之70年（前200—前135）是道家思想比较占优势的时代。但在这个时代，贾谊、晁错，武帝初年的王臧、赵绾都试图有所改革，但都失败了。直到武帝招集贤良文学之士，公孙弘为宰相，董仲舒提出天人感应思想，儒学才成为帝国的宗教。但无论汉初的黄老道家还是武帝时的儒家，都掺杂着大量的方术因素。秦始皇统一中国，各诸侯国的宗教得到混合，汉武帝时，一切民间迷信、一切方术，都得到了提倡。在这种背景下，儒生不免也受方士影响。武帝所建立的儒教实质是儒生与方士合作的结果。董仲舒以阴阳五行之学与方术组成儒教系统，一方面适应了当时社会的需要，另一方面也反映了董仲舒借神权制裁皇帝的愿望。董仲舒以下，百余年中，阴阳灾异的儒教造成了一种黑暗恐怖的迷信空气，但同时也有医药与天文知识的积累。东汉初年，历法的争论以四分历胜利。王充就在这一争论的年代感受到实证方法的重要。他著《论衡》的动机就是"疾虚妄"。他提倡道家的自然宇宙观以代替儒教的天人感应论，体现出政治批评精神。后来王符的《潜夫论》、崔定的《政论》、仲长统的《昌言》都代表这种精神（《胡适学术文集·中国哲学史》）。

冯友兰也于1930—1933年写成《中国哲学史》，其第一编第十四章秦汉之际之儒家，第十五章易传及淮南鸿烈之宇宙论，第十六章儒家之六艺论及儒家之独尊，第二编第二章董仲舒与今文经学，第三章两汉之际谶纬及象数之学，第四章古文经学与扬雄、王充，也对秦汉学术思想作了具体分析。但他主要依据儒家经学的发展历史去分析。他认为秦汉之际的儒家对礼乐作了理论探讨，论述了丧、祭、婚礼的意义，提出了《大学》和《中庸》的治国修身的纲领和《礼运》的政治哲学，为即将一统的社会作了理论准备。汉武帝独尊儒术，完全确立了儒学的思想统治地位。西汉经学家以阴阳家之言解释儒家经典，阐发其天道观和政治哲学、历史哲学，以致两汉之际谶纬盛行，儒学象数学成为主流。但在西汉之时；即有一部分人不满以阴阳家学说说经，遂另立一种古学以相抗衡，古学虽不为刘歆所独创，但刘歆在提倡古学中的贡献显著。古文经学家扫除今文经学"非常可怪"之论，使儒学与阴阳学说脱离，扬雄、王充是其中的典型代表。

胡适、冯友兰等人研究两汉以后思想家、哲学家，只偏重于儒学诸家。而侯外庐、杜国庠、赵纪彬、邱汉生等则认为，必须着重研究异端思想和正统儒学的斗争。1949年完成、1950年6月出版的《中国思想通史》第二卷他们论述了正宗思想的神学性质，论述了经今古文学斗争的哲学实质，论述了豪门大族汉末清议的意义及其向魏晋清谈的转向。同时还论述了秦汉经济、政治与意识形态之间的关系。他们还从汉法度的森严中探讨正宗思想的经济政治基础，论述了《白虎通德论》统一今文学异议的学术意义与政治意义。

总之，尽管在秦汉史研究中，各种史学流派的出发点并不完全一致，但经过他们的研究，秦汉历史和思想文化史研究的深度和广度大大加强。

第三节 关于魏晋至宋的历史研究

魏晋至宋的基本史料有《三国志》、《晋书》、《宋书》、《齐书》、《梁书》、《陈书》、《魏书》、《北齐书》、《周书》、《南史》、《北史》、《隋书》、《旧唐书》、《新唐书》、《旧五代史》、《新五代史》、《宋史》、《辽史》、《金史》等。

清初至乾嘉时期，对魏晋至宋的历代史籍进行考订校补的，除钱大昕《廿二史考异》、王鸣盛《十七史商榷》、赵翼《廿二史劄记》有关部分外，有卢文弨《晋书天文志校证》，毕沅《晋书地理志新补正》，洪亮吉《东晋疆域志》、《十六国疆域志》，方恺《新校晋书地理志》，丁国钧《补晋书艺文志》，万斯同《历代史表》中晋、宋、齐、陈、魏、北齐、北周历朝《诸王世表》、《方镇年表》、《将相大臣年表》，温曰鉴《魏书地形志考证》，周嘉猷《南北史年表》、《补南北史帝王世系表》、《补南北史世系表》，章宗源《隋书经籍志考证》，沈炳震《新唐书宰相世系表订伪》、《新唐书方镇年表订伪》，万斯同补《唐功卿年表》、《功臣世表》、《武氏诸王表》、《宦官封爵表》、《唐十道节度使年表》、《唐边镇年表》，黄大华《唐藩镇年表》、顾怀三《补五代史艺文志》，万斯同补《五代诸王世表》、《诸国将相大臣年表》、《诸国世表》、《诸国年表》、《诸方镇年表》，钱大昕《宋辽金元四史朔闰考》，倪灿《宋史艺文志》，卢文弨《宋史艺文志校正》，倪灿、金门昭《补辽金元三史艺文志》，万斯同《辽诸帝统系表》、《辽大臣年表》、《西辽纪年表》、汪远孙《辽史纪年表》，卢文弨《金史礼志补脱》，万斯同《金诸帝统系表》、《金将相大臣年表》等。上述著作既补魏晋南北朝至宋辽金史籍的不足，又考证了原有史籍的某些内容，如地理、艺文，为后来研究这一时期的历史提供了较为可靠的资料。

鸦片战争至戊戌时期，继续作资料考证与校补工作的有：钱仪吉著《补晋兵志》一卷，正文寥寥数千字，但分注较详。缪荃孙著《后凉百官表》、《北燕百官表》、《南凉百官表》、《夏百官表》等六表，补充了万斯同《历代史表》的不足，而且他从《晋书载纪》及金石拓本等搜集资料，还纠正了《晋书载纪》的一些史实谬误。文廷式著《补晋书艺文志》六卷。罗振玉著《魏书宗室传注》12卷、《世袭表》一卷。汪士铎撰《南北史补志》14卷。杨守敬著《隋书地理志考证》九卷，补遗一卷，此书广征博引《隋书》纪传及诸志、唐宋地理志及明清学者的研究成果，反复论述了隋代郡县建置、省并原委，所释郡县、关隘、山川的位置都很准确，对书志所记南北朝州郡滥置紊乱的史实作了校释。缪荃孙《唐书艺文志注》八卷。周寿昌著《五代史记纂误补续》一卷，对吴兰庭《五代史记纂误补》的未完成部分进行补充。陆心源著《宋史翼》40卷，陆著此书，目的在于补《宋史》之缺，《宋史》篇幅虽多，但可记之事尚遗漏不少。此书主要增补《宋史》列传部分。缪荃孙著《辽文存》六卷，卷一录诗70首，附谣谚八首，卷二录诏令37篇，附两篇册文，卷三录策问一篇、文六篇、表13篇、奏疏六篇、铭八篇，卷四录记23篇，卷五录序八篇、书18篇、碑八篇、墓志三篇，收集了辽代政治、经济、军事、外交、宗教特别是辽代佛教文化的许多珍贵史料。缪荃孙还编有《辽艺文志》和《辽金石存目》，其艺文志著录辽代图书51种，包括小学、译堵、实录、起居注、杂史、仪注、地理、政书、传记、史钞、五行、医书释道、别集共14类，补充了钱大昕、倪灿、卢文弨、金门昭补辽史艺文志的不足。

这一时期对魏晋南北朝至宋辽金的史料进行辑佚的有：严可均辑《全六朝文》，其中《全晋文》辑有傅玄《傅子》、挚虞《文章流别论》、束晳《饼赋》、陆机《思归赋》、潘岳《九品议》等。丁福保《全汉三国南北朝诗》

仿严可均的方式辑录汉唐间的诗歌。严可均还辑有《全隋文》36卷，收录在《全上古三代秦汉三国六朝文》内。他从正史、《通典》、《文苑英华》、《艺文类聚》、《初学记》、《广弘明集》、《续高僧传》、《大唐内典录》、《开元释教录》等书中辑录隋代文稿，分篇注明出处，并撰有作者小传。陆心源辑《唐文拾遗》72卷，《唐文续拾》16卷，从《唐会要》等书和碑刻搜集唐文，补嘉庆时《全唐文》的不足。

清代还出现了有关这一时期历史的专题著作。如徐松撰《登科记考》26卷，另附有《附考》一卷，《别录》三卷，共30卷，是研究唐代科举制度的专著。徐氏另撰有《唐两京城坊考》五卷，是研究唐代长安、洛阳的力作。劳经原撰《唐折冲府考》四卷，是研究府兵制的最早的专著。

19世纪末至20世纪40年代，魏晋至唐宋的历史研究主要取得了如下成果：

其一，历史学与考古学密切结合。

这方面的突出表现是出现了一门新学问——敦煌学。罗振玉编《敦煌石室遗书》、《鸣沙石室秘录》，两书均于1909年问世。同年他又发表《西州图经跋》和《敦煌石室书目及发见之原始》两文，为敦煌学的兴起开了先河。王国维不久就着手研究敦煌文书，为不少唐代文献写了跋。1925年，刘复辑录《敦煌掇琐》，其"中辑"包括有关家宅田地、社会契约、诉讼、官车等很多方面的文书，为研究唐代社会史开辟了新的道路。1930年陈寅恪为陈垣所著《敦煌劫余录》写的序中首次正式提出"敦煌学"这一概念。外国人从新疆吐鲁番劫走的出土文书中也有大量的官文书、契约等，其中相当部分是有关隋唐社会、政治、军事的重要文献。此后，研究敦煌、吐鲁番文书的学者、著作逐渐增加。

其二，对这一时期的社会史及其发展线索作了积极探索。

自史学提出革新研究方法、转移研究重点的目标以来，魏晋至唐宋的历史研究也发生了很大变化。研究这一时期的政治史、制度史、文化史的专著和论文不断出现。如程树德1925年出版《九朝律考》八卷，搜集了上起公元前3世纪至公元7世纪已经散佚的历代法律资料，并作了详细的综合性考证。陶希圣与鞠清远合写了《唐代经济史》。张星烺1930年出版《中西交通史料汇编》，向达1933年出版《唐代长安与西域文明》。张荫麟发表《宋朝的开国与规模》（《思想与时代》第4期）、《北宋的土地分配和社会骚动》（《社会经济史集刊》第6卷第1期）、《宋代南北社会之差异》（《浙大史地》

第 1 卷第 3 期)、《南宋之军队》(《益世报》1940 年 5 月 30 日)。邓广铭发表《赵匡胤的得国及其与张永德、李重进的关系》(《东方杂志》第 41 卷第 21 期)、《宋史职官志考证》、《宋史刑法志考证》(《史语所集刊》第 10、20 本)等。在专题研究基础上，吕思勉还于 1948 年出版了《两晋南北朝史》二册，并写成了《隋唐五代史》二册。

这一时期还具体探讨了中古历史演变的线索。夏曾佑《中学历史教科书》把秦至唐末的历史称为中古史。这一时期，中国境内各民族既斗争又融合，共同创造了中国文明，最后形成隋唐制度文化，在世界文化史中占有重要地位。如何理解中古社会的发展途径，如何总结其内在演变规律，同样是新史学的重要课题。

与新史家对上古史的研究相比照，当时对于中古文化史的研究相对薄弱，但尽管如此，也有汤用彤从文化移植的观点去研究佛教文化与中国中古思想文化相互影响的历史，为新史学准确估价佛教文化在中国中古历史中的地位提供了条件。陈寅恪从中国中古社会发展的内部矛盾对魏晋隋唐的历史的演变线索作了有创见的探索。

围绕中古文化史这一研究课题，陈寅恪先后发表了三部重要著作，此即 1940 年《隋唐制度渊源略论稿》、1942 年《唐代政治史述论稿》、1947 年《元白诗笺证稿》。《隋唐制度渊源略论稿》从礼仪（附都城建筑）、职官、规律、音乐、兵制、财政诸方面分析隋唐制度的历史渊源。《唐代政治史述论稿》则从统治阶级之氏族升降、政治改革及党派分野、外族盛衰之连环性及外患与内政之关系诸方面分析唐代政治史。《元白诗笺证稿》则通过元稹、白居易的诗歌的研究，探索唐代文学思想和表现形式在中唐前后的变化。

在《隋唐制度渊源略论稿》一书中，陈寅恪指出："隋唐制度虽极广博纷复，然究其因素，不出三源：一曰（北）魏、（北）齐，二曰梁、陈，三曰（西）魏、周。"（《叙论》第 1 页）所谓北魏、北齐之源，是指凡江左承袭汉、魏、西晋之礼刑政典文物，自东晋至南齐，其间所发展变迁，而为北魏孝文帝及其子孙所采用，传至北齐成一大结集者。这是隋唐制度最重要的一源。北魏、北齐之源还包括河西文化。西晋永嘉之乱，中原魏晋以降之文化转移保存于凉州。至北魏取凉州、而河西文化遂输入北魏，影响了北魏孝文、宣武两代所制定的典章制度。所谓梁、陈之源，是指南朝后半期内文物制度之变迁发展，当时未为北魏孝文帝及其子孙所采用，直至隋灭陈后，才成为隋唐制度的组成部分。所谓西魏、北周之源，是指西魏、北周为了与南朝及东魏、北齐相抗衡，依据其关中本位政策所创立的制度。但陈寅恪认为最后一源对隋唐文化的影响不大。由此可见，陈寅恪所说"文化"并非专指观念文化和思想学说，而和"制度"具有相同的含义。

值得注意的是，陈寅恪在研究隋唐制度渊源时，发现了中国中古历史的一个重要社会现象，那就是门阀士族对于隋唐文化制度的形成产生了重要作用。如为什么凉州河西文化和南朝宋、齐间所形成的文化能成为北魏制度的组成部分？陈寅恪认为："盖自汉代学校制度废弛，博士传授之风气止息以后，学术中心移于家族，而家族复限于地域，故魏、晋、南北朝之学术、宗教皆与家族、地域两点不可分离。"（《隋唐制度渊源略论稿·礼仪》，第17页）也就是说，自两汉政府垄断学术利禄之路的局面遭到破坏以后，学术和宗教亦即文化思想由地方家族赖以保存。故这些地方家族实际上成了中国文物制度的支柱。当时中原战乱，而自张轨统领凉州以后，河西秩序安定，经济发达，成为中原人士避难之地。这些人带来并保存了中原文化。北魏时李冲、常景等人参与了北魏制度的制作，隋初牛弘、辛彦之又是奠定隋制的重要人物。这些人都出身于河西的大族。至于南朝初年的制度能为北魏所参照，则由于刘旭、蒋少游、刘芳、崔光、特别是王肃把南朝文化带到了北魏。

陈寅恪还指出：影响一代文物制度的社会力量是非常复杂的。在中国中古历史中它还交织着民族文化冲突的因素。北周的制度与北齐有别，与梁、陈亦有别，其主要原因是鲜卑族自道武帝入居中原，逐渐汉化，至孝文帝迁都洛阳后，其汉化之程度较前更深，而鲜卑族内部反对汉化的阻力也愈大，终于酿成六镇之乱，而北魏亦随之分化为东魏、西魏，并进而分化为高欢的北齐和宇文泰的北周。高欢虽生于六镇，极度胡化，但由于仍居代表汉化之山东士族之地，故不能不继续施行汉化政策。而宇文泰居关中之地，为了与北齐和南朝相抗衡，只有实行关中本位政策，"适值泰以少数鲜卑化之六镇民族窜割关陇一隅之地，而欲与雄据山东之高欢及旧承江左之萧氏争霸，非别树一帜，以关中地域为本位，融洽胡汉为一体，以自别于洛阳、建邺或江陵文化势力之外，则无以坚其群众自信之心理"（同上）。所谓"关中本位政策"，即宇文泰依据关中曾是中原礼乐文明的源头的地理优势，以继述成周为号召，窃取六国之旧文，径直把鲜卑之制与周公礼典相沟通。也就是说，北周制度的形成是鲜卑贵族与汉族军事贵族相互融合的结果。

陈寅恪分析隋唐制度之源，一方面关注在文化冲突状态下的士族，认为中古文化主要依赖士族得以流传，士族是隋唐制度的中坚，从而表明门阀士族对文化制度的形成有举足轻重的作用。另一方面也关注民族文化冲突，表明文化冲突下所形成的民族关系乃至社会集团的复杂关系，对于文化制度也有重要作用。

陈寅恪依据他在《隋唐制度渊源略论稿》的基本论点，试图用士族的兴衰和民族矛盾来解析唐代政治演变史，写成了《唐代政治史述论稿》，其中指出，杨隋承袭西魏、北周之遗业，仍旧实行宇文泰所制定的关陇本位政策，不独建都于长安，以临制山东江左，并且将兵府集中于王畿，藉收居重驭轻之效。而李唐既能独据三秦，遂终成帝业。而"自高祖、太宗创业至高宗统御之前期，其将相文武大臣大抵承西魏、北周及隋以来之世业，即宇文泰'关中本位政策'下所结集团体之后裔也"（《唐代政治史述论稿·统治阶级之氏族及其升降》，第18页）。也就是说，唐初也实行关中本位政策。陈寅恪具体分析了唐初中央政权的官僚身份，他认为面对山东士族势力，唐太宗既不敢忽视，却又不甘心妥协。故他一方面压制山东士族如崔、卢、李、郑、王之类，另一方面却提拔山东微族如魏征、房玄龄、温彦博、戴胄、李勣等。总而言之，唐初的用人政策是压抑山东士族，以关陇集团后裔为核心，融合其他阶层的士人和豪杰。

但在唐高宗和武则天统治时期，上述用人政策发生了重大变化。武则天用人，主要依靠进士科。加之府兵制崩溃，关陇集团的物质基础被破坏，从此寒族士人以及在唐初被压抑的山东、江左士子擅长于文学的人，得以到朝廷做官。武则天以后，玄宗用人多循武氏之旧，及代宗大历年间，非以辞赋登科者不得进用。自德宗以后，其宰相大抵皆由当日文章之士，从翰林学士升任。

用人政策的变局导致了朝廷党派分野。陈寅恪既分析了唐初关陇集团与山东士族的矛盾，又分析了武则天后士族与进士出身的新贵们之间的矛盾。对于后者，陈寅恪指出：唐代士大夫中"其主张经学为正宗，薄进士为浮冶者，大抵出于北朝以来山东士族之旧家也。其由进士出身而以浮华放浪著称者，多为高宗、武后以来君主所提拔之新兴阶级也。其间山东旧族亦有由进士出身，而放浪才华者或为公卿高门之子弟者，则因旧日之士族既已伦替，乃与新兴阶级渐染混同，而新兴阶级虽已取得统治地位，仍未具旧日山东士族之礼法门风，其子弟逞才放浪之习气犹不能改易也"（《唐代政治史述论稿·政治革命及党派分野》，第73页）。由于进士出身的官员既无旧族重礼法的传统，因而在治国安民之术上易与旧族发生矛盾，从而引起党争。牛僧孺、李宗闵与李德裕、郑覃诸人之间的党争就是由此而起。

陈寅恪进一步指出，唐玄宗安史之乱后，政治格局又有一些变化，此即藩镇割据。安史之乱后，朝廷名义上虽保其一统之外貌，实际上中央政府与一部分之地方藩镇，已截然分割为两个不同区域，形成了非仅政治军事不能统一，即社会文化亦完全成为互不关涉之集团。陈寅恪于此再度提及文化冲突问题，说："自安史之乱后，除拥护李氏皇室之区域，即以东南财富及汉化文化维持长安为中心集团外，尚别有一河北藩镇独立之团体，其政治、军事、财政等与长安中央政府实际上固无隶属关系，其民间社会亦未深受汉族文化之影响，即不以长安洛阳之周孔名教及科举仕进为其安身立命之归宿。故论唐代河北藩镇问题必于民族及文化二端注意，方能得其真相所在也。"（《唐代政治史述论稿·统治阶级之氏族及其升降》，第25—26页）他认为唐代"安史之乱"后的政局，凡河朔及其他藩镇与中央政府的问题，其核心实属种族文化之关系。因为安禄山叛乱，河朔为羯胡占据，已经胡化，形成了不同于汉文化的社会风尚。

陈寅恪的隋唐文化史研究所得出的结论是：隋唐文化是民族文化冲突的结果；在民族文化的冲突过程中，汉族正统文化占有主导地位，而承担汉族正统文化的中坚则是魏晋以来的士族。唐代政治的发展，主要取决于关陇军事集团与山东士族以及士族与寒族的矛盾运动，而当唐代政治党争纷起之时，既容易引起藩镇割据，也易于遭受外族侵犯。

在《唐代政治史述论稿》一书的理论基础上，陈寅恪研究了元稹和白居易的诗歌，分析了元、白之诗所反映的士大夫精神风貌和思想品格。指出：古文运动以及唐代贞元、元和间之小说实质上是进士出身的士大夫们人生观和社会思想在文学领域的反映。他们渴望创造一种能够形象地如实地表达其思想感情的文学形式。白居易的《长恨歌》、《琵琶行》，元稹的《连昌宫词》、艳诗及悼亡诗，以及白居易的新题乐府与元稹的古题乐府就是这种文学思想的典型表现。

陈寅恪在《元白诗笺证稿》中，还以元稹对崔莺莺始乱终弃的史事为例，研究了在士大夫阶层升降过程中，道德标准的矛盾状况以及不同士人的不同态度。元稹是由进士词科而做官的，当时士族尚礼法重家门的道德标准尚有一定势力，而新进士人则蔑视礼法、推崇个性的道德标准也成为社会风气。崔莺莺虽然才貌双全，但出身寒微。元稹追求崔莺莺遵循的则是新进士人的道德标准。而后来他抛弃崔莺莺而另娶裴氏，则是仰慕士族重家门的道德标准。陈寅恪说："纵览史乘，凡士大夫阶级之转移升降，往往与道德标准及社会风习之变迁有关。当其新旧蜕嬗之间际，常呈一纷纭综错之情态，即新道德标准与旧道德标准、新社会风习与旧社会风习并存杂用，各是其是，而互非其非也。"（《元白诗笺证稿·艳诗及悼亡诗》，第 82 页）值新旧道德与社会风习变易之时，往往有些人能够利用两种不同标准及习俗，而多享受欢乐，富贵荣显，元稹就是这类人。

总之，陈寅恪的中古历史研究表明，要探索中古社会的演变线索，就必须究明中古社会民族和社会集团势力的消长以及二者的相互关系，只有研究了不同种族和社会集团的政治文化属性和党派分野，研究了复杂的社会关系及其矛盾，才能整理出中国中古社会的内在规则。

陈寅恪的隋唐文化史研究为后来的马克思主义史学提供了丰富的理论素材。他的高足汪篯在学习马列主义唯物辩证法之后，把陈寅恪的观点提高到了一个更高层次。陈寅恪提出唐代统治集团的变化实质上是关陇集团的兴衰与分化，汪篯则认为中国封建社会以唐太宗至武则天为界，前期是士族豪强地主大土地所有制和部曲佃客制占居优势地位，后期以普通地主大土地所有制和佃户制占居优势地位。也就是说，从统治集团来看，整个中国封建社会的历史主要是豪强地主和普通地主的矛盾斗争的历史。汪篯还分析了这种社会关系的生产力基础，指出：春秋战国时代，出现了铁口犁、铁口锄、铁口舀、铁镰刀等。个体生产有了可能，奴隶制下的共耘共耕的劳动形式被破坏。但铁口犁不能深耕，效率不高。到汉代，铁铧犁出现，大的重达十四五市斤。大农具的出现，破坏了小农户的经济，豪强大土地所有制因之出现。由于他们在地方上有很大的势力，到魏晋时期，垄断了政治权力，形成了九品中正制。南北朝时期，具有犁臂的轻便铁犁出现，能由单牛牵引，又具有大铁犁的效用，农民在生产过程中，已不需要地主用"合耦田器"等办法来加以干预和监督，而大族豪强地主对农民的人身奴役，也就成了生产发展的巨大障碍，于是普通地主大土地所有制逐渐占主导地位。他们不能像前代门阀大族那样垄断政权，必须参加科举考试，才能进入政权机构。汪篯还对陈寅恪的某些观点作了修改和补充，他把陈寅恪所谓关陇军事集团的概念表达得更加明确。认为他们和后来寒族在精神上是一致的，他们主要是与门阀士族存在根本性的冲突。同时，他强调分析社会关系，必须重视农民与门阀士族和普通地主之间的矛盾（《汪篯隋唐史论稿》）。

马克思主义史学家侯外庐很重视陈寅恪关于隋唐文化史的研究。他后来编著的《中国思想通史》第四卷上册第一章论中国封建社会的阶级关系、等级制及唐代等级制度的再编制、唐代统治阶级集团内部的分野和党争，就利用并改造了陈寅恪关于隋唐社会关系的分析成果。侯外庐不同意陈寅恪将豪族和庶族说成是两个阶级的说法，也不同意陈寅恪惋惜门阀士族的态度。他认为如果将当时的生产关系与经济背景相联系，就会发现其中更加复杂的社会联系，就会更加深刻地认识到各种不同阶层的阶级属性。但侯外庐也认为唐代安史之乱是中国封建社会土地制度的转变时期。他认为皇族土地所有制形式可分为两个阶段，"前一阶段从秦汉起到唐代开元、天宝之间"。"它以军事政治的统治形式为主，汉之垦田、屯田、公田、营田是不完全制度化的。魏晋屯田、占田以至北魏、北齐、北周、隋、唐的均田制是制度化的。""后一阶段从唐代安史之乱到清初"，"它是以经济的所有形式为主"（《侯外庐史学论文选集》上册《中国封建社会土地所有制形式的问题》）。在这两种形式的皇族土地所有制形式之下，自始至终存在着皇族地主、豪族地主、庶族地主的矛盾斗争。侯外庐还根据列宁《十九世纪末期俄国土地问题》（见《列宁文集》第3卷）的分析，把这些地主又分为身份性的和非身份性的。前期，身份性地主拥有较高的权力，而后期，非身份性地主则成为政治权力的主要支柱。

侯外庐还分析了封建社会前后期思想文化的变化。对于过渡性的唐代，他举出了韩愈、李翱、柳宗元、刘禹锡。对他们思想的分析，紧紧围绕着封建等级在唐代的重新组合，认为韩愈的政治悲剧是由于他在豪族地主与庶族地主之间采取了依偎态度。相反，柳宗元的历史观表现出庶族地主反对等级结构的鲜明特色。值得注意的是《中国思想通史》第四卷对于韩愈和柳宗元的分析，与陈寅恪在《元白诗笺证稿》中对韩愈、柳宗元的评价基本是一致的。陈寅恪第一次提出了元和文士中天道人道长短的讨论，认为元稹、韩愈、柳宗元、刘禹锡对于天人关系所展开的讨论反映了当时思想领域内的重大变革（《元白诗笺证稿·古题乐府》，第303—306页）。这些在侯外庐《中国思想通史》第四卷中也有所继承和创新。

总之，要理解中国近代社会，不但要研究上古社会的历史演变，还要研究中古社会的发展状况和演变规则。马克思主义新史学与陈寅恪在中古史学上的继承与创新再次表明，尽管马克思主义史学家关于中国文化的发展趋势乃至对中国传统文化的态度与近代其他史学家有不同的认识，但是这些并不妨碍他们在学术研究上的相互继承和相互吸取。

其三，对魏晋南北朝至宋的思想学术史作了开创性的研究。

对于魏晋玄学的产生及其思想特色，章太炎在《訄书》重订本《学变》中曾经指出："自汉季以至吴、魏，法家大行，而钟繇、陈群、诸葛亮之伦，皆以其道见诸行事，治法为章。然阔疏者苟务修古，亦欲以是快其佚荡。故魏衰而说变。"他认为由于吴、魏任法严苛，刻薄少恩，又经过曹丕、曹叡两代，士大夫愈厌恶法治，势激而迁，结果出现旷达任放，礼法松弛。又加魏晋交替，士大夫知识分子不愿降志辱身者，为逃避杀身之祸，多佯狂归隐，于是老庄思想抬头，玄学产生。

而梁启超则认为魏晋玄学主要是对儒家经典采取了一种新的解释，以道家眼光看儒家书籍，摆脱了从前章句训诂的习惯。他认为儒、道两家本有相同之处，但两汉时代，这种相同之处未能得到发挥。到了魏晋，这种相同之处便得到广泛研究，从而取得了经学研究的大成绩。何晏、王弼、竹林七贤提出了许多名理论题，但都是以老庄释儒典。东晋之后，清谈风气在南朝仍很盛行，而北方则宗汉儒旧法，形成南北经学研究的不同特点。这一论点在冯友兰《中国哲学史》下册中得到进一步阐述。

汤用彤在1938—1947年十年中写了下列有关魏晋玄学的研究文章：《读〈人物志〉》、《魏晋玄学流别略论》、《向郭之庄周与孔子》、《王弼大衍义略释》、《王弼圣人有情义释》、《王弼之〈周易〉、〈论语〉新义》、《谢灵运〈辨宗论〉书后》等。这八篇文章分别发表于当时的报章杂志上，如《图书季刊》、《学术季刊》、《哲学评论》、《清华学报》、《北京大学四十周年纪念论文集》、《学原》、《大公报·史地周刊》等，其中发表于1943年《图书季刊》的《王弼之〈周易〉、〈论语〉新义》，曾由奥人李华德译成英文，登载于1947年美国《哈佛亚洲研究杂志》。这八篇文章后来连同没有正式发表的《言意之辨》和关于魏晋思想的发表的讲演稿，一起收入《魏晋玄学论稿》一书中，1957年由人民出版社出版。在上述发表的论文中，汤用彤通过对魏晋玄学的思想渊源、主要问题、发展和流派的深入研究，指出刘劭《人物志》关于才性问题的讨论反映了魏晋思想的渊源，《人物志》的才性论、有名与无名的讨论，都是后来玄学天道与人道、有与无的理论命题的直接来源。玄学本身并不是笼统的，它有不同的派别，基本上可分为何晏、王弼贵无派，裴頠崇有派，向秀、郭象逍遥派。玄学提出了本体论、认识论的一系列重要命题。汤用彤依据近代西方哲学的相应范畴对它们的具体内容及其演变线索作了详细探索。

汤用彤对魏晋玄学的研究成果得到侯外庐的重视。侯外庐、杜国庠、赵纪彬、邱汉生1949年完成的《中国思想通史》第三卷,在汤用彤关于魏晋玄学的研究成果的基础上,进一步分析了玄学思想的历史背景和阶级根源、社会意义。其中指出,汉末三国之际,经过农民暴动,户籍制度遭到破坏,部曲宗主制度形成,思想意识开始重新编制。玄学的产生修正了汉代庸俗的宗教世界观,从唯心主义的解释上,更把宗教世界观唯理的夸大,它是一种更加高明的宗教。玄学思想的不同派别反映了统治阶级内部的不同利益集团的矛盾斗争。

侯外庐的研究又得到汤用彤的进一步完善。1956年汤用彤与任继愈合撰《魏晋玄学中的政治思想略论》(上海人民出版社出版),其中指出:从王弼、何晏"无为思想"可以看出当时中小地主政治实力的上升和取得政治特权后的堕落,嵇康、阮籍的思想反映了中小地主阶层在豪门世族的压力下的软弱抗议和最后屈服,向秀、郭象的政治思想,说明了豪门世族所需要的政治理论和它反动的政治意义。

总之,魏晋玄学是中古思想学术的一个重要文化现象。对这一现象如何评价,在近代学术史上形成了种种不同看法。梁启超、冯友兰等注重玄学的哲学命题及其意蕴,而汤用彤、侯外庐则主张把哲学命题与当时的社会历史相联系,认为玄学并不是"本格意义的思想自由",而是对汉代师法的"特定的一种思想权变"(《中国思想通史》第三卷,人民出版社1957年5月版,第42页)。后一种主张越来越得到今人的公认。

魏晋南北朝至宋的思想、学术的另一个重要文化现象是佛教的传入及其在中国的发展历史与它对中国固有思想所产生的影响。佛教对中国固有思想的冲击以及中国文化成功地融会吸收它的历史经验,无疑为当时思索中西文化碰撞的结果以及应变方式的学人们提供了范例。王国维在概述中国思想文化的发展历程时,就把道光、咸丰以来中国思想文化所受到的冲击,当做第二次佛教文化的冲击,他说:"至今日而第二次佛教又见告矣,西洋之思想是也。"(《静安文集续编·论近年之学术界》)他认为:"自六朝至于唐室,而佛陀之教,极千古之盛矣,此为吾国思想之受动之时代,然当是时,吾国固有之思想,与印度思想互相并行而不化合。……至宋儒出而一调和之。"(同上)面临中西文化冲突的近代学者,只有像宋儒那样,能动地化合其他思想学术,才能保存民族文化、发展民族文化。

梁启超对佛教历史及其与中国文化的关系也非常重视。1902年他在《新民丛报》上发表《论中国学术思想变迁之大势》、《论佛教与群治之关系》等文章，明确认为佛教丰富了中国文化，但他当时对佛教教义和历史都缺乏深入研究。20世纪20年代，梁启超发表《中国佛法兴衰沿革说略》、《佛教教理在中国之发展》、《中国印度之交通》、《翻译文学与佛典》、《佛典之翻译》等文章，论述中国佛教史和佛教与中国政治、文化的关系。他具体辨析了佛教最初输入中国的问题。在《中国佛法兴衰沿革说略》、《佛教最初之输入》以及附录的《汉明求法说辨伪》、《四十二章经辨伪》、《牟子理惑论辨伪》等文章中，他提出《牟子理惑论》是东晋刘宋间人伪作。《四十二章经》是撰本而非译本，其年代最早不过吴，最晚不过东晋，与汉明帝无关系。所以佛法输入可能在汉明帝永平求法之前，但《四十二章经》和《牟子理惑论》则是后此之人的托古伪作。梁启超一方面肯定佛法传入中国的时间在汉明帝之前，另一方面又否定《四十二章经》、《牟子理惑论》的可靠性，无疑使得在中国人何时接受佛法的问题上造成了悬案。他在《中国佛法兴衰沿革说略》和《佛教教理在中国之发展》等文章中，还论述了佛法被中国人接受的原因。他认为从思想本身来说，两汉学术，不越二途：一则儒生注释经典，二则方士凿谈术数。学人厌倦章句术数之说而探究宇宙法则，玄学开始兴起，此时佛教逐渐引起人们重视，佛法从而找到了思想上的立足之地。从社会原因而论，汉末社会动乱，而佛法因缘果报、如来救世，对于平民百姓和帝王将相，都有吸引力。梁启超还勾勒了中国佛教的发展史线索。他认为自两晋至南北朝，这是中国佛教史的输入期，隋唐则为建设期，唐以后中国可谓无佛学。在输入时，主要是传译经典和西行求法，其中道安的作用尤为重要，道安使佛学成为时代思潮。在输入期，中国佛教还形成了南、北佛教的不同特点，南方自由研究，北方专制盲从。隋唐时期，中国人自创教派，佛教中国化。于是三论宗、天台宗、净土宗、华严宗、法相宗、律宗、密宗、禅宗等教派相继出现。但唐以后，禅宗盛行，诸派俱绝。儒者窃佛理自立门户，佛教衰落。

汤用彤1938年在长沙出版《汉魏两晋南北朝佛教史》一书，对中国佛教历史作了深入研究。他认为佛教的传入在西汉末年。东汉明帝永平求法的事实是基本可信的。《四十二章经》和《牟子理惑论》都是可信的佛教典籍。佛教在中国能够植根，原因是初期佛教讲究"精灵起灭"、"省欲去私"、"仁慈好施"，与汉代方术和道家思想相通，《四十二章经》充分显示了这种色彩。玄学兴起，中华学术面目为之一变，而佛教则更依附玄理，《牟子理惑论》反映了佛教思想的这一变迁。佛教的发展以释道安为一界标，道安于传教译经、厘定教规、编制经录、培养人才等方面做了奠基性的工作，为佛教的弘盛准备了条件。南北朝时期，由于政治分裂，佛教也形成南、北不同特点，北方重实践，南方重玄理。至隋帝统一中夏，南北佛教相互融会，从而形成中国佛教宗派。汤用彤在20—30年代还写有《隋唐佛教史稿》的讲义，后由汤一介整理，于1982年由中华书局出版。其中对隋唐佛教宗派作了详细论述，并附录有五代宋元明佛教事略。

值得进一步指出的是，汤用彤从中国佛教史的研究，总结出了佛教文化与中国思想文化从冲突到融合的历程，这就是他所说的由"格义"到"寄言出意"再到"明心见性"的三个阶段。所谓"格义"，就是用原来中国固有的文化学术观念对比外来的佛教观念，通过人们所熟悉的概念得到对佛教学说的理解。它是佛教传入中国之初，佛教信徒理解和传授佛教经典的重要方法。但"当中国学者稍长时间或更加深入地研究了佛教经典，他们就意识到这种方法存在的缺点"（《论格义——最早一种融合印度佛教和中国思想的方法》，《理学·玄学·佛学》，北京大学出版社1991年版，第292页）。寄言出意的方法从而产生。所谓寄言出意，脱胎于"言意之辩"。"及晋世教法昌明，则亦进而会通三教。于是法华权教、般若方便、涅槃维摩四依之义流行，而此诸义，盖深合于中土得意忘言之旨也。"（同上）这种方法避开不同思想文化表面上的相似，而探究它们本质上的相通，由此得到对异种文化思想的特质的认识，从而更加深入地了解不同文化的统一性与相通性。在这个基础上，即可进入"明心见性"的发展阶段。所谓明心见性，即是根据本国思想文化的基本特质，吸收、消化异质文化的合理内核，达到对本国思想文化的再创造的目的。汤用彤认为宋代理学对佛学就是采用这种方法："华人融合中、印之学，其方法随时代变迁，唐以后为明心见性。"（《汤用彤学术论文集》，第229页）这种对佛教文化与中国思想文化冲突与调和规律的总结，体现了作者探索文化移植现象、为近代中国文化的发展提供参考的愿望。

总之，魏晋至宋的历史与思想文化史经过这一时期的研究，其重要问题和发展线索都比较明晰地显示出来。这为后来的史学研究和文化研究提供了条件。特别是其中某些个别论点，如禅宗流传问题中胡适对神会地位的强调等，都得到后来研究史学的人们的认可。

第四节　关于元明史的研究

元代史料比较丰富，除史官撰述的《宋史》、《辽史》、《金史》有关材料外，元朝史官还编次了《元朝秘史》、《元典章》、《通制条格》、《经世大典》；此外还有一些杂史如《圣武亲征录》、《黑鞑事略》、《蒙鞑备录》等。当时蒙古三次西征，波斯及西南亚许多地区成为蒙古汗国的组成部分，在这些地区，一些历史学家也留下了不少著作，如伊利汗国志费尼的《世界征服者史》、拉施德丁的《史集》等。明王朝还依历朝史例，官修《元史》210卷。

清初就曾开始对明修《元史》作考订和校补。康熙年间，邵远平著《元史类编》42卷，在其祖父邵经邦《宏简录》的基础上，对《元史》纪传作了改编。乾嘉年间，汪辉祖作《元史本证》50卷，考证了《元史》中的大量史实。钱大昕也尝试过对《元史》作重新编写，写有《元史稿》100卷，但未成书，今存《元史艺文志》四卷、《元史氏族表》三卷。

鸦片战争后，继续考证《元史》史实和改编《元史》的有：魏源著《元史新编》95卷。约脱稿于1857年，邹代过有续补。魏源在作《海国图志》时感到有修《元史》的必要，故写成《元史新编》。此书分本纪14卷，列传42卷，表七卷，志32卷。除列传中《元末群盗》、《释老传》、《遗逸传》有目无传外，基本上都统一了体例。魏源认为正史中最疏陋的是《元史》，作为纪传体史书的纲目的本纪，"世祖以前四朝失于荒陋，世祖以后四朝失于繁冗"；"其列传之弊，亦于开国功臣失之疏，而世祖以后诸臣失之冗。其疏者虽以元勋硕辅，而并佚其名氏，其冗者或一人二传，甚至数篇之多"。志部对地理也交待不清，11行省以外的地区，"一则曰西北地理，难以里计，再则曰边外羁縻之州，莫知其际，更何诘其部落本末山川之界画"。"《地理志》末仅附西北地名二页，毕竟孰西孰北，尚未能辨也"（《元史新编·拟进呈元史新编表及凡例》）。该书"采四库书中元代各家著述百余种，并旁搜《元秘史》、《元典章》、《元文类》各书，参订旧史"（同上）。重点补充了太祖、太宗、定宗、宪宗四朝史实，对他所指出的旧《元史》的弊端也——加以修正。

洪钧著有《元史译文证补》30卷，成于1892年左右。洪钧曾出使俄、德、荷、奥等国，接触到西方蒙古史著作，他以《多桑蒙古史》和波斯文

《史集》的俄译本为主，参考其他资料，编成本书。对汉文史籍中的薄弱环节，如蒙古早期历史及其兴起、西征、西北四大汗国世系及史迹、西北宗藩与元廷的战争、西北地理及蒙古汗国境内各种复杂的民族关系和宗教关系等，都有弥补。此书引起了当时元史研究者们的广泛注意。

对元史的研究，还有屠寄。他著《蒙兀儿史记》，1911年初刊时48卷，后陆续刊刻，至1934年成160卷，其中缺14卷，存146卷。屠寄编撰《蒙兀儿史记》，原意把它写成蒙古族历史活动的通史，但至1921年病逝为止，有关明清蒙古族的历史仅在第149卷《宗室世系表》第一卷中稍有述及，而有关莫卧儿帝国历史的《巴别儿传》也有目无文，故虽然写了中国境外的钦察、伊利、察合台三大汗国的历史及帖木儿帝国历史，但篇幅主要限于元亡为止的蒙元史。在1934年刻印本中，此书本纪18卷，卷一《世纪》记载成吉思汗祖先的历史，卷二至卷十七记载成吉思汗至妥懽帖睦尔为止历代蒙古大汗和元朝皇帝的历史，卷十八《后纪》，原拟记载妥懽帖睦尔死后明代蒙古汗史，有目无文。卷十九至卷一四七为列传，其中有11卷有目无文，其他则增补了《元史》所缺的400多人的传与西域及木剌夷、巴黑塔等外国列传。卷一四八至卷一五九为表，其中《蒙兀氏族表》、《色目氏族表》共四卷，为《元史》所无。其他如《宗室世系表》、《诸王表》、《公主表》、《三公表》、《宰相表》也较《元史》详细。但行省宰相表有目无文。卷一六〇以下为志，但只有《地理志·西北三藩地理通释》写成。该书纠正了《元史》许多史实的错误，也补充了许多重要资料，在运用各种史料以及参考钱大昕、徐松、魏源、张穆、何秋涛、洪钧、李文田、沈曾植、柯劭忞的研究成果时，加有作者自己的考证，自成一家。

曾廉撰《元书》102卷，他以《元史新编》为蓝本，对《旧元史》重新改编，成本纪15卷，志10卷，列传76卷，自序一卷。其中本纪皆以《元史》删成，志书除去五行、舆服二志，补入钱大昕《艺文志》，其余仅在名目、叙事顺序上稍作更动。列传部分增补较多。他还撰有《元史考证》四卷。

柯劭忞撰《新元史》257卷，在1914—1920年间写成，有民国十一年（1922）天津徐氏退耕堂初刻本。此书本纪26卷，表七卷，志70卷，列传154卷。结构基本与《元史》相同，但比《元史》排列要合理。此书采用了多方面的材料，增补、考证《元史》，除《蒙古秘史》、《元典章》、《蒙古源流》和残存于《永乐大典》中的《元经世大典》等资料外，他还利用了金、元、明初人文集、金石志和蒙元史外文资料，如《史集》、《多桑蒙古史》、《成吉思汗实录》等，补充了元初与元末的许多重要史迹。其《氏族表》比钱大昕《元史氏族表》要丰富得多。其《行省宰相表》包括元世祖至元十二年（1275）至元顺帝至正二十八年（1368）共94年内担任各行省丞相、平章政事、右左丞、参知政事的人名及任职时间，对研究各行省政治很有参考价值。至于其《食货志》，不但叙述了元代田制、盐、茶、酒、醋、市舶课税及和籴、斡脱官钱、钞法，还叙述了元代海运情况。其列传部分增写《元史》列传中所无的一千一百余人传纪，其中的《外国传》增列了八百媳妇、西域各国、木剌夷、报达、西里亚、斡罗斯、钦察、康里、马札儿、波兰等国，具有极高的史料价值。

　　除上述关于《元史》的改编、补著以外，对于元代其他史籍，近代学者也作了校正。如对《元朝秘史》的考释，乾嘉时钱大昕从《永乐大典》中抄出十五卷，加以介绍。道光间张穆又从《永乐大典》中抄出此书汉译部分，校以钱大昕本。光绪间，李文田、文廷式、沈曾植等，从盛昱处抄得十二卷本《元朝秘史》，进行校勘、考释。其中以李文田用力最勤，其《元朝秘史注》15卷，1897年刊行，征引正史11种、宋代史料7种、金人著述1种、元代史料7种、明代史料10种、清人著述17种、元人碑碣10多种，对书中年代、史实、地理进行考释，它是我国第一部有关《元朝秘史》的系统注释。沈曾植著有《元朝秘史补注》15卷，偏重史实考证，虽繁博不若李文田之注，但时有独到之见，对《元秘史》纪事的一些纰漏也作了有益的提示。又如对《圣武亲征录》的校注，道光间，张穆、何秋涛得此书抄本。何秋涛用元史及其他有关资料文集参校，疏通了抄本文句。光绪间，黄彭年从何秋涛之子何芳棪处得到何校本，1894年由袁昶刊行时，将李文田、文廷式、沈曾植诸人校语以双行小注写入书中，人称"光绪朝大校语"。再如对《蒙古源流》的疏证，沈曾植据正史、方志、舆图、佛教典籍及其他记载等70余种资料，作《蒙古源流笺证》一书，于原书人名、地名、译文、史迹皆有考订。此外，还有李文田校注耶律楚材《西游录》，徐松和文廷式辑录《经世大典》中的《大元马政记》、《大元仓库记》、《大元毡罽工物记》、《元代画塑记》、《元高丽纪事》、《大元官制杂记》六篇等。

　　20世纪初，研究元史最有贡献的是王国维和陈垣。王国维晚年开始蒙元史研究，撰有《鞑靼考》、《萌古考》、《黑车子室韦考》、《南宋人所传蒙古史料考》、《金界壕考》、《蒙古札记》、《耶律文正公年谱及余记》等论著。

其中《鞑靼考》是研究早期蒙古族史的重要论文,详细论证了蒙古族"唐宋间之鞑靼,在辽为阻卜,在金为阻𩎟,在蒙古之初为塔塔儿,其漠南之汪古部,当时号为白达达者,亦其遗种也",引起了广泛讨论。王国维还亲自校勘注释了早期蒙古史料,著有《蒙鞑备录笺证》、《黑鞑事略笺证》、《圣武亲征录校注》、《长春真人西游记校注》、《王延德使高昌记校注》、刘祁《北使记注》、刘郁《西使记注》等。

陈垣于1917年5月写成《元也里可温教考》,对元代也里可温教的名称、教义特点、教派人物及其与其他宗教和元代政治的关系,作了深入研究。1934年又写成《元西域人华化考》,对元代西域各族人吸收汉文化的程度和过程作了重要探索。他还在方功惠所藏旧钞本《元典章》基础上,对照沈家本所刻《元典章》,撰成《沈刻〈元典章〉校补》10卷,总结出其中史实讹误的一些规律。

30年代以后,以韩儒林、翁独健、邵循正为代表的学者,在他们的师长陈垣、陈寅恪、洪业等指导和启发下,有志于蒙元史和西北史地的研究。他们远涉法、德、比、美等国,向当时国际闻名的汉学大师伯希和等学习,从语言工具入手,掌握外国的科学方法,了解国外的研究状况,搜集国外出版的蒙元史料和研究成果,在此基础上,更好地发挥了我国汉文和各民族文字资料极为丰富的优势,从而把我国蒙元史和边疆史地的研究推进到一个新的阶段。如韩儒林《成吉思汗十三翼考》,采用汉文《圣武亲征录》和波斯文《史集》直接互校方法,纠正了几十年沿袭的错误。其《蒙古氏族札记》,采取同样的互校方法,订正了《史集》贝勒津刊本、《多桑蒙古史》以及《蒙兀儿史记》、《新元史》中一些部落和氏族名称的错误。翁独健1948年在《燕京社会科学》发表《蒙元时代的法典编纂》,对蒙古法典的形成以及《大元通制》、《元典章》的编纂背景与颁行情况作了具体研究,并指出了它们的史料价值。

总之,19世纪末到20世纪40年代,元史研究除对重要元史资料继续作校注、辑补以外,已从按纪传体重编《元史》的圈子里走出来,开始了对元史的专题研究。当时冯承钧还翻译了西方学者沙畹、伯希和的研究成果,为元史研究的深化做出了重要贡献。相对而言,乾嘉学者对元史的研究不如对两汉以及中国历史的其他阶段,可以看出,这个时期的元史研究弥补了以往研究在这方面的许多空白。

明代史料较重要的是《明史》、《明史稿》、《明实录》、《国榷》等。其中《明史》336卷，清张廷玉等人编撰。1709年，王鸿绪曾把万斯同等人在编修《明史》过程中的草稿携回家，先后于康熙五十三年（1714）及雍正元年（1723）进呈传、纪、志、表部分，称为"横云山人明史稿"。雍正间，张廷玉等即以此为底本，于雍正十三年（1735）十二月正式写成《明史》，乾隆四年（1739）正式进呈。

清初研究明史有一股热潮，黄宗羲、顾炎武、王夫之都研究过明代历史的某些部分。但由于文字狱影响，乾嘉学者很少有人从事明史研究。乾隆时，曾经谕示对明末遗臣功过评价的是非标准，一度放松了对南明史研究的严格控制，全祖望《鲒埼亭集》，就有许多关于南明人物的比较客观的评价。但总的说来，成果不多。

鸦片战争前后，明史研究显得比较迫切。魏源著《书明史稿》一、二篇，《明代代食兵二政录叙》。他认为："《明史》成于国初遗老之手，而万季野之功尤多。纪传长于表志，而万历以后各传，又长于中叶以前。袁崇焕、左良玉、李自成传，原稿皆二巨册，删述冗汰，结构宏肃，远在宋、元诸史之上，是则是矣。"但未革"《宋史》以来人人立传之弊"；在材料取舍方面也没有主次，食兵诸志，"随文抄录，全不贯串"，"明末诸臣，尚多疏略"。对于上述缺点，他准备一一加以弥补。

夏燮著《明通鉴》一百卷，首一卷；同治癸酉（1873）刊于湖北宜黄。此外他还著有《明史纲目考证》、《明史考异》等。《明通鉴》以《明史》、《御撰资治通鉴纲目三编》为主，参考《明会典》、《一统志》等，严格按日、月、年、王朝的时间顺序，编次史实，将明代历史分为《明前纪》、《明纪》、《附编》三大部分。《明前纪》上始至正十二年（1352），下迄至正二十七年（1367），《明纪》始洪武元年（1368），迄崇祯十七年（1644），《附编》自崇祯十七年五月清兵攻入北京，下迄南明灭亡。凡有关明朝纪纲、礼乐、刑政、天文、历法、河道、漕运以及营兵、练饷、折色、加赋的史实，都有较详细的记载；对元末起义、朱元璋政略、建文出亡、世宗礼仪之争、张居正用事、明末三案、甲申之难、南明政权都有较多的补正，对一些重要历史人物和事件提出了许多比较独到的评价。如论张居正，他说："江陵当国，功过不掩，誉之固非，扬之亦非。《明史》所载，似不如《明史纪事本末》之据事直书为得其实。至于结冯保，构新郑，固不能为之词；而至援高珙自撰之《病榻遗言》，则是死无对证语。高、张二人易地为之，仍是一流人物。今但取正史可信者书之，而闰月顾命等词，一律删汰，以成信

史。"(《明通鉴》卷首《与夏莲洋明经论修〈明通鉴〉书》)

徐鼒撰《小腆纪年附考》20卷。此书约1861年成书,咸丰间刊刻。起自崇祯十七年(1644),迄于康熙二十三年(1683),记载了南明各政权的历史。他还就《纪年》同时期的各个重要人物,编写了《小腆纪传》六十五卷,《补遗》五卷、《补遗考异》一卷。卷一至卷六,为弘光、隆武(附绍武)、永历、监国鲁王四朝本纪,卷七至卷六十五,分别为后妃、宗藩、名臣良将、义师、忠义、义士、儒林、文苑、遗臣、逸民、方外、列女、宦官、奸臣、贰臣、逆臣等传。两书收集了大量野史笔记及诸家文集,有较高的史料价值。对南明历史事件的年月及真实情况也有考订。如《明史》载郑成功沉鲁王于海,徐鼒以《台海纪事》、《鲁春秋》、《鲒埼亭集》考证,指出在郑成功死后几年,鲁王才"殂于台湾,诸旧臣礼葬之"。

19世纪末至20世纪40年代的明史研究表现为:

其一,对明代社会史的研究。自30年代起出现了一些探讨明代的政治、经济史的论文。这方面成绩显著的是梁方仲对明代赋税徭役制度的研究。他在30年代和40年代发表的《明代鱼鳞图册考》(载《地政月刊》1933年第8期)、《一条鞭法》(载《中国近代经济史研究集刊》1936年第4卷第1期)、《明代的户帖》、《明代十段锦法》(两文均载《人文科学学报》1943年第2卷第1期)等论文都是研究明代赋税制度演变的开创性作品。吴晗在30年代发表的论文《明代之农民》、《十四世纪时之纺织工厂》、《明代的军兵》(均见《吴晗史学论著选集》,人民出版社1984年9月版),都是明代社会政治、军事研究的代表性作品。谢国桢写有《明清之际党社运动考》论文集。朱倓所撰《明季社党研究》(商务印书馆1945年8月版)一书对东林党人及其著作等进行了探讨。

其于明代中外关系方面,郑和下西洋的问题早在19世纪就引起了西方学者的关注,发表了多篇研究文章。梁启超在本世纪初写有《祖国大航海家郑和传》,文中列举了郑和所到西洋的地名39处。并且指出:"郑君之初航海,当哥伦布发见亚美利加以前六十余年,当维哥·达嘉马发见印度新航路以前七十余年",堪称"国史之光"(载1904年《新民丛报》第21号)。向达在1929年发表《关于三宝太监下西洋的几种资料》一文,对有关郑和航行的文献内容和版本情况作了介绍和考证。此后30年代和40年代各报刊发表的关于郑和的文章在20篇以上,其中有代表性的如吴晗《十六世纪前之中国与南洋》。专著有冯承钧《中国南洋交通史》(1937),束世澂《郑和南征记》（1941），范文涛《郑和航海图考》（1943），郑鹤声《郑和》（1945）、《郑和遗事汇篇》（1948）等。

对于明代农民起义的研究，较有影响的是郭沫若1944年写的《甲申三百年祭》，李文治1948年出版的《晚明民变》等。

其二，对明代思想文化的研究。这是这一时期研究得较多的一个领域。早在1904年，章太炎《訄书》重订本中有《王学》一篇，对王阳明的心学思想作了分析。他认为王阳明学说"独致良知为自得，其他皆采旧闻"。如人性无善无恶说，本诸胡宏；知行合一说，本诸、程颐。所以王阳明在学术上地位不应估价太高，其学术与事功不能统一。1914年，章太炎的《检论》又有《议王》一篇，对王阳明的学术给予了高度评价，把他的事功放在次要地位，说："文成之术，非贵其能从政也，贵夫敢直其身、敢行其意也。"此后关于王阳明的论著屡见不鲜。有胡哲敷《陆王哲学辨微》（中华书局1930年版）、宋佩韦《王阳明与明理学》（商务印书馆1931年版）、贾丰臻《阳明学》（商务印书馆1933年版）、嵇文甫《左派王学》（开明书店1934年版）等多部作品。

李贽由于他反对传统思想，在辛亥革命前后引起刘师培、吴虞等人的注意。此后，容肇祖1937年发表《李贽传记批判》、嵇文甫1934年发表《李卓吾与左派王学》，强调了李贽思想的解放性价值。

在宗教史方面，陈垣做出了突出的成绩。比如关于佛教的《明季滇黔佛教考》，关于天主教的《基督教入华史略》，关于李之藻、王徵等人的传记，都是具有很高学术水平的著作。

容肇祖还用几年时间写成了《明代思想史》（开明书店1941年版）。他认为黄宗羲的《明儒学案》固然是一部很好的参考书，但是随着时代见解的迁移需要摆脱黄氏束缚，材料上应超过《明儒学案》。

第四章 近代关于清史的研究

第一节 清史资料的收集和整理

清代史官不但撰著了《明史》，还保存收集了大批文献资料，并编次了《实录》和《国史馆传表》。此外各省府散存一些文案和私家档案，为数众多的方志和谱牒、私家文集以及少数民族文字史籍和外国人的有关记述都是研究清史的依据。

鸦片战争以后对清代史料的编次主要有：

一是，实录。《宣宗实录》476卷，另序例、目录、进表五卷；《文宗实录》356卷，另序例、目录、进表四卷；《穆宗实录》374卷；另序例、目录、进表四卷；《德宗实录》597卷，另序例、目录、进表四卷。清制规定，前朝皇帝死后，后帝为先帝编修《实录》。为修《实录》特设"实录馆"，并将上谕、朱批奏折、内阁大库和皇史宬所藏档案、各部衙门文案向修《实录》者开放。《清实录》自清初三朝（天命、天聪、崇德）到嘉庆，均有实录。清代光绪朝、宣统朝没有实录，但后来编有《清德宗景皇帝实录》和《大清宣统政记》。

二是，《东华录》。《东华录》也是一种编年体史料长编，类似《清实录》的内容摘要和选本。但也有《清实录》未记载过的内容。乾隆年间蒋良骐编《东华录》32卷，叙事起清开国的天女传说到雍正十三年（1735）为止，共六朝五帝史料。光绪时王先谦续抄乾隆、嘉庆、道光三朝史料，成230卷。并增补蒋良骐《东华录》为195卷，于光绪十年（1884）成《九朝东华录》。后来，他又把潘颐福所辑《咸丰朝东华录》69卷，扩成百卷，并辑《同治朝东华录》百卷，合为《十一朝东华录》共624卷，其中雍正以前部分称《东华录》，乾隆以下称《东华续录》。

朱寿朋于宣统元年（1909）开始辑录《光绪朝东华录》，起同治十三年，至光绪三十四年九月，共220卷。体例与蒋、王《东华录》相同，由于刊行时《光绪实录》尚未编纂，其主要资料来源是《邸抄》、《京报》、《谕折汇存》和个人文集及公开报刊，且多全文载录，有史料价值。

三是，《方略》、《纪略》。清代从康熙时起，每当一次军事行动以后，都要下诏设馆，作《方略》或《纪略》，多采当时军事奏报和有关谕旨，并按年月日次序编纂。有的还收御制庆贺诗文及大臣附和诗文和碑文。如康熙朝有《钦定平定三逆方略》60卷、《平定罗刹方略》四卷、《平定海寇方略》四卷、《钦定剿捕临清逆匪方略》，近代有奕䜣等《钦定剿平粤匪方略》420卷、《钦定剿平捻匪方略》320卷、《钦定平定陕甘新疆回匪方略》320卷、《钦定平定云南回匪方略》50卷、《钦定平定贵州苗匪纪略》40卷，等。

四是，《清会典》。《清会典》仿《明会典》体例，以政府机构为纲、以官统事、以事隶官，记载各种机构职掌、官制、财例、政策。有康熙《钦定大清会典》162卷、雍正《钦定大清会典》250卷、乾隆《钦定大清会典》百卷、嘉庆《钦定大清会典》80卷。光绪朝续修大清会典，成百卷，纲目如下：宗人府，内阁，军机处，吏、户、礼、兵、刑、工六部，理藩院，通政使司，大理寺，翰林院，詹事府，太常府，太仆寺，光禄寺，顺天府，奉天府，鸿胪寺，国子监，钦天监，太医院，侍卫处，奏事处，銮仪卫，八旗都统、前锋、护军、步军诸营，内务院，总理衙门等。起嘉庆十八年至光绪二十二年。

《清朝续文献通考》是与会典相仿的典志体，刘锦藻著，共400卷。清乾隆时曾纂修《清朝文献通考》、《清朝通典》、《清朝通志》，刘锦藻以《清文献通考》只写到乾隆五十年（1785），乃取而续之，自1894—1921年历时28年编撰此书。起乾隆五十一年到宣统三年清亡为北，有田赋考18卷、钱币考六卷、户口考二卷、职役考二，卷、征榷考27卷、市籴考六卷、土贡考一卷、国用考21卷、选举考十卷、学校考21卷、职官考32卷、郊社考10卷、群祀考二卷、宗庙考七卷、群庙考四卷、王礼考考八卷、乐考14卷、兵考40卷、刑考15卷、经籍考26卷、帝系考四卷、封建考七卷、象纬考10卷、物异考一卷、舆地考26卷、四裔考六卷、外交考23卷、邮传考18卷、实业考15卷、实政考八卷。合计30门，136目。

五是，国史馆列传及其他传纪著作。清初沿袭明制，规定凡修撰《实录》，即"附载诸臣勋绩履历官阶"，到乾隆二十五年（1760），又开国史馆于东华门内，凡京官副都御史以上，外官督抚、提督以上，旗员副都统以上官，以及京堂科道中或有封章建白、实裨国计民生者，都宣付国史馆立传。后来《清史稿》大多本自国史馆列传。记载清开国至乾隆年间人物的《满汉名臣传》80卷及补乾嘉人物《国史列传》（罗振玉东方学会印行），都录自国史馆稿。近人缪荃孙曾继阮元专办《国史儒林传》，写过《叙录》，表明他评论清儒的朴学标准。

李桓撰有《国朝耆献类征》720卷，搜集自太祖天命元年（1616）到道光三十年（1850）的"满汉臣工士庶"，分宰辅、卿贰、词臣、谏臣、郎署、疆臣、监司、守令、僚佐、将帅、材武、忠义、孝友、儒行、经学、文艺、卓行、隐逸、方伎等19类。分传前并有《钦定宗室王公勋绩表传》12卷、《钦定外藩蒙古回部王公表传及续修各表传》192卷，被称为"于国朝人物掌故叹观止矣"的大书（《清朝续文献通考》卷264《经籍》八）。在编辑过程中，曾广搜各家碑传文集及诸家丛抄几百种，以"本人有国史馆本传者，均将史传首列，次及诸家文学"（卷首《叙意》）。

李元度撰《国朝先正事略》六十卷，同治五年（1866）完稿，分名臣、名儒、经学、文苑、遗逸、循良、孝义七门。人为一传，计500人，附608人。

六是，外交史料。由于近代外交事物增多，咸丰时，在实录馆另编夷务史料。先后有文庆领衔编《道光朝筹办夷务始末》80卷，贾桢领衔编《咸丰朝筹办夷务始末》80卷，宝鋆领衔编《同治朝筹办夷务始末》100卷。后来王彦威、王亮父子以私人之力，抄辑军机处外交档案有关光绪、宣统朝外交史料，编为《清季外交史料》269卷，每册有目录，另有《索引》为全书纲领。王之春著《国朝柔远记》18卷，附二卷，书成于光绪六年（1880），刊于光绪十七年（1891），按年代顺序记载顺治到同治末年的外交史实，尤详于鸦片战争以后各次事件。书末所附《沿海形势略》还论述了河北、山东、江苏、浙江、福建、广东等地的沿海形势。

总之，清代关于史料的编次，比以往历代都要丰富、全面，为系统研究清代历史，提供了丰富的史料。

第二节　对近代史事的记载和研究

至于当时记载各人亲身经历的史著，清代特别是鸦片战争以后，数量极多,并且由于作者看问题的立场和角度不同,形成了对同一事件的不同观点。

关于鸦片战争的有:

魏源著《道光洋艘征抚记》二卷。书成于道光二十二年左右(1842),1878年上海申报馆排印《圣武记》收录此书。此书以两万字的篇幅对第一次鸦片战争的历史作了简洁、忠实的描述。认为战争的起因是英国的侵略扩张,但战争的扩大与清政府在禁烟的具体措施以及外交手段上处理不当有关系。至于战争的失败,则由于清王朝承平日久而养成虚骄之气,同时在具体战争过程中,又没有选择好时机,不战于可战之日,偏战于不可战之日;不守于可守之地,而皆守于不可守之地;不款于可款之时,而专款于不可款之时。在战略和战术上都乱了套。此书还指出,要雪失败之耻,一要整顿内治,另一方面还要学习西洋机械之长,尽量利用外国之间的矛盾,"尽收外国之羽翼为中国之羽翼,尽转外国之长技为中国之长技"。

梁廷枏著《夷氛闻记》五卷,最后定稿约在道光三十年后(1850),初刊于1874年。此书记载了中英通商由来,禁烟运动,鸦片战争中广东、浙江、福建、台湾、江苏等地的抗战,《南京条约》签订后广东人民的反抗斗争。对战争过程及阶段分述,大体与魏源所述相同。但它附录的有关奏折、文告、笔记、书信等,都注明出处。

夏燮著《中西纪事》二十四卷,同治四年(1865)最后定稿,同治十年重刻。用纪事本末体,叙自通商缘起至咸丰十年(1860)各国换约,前四卷为"通番之始"、"猾夏之渐"、"互市档案"、"漏卮本末",阐明鸦片战争的原因,中十卷记鸦片战争经过,后七卷续录庚申(1860)以后的条约章程,附二卷为"剿抚异同"、"管蠡一得",系作者综合史实,自抒己见。末一卷"海寇殉难",记录各地殉难者姓名和事迹。此书较完整地记录了两次鸦片战争的史实。作者认为通商问题是中外矛盾冲突的关键,并认为即使不禁烟,鸦片不输入中国,"亦未能保外洋之终于安靖而隐忍也"(《中西纪事·互市档案》)。因此,清朝政府与外国的战争是不可避免的,失败主要由于清朝官吏大多数腐朽无能。

赘漫野叟著《庚申夷氛纪略》一册,不分卷。作者是当时北京的地位较低的官吏,亲身经历了英法联军入侵北京的历史。此书以时间为线索,记载了海口轰敌、通州议和、张家湾之战、八里桥之战、圣驾巡幸热河、联军焚毁圆明园、议和换约等情形。作者对英法联军入侵北京痛心疾首,但把责任推到了林则徐、裕谦、僧格林沁身上，反而推崇穆彰阿、伊里布、琦善、耆英善于消患于未然。

黄恩彤著《抚远纪略》，约同治四年（1865）成书。此书对林则徐禁烟横加诬蔑，说林则徐在广州禁烟时，曾以茶叶换烟欺骗英商，又说台湾1842年两次击败英夷，俘获的一百多人，都是西国商人遭风破船，凫水上岸而被擒获。并说英军并无侵略野心，目的在于通商，并鼓吹英军机器枪炮之精，非清军所可抵挡，只有像伊里布那样处置才能弭祸。

关于太平天国及湘军的记述有：

夏燮著《粤氛纪事》13卷，同治八年（1869）刊刻。以纪事本末体，记载太平天国起义及清军镇压太平军的作战过程，起自咸丰元年（1851），止于咸丰十年（1860），以省分篇，以粤西起事、两楚破兵、浔皖失援、长江铤险、西江反噬、七闽用兵等专题分卷。作者认为列强入侵和清朝官吏养痈讳疾，欺上瞒下，是太平军起义并迅速扩大的主要原因。对团练给予了高度评价。

张德坚《贼情汇纂》12卷，最后写本约在咸丰六年（1856）。要目有《剧贼姓名》、《伪官制》、《伪礼制》、《伪文告》、《贼教》、《贼粮》、《贼数》等，记载了太平军的主要情形，但与实际情况有出入。

王闿运著《湘军志》16卷，此书成于光绪七年（1881）。分为湖南防守篇、曾军篇、湖北篇、江西篇、曾军后篇、临淮篇、水师篇、浙江篇、江西后篇、援江西篇、援广西篇、援贵州篇、援川陕篇、平捻篇、营制篇、筹饷篇。全书以湘军始末为总纲，从太平天国起义，咸丰四年二月曾国藩率军抵长沙、岳州防守湖南，阻止太平天国的进攻，至同治七年七月在山东镇压捻军，刘铭传等受封赏为止，约九万字。对湘军各战役的史实颇多直笔，并记载了湘军中的内部矛盾，对湘军后期的骄横跋扈也略有不满。它不失为一部简洁的湘军历史。

郭振镛在1915年曾将郭嵩焘、郭昆焘对《湘军志》的批识，辑录成《湘军志平议》，加以笺注，补充了《湘军志》的一些资料。

王定安著《湘军记》20卷。此书记载了从太平天国起义到光绪十三年左宗棠收复新疆时的湘军情形，征集了湘军、淮军将佐所提供的史实，在资料上比《湘军志》更丰富。

朱德裳著《续湘军志》四卷，该书分平回篇、兵饷篇、平回后篇、还伊犁篇，主要叙述左宗棠收复新疆的经过，补充了湘军后期的历史。

第四章 近代关于清史的研究

关于戊戌变法的著述有：

梁启超著《戊戌政变记》九卷，此书刊于1898年政变后。叙述康有为起用、新政诏书、废立始末、政变前纪、政变正纪、政变后之关系、政变殉难烈士传，附录有改革起源，湖南、广东改革情形，光绪圣德记等。对政变原因作了分析，认为慈禧与光绪不和与顽固大臣守旧，是维新失败的总原因；也分析了政变对中国政治产生的影响。

苏继祖著《清廷戊戌朝变记》。此书对慈禧与光绪的矛盾并不讳言，但认为主要是诸王和大臣的挑拨激发了矛盾。并认为所传天津阅兵以废光绪的事实并不可靠。维新失败的一个重要原因是因为新党谋事不谨。

胡思敬著《戊戌履霜录》四卷，第一卷政变前纪，记光绪二十四年政变前的新政情况；第二卷康有为构乱始末及邦交志，记康有为维新变法活动，慈禧发动政变情形及列强态度；第三卷应诏陈言记，摘录维新人士上书的主要内容；第四卷党人列传附21省新政表。作者对康有为评价不高，认为康有为心术不正，而新政措施又行不通，对列强钳制慈禧也深为不满。

叶德辉著《觉迷要录》四卷，光绪三十一年（1905）刊行。第一卷录戊戌八月以后慈禧谕旨，第二卷录奏折公牍，第三卷录中外人士论康、梁罪状，第四卷录康、梁的保国会、保皇会章程及讲学信札、湖北起事文件等。

融会清史资料，编著有自成系统的清史著作的有：

魏源著《圣武记》14卷，此书分"开创"，"藩镇"，"外藩"，"土司、苗瑶、回民"，"海寇、民变、兵变"，"教匪"六个类目，记载了清军入关前开国"龙兴"到嘉庆镇压川陕楚农民起义的"武功"，最后谈清朝兵制、兵饷，称为"武事余纪"。此书有三种不同版本，道光二十六年（1846）扬州重订本为大多数使用者视为底本。

赵尔巽等编修《清史稿》536卷，辛亥革命后，民国政府设馆编修《清史稿》，赵尔巽任总纂，于1914开始编修，1927年大致完稿。参加编修的还有缪荃孙、柯劭忞、张尔田等。内分本纪25卷，志135卷，表53卷，列传316卷。记叙了从努尔哈赤兴起至辛亥宣统逊位时300余年的历史。主要根据《清实录》、《清巨史馆纪传表》、《起居注》、《会典》、《方略》等。对于上述资料，此书作了初步整理，为研究者提供了有系统的有关清史的材料。

19世纪末至20世纪40年代，清史研究与其他朝代的历史研究一样，也出现了一系列变化，主要表现为：

其一，对清代历史作专题研究，并初步探索清代社会的性质。其中主要有萧一山、章太炎、孟森、郑天挺、侯外庐等人的研究成果。

萧一山《清代通史》，20年代出版时，内容包括清初到鸦片战争前，分上、中两册，约百万字。作者以民族思想为全书的指导思想，把民族矛盾视为清代社会的主要矛盾，反映了辛亥革命的时代痕迹。但对当时社会上流传的一些不真实的民间故事和奇闻异说，不加考辨，却大肆渲染，如努尔哈赤为李成梁的童奴，顺治出家，雍正被杀，乾隆是海宁陈氏之子，以及陈圆圆、香妃等人的生活趣闻等。

就在《清代通史》出版的第二年，章太炎针对清统治者对自己的先世在东北地区的活动历史有所忌讳，著了《清建国别记》。此书根据《明实录》、《东夷考略》、《三朝辽事实录》、《使职文献通编》、《清三朝实录》等资料，详细阐明努尔哈赤起兵到灭亡哈达的史事，以及满族的先世猛哥帖木儿、凡察、董山、妥罗、阿哈出、李满住、王杲、塔克世等人的事迹，考证了清人所载孟特穆即猛哥帖木儿、充善即董山、脱罗即妥罗等。这些人都先后在明朝卫所任职，从而揭示了他们同明王朝的臣属关系。

孟森对清朝前史也作了精深的研究。他认为应客观真实地研究清朝历史。他考证了清代有疑义的史事，著有《清初三大疑案考实》（太后下嫁、顺治出家、雍正承统）、《清太祖起兵为父祖复仇事详考》等，在史料基础上作出令人信服的结论。孟森的严谨学风影响了后来的郑天挺、谢国桢、罗尔纲、李光涛、商鸿逵、王钟翰、吴晗等。如郑天挺《清代皇室之氏族与血系》、《满洲入关前后几种礼俗之变迁》等，用汉文和满文资料研究了满族的源流、社会习俗以及典章制度。

对清代社会历史的性质和地位问题，在20世纪30年代后引起了学者的关注。侯外庐在40年代撰写《中国近世思想学说史》时，就注意到这个问题。后来他写了《十六、十七世纪中国封建社会的初步转变》和《十八世纪的中国社会的变化及其局限性》两篇文章，从土地关系的变化、手工业以及海外贸易的发展三个方面考察了明代嘉靖、万历以来封建社会解体过程中的资本主义萌芽状况。他认为，土地国有制及其经营方式自唐开元、天宝以来得到了发展，至明代，"州郡之内，官田十居其三"；另外，一条鞭法开始结束了国家地租形态的二进税制的剥削形式，适应历史的发展，转向具有最大限度上减轻封建依存的财产税形式的剥削制度。清代的"更名田"更明确了财产税的性质，给予土地私有制以一定的刺激作用。明末以后，私有土地和经营地主的势力得到空前的发展。但土地和农副产品的商业化程度还很低，还没有发展到能够改变整个封建土地所有制的地步。从手工业和商业去看，16世纪中叶以后，由于城市手工业的发展，开始在一定程度上导致农业和家庭手工业的分离，自由劳动者开始出现。从海外贸易看，明中叶以后，商人积极参加海外贸易，对旧的生产方式起了分解作用。中国资本主义萌芽之所以没有得到发展，其关键在于旧的生产方式以及旧思想影响太深。清统治者接受了高度发展的汉族封建文化，采取了一系列强化封建主义的政策。

其二，对清初以来的学术思想作了较为深入地探索。

章太炎在1904年《訄书》重订本中写有《颜学》与《清儒》篇，对清代学术演变和流派提出了他的看法。对颜元在扭转明代学风的地位评价很高。《颜学》篇认为颜学的价值在于它改变了程、朱、陆、王空谈心性的学风，转向做有益于国计民生的学问。但颜元思想也有其局限性，他偏重实际经验而忽视理论思维。他还认为清代理学没有什么大的发展，但经学考据则十分发达。它由顾炎武、阎若璩、张尔岐、胡渭开端，自乾隆时始成系统。分吴、皖两派。皖派"分析条理，皆高密严瑮，上溯古义，而断以己之律令，与苏州诸学殊矣"（《清儒》）。浙东之学，清初万斯同承之，且尊史法，其后有余姚邵晋涵、鄞全祖望、会稽章学诚，近代定海黄式三传浙东学，并与皖派交通，浙东之学得到进一步发展。黄式三的儿子黄以周作《礼书通故》，较全面地体现了浙东学派的风貌。他还对清代桐城派、今文经学派都提出了看法。章太炎还剖析了清代学术特点，指出："大氐清世诸儒，自今文而外，大体与汉儒绝异。不以经术明治乱，故短于风议；不以阴阳断人事，故长于求是（同上）。"清世经学借声音训诂以校正古籍，不关心治乱，这主要是因为"雍正兴诗狱，乾隆毁故籍。姗谤之禁，外宽其名，而内实文深"（同上书，《哀清史》）。但章太炎认为不能对汉学完全否定。汉学之考证发凡发前天之所未发，"以俟后之咨于故实而考迹上世社会者，举而措之，则质文蕃变，较然如月墨可别也"（同上书，《清儒》）。他认为汉学的研究成果有益于后世对历史进行总结。

梁启超著有《清代学术概论》（1920）、《中国近三百年学术史》（1923）、《戴东原哲学》、《颜李学派与现代教育思想》、《明清之交中国思想界及其代表人物》等。作者较为系统地阐述了清代学术思想史的演变。他认为，从明末清初到清末，中国学术沿着经世致用的路子形成了一个否定之否定的过程。明清易鼎之际，王夫之、顾炎武、黄宗羲等受历史巨变之刺激从阳明学派的空气中的蜕变出来,"抛弃明心见性的空谈,专讲经世致用的实务"。但自清开国到康熙初年,随着文化政策的不断变化,仇恨对立的情绪逐渐减轻,而文字狱造成的戒惧心理却依然存在,学术上经世致用的气势锐减,研究方法则"日趋健实有条理",康熙二十年以后,学术潮流分为四派,一是阎若璩、惠栋的经学研究,开后来乾嘉学派的风气;二是梅文鼎的历算研究,是所谓"近代科学"的先锋;三是热衷于王学和汉学之间的宋学;四是颜元、李塨的实践学派。乾嘉朴学,是清学的正统,梁启超称之为"古典考证学"。他认为朴学"大部分属于无用,此无可讳言也",但他们"为经学而经学","为考证而考证",在整理古籍上的成绩是不应该否定的。乾嘉以后,清代学术进入衰落蜕变期。内忧外患,"惨目伤心",而考证学派无力解决现实矛盾,且又门户森严,日趋没落,以庄存与、刘逢禄为代表的公羊学;重整经世致用的旗帜,后继者有龚自珍、魏源,他们"引公羊义讥切时政",对晚清思想影响十分重大,加之西学传入,使得清学发生分裂。最后导致康有为和他自己的今文经学的观点。梁启超对三百年学术史中的代表人物,如启蒙期的黄宗羲、顾炎武、王夫之、颜元,全盛期的惠栋、戴震,蜕变期的龚自珍、魏源,衰落期的康有为、章太炎等进行了专门的研究。

梁启超之后,钱穆撰有《中国近三百年学术史》。其自序说,此书要说明明末清初诸家治学多为东林遗绪,但遗民不世袭,清初的学风不可能持久。乾嘉朴学有贡献也有偏差。此书说明了龚自珍、曾国藩、康有为等人的学术大旨。并认为新史学如果一切以西方为准,有背国情。总之,钱穆撰此书,不但要梳理近300年学术的渊源流变,还试图从中找到近代学术研究的进一步发展的方向。书中对近300年学术人物及其重要观点都作了详细的论述,对清代学术风气转变的过程和原因论述也较为清晰。

侯外庐在1942年年底完成《中国古代思想学说史》后,于1943年初开始撰写《中国近世思想学说史》,从明末清初的王夫之、黄宗羲、顾炎武论起,一直写到清末民初的王国维。此书于1945年6月由重庆三友书店出版,为上下两册。1947年春,列入《新中国大学丛书》,在上海重版。此书凡三编:第一编,17世纪中国学术之新气象,论述了王夫之、黄宗羲、顾炎武、颜元、傅山、李颙、朱之瑜、唐甄的思想;第二编,18世纪学术——专门汉学及其批判,论述了戴震、章学诚、汪中、焦循、阮元的学术思想;第三编,19世纪思想活动之巨变,论述了龚自珍、康有为、谭嗣同、章太炎、王国维的学术思想。就时代而言，实已进入 20 世纪 20 年代。笔者认为明清之际已有资本主义生产关系的萌芽，故第一、二编乃封建社会末世的思想史，第三编乃半殖民地半封建社会的思想史。他用马克思主义的观点和方法对近 300 年的思想史作了初步探索。

第五章 近代关于外国史地的研究

古代史书的地理志和藩属传,有对中国周边国家和地区的历史地理的记载。近代对外国历史的研究,考证和增补的历代地理志和外国传,是其中的重要内容。鸦片战争后,关于周边国家历史地理的研究,其中涉及北疆国家如蒙古、俄罗斯的,主要有:张穆《蒙古游牧记》十六卷。其研究范围包括今天蒙古人民共和国和中国境内内蒙古、宁夏、新疆、东三省等地区。何秋涛《朔方备乘》八十卷,书中对汉魏隋唐辽金元先后在北疆建立的部落国家及人物,都有记叙,对俄国的地理、宗教、习俗、物产,也分别作了一系列考证。还绘制了《俄罗斯初起时地图》、《明俄罗斯分十六道图》、《康熙年间俄罗斯图》、《乾隆初年俄罗斯图》、《嘉庆年间俄罗斯图》、《道光末年俄罗斯图》等八幅示意图,辅以文字说明,反映了俄罗斯从分裂到统一并不断扩张的历史。书中还有《俄罗斯互市始末》一卷,叙述了京师互市、黑龙江互市、恰克图互市制度。何秋涛在此书《凡例》中说:"是书备用之处有八:一曰宣圣德以服远人,二曰述武功以著韬略,三曰明曲直以示威信,四曰志险要以昭边禁,五曰列中国镇戍以固封圉,六曰详遐荒地理以备出奇,七曰征前事以具法戒,八曰集夷务以烛情伪。"他试图具体考证中俄在北部边疆的疆域分界的历史变化,以及中俄双方在政治、经济、文化方面的相互往来,为清王朝抵制强敌出谋划策。但他确实对俄罗斯的历史、地理、民俗、宗教作了相当深入的研究。

涉及西北周边史地的有:魏源、何秋涛、徐松、洪钧等。魏源在《圣武记》中的《戡定新疆记》及《海国图志》中的《西北疆域沿革图》、《元代征西域考》上下篇和《元代北方疆域考》上下篇中,对西北史地沿革提出了一些看法。并影响了徐松、何秋涛、丁谦等人。丁谦著《蓬莱轩舆地学丛书》,取汉迄明正史四裔传,对周边各族所居住的地理条件和历史沿革,一一疏通加以考证,尤详西北边疆史地考证。勾勒出西域诸国在汉魏、晋、北魏时期的变化，并引申到域外史地考证。洪钧的《元史译文证补》，据《经世大典》之西北地图，一一加以考证，弄清了有关俄罗斯、波斯等蒙元属国的大批史料。

涉及东北周边地区的主要有屠寄的《黑龙江舆地图》和《黑龙江舆地图说》，1897年夏，屠寄率领舆图局同仁着手测绘边地，"旁涉奉天、吉林、内外蒙兀及斡鲁速属鲜卑几亚毗连之地"，所绘图对沙俄侵占的中国地区均有说明。

涉及西南周边国家的主要有盛庆绂《越南舆地图说》，姚文栋《云南勘界筹边记》，薛福成《续瀛寰志略》、《滇缅划界图说》等。

对于周边以外国家和地区的研究，主要有：

林则徐编纂《四洲志》，叙述了世界30多个地区和国家的历史、地理概况。由他组织幕僚翻译英人慕瑞的《地理大全》而成。姚莹撰《康𫐐纪行》十六卷。记载了有关英、法、俄、印度、廓尔哈、哲孟雄等国历史、地理知识，考证了天主教、回教、佛教的源流，绘制了世界地图和中国西南边疆地图。

魏源著《海国图志》，在《四洲志》基础上，收集中、西有关史料，对世界各地作了较详细的介绍。在咸丰二年（1852）刊本中，介绍东南洋各国史地有十四卷，介绍西洋史地的有十七卷，涉及英、法、意大利、瑞士、荷兰、西班牙、葡萄牙等欧洲重要国家的建制沿革、政教风俗、气候物产、交通贸易等方面。在世界史地研究中，《海国图志》还注意到了东西方历史的联系和对比。书中《南洋西洋各国教门表》、《中国西洋历法异同表》、《中西洋纪年通表》，分别对佛、回、基督教和中西历法作了对比考察。它是一部有自己思想结构的外国史地著作。

徐继畬著《瀛寰志略》十卷。道光二十八年（1848）刊。此书较系统地介绍了世界近十八个国家和地区的地理、历史沿革，经济文化与风土人情。特别对中国人很少了解的南美洲、大洋洲及非洲有所记叙，亚洲、欧洲和北美洲的介绍尤为详细，全书有42幅地图。除日本与琉球一幅取自中国有关资料外，其余都是从西方地图册中勾摹。

梁廷枏著《海国四说》，道光二十四年（1846）刊，后稍加修订，复刊于咸丰年间。由《耶稣教难入中国说》、《合省国说》、《兰仑偶说》、《粤道贡国说》合刊而成。《耶稣教难入中国说》叙说了耶稣产生，传教及耶稣教传入中国的历史；《兰仑偶说》介绍英国概况；《合省国说》略述美国及其制度；《粤道贡国说》收录清初至道光年间由海道至广东贸易和入贡的暹罗、荷兰、西班牙、英国、意大利、葡萄牙等国与清廷来往文件和清朝有关谕旨。此书对如何编写外国国别史也产生了一定影响。

王韬著《普法战纪》十四卷，清同治十二年（1873）由中华印务总局活字排印。该书按时间顺序，对普法战争发生原因，战争经过，善后事宜及巴黎公社情况作了介绍。作者认为普法战争是当时欧洲政局的一个重要事件。并认为普法战争法国之所以失败，是由于普鲁士"议会君主制"比法国"民主共和制"更有效力。并预计由于英法联盟解体，俄国所受牵制削弱，其势力可能西侵欧洲，也可能东侵中国。此书是中国人所写的第一部史实较为丰富的欧洲战争史。王韬还著有《法国志略》二十卷及《扶桑游记》，对法国和日本的历史和现实作了较为深入的分析。

黄遵宪著《日本国志》四十卷，正式出版在1895年。全书除卷首年表外，分国统、邻交、天文、地理、职官、食货、兵志、刑法、学术、礼俗、物产、工艺，共12类。记载日本政制沿革，介绍日本学术思想文化及其与中国交流情况。对明治维新起因、经过、后果、影响，叙述尤为翔实。凡涉明治维新政策、体制，皆参照欧美，较其利弊，提出己见，自称为"明治维新史"。在日本史研究中具有较高价值。

王先谦著《日本源流考》二十二卷。成书于光绪二十七年（1901）。记载日本建国至明治二十六年的历史，取材于中国史书和日本史籍。其中认为日本开国至当时，始终保持帝位一脉相承的君主血统，是日本能够迅速强盛的重要原因，并认为日本变法维新加强了"世王"制度。书中对日本变法的具体措施作了详细分析。

上述关于外国史地的研究，与此时期的史学研究其他方面一样，都富有经世特点。或者试图从外国历史中得到某种借鉴，或者想从与西方和周边国家的历史交往中找出其中的是非得失。

20世纪初年，史家对于民族危机，以及中西文化冲撞所引起的问题，使他们逐渐意识到，需要认真研究外国的制度和思想。对于外国史的研究，开始由对外国史地的个别研究，进至对外国名物典章及其文化基础的全面研究。除一些史家继续探讨中国周边国家的历史地理沿革和民族关系以外，外国史研究特别集中在形成近代西方社会的社会政治学原理和政治哲学原理。梁启超在1901—1904年间，连续发表了《霍布士学案》、《斯片挪莎学案》、《卢梭学案》、《培根学说》、《笛卡儿学说》、《天演学初祖达尔文学说及其略传》、《进化论革命者颉德之学说》、《论学术之势力左右世界》等文章。指出导致近代西方社会文明的主要原因是学术，西方近代关于契约、人权、自由、法律的思想以及关于归纳法、演绎法的思想，既为近代西方文明奠定了精神支柱，又培养了近代西方文明的科学精神。他认为中国要富强，就必须吸取近代西方文明的学术思想。王国维也指出近代西方文明的基础是学术，而他们的学术方法既有具体分析，又有综合概括，集逻辑与抽象为一体，尤应为中国传统学术方法所吸取。稍后，胡适也指出近代西方物质文明，有它的精神基础，这一精神基础就是民主和科学。

总之，经过梁启超、王国维、胡适等人对近代西方哲学和政治学原理的介绍和研究，对于外国历史特别是西方近代史的研究，已逐步从个别事件的考证或某项制度的介绍，走向对外国历史文化的有机分析，虽然还不十分具体，富于宏观性，但为外国历史研究的深入，提示了发展方向。

第六章　近代地理学术史研究概论

第一节　中国近代地理学发展的历史
　　　　　渊源与国势背景

　　地理学是我国古老的学科之一。早在新石器时代人们已经知道选择河流旁的阶地作为生息的场所。大约在公元前5世纪，已经出现了地理一词。《周易·系辞》"仰以观于天文，俯以察于地理"（"地理"一词，在《周易·系辞》卷八还有一说："仰则观象于天，俯则观法于地"。在《礼记正义》中有"是故天时有生也，地理有宜也"）。那时天文与地理都是一门专门的学问。我国封建社会前期的史书中所说的"地理"，是指地表形态，即指山川、陵陆、水泽的分布，其研究之目的是根据不同的地理环境，因地制宜，从事生产，以解决最根本的吃饭穿衣问题。《淮南子·泰族训》记述："俯视地理，以制度量，察陵陆、水泽、肥墩、高下之宜，立事生财，以除饥寒之患。"东汉班固撰《汉书》有《地理志》，其内容是以疆域政区的建制沿革为主，附记山川、物产、风俗、城邑、道路等自然地理与人文地理现象。以后，凡正史中有地理志者，均以《汉书·地理志》为典范。魏晋南北朝时期，将《地理志》、《地方志》统称地理类，在图书分类的经、史、子、集四部中属于史部（《隋书·经籍志》）。到唐宋时期，在子部五行类中著录了一些以"地理"命名的堪舆、风水著作。如《地理三宝经》（《新唐书·艺文志》）、《地理口诀》（《宋史·艺文志》）等，所以唐代杜佑说："凡言地理者多矣，在辨区域、征因革、知要害、察风土"（《通典·州郡序》）。由于汉代以后编纂的《地理志》、《地方志》和考订山川地名等工作的开展，地理学的研究以沿革地理为主成为我国传统地理学的一大特色。但在另一方面，中国地理学又通过实地考察这条道理得到了发展。例如北魏郦道元、唐代颜真卿、宋代沈括、元代都实（1280年考察黄河河源）、明代徐霞客、清代刘献廷等都通过野外观察获得了有关海陆变迁、流水的侵蚀和沉积作用、黄河源头以及岩溶地貌、气候变迁等自然地理的宝贵知识。

明代中叶以后，中国社会出现了资本主义萌芽，一些启蒙运动的学者在新生产方式的影响下，思想有所开放，重视"经世致用"的实学，故而在地理学的研究方法和学与用的结合方面出现了新气象。徐霞客、刘献廷和治河专家陈潢，都身体力行进行野外考察，并力求探讨地理现象的成因。他们的实践和成果为我国传统地理学向新的阶段发展奠定了一定的理论、方法基础。与此同时，西方的先进的地理知识通过耶稣会传教士利玛窦、艾儒略等传入我国。大地球形说、世界五大洲、经纬度制图方法等西方地理学思想方法对中国人的地理观念以较大的冲击，使中国人的地理视野大为开阔。

清初西方传教士利玛窦的《万国舆图》、艾儒略的《职方外纪》、南怀仁的《坤舆图说》、戴进贤的《仪象考成》等广泛流传，并在中国知识界产生了一定的影响。康熙年间任用西方传教士白晋、雷孝思和杜德美等以西方投影和三角测量方法测绘了全国性的《皇舆全图》（缺少新疆和西藏）。这说明清初西方地理学的理论和方法已在中国取得了一定的地位，这无疑对中国传统地理学思想和方法是一次全面性的冲击。从总的形势看，这一时期的地理学注重"经世致用"，有远见的学者不邮一些革新中国传统地理学体系的新思想。顾炎武著《天下郡国利病书》自序说："感四国之多虞，耻经生之寡术，于是历览二十一史以及天下郡县志书，一代名公文集及奏章文册之类，有得即录。"其著作动机，全在应用，其方法则是广泛收集资料，研究各地状况，历20年成书。惜该书系长编性质，未能成为有系统的科学专著。刘献廷首先向几千年来传统地理学思想体系提出挑战，他说："方舆之书，所记者惟疆域建置沿革，山川古迹，城池形势，风俗职官，人物诸条耳，此皆人事。于天地之故，概乎未之有闻也。余意于疆域之前，别添数条，先以诸方之北极出地为主，定简平仪之度，制为正切线表，而节气之先后，日食之分秒，五星之凌犯，占验皆可推求。……今于南北诸方，细考其气候，取其确者，一候中不妨多存几句，传之后世，则天地相应之变迁，可以求其徽矣。"他不以记述地面上人为的建置沿革为满足，进而探求"人地之故"，即"人地关系"，此见识颇为卓越。他所说的气候、地形、物产影响人类之实例，多为亲历目验，这一点比欧的地理学家还要早。（清初顾祖禹已提出人地相关论，而西方人地相关思想直到19世纪末20世纪案卷法国地理学家达维尔才系统地进行了阐述。所以梁启超在《中国近三百年学术史》中说刘继庄（刘献廷）"地理学虽未有成书，然其为斯学树立崭新的观念，视现代欧美学者，盖未遑多让。惜乎清儒佞古成癖，风气非一人能挽，而三百年来之大地理学家，竟仅以专长考古闻也"。）孙兰的学术思想由于受西方自然科学的影响，主张讲求实际，经世致用，他也提出研究"天地之故"，地理学应当探讨自然规律，他说："以穷极夫天地之所以始终，山川之所以流贩夫走卒，人所以生，国所以建，古今所以递沿革，人物之所以关兴废。"（《柳庭舆地隅说》序）这就是说要探讨天地山川形成的原因，说明古今社会兴废变迁沿革。"志也者，志其迹；记也者，记其事。说则不然，说其所以然，又说其所当然，说其未有天地之始与既有天地之后，则所谓舆地之说也，何以为山？何以为川？山何以峙？川何以流？人何以生，国何以建？山何以分支派？水何以办理泻传流？古今何以变迁为沿革？人物何以治乱成古今？"孙兰的进步地理学理论还有"变盈流谦"（地形的侵蚀和堆积）论，而在西方到19世纪末期戴维斯才提出"地理循环论"的学说。有人高度评价孙兰说："（如果）使明清之交人人能读兰书而发扬光大，则吾国格物致知之学，当远迈西人。"（刘师培《左庵外集·孙兰传》）但是清初顾炎武、顾祖禹、刘献廷、孙兰的进步地理学思想并没有受到重视，也未能继续发展。到清代中叶，在乾嘉考据学派兴起之后，这些初萌的闪耀着科学光辉的地理学思想被淹没无闻了。

清代中期，自雍正元年（1723）禁止耶稣教会传教士在内地活动，驱之于澳门，直到1840年鸦片战争，清政府对外实行闭关自守政策，对内迭兴文字狱，学者只有埋首故纸堆中，不谈政治也不敢思想，致使明末清初兴起的"经世致用"的应用地理思潮与进步学术思想被扼杀，地理学的研究转向校注、辑佚和整理古代地理著作为主，西方地理知识的传播一度中断。地图的编绘倒退到"计里开方"的传统轨道上去，中国传统地理学又占据了主导地位。

"考据学派"对于古代地理名著的用力之巨、成就卓著的是《禹贡》、《水经注》和各正史中的《地理志》。其中尤以《水经注》校注是清代用力最勤的一门学问，凡著名学者无一不攻《水经注》。然乾隆以前唯明朱谋㙔笺为最善，黄梨洲、顾亭林（炎武）、顾祖禹、阎若璩、刘献廷等均有校注。至乾隆中叶全祖望、赵一清、戴震同时治《水经注》，相互琢磨研习，成为《水经注》研究中考据学派的代表人物。通过他们对文字、版本的校勘清理，

《水经注》在历代传抄中的篇目以及《经文》、《注文》的混乱，郦注本来面目厘然大明。其研究著述先后发表，三家精诣同符者十之七八，于是三家子弟及乡里后学各有所祖，故有蹈袭之争，成为百年来学术界之一大公案。乾嘉考据家对《水经注》研究的成果为晚清王先谦、杨守敬集大成之作奠定了基础。除此之外，考据地理学的成就还有陈懋令的《六朝地理考》、沈钦韩的《释地理》，不过这些研究并没有进行过实地考察，不能不说是缺陷。

清代中期，除了发展的考据地理学之外，也出现了一些地理专著，这些专著深受传统地理学的影响，如齐召南的《水道提纲》和徐松的《西域水道记》就是以《水经注》为楷模，黎世序等的《续行水金鉴》就是清初《行水金鉴》的继承。在此期间中国地方志发展很快，有理论、有制度，不仅有规模宏大的《大清一统志》（嘉庆重修一统志），还有为数庞大质量较高的省、府、州、县志。不言而喻，明末清初的地理学以"经世致用"为目的，以顾炎武、顾祖禹、刘献廷为代表。到清代中叶在乾嘉学风的笼罩下，学者脱离实际，着重于水道的变迁、郡县的沿革考证以及古地理书的整理和校勘。

1840年鸦片战争后，中国社会发生了重大的变化，清廷虽欲闭关自守，已势不可能。英国殖民主义者的大炮从中国古老的封建城墙上炸开了一个缺口，当时中国一些富有爱国思想的舆地学者如魏源以及林则徐等则是冲出这个缺口来瞭望世界，并试图从这里走向世界、走向现代的中国人。他们在对资本主义列强的侵略活动进行坚决抵抗的同时，又主张学习西方的先进科学技术；1838年春林则徐以钦差大臣的身份到广州查禁鸦片，他深感不谙夷情之苦，因此雇用译员，还亲自从外国人口中了解外国情况，收集外国人在广州等地发行的报刊。他组织编译了1836年伦敦出版的慕瑞所著《世界地理大全》，定名为《四洲志》，这是一部当时最新版本的世界历史地理百科全书，介绍亚、非、欧、南北美洲的五大洲主要国家的历史地理，还扼要介绍了沙俄侵略扩张史，他组织的翻译的还有《华事夷言》等书。这在清廷重臣皆不知英国为何物的情况下，林则徐不愧为睁眼看世界的第一人。林则徐贬官后，把已收集到的大量外国资料交给魏源，魏源经数载努力终于编成"以实事程实功，以实功程实事"的百卷本《海国图志》，记叙世界各国的历史、地理、科学、技术，并明确地提出"以夷攻夷，师夷长技以制夷"的思想。福建巡抚徐继畬留心并熟悉各国风土形势，撰著《瀛寰志略》，将世界各洲各国的疆土、沿革、物产、习尚都作了简明记述，又据美国人雅埤利所绘的世界地图，作出说明，采辑近人杂著以及其他史书，写了沿革附于书末。这部重要的地理著作，也是在中国社会急剧变动的历史条件下，为适应国人"放眼世界"的新潮流而撰写的。这两部并称于世的世界地理著作，是近代中国第一批世界舆地著作，比较系统地介绍了西方地理学知识，从而推动了清代地理学的研究，并促使中国传统地理学开始向现代地理学过渡。作为一种"经世致用"手段，它通过对当时世界形势的了解，提出一系列积极主张和建议，对当时反对资本主义侵略乃至鸦片战争后向西方学习都起到重大作用。它对当时世界各国舆地情况的系统介绍，导致了传统某些观念的变异，从而在晚清西学东渐过程中充当了中西文化交汇的桥梁和媒介，对当时的思想文化界产生了不可低估的影响。此后，继续有一些中国学者以积极的态度努力探索科学的地理学，努力推广西方近代地理学。自咸丰三年至宣统三年近60年间，翻译了58种西方地质地理学著作。此外还有一批外国地学家在中国境内进行实地考察，他们以西方地理学思想、方法来研究中国地理状况，给当时和以后中国地理学的发展以一定的影响，如德国的李希霍芬，美国的亨丁顿，俄国的奥希鲁契夫等都对传播西方地理学起到了一定的作用，从而使清代中叶以来中断了100多年的中西地理学交流又进入了一个比较活跃的时期。

鸦片战争前后，一直觊觎我国边疆的西方列强不断把他们的触角伸向我国边陲地区，尤以英、俄两国骎骎然向我新疆、西藏推进，派出"考察团"和"探险队"，盗窃情报，掠夺文物。国内有识之士对资本主义列强蚕食我疆域的罪恶行径痛心疾首，同时对清政府对外交涉中不谙边务，不明界域，屡屡失败表示极大的不满，认识到边疆史地的研究刻不容缓，相率而为西北边疆之史地研究，讲求中英、中俄边界交涉之由来，冀以挽救时艰，"一时风会所趋，士大夫人人乐谈"。魏源的《圣武记》，徐松的《新疆识略》，张穆的《蒙古游牧记》，何秋涛的《朔方备乘》，其撰述之起因盖由于外侮之激发，这些边疆史地著作使"读史者得实事求是之资，临政者收经世致用之益"（祁寯藻《蒙古游牧记》序）。梁启超说："盖道光中叶以后，地理学之趋向一变，其重心盖由古而趋今，由内而趋外。"（梁启超《中国近三百年学术史》）这是符合实情的精辟之论。

总之，鸦片战争后，中国与世隔绝的局势已不存在，不反对外国资本主义的侵略，中国就不可能生存下去，要反侵略必须知己知彼，知彼可以"师夷之长技以制夷"，欲知彼首在认识西方，认识西方就必须翻译西方的史地和其他著作，因此就促进了对世界地理知识的认识与传播，中西地理学的交融月异岁殊，中国传统地理学逐渐过渡到近代科学的地理学。

第二节　中国近代地理学发展的特点

整个清代，地理仍然是历史学的附庸，地理只是一种工具，研究它的目的是便于读史，而没有发展成为一门独立的科学。这一时期大致有三个阶段：顺康（顺治、康熙）年间，好言山川形势厄塞，为经世致用；乾嘉（乾隆、嘉庆）时期专考郡县沿革，水道变迁等，为沿革地理学发扬光大时期；咸道（咸丰、道光）间以考证方法复活清初之经世致用精神，推动了世界地理与边疆地理的研究。咸道之后至"五四"运动之间，中国传统地理学逐步过渡到西方的先进地理学阶段，无论在地理学理论、研究方法、研究的范围上都有鲜明的特色。

其一，中西地理学的交融与地理学视野的扩展。尽管明末清初中国也曾出现过比较先进的近代地理学思想萌芽，如徐霞客关于岩溶地貌的形成以及探索地理环境与自然规律；刘献廷、孙兰研究"天地之故"（自然规律）与提高地理的科学性（增加经纬度等），但清代地理学的主流仍是作为向主政者提供各地状况的资料，并不是一门独立研究地理规律的科学。其内容包括沿革地理、方志、堪舆与山川古迹、游记、外纪等。尤其是沿革地理已成为地理学的基本内容，不仅在数量上有众多的沿革地理（《读史方舆纪要》）、水道专题沿革（《水道提纲》）、沿革地理表（《历代地理沿革表》）、历史沿革地图（《历代舆地图》），而且也形成了一套比较科学的比较、分析、归纳的研究方法。方志研究无论从编纂的数量、理论和方法均达到中国古代方志著述的高峰。从顾炎武、方苞到戴震、章学诚都有一整套的修志理论，并形成专门的学派。在卷帙浩繁的方志中保存了极可宝贵的资料，即较劣的方志亦可能保存"所谓良史者"所吐弃之原料于污秽中，而供研究地方史志者披沙拣金之凭借。堪舆学尽管带有浓厚的封建迷信色彩，但其中亦包含着许多自然地理条件的分析，因此堪舆学中的地学精华是传统的地理学中最接近近代自然地理学的一门学科。

清代地理学的发展无论在研究领域的拓宽、研究手段的改进、研究水平的提高、研究成果的数量上都是我国传统地理学的继承和发展，而且是中国传统地理学发展的最高阶段。

另一方面中国传统地理学在西方地理学的影响下，也不断向西方现代化转换。明末清初传教士利玛窦、艾儒略、南怀仁等用中文写成的地理著作，向中国读者介绍西方地理学的大地球形说、世界五大洲、各洲地理、经纬度制图等现代地理学的科学知识、理论和方法。利玛窦的各种地图都有以地球南北极为中心的半球图、椭圆形世界图、日月蚀图以及相应的文字说明。30年间多次刊刻广泛流传，并且被中国学者徐光启《地圆说》、方以智的《物理小识》等所引用。还应当指出，这些传教士在传布西方地理科学的同时，也吸收了中国地理知识的有用成果，并把关于中国的地理知识介绍给西方世界。到雍正元年禁止西方传教士活动，此后中外地理交流走向低谷。鸦片战争以后，清政府不得不正视现实，推行"洋务运动"，并试图自上而下的"维新"，在这样的历史条件下，这一时期对西方的科学技术以及文化，大量引进和推广，对于认识世界最重要手段的地理学也就受到社会的重视。同时一些外国地理学家在中国的考察活动，其地理思想、方法也启迪了中国近代地理学的发展。另一方面，中国地理学界的有识之士也奋起学习和引进西方地理科学，改造和发展中国地理学，在内容上已不再是明末清初的大地球形和五大洲，而主要是介绍西方关于世界地理知识，其中不仅有英国衣丁堡、雷文斯顿的《万国新地志》，美国戴德江的《地理全志》，也还有魏源的《海国图志》和徐继畲的《瀛寰志略》，使中国人的地理视野大大拓宽。

中国传统地理学与西方现代地理学对比中，可以清楚地看出：西方地理学是对于地理规律的探索和研究，而中国传统地理学则重沿革变迁；西方地理学研究全地球、全世界地理状况及其分布规律，而中国传统地理学则囿于中国境内的地理观察与记述；西方地理学强调科学考察，注意各种自然地理要素的相互关系，具有较高的科学性，而中国的传统地理则以文字描述为主，以考据文献为主（包括汇编、考证和条理分析），缺乏对地理要素内在联系的探求；西方地理学已经形成一门独立的科学，去分析研究各种地理事物的发生、发展和变化的规律，而中国传统地理学则是历史学的附庸，强调经世致用，是一种应用的学问。但是中西地理学的交汇，月异岁殊，先进的总是要代替落后的，科学的总是要战胜愚昧的，中华民族对外来文化素有容纳百川的海量，总是能吸取其精华，剔除其糟粕，来不断丰富自己的文化。中国地理学在吐故纳新的过程中，终于在20世纪的初期跨入世界现代化地理学的行列。

其二，中国近代地理学理论水平的提高与研究方法的改进。中国传统地理学到近代，在没有形成为一门科学之前，也没有一套完整的理论体系。但是由于所研究的部门和范围的不同，也形成了不同部门的理论，例如对于自然地理现象风、云的形成，水体的循环，潮汐的发生以及对地震的解释。对于沿革地理学、方志这两项地理学的基本内容也都有不同的要求与规范。"地理之学经史钤键，志乘为地理专书，其要尤在郡县沿革。"(《广西通志·叙例》)怎样从事沿革地理学的研究呢？有以史料证实为基础进行比较、分析、归纳的逻辑方法。顾炎武说："事无证，再求之迹，迹有不明，当度之理。"(《山东肇域志》)关于方志的研究，顾炎武在《营平二州史事序》中归纳出郭造卿作《燕史》的方法：(1)采集大量志书作参考；(2)撰写方志者要有学问；(3)实地调查，反复勘对，必得其实而后止；(4)充裕的时间；(5)文字通俗易懂。在康熙初曾做过保和殿大学士的卫周祚提出："尝闻作史有三长，曰才、学、识。修志亦有三长，曰正、虚、公。"这显然要求修志者必须有好的职业道德，一要刚正不阿；二要虚怀若谷；三要客观反映事物的真实面貌。章学诚则认为：方志如古国史，本非地理专门，在理论上提出史家法度，"三书"、"四体"、"五难"、"八忌"、"四要"等原则（"三书"，"仿纪传正史之体而作志；仿律令典例之体而作掌故；仿《文选》、《文苑》之体而作文征"。"四体"，"皇恩庆典宜作纪；官师科甲宜作谱；典籍法制宜作考；名宦人物宜作传"。"五难"，"清晰度难；考衷古界难；调剂众议难；广征藏书难；予取是非难"。"八忌"，"忌条理混杂；忌详略失体；忌偏尚文辞；忌妆点名胜；忌推翻旧案；忌浮记功绩；忌泥古不变；忌贪载传奇"。"四要"，"要简；要严；要核；要雅"）。

地理学的基本理论是人地关系。早在2000多年前，《礼记·王制篇》中就说："广谷大川异制，民生其间异俗。"此后司马迁在《史记·货殖列传》、班固在《汉书·地理志》中都记述了人地关系的有关事例，大多偏重于天命论和环境决定论。直到清末，这种论点还占有重要地位。但是科学的人地相关思想在我国不仅有悠久的历史，而且比西方的还要缜密、完备。例如顾祖禹专论山川险要攻守形势，而据史迹以推论成败得失之故，但真正在战争中起决定作用的是人而不是地理条件。"且夫地利亦何常之有哉！函关剑阁，天下之险也。秦人用函关，却六国而有余，迨其末也，拒群盗而不足。诸葛武侯出剑阁，震秦陇，窥三辅。刘禅有剑阁，而成都不能保也。故金城汤池，不得其人以守之，曾不及培塿之丘，泛滥之水；得其人，即枯木朽株，皆可以为敌难。是故九折之坂，羊肠之径，不在邛崃之道，太行之山，无景之溪，千寻之壑，不在岷江之峡，洞庭之津。及肩之墙，有时百仞之城不能过也。渐车之浍，有时天堑之险不能及也。知求地利于崇山深谷，名城大都，而不知地利即在指掌之际，乌足与言地利哉。"（《读史方舆纪要》总序）顾祖禹对于周秦汉唐建都之地的陕西的地理形势与攻守战取的关系也有精辟的论述："陕西据天下之上游，制天下之命者也。是故以陕西而发难，虽微必大，虽弱必强，虽不能为天下雄，亦必浸淫横决，酿成天下之大祸……。蒲洪、姚苌之时可以用关中矣！而其人非也；诸葛武侯之才足以用关中矣，而其时非也；张浚之时可以用关中，浚之识亦知关中为可用，而其才非也。"孙兰在论述各地文化差异的原因时说："其所以异者，有天之异，地之异，时与势之异，变与常之异，因之心性情异而事亦异焉。"（《柳庭舆地隅记》卷下）梁启超阐释人地关系更有卓越见解。《饮冰室文集》中收集了他关于人与地理环境关系的论述，"历史为人类心力所构成，人类惟能常运其心力以征服自然界，是以有历史。若谓地理能支配历史，则五百年前之美洲，地形、气候，皆非有以大异于今日，而声明文物，判若天渊，此何以称焉？虽然，人类征服自然之力，本自有界限，且当文化最低度时，则其力愈薄弱，故愈古代，则地理规定历史之程度愈强"。他认为历史的发展离不开地理环境，然而地理环境对社会的发展不起决定作用，起决定作用的是人，而且他还指出随着经济和文化水平的提高，人类征服自然改造自然的能力愈强。他在论述地理环境对社会文化的影响时举出不同的地理环境会使不同地区、民族的生产方式各具特色，例如高原平原海滨的地理环境不同，高原草木繁盛适宜畜牧，故人民逐水草而居，内部没有统一的内聚关系，所以不能形成国家。平原地区土地肥沃，利于灌溉，适于农业，人民皆土著，血缘关系与地域把人民联结起来，易演成巩固的封建统治；滨海居民富于开拓冒险精神，因而滨海国家发展较快。

  西方近代地理学不仅有完整的理论体系，而且有较为严密的研究方法。这乃是由于西方不像中国有浩瀚的历史文献可据，因此注重于科学考察的方法。在进行一项地理研究时注意经纬度、海拔高度、气温、气压、植被等地理要素的考察与记录，并分析各自然要素之间的相互关系，所以有较强的数理依据与科学性。中国传统地理学一脉相承重视地理沿革，注重于资料的搜集、整理和考据。虽然中国传统地理学的研究也进行过室外考察，但偏重于沿革地理学方面的人文地理记载、考证、演变，很少涉及自然地理，尤其缺乏对各种地理因素的综合分析。当然中国传统地理学研究领域中的一些著名学者，他们所取得的成就，往往是不满足于资料的搜集与整理，必须亲历目验为准，如顾炎武与阎若璩都很重视"目验"即实地考察。顾祖禹"集百代之成言，考诸家之绪论，穷年累月，矻矻不休。至于舟车所经，亦必览城廓，按山川，稽道里，问关津，以及商旅之子，征戍之夫，或与从容谈论，考核异同"。顾祖禹深感于地理非实测不能征信，他说："了了于胸中，而身至其地，反愤愤焉，则见闻与传闻异辞者之不可胜数也。"清中叶祁韵士在新疆进行实地考察，"既得亲履其地，多所周历，得自目睹。而昔年备员史职，又尚伏读御制文集、诗及平定准噶尔回部方略二书，故于新疆旧事知之最详，颇堪自信"。这就是文献资料与实地考察相结合的方法。徐松风尘仆仆踏遍天山南北，他的科学考察方法已经注意到自然地理条件。"自出关以来，于南北两路壮游殆遍，每有所适，携开方小册，置指南针，记其山川曲折，下马录之。到邮舍则仆夫、驿卒、台弁、通事，一一与之讲求。积之既久，绘为全图，乃遍稽旧史、方略及案牍之关地理者，笔之成《西域水道记》五卷。"不言而喻，徐松在野外实地考察之前已阅读并掌握了大量文献资料，在实地考察时予以对照，当考察归来后再对照文献资料，完成理论的著述。正是因为他的研究方法科学，所以《西域水道记》成为名垂千古的地理著作。

清末民初的国学大师王国维，他把地理学的研究方法提到一个新的高度。他一方面继承了乾嘉学派的实证方法与精神，另一方面超越乾嘉学派探索寻求实物新证据，这些实物就是当时新发现的大量青铜器铭文、汉简和出土中外文字有关的新资料。他采用三结合的方法来研究古史：一是取地下实物与纸上遗文互相释证；二是取其他民族之故字故书与我国之古籍互相补证；三是运用西方先进的观念与我国固有之材料互相参证，取得了很大的成绩，对后来的地理学特别是历史地理学的研究影响很大。遗憾的是，王国维虽在地理学研究中贯注了新思维，但他并没有更多的从事野外考察，特别是很少对自然地理进行研究。

其三，西北边疆地理研究的异军突起。清代中叶兴起西北边疆地理研究，是中国近代地理学发展的一个特点，这是与社会的实际需要、科学技术的进步以及地理学本身发展的要求直接相关联的。鸦片战争前西北边疆（清代西北边疆地理研究的范围与今西北行政区划的范围不同，除今甘、宁、青、新外，还包括蒙古与西藏）地理研究已具备相当的基础，道光以后形成一股强大的学术潮流，在当时的地理学界甚至于清代后期整个学术领域中都占据极重要的地位，所谓"一时风会所趋，士大夫人人乐谈"。这一时期对西北地理研究的广度与深度、人才之众多、成果之显著、水平之提高，都是前所未有的。据不完全统计，有清一代论述西北地理的论文有300余篇，作者达200多人，80%的著作是在道光以后的，其中最重要的是十多部名著。从研究成果的内容上分类，有的是对西北边疆的自然地理、山川、沙漠、草原、矿藏、气候，及人文地理方面聚落、城镇、交通、道路、边界进行考察和研究；有的是对西北地区民族的历史、迁徙、宗教、信仰、风土、人情的记述与研究；有对历代关于西北史地著作的注释与勘误；有的是对历代经营边疆的政策进行探讨。从不同的侧面和角度对西北地区及西北边疆地理进行了广泛深入的研究，人才济济，名家辈出，如龚自珍、魏源、沈垚、徐松、张穆、何秋涛、张澍、丁谦、王国维等。著名的著作有《西陲要略》、《西域闻见录》、《伊犁日记》、《西域水道记》、《新疆识略》、《蒙古游牧记》、《圣武记》、《朔方备乘》、《西游记地理考证》等。

促使西北边疆地理研究蓬勃开展的直接原因是内忧和外患，即列强对我国边境的蚕食和不断侵占以及清廷抵御外患的无能。然而西北地理研究成为一时的"显学"并非道光芝后突然爆发起来的，实际上它已有相当的基础，约有200年的历史。清初，西北地区民族上层反动势力勾结资本主义国家制造分裂，发动叛乱，经顺康乾三代才予平息，为了加强对这一地区的有效管辖，既需要对西北地区的历史、地理、民族、民俗有所了解，也需要借鉴历史上的统治方略，更需要"歌颂"清廷的"武功"，所以政治上的需要促使这一研究的发展。有时代的需要，还要有一定学术素养的人才，一代学风之兴起与清初"经世致用"和乾嘉考据功力也是分不开的，像顾炎武那种务求笃实、讲求经世之务、考究制度得失、民生利病的精神，对这一学风影响很大。清代中叶考据学风兴起，由研究《汉书·地理志》牵连于《汉书·西域传》，尤其研治辽、金、元三史，必然涉及辽金元之地理，而三史之与地理关系最密切者也在西北，所以有时代的要求，又有一批继承朴学学风夙治边徼地理的谪戍官或流寓西北的学者发其端，如纪昀、洪亮吉、祁韵士、徐松等。天时、地利、人和使西北地理研究遂成为一门"显学"。

西北边疆地理的独特治学方法是考证与经世致用相结合，古籍文献记载与实地考察相结合。研治西北地理者大都师承汉学，长于考经考史，是他们把实事求是的严密考证与经世致用的思想观点联结起来。如张穆的《蒙古游牧记》，"其著述卓然不朽者厥有二端：陈古义之书则贵乎实事求是；论今事之书则贵乎经世致用，二者不可兼得，而张子石州《蒙古游牧记》独能兼之"（祁寯藻序）。可谓汉学经验主义者的缜密品质与经世致用论者实用精神的完美结合。而何秋涛"于经史百家事物之理，考证钩析，各穷其原委，校其异同，而归诸实用"（《续碑传集》卷二十，《刑部员外郎何君墓志》）。这种严密考证与经世致用相结合的治学特点是从乾嘉考据学风中演化而来，既保留了考据学那种认真求实、求真的精神，又与边疆危机的社会现实密切结合起来。

西北地域辽阔，古籍记述西北的地理资料是有限的，不完备的，甚至是荒谬的，因此为了获得对西北地理的真知，就必须进行实地考察。祁韵士"既得亲履其地，多所周知，得自目睹"（《新疆要略》序）。而徐松则更是重实学，"焉肯流虚无，投荒落万里，足迹周环宇"（彭邦畴《西域水道记》题词）。通过实地考察目验亲睹，得到很多古籍不曾记载的活资料。特别是西北地区气候干燥，千百年来的古代人类活动遗迹保存得相当完好，有长城、烽燧、墓葬、碑石、村落、道里、古城等，从这些遗址中出土大量的钟鼎文、汉简、佉卢文等古文字，这些文物古籍大大丰富了实地考察的科学内容。国学大师王国维应用这些古迹和新方法来研究西北地理做出了开创性的卓越贡献。

清末民初，西北边疆地理研究既有笃实的学风，前后百余年间又有一批造诣很高的学者队伍，——其中有祁韵士、松筠、俞正燮、徐松、王筠、程恩泽、祁寯藻、许瀚、沈垚、何绍基、张穆、何秋涛。从祁士韵到何秋涛等十余人，都生当鸦片战争前后的同一时代，年龄相差不到70岁，其中主要一部分，既作官又兼学者，其他皆为穷儒，为人做幕僚或教书（他们中间还有文字训诂和书画家）。他们都对西北地理产生了浓厚的兴趣。他们贵不骄贱，富不厌贫，濡沫相染、生死相济，情同手足。沈垚卒，张穆为殡棺野寺，哭奠成礼而去；张穆卒，何秋涛为之整理遗稿刊布。沈垚从浙江到北京在徐松家教学馆，徐松、张穆对沈垚的真才实学极为推崇，三人志趣相投，友谊甚笃。张穆曾戏谓沈垚的特征有三反："生鱼米之乡，而慕羊嗜麦；南人足不越关塞，而好指画绝域山川；笃精汉字，而喜说宋、辽、金、元史事。"（张穆《落帆楼稿序》）其实沈垚的这些特征正是时代的特征，是西北边疆地理研究学者的共同写照。他们通过唱和酬答经常进行互相间的学术评论，相互切磋琢磨，绝无那种"以富贵贫贱为予夺"的倾轧恶薄之习。

第三节 中国传统地理学向现代地理学的过渡

纵观历史，各国都是在开放的时代，才能有繁荣和昌盛的国力。横看各国，也从未有哪个国家在封闭的状态下能够腾飞和发展。鸦片战争后中国的大门被打开，中西地理学的交流节奏日益加快，两种地理学之间的竞争又较为激烈，经过近百年的渗透和融合，中国传统地理学在20世纪初期逐渐走上现代化的进程。

据有关统计资料表明，自咸丰三年（1853）到宣统三年（1911），共有468种西方科学著作被译成中文出版发行，其中属于地质地理学的有58种，有英国慕瑞的《地理全志》、莱伊尔《地学浅释》、日本野口保兴的《中华大地志》等。这对传播西方地理学起到先导作用。中国一些学者在西方文化的影响下，也撰写了一些世界地理著作，从而加速了西方地理学在中国的传播。如魏源的《海国图志》和徐继畬的《瀛寰志略》。此外，出于不同目的来中国进行考察或探险的西方地学家，他们均采用西方的地理学思想和方法，其成果固然向全世界介绍了中国的地理状况，另一方面也成为中国近代地理学研究的基础，如关于中国北方地文，黄土的成因，气候的变迁，罗布泊的游弋，这些更加具体促进了西方地理学在中国的传播和发展。

不论是翻译外国地理著作，或中国人编写的世界地理著作，抑或是外国地学家在中国的考察活动，也都囿于学术领域，并未普及到国民之中。要使中国传统地理学彻底改造，走上现代化的道路，还必须有行政手段和教育制度的改革。清政府迫于国内外形势，在1898年筹办京师大学堂，规定设置舆地课程，这是我国以政府名义在高等学校最早设置的地理课程。1899—1903年上海南洋公学聘请张相文教授地理课，这是我国中小学最早设置的地理课程。1902年清政府颁布的《钦定学堂章程》中政科有中外舆地课，由中外教授教习，共三年。从舆地学的内容上看有：欧美非各洲及群岛，有地质学大纲，有地文学大概。规定商务科还学习商业地理，这已经从行政命令上确定了西方地理学在高等学校教学中的地位。1903年清政府又颁布《奏定学堂章程》，大学堂的八门专业学科中，经学、文学、格致、农、商五科均有地理课，特别在文科内设立中外地理专业，三年完成地理学研究法、中外地理、政治地理、商业地理、交涉地理、历史地理等课程。其中规定自然地理的课程有地质学、地图学、气象学等，说明京师大学堂除历史地理、中国传统的沿革地理学课程外，基本上已按照近代地理学的科学内容来设置课程。1902—1911 年 10 年间，大学堂已毕业和未毕业的 500 多名学生都受过正规的新的现代地理教育，国内已培养出新一代的地理工作者。与此同时，政府和民间也向国外派出留学生，先后有章鸿钊、丁文江、翁文灏、李四光、竺可桢到日本和欧美学习地质学和地理学。中国已拥有一批新型的地学家。在南洋公学任地理教师的张相文，深感"博稽载籍，既言人人殊，耳目所接，足迹所经，检查测量，又苦其有限"，他早"怀集思广益之心"，积极筹备成立地理学的研究团体，团结地学工作者，促进地理学研究的发展，于 1909 年在天津成立中国地理学会，并出版地理学会会刊《地学杂志》（张相文《中国地学会启》，载《地学杂志》第一号，1910 年）。这些情况说明在 20 世纪初，无论是地理教育、地学学术组织以及地理学所研究的理论与研究内容，都标志着近代地理学在中国已经确立。

　　近代地理学是中西地理学的交汇，在中国传统的地理学基础上改造、逐步发展起来的，这是社会发展和科学发展的实际需要。其研究的主要论题与中国传统地理学已大不相同，它注进了新理论、新见解，转移了侧重点，革新了研究方法和手段，在理论联系实际方面也取得了新的进展。

第四编

近代史学学术成果：考古学

第四章

近海水产资源保护

上 篇

酝酿时期
（1840年至五四运动前）

在我国近代时期（1840—1919年五四运动以前），科学意义上的近代田野考古学还没有出现。而作为中国近代考古学的前身——传统金石学在这一时期取得了很大发展，为我国近代考古学的萌芽准备了良好的环境和积累了大量的研究资料。所以，我们称这一时期为我国真正科学意义上的近代考古学"酝酿时期"。

但在这一时期的19世纪末和20世纪初，新史料的重大发现（即甲骨文、汉晋简牍和敦煌写经、佛教艺术品，以及内阁大库档案文书等），给传统的金石学注入了新的活力，从而使学者们的研究范围更加扩大，远非"吉金"和"乐石"所能包容的了。因此，中国考古学的"酝酿时期"，又可分为前后两个既有联系、又有区别的不同阶段。即从1840年我国近代史的开端至19世纪末年，中国传统金石学发展达到了它的高峰，我们把这一段时间称之为"酝酿时期"的"前段"。而把从19世纪末20世纪初新史料的大发现为标志的后一段时间，即传统金石学已经发生变化，成为广义的金石学，实际已成为"古器物学"的这一段时间，称之为"酝酿时期"的"后段"。

我国近代考古学的"酝酿时期"，为田野考古学的产生奠定了基础。我国近代考古学的奠基人李济教授曾深刻地指出："严格的考古学在我国是很近的一种发展，旧学中却有它很厚的根基。要没有宋人收集古器物的那种殷勤，清代小学的研究，就不会有那种朴实的贡献。甲骨文的发现，适在清代古文字学兴隆之后，两相衔接，中国一切旧学，因此就辟出来一个新途径。由此而注意发掘文字以外的考古资料，只是前进一步的事，可谓一种应有的趋势。再加以自然科学的影响，现代化的考古学就应运而生了。"（李济《〈中国考古学小史〉序》，1932年11月）

第一章 前期(1840年至19世纪末)中国传统金石学发展的高峰

第一节 清初金石学的复兴

"金石"二字连用为言,较早应见于先秦文献《墨子》一书。《墨子·天志中》"书于竹帛,镂之金石,琢之盘盂,传遗后世子孙"。这里的"金石",即当时的执政者把发生的大事或所获的殊荣铸铭于铜器,或勒刻上石,以求不朽并诫后世子孙的文字而言。秦始皇统一中国以前,"古之帝者,地不过千里,诸侯各守其封域,或朝或否,相侵暴乱,残伐不止,犹刻金石以自为纪"。各国诸侯,竞相"刻金石"以记其"成功盛德"。就是秦始皇本人,也对此大加效法。"今皇帝并一海内,以为郡县,天下和平。昭明宗庙,体道行德,尊号大成。群臣相与诵皇帝功德,刻于金石,以为表经。"(《史记·秦始皇本纪》)但是,"金石"作为一门学问,即"金石学",应自宋代开始。宋朝的学者曾巩最早编有《金石录》一书,但其书亡佚,没有流传下来。其后,赵明诚又编成《金石录》一书。郑樵在编纂《通志》时,特别把"金石"别立一门,列为二十略之《金石略》。自此以后,逐渐形成了专门的学问——"金石学"。宋以后的所谓"金石之学",与此前作为专指古代统治阶级的纪功金石文字,已非同日而语了。

"金石学"所谓的"金",即"吉金"。主要"以钟鼎彝器为大宗,旁及兵器,度量衡器,符玺,钱币,镜鉴等物,凡古铜器之有铭识或无铭识者皆属之"。而所谓的"石",又称为"乐石",主要"以碑碣墓志,为大宗,旁及摩崖,造像,经幢,柱础,石阙等物,凡古石刻之有文字图像者,皆属之"。而"金石学",就是"研究中国历代金石之名义、形式、制度、沿革;以及所刻文字图像之体例、作风;上自经史考订,文章义例,下至艺术鉴赏之学"(朱剑心《金石学》,文物出版社1981年9月新一版,第3页)。我国的金石学自宋代形成以后，历经元朝、明朝的中衰，到清朝初年又开始兴盛起来。

清朝初年金石学的复兴，最主要的原因是清王朝最高统治者的提倡。清王朝乾隆年间编纂的内府藏品结集《西清古鉴》、《续鉴》甲编和乙编、《宁寿鉴古》等几部著名的大型金石著录，推动了金石学研究的再度复兴。《西清古鉴》一书，乾隆十四年（1749）至十六年（1751）由梁诗正等人负责编纂而成。此书仿宋代《宣和博古图》的编纂体例，收入清宫所藏彝器1436件，铜镜93件。全书共四十卷，附钱录十六卷。书中所著录器物，均绘出原形，标明尺寸、重量，并有考证。内府刻本于乾隆二十年（1755）刻成。此书鉴别不精，收入伪器较多，几占总数三分之一，而真器约占千件左右；乾隆四十五年（1780）至五十七年（1792），又由王杰等人编纂《西清续鉴甲编》二十卷。编纂体例与前书同。所收器物，以前书所未及收入的宫内所藏铜器为主。收入彝器844件，铜镜百面。别立"附录"一卷，收入唐以后古印及杂器31件；又以清盛京宫内所藏（即今沈阳清故宫）彝器798件，铜镜百面，编纂为《西清续鉴乙编》二十卷（1931年北京古物陈列所石印小本）；此外，从乾隆十六年（1751）至四十年（1775），又将内廷宁寿宫所藏彝器600件及铜镜10墓面纂成《宁寿鉴古》十六卷，体例一如前述诸书之旧（1931年涵芬楼依宁寿宫写本石印小本）。上述三书所著录者，皆为皇室所藏重器。其收藏之丰富，是任何民间私人收藏家所不能与之相埒的。虽然摹写不精，但为以后的研究保存了不少珍贵的资料。"上有所好，下有所效。"由于清初执政者对金石学的大力提倡，再加上清初学者对"文字狱"的余悸未消和乾嘉考据学派的兴起，所以金石学又逐渐发展起来了。

第二节　清末的金石收藏与著名收藏家

1840年以后，由于资本主义列强势力的侵入和洋务运动的兴起，在修铁路和开矿山的过程中，全国各地时有重要铜器和其他古代文物出土。不少达官贵人和学者，利用他们的为官之便和雄厚的财力，或为附庸风雅，或为摩挲研究，无不竞相收集出土重器。大量新资料的积累和研究，使清王朝末叶的金石学研究达到了它发展的高峰。

这一时期的著名金石收藏家，主要有吴式芬、李佐贤、陈介祺、潘祖荫、吴大澂、端方等，我们在此略作介绍：

第一章 前期（1840年至19世纪末）中国传统金石学发展的高峰

吴式芬（？—1856），字子苾，号诵孙，山东海丰（今无棣县）人。清道光十四年（1834）进士，官至内阁学士。"酷好金石文字"。斋名"双虞壶斋"。据其《双虞壶斋藏器目》记，他藏有铜器77件，汉封泥300多方及其他古器物若干种。他曾就孙星衍著《寰宇访碑录》，补其未备，书约十六卷，名曰《攈古录》。此外，复荟萃金石目录，分州县编之，成《金石汇目分编》约四十卷。以后还编有《封泥考略》一书于光绪三十年（1904）出版。

李佐贤（1806—1876），字竹朋，山东利津人，官至汀州知府。据《石泉书屋藏器目》，其所藏金石文物，计有刀布二千多品，拓本五千多纸。还收藏有三代铜器48件，其中以易州六器为上品。著作有"《古钱汇》六十四卷，分元亨利贞四集"（陆心源《金石学录补》卷四）。

陈介祺（1813—1884），字寿卿、酉生，号伯潜，山东潍县人。道光二十五年（1845）进士，授翰林院编修，后弃官回山东故里。因收藏有著名铜器《曾伯寨簠》，故以"宝簠斋"为室名，号称"簠斋"。他"收藏金石之富，甲于海内"，收藏铜器达443件之多，"尤著者为《毛公鼎》，文七百余字，为天下金器之冠"。其他还有井人妥钟、虢叔旅钟、兮仲钟等十余品，因而又号称"十钟山房"。在其收藏铜器中，还有不少兵器，如郾王戈、吕不韦戈等。此外，还藏有"三代沙器数百件，周印数十方，汉印万余，秦诏版十余，魏晋六朝造像数百，自来收藏家所未有也"（同上，及陈公柔《陈介祺》，《中国大百科全书·考古卷》，第67页）。

潘祖荫（1830—1890），字伯寅，号郑盦，江苏吴县人。咸丰己未（1859）进士，官至工部尚书。为清末著名收藏家，"节俸入购古器，藏六百余品。《盂鼎》、《克鼎》、《齐侯镈》为宇内重宝"。"又藏有古埙五品，为考古家所未见者。"此外，潘氏还"曾得二匋罂，大容数石"。石刻方面也不乏珍品，如"梁永阳王萧敷及敬太妃墓志二品、汉夏承碑，俱世间孤本也"。不仅如此，他还注意收集外国文物资料，"埃及古文刻石，我国人知之者希。公属人访得拓本数纸，以泰西水泥仿制二碑，拓赠同好。好古家始获见之"。对"山东古匋文字"，他也大力搜集，"所获至数千品，与簠斋（按：即陈介祺）相垺"（褚德彝《金石学录续补》上卷，余杭褚氏石印楼印）。

吴大澂（1836—1902），字清卿，号恒轩，江苏吴县人。因得《周愙鼎》，故以"愙斋"名室，别号为愙斋。同治十年（1871）进士，授翰林院编修，曾主陕甘学政，官至广东巡抚、河东河道总督初湖南巡抚。据《愙斋藏器目》所记，吴大澂所藏自商周至唐代器共240件。《意斋所藏吉金目》，共见341器。其金石著录有《恒轩所见所藏吉金录》二卷及《愙斋集古录》二十六卷等。此外，还有专门古玉研究著作《古玉图考》等（参阅陈公柔《吴大澂》，《中国大百科全书·考古卷》，第548页）。有关吴大澂的金石学及其贡献，我们下文将进行专节叙述，此处从略。

端方（1861—1911），字午桥，号匋斋，满洲正白旗人。光绪壬午（1882）举人，官至四川总督。据《匋斋吉金录》及《匋斋藏石记》记，端方收藏彝器大凡600余种。其"吏事之暇，好金石文字"。最著名的收藏，为"得陕西凤翔县斗鸡台出土之铜禁，上置卣尊大小各一、觚一、斝一、爵一、觯一、盉一、角一，大卣内有勺一，共酒器十二件，为自来言彝器者所未见"。后陈篮斋所藏之器，又为端方收得。诸如《毛公鼎》、《谏敦》、《番生敦盖》、《王孙遗钟》、《克钟》等"皆奇品也"。端方将所藏铜器"特绘诸器形制，精拓文字，为《匋斋吉金录》十卷，又《续录》四卷"。此外，他还"搜汉至宋元碑碣至千余品，因录诸碑全文，加以考证，为《匋斋藏石记》十二卷，附藏砖四卷"。并将"所藏汉瓦当四百余品"，"拓其文字，为《匋斋藏瓦》六卷"。"集三代至汉匋器，模其形制款识"，编为《匋斋藏匋》十卷。将"周秦汉官私玺印为《匋斋藏印》十卷"。端方不仅大力搜集历代文物并加以著录出版，而且也注意外国出土古代文物。他"奉使欧美时，特至埃及、意大利，搜得石刻造像及陶俑、瓶缶、印记等百余品"。因此，端方成为我国清末最为有名的金石收藏家。"公之所藏，桓碑彝器，实集古今中外之大成"（褚德彝《金石学录续补》上卷）。

我国清朝末叶的金石收藏家，大多精于鉴别并娴于考证。而且他们之间，不少人过从甚密，或摩挲古代文物，或切磋砥砺金石文字，促进了我国传统金石学研究的发展。特别是他们一般都拥有较为雄厚的财力并勤于著述，得以使他们的新收获和研究成果不断出版。这也进一步使金石资料的流传范围扩大，使更多的学者便于利用这些新鲜资料进行研究，从而也促进了金石学研究队伍的扩大和研究水平的提高。

第三节　金石著录的出版

这一时期，出版了不少有价值的金石著录，为以后的考古学研究工作，积累了大批珍贵资料，直到今天还很有参考价值。

第一章　前期（1840年至19世纪末）中国传统金石学发展的高峰

在青铜器的著录方面：

吴云的《两罍轩彝器图释》十二卷（同治十一年）1872年自刻本，收入铜器共110件。其中商器19件、周器40件、秦汉以后器51件。书中绘出器物原形，摹出铭文，标出每器尺寸、重量，并加以考释。本书图绘花纹与以前用双钩不同，改用实笔而较为逼真。但有一些失传的器物，仍用双钩摹出。

潘祖荫的《攀古楼彝器款识》（同治十一年）1872年刻本，共收入50器。此节乃著名学者吴大澂为其图绘器形、摹录铭文，铭文考释为潘氏本人及张之洞、王懿荣、吴大澂等学者所作。考释广为吸收他家成果，因此较为精湛。王懿荣为其楷书，器形、铭文摹绘较精细。

方濬益的《缀遗斋彝器考释》三十卷，1869—1884年间完成，共收录铜器1383件。方濬益，安徽定远人，咸丰辛酉（1861）进士，官至江苏知县。他"好金石，多识古文奇字"。收藏有《凤伯敦》、《剌鼎》等数十器，并有饼金十余品，是一位金石收藏家和研究家。他的《缀遗斋彝器考释》一书，将所收铜器铭文按钟、鼎、簋、盘等项分类，每一器摹写铭文，指出来源，并参考成说加以考释。卷首为彝器说上、中、下，实为考器、考文、考藏的三篇研究论文。此书收集丰富，是一部重要的金石著作（同上）。

吴式芬的《攈古录金文》三卷（九册），于清光绪二十一年（1895）刻成。吴氏广为收集诸藏家原器精拓本及传世摹本，集商周铜器铭文1334件，以文字多少为序，结集为《攈古录金文》一书。书中每件器铭下附有释文，并有吴氏考证和前人说解。当时所出重器，如《毛公鼎》等都已收入书中。此书"摹刻精善，木刻金文中以此为第一"（容庚《殷周青铜器通论》，文物出版社1984年10月版，第148页）。

方濬益的《缀遗斋彝器考释》和吴式芬的《攈古录金文》二书，网罗宏富，精品较多。因此被学者誉为"得此一编，而可不需外求"（顾颉刚《当代中国史学》，胜利出版公司1947年版，第31页）的集大成式的铜器铭文著录。

在石刻的著录方面：

张德容《二铭草堂金石聚》十六卷，同治十一年（1872）刊成。张德容，字松坪，浙江西安（今衢县）人。咸丰壬子（1852）进士，官至湖南常德知府。"好金石文字。尝以自来言碑刻者仅录文字，不见古人精神"，因而将周秦、两汉、六朝碑刻"俱取旧拓本，双勾其文，凡一百四十八通，辑为此书"。每碑目次之下，"凡已见著录者，书名一一条举"。并记尺寸以及"出碑之郡县"等，文后还加以考释。北魏以后则仅录其文而不加考释（褚德彝《金石学录续补》上卷）。

杨守敬《望堂金石初集》，同治至宣统间飞青阁钩刻本，为杨守敬"取旧拓碑板，为世所罕见者，自汉至唐，凡四十六种双钩付刻"而成。由于杨氏"好古博学，藏碑甚富，鉴别古拓，凡字画之錾缺沿革，无不精究"（同上书，下卷）。此书每碑之下，都指出据何人拓本勾勒，并作有考释。

在古代钱币著录方面：

李佐贤《古泉汇》六十四卷，续十四卷，补遗二卷。同治三年（1864）石泉书屋刻本。李佐贤为著名古币收藏家，将自藏及搜集到的历代钱币拓本纂为《古泉汇》一书刊出。全书将所辑历代古币分元亨利贞四目，元集主要为古布币，亨集主要为古刀币，利集主要为圜法正品，贞集主要为杂泉异品。该书对历代古钱币网罗宏富，共收入五千种以上。而且不乏精品，编纂体例也有所创新。学者评价此书时指出："春秋战国时的刀、布，宋人已有著录，但大量地收集并加以分类则自李氏始。"在所著录的历代圆钱中，尤以"农民军和地方割据势力所发行者"最为珍贵。而此书"将泉范及范母同钱币一起列入钱谱，则是李氏的创举"。但限于当时的条件和水平，书中也收入了一些赝品，或把"虞化一金"误认为虞舜货币，等等。"尽管如此，《古泉汇》仍是一部有价值的古钱学专著。在李氏以前，初尚龄的《吉金所见录》最为著名，但所收钱币仅1500余品，不过是李书所收的四分之一。就材料之丰富而言，《古泉汇》超过了以前诸家"（吴荣曾《古泉汇》，《中国大百科全书·考古卷》，第144页）。

李佐贤、鲍康合著《续泉汇》十四卷、补遗二卷，于同治十二年（1873）编成，光绪元年（1875）刻竣刊出。此书仍按《古泉汇》一书的体例，收入历代古钱币上千种。《续泉汇》与《古泉汇》互相补充，也是钱币学研究的重要著作。上述二书，是集当时古钱币之大成式的著录。直到今天，对古钱币学的研究仍很有参考价值。

上举各种重要金石著录书，印制时还是使用我国传统的工艺，即画影图形，雕版刊出的。但是，随着西方近代摄影和石印技术的传入，在金石学的著录和印制方面，也很快就采用了这一先进的技术。这不仅使著录的古代文物更加逼真和便于欣赏研究，而且也适应了金石学研究对象的日益扩大和更加复杂的时代要求（容庚《殷周青铜器通论》，第139页）。因此可以说，

第一章　前期（1840年至19世纪末）中国传统金石学发展的高峰

西方先进科学技术的影响，最早反映在我国金石学研究领域，是从著录书的编纂和出版开始的。

这一时期用新技术方法印制了一批金石著录，主要有吴大澂《愙斋集古录》。光绪二十二年"自序"（1896）称本书为十四卷（实吴大澂辑铭文拓本，尚没有成书。此书共二十六册，1918年商务印书馆石印）。全书共收入金文1144种，但其中有的盖、器分为二器，实收1029种铜器。有的作有考释，也有的没有考释。"然印刷甚佳，要为金文中一优良著述"（同上书，第149页）；端方的《匋斋吉金录》八卷，光绪三十四年（1908）石印。收入商周铜器140件、兵器9件，秦至唐权32件，秦汉至明代遗物148件，附六朝隋唐造像30件。《续录》（1909年石印本）收入商周铜器55件，兵器4件，秦汉至宋代器21件。《补遗》收殷周器8件。全书共收入447器，每器记有尺寸，但无释文和考证文字。书中所收端方自藏陕西宝鸡斗鸡台所出铜禁及酒器一组，最为重要，为它书从未著录者。"此书始用石印，绘图仍用旧法，而铭文则用拓本。"（同上书，第143页）

此外，吴大澂还于光绪十四年（1888）影印出版《十六金符斋印存》三十册，此书以汉印为主。吴大澂另出版有《古玉图考》一册（光绪十五年（1889），将所收入的周、汉、隋、唐以来的古玉"辨订源流，引证经传，图说详明，至为精核"（朱剑心《金石学》，第53页）；陆心源也于光绪十七年（1891）出版了集古砖之大成的《千甓亭古砖图释》二卷。陆心源，浙江归安人，咸丰己未（1859）举人，官广东高廉道，"好藏书，亦好金石文字"（褚德彝《金石学录续补》），将所收汉魏以来古砖墨拓，标明尺寸、出土地，并对砖铭作了释文和考证，辑为《千甓亭古砖图释》出版。

第四节　金石学研究及金石学史著作

叶昌炽《语石》，于光绪二十七年（1901）完稿，宣统元年（1909）出版。叶昌炽，字菊裳，号缘督，江苏长洲人，光绪己丑（1889）进士，翰林院编修，官至甘肃学政。"博学好古，藏碑拓数千通，经幢五百通，名所居曰'五百经幢馆'。"（同上）叶氏对碑石"访求逾二十年，藏碑至八千余通，朝夕摩挲，不自知其耄"。他将平日研究心得"辑为此编，以飨同志"，即《语石》，"都四百八十六通，分为十卷"。本书"上溯古初，下迄宋元，元览中区，旁征岛索，制作之名义，标题之发凡，书学之升降，藏弆之源流，以逮摹拓装池，轶闻琐事，分门别类，不相杂厕。自首至尾，可析可并。既非欧赵之目，亦非潘土之例。非考释，非辑录。但示津涂，聊资谈麈"（叶昌炽《〈语石〉序》，光绪二十七年正［1901］）。《语石》第一卷为三代古刻一则、秦一则、汉一则等28篇，介绍历代碑石。第二卷为宋元碑难得一则、总论各省石刻一则、陕西石刻三则、直隶四则、山东五则等29篇，论及各省及朝鲜、日本、安南等国碑石。第三卷为论碑石之名义缘起一则、碑穿二则、碑额七则及典章、谱系、界至等共19篇，考证了碑石的起源及碑石种类。第四卷为诗文、墓志等6篇，第五卷为造像、画像、地图、桥柱等26篇，为各种碑石的杂记。第六卷为"总论撰书一则"等28篇，第七卷为"总论南北朝书人一则"等60余篇，第八卷为"唐宋宸翰五则"等30余篇，第九卷为"阳文一则"、"反文一则"等20余篇。第十卷谈"古碑一刻再刻三则"等27篇。本书涉猎广泛，是一部清末研究石刻的重要著作。

清末金石学的发展，是继承和发扬了历代金石学研究成就的结果。如果从金石学正式形成的宋朝计起，历经元明至清代，也有了八九百年的光景。如果再加上金石学正式形成以前的酝酿时期，时间还要更长。在我国金石学发展史上，不少名著传世，名家辈出，留下了一批珍贵的文化财富。因此，在清末也出现了记述前代和当时有成就的金石学家的生平和著述的专书。

陆心源的《金石学录补》于光绪十二年（1886）刊出。此书是道光四年（1824）刊刻李遇孙的《金石学录》补编；而李氏《金石学录》全书四卷，"自三代以来，至汉魏六朝唐宋元明，以及本朝诸家，凡为金石之学者，得四百余人，兹有著述以传于世，即志一隅，说一事，无不备见于录"。此书卷三、卷四专列清朝起自孙承泽至冯云鹓、姚观光等金石学家165人，并对其有关金石的搜集和著述都进行了介绍或评介，以使他们的"作述之精神，不至沈薶于后世"（李遇孙《金石学录序》）。而陆心源的《金石学录补》，则补入了李书所未收的学者，"自汉至今，凡得一百七十人。今复搜采群书，证以闻见，又得一百六十余人，重加编次，定为四卷，合之李氏原书，都得八百余人"（陆心源《金石学录补》序，1886年）。而清代的金石学家，在《金石学录补》中有157人之多，道咸以来的金石学家，诸如吴式芬、吴云、陈介祺等的成就及生平，在书中都有所反映。因此，陆心源的《金石学录补》和其稍前的李遇孙《金石学录》互为表里，是研究我国金石学史和考古学史的重要参考文献。

第一章 前期（1840年至19世纪末）中国传统金石学发展的高峰

第五节 吴大澂和孙诒让等著名学者的金石学研究及其贡献

清朝末年，金石学资料，特别是青铜器的收藏日富和出版的金石著作日渐增多，为研究工作积累了大量资料。这一时期较为重要的著作，除前面我们已经述及者外，还出版有曹载奎《怀米山房吉金图》二册（道光十九年［1839］自刻本）收铜器60件、刘喜海《清爱堂家藏钟鼎彝器款识法帖》一卷（道光十八年正［1838］）、刘喜海《长安获古编》二卷（光绪三十一年正［1905］）收入铜器等共121件、吴荣光《筠清馆金文》五卷（道光二十二年正［1842］自刻本）收入铜器267件等。这一时期出版的金石著作，当以吴式芬的《攈古录金文》和方濬益的《缀遗斋彝器考释》等最为重要。

虽然这一时期的金石学研究取得了较大的发展，但一些著录书"所附的考释间有对典章制度或名物训诂有所考订，但不可信的居多。其最大的收获，当在对铜器真伪的鉴别"方面。而"在文字与历史考证上收获最大的，是吴大澂与孙诒让二人。从此以后，金文的研究方慢慢走上科学的途径。尤其在文字研究上的收获，《说文古籀补》与《名原》两部书，可以算是划时代的作品"（顾颉刚《当代中国史学》，第31页），代表了这一时期金石学研究的最高水平。

一 吴大澂的研究为传统金石学作了总结

作为金石学家，吴大澂出版了多部金石著录，诸如《恒轩所见所藏吉金录》一卷（光绪十一年［1885］自刻本），共收铜器136件。《愙斋集古录》二十六册（1918年），收入铜器1029件。《愙斋集古录释文剩稿》一卷（1919年）、《十六金符斋印存》三十册（光绪十二年［1886］钤印本）、《续百家姓印谱》一卷（罗氏石印本）、《周秦两汉名人印考》一册（罗氏石印本）以及《古玉图考》二册（光绪十五年［1889］摹刻本）、《愙斋专瓦录》一卷（1919年西泠印社石印本）等，为金石资料的积累和刊布做出了贡献。与此同时，他还出版了金石学研究著作，诸如《吴愙斋尺牍》一册（商务印书馆石印本）、《权衡度量实验考》（自刻本）等和文字学著作《说文古籀补》十四卷、附录一卷（光绪十年［1884］写刻本）等，为金石文字之学的发展做出了贡献。

吴大澂"以古权衡度量，书缺无征，惟所见古器中尚存梗概"，所以写成《权衡度量实验考》一卷。但因"付刻未竣，旋即病殂，仅存上册"（褚德彝《金石学录续补》上卷），故此书完成权、度二篇，而量篇未成。书中集周、汉直到清代工部尺，用玉器、古钱币等校量尺的长短。此外，他还用出土秦权，校量的轻重。虽然因资料所限，他所定"周镇圭尺"、"周黄钟律琯尺"等不一定可靠，"但这种尝试的精神是值得敬佩的"（顾颉刚《当代中国史学》，第32页）。吴大澂《古玉图考》不仅公布了资料，而且以《周礼》等先秦古籍为依据，探讨古代的瑞玉制度。虽然此书的考证"由于勉强比附经书中的有关记载，有很大穿凿附会成分"（陈公柔《吴大澂》，《中国大百科全书·考古卷》，第548页），但他的探索，还是很有意义的工作。

吴大澂最大的成就，是他《说文古籀补》十四卷于光绪十年（1884）的刊出。他不仅是一位勤于著录的金石学家，而且还"工篆籀，研究古文，几忘寝馈。每释一字，皆能追造字之原"，又是一位有很高造诣的古文字学家。他"取古彝器文，择其显而易明，视而可识，约3500字，依《说文》部目汇录成编"，这就是《说文古籀补》一书的纂成。吴氏在此书中，把收集到的铜器铭文、石鼓、古币、古玺、古陶上的古文字，都注明出处，并"参以故训，附申己意"，力图订正《说文》的阙误，探讨文字的源流。至于一些"其旧释有可从而未能尽信，己意有所见而未为定论者，别为附录一卷"，对文字的考释，坚持科学态度。他还把多年积累的心得，著《字说》一卷，也在光绪十年（1884）刊出。该书"足正宋人王俅、薛尚功之误"。吴大澂的《说文古籀补》等古文字学研究著作，"言金文者视为导师"（褚德彝《金石学录续补》上卷）。不仅对当时，而且对后世的古文字研究也有很大的影响。

二　孙诒让的古文字研究开创古器物学研究的先河

孙诒让（1848—1908），字仲颂，同治戊辰（1868）进士，官至礼部主事。知识渊博，著述宏富，是我国清朝末年著名的汉学家和古文字学家。

孙诒让自幼熟读经史，具有深厚的汉学基础。在南京期间，他又常与一批当时著名的汉学家切磋学问，释难解疑，从而使他的学识能融会贯通，在训诂、考据、校勘等方面取得了超越前人的成就。正如有学者所指出的："孙诒让走的虽是汉学道路，其实他一开始就深受宋汉兼治的影响，对各种

第一章　前期（1840年至19世纪末）中国传统金石学发展的高峰

政治见解和学术观点不是排斥的态度，而是认真钻研，互相引证。他在研治汉学的同时，阅读了当时进步思想家包世臣、魏源、孙鼎臣、冯桂芬等有关内政外交的著述，并及于中译本《海道图说》、《泰西新史揽要》、《格致汇编》等关于世界史地和科学技术的书籍，从而大大丰富了思想见解，扩大了知识范围，把汉学推进到一个新的阶段，重新放射出奇光异彩。"（徐和雍《论孙诒让》，《杭州大学学报》1983年第4期）

孙诒让的《周礼正义》一书，是集前人之大成的《周礼》研究总结性著作。孙诒让自。1867年开始整理和研究《周礼》，直到1899年最后刊出《周礼正义》八十二卷这部划时代的著作，其间历时三十多个寒暑，数易其稿。然而他在著述此书时，并非关在小楼之上，两耳不闻窗外事。而是国事家事天下事，事事关心，与时代的风云变幻紧密联系在一起的。在《周礼正义·序》中，他把注疏《周礼》的目的讲得十分清楚。他痛感清末"海疆多故，世变日亟；眷怀时局，抚卷增喟"。列强横行中国，清王朝积贫积弱，其主要原因"在于政教未修"。他认为，包医清王朝衰世的药方是"政教修明"。"政教修明，则以致富强若操左契，固寰宇之通理，放之四海而皆准者。"他注疏《周礼》，就是为了"刱今而振敝"，并使"世之君子，有能通天人之故，明治乱之原者，傥取此经而宣究其说，由古义古制，以通政教之闳意眇旨"。因此，孙诒让"从现实需要出发去重疏《周礼》，疏证古义古制为的是'刱今而振敝'，与传统的汉学家为考证而考证有原则区别，开始把汉学引入'经世致用'的道路，其意义是重大的"（同上）。此外，《周礼正义》一书，用《尔雅》、《说文》以证训诂，用《仪礼》、《礼记》、《大戴记》等书来阐明古代典章制度，并广泛搜集汉唐以来直至乾嘉学者的说解用以参验。因此，《周礼正义》"其采集资料的广博，义例和条理的精密，都远远超过前人，是《周礼》研究的集大成作"（陈公柔《孙诒让》，《中国大百科全书·考古卷》，第508页）。

《墨子间诂》是孙诒让的另一部重要著作。孙氏从三十多岁时（1877）开始研究《墨子》，到五十岁左右（1896）完成《墨子间诂》十九卷，历时近二十年。他在《墨子间诂跋》中说，"《经上》以下四篇，兼及几何算学光学重学，则又今泰西之所以利民用而致富者也"。孙诒让在注疏《墨子》时，不仅充分运用了传统的音韵、训诂和校雠等方法，而且还参考了西方传入的自然科学知识，因而其成就超过了前人。正如学者所指出的，《墨子间诂》一书，"其中确有不少用西方自然科学知识进行疏证的，较前人的注疏更符合实际"。"它的问世,一变《墨子》沉薶古奥、难以卒读的状况,引起了人们的兴趣和关注,推动了墨学的复兴。"(徐和雍《论孙诒让》)

孙诒让涉猎广泛,不仅在经学和史学等方面的研究超过了前人,而且在金石学和古文字学等方面的研究,也开一代之新风,对后世产生了深刻的影响。

孙诒让在金石学方面的研究著作,主要有《古籀拾遗》三卷,自刻于清光绪十四年(1888)。主要是校订《历代钟鼎彝器款识》、《积古斋钟鼎彝器款识》和《筠清馆金石文字》等三书之误五六十处而成。他的《宋政和礼器文字考》一书,自刻于光绪十七年(1891),后收入《古籀拾遗》内。还有《古籀余论》三卷,则校订《攈古录金文》一书105器之误,并对自己的误说也作了修订。

孙诒让更为重要的著作,还有《名原》和《契文举例》二书。《名原》二卷,刻成于光绪三十一年(1905)。主要依据金文材料,并涉及石鼓文和一些甲骨文材料,探索文字的源流及演变的发展规律。由于此书的写作时距1899年甲骨文发现不久,而第一部甲骨著录书《铁云藏龟》也在1903年才问世,因此《名原》一书所涉及甲骨文字较少。但他的《契文举例》一书,则是甲骨学史上第一部考释文字的专著。成书于1904年,但直到1913年才在上海被发现,1917年才真正问世。该书在《铁云藏龟》出版才仅仅一年,就能按甲骨文内容分为月日、贞卜、卜事、鬼神、卜人、官氏、方国、典礼、文字、杂类等十项,这在当时是难能可贵的。而且此书与《名原》互为表里,考释古文字的一些方法,诸如以《说文》为证,以金文互证等,在孙氏《契文举例》中,基本上都应用上了。这就是《契文举例》可贵之所在(萧艾《第一部考释甲骨文的专著——〈契文举例〉》,《社会科学战线》1978年第2期)。

以《名原》和《契文举例》为代表的孙诒让的古文字学研究,对后世的"最大贡献就是对不同时代的铭文作偏旁分析,借以追寻古文字的发展规律"。而且他的金文研究,"不像吴大澂那样局限于形体,对训诂假借也很通达,使金文研究方法有很大的改进"(陈公柔《孙诒让》,《中国大百科全书·考古卷》,第508页)。

综上所述,我们可以看到,清末金石学家吴大澂和孙诒让的古文字学和古器物学研究,把自清初再度复兴的金石学研究推向了高峰。如果说,吴大

第一章　前期（1840年至19世纪末）中国传统金石学发展的高峰

澂的研究为清末金石学的发展作了总结；那么孙诒让的研究，即在总结金石学研究成果基础之上的甲骨文字考释，为我国近代考古学的"酝酿时期"的后一阶段，即随近代新史料大发现开始的"广义的金石学"——古器物学研究时期开了先河。

第二章　后期(19世纪末至五四运动前)古器物学的形成

1894年中日甲午之战，随着北洋海军的全军覆灭，宣告了清王朝"洋务"的破产。但是，与清王朝办"洋务"的初衷相反，派出去的留学生，不少人在学习西方科学技术的同时，认识了西方社会并接受了西方的社会学说。他们深感列强瓜分中国的危险迫在眉睫，中国必须变法维新，有必要用西学和西方社会学说唤醒民众，以救亡图存。因此他们大量翻译和介绍西方的社会、政治和经济学说以及哲学、自然科学知识等，为变法维新作思想舆论准备。与此同时，也对几千年来的封建思想进行了一次冲击。

虽然1898年软弱的维新派在不危及清统治的前提下，跪着"变法"，但仍为清王朝以慈禧为首的顽固派所不容。仅仅百日，短命的"戊戌变法"就被镇压下去。中国封建势力与资本主义列强进一步勾结起来，加速了中国社会殖民地、半殖民地的进程；但是，自20世纪的最初十年，即从义和团运动失败（1901）到辛亥革命（1911）期间，中国资产阶级革命终于达到了高潮。自1905年同盟会成立以后，中国资产阶级和小资产阶级有了自己的政党和纲领。为了宣传"驱逐鞑虏，恢复中华，建立民国，平均地权"的革命学说，以及揭露清王朝的反动腐朽和形形色色的改良保皇派学说，从而实现唤起"平民革命"的目标，自1905年创办了《民报》等一批革命刊物，促进了中国近代思想上的又一次解放。经过种种曲折和艰辛，终于推翻了清王朝，结束了中国延续2000多年的君主专制政体。

因此，在19世纪最后十年和20世纪初，即中国近代考古学酝酿时期的后一阶段，就不可避免地带有鲜明的时代印记。这就是：随着帝国主义列强与中国封建统治者的进一步勾结，妄图瓜分中国的进程加剧，一些帝国主义国家也纷纷派遣学者到中国西部地区进行探险式"考古"掠夺；另一方面，在中国先进分子向西方寻找救国济民良方，大量翻译和介绍西方社会学说和

第二章 后期（19世纪末至五四运动前）古器物学的形成

科学技术的过程中，西方近代考古学思想也被介绍过来。中国的传统金石学，自觉不自觉地接受了西方近代考古学方法论的影响。而19世纪末20世纪初中国近代史上新史料的大发现，给传统金石学注入了新的活力，扩大了研究范围和研究课题，从而形成了广义的金石学——古器物学的研究。

第一节 列强在我国西部地区的探险式"考古"活动

19世纪末和20世纪初，欧洲近代考古学早已进入了它的"成熟期"（1867—1918）。欧洲的考古学研究，形成了较为活跃的局面。这主要表现在以"地层学"为标志的西方考古学"形成期"（1840—1918）开创的"类型学"，到这一时期有了进一步的发展，即除了按照器物形态的变化，把器物排比"系列"以外，还依据器物出土地层关系来确定系列中各器物类型的年代先后，并与不同种类的器物分别排比成系列互相参照，从而使不同类型的器物组合代表某一种考古学文化。这就使器物类型的划分，较"形成期"更为严密准确；自然科学方法也广泛运用于史学考古学的分期断代研究工作中；这一时期，考古学家明确了发掘工作的目的不是为了挖宝，而是为了把地下的古迹、古物发掘出来，以便认清遗物遗迹原来的位置、布局和变化。发掘方法的改进和发掘工作的科学化，从而使准确地复原被埋入地下的人类社会历史的某些方面有了可能。由于欧洲考古学的成熟，所以在欧洲以外，这一时期在埃及、希腊、小亚细亚及两河流域等地的考古发掘和研究都取得了很多重要成果，从而使不少重大学术问题得到解决。而且这一时期的考古工作，还进一步扩大到中美和南美各地（有关"成熟期"的考古成就，请参阅夏鼐、王仲殊《考古学》，《中国大百科全书·考古卷》，第6—7页）。

中国有着悠久的历史传统和灿烂文明。中国和埃及、古巴比伦、印度一起，号称世界四大文明古国，为人类文明的起源做出了应有的贡献。由于欧洲考古学已进入"成熟期"的时候，中国还没有任何真正科学意义的近代考古发掘工作，所以中国的史前文明尚鲜为人知。在当时，"从旧大陆考古学家的观点来看，史前学在地理上有两个开端。一个在欧洲：丹麦的沼泽地带、瑞士的湖上住宅、法国索姆河畔的砾石层、德文郡（英国）和多尔多涅省（法国）的洞穴；另一个在近东——爱琴海地区：先后揭示出安纳托利亚、希腊、埃及和美索不达米亚的史前文明。欧洲和近东的这两个开端在史前学教科书仍占据着很大的比重"。他们对古老东方文明的知识是茫无所知的。但是，他们也深知中国古代文明在构筑世界文明史的重要地位，认识到只有在"两件大事发生之后"才能与上述"两个开端"一起，"最终形成世界史前学"。这就是："一是印度、中国和美洲史前古代文明的发现，二是旧石器时代的研究扩展到整个欧亚非大陆，其中特别是东非、南非，以及亚洲部分地区旧石器时代研究工作的展开。"（格林·丹尼尔《考古学一百五十年》，第255页）

正因为中华文明在世界文明史上占有如此重要的地位，所以1899年在意大利罗马召开的第十二届国际东方学会议上，筹建和组织了有关中央亚细亚探险的国际组织。而在1902年德国汉堡召开的第十三届国际东方学会议上，则进一步正式成立了中央亚细亚和远东的历史学、考古学、语言学、土俗学国际学会，以协调英、法、德、俄等帝国主义列强在中国的探险式"考古"活动。自此以后，世界不少国家的考古学者，开始把目光转向了中国的西部地区，特别是新疆、甘肃等省的"古丝绸之路"线上。

在此期间，列强国家利用清王朝的腐败无能和列强与清王朝的不平等地位，不断派员来中国西部地区，进行探险式"考古"活动。其中较为重要的有英国的斯坦因、法国的伯希和、瑞典的斯文赫定、沙皇俄国的科兹洛夫、德国的勒柯克等，以及日本的大谷光瑞和橘瑞超，等等。我们在这里，不妨将他们的探险式"考古"活动介绍于下：

一 英国人的探险式"考古"活动

英属印度政府派考古学者斯坦因，先后三次来中国西部地区进行探险式"考古"活动，掠走了大批中国古代文化艺术珍品。

斯坦因（1862—1943），原籍匈牙利人，1904年加入英国籍，1889年出任拉合尔东方学院院长职（今属巴基斯坦）、旁遮普督学、印度西北边境省总督学和考古调查员等。

斯坦因第一次赴新疆探险式"考古"活动，是在清光绪二十六至二十七年（1900年5月—1901年7月）。斯坦因一行从克什米尔取道经由吉尔吉特和洪查到达和阗一带，确定了县城之西七英里左右的约特干小村，即古和阗旧址，并收集到佛教建筑上面贴的"金叶"、雕制的石器以及货币、装饰用的陶片、塑像（大都为猴形）等（向达译《斯坦因西域考古记》，中华书局1936年9月版，第49—50页）。在丹丹乌里克遗址，发掘了12座建筑遗址，

第二章 后期（19世纪末至五四运动前）古器物学的形成

其中有几座是佛寺，发现了壁画和泥塑小佛像及菩萨、飞天像等。"壁画同塑像都很清楚的显示一种在西元初和几世纪流行于印度西北部希腊式佛教美术作风。"此外，还发现用古印度婆罗谜字体书写的"一小整捆的散叶子"。其中"一部分是北宗佛教用以书写经典的古印度梵文佛经"，一部分用的是"当时和阗居民所通用的语言"（向达译《斯坦因西域考古记》，中华书局1936年9月版，第44页）。其他佛寺遗址中还发现一些文书，主要内容为"要求偿债、小借款的字据，以及当地小官吏的报告之类"（向达译《斯坦因西域考古记》，中华书局1936年9月版，第48页）。斯坦因还"考察了古代园林道路的遗迹，水渠的分布，以及指明阜下住室位置盖满垃圾堆的地方等等"（同上书，第49页）。弄明了此地废弃的原因，"即是这些突出的居住地方不能维持有效的灌溉"（同上书，第50页）所造成的。在尼雅汉代遗址，斯坦因在发掘官署房址时，获得了上百片佉卢文木牍文书（同上书，第55页）。此外，还发掘了大宅以及附近的花园遗址。许多木牍上的封泥表明了"钤盖封泥的印章也和西元初第一世纪希腊或罗马的作品作风非常相像"，这是西方的影响所致。特别有意义的是，发现一块封泥上并排钤了两颗印记，"一颗作中国篆字，那是管理现在东方罗布区的古鄯善行政官的印；又一颗上作人首，显然是依西方的样式刻的"（同上书，第63页）。斯坦因的第一次中国之行取得了丰富的收获，其成果反映在所著《古和阗》（参阅卫聚贤《中国考古学小史》，1932年）二册之中。

斯坦因第二次赴新疆等地探险式"考古"，是在1906年4月至1908年11月之间。斯坦因此行第二次发掘了尼雅遗址（1906年10月），清理了官邸遗址并发现木简。在清理遗址时，"书讯、帐簿、草稿、杂记一类的佉卢文木牍，差不多在每一所屋中都有得发现"（《斯坦因西域考古记》，第71页）。特别是在一所大屋的"会客室"里，发现一些"体积很大的佉卢文书纪录，其中一片足有三尺长"。在"办公室"发现一百多件"用来传达命令的楔形牍。其他为长方形牍，是些账簿、目录，以及年代颠倒乱用的杂公文"（同上书，第72页）等。在"一所隐藏的小档案库"中，发现了30多件"绳都缚得很好，没有打开，封泥也仍在套封上"（同上书，第73页）的木牍，得以明白文书制作和使用的制度；1906年12月初开始发掘磨朗遗址，在寺庙废址内发现书有西藏文的木片和纸张（同上书，第79页）。在残堡遗址内发现了"写在木板上和纸上的西藏文书总在一千件以上"，记录了关于军事、粮草、援助以及军队调动的情况，对研究"塔里木盆地在西藏人统治下一世纪的地方情形"很有价值。而汉字文书却"不见片纸只字","这是第八世纪的第三段时期以后中国势力以及统治塔里木盆地完全消灭的一个重要指示"(《斯坦因西域考古记》,第84页)。在磨朗佛寺遗址,斯坦因掠走了"绘得很精美的有翼天使的护墙板及壁画"等(同上),考察了长城并挖得不少木简;1907年5月21日,斯坦因到了敦煌。当他得知"几年前偶然之间在一座石窟寺里发现了隐藏在那里的很多的古代写本"以后,便下决心要掠走这批古代珍品,"这种宝物很值得去努力侦察一番"(同上书,第141页)。

原来,当1900年敦煌道士王圆箓在重修庙宇时,一座大石窟进门的地方被坠下的石块和流沙所壅塞。僧道对此处进行修理,一晃就是几年过去了。有一天,忽然在过道的有壁画的墙上裂开一道大缝。人们稍加清理,发现此处是一道门。门后是凿石而成的一间小石室,里面装满了经卷和画绣品。王道士等连忙把这一"秘密图书馆"封锁起来,并把狭小的通道用砖墙切断,秘不示人。因为这里与内地关山阻隔,所以这一发现鲜有人知。

斯坦因起初利用金钱收买王道士,以便诱使他打开石室的大门。"我尽我所有的金钱来引诱他同他的寺院,还不足以胜过他对于宗教的情感,或者激起众怒的畏惧,或者两者俱有所畏亦未可知。"虽然王道士为重整庙宇,"几年以来他到处募化,辛苦得来的钱全用于此事,至他同他的两位徒弟几乎不妄费一文"。但开始时,王道士并不为金钱所动;斯坦因只得利用"王道士对于中国相传的学问一无所知"(同上书,第142页)的愚昧进行欺骗。他利用王道士对"佛教事物盲无所知,但是对于唐僧之热烈称道,正同我之于其他事物一样"的心理,即王道士非常崇敬唐玄奘,在石窟寺对面新建凉廊上的绘画都以《西游记》的故事为题材。因而斯坦因就抓住了王道士这一心理,反复"述说我自己崇奉玄奘,以及我如何循着他的足迹,从印度横越峻岭荒漠,以至于此地的经过"。这一招果然生效,"他(按:指王道士)显然是为我所感动了"(同上书,第143页)。王道士逐渐放松了对斯坦因的戒备,答应夜里从秘室中取出些经卷给他们看。恰巧这几卷佛经正是原本来自印度,经玄奘之手转梵文为汉文的。这在王道士看来,"却是我的中国护法圣人(按:指斯坦因谎称他所崇拜的玄奘)在那里显圣了"。"在这种半神性的指示影响之下,道士的勇气为之大增",终于为斯坦因打开了敦煌秘藏之门。斯坦因描述当时秘室的情况是:

第二章 后期（19世纪末至五四运动前）古器物学的形成

从道士所掌微暗的油灯光中，我的眼前忽然为之开朗。卷子紧紧的一层一层的乱堆在地上，高达10呎左右。据后来的测度，将近有500方呎。小室约有9呎见方，两人站了进去，便无多少余地了。（《斯坦因西域考古记》，第144页）

王道士取出几捆卷子让斯坦因过目，他发现了这是第5世纪初的卷子和中文卷子背面用印度婆罗谜字写的文字。又发现了公元8世纪中叶至9世纪中叶的藏文写经等，以及很多用印度文、梵文和土耳其斯坦佛教徒用来翻译经的各种方言等。此外，还有很多画在绢或布上的经幡古画等珍品。斯坦因深知"这些唐代美术最好遗物"的价值，因而为之兴奋异常。但他故意装作对此漫不经心，即他自己所说的"热烈的心情最好不要表露太过"。王道士果真以为这些画卷价值不高了。与此同时，王道士也耍了个小小的心计，"他显然想牺牲这些，以转移我对于中国卷子的注意，于是把放在杂物堆底下的东西一捆一捆的很热心的找了出来"（同上书，第146页）。后来，索性就由斯坦因等人自行挑选了。

经过七天七夜明火执杖式的掠夺，斯坦因从敦煌秘室挑拣珍品中之珍品，共劫走了24箱写本和5箱画绣品及其他美术品遗物，现藏英国不列颠博物院（同上书，第148页）。这些珍品中，"计有完整无缺的卷子3000卷左右，其中有许多都是很长的。此外的文件以及残篇约有6000"（同上书，第151页）。斯坦因第二次探险式"考古"活动的经过及收获，其所著《近印度》及《迦泰的荒虚》等书中有所反映（卫聚贤《中国考古学小史》，第93页）。

斯坦因第三次来新疆、甘肃等地探险式"考古"活动，是在1913—1916年间。他发掘黑城遗址时，在寺庙废址中发现很多"用西藏文和至今尚未能通的西夏文的佛教写本和刊本典籍"、塑像、壁画等以及忽必烈时代的宝钞、陶器、装饰品等（同上）；在吐鲁番遗址，斯坦因"拆下来的这些壁画，足足装满一百多箱"（《斯坦因西域考古记》，第186页），并将其运往印度；斯坦因还发掘阿斯塔那附近的唐代墓地，发现不少汉文砖志、绘画、各种陶俑、仿东罗马式铸金币、萨珊银币等遗物，并"仔细的包扎好，装上了五十只骆驼"（同上书，第190页）运走；斯坦因还于1914年第二次赴敦煌，又掠走了"六百多卷佛经"，"足足装满五大箱"（同上书，第149页）。有关斯坦因第三次来华的情形，他著有《亚洲的极中部》一书（卫聚贤《中国考古学小史》，第 94—95 页）。

二　德国人的探险式"考古"活动

斯坦因的第一次中国西部地区探险式"考古"，所取得的丰硕收获，在欧洲引起了轰动。如此之多的中国古代文化瑰宝，使他们大开眼界。为了更多地夺取中国古代文化艺术珍品，协调列强国家的行动，在 1902 年德国汉堡召开的第十三届国际东方学会议上，通过了一项"特别决议"。根据"决议"，中国新疆的吐鲁番地区为德国进行"考古"掠夺的"范围"。德国人先后到新疆进行"考古"活动的，主要有格路维德（又译格伦威尔德）、勒柯克等。

（1）格路维德在中国新疆的探险式"考古"活动。格路维德是德国柏林民俗博物馆印度部负责人，曾先后两次来中国新疆吐鲁番地区进行探险式"考古"掠夺。格路维德第一次中国新疆"考古"之行是在 1902—1903 年之间。他这次"考古"探险，得到了德国柏林西门子公司和军火大王克虏伯的资助。格路维德在吐鲁番一带"考察"，掠到大批珍贵文物；格路维德第二次中国新疆地区探险式"考古"，是在 1905—1907 年之间。格路维德在新疆，足迹遍吐鲁番、焉耆、库车一带，获得大批佛教艺术品和珍贵写本。斯坦因在格路维德之后到吐鲁番，知道这一带"俄德以及日本的探险队曾接续在此作过大规模的考古学工作。在这些人中间，尤以 1902 年到 1907 年有名的德国学者格伦尉得尔和勒柯克两教授所得格外丰富"（《斯坦因西域考古记》，第 184 页）。1906 年，格路维德捷足先登，在伯孜克里克遗址劫走了大批精美壁画。步其后尘的斯坦因记述说：伯孜克里克的壁画，"为回鹘时代的遗物，画的是佛教故事和崇拜，种类风格极为复杂。就丰富和美术方面而言，吐鲁番盆地中任何同样的遗址都比不上，而同敦煌千佛洞丰富的古画可以相抗衡"。就在格路维德第二次来新疆掠夺式"考古"时，在此"以他渊博的佛教图像学和美术的造诣，曾对这些精美的壁画作过仔细的研究，选了许多好壁画拆下来运回柏林"（同上书，第 186 页）。格路维德两次来新疆，所掠走的佛教艺术品和各种文物共有 46 箱之多。有关他两次来华所掠走的珍贵资料，在其所著《伊地库里及其附近的考古工作报告》、《中国土耳其斯坦古佛教塔寺》、《阿比斯陀经中的魔鬼及其与中亚佛教造像的关系》等书中有所反映（参阅卫聚贤《中国考古小史》，第 86—87 页）。

（2）勒柯克在新疆的探险式"考古"活动。勒柯克（1860—1930）早

第二章 后期（19 世纪末至五四运动前）古器物学的形成

年曾经商、学医，1900 年以后热衷学习东方语言和考古学，1902 年弃商从文，到柏林民俗博物馆工作。勒柯克第一次来中国新疆进行"考古"活动，是在 1904—1907 年。他曾到高昌地区、伯孜克里克、哈密等地区并进行过发掘"工作，取得大批写经、壁画等。后又加入了格路维德的第二次新疆探险式"考古"活动，参加了以格路维德为首的对伯孜克里克石窟壁画的劫夺，并于 1906 年 4 月先期回国；此外，勒柯克还于 1913—1914 年来华进行第二次探险式"考古"，调查过吐木舒克千佛洞、苏巴什佛教遗址，掠走大批佉卢文书和佉卢文碑。此外，他又一次去吐鲁番，掠走一批壁画和各种文字的文书等。勒柯克掠走我国的文物极多，共为三批：一为 103 箱，一为 138 箱，一为 156 箱。

在我国新疆的古"丝绸之路"上，英国人"斯坦因的工作主要在丝绸之路的南道"。而德国人"勒柯克侧重于北道"。列强国家"在掠夺丝绸之路古物的竞争中，能与斯坦因相匹敌的人物只有勒柯克"。勒柯克掠走的我国古代文化艺术珍品，主要收藏于柏林图书馆等处。在第二次世界大战期间，勒柯克劫走的珍贵壁画，半数被战火所毁。特别令人痛心的是，出自伯孜克里克的 28 幅最大的珍品也在劫难逃。勒柯克三次中国新疆之行的收获，反映在其所著《中国土耳其斯坦吐鲁番探险的起源、旅程及成绩略报》、《中亚后期的佛教》六册、《中亚艺术及其文化》、《东土耳其斯坦的希腊人考》、《高昌的突厥摩尼教》等著作中（梅村《勒柯克在吐鲁番和龟兹等地的三次考察》，《文物天地》1988 年第 2 期。及卫聚贤《中国考古小史》，第 87—88 页）。

三 法国人的探险式"考古"活动

伯希和是法国著名的东方学家，他于 1905—1909 年也曾参与了列强国家在我国新疆、甘肃等地的探险式"考古"活动。伯希和在新疆库车等地曾发掘寺庙遗址，获得珍贵的吐火罗语木简。1908 年 2—5 月，在斯坦因离开敦煌一年之后，伯希和也到了敦煌千佛洞。斯坦因记述说，伯希和"藉了他那渊博的汉学知识，他诱导王道士允许他去把剩余的许多中国卷子匆匆考查一番。努力的结果，他从混乱的堆中选出一些不是中文的写本，此外还有一些他认为在语言学上考古学上以及其他方面特别有趣的中文写本。道士显然是有了以前与我的经验，于是允许伯希和教授携去一千五百多卷所选出来的书籍写本之类"（《斯坦因西域考古记》，第 148 页。较为准确的数字应为

5000件，见《敦煌石窟》，《中国大百科全书·考古卷》，第113页）。

当年斯坦因在劫掠敦煌文物时，曾与王道士约定："我未离中国国土以前，这些'发现品'的来历，除我们三人（按：指斯坦因、王道士及蒋师爷）之外，不能更让人知道。"（《斯坦因西域考古记》，第147页）因此，斯坦因两次从敦煌掠走文书等珍贵文物近万件和敦煌发现大批文书之事一直鲜为人知。直到1909年，当伯希和经北京回巴黎的时候，"他带去许多重要中文写本的消息，传入当时京城中国学者的耳中，他们因此大为兴奋"（同上书，第148页），这才引起中国学术界的重视。伯希和掠走的敦煌经卷，藏于巴黎国民图书馆。伯希和参与新疆、甘肃等地掠夺式"考古"活动及其收获，反映在他所著《在中亚的三年》、《伯希和中亚探险报告》等书中（卫聚贤《中国考古小史》，第85页）。

四 俄国人的探险式"考古"活动

在帝国主义列强中，沙皇俄国与中国接壤，并一直觊觎中国新疆、蒙古一带的大片土地，因此不断派探险队到这些地区"考察"，妄图实现侵吞我国领土的野心。在列强中，沙俄是最早派员到中国边疆地区进行探险式"考古"活动的国家之一。早在明朝万历三十二年（1604），鄂本笃就到过吐鲁番一带。在1902年德国汉堡召开的第十三届国际东方学会议之前，清光绪四年（1878），雷治尔步鄂本笃之后，亦到吐鲁番"旅行"。而在光绪二十四至二十五年（1898—1899），克力孟斯也到吐鲁番"考古"，著有《吐鲁番及其古代》一书。

俄国规模较大的探险式"考古"活动，是1907—1909年科兹洛夫的蒙古和甘肃张掖之行。科兹洛夫曾发掘西夏遗址，掠得古写本《易经》、《本草》、《法华经》等数十卷，古佛画、纸币等多种。尤为珍贵的是，用汉文、藏文、西夏文写成的《西夏字书韵统》等（同上书，第88页）。此外，在1909—1910年间，鄂登堡也在新疆吐鲁番、焉耆、库车一带进行过探险式"考古"活动，其收获反映在所著《俄罗斯的土耳其斯坦探险报告》一书中（同上书，第89页）。

五 日本人的探险式"考古"活动

日本人在我国新疆、甘肃等地的探险式"考古"活动，主要以大谷光瑞的活动时间为最长，所获文物为最多，其影响为最大。大谷光瑞为日本净土真宗西本愿寺的22代长老。他在1900年留学英国伦敦期间，十分熟悉和注意欧洲人在我国新疆地区探险式"考古"的巨大收获和影响。因此，他三次组织探险队，参与列强对我国文化艺术珍品的掠夺活动。

大谷光瑞第一次组织探险式"考古"活动，是在1902年8月至1904年。大谷光瑞探险队在于阗、库车一带考察了克孜尔和库木吐拉千佛洞，剥劫了珍贵壁画多幅。

大谷光瑞第二次组织探险式"考古"活动，是在1908年6月至1909年11月。大谷探险队（主要成员是橘瑞超等）这次主要活动地区是在吐鲁番、楼兰、尼雅、于阗等处。他们考察并盗掘了交河故城、高昌故城及古代墓葬，考察了石窟，劫走了大批珍贵文物。

大谷光瑞第三次组织探险式"考古"活动，是在1910年10月至1914年。大谷探险队仍以橘瑞超为主，在吐鲁番发掘了古墓群，掠得古文书一批。他们再次考察楼兰后，又去了敦煌，掠得不少敦煌经卷，并对敦煌石窟进行了摄影和测量，取得了一批科学资料。

以上大谷光瑞组织的三次在我国新疆、甘肃等地的探险式"考古"，劫走古文书达7733件（汉文书4380件，回鹘文书973件，梵、藏、西夏、蒙古文书425件，汉文与古代少数民族文字合璧文书530件。此外，还有佉卢文、和阗文、焉耆文、龟兹文等文书、木简多件）。以及大量木简、壁画、雕像、丝织品和其他各种文物等（马曼丽《大谷探险队与吐鲁番敦煌文化》，《新疆大学学报》1983年第4期）。有关大谷探险队劫掠我国古代文化艺术珍品的详细情形，在《西域考古图谱》（上、下册，1915年）、《新西域记》（上、下册，1937年）、《二乐丛书》（四册）、《西域文化研究》（五卷六册，1958—1962年）等书中有所反映。

六 "千秋功过"，自有后人评说

自19世纪末，特别是20世纪初年，列强探险式的"考古"活动，使我国的西部地区的新疆、甘肃一带的古代"丝绸之路"上，特别是敦煌的文化艺术品遭到了浩劫。被掠走的大批精美文物和敦煌文书等稀世珍品，现分藏在世界各大博物馆、图书馆内。诸如英国伦敦大不列颠博物馆、大英博物馆，法国巴黎图书馆，俄国前列宁格勒爱米塔什博物馆，印度中亚博物馆，美国哈佛大学博物馆、波士顿博物馆，以及日本、韩国、北欧诸国的博物馆内。

在列强的探险式"考古"活动从中国西部地区满载而归,朝野上下弹冠相庆他们的巨大"收获"和陶醉于这些无与伦比的东方文化瑰宝的时候,还大言不惭地吹嘘,是他们把这些"早晚会散失的佛教文献以及美术遗物,救了出来以供西洋学者研究"(《斯坦因西域考古记》,第148页)云云。

这里我们不妨对列强探险式"考古"活动作一客观分析。

首先,列强在我国西部地区的探险式"考古"活动,是在腐败的清政府丧权辱国,广大中国人民无权的情况下进行的。列强国家自1840年用炮舰轰开中国的大门以后,清王朝与资本主义列强签订了一系列卖国条约,封建势力与资本主义列强狼狈为奸,加速了中国殖民地、半殖民地的进程。特别是清朝末年,帝国主义列强加紧了对中国的政治、经济、文化的侵略,妄图瓜分中国。而列强在我国西部地区的探险式"考古"活动,是他们在中国进行文化侵略的一个组成部分。他们是在不平等地位的情况下,藐视中国的主权,明火执杖地进行对中国古代文化珍品的掠夺;此外,列强在中国的"考古"掠夺,也是与中国封建统治阶级勾结在一起,并得到他们的支持与默认的。正如斯坦因所供称的,当时新疆有一位藩台潘大人,"在我的三次探险之中,无论远近,他都热心帮助我的工作。省当局曾有一次又想阻拦我,幸亏他帮忙才得打消"(同上书,第187页)。他在黑水发掘西夏遗址时,"余等以有肃州道台之友意相助,因亦克至此探险"(同上书,第245页)。

1970年11月14日联合国教科文组织通过的《关于采取措施禁止并防止文化财产非法进出口和所有权非法转让公约》指出:每个国家有责任保护其领土上的文化遗产免遭偷盗、违禁发掘和非法出口的危险;每个国家都必须尊重它本国的文化遗产,也尊重别国的文化遗产"。与此条约规定相对照,20世纪初列强在中国西部地区探险才"考古"活动的性质,不是昭然若揭了吗!

其次,列强国家探险式的"考古"活动,给我国和世界文化遗产造成了不可弥补的损失。已如前述,在19世纪末20世纪初,欧洲的考古学已进入了"成熟时期"。严肃的考古学者,已开始用器物类型学和器物组合探索考古学文化类型和复原古代遗址的历史面貌。而20世纪初来我国探险式"考古"的列强学者,却还用极为原始的西方考古学初期阶段的挖宝方法,对我国新疆、甘肃等地的古代居住遗址、寺庙废址和墓葬进行野蛮盗掘。他们"发现"的大批珍贵文物,是以大量古代遗址遭受严重破坏为代价的。他们或盗走遗物、文书,或剥取石窟佛寺的精美壁画,或斩刈佛头,使我国不少

第二章　后期（19世纪末至五四运动前）古器物学的形成

古代遗址和石窟满目疮痍、狼藉不堪，受到洗劫。就以敦煌石窟为例，在短短的几年之间，盗宝者把敦煌莫高窟的精华抢掠一空，留下的是斑斑伤痕，空白满墙。而四万多件珍贵遗书、数百幅唐宋绢画与画幅被劫往海外，散失在世界各地。此外，经过探险者的反复洗劫，也使不少文物本身遭到了严重的破坏，或惨遭"车裂"，一件完整的文物被肢解，分属不同的藏家。就以对研究中国古代史、中西交通史极有价值的著名《曹府君酒帐单》为例，这件稀世珍宝已破裂成几片，分藏于中国、英国、法国等处。使得这份五代时期记载中原、新疆、中亚等地过往客人及在曹府饮酒出行情况无法知其全貌。众所周知，文物是全人类精神文化的宝贵财富，是不可再生的古代人类智慧的结晶。一旦遭到破坏，可真是万劫难复，造成不可弥补的损失。我国新疆、甘肃等地古遗址上累累的盗坑、各石窟寺佛像的残肢断臂以及缺损盗余的不完整的壁画，将永远向后世子孙诉说它们的不幸遭遇。

其三，列强国家在我国进行的探险式"考古"活动，所使用的手段，也是极不正派的。我们上文曾叙述过斯坦因第二次来华探险式"考古"，为了达到劫掠敦煌石室珍贵书卷和艺术品的目的，使用了种种不光彩的手段。一是金钱利诱。当这一手段不能奏效时，就改换为第二种手法，即"骗"。斯坦因察知王道士不知千佛洞秘室所藏经卷的价值，以及他除了知道一点《西游记》中的玄奘以外，对佛教的知识全然无知，便诡称自己也崇拜玄奘，并沿玄奘取经之路而来，从而骗得王道士的信任，得以染指经卷。明明他为佛画的珍贵价值所激动，但却装做不以为然，以骗得王道士取出更多的这类艺术珍品。第三种手法是"盗窃"。当王道士"忽然悔惧交集，于昨夜将石室所余宝物一切锁闭，跑到沙漠田"去以后，斯坦因等把那些"选出留待仔细研究"的东西，"已经大部分安然运到我的临时仓库了"（《斯坦因西域考古记》，第147页）。

诚然，斯坦因也曾"用施给庙宇作为修缮之需的形式，捐一笔款给道士作为酬劳"，确实花了一些钱。因此他可以大言不惭地说，"到最后他（按：指王道士）得到很多马蹄银，在他忠厚的良心及所爱的寺院的利益上，都觉得十分满足，这也足见出我们之公平交易了"（同上书，第148页）。但是，敦煌秘室的四万多件经卷和精美佛画，是人类文明宝库中的无价珍品，只花了些许马蹄银就轻易到手，这哪里有一丝一毫的"公平交易"可言呢？

其四，列强探险式的"考古"活动，破坏了考古资料的完整性和科学性，给科学研究工作造成了巨大损失。科学的考古发掘工作，能给研究工作积累全面的研究资料。不仅珍贵文物本身成为考古学研究的重要对象，而且文物出土层位、与其共出的其他遗物以及周围的环境等等的科学记录，都是进行综合研究时所不可缺少的资料。列强探险式的"考古"活动，不仅使遗址遭到破坏，而且许多被劫掠的文化遗物与它们周围环境相脱离，这就使它们的学术价值大为减弱。充其量，成为供人把玩的"艺术品"而已。遭到破坏的遗址，资料残缺不全。而被掠走的文物，又分散世界各地。因此，由于缺乏系统而完整的考古资料，所以进行研究十分困难，因而使科学事业蒙受巨大损失。敦煌文物研究之所以成为"敦煌学"，诚如学术界所公认的是包括了五万件文书和大量雕塑、壁画等文物两个方面内容的全面综合研究。由于列强的劫掠，虽然壁画、雕塑不少被盗往国外，但主体部分——敦煌石窟却是他们想搬也搬不走的。可五万多件文书，却散布世界各国，这就使敦煌学研究资料的整体性受到了很大局限，给综合研究造成了极大困难。此外，敦煌秘室的文书发现已100多年了，但至今连一个供学者们参考的完整目录也没有。而分藏在世界各国博物馆、图书馆的珍贵敦煌文书，不少被束之高阁，秘不示人，堆在仓库里继续"蒙尘"，这给敦煌学研究材料的搜集造成了极大的困难。

因此我们说，20世纪初期列强国家在我国西部地区的探险式"考古"活动，是对中国古代文化遗产的破坏和掠夺，是人类艺术文化珍品所经历的一场空前浩劫。但也不可否认，斯坦因等列强学者探险式"考古"活动，对劫掠的中国古代文物也进行了一定的研究并取得某些成绩。但这些成绩的取得，是以中国文化事业蒙受巨大损失为代价的。国学大师陈寅恪教授曾痛心疾首地说过："敦煌者，吾国学术之伤心史也"（参阅肖黎、马宝珠《敦煌石窟文物的产权、研究与保护》，《光明日报》1992年4月8日）。

第二节　西方考古学思想的传入和我国近代新史料的几次重大发现

一　西方近代考古学思想传入中国

首先，是史学研究与考古发掘材料有着密切关系的西方考古学思想，被介绍给中国学术界。著名学者章太炎在1900年《中国通史略例》中说，"今日治史，不专赖域中典籍，凡皇古异闻，种界实迹，见于洪积石层，足以补旧史所不逮者"（章太炎《訄书》第五十九，《哀清史》附），都是历史研究

第二章 后期（19世纪末至五四运动前）古器物学的形成

的重要资料。他在1902年8月8日《致吴君遂书》中说到撰述历史著作时，明确指出考古材料的重要性。"上古草昧，中古帝王之行事，存于传记者已寡，惟文字语言留其痕迹，此与地中僵石为无形之二种大史。"（《章太炎政论选集》，第172页）其后，1905年黄节也曾谈到"近世西方科学发明，种界实迹，往往发现于洪积石层者，足补旧史所不逮"（黄节《黄史·总序》，《国粹学报》1905年第1期），考古材料是文献材料的补充。

1902年，《译书汇编》发表了署名衮甫的根据当时日本史学界最新成果编译而成的《史学概论》一文，学者评价此文"是中国近代虽极简略但是比较系统的介绍西方资产阶级史学研究法的第一篇译作"（参阅俞旦初《二十世纪初年西方近代考古学思想在中国的介绍和影响》，《文物与考古》1983年第4期。此文是迄今为止唯一的介绍西方近代考古学思想在20世纪初年传入中国的论文，所收集材料极为详备，为研究近代考古学史者所重视。本节所引用西方考古思想传入中国的有关译文，系转引自该文）。该文介绍了日本"所采皆最近史学的之界说，与本邦从来之习惯，大异其趣。聊绍介于吾同嗜者，以为他日新史学之先河焉"。文中强调了考古学等学科"与史学有肺腑之戚，而相与维系，相与会通"的不可分割关系。学者指出，他在这里，"把考古学作为史学的辅助学科之一，这在我国近代学术史上还是第一次提到"（同上）。

关于考古材料在史学研究中的重要性，1903年南洋公学译书院刊出的英国巴克尔著《英国文明史》一书的译文中说得较为明确，"欲扩人知古之识，必先读史。吾欧洲之所谓良史，盖无乎不包矣。如发故城之址，而得古钱，则摹其款识之文，字母之式，象形之篆，斯亦考证之资也。至若久湮之言语，必董理而详次之。盖人语迭变，本有定例以准之。今人之所得者，已有数端。古昔人民播迁之迹，年代虽极湮远者，言语家亦可藉是例以详考之"。

其次，西方考古学所取得的重要成果，也逐步被介绍给中国学术界，从而使中国学者认识和了解了西方考古学的成就。梁启超的《中国史叙论》说，"1847年以来，欧洲考古学会，专派人发掘地中遗物，于是有史以前之古物学，遂成为一学派。近所订定而公认者，有所谓史前三期：其一石刀期，其二铜刀期，其三铁刀期，而石刀期又分为新旧二期，此进化之一定阶级也。虽其各期之长短久暂，诸地不同，然其次第则一定也"。梁启超认为这是"物质上之公例，无论何地，皆不可逃者也"，并以"三期说"来认识中国古代社会。"据此种学者所称旧新两石刀期，其所经年代，最为绵远。其时无家畜、无陶器、无农产业。中国当黄帝以前，神农已作耒耜，蚩尤已为弓矢，其已经过石器时代，交入铜器时代之证据甚多。然则人类之起，邈哉邈乎，远在洪水时代以前，有断然也。"1907年2月《学报》（第1号，《历史》）发表了吴渊民编译的《史学通义》中，也介绍了欧洲考古学"三期说"的创立，指出"丹麦地质学者法鲁柯翰麦尔、动物学者斯丁士卢布、考古学者威尔沙鲁，受北方考古学会嘱托，研究发掘出之遗迹"。"于是学者因人类使用之器具，及其器具之性质，察其智识及开化之程度，别有史以前为'三时代'。"而石器时代的旧石器和新石器两个时期，"为英国学者波苟氏所分，而世界各国学者所采用之者"。并对"三期说"作了进一步的分析，"所以分定此三时代之论据，虽有多端，然其最大者，则因丹麦大泥泽中之一事。泥泽中凡为三层，其最上层有铁器，次层有青铜器，最下层则为纯石器。瑞士某湖中亦有此同一之事"。"人类进化先后之秩序，各国皆同。惟各国进化之年代，不必尽同。如意大利之青铜时代，其他欧洲各地，则犹在石器时代，而希腊则已达铁器时代。观荷马诗中所言，知希腊进于铁器时代之时，在纪元前第十世纪以前。纪元后第十五世纪时，西班牙人发现加纳黎岛，其岛人犹在石器时代。"如此等等，欧洲考古学的重大成果，即"三期说"开始被中国学术界所了解。

国外考古的最新收获，诸如1901年法国学者在苏撒发现的《汉谟拉比法典》，也于1903年《新民丛报》（5月第33期及6月第34期《历史》专栏）上刊出的观云《世界最古之法典》一文予以介绍，认为此法典"为历史研究之要品"，是"世界最古之法律"。

其三，有关西方考古学的研究对象、手段和目的也逐渐介绍给中国学术界，从而使中国学者对西方近代考古学的理论也有了一定的认识和了解。《史学概论》谓，"一般所谓考古学者，常分为书契以前与书契以后之两部。自人类学者言之，则书契以前之一部为最重，而自史家之眼观之，则书契以前尚为无史之时代，以关系较少，无待探求，从而史学上所谓考古学者，其意味必为书契以后之考古学"。即考古学应包括无文字记载的"史前考古学"，也包括有文字记载以后的"历史考古学"两部分内容。指出了"通俗所谓考古者，颇误以为有骨董学之专门"。即把"古董学"——古器物学做为近代考古学是不正确的。《世界最古之法典》一文，则进一步指出了当时中国的所谓"考古"，与西方的近代考古之不同。"今西洋学者，非独发明

第二章 后期（19世纪末至五四运动前）古器物学的形成

新学理也，然皆从事迹实验得来。与我国学者，从纸片上打官司，盖有异矣。我国人以考古自尊，容讵知考古之事亦不能不用新法，而后可谓之真考古学。"

《史学概论》谈到考古学的研究对象，"自土木工事之类，若建筑、若道路、若桥梁，迄于器用、兵械、装饰品，及仪仗、礼式之变迁，皆属考古学之范围。即精密言之，又得分为古土木学、古器学，及掌故学"等，是很广泛的。但是，这些资料还需要与文献资料相结合，进行综合研究。《史学概论》指出："遗物者，虽为考古要件，然而不免断片散逸，或可谓偶而发见者。故三种之资料（按：指"遗物"、"纪念物"、"记录"），不得偏重其一。"

考古学是历史学的一个分支学科，归根结底，考古学研究是为历史学研究服务的。《史学概论》说考古学的目的"在研究古物，由其时代，而调查其制作意匠样手法之变迁，即何时之社会，先有何物，及其次之时代，变为何风，如是网罗证明之，以备史学之参考"。1903年4月《湖北学生界》（第3期《历史》）发表的刘成禺的《历史广义内篇》，也谈到"人类使用器具，与器具性质，考古学者用察其知识与开化之程度，当欧洲大旱，瑞士湖水，涸落湖心，杙工发现，殆二百余具，备灶、石、木、炭、斧钩之属。察其家屋，四面环水，则知古代有水居之民族。古代埃及壁间，多画人与熊、象、鹿群争食之像，则知古代有咬嚼之民族。故夫牙角型样之器，火神灵刀之术，流连景物，想象前代，原始人类，可历历而征也"。如此等等，通过考古学研究，恢复古代社会的历史面貌。

通过上面的叙述，我们可以看到，在20世纪初年的"新史学"思潮中，西方近代考古学思想也被介绍给中国学术界。虽然当时对西方考古学的认识还很肤浅，但使中国学者对史学与考古学的密切关系，以及西方考古学所取得的重要成果、考古学的研究范围和研究目的等方面有所了解，从而对这门全新的科学有了一定的知识，开扩了眼界。因此，西方考古思想在中国的流传，对中国传统史学思想和金石学研究，无疑是一次猛烈冲击。

二 我国近代几次新史料的重大发现

19世纪末至20世纪的最初十年间，我国近代学术史上出现了奇迹，这就是大批珍贵史料的几次发现。其中主要有殷商时期的甲骨文、汉晋时代的木简牍、敦煌经卷和佛画等。此外，就是内阁大库的明、清档案和图书等。

应该说，上述大批珍贵史料，对我国古代社会的政治、经济、文化历史的研究，特别是对"书缺有间"和"文献不足"的殷商历史的研究，是弥足珍贵的。但是，这些古代文化珍品长期以来深埋地下，或扃锁秘室，或视同废物垃圾。真是踏破铁鞋无觅处，得来全不费工夫。上述大批珍贵史料，在20世纪初的某一个早晨便被发现了。有的是我国学者偶然发现的，诸如殷墟甲骨文、内阁大库档案是；有的是列强探险式"考古"活动所发现，诸如汉晋木简、敦煌经卷和佛画等。这些新资料的发现，给我国传统史学和金石学注入了新的活力。我们在这里，把这一时期几次新史料的重大发现作一扼要介绍。

第一，殷墟甲骨文的发现。

殷墟甲骨文，是商朝晚期（公元前14至前11世纪）的占卜记事文字。甲，是龟甲。骨，是兽骨（主要以牛肩胛骨为大宗）。殷人信鬼，非常迷信，殷王几乎每事必卜，每天必卜，以决定自己的政事和日常行止。占卜之后，将所问之事刻（或写）在龟甲、兽骨之上，这就是我们今天所说的"甲骨文"。商朝灭亡，"失国蓺卜"，甲骨文深藏于地下。由于典籍失载，所以商朝曾经使用甲骨文之事，再也不为世人所知。直到1899年这些被埋没了3000年之久的"字字珠玑"，被著名金石学家王懿荣发现和购藏以后（关于甲骨文的发现年代和它的第一个发现者，学术界有不同看法。见王宇信《甲骨学通论》，第二章"甲骨文的发现年代和发现者"），才又在殷商文化研究中重放异彩，成为人类文明宝库中熠熠闪光的明珠。

殷墟甲骨文在1899年发现以前，已经经历了它的"埋藏时期"、"破坏时期"、"药材时期"等漫长的岁月。直到它在19世纪末被发现以后，才进入了供人欣赏摩挲的"古董时期"（参阅胡厚宣《五十年甲骨学论著目·序》，中华书局1952年版）。所谓"埋藏时期"，是指"远在三千四百年以前，自从殷代的人贞卜完了把甲骨埋在地下以后，大约经过了一个很长的时期，没有人动过它"（同上）。商王朝在公元前11世纪初，被崛起于西方的周王国所灭亡，矗立在今河南安阳小屯村一带的宫殿、宗庙被付之一炬，昔日繁华的都城，变成了一片废墟。做为商王朝官方占卜记事文字的甲骨文，也被深深地埋在"地下档案库"中，"原封不动"地保存了近千年。这就是甲骨文的"埋藏时期"。

所谓甲骨文的"破坏时期"，应自战国、秦汉一直延续到清末，有近一千六七百年的岁月。战国时期，各国统治阶级提倡厚葬。《吕氏春秋·孟冬

第二章 后期（19世纪末至五四运动前）古器物学的形成

纪·节丧》说，"国弥大，家弥富，葬弥厚"。但是，"自古及今，未有不亡之国也。无不亡之国者，是无不拍之墓也"（《吕氏春秋·孟冬纪·安死》）。在战国时期盗墓之风盛行的情况下，安阳殷墟的地下埋藏自然也不能幸免，甲骨当也会随土挖出。汉代以后，"郡国亦往往于山川得鼎彝"（《说文解字·序》），各地不断有铜器出土。安阳殷墟一带被挖出一些甲骨文来，也是不无可能的。而宋代，小屯殷墟一带常有铜器出土。在出土铜器的时候，自然会有甲骨文等其他古物伴出。隋唐时期，安阳殷墟小屯村一带成了墓地，村中和村北就发现了隋唐墓葬20余处之多。而就是这一地带，恰为甲骨文埋藏较为集中的地区。"既然曾把这里当作广大的墓地，为了埋葬，经常不断地向下挖掘，甲骨文遍地都是，又安有不被发现之理？"（胡厚宣《殷墟发掘》，学习生活出版社1955年版，第8页）明朝中叶以后，殷墟小屯村一带开始有人居住。在立村、建房的过程中，也会挖出不少甲骨文来。在漫长的岁月里，刻有甲骨文的这些枯龟败骨，当会时有出土。只不过"因为没有人认识，随着就又把它们毁弃了。这样又经过了一个很长的时期，不知毁掉了多少宝贵史料。所以我们称之为'破坏时期'"（胡厚宣《五十年甲骨学论著目·序》）。

所谓的甲骨文"药材时期"，指"1899年以前的四五十年，甲骨被做为龙骨成批卖给北京或安国的药材商；或磨成细粉，零星在庙会上做为'刀尖药'出售"的时期。"药材时期"，实际是甲骨文"破坏时期"的延续。这一时期，甲骨文的"药用"价值被发现，从而甲骨文由任其自然毁弃，成了"废物利用"的入药"龙骨"。而中药的"龙骨"，是一种古脊椎动物的化石。龙骨入药，可以医治小儿、妇科的诸种疾病和男子虚弱等症。而研成粉末，又可化腐生肌，用于医治创伤，俗称"刀尖药"。自甲骨文的"药用"价值被发现后，便被人们做为"龙骨"入药煎服，真是一剂剂、一锅锅，不知被人们"吃"掉了多少。因此，"药材时期"实际上是前一阶段"破坏时期"的延续。因为在一般的"破坏时期"，人们只不过是在挖掘铜器、建造房屋、营修墓葬时，于无意之中翻出甲骨，因而视其如土芥，弃之不顾，其破坏毕竟是有限的。而到了"药材时期"，人们则是有目的的去搜掘"龙骨"卖钱。因此，其挖掘规模之大，毁坏甲骨文之多，要远远地超过了前两个时期（参阅王宇信《甲骨学通论》，第70页）。

殷墟甲骨文所遭受的种种自然和人为的破坏，直到1899年著名学者王懿荣第一个发现和购藏殷墟甲骨文以后，才算基本结束。自此以后，进入了殷墟甲骨文的"古董时期"。

著名金石学家王懿荣，是我国最早鉴定和购藏殷墟甲骨文的学者。他的儿子王汉章记述说："回忆光绪己亥庚子间（1899—1900）……估（按：指古董商）取骨之稍大者，则文字行列整齐，非篆非籀，携归京师，为先公（按：即王懿荣）述之。先公索阅，细为考订。至其文字，则确在篆籀之间。乃畀以重金，嘱令悉数购归。"（王汉章《古董录》，《河北博物院画报》第50期，1933年）这就是王懿荣第一次发现和购藏殷墟甲骨文的经过。第一部甲骨著录书的作者刘鹗，在1903年出版的《铁云藏龟》一书"自序"中说，"龟版己亥岁（1899）出土在河南汤阴县属之古牖里城（按：实应安阳小屯村）"。即1899年殷墟甲骨文始被人们发现。另一位著名甲骨学家罗振玉，也在他为《铁云藏龟》一书所作的《序》中说："至光绪己亥而古龟古骨乃出焉。"对此，另一位甲骨学家王襄在他1925年出版的《簠室殷契征文》的"序"中也无异词，云"自清光绪己亥（1899）下迄民国纪元，此十四年所出甲骨颇有所获"（按：王襄在晚年，忽又将甲骨发现年代提前到1898年。关于他早、晚年所持不同看法的可靠性，王宇信在《殷都学刊》1984年第4期发表的《关于殷墟甲骨文的发现》一文，进行了详尽的考辨，还应以早年所持的1899发现甲骨文的说法为准确）。因此，甲骨文发现于1899年是不容置疑的。

清朝末年，河南安阳小屯村一带，不断有古代文物出。不少古董商前往收购古物，并往来兜售于京津达官贵人之家，以求牟取厚利。古董商范某，1899年秋把第一批12版甲骨售与王懿荣，每版银价二两（陈梦家《殷墟卜辞综述》，第647页，科学出版社1956年版）。罗振玉1910年在《殷商贞卜文字考》《自序》中也曾谈到此事，说"光绪己亥，予闻河南之汤阴发现古龟甲兽骨，其上皆有刻辞，为福山王文敏公（按：即王懿荣）所得，恨不得滤见也"。其后，古董商范某于1900年春又售八百多片甲骨于王懿荣，另一古董商赵某也送来几百片。《铁云藏龟》《自序》记范某事时说，"庚子（1900）岁有范姓客挟百余片走京师，福山王文敏公懿荣见之狂喜，以厚价留"。记赵某事时说，"复有潍县赵君执斋得数百片，亦售归王氏"。总之，王懿荣第一个鉴定并购藏甲骨，至1900年他殉国以前，三次共收得甲骨一千四五百片左右。

王懿荣1899年发现和购藏甲骨文，揭开了我国近代甲骨文这一新史料大发现的序幕，在我国近代学术史上是有着重大意义的，这就是：

第二章 后期（19世纪末至五四运动前）古器物学的形成

首先，在我国古代典籍中，有关商王朝的记载较少。《尚书·盘庚》等篇虽叙事稍详，但只记迁殷一节。其他有关先秦文献，叙商事则语焉不详。《史记·殷本记》叙商史较为详备，但时代偏晚。因此，学识渊博的孔夫子在2700多年前研究商史时，深感文献不足的困难，慨叹"殷礼吾能言之，宋不足征也"。而王懿荣发现了殷墟甲骨文，就使商史研究增加了大批第一手资料。甲骨文材料与考古材料补充了史料的不足，从而开辟了殷商史研究的新局面。

其次，正是由于王懿荣第一个发现和购藏甲骨文，才使我国这一古代文化珍品免遭继续毁灭的厄运。从此，"龙骨"身价倍增，变成了金石学家秘不示人的"古董"。随着1903年第一部甲骨著录书《铁云藏龟》的出版，甲骨文走出学者的书斋，在学术界广泛流传，由"古董"变为可供研究的"文字"史料。自王懿荣第一个开始购藏甲骨文起，直到1928年殷墟科学发掘甲骨文以前，刘鹗、王襄、罗振玉等人先后搜购大批甲骨文，其情况是：

  王懿荣所得约　1500片

  孟定生、王襄所得　约4500片

  刘鹗所得　约5000片

  罗振玉所得　约30000片

  其他各家所得　约3000片

与此同时，欧美和日本等国的学者，也对甲骨文发生了兴趣。他们利用我国当时处在殖民地和半殖民地的状况，通过各种手段，也大量搜求甲骨文。早自1903年起，美国人方法敛等开始搜求，其后有英国人、德国人和加拿大、日本人竞相染指。他们收集甲骨的情形是：

  库、方二氏所得　约5000片

  明义士所得　约35000片

  日本人所得　约15000片（胡厚宣《殷墟发掘》，第36页）

以上中、外学者所搜集的甲骨文共约十万片。

其三，由于殷墟甲骨文的发现和资料的积累，学者们得以对这一典籍失载的古代文化珍品进行研究。在甲骨文发现的第一个十年当中，即至1911年清王朝被推翻以前，甲骨文研究经历了它研究道路上的"古董时期"、"文字时期"，究明了它的时代和出土地，使甲骨学成为金石学的一个分支学科，为甲骨学研究的"草创时期"奠定了基础。

因此，1899年王懿荣首先发现并购藏殷墟甲骨文，是我国近代学术史上的大事。这就使甲骨文免遭继续毁灭，并为以后的大批发现和搜集开了先河，从而为甲骨学的形成奠定了基础。

第二，敦煌写经和佛画的发现。

有关敦煌写经和佛画的发现经过和列强探险式"考古"活动对它的劫夺，我们已在前面作过详细介绍。"鸣沙之藏，则石室甫开，缥缈已散。我国人士，初且未知"（罗振玉《鸣沙石室佚书》，1928年，东方学会影印）。这里所要谈的是，我国敦煌秘室古代文化珍品的惨遭盗劫和它们无与伦比的学术价值，直到它们发现（1901）以后的第八年（1909），才为中国学术界所知。

如果说，英国人斯坦因、德国人勒柯克以及日本大谷等列强探险式"考古"学者劫掠敦煌秘室古代文化珍品，还自知理亏，相约"不能更让人知道"，千方百计地封锁消息的话；那么法国人伯希和则是有恃而无恐，曾公然于北京六国饭店展示他的"掠获品"（顾颉刚《当代中国史学》，第75页）。正如斯坦因所说"当1909年，这位学者回到巴黎路过北京的时候，他带去许多重要中文写本的消息，传入当时京城中国学者的耳中"（《斯坦因西域考古记》，第148页）。著名学者罗振玉追述当时的情形说，"宣统纪岁（1909），遘伯希和博士于京师，观其行箧所携敦煌古壁画影本，多至数百。时以留心古卷轴，未遑遍观，仅影写一二而已"（罗振玉《高昌壁画精华》序，1916年）。又说，"宣统改元（1909），伯希和君始为予具言之。既，就观目录，复示以行箧所携"，从而使罗振玉这位著名学者"一时惊喜欲狂，如在梦寐"（罗振玉《鸣沙石室佚书》1913年寓日本之大云书库序，1928年，东方学会影印）。琳琅满目的祖国文化艺术珍品，强烈地震撼了这位学者的心灵。

自此以后，中国学者开始了抢救敦煌古代文化艺术珍品的工作。首先，就是搜集和积累已被劫走原件的大批文物的复制品和内容资料。诸如罗振玉见到伯希和掠走的原件以后，"亟求写影，遽承许诺。后先三载，次第邮致，则斯编所载是也"，出版了《鸣沙石室佚书》，将唐写本《隶古定尚书》、《春秋穀梁传解释》、《论语郑氏注》、《春秋后国语》、《晋记》、《阃外春秋》、《水部式》、《诸道山河地名要略》、《残地志》、《沙州图经》、《西州图经》、《太公家教》、《星占》、《修文殿御览》、《兔园册府》、《唐人选唐诗》等一批重要文献收入。这些文献，或散佚在法、英等国，或藏于日本，也有一部分是在国内收集到的"劫后之余"，都堪为上品。而"兹编所列，千不

第二章 后期（19世纪末至五四运动前）古器物学的形成

逯一"（同上），不及劫走四万卷的九牛之一毛；对列强劫走的珍贵佛教艺术品，学者们也千方百计加以搜集和积累。甚至罗振玉在亡命日本时，仍在留意被大谷光瑞等人劫走的文物。"比至海东，又于大谷氏兵库别邸，见所陈列之画壁数十，皆劗削由西陲载归。间有施之缣素者，亦遍观焉。"而他见到德国人勒柯克把劫走的数十幅壁画在《高昌访古志》一书中发表后，"予乃选尤精者20帧，影印以飨我国士夫，并将大谷氏所得二缣画附焉"，这就是罗振玉编选的《高昌壁画精华》一书于1916年出版。其中大谷氏劫走的"缣素中之仕女，背有开元户籍，则在开元以前可知也"。而德国人勒柯克氏所藏，"殆在麹氏有国时。高昌佛法，麹氏时最盛。又以书迹观之，亦当在李唐以前"（罗振玉《高昌壁画精华》序）。

其次，为抢救列强"劫后之余"的敦煌文物奔走呼号。"往者伯君（按：即伯希和）告予：石室卷轴取携之余，尚有存者"。当罗振玉得知敦煌石室还有一部分残卷以后，便"亟言之学部"，呼吁将所剩敦煌残卷全部运往北京。但"移牍甘陇，乃当道惜金，濡滞未决"，封建官僚对这些珍贵文物根本不重视，致使经费困难。后经罗振玉反复协商与努力，"与议购存大学。既有成说，学部争之。比既运京，复经盗窃。然其所存，尚六七千卷，归诸京师图书馆"。就在这批本已残缺不完的文物运京过程中，"后经盗窃"，又进一步遭到了人为的破坏，以致"遗书窃取，颇流都市。然或行篋字析以易升斗，其佳者或挟持以要高价，或藏匿不以示人"（罗振玉《鸣沙石室佚书》序）。斯坦因1914年第二次去敦煌时，也听到一些敦煌残卷运往京师时的情况。他记述当时的情形时说，"整个所藏的写本草草包捆，用大车装运。大车停放在敦煌衙门的时候，被人偷去的就有不少"。"一整捆的唐代佛经卷子，在1914年即曾有人拿来向我兜售过。我到甘州去的途中以及在新疆的沿途便收到不少从石室散出的卷子。"除了零星散失外，王道士还将一批"他所视为特别有价值的中文写本另外藏在一所安全的地方，这一定还有不少"。斯坦因第二次去敦煌，就又劫走了"五大箱，有六百多卷佛经"（《斯坦因西域考古记》，第149页）。此外，王道士还将一部分经卷"藏在两个转经筒，中及新塑佛像内。前者今已无存，大部分均落在当地士绅手中；后者最近被敦煌艺术研究所曾发现一部分，其编为68号"。经历反复劫难，终于运到北京的这批敦煌经卷，后由陈垣先生加以整理，编为《敦煌劫余录》六册，共得8679号。胡鸣盛先生又对未登记的残叶进行了整理，又编为1192号。总计两项共为9871号（顾颉刚《中国当代史学》，第75

页），约占敦煌秘室全部所藏古佚书的五分之一。这些历经磨难，留在国内的珍贵敦煌文献，为我国敦煌学的研究奠定了基础。

其三，向国人介绍敦煌经卷和佛教艺术品散佚的情况和国外关于这些文物的研究成果，促进了中国本土上敦煌学的形成。我国不少有远见卓识的学者，不仅时刻注意搜集散失国外的敦煌文物材料和努力保护国内存留部分不复损失，而且还注意国外学者对敦煌经卷和佛教艺术品的研究情况及其最新成果，以及把他们劫走的我国文化珍品的情况介绍给国人。罗振玉追述说，"冬十月东友藤田学士（丰八）邮寄英伦地质学协会杂志中载匈牙利人斯坦因氏（按：斯后人英国籍）游历中亚细亚演说，记敦煌得书事，并考西陲水道，叙述至详。已而沈君昕伯（紘）复自巴黎译寄伯希和氏演说，又于《史学杂志》中见德人第二次游历土耳其斯坦报，爰今译为《流沙访古记》，而以日本白鸟库吉氏游满洲记事及法人刺古斯德氏游蒙古演说，为《满蒙访古记》附焉"（罗振玉《流沙访古记》序），编成了《流沙访古记》一书；于1909年刊行。此书收入王国维译斯坦因《中亚细亚探险谈》、樊炳清译《斯坦因氏探险报告》（原载日本《史学杂志》第9号）、《德人第二次游历土耳其斯坦报》等，以及《日本白鸟博士游北满纪事》、《刺古斯德氏演说》等。列强国家在我国西部地区探险式的"考古"活动，特别是英、法、德等列强国家"考古"学者的主要活动及其收获，基本反映在上述译述之中。这就使我国学术界有更多的人认识和了解了列强劫掠我国古代文化遗产的经过及其严重性，并进一步认识这批文物的重大学术价值，从而使他们奋起，投身到这批文物的研究工作中去，为我国敦煌学的形成作好了舆论准备。

三 汉晋简牍的大量出土

在我国近代于古"丝绸之路"一线发现大批简牍以前，在历史上也曾有几次简书出土。早在西晋武帝太康二年（281）时，不准在汲郡盗掘魏王墓葬时，曾发现了竹简有数十车之多。晋代著名学者荀勖、和峤等人对汲冢所出竹简进行了整理，发现古书多种。其中有战国时魏国史书，因其按年编排，被称为《纪年》。《纪年》13篇都写在竹简之上，因此人们称之为《竹书纪年》。又因其出土于汲郡的墓葬之内，又称之为《汲冢纪年》。由于战乱频仍，不仅原简已不复存在，就连荀勖等人整理出的释文本《竹书纪年》也逐渐失传。南宋时出现了一部《竹书纪年》，经学者考订，为伪托本，便称此本为"今本《竹书纪年》"。清代学者朱右曾将散见于南北朝至北宋时

第二章　后期（19世纪末至五四运动前）古器物学的形成

期一些古书中，或古书注释中所引用的《竹书纪年》片断，辑为《汲冢纪年存真》一书。王国维又在此书基础上，完成了《古本竹书纪年辑校》一书。因此，人们便将辑本称为"古本《竹书纪年》"（李民等《古本竹书纪年译注》序言，中州古籍出版社1990年版）；另一次是宋代徽宗时，于陕右发现汉简二支，在靖康之变时，被金人索去。此外，还有记载说有人曾在嵩山下得到一支两行蝌蚪文的竹简，司空张华请教了著名学者束皙，才得知其为"明帝显节陵中策文"（王国维《最近二三十年中中国新发现之学问》，《学术》第45期）。以上几次出土简书，以战国时汲郡所出为最多，惜原简早已不存于世。

直到清朝末年，即在20世纪初，随着列强在我国新疆、甘肃等地探险式"考古"活动的展开，敦煌塞上及"西域"各地屡有简牍出土，简牍学研究才又逐渐兴起。关于英国人、法国人、德国人、俄国人和日本人掠得汉晋简牍的情形，我们已在前面随文介绍过。为了给读者一个较为全面的认识，我们在这里不妨把王国维《最近二三十年中中国新发现之学问》中的有关简牍发现情况引述如下：

> 当光绪中叶（千九百至九百零一年）英印度政府所派遣之匈牙利人斯坦因博士访古于我和阗，于尼雅下流废址，得魏晋间人所书木简数十枚。嗣于光绪季年（千九百零六年至千九百零八年），先后于罗布淖尔东北故城，得晋人木简百余枚。于敦煌汉长城故址，得两汉人所书木简数百枚（原物均归英国博物馆收藏），皆经法人沙畹教授考释。其第一次所得，印于斯氏《和阗故迹》中。第二次所得，别为专书，于癸丑甲寅（民国二三年）间出版，此项木简中有古书（《仓颉篇》、《急就篇》等）、历日方书，而其大半皆屯戍簿录（又有公文案卷信札等），于史地二学关系极大。癸丑冬日（民国二年），沙畹教授寄其校订未印成之本于罗叔言参事。罗氏与余重加考订，并斯氏在和阗所得者，景印行世，所谓《流沙坠简》（民国三年四月出版）是也……此外，俄人希亭亦有所得。又，日人大谷光瑞所得有《西域图谱》一书。然其中木简，只吐鲁番之二三枚耳。

汉晋简牍的大批出土，为简牍学的研究积累了丰富资料。自此以后，我国不少学者致力于此学并取得了不少成绩，为简牍学在我国的形成奠定了基础。

其后，30年代又在汉代居延故塞发现了成批汉简，我国的简牍学研究逐渐形成高潮。特别是近年来，我国考古发掘工作不断有楚简、秦简、汉简出土，简牍学研究已蔚为大国，成为一门较为活跃的成熟学科。

四 内阁大库明清档案史料和藏书的发现

明清内阁大库档案，本属文献学范畴。但这些前代传下来的文献材料，不仅具有史料价值，而在一定意义上说，明清旧档本身也是一种珍贵的文物。因此，我们在介绍19世纪末20世纪初我国新史料的发现时，不妨将它与殷墟甲骨文、敦煌经卷和佛画、汉晋简牍等一并加以叙述。不过，由于这些档案"文物"的特殊性，它们发现以后，和上述三种与考古学联系更为密切的史料相揖别，而成为明清史研究的重要文献资料。

清朝的所谓"内阁"，是沿袭明朝的内阁设置而来，虽然内容稍有变化，但仍"掌议天下之政"。大学士"为百僚之长"，是内阁的首领，又兼任各部尚书或管理某部部务。皇帝颁发的制、诏、诰、敕，都由内阁草拟颁发。而下属臣僚向皇帝所进题奏表笺，也经内阁承阅票签，然后奉旨转发六科或部院传抄执行。因此，清初内阁是协助皇帝办理军国大事的政府最高机构。但到了雍正时期，另建"军机处"。大学士只有在充当军机大臣时，才能参与政事。自此以后，内阁形同虚设，一切大权都集中到军机处。直到清朝覆亡，这一制度一直沿续未改（《中国政治制度史》，天津人民出版社1991年12月版，第867—868页）。

由于清朝内阁的权力为军机处所取代，所以内阁所存明、清以来旧档不复为人所重视。内阁旧档积案盈楼，分存礼、乐、射、御、书、数等六库之中。前四库主要为档案，包括明朝档案、清朝档案，以及清入关前盛京旧档等。内容主要是"历朝政府所奉之朱谕、臣工缴进之敕谕、批折、黄本、题本、奏本、外藩国之表章、历科殿试之大卷"等。而书、数二库所藏为典籍，"多为明文渊阁之遗"（王国维《最近二三十年中中国新发现之学问》）。

内阁大库旧址在现故宫内旧内阁衙门的东边，"临东华门内通路"，一直为"典籍厅"管理。到了清末宣统元年（1909）时，因内阁大库房屋年久圮坏，需要大加修理，遂将这些档案"暂移文华殿之两庑"保存。因旧档太多，"然露积库垣内尚半"（同上）。对如此之多的珍贵明清史料，昏聩无知的清官僚曾议决付之一炬。据记载说：

第二章　后期（19世纪末至五四运动前）古器物学的形成

宣统初元，摄政王监国，令内阁大库检国初摄政典礼档案。阁臣检之不得，乃奏请焚毁库中无用旧档。（转引自张舜徽《中国史论文集》，湖北人民出版社1957年版，第155页）

罗振玉其时为学部参事，被派接收这些旧档。但经过罗振玉一番认真的检视之后，他发现这些档案的史料价值。他连忙找到主管学部事务的张之洞，商议保护这些档案免遭焚毁之事。后由张之洞奏请清帝，以大库中所藏的图书，设京师图书馆（按：即今北京图书馆前身）。将大库内的明清档案存放于国子监南学。而试卷等则存放于学部大堂之后楼。1912年以后，保存在学部和国子监南学的档案、试卷，交给设在午门之上的历史博物馆保存。但因该馆无处存放，只得随便堆放在端门的门洞之内。后来，历史博物馆把明清旧档中的3/4（装约9000麻袋，共15万斤之多），以4000元的价钱卖给了故纸商，将其做为造"还魂纸"的原料。罗振玉知道此事之后，着急万分，为了抢救和保存这批珍贵史料，他不惜"称贷"筹银，用"三倍其价"，即花了12000元，又把这9000麻袋明清旧档从故纸商手中买回，移存在彰义门的善果寺内。后来，罗振玉寓居天津，又将一部分（近一少半）档案材料存放天津。罗振玉整理了其中的1/10，汇为《史料丛刊》十册。他在《史料丛刊》序中说出了整理这批明清档案的困难和其中之甘苦：

检理之事，以近数月为比例，约十年当可竟。顾检查须旷宅，就理者须部署庋置，均非建专馆不可。

私意此事竟非一二人之力而能及，而又何能执途人而语之……

由于罗氏所收蓄明清档案数量太多，进行全面整理，决非一家、一人之精力和财力所能完成的。后来，罗振玉将所得明清档案的一半，以16000元之值，卖给了学部大臣李盛铎。再后，李盛铎复以18000之价转卖给中央研究院。经整理，编有《明清史料》三集，每集十册；罗振玉所藏另一半明清档案，后来随罗振玉转移至他晚年的旅顺寓所，1933年以后才开始进行整理，罗福颐编有目录四卷。

历史博物馆所剩下的那部分明清档案，1921年移交北京大学（参阅王国维《最近二三十年中中国新发现之学问》；顾颉刚《当代中国史学》，第79—80页；张舜徽《中国史论文集》，第154—156页）。

我国近代学术史上，内阁大库明清档案材料的发现和保存，为明清史的研究提供了大批珍贵资料。而罗振玉等学者，力排众议，两次抢救这批珍贵的历史文献，使其免遭"焚毁"和化作纸浆的厄运，不仅为保护祖国文化遗产做出了贡献，而且他还整理和著录这些宝贵史料，促进了档案学和明清史的研究。因此，罗振玉等学者对内阁大库档案材料的发现和保护，是我国近代学术史上一件非常值得称道的大事。

第三节　传统金石学研究范围的扩大与古器物学研究的形成

著名学者王国维曾深刻地指出："古来新学问题，大都由于新发现。有孔子壁中出（出山东曲阜县），而后有汉以来古文家之学；有赵宋古器出，而后有宋以来古器物古文字之学。惟晋时汲冢竹简出土后，即继以永嘉之乱，故其结果不甚著；然同时杜元凯注《左传》，稍后郭璞注《山海经》，已用其说；而《纪年》所记禹益伊尹事，至今成为历史上之问题。"（王国维《最近二三十年中中国新发现之学问》）我国19世纪末20世纪初，殷墟甲骨文、汉晋简牍以及敦煌经卷、佛画等大批史料的重大发现和西方考古学思想的传入，不仅给传统金石学研究注入了新的活力，而且也促使传统金石学研究发生了变化。这就是说，在金石学继续发展的同时，已开始萌生了甲骨学、简牍学等几个专门学科。而敦煌学（包括了石窟寺艺术和经卷）研究，也在兴起。诚如我国著名金石学家、考古学家马衡所精辟分析的，金石学"至于今日，古物出土之种类，日益滋多，殷墟之甲骨，燕齐之陶器，齐鲁之封泥，西域之简牍，河洛之明器等，皆前人之著录所未及者。物质名称虽不足以赅之，而确为此学范围内所当研究者。故今日之所谓金石学，乃兼古器物学、金石文字学而推广之，为广义的学科名称"（马衡《凡将斋金石丛稿》，第2页，中华书局1977年版）。因此，这一时期的"金石学"，比前一时期的传统金石学研究范围扩大了许多，实际上已成为"广义的金石学"，即已发展为"古器物学"研究阶段。

一　甲骨学研究草创时期的开端

自1899年王懿荣首先发现和购藏甲骨文起，至今九十多年来已出土十五万片左右。如此丰富的材料，经过几代学者的努力探求，终于使甲骨学研

第二章 后期（19世纪末至五四运动前）古器物学的形成

究经历了它发展道路上的"草创时期"（1899—1927）、"发展时期"（1928—1949）和"继续发展时期"（1949—今）。如今的甲骨学，已成为一门比较成熟的学科和比较活跃的国际性学问。

就在20世纪的最初十多年当中，甲骨学研究取得了较快的进展，其主要表现是：

（1）甲骨文材料的著录和研究。甲骨文被王懿荣发现和购藏以后，还是深藏书斋，秘不示人的"古董"，因而不可能有更多的学者对此进行研究。1900年王懿荣殉国以后，其子为清还债务，将家藏甲骨售与刘鹗。刘鹗在罗振玉的怂恿和帮助之下，1903年将自藏甲骨5000片中的1058片墨拓，这就是甲骨学史上第一部著录书《铁云藏龟》的出版。虽然此书因出版较早，因而拓本制作不精，印刷质量也较差，文字笔画辨识困难。此外，还收入了一些伪片，但"因为它筚路蓝缕，使甲骨文从收藏家书斋中的'古董'，变成了可资学者研究使用的科学资料"（王宇信《甲骨学通论》，第244页），所以在甲骨学史上，此书就显得非常重要了。

虽然王懿荣曾认为甲骨文字"在篆籀之间"，进行过一定的研究，但这位学者没有留给我们什么考证文字。刘鹗也试图对甲骨文字进行一些考释，反映在《铁云藏龟》"自序"之中，但也是偶尔为之，不甚系统。对甲骨文字进行较为系统研究的，应首推孙诒让。他在《铁云藏龟》出版的第二年，即1904年，就在此书材料的基础上，写出了甲骨学史上第一部研究著作《契文举例》。他在此书的"序"中说："顷始得此册（按：指得到《铁云藏龟》一书），不意衰季睹兹奇迹，爱玩不已，辄穷两月力校读之"；另一位对甲骨文字进行较为系统研究的学者是罗振玉。他1910年出版的《殷商贞卜文字考》一书，分考史、正名、卜法、余论等几个方面，对甲骨文进行了较为系统的研究。此书是他四年以后出版的文字考释名著《殷墟书契考释》一书的滥觞。这一时期，孙诒让、罗振玉等学者的甲骨文字研究，开拓榛莽，使"识文字，断句读"的甲骨文研究的"文字时期"有了良好的开端。

（2）甲骨文出土地及时代的考订。在甲骨文发现后的第一个十年，把它的出土地及时代考订出来，也是这一时期研究取得的重要进展。

甲骨文发现以后，学者们好长时间并不知道其真正的出土地是在河南安阳殷墟小屯村一带。这是由于古董商们声东击西，故意说成是安阳小屯村以外的地方，为保持他们对甲骨收购的垄断，以牟取厚利。而购藏甲骨的学者又深居京师，对古董商们所说的甲骨"出土地"深信不疑。因此，这一时期关于甲骨文的出土地，曾有汤阴说（刘鹗等，见《铁云藏龟》"自序"）、卫辉说（罗振玉在确知甲骨文出土河南安阳小屯村以前，曾相信此说）、卫辉附近之朝歌说（方法敛等，见《中国原始文字考》，《卡内基博物院报告》第4期，1906年）等。罗振玉经过多年留意探寻，终于在1908年访知甲骨的确切出土地为河南安阳小屯村。他在《殷墟古器物图录》"序"（1916）中曾记述说，"光绪戊申（1908），予既访知贞卜文字出土之地应为洹滨之小屯"。此时上溯至发现甲骨文的己亥（1899），到甲骨文出土确切地点的考知，已历时十年之久了。

甲骨文确切出土地的被考证出来，对甲骨学研究是很有意义的。首先，是减少了甲骨文资料的损失。古董商们在安阳收购甲骨，"但取其大者，每遗龟甲不取"，以沽取"善价"。"去年（1910年）恒轩至彰德，曾得若干，亦仅取龟甲之字多者，小而字少者亦弃之"。但学者深知，"龟骨均有异字，必须兼收并蓄"。但苦于不知出土地，因而不能"尽量收之"。一旦甲骨出土地小屯村被查清，便可直接派人前往收购，"虽龟屑不令遗"（罗振常《洹洛访古记》，宣统三年［1911］二月十五日条）。这就使许多字少片小的甲骨不致遭到新的毁坏，从而使资料的积累较为全面，有利于研究工作。也正因为甲骨文出土地被查明，古董商垄断甲骨收购的地位被打破，罗振玉得以直接派古董商去大量收购，"瘁吾力以购之，一岁所获，殆逾万"。并在1911年直接派自己的亲属"至洹阳发掘之，所得又再倍焉"（罗振玉《殷墟书契》序，1913年）。从而有可能扩大甲骨文材料的搜求。

其次，扩大了对甲骨文以外文物的搜集。河南安阳小屯村一带，自宋元以来就以出土铜器著称于世。清末小屯村出土"龙骨"以后，其掘处常有铜器、古币、铜镜等古物伴出。1899年以前，就有古董商来此地收购古董。罗振玉知道小屯村除出土甲骨文以外，"必尚有三代古物，其尊彝戈剑之类必为估客买去。其余估客所不取者，必尚有之"。罗振玉比一般的金石学家要高出一筹，就在于他较早地认识到这些古代遗物的价值。因此，他派亲属在安阳小屯村收购甲骨的时候，也让他们留意那些"即不知其名，苟确为古物而非近代之器，弟（按：指罗振常）幸为我致之"。因此与甲骨文一起，小屯村民"无论何物，但是土中者，必携来无遗"（罗振常《洹洛访古记》，宣统三年［1911］二月十六日条），收集了不少商、周、秦汉时期，直至元代的文物，并有不少精品。这不仅积累和抢救了大量古代文物资料，而且扩大了金石学的研究范围，使古器物学兴起。

第二章 后期（19世纪末至五四运动前）古器物学的形成

其三，确知安阳小屯村为甲骨文出土地，必然使人们提出为何此地出土甲骨文的问题，从而为小屯村是商朝晚期都城问题的研究提供了线索。也正是因为小屯村为甲骨文的出土地，为了在这里搜集到更多的甲骨文，所以才有1928年开始的大规模殷墟科学发掘工作，为我国近代的科学意义的历史考古学的萌芽开了先河。因此，1908年甲骨文确切出土地安阳小屯村的确定，不仅对甲骨学研究，就是对后来的殷墟科学发掘也是很有意义的。因此，学者指出，甲骨文出土地安阳小屯村的被发现，是"罗振玉的主要成就"（戴家祥《甲骨文的发现及其学术价值》，《历史教学问题》1957年第3期）之一。

与甲骨文出土地点追索的同时，学者们还对甲骨文为何时遗物进行了探索。甲骨文的第一个发现者王懿荣，在开始鉴定并购藏甲骨时，就判定它们为"商代卜骨"（王汉章《古董录》，《河北第一博物院画报》第50期，1933年）。而第一部甲骨文著录《铁云藏龟》一书的作者刘鹗，1903年在此书"自序"中说甲骨文是"殷人刀笔文字"，为商王朝遗物。罗振玉在为《铁云藏龟》所作的"序"中，称甲骨文为"夏殷之龟"，时间包括了公元前21到公元前11世纪夏商这段时间。孙诒让1904年在第一部甲骨文研究著作《契文举例》"序"中，认为甲骨文是"周以前"之物，所定时代基本与罗振玉相同。

随着甲骨文出土地小屯村在1908年被确知和学者们对甲骨文内容研究的逐步深入，罗振玉在1910年出版的《殷商贞卜文字考》"自序"中说，"于刻辞中得殷帝王名谥十余，乃恍然悟此卜辞者，实为殷室王朝之遗物"。自此以后，甲骨文为商朝遗物，基本上已为学术界所接受。特别是罗振玉《殷墟书契》（1913年）、《殷墟书契精华》（1914年）、《殷墟书契后编》（1916年）、《殷墟古器物图录》（1916年）等几部重要著作的出版和研究的加强，甲骨文为商代遗物在学术界也就再无争议了。

在整理古代文献或文物时，准确地判定时代，是进行科学研究的前提。甲骨文自然也不例外。因为只有甲骨文被确定为商朝遗物以后，这些"断烂朝报"才能显示出在"文献不足"的商代社会历史研究中的重要作用。而且，也正因为甲骨文这些"殷室王朝之遗物"出土在安阳小屯村，才能使学者为确定小屯村为商朝故都有了可寻的线索。

因此我们说，甲骨文的出土地和甲骨文时代的考订研究，互相发明，相得益彰，为甲骨学研究的"草创时期"奠定了基础。

二 金石学研究范围的扩大和古器物学的形成

自19世纪末至20世纪初,由于殷墟甲骨文、汉晋简牍、敦煌经卷和佛画的大批发现,扩大了金石学的研究范围。这些新出土的文化艺术珍品,是以往金石学家所没有、也不可能涉及的全新史料。由于这一时期不少金石学家把注意力转向这些新史料的追踪和研究方面,所以这一期间的金石学研究,在清末发展为高峰的基础上,已失去它在学术界的中心地位。随着大批新史料的先后发现,甲骨学、简牍学和敦煌学的研究高潮迭起,逐渐在我国近代学术史上形成了几个全新的学科。这就给传统金石学注入了新的活力,并促使传统金石学成为"广义的金石学"——古器物学。

在新发现的几种重要新史料中,诸如甲骨文、汉晋简牍和敦煌写经及佛教艺术品等几个新的分支学科,如果非要与传统金石学"攀"关系的话,那么应以其中的甲骨文算是有一定的联系。这首先是因为甲骨文这种刻(或写)在龟甲和兽骨之上的"篆籀之间"的文字,与金石学家致力考订的"金石文字"颇有相同之处。也正因为此,它才被著名学者王懿荣所发现和购藏,从而使每斤才值"数文"的"龙骨",成为学者珍藏的"古董"。而且在文字的考证方法上,孙诒让等学者也是用传统考释金石文字的方法,"不外乎以《说文》为证,与金文互证,从甲骨文本身归纳"(肖艾《甲骨文史话》,文物出版社1980年版,第38页)等。正因为这些"古董"上面的文字逐渐为人破译,所以才使甲骨文研究从"古董"时期进入"文字"时期。凡此种种,人们曾把甲骨文1928年科学发掘以前的"草创时期"'纳入金石学研究范围之内,作为传统金石学的一个分支学科看待。

但是,与甲骨文的大量购藏的同时,安阳等地所出的那些"即不知其名,苟确为古物而非近代之器"的出土品,却不是传统金石学所能包容的了。罗振玉等学者也注意对古代各种出土文物的搜集。

首先,是对墓葬出土明器的收集。罗振玉曾追述说,"光绪丁未冬(1907),予在京师,始得古俑二于厂肆。肆估言:俑出中州古冢中,盖有年矣。鬻古者取他珍物,而皆舍是。此物购他物时,随意携归者,不知其可贸钱也"。罗振玉于是"乃具告以墟墓间物无一不可资考古,并语以古俑外有他明器者,为我毕致之"云云。第二年(即1908年)除古俑外,就收购了更为丰富的其他文物。罗振玉记述说,"明年春复挟诸明器来,则俑以外,伎乐田宅车马井灶杵臼鸡狗之物悉备矣"。很显然,不少汉墓出土文物,已

第二章　后期（19世纪末至五四运动前）古器物学的形成

开始流入北京厂肆了。罗振玉则"亟予厚值酬之。此为古明器见于人间之始，是时海内外好古之士尚无知之者"。

虽然如此，随出土精品的日渐增多，一些外国人也开始对其艺术价值注意起来。"厂肆既得厚值，则大索之芒洛之间。于是丘墓间物，遂充斥都市。顾中朝士大夫无留意者，海外人士乃争购之。厂估之在关中者，遂亦挟关中之明器以归。"不仅洛阳，就是陕西古墓出土物，也开始被古董商运往北京出卖了。

开始时，因为所见古明器较少，所以罗振玉不分良莠，悉数收购。但随出土物的增多，就有择优购藏的可能了。正如罗氏所说，"方予初见时，有所遇必尽之，已则选尤精异者。不盈岁，乃盈吾几案间。即室隅案下，亦罗列殆遍"。

罗振玉对这些收集到的古文物加以研究，发现所藏之物，"多出唐代，间有出天水之世者。其自关中来者，则有汉时物，而先秦及六朝不得见也"（罗振玉《古明器图录》"序"，1916年）。1908年，罗振玉把研究心得加以整理，"岁暮整比近三年金石见闻为《俑庐日札》一卷。顺德邓秋枚（实）为刊入《国粹学报》中"。正因为罗振玉家中收藏古明器甚多，所以每当"客入先生斋，佥愕然谓是毕良史'死轩'也。故以'俑'名庐"（罗继祖辑述《罗振玉年谱》，1908年条，台北文史哲出版社1986年版，第37页）。

1911年辛亥革命以后，罗振玉曾避居日本。其后，又曾回国访问安阳殷墟、洛阳九朝故地，又有不少新的收藏品。《古明器图录》"序"说，"然得见辛亥冬磁州所出六朝明器，又见山西所出古俑及尊罍等物。喜酬凤望，复倾资购归"。《罗振玉年谱》1915年下记此事较详。原来，罗氏访安阳时，"入城阅古董肆，得土偶四，乃辛亥磁州出土，精逾芒洛所出。又获砖志五，骨董客言砖志多出彰德，洛以南无有"。"四月朔将赴洛，而土人及骨董客以古物乞售者麇集。得瓦鸮尊、罍、土俑各一，山西出土，三代物也。先生曩所得，由隋唐迄宋元。此行得磁州六朝器。又得此，历代明器备矣。"

罗振玉将所收藏古物，"就门侧之塾，取先后所得，依世次列之"。他的收藏品几经辗转，"虽零落之余，尚三百余品"。罗氏对这批东西加以整理，"以人物鬼神为先，田宅车服井臼次之，家畜又次之，而古画砖为之殿，都百八十一品"，编成了《古明器图录》一书，于1916年出版。罗振玉出版此书，"所冀当世有继吾而作者，广吾所不备而大飨斯世以考古之资。俾此古器者，不虚出于人间"。《古明器图录》是第一部专门著录墓葬出土文物的图集。而此前,"仅宋岳珂撰《古冢盘盂记·博古图》载一陶鼎而已,他无闻焉"(罗振玉《古明器图录》"序",1916年)。

其次,是古器物范收集的增多。古代铸造铜器,"必先涷土熔金以为之范,器成而斯范毁矣,故不获留存于后世"。一是器物范因器成范毁,较为少见;二是即使少有出土,又多不知其为何物,且不如彝器之堂而皇之,亦不为世人所重视。故"世之考古家,亦遂无著录者"。最早注意古器范的是古币学家,"自秀水朱氏,始得著泉范,为之跋尾。嘉定钱氏、海盐张氏又传其墨本于《十六长乐堂古器款识》及《金石契》中。世之为泉币之学者,遂莫不知有古泉范"。但是,"他器物范尚无闻焉"。直到清嘉道年间,嘉兴张叔未,"始见'卫'字瓦范于赵谦士太常,见尚方镜范于宋芝山学博,见弩范于蒋生沐孝廉"处以后,才知古泉范以外,另有上述三种古器物范传世。罗振玉注意搜求"海内诸家藏器拓本","其中古镜古瓦范颇有出张氏所见外者",说明又有新的器范出土。

1907年,罗振玉"在京偶游厂肆,见有售铜斧范者,遽怀之归。私喜传世古器物范,遽得增其一也"。不久,"又得王文敏公旧藏日光镜范二"。"阅二年于齐鲁间得矢镞沙范,得师比沙范"。1911年辛亥革命以后,罗振玉"又得盛伯熙祭酒所藏之元代铜犁范"。从此,罗振玉所藏古器物范"殆倍于海内诸家之所蓄矣"。因此罗振玉将自己所藏古器物范"亟施毡墨"拓出,"又会最诸家所藏,予有墨本者,厘为三卷,名之曰《古器物范图录》,以广其传"(《古器物范图录》"序"),在1919年出版。古器物范的收集与著录,对古代铸造工艺技术和工艺水平的研究是很有意义的。

其三,封泥的收集及著录。古代封检函牍之封泥,清道光初叶四川便有出土。其后,山东临淄又有少量面世,即在《长安获古编》所著录的30多种。但当时对封泥的用途尚未考明,有学者称其为"印范"。清朝末年,"同、光朝山左所出至多,殆十倍于蜀中,皆归吴子苾阁学、陈寿卿太史"。1900年,罗振玉"始见丹徒刘氏所藏百余种,诧为大观"。刘铁云非常赞成罗振玉关于"封泥所钤,十九不见于传世印章,其可贵更过于玺印,且至脆不易传拓,盍亟谋所以传之"的看法,在1904年将所藏封泥整理,"甲辰春乃附于《铁云藏陶》之后,于是封泥始有专书"出版。同年秋天,"海丰吴仲怿中丞又印《封泥考略》十卷……其都数七百余。去其复,尚得五百余"。自刘鹗、吴仲怿上述二书出版后,学者们认为"古封泥殆尽,于是后人不能复继作矣"。

第二章 后期（19世纪末至五四运动前）古器物学的形成

但是，有关封泥的新材料还是时有出土。特别是列强在我国西部地区探险式"考古"活动中，古代函椟之上往往"封泥具存"。关于此，我们已在前面作过介绍。这就使得学者认识到，1904年虽已出版了两部封泥专书，但"犹未能尽当世之藏，继作为不可缓也"，坚定了罗振玉注意收藏封泥的信心。到了1909年，山东"滕县之纪王城又出官私封泥三百余，予悉购得。汰其复，得七十余则。又以前著录所未有，颇欲裒集诸家，去其复出，会为一编"，这就是罗振玉1913年出版的《齐鲁封泥集存》一书。罗氏此书"与考略并行，俾当世考求此学者，得此二书已足，而不烦他求，岂非快事哉"（罗振玉《齐鲁封泥集存》序，1913年）。此书收录汉官印封泥21、诸侯王属官印封泥55、列侯属官封泥39、郡县官封泥251、无考印封泥3、新莽官印封泥6、私印封泥54，共收入官私印封泥449方（内有重文20方）。如此之多的新材料，对古代历史地理和官制的研究很有价值。正如王国维在《齐鲁封泥集存》"序"中所指出的："封泥之物，与古玺印相表里。而官印之种类，较古玺为尤夥。其足以考正古代官制地理者，为用至大。"

其四，这一时期我国西部地区的"塞上"及古"丝绸之路"汉晋简牍的发现，为简牍学研究开了先河。有关列强探险式"考古"活动中，发掘和掠夺我国汉晋简牍，以及我国学者追踪这批被劫走的古代文物的去向及研究成果的情形，我们在前面"我国近代几次新史料的重大发现"节中已作过叙述。罗振玉和王国维，1916年出版了《流沙坠简》三卷及《考释》三卷，《补遗》一卷。此书系依据法国沙畹《斯坦因所获中国简牍考释》一书所收991枚中，选取588枚编纂而成。罗振玉等学者的研究，为简牍学奠定了基础；其后，1930年西北科学考察团在汉代居延故址发现了大批汉简，由劳幹编写《居延汉简考释》（释文四卷，考释二卷），为汉代历史研究提供了丰富史料，是我国简牍学成熟的标志了。

其五，有关敦煌经卷和佛教艺术的研究，为我国敦煌学的建立奠定了基础。敦煌石窟是一座蕴藏丰富的古代文献宝库，为研究我国古代政治、经济、文学、艺术、语言、文字、医学、体育、天文、历法等多学科提供了大批珍贵资料。如今的敦煌学，已成为一门国际性的学问。20世纪初，敦煌石室秘藏的发现和其他地区的宗教艺术品和文献的发现，从而使敦煌学研究异军突起，更是传统金石学所不能包容的内容了。

凡此种种，在19世纪末至20世纪初，由于几批新史料的大发现和各种文物出土的增多，不仅给传统金石学增加了新的活力，而且许多新的研究资料出土和随之与俱的新兴学科,是金石学所不能包容的了。王国维曾指出:"自宋人始为金石之学","近二百年始益光大。于是三古遗物,应世而出。金石之出于丘陇窟穴者,既数十倍于往昔。此外,如洹阳之甲骨,燕齐之陶器,西域之简牍,巴蜀齐鲁之封泥,皆出于近数十年中。而金石之名,乃不以该之矣"(《齐鲁封泥集存》"王国维序",1913年)。罗振玉也深感于此,在《与友人论古器物学书》(《云窗漫稿》,1918年)中指出,传统金石学"为彝器款识之学,其器则限于古吉金,其学则专力于古文字,其造诣精于前人,而范围则转隘"。"嘉、道以来,始于礼器外兼收其他古物。至刘燕庭、张叔未诸家,收罗益广。然为斯学者,率附庸金石学,卒未尝正其名。今定之曰'古器物学',盖古器物学能包括金石学,金石学固不能包括古器物也。"进一步提出了"古器物学"的命题。

我们认为,自清末民初随着新史料的发现和其他古代遗物的出土和种类的增多,这一时期我国古代文化遗物的研究,已远非金石学所能包容了。传统金石学已被注入新的内容,成为"广义的金石学",即古器物学。这一时期所说的"金石学",已和昔日的传统金石学有所不同。

第四节 王懿荣和罗振玉等学者推动传统金石学研究向古器物学研究的转变

我国19世纪末和20世纪初年,新史料的大发现,已突破传统金石学的研究范围。与金石学一起兴起了甲骨学、简牍学、敦煌学、古代明器以及古器物范、封泥等全新的学科。可以说,从19世纪末甲骨文的发现起,到清朝末年敦煌经卷、佛画和汉晋简牍的大量发现与刊布,以及各种古代出土品的搜集和研究,促进了传统金石学向"古器物学"研究的转变。而在实现这个转变的过程中,著名学者王懿荣和罗振玉等做出了重大贡献。

一 王懿荣开创古器物学研究的先河

王懿荣(1845—1900),字正儒,号廉生,山东福山人。《清史稿·王懿荣传》谓:"懿荣泛涉书史,嗜金石。翁同龢、潘祖荫并称其学",是我国清末著名的金石学家。

王懿荣于清光绪庚辰(1880)中进士,授翰林院编修,官至侍郎。他在《天壤阁杂记》中说:"天下之地,青齐一带,河陕至汉中一路,皆古董坑

第二章　后期（19世纪末至五四运动前）古器物学的形成

也，余过辄流连不忍去。"他1881年、1882年曾于为官任上，在山东、陕西、四川等地大力搜求古代文物。《王文敏公年谱》光绪二十三年丁酉（1897）条记："公性嗜古。凡书籍字画，三代以来之铜器、印章、泉货、残石、片瓦，无不珍藏而秘玩之。钩稽年代，补证经史。搜先达所未闻，通前贤所未解。"王懿荣为官清廉，购藏珍贵文物，不惜典当举债。因他"固未尝一日有巨资。处极困之时，则典衣以求之，或质他种以备新收。至是以居丧奇窘，抵押市肆至百余种，然不愿脱手鬻去也"。其搜集文物之苦心，跃然纸上。

正因为王懿荣刻意搜求，家中所藏文物甚多。"所藏三代器五十余种。汉铜器有阳信家铜钘鐎，晋城阳王君神道，刘宋熊氏石造像，梁刘敬造像，莘车马庚都大钵，皆好古家希见之品。""藏古瓦有琅琊台所出千秋万岁瓦及羽阳万岁、朝阳望蜺等奇品。古砖有永元七年画像砖，为前人所未见者。"（褚德彝《金石学录续补》卷上）王懿荣收藏和研究了很多古代文物，又常与当时的著名金石学家陈介祺、潘祖荫、吴大澂、胡石查等切磋交流，因此在古代文物的鉴赏和古文字学的研究方面有较深的造诣。主要著作有《汉石存目》（1889年）、《古泉精选》、《天壤阁杂记》（1895年）、《翠墨园语》及《王文敏公遗集》八卷等。

正因为王懿荣对金石文字有较为精深的研究，所以1899年才成为我国第一个鉴定和购藏甲骨文的人。这在我国近代史学学术史上，是一件大事，对保护和发扬我国古代文化遗产和甲骨学的建立做出了重大贡献。

王懿荣不仅是一位金石学家，还是一位值得尊敬和纪念的爱国者和反侵略的民族英雄。1895年1月，日本在甲午海战后，继续攻陷山东荣城，并包围北洋水师基地威海卫。当时任职于南书房行走、国子监祭酒的王懿荣，决心投笔从戎，"以回籍办团练入奏"。得到皇帝批准后，"当即由京驰驿前往济南"，并"遄赴登州防次"（《王文敏公年谱》，[正光绪]二十一年乙未，五十一岁条）。后因《马关条约》的签定，王懿荣与日本侵略者决一死战的壮志未酬。1900年，八国联军攻陷北京，慈禧、光绪等逃离北京。身为办理京城团练大臣（按：即"城防司令"）的王懿荣以身殉国。

二　罗振玉将古器物学研究推向深入

罗振玉（1866—1940）字叔言。清同治五年（1866）六月八日生于江苏淮安府山阳县南门更楼东寓楼。祖籍浙江慈溪上虞之永丰乡，嘉道间流寓江淮，至其父辈定居淮安。因此，罗振玉又自称"上虞人"、"永丰乡人"。

罗振玉从青少年时代起，就深受我国传统文化的影响。他5岁"入塾，受《毛诗》"。13岁"毕读《易》、《诗》、《书》三经，初学为诗文及小论"。15岁"读《礼记》、《春秋》"。就在这一年，罗振玉开始对印章产生了浓厚的兴趣。"初学治印，苦无师承，以百钱从持竿售旧物者得汉人私印一，佩衣带间，为有印癖之始。"16岁时，罗振玉"始学为制艺"，并"返里应童子试"。"榜发，先生（按：即罗振玉）入县学第七名"。罗振玉在杭州，看到郡庠宋高宗所书石经及阮元所摹天一阁本石鼓文手墨，并在西湖流连于诸山题刻之中，此为罗振玉"平生癖金石铭刻之始"。

罗振玉17岁时，见"粤刻《皇清经解》"，购得如获至宝。他还在扬州"于书肆得仪征张氏榕园藏石拓本十余纸，皆出广陵者，为储藏墓志拓本之始。本年始治经史考订之学，以余力及金石文字"。18岁时（1883年），"淮安钦工镇耕者发古冢，中出器物。先生（按：指罗振玉）辗转购得古镜一，遂为平生搜集文物之始"。因此，罗振玉从青少年时代起，就打好了深厚的国学基础。

后来，罗振玉屡试不第。23岁"始悟中式之难，盖科名得丧全操之于人也"，自此放弃了对科场功名的追求。25岁时，著名学者邱于蕃推荐罗振玉"馆山阳刘氏，岁惰二万钱"。29岁时"移馆丹徒刘氏，授渭清、铁云诸子读，岁惰增至八万钱"。由上述我们可以看到，罗振玉在30岁前，熟读经史，而且涉猎训诂名物、金石文字等，所接受的完全是中国传统的文化。

1895年，罗振玉30岁，时值中日甲午之战，清王朝惨遭失败。"时国威新挫，海内震叠。先生（按：指罗振玉）欲稍知外事，乃从友人借江南制造局译籍读之，以为西人学术未始不可资中学之助"，开始接受西方先进文化科学。自31岁（1896年）起，"念农为邦本，古人不仕则农，于是有学稼之志"。罗振玉不仅研习我国古代农书《齐民要术》等，"又读西法农书译本，谓新法可增收获，恨其言不详"。于是罗振玉在上海创办农学社，"购欧美日本农书，移译以资究"。并设农报馆，"聘译人译书及杂志"，介绍西方先进科学技术。罗振玉33岁（1898年）时，创办东文学社，聘请日本人翻译农书，并招生入学。

1900年，罗振玉35岁时，湖广总督张之洞请他"任农局总理兼农校监督，其即日视事"。此后，罗振玉赴湖北武昌"长鄂农局校"。此后，他与政界发生联系，并走上了仕途之路。对罗振玉一生治学影响最为深刻的，是

第二章 后期（19世纪末至五四运动前）古器物学的形成

他两次日本之行。1901年罗振玉36岁时，辞农局校职，被委以"襄办江楚编译局"事。十一月，"奉两江、湖广两督命"去日本考察教育。1902年春，37岁的罗振玉再访日本，"凡学彼邦人士所考究，归寓辄籝灯记之"。并于"视察之余，遍阅书肆"。又结交了河井荃庐等学者。他深感"世之欲成事业成学问者，皆借助于外界之力不可"，接受西方先进科学技术。1903年，罗振玉38岁时被"粤督西林岑云阶（春煊）聘充两粤教育顾问"。1904年罗振玉39岁时，"鄂抚端忠敏移抚苏。过沪访先生，聘充江苏教育顾问"。罗振玉深得端方赏识，特别对他"于上海创立农学会，考究农学新理之法，译印报章兼译学新书"，以及"曾赴日本游历，于堂堂教育之法，夙有探讨"等非常推崇，向清廷力荐。1906年罗振玉41岁时，"忽得端忠敏（方）电，云学部初创，荣相国（庆）长部，已奏调君到部行走，请即入部"。此后，罗振玉由地方被召进京师，"学部奏派视察河南、山东、江西、安徽四省学务"。1909年罗振玉44岁时，"春，奏补参事官"。直到1911年，罗振玉46岁以前，都居住在北京。

1911年辛亥革命爆发，罗振玉原与王国维相约："两家各备米盐，万一有变，为效死勿去计"，拟殉节清朝。后因日本本愿寺教主大谷光瑞"遣其在京本愿寺僧来，言其法主劝先生渡海东"，罗氏才决定去日本"避难"。罗振玉至1919年从日本回国，在日本寓居八年，主要从事古代文物的整理和著述工作。

罗振玉1919年从日本回国，先寓居天津。但他一直不忘旧主，梦想借日本帝国主义势力"恢复清室"，曾参与策划成立伪满洲国。1933年，罗振玉曾出任伪满洲国监察院院长、满日文化协会常任理事等职。1934年伪满洲国改行帝制，罗振玉被邀为"大典"筹备委员会委员，受到"勋爵一位"的封赏，成为投靠日本帝国主义的"汉奸"。1937年，罗振玉退休，于1940年75岁时病殁于旅顺寓所（以上据罗继祖辑述《罗振玉年谱》）。

罗振玉1906年40岁奉调北京，供职于学部始，至1911年辛亥革命爆发前的六年多居京时期，是他一生仕途的巅峰时期。而自1911年东渡日本，到1919年回国，这一期间是他政治上最失意的八年。而就在罗振玉宦海浮沉的十四五年中，却度过了学术生涯的黄金时代。我们之所以这样说，是因为他正是在北京为官期间，开始大量收购甲骨、陶俑、封泥、器范、铜器、碑帖等古代文物。也正是他发现了内阁大库明清档案和珍贵古书，使之得到妥善保护。此外，当我国古代文化艺术珍品遭到列强探险式"考古"学者的大量劫掠之时，也正是他最先从伯希和处知道了我国西部地区有敦煌文物和汉晋简牍的大批发现，并奔走呼号，建议保护敦煌秘室的"劫后之余"和大力进行对散失文物的收集。罗振玉有关上述各方面所做的贡献，我们在前面有关章节已作过介绍。正是由于罗振玉等学者的努力，推动了我国传统金石学研究范围扩大，从而实现了金石学研究向"广义的金石学"，即古器物学研究的转变。

罗振玉自1911年东渡日本，至1919年回国的八年之中，虽然以清朝"遗臣"自居，但他30岁以后，特别是36岁、37岁两次赴日本考察，毕竟使他受到了西方资产阶级先进科学技术和方法的影响。因此他在东渡日本以后，潜心整理出版中国古代文物和典籍的八年多，使他的研究要高于同代的金石学家，其成就超过了前人。正如有的学者所指出的，罗振玉"这期间是他著述极旺盛之时，每年必成书数种，文若干篇，有时一年竟成书十多种（如1916年成书十二种，刊刻书九种，文多篇）。甚至一月成书两三种（1916年3月成《古器物范图录》、《金泥石屑》、《历代符牌后录》等三种）"（参阅杨升南《罗振玉传略》，《中国现代科学家传略》第三辑，山西人民出版社1983年版，第280页）。

罗振玉在日本期间所进行的古文献整理和古器物学研究工作，不仅是他本人学术生涯的极盛时期，而且在我国近代学术史上占有重要地位。

（1）甲骨文和殷墟古器物的著录与研究。罗振玉最早见到甲骨文，是1901年在刘铁云处。《罗振玉年谱》记"比返沪，又于刘铁云所见殷卜骨墨本"。"先生一见叹为汉以来小学家若张、杜、杨、许所未得见者，怂恿铁云尽墨所藏为《铁云藏龟》，且印行之。"罗振玉自1906年开始购藏甲骨，先后所获三万片之富，为国内最大收藏家。罗振玉1911年到日本后，整理和研究所藏甲骨，出版的著作有：

　　《殷墟书契》八卷，1911年。
　　《殷墟书契精华》，1914年。
　　《殷墟书契考释》三卷，1914年。
　　《五十日梦痕录》，1915年。
　　《铁云藏龟之余》，1915年。
　　《殷墟书契后编》，1916年。
　　《殷墟书契待问编》，1916年。

第二章 后期（19世纪末至五四运动前）古器物学的形成

《殷墟古器物图录》，1916年。

可以说，罗振玉的甲骨学研究和著录，主要是他在日本期间完成的，从而推动甲骨学"识文字、断句读"的草创时期的完成，为甲骨文科学发掘阶段以后的"发展时期"奠定了基础。

（2）金石文字与古器物的著录与研究。金石文字是传统金石学的主要研究对象。由于新出土材料的增多，且不说甲骨文、简牍和敦煌写经及佛画等大批材料是金石学所不能包容的；就是与金石学关系较为密切的材料，诸如符牌、铸范等也由附庸而蔚为大国，与金石文字一起，成为古器学的重要研究内容。罗振玉在这方面出版的著作有：

《雪堂金石文字跋尾》四卷，1911年。
《秦金石刻辞》二卷，1914年。
《蒿里遗珍》一卷、《考释》二卷，1914年。
《唐三家碑录》三卷，1914年。
《芒洛冢墓遗文》，1914年。
《西陲石刻录》一卷、《后录》一卷，1914、1915年。
《恒农冢墓遗文》，1915年。
《海外贞珉录》，1915年。
《殷文存》二卷，1916年。
《古镜图录》三卷，1916年。
《历代符牌图录》二卷，1916年。
《古器物范图录》二卷、《附说》一卷，1916年。
《金泥石屑》，1916年。
《石鼓文考释》，1916年。
《俑庐邦草堂吉金图》三卷、《续编》一卷，1917年。
《六朝墓志》初、二编，1917年。

（3）汉晋简牍与敦煌文书的著录与研究方面：

《流沙坠简考释》二卷，1913年。
《鸣沙石室遗书》，1913年。

《鸣沙石室遗书续编》，1917年。

《鸣沙石室古籍丛残》，1917年。

（4）古砖瓦与古明器的著录与研究方面：

《秦汉瓦当文字》，1914年。

《砖志征存》，1918年。

《恒农砖录》，1918年。

《楚州城砖录》，1918年。

《古明器图录》，1919年。

如此等等。罗振玉流寓日本期间，还有大量的考证文章问世，由于与古器物学研究关系较少，于此不再罗列。

我们从上列罗振玉在日本期间的著作目录，就不难发现，他的研究是与19世纪末20世纪初我国新史料的大发现密切相关的。正是由，于新史料的大发现，推动了我国传统金右学向古器物学研究的转变。而这一转变的实现，与王懿荣、罗振玉等学者努力搜集和保护我国古代文化艺术珍品是分不开的。不仅如此，罗振玉在日本的八年期间，废寝忘食，全力对积累的大批材料进行整理和研究，出版了一批著作，从而把古器物学研究推向了深入。因而在传统金石学的金石文字研究之外，形成了甲骨学、简牍学和敦煌学等几门全新的学科。

正由于罗振玉以考古学家的敏锐眼光和收集资料之丰富，所以才能出版《殷墟古器物图录》、《古明器图录》、《古器物范图录》等著作。这些著作现在看来，也不失其重要的考古价值。此外，罗振玉对古代艺术品也颇为重视，出版了《高昌壁画精华》等。因而罗振玉"和一般考古家徒重视文字而忽略艺术的看法，截然不同"（参阅张舜徽《考古学者罗振玉对整理文化遗产的贡献》，《古代史论文集》，第148页）。

中 篇

萌芽时期
（五四运动后至 20 世纪 30 年代初）

1919 年五四运动的爆发，把中国人民反帝反封建的资产阶级民主革命推向了一个新阶段，是中国现代历史的开端。

五四运动既是一场伟大的政治革命，又是一场伟大的文化革命运动。"五四运动所进行的文化革命则是彻底地反对封建文化的运动，自有中国历史以来，还没有过这样伟大而彻底的文化革命"（毛泽东《新民主主义论》，《毛泽东选集》[一卷本]，第 693 页）。

虽然五四运动后，直至 20 世纪 30 年代初，中国真正科学意义的近代考古学只是刚刚萌芽而还没有形成，但五四运动所掀起的以"科学"和"民主"为核心的"新文化运动"和中国共产党诞生（1921 年）以后唯物史观的传播，促进了中国近代考古学萌芽的发生；而自 1840 年以来的近代考古学"酝酿时期"，即传统金石学发展为古器物学研究，为近代真正科学的考古学积累了丰富的资料和可供继承的优良传统。更为重要的是，被"新文化运动"推翻了的"上古史"系统，需要近代考古学锄头下挖出的史料重建。而我国一些学者开始与外国学者"合作"发掘古代文化遗址，由对西方考古学思想的"坐而论道"，投身到亲执锄铲的中国近代考古学"萌芽时期"的实践。因此，在这一时期，不仅取得了一批重要成果，也为我国近代考古学的形成和继续发展做好了人才的准备工作。

第三章　甲骨学草创时期的完成和"罗王之学"

1919年五四运动前后，考古学者对古器物学研究的最大成就，就是推动甲骨学由"文字时期"转向"史料时期"，从而使甲骨学研究的草创时期初具规模。

著名学者罗振玉在大量整理和著录所藏殷墟甲骨文的同时，开始了他的殷墟甲骨文字的考释工作。已如前述，虽然1904年孙诒让写出了《契文举例》一书，开始了创造性的甲骨文字研究，但因所见材料不多（仅据1903年出版的《铁云藏龟》一书）和正确释读文字太少，"惜未能洞析奥隐"（罗振玉《殷商贞卜文字考》序，1910年）；加之没有及时刊出（直到1914年原稿在上海被王国维发现，1917年方得出版），因而可供当时学者参稽者不多。因此，从甲骨文1899年被发现以后，学者们只知其为商代遗物，并考知其出土地为安阳殷墟小屯村。而对其内容，在一个相当长时间却不甚了了。因此，直到1911年罗振玉的《殷墟书契》八卷（即通称为《前编》或《前》）出版后，还是"书既出，群苦其不可读也"（罗振玉《殷墟书契后编》序，1916年）的状况。

罗振玉在1910年出版了研究著作《殷商贞卜文字考》以后，又集中精力，"或一日而辨数文，或数夕而通半义。譬如冥行长夜，乍睹晨曦。既得微行，又蹈荆棘，积思若痗，雷霆不闻。操觚在手，寝馈或废"，对《殷墟书契》所收甲骨进行考释工作。"乃发愤键户者四十余日，遂成考释六万余言"（罗振玉《殷墟书契考释》序，1914年），这就是罗振玉《殷墟书契考释》一书的出版。他"由许书以溯金文，由金文以窥书契，穷其蕃变，渐得指归，可识之文，遂几五百"，释出了一批甲骨文字。罗振玉在此基础上，又进一步"考求典制，稽征旧闻，途径渐启，扃鐍开"。在下述六个方面颇有所获，即：

"一曰帝系"。司马迁《殷本纪》所载商自武汤至于帝辛的三十王中,"见于卜辞者二十有三"。虽然大丁未立,"而卜辞所载祀礼俨同于帝王"。大乙、羊甲、卜丙、卜壬等王,"校以前史,并与此异"。至于庚丁之作康祖丁,武乙之称武祖乙,文丁之称文武丁等,"则言商系者之所未知"。

"二曰京邑"。罗振玉指出"商代迁都,前八后五,盘庚以前,具见书序"。但"小辛以降,众说多违"。他认为安阳殷墟即为"徙于武乙,去于帝乙"之商朝晚期都城。史家称商代盘庚以后为"殷",但"遍搜卜辞,既不见殷字","可见文丁帝乙之世国尚号商"。

"三曰祀礼"。罗振玉发现"商之祀礼,夐异周京。名称实繁,义多难晓"。但也有与周代有关系者,诸如"王宾之语,为《洛诰》所基。骍牡之荐,非镐京始创"。

"四曰卜法"。诸如卜祭祖先,"十干之日,名依祖名。其有奭者,则依奭名"。以及"大事贞龟,余事骨卜"等等。"凡斯异例,先儒未闻",罗氏为第一个发现者。

"五曰官制"。罗振玉发现甲骨中不少官名,"并符周制"。因而"乃知姬旦六典,多本殷商"。

"六曰文字"。罗振玉经过分析研究,可"藉知大小二篆,同乎古文。古文之真,间存今隶"。

凡此种种。罗振玉在《考释》一书中,共考订甲骨文中商帝王名22,先妣14,人名78,地名193,文字485个。到了1927年,罗振玉又进一步将此书增订,考订帝王23,先妣16,人名90,地名230,文字560个,成《增订殷墟书契考释》一书出版。因此,罗振玉《殷墟书契考释》一书,对甲骨文字的释读贡献颇多。正如著名学者郭沫若所评价的:"甲骨出土后,其搜集保存传播之功,罗氏当居第一,而考释之功亦深赖罗氏。"(郭沫若《中国古代社会研究》,科学出版社1955年版,第213页)。

1917年,王国维完成了《戬寿堂所藏殷墟文字考释》一书。此书在考先王、考礼制、考文字等方面也颇有建树。在孙诒让、罗振玉、王国维等学者的努力之下,不少文字逐渐被释读出来,甲骨学"识文字、断句读"阶段基本完成,从而使甲骨文句基本可以通读,学者们可以用其内容进行商史研究工作了。在此基础上,一些甲骨文字典,诸如王襄的《簠室殷契类纂》于1920年出版,收入可识之字873个。而1923年出版的商承祚《殷墟文字类编》,收入可识之字789个。凡此种种,反映了这一时期文字研究的成果。

就在这一年，王国维发表了《殷卜辞中所见先公先王考》和《续考》这两篇著名论文，把甲骨学研究推向了一个新阶段。这两篇重要论文是甲骨文研究从"文字时期"进入了"史料时期"的标志。

王国维在这两篇重要著作中，全面考证了甲骨文中出现的先公先王和父、兄之名，论证《史记·殷本纪》所列"有商一代先公先王之名，不见于卜辞者殆解"。他还根据《后上》8·14与《戬》1·10的缀合，论定卜辞中"上甲以后诸先公之次，当为报乙、报丙、报丁、主壬、主癸"。指出了"《史记》以报丁、报乙、报丙为次，乃违事实"。他还根据《后上》5·1考证"报乙自当为中丁子"，因而"《史记》盖误"。王国维还将甲骨文与先秦古籍相勘校，指出："《山海经》一书，其文不雅驯，其中人物，世亦以子虚乌有视之。《纪年》一书，亦非可尽信者。而王亥之名，竟于卜辞见之。""可知古代传说存于周秦之间者，非绝无根据也。"在论及卜辞中的王恒时说，"王恒一世，以《世本》、《史记》所未载，《山经》、《竹书》所不详，而今于卜辞得之。《天问》之辞，千古不能通其解者，而今由卜辞通知"（王国维《观堂集林》第九卷，中华书局1961年版，第406—450页）。因此，王国维《先公先王考》及《续考》等论文，利用甲骨文研究历史并与古代文献相勘校，提高了甲骨文的价值和甲骨学的学术地位。

继罗振玉在日本出版的一批甲骨学著录以后（诸如《前》、《后》、《菁》、《铁余》和王国维的《戬》等），这一时期又有一批甲骨陆续著录公布。主要有：1917年明义士出版了《殷墟卜辞》，1921年日本林泰辅出版了《龟甲兽骨文字》，1925年叶玉森出版了《铁云藏龟拾遗》、王襄出版了《簠室殷契征文》，1928年罗福成出版了《传古别录》第二集等。以上各书，共收入非科学发掘所得甲骨9919片，"发表的材料，虽然只占全部出土甲骨文字的十分之一，但重要材料，已经公布不少，这对开展甲骨文的研究，有很大作用"（胡厚宣《殷墟发掘》，第37页）。

在1928年殷墟科学发掘以前，罗振玉和王国维以他们出版的大量甲骨学著作，为"识文字、断句读"阶段打下了坚实的基础。不仅如此，他们还通过自己的著作影响，或身体力行，奖掖和提携了一批古文字学研究的专门人才。诸如关葆谦、柯昌济、商承祚等为罗氏的及门弟子。当商承祚将所撰《殷墟文字类编》请罗振玉指导时，罗氏非常高兴，"为之轩然首肯，欣后继之有人，鼓励再接再厉"（商承祚《我和古文字学》，《书林》1981年第5期）；1922年，容庚将所编《金文编》书稿请罗振玉批正，罗氏高兴地一面与容氏长谈，一面认真翻阅，并勉励他完成此书。书成后，又与王国维审定全书，指出所误之处，并为出版此书而斡旋；唐兰虽然不是罗振玉的及门弟子，但曾写信讨教，受益颇多。此外，他还"每道出上海，必就王氏请益焉"（唐兰《天壤阁甲骨文存》序，1939 年），得到了王国维的指教。容庚、商承祚、卫聚贤、刘节、刘盼遂、戴家祥、周传儒、徐中舒等是王国维任职清华大学国学研究院时的研究生，后来都成为我国的著名学者。

  罗振玉、王国维的大量著作，也是学习古文字学者不言的老师，使不少人从中获益，学有所成。于省吾正是因为接触到"罗振玉、王国维整理并刊布"的大量原始资料，给他的"学习和研究带来很多方便"。"他们对古文字的考释及有关问题的研究也往往有新的发明"（《于省吾自传》，《中国现代社会科学家传略》[第三辑]，山西人民出版社 1983 年版），启示于省吾走上古文字学研究道路的。"就连被称为'异军'的郭沫若，也不能不受罗王的滋润和影响。"（陈炜湛、曾宪通《论罗振玉和王国维在古文字学领域内的地位和影响》[上\下]，《学术研究》1980 年第 5—6 期）郭沫若步入甲骨学堂奥，就是从罗振玉《殷墟书契考释》等书度得金针，得其门径的。

第四章 "层累地造成的古史"与地质学者的史前考古

中国真正的科学意义的近代考古学，是在"五四"新文化运动的推动之下"萌芽"并破土而出的。

第一节 "疑古派"的历史评价

在五四新文化运动科学、民主思潮的影响下，以顾颉刚为首的一批史学家，继承了前期新史学的反封建精神，逐渐形成了"疑古派"。他们的疑古辨伪，成为五四新文化运动的一部分。顾颉刚"既已树立起反传统的思想，反对过去学者所尊奉的封建汉学的偶像，很自然地要把历史上与汉学对立的疑古辨伪学者们的著作引为同调，予以重视，进而努力加以表彰，使历史上尤其自宋代以来的多次疑辨伪书的运动复兴起来，进一步掀起一个新的辨伪浪潮"（刘起釪《顾颉刚学述》，中华书局1986年版，第85页）。顾颉刚和胡适、钱玄同、俞平伯等学者，自1920年开始了古书的辨伪工作。顾氏在辨伪书的过程中，发现"有许多伪史是用伪书作基础的，如《帝王世纪》、《通鉴外纪》、《路史》、《绎史》所录；有许多伪书是用伪史作基础的，如伪《古文尚书》、《古三坟书》、《今本竹书纪年》等。中国的历史，普通都知道有五千年（依了纬书所说已有二百二十七万六千年了），但把伪史和依据了伪书而成立的伪史除去，实在只有二千年，只算打了一个对折。想到这里，不由得又激起我的推翻伪古史的壮志"（顾颉刚《古史辨》第一册自序，第42—45页），进而由古书的辨伪转向古史的辨伪工作。

顾颉刚1922年在整理《诗》、《书》、《论语》中的古史传说并加以比较时，"忽然发现了一个大疑窦——尧、舜、禹的地位问题"。因而使他提出了振聋发聩的著名论断——"古史是层累地造成的，发生的次序和排列的系统恰是一个反背"（同上书，第52页）。1923年5月《读书杂志》第九期发表他《与钱玄同先生论古史书》，从而使他"层累地造成的古史观"引起了学术界的震动。正如刘起釪所指出的，顾氏这一著名论断的提出，"把一向不认为有任何问题的绝对可信的我国煌煌古史系统来一个从根予以推翻，等于是向史学界投了一枚原子弹，释放出了极大的破坏力，各方面读些古书的人都受到了这个问题的刺激，因为在人们的头脑里向来只知盘古以来三皇五帝，忽然听到没有盘古，也没有三皇五帝，像晴天霹雳一样太出于想象之外。于是毁誉蜂起，大多数有着传统封建思想的人痛心疾首，较少数有学术自由思想的人拍手叫好，形成了当时学术界很热烘的论题"（参阅刘起釪《顾颉刚学述》，第104页）。虽然顾颉刚等学者受到攻击、反对，但以《古史辨》为阵地的"古史辨"派逐渐崛起，对我国现代史学和史料学的发展，曾一度发生过重大的影响。

古史辨派的疑古思想，对传统封建思想立身安命之处的儒家经典和2000多年建立起来的"古史系统"，进行了一次清算，对推动当时中国思想文化界反帝反封建革命的深入是有历史意义的。

由于古史辨派学者将中国上古史被人们顶礼膜拜的神农、黄帝、尧、舜、禹等偶像彻底推翻，也必然要引起人们注意对新史料的搜集和进行上古史的重建工作。

第二节　史前考古学的萌芽

这一时期开始的史前考古探索工作，应是我国真正科学意义的史前考古学的萌芽。主要以河南渑池县仰韶村为代表的新石器时代文化遗址的试掘和以北京西南周口店的旧石器时代文化遗址的试掘工作为代表。

一　仰韶村等遗址的试掘和中国新石器时代考古学的萌芽

（1）安特生等1921年仰韶村的试掘和"单色陶器"早于"着色陶器"说。1921年，受聘于中国农商部的瑞典学者安特生率领一批中国学者，试掘了河南省渑池县仰韶村的仰韶文化遗址。这是我国最早发掘的一处新石器时代遗址，被命名为"仰韶文化"。

安特生（1874—1960）是一名瑞典地质学家、考古学家，1906—1914年任瑞典地质调查所所长。1914—1924年在华期间，受聘于北洋政府农商部

第四章 "层累地造成的古史"与地质学者的史前考古

任矿政顾问，1925年回瑞典。1920年，安特生派刘长山去河南洛阳一带，主要目的是收集古脊椎动物化石。当年12月，刘长山将收集到的化石和几百件石斧、石刀和其他遗物标本带回北京。他向安特生报告说：这些石器买自仰韶村一居民。这批石器，引起了安特生的兴趣，使他萌生了要到出土石器的现场——仰韶村调查一番的念头。1921年4月18日，安特生到了河南渑池县仰韶村，并在村南二华里处的遗址考察。他发现：沟壁上有灰层和灰坑的痕迹，并发现了石器和彩陶片。他立刻认识到这是一处非常重要的遗址。

安特生回到北京后，便带着从仰韶村产生的问题，认真地在地质调查所的图书馆里查阅有关俄国土耳其斯坦安诺的发掘报告，从而使他找到了依据，进而判断仰韶村发现的彩陶片有可能是史前时代的。因此，安特生"在地质调查所长的大力支持下，又得到中国政府的允许和一些训练有素的地质学家的帮助，他在1921年秋，组织了一个发掘队，10月底开始田野发掘。由于各种技术性和通俗性的报道，发掘成果得到广泛传播"（参阅李济《安阳》，中国社会科学出版社1990年版，第33页）。

安特生有关仰韶文化的研究，著有《中华远古之文化》（载《地质汇报》第五号，袁复礼译，地质调查所）等。阿尔纳根据仰韶村的发掘材料，著有《河南石器时代之着色陶器》一书（载《中国古生物志》丁种第一号第二册，地质调查所）。

安特生对仰韶遗址的发掘，应是我国真正科学意义的近代田野考古学的开端，即我国新石器时代考古学进入了"萌芽"状态中，这在我国考古学史上有着重大的意义。安特生此次考古之行，与以往列强探险式"考古"活动有着本质的不同。这首先是因为安特生的这次仰韶村考古工作，得到了中国学术机关地质调查所和所长丁文江教授的支持，并得到北洋政府的批准。因此，安特生这次仰韶村学术考察活动，是在尊重中国主权的基础上进行的。而且，安特生的身份是受聘于北洋政府农商部的外籍专家，而不是代表瑞典政府。因此，他的这次发掘工作实际上是中国学术机关研究工作的一部分。

其次，安特生"实际上是第一个通过自己的成就在中国文物调查中示范田野方法的西方科学家"（同上书，第31页）。由他负责并组织的考古发掘队，其成员大部分是中国学者。著名的地质学家袁复礼，就是发掘队的成员之一。中国学者与外籍学者的通力合作，不仅取得了发掘工作的丰硕成果，而且经田野发掘的实际操作，也使中国学者学习了西方学者的考古方法和技术。

因此可以说，安特生1921年仰韶村遗址的发掘，是中国近代新石器时代考古学的开端，标志着中国近代考古学，从金石学的"酝酿时期"萌芽而出，并取得了丰硕的成果和引起学术界的关注。但应该指出的是，"安特生是一个地质学家，他知道考古地层学最初是从地质地层学借用来的，知道两者间有一定的联系，却不知道有原则的区别。他考察仰韶村遗址的地层时仅仅注意了遗物埋藏的深浅，并且依据深浅记录土色和出土陶器的类别和每一类别的数目，可说是很仔细的。但考古学是不能按水平深度划分地层的，必须按土质土色划出原生的地层界限。安特生当时不能充分地意识到这一点，当时好多考古学家也做不到这一点"（参阅阎文明《印韶文化研究中几个值得重视的问题》，《论仰韶文化》，《中原文物特刊》〔总5号〕，1986年）。因此，安特生的仰韶村发掘工作，与以地层学为标志的考古学"形成时期"不同，尚处在田野考古学的较早探索阶段，可以说是我国近代新石器时代考古学的开端——即"萌芽阶段"。

正因为当时仰韶遗址的发掘工作，还没有掌握"地层学"的知识与方法，因此安特生所说的"仰韶文化"，"实际上将两种不同的文化遗存混淆起来，而统名之曰'仰韶文化'（参阅尹达《龙山文化与仰韶文化之分析》，《尹达史学论著选集》，人民出版社1989年版，第238页）。安特生所说的仰韶文化二种陶器，即"粗陶器"，大部分合于龙山式陶器的特征。而所谓"较为精致"的第二类陶器，大多合于仰韶式陶器的特征。正是因为安特生"将龙山和仰韶两种不同的文化遗存混为一谈之后，就得一较固定的观念——'单色陶器早于着色陶器'；所以他在划分时期的时候，也就以此观念为基础了"（同上书，第249页）。因此，这就导致了他以后对我国新石器时代文化研究的理论错误。

1921—1922年，安特生和他的助手还先后在渑池县发掘了不召寨、西庄村和杨河等遗址；在荥阳发掘和调查了秦王寨、池沟寨和牛口峪等遗址。经整理研究，安特生统称之为仰韶文化。

（2）安特生的甘、青考古调查和"六期说"。1923—1924年，安特生又在甘肃、青海一带进行考古调查工作。调查发掘的主要遗址有齐家坪、辛店、边家沟、瓦罐窑、寺洼山、马家窑等遗址。安特生根据调查发掘材料，1925年出版了《甘肃考古记》一书，把甘肃的古代文化分为"六期"。即

第四章 "层累地造成的古史"与地质学者的史前考古

"新石器时代之末期,与新石器时代及铜器时代之过渡期:齐家期、仰韶期、马厂期。紫铜器时代及青铜器时代之初期:辛店期、寺洼期、沙井期"(安特生《甘肃考古记》,第19—29页)。

安特生上述"六期说"提出以后,曾对当时的我国学术界产生了重大的影响。"研究我国远古历史的一部分学者即奉为圭臬,流传于论文、书籍以至于教科书中,并且和我国的古代传说强作联系,推演出一些似是而非的说法,使我国古代社会的面貌愈益失真。"(尹达《论中国新石器时代的分期问题》,《尹达史学论著选集》,第261页)

但是,由于时代和材料的局限,安特生的"六期说"是缺乏根据的。随着考古材料的增多,早在1937年就有学者对"六期说"进行辩难,指出安特生把仰韶文化放在齐家文化之后"是不妥当的"(尹达《龙山文化与仰韶文化之分析》,第249页)。考古学家、历史学家尹达教授(按:即参加安阳殷墟遗址科学发掘的刘耀)对安特生的仰韶文化遗址的发掘和甘、青远古文化"六期说"的材料和理论错误进行了全面和认真的分析,为我国新石器时代考古学的年代序列奠定了基础。有关这方面的精辟论述,集中收入《尹达史学论著选集》一书中。

新中国成立以后,通过大量的考古发掘工作和考古新材料的证明,黄河上游地区的马家窑文化叠压在仰韶文化之上,证明仰韶文化要早于马家窑文化。而马家窑文化的早期石岭下类型,既含有仰韶文化庙底沟类型的因素,又含有马家窑类型的主要成分。马家窑文化诸类型的相对年代序列为:石岭下类型马家窑类型→半山类型→马厂类型。学者们认为,马家窑文化是从东向西发展的(《新中国的考古发现与研究》,文物出版社1984年版,第106—107页);而齐家文化,是叠压在马家窑文化之上的一种铜石并用时代文化,"这就从地层上进一步证实齐家文化的相对年代晚于马家窑文化"(同上书,第118页)。而辛店、寺洼和卡窑文化,只不过是同时存在于不同地区的比齐家文化更晚的青铜文化。而安特生认为这三种文化一脉相承,"是完全错误的"(《新中国考古收获》,文物出版社1961年版,第21页)。

就在安特生发掘仰韶村遗址的1921年,还受地质调查所的委托,率队发掘了辽宁锦西沙锅屯洞穴遗址,出土了一批石器、骨器和陶器,诸如粗陶鬲、碗、盆、罐等以及彩陶,并出土人骨和兽骨,被确定为一处新石器时代遗存。他根据出土材料,著有《奉天锦西县沙锅屯洞穴层》(《中国古生物志》丁种第一册,地质调查所)(卫聚贤《中国考古学史》,商务印书馆

1937年版，第124页）。

（3）李济的西阴村发掘和第一次与外国人签约"合作"考古。在地质调查所的安特生新石器时代考古工作之后，清华大学国学研究院也在1926年进行了山西夏县西阴村新石器时代遗址的发掘工作。这次考古发掘，虽然是清华大学与美国弗利尔艺术馆的合作项目，但实际的发掘工作是由1923年从美国留学归来的年轻博士李济具体负责进行的。

在正式发掘工作开始以前，曾由毕士博（代表美国弗利尔艺术馆）和曹云祥（当时清华大学校长）商定了合作考古发掘的条件，即：一、考古团由清华国学研究院组织；二、经费由弗利尔艺术馆承担（袁复礼的薪金除外）；三、发掘报告中、英文本各写一份，分别由清华大学和弗利尔出版；四、所得古物暂归清华大学保存，将来交中国的国立博物馆永久保存。

李济一行在山西夏县西阴村遗址，共发掘了两个多月。所得标本，诸如石刀、石镞、石纺轮、骨镞、骨针、骨锥、骨簪等，以及彩陶、粗陶纺轮、蚕茧等共76箱之多。经研究，西阴村遗址属于仰韶文化遗存。这次发掘成果，李济著有《西阴村史前的遗存》（《清华国学研究院丛书》第三种）。梁思永研究了遗址所出部分陶器，1930年著有《山西西阴村史前遗址中之新石器时代的陶器》（英文本）一书。

李济曾把西阴村发掘所得实物中的一部分在清华大学校园内做过一次公开展览，这吸引了不少人前往参观并听取有关演讲。王国维先生也去参观了，并与李济作了热烈的讨论。因此有学者认为，这是考古学上"中国传统文化和近代科学方法相遭遇的一个鲜明的例子：二者结合得好，就推动了近代考古学在中国的发展"（参阅李光谟《李济传略》，《中国现代社会科学家传略》［第三辑］，第158页）。

众所周知，西阴村史前遗址是一处较为单纯的仰韶文化遗址，不像仰韶村遗址那样，包含仰韶文化和龙山文化两个不同时期的文化层。因此，西阴村遗址的地层是比较单纯的。此外，李济首次在我国新石器时代田野考古工作中采用了"探方"的发掘方法，即把遗址的发掘部分，划成二平方米面积的一个个"探方"，并严格按照三向坐标进行发掘工作，分层采集遗物标本。这些，在当时来说，是难能可贵的，标志我国自1921年开始"萌芽"的田野发掘工作有了一定的进步。

尽管如此，李济在西阴村遗址进行的发掘工作，还没有达到近代田野考古工作形成阶段的水平。这是因为李济在发掘遗址时，"虽然注意到了实际

第四章 "层累地造成的古史"与地质学者的史前考古

土层的变化，却仍然按水平深度采集标本"（参阅阎文明《仰韶文化研究中几个值得重视的问题》，《中原文物特刊》[总5号]，1986年），还没有按土质、土色的变化划分原生地层的界限。因此，虽然李济的西阴村史前遗址的考古发掘水平有了一定的提高，但仍处在近代田野考古"萌芽时期"的水平。

二　北京猿人遗址的试掘与中国旧石器时代考古学的萌芽

在20世纪初，欧洲考古学已进入了成熟时期。一些西方考古学者根据第三纪以来的哺乳动物进化和自然变迁的研究，"推论中亚这块今日贫瘠、干旱的广阔原野，在昔日曾经是孕育人类的'伊甸园'"。一些外国学者在中国黄河上游发现了三趾马动物群化石和更新世晚期的打制石器，"它不仅用事实纠正了'中国无石器时代人类'的偏见，而且进一步激发了人们在中国寻找早期人类化石的愿望"（参阅贾兰坡《周口店发掘记》，天津科学技术出版社1984年版，第20页）。安特生的中国远古文化研究，即上述仰韶遗址的发掘和甘、青古文化遗址的调查，不能不说是与当时这股"中亚热"有很大关系。但是，仰韶文化和甘、青地区发现的铜石并用文化是中国文明的"流"，而不是它的"源"。而中国文明的"祖坟"（贾兰坡语，同上，第62页）——周口店遗址的被发现，也与安特生的努力是有密切关系的。

还是早在1870年，英国古脊椎动物学的创始人理查德·欧文就开始注意中国的"龙骨"，并发表过有关中国哺乳动物化石研究的论作。1903年，德国哈贝尔把他在中国收集的"化石"送给古脊椎动物学家施洛塞尔教授研究，他从其中辨认出一颗人的上第三臼齿，从而引起各国学者对中国"龙骨"的注意。

安特生在中国北洋政府农商部任顾问期间，一直留意"龙骨"的出土地。他不仅广泛给在中国的外籍人写信，请他们帮助提供"化石"产地的线索；还派人到山西、河南、甘肃等地采集化石。1918年2月，安特生在偶然中听说周口店鸡骨山有化石出土，他兴奋异常，曾在3月特意前往进行了实地考察。

1921年，安特生派奥地利古生物学家师丹斯基到周口店，负责进行鸡骨山遗址的试掘工作。安特生在"老牛沟"发现了肿骨鹿、犀牛、鬣狗、熊等动物的化石，这就使他探索中国文明的源头的信心倍增。他曾满怀希望，敲着遗址的石壁对师丹斯基说，"我有一种预感，我们祖先的遗骸就躺在这里。

现在惟一的问题就是去找到它"。并对师丹斯基说,"你不必焦急,如有必要的话,你就把这个洞穴一直挖空为止"(同上书,第12—13页)。充分体现了他的执著精神。

1923年秋,安特生再度派师丹斯基去老牛沟进行试掘,并采集到大量的化石标本。1926年夏,师丹斯基在整理这批标本时,认出了一颗牙冠保存较好、但牙根残缺的人的前臼齿。当年10月22日下午,在中国地质调查所、北京自然历史学会、北京协和医学院等学术单位举办的欢迎瑞典当时皇太子、著名考古学家古斯塔夫六世·阿尔道夫的会议上,安特生宣布了这一重大发现。虽然学者们对此还存有相当的分歧意见,"但是这个发现所引起的反响是十分强烈的。正如后来有人说:这个消息一宣布,就像一颗重磅炸弹一样震撼了当时的科学界。因为不仅在中国,即使在亚洲大陆上的任何地方,都没有发现过年代这样古老的人类化石。同时,北京人化石发现在喜马拉雅山以北,就给当时流行的'中亚热'火上浇油"(同上书,第20页)。

安特生原来拟与步达生一起,在新疆进行考古学和地质学、人类学等方面的研究考察,瑞典科学委员会和美国洛克菲勒基金会在1926年决定对他们的合作项目予以资助。但由于周口店古人类化石的发现,使安特生和步达生改变了原来的新疆考察计划。在步达生的努力争取之下,把有关周口店遗址的发掘和研究,纳入了他们新疆考察项目的"有联系的追加项目"(同上书,第22页)。步达生与中国地质调查所所长翁文灏教授协商,双方签定了《中国地质调查所与北京协和医学院关于合作研究华北第三纪及第四纪堆积物的协议书》,由美国洛克菲勒基金会资助两万四千元经费,在1927年春天开始了周口店遗址的系统的发掘工作。

1927年4月16日,第一次进行了北京人遗址,即"周口店第一地点"的正式发掘工作。这次发掘工作的名誉主持人为丁文江,而具体的实际事务实际上由步达生和翁文灏负责。参加发掘工作的有李捷(中国地质调查所的地质学家)、步林(瑞典古生物学家)、刘德霖(技工,曾参加过中亚的考古发掘)、刘仁甫(刘德林的助手)等人。这次发掘的现场,位于老牛沟南面的"龙骨山"上。发掘面东西长17米,南北宽14米。随着下挖愈深,发掘面渐缩小。当发掘到20米的深处时,已挖出堆积物达3000立方米之多。重要的是,在距1923年师丹斯基发现的第一颗人牙化石的不远处,获得了一颗保存相当完好的人牙化石。"这一年的发掘可以说是旗开得胜——获得化石材料500箱"(同上书,第36页)之多。经步达生研究,这是一颗成年

第四章 "层累地造成的古史"与地质学者的史前考古

人的左下第一臼齿,与师丹斯基上次发现的臼齿一致。步达生称之为"中国猿人北京种",其研究成果,1927年12月以题名《周口店堆积中一个人科下臼齿》发表在《中国古生物志》丁种第7号第1册上。这一人种,俗称"北京人"。近年来,由于研究工作的进一步深入,北京人的科学命名,应称为"北京直立人"。

1928年4月,周口店遗址第二次正式发掘工作开始进行。由于步达生于1927年底暂回加拿大,因此这次发掘工作由翁文灏和福顿(代表协和医学院)主持。发掘队成员有步林、杨钟健(中国地质调查所)、裴文中(北京大学地质学系毕业生)等组成,新增加了几位颇有才华和事业心的青年学者。这次发掘地点在前次发掘面稍东。发掘从山顶部开始,开出长20米、宽12米的长方形工作面。发掘期间,因军阀混战的影响,曾被迫中止工作近三个月,因此一直持续发掘到当年冬天才告结束。这一年共发掘堆积物近2800立方米,获得标本资料575箱。"这一年的收获比头年好。除了一般的动物化石外,在春季发现了一件北京人的少年女性右下颌骨;在收工前几天又发现一件,也是右下颌骨,是成年人的,上面还保存了三颗完整的臼齿",从而"使去年(按:即指1927年第一次正式发掘)根据一个牙齿建立起来的'中国猿人'这个新属得到了更加充分的证据"(同上)。

在这次发掘期间,步达生基本不在北京。但他仍为周口店猿人遗址的发掘工作做出了相当的努力与贡献。诸如他在纽约期间,曾与洛克菲勒基金会研究了第一次赠款(1929年3月期满)用完后的经费问题和追加1928年周口店发掘经费4000美元拨款之事。他还在欧美与著名学者切磋探讨中国猿人新属的建立问题,并与大英博物院谈妥由其出资复制1927年发现的北京人臼齿模型之事。凡此种种,安特生所进行的各种活动、,也应属周口店发掘工作的一个有机的组成部分。

上述四次周口店猿人遗址的发掘研究工作(即两次试掘、两次正式发掘),应属于中国学术团体的科学活动范围,与19世纪末和20世纪初列强的探险式"考古"活动有本质的不同。我们之所以这样说,是因为安特生1921和1923年对周口店遗址的试掘工作,是以当时中国北洋政府农商部顾问的身份进行的。而他的助手师丹斯基,也是在安特生的指令之下,对安特生的计划负责开展工作的;至于1927、1928年步达生等进行的两次正式发掘周口店遗址的工作,则完全是中国学术机关与外国学术团体的合作考古项目。双方经过充分协商,首先签订了协议书,成为合作双方共同遵守的准则。"作为中方的代表,翁文灏在一些原则问题上立场明确,既保证合作计划的实现,又维护了国家的主权;作为一位科学家和美方的代表,步达生一方面一心想促成合作计划,另一方面又要尊重中方的意见。在这里要求他们必须具备充分的协商和谅解精神。"(同上书,第29—30页)就是两次正式发掘工作人员的组成,也体现了"合作"和中国学术团体的重要作用。这就是地质调查所所长丁文江,为周口店遗址合作项目的名誉负责人。而两次正式发掘工作的具体负责人之一,都有中国学者翁文灏。至于发掘队的成员,第一次正式发掘工作除负责人步达生、翁文灏外,四位重要队员中有三位是中国学者。而第二次正式发掘工作,除负责人福顿和翁文灏外,重要队员三位当中有两位是训练有素的中国年青专家。中国学者与外国学者取长补短,精诚合作,从而保证了发掘工作的成功。

特别能反映周口店遗址的合作考古与以往列强探险式考古活动有本质不同之处,是关于发掘所得科学资料的使用和归属问题。已如前述,列强探险式考古活动,是对中国古代文化遗产的野蛮破坏和劫掠。而周口店遗址的合作考古工作,在科学资料的使用和所有权问题上,则体现了尊重中国方面的所有权和充分谅解与合作的精神。《中国地质调查所与北京协和医学院关于合作研究华北第三纪和第四纪堆积物的协议书》第三款规定:

> 一切采集到的标本归中国地质调查所所有,但人类学材料在不运出中国的前提下,由北京协和医学院保管以供研究之用。

第四款规定:

> 一切研究成果均在《中国古生物志》或中国地质调查所其他刊物上以及在中国地质学会的出版物上发表。

以上种种,表明了周口店遗址的旧石器时代考古发掘工作,与列强探险式考古活动的根本区别,是充分体现了中国的主权和充满协商和谅解的中外学术团体合作研究工作的范例。

虽然两次试掘和两次正式发掘周口店猿人遗址取得了可观的成绩,但毕竟我国还是旧石器时代考古发掘工作的开端。从1927年第一次试掘工作开始起,直到1931年这一期间的发掘周口店遗址的工作,发掘时"虽然也

第四章 "层累地造成的古史"与地质学者的史前考古

注意到了层位的上下关系,但未严格控制,记录也不详细,因此给后来的研究造成了许多困难,特别是哺乳动物化石更是如此。那时,常常把上下层的化石合并起来进行研究。发掘的方法不善,记录不详,造成后来研究了动物群或孢子花粉组合之后,对昔日周口店一带的自然环境,常常得出不尽相同的结果"(同上书,第56页)。因为当时还没有、也不可能把考古"地层学"的科学方法运用于周口店遗址的发掘工作,因此我们说,这一时期周口店旧石器时代遗址的考古发掘工作,还处在形成时期以前的萌芽阶段。

第五章 近代考古学专门人才的培养

中国有5000多年的文明史，不仅地下埋藏着丰富的历史文物，而且在全国各地，都有史前遗址星罗棋布地分布着。它们宛如一座座埋在地下的博物馆，等着人们把它们的大门打开。它们也是一部部无字地书，期待着后世考古学者把它们一层层翻开，去考证、认识其中蕴含的深邃的往昔。

第一节 与西方国家的合作考古，训练和培养了一批考古人才

与中国学术团体进行合作考古，或受聘于当时中国政府农商部的外国学者，都是当时世界上著名的地质学家、古生物学家或考古学者。我国近代旧石器时代和新石器时代考古学的"萌芽时期"，就是在这些知识渊博、训练有素的学者指导和示范之下，才获得丰硕成果的。而更为重要的是，在萌芽时期的考古发掘工作中，这些外国学者言传身教，影响和造就了一批年青的中国近代考古专家。

美国著名地质学家葛利普，曾是著名的终碛、中更新世时期喜马拉雅山和西藏高原隆起理论的提出者，"这一地壳运动现象对人类起源的发展是最重要的和决定性的"，曾对当时科学界产生过深刻的影响。他曾受聘北京大学地质学教授，并被地质调查所聘为《中国古生物报》（英文）学术刊物的负责人。"中国第一代地质学家和他亲密合作。年青一代许多人是他的学生，爱戴他，尊敬他"（同上书，第80页），培养了不少专门人才。他办《古生物学报》的"基本思想是使科学上的各种发现引起专家和大众注意"。而中国年青一代学者"把这些出版物作为衡量许多学派各种研究活动科学价值的标准，在生物学和考古学方面尤其如此"。因此，《古生物学报》的出版，为中国学术界"提供了一个新学科和获得这种知识的方法"，是很有意义的。

特别是"从历史观点看，这种发展的重要意义在于中国的传统教育中从来没有这种实例"（同上书，第79页）。

安特生是瑞典地质学家、考古学家。有关安特生在华期间所进行的新石器时代、旧石器时代考古发掘工作所取得的成就，我们已在前面叙述过。这里所要着重再谈的，就是"安特生实际上是第一个通过自己的成就在中国古文物调查中示范田野方法的西方科学家"。此外，"在这些科学调查中，伴随他的常是训练有素的年青助手和一批虽未经过训练，但却很有才智的工人。他的学生忠实地追随着他，自然也学到了他的工作方法"。随着安特生进行的考古工作的不断开展，培养和训练了不少考古人才。"这个扩大了的专业队的成员能辨别他发现的各类实物的特点，并能评述安特生熟知而较为深奥的理论问题。"（同上书，第31页）

步达生（1884—1934），加拿大人。1919年来中国，任协和医学院解剖科神经学和胚胎学教授。有关他1926—1928年间为中美合作考古，共同发掘周口店猿人遗址和研究成就，我们已在前面详述。这里所要说的是，为了使周口店的发掘工作能持续进行下去，他与翁文灏经多方努力，终于在1929年成立了中国地质调查所新生代研究室。这个研究室为我国旧石器时代考古学的建立和中国猿人完整头骨的发现和研究做出了贡献。步达生对周口店遗址的发掘工作能得以较长期进行，做出了不少努力和贡献。周口店遗址发掘"这艰巨的工作教给中国的年青一代科学家几个有实际意义的课题。当丁文江建立新生代实验室的最初阶段，全仗这个实验室主任步达生教授的才能。他负责两个方面的工作，即指导周口店岩洞的艰巨工作和有计划地收集文物分发给合适的专家进行特殊研究"。因此，在步达生的指导下，使"在周口店和北京新生代实验室进行的科学工作，给中国年青一代的科学研究者以极大的鼓舞"（同上书，第36页）。

著名法国古生物学家、地质学家、考古学家德日进，也是新生代研究室的成员。他"在周口店发掘中经常到那里去。杨钟健是他在中国最密切的合作者"。德日进"无论何时说话，都表明了他渊博的知识。他思路敏捷，最重要的是他总使人受到鼓舞"（同上）。

当年与上述外国学者进行合作考古，并先后受其指导和培养的年青中国学者，很多人都成为我国地质学界、古人类与古脊椎动物学界和考古学界的一代宗师。而杨钟健、裴文中、贾兰坡等学者，更是身沐其泽。他们是我国旧石器时代考古学的拓荒者，著作等身，后来都成为饮誉海内外的著名古人类学家和考古学家。

第二节　留学生成为我国近代考古学形成时期的核心队伍

不少优秀炎黄子孙，抱着"科学救国"的决心，纷纷远渡重洋，留学异域，追求西方国家的先进科学技术以及社会学说。其中，也有人学习人类学，有的学习考古学或其他社会科学学科。为了报效祖国，他们学成归国，投入了我国近代考古学的建设工作。只要我们列出他们的名字，人们便不难发现：正是他们把我国近代科学意义的考古学，从"萌芽时期"推向了"形成时期"，进而推向了"成熟时期"和"发展时期"，成为我国考古学史上一颗颗熠熠发光的巨星。

李济（1896—1979），湖北钟祥人。1918年官费留学美国，入麻省克拉克大学学习心理学，1919年获心理学学士学位。1920年转入哈佛大学学习人类学专业。1923年学成回国，任教于南开大学。1929年任中央研究院历史语言研究所考古组组长，负责殷墟科学发掘工作，是我国近代科学意义的历史考古学的奠基者。

李济留学美国期间，曾在皮博迪博物馆从师著名学者罗兰·狄克森和恩奈斯特·胡顿，学习文化人类学、体质人类学和灵长目比较解剖学等。此外，还向麦克道格尔教授进一步学习心理学，并学习了梵文、钻研过考古学和民族志的有关课程。他的《中国民族的形成》博士论文，由哈佛大学出版。

1923年，李济27岁从美国学成回国，被派到河南省新郑县进行过考古调查。1926年，他主持发掘山西夏县西阴村仰韶文化遗址。关于此，我们已在前面做过叙述。西阴村史前遗址的发掘，是李济由人类学研究转入终生从事考古学研究的转折点。

1929年，李济应中央研究院院长蔡元培特聘，任历史语言研究所考古组组长，领导才开始进行的安阳殷墟大规模发掘工作。李济还在1930年领导了对山东省龙山镇城子崖遗址的发掘、1932年河南省浚县辛村和辉县琉璃阁遗址的发掘工作等。

李济终生从事考古发掘和研究，笔耕不辍，著述等身。李济的著作曾收入《李济考古学论文集》（上、下）于1977年出版，收入代表作36种。同

第五章　近代考古学专门人才的培养　　393

年还出版了《感旧录》一册，收入杂文 16 篇。李济逝世后，他的遗著经过整理，专著和论文共 142 种，其中属于考古学的著作 86 种，并多为关于殷墟考古的专论。

李济以他对中国考古学开创性的贡献和对殷商考古学创造性的研究，成为享誉我国和世界的著名考古学家（参阅李光谟《李济传略》，《中国现代社会科学家传略》正第三辑）；胡厚宣《〈李济安阳〉中译本序》）。此外，李济还在安阳殷墟大规模的考古工作中，为中国近代考古学培养和训练了一批人才，是我国近代考古学的一代宗师。

徐旭生（1888—1976），河南唐河人。原名炳昶，又笔名虚生。1913 年入法国巴黎大学专攻哲学，于 1919 年学成回国。1921 年秋任教于北京大学哲学系，1929 年秋任北平大学第二师范学院院长，1930 年任北平师范大学校长。1937 年北平研究院史学研究会改为史学研究所，徐旭生出任所长。新中国成立后，任中国科学院考古研究所研究员。徐旭生是我国著名古史专家、中国近代考古学的奠基者之一和夏文化研究的开拓者。

徐旭生 1926 年任北京大学教务长期间，经过种种周折与努力，与瑞典斯文赫定合组"西北科学考察团"并任中方团长，去西北调查古代文化遗址。自此以后，由研究西洋哲学走上了考古学家的道路。有关这次考察，徐旭生著有《徐旭生西游日记》。1933 年，他代表北平研究院促成了陕西考古会对陕西境内古遗址的调查和发掘工作。著名的宝鸡斗鸡台遗址的先后几年发掘工作，就是由他主持进行的，为中国近代考古学的成熟做出了不可磨灭的贡献。

1937 年以后，徐旭生潜心研究古史传说时代，所著《中国古史的传说时代》一书，是"中国第一本最系统地研究古史传说的重要著作"，为我国传说时代的研究奠定了基础。新中国成立后，徐旭生对关系到中国文明起源和早期国家形成的夏文化探索这一重要课题，"尽了推进之力，立下开创之功"。"为了弥补考古学上夏文化这一大空白点，他亲自到豫西传说的'夏墟'实地踏察"（参阅黄石琳《徐旭生先生传略》，《中国古史的传说时代》，文物出版社 1985 年版，第 4、6 页），并写出《1959 年夏豫西调查"夏墟"的初步报告》（《考古》，1959 年 11 期），为今天的二里头文化研究打下了基础。因此，徐旭生又是我国考古学夏文化研究的奠基者。

林惠祥（1901—1958），福建晋江人。1926 年毕业于厦门大学社会学系，1928 年结业于菲律宾大学研究院人类学系，曾从师美国导师拜耶教授，获硕士学位。1929年任中央研究院民族学助理员，1931年任厦门大学历史社会学系主任、教授。新中国成立后，任厦门大学历史系主任、人类学博物馆馆长、厦门大学教授等职。

林惠祥从菲律宾留学回国后，于1929年冒生命危险，进入日本占领下的台湾高山族地区考察，搜集其习俗标本，获得文物近百件，1930年将研究成果写成《台湾蕃族之原始文化》出版。1935年，他再次去高山族地区考察，又获得各种文物数十种，成为我国系统研究高山族文明的开创者。林惠祥还在台北基隆圆山"贝冢"遗址发现有段石锛和有肩石斧等文物。

1934年，林惠祥创办厦门市人类博物馆筹建处。1937年，林惠祥曾自己出资，发掘武平新石器和印纹陶遗址。1941年，他发现了马拉亚洞穴旧石器。此外，林惠祥还在东南亚和印度等国家和地区进行过考古和民族调查工作。新中国成立以后，林惠祥在龙岩、长汀、闽侯等地进行过考古调查（参阅陈国祥等《林惠祥传略》，《中国现代社会科学家传略》[第四辑]，山西人民出版社1983年版），为我国东南地区的古文化研究做出了贡献。

梁思永（1904—1954），原籍广东新会，1904年生于上海。1923年，毕业于清华学校留美预备班后，赴美国哈佛大学研究院学习考古学和古人类学。1930年夏，学成回国，受聘于中央研究院历史语言研究所考古组，是真正受过西方考古学训练的专家。新中国成立以后，任中国科学院考古研究所副所长、研究员。

梁思永留学美国期间，参加过有关印第安人古代遗址的发掘实习，并对东亚考古学作过专门的研究。其间，为了熟悉国内考古学的进展情况，一度回国在清华国学研究院任职，并整理研究了收藏在清华的李济发掘西阴村遗址的新石器时代陶片，于1930年发表了《山西西阴村史前遗址中之新石器时代的陶器》（英文）一书。

梁思永1930年学成回国后，于当年秋曾发掘了黑龙江省昂昂溪遗址，又于当年冬调查了热河省五处新石器时代遗址。在1931年，他完成了《昂昂溪史前遗址》（《史语所集刊》四本一公1933年）的写作后，即以全部心身投入安阳殷墟第四次科学发掘工作。梁思永自加入殷墟科学发掘工作，使发掘工作的组织和方法都有了很大改进，提高了殷墟科学发掘工作的田野水平。同年，他还发掘了后冈遗址，第一次发现了小屯、龙山与仰韶文化相互叠压关系，即考古学史上著名的"三层文化"堆积，推动了中国新石器时代考古学和历史考古学的形成。此外，山东省历城县城子崖遗址的第二次发掘工作，也有梁思永的贡献。

1934年，梁思永完成了《热河查不干庙林西双井赤峰等处所采集之新石器时代石器与陶片》一文（载《田野考古报告》第一册，1936年）后，于当年秋主持了殷墟第十次科学发掘，在西北冈发现了殷王陵区。1935年春、秋，梁思永又主持了殷墟第十一、十二次科学发掘，在西北冈王陵区取得了丰硕的成果，震动了国内外学术界，把殷墟开端的我国近代历史考古学推向了"成熟时期"。

梁思永对我国近代考古学的科学化、规范化起了重要作用。他"在野外工作中，能注意新现象，发现新问题。主持大规模的发掘工作时，能照顾全局，同时又不遗漏细节"。他根据后冈发掘材料的整理、研究，写成《小屯龙山与仰韶》一文（载《庆祝蔡元培先生六十五岁论文集》下册，1933年），是"第一次依据地层学上的证据，确定了仰韶和龙山两种新石器文化的先后关系以及二者与小屯殷墟文化的关系，解决了中国考古学上一个关键性问题"，把我国近代考古学从"萌芽时期"推进到了"形成阶段"。此外，"《城子崖》的报告是他主编的，这本报告的出版是中国考古学史上的一件大事"（参阅夏鼐《梁思永传略》，《中国现代社会科学家传略》[第七辑]，山西人民出版社1985年版）。

如此等等，梁思永为中国近代考古学的形成时期和成熟时期做出了重大贡献，成为我国近代考古学的重要奠基者之一。

冯汉骥（1899—1977），湖北宜昌人。1931年赴美国留学，就学于哈佛大学人类学系，后转入宾夕法尼亚大学学习，于1936年获人类学哲学博士学位。1937年学成归国，任四川大学历史系教授，1943年任华西大学社会学系代理主任。新中国成立以后，任四川省博物馆馆长、四川大学历史系考古教研室主任。

1942—1943年间，冯汉骥参加了四川蜀王建墓的发掘工作，并在成都平原进行过古代文化遗址的调查工作。冯汉骥对四川汉代墓葬的特点及分期、巴蜀兵器的分期断代都进行过开创性研究，著作有《前蜀王建墓发掘报告》（文物出版社，1964年）等，为中国考古学的发展做出了贡献（参阅童恩正《冯汉骥》，《中国大百科全书·考古卷》，第128—129页）。此外，冯汉骥任考古教研室主任期间，为中国考古事业培养了很多人才，其中不少人已成为学有所长的知名学者。

裴文中（1904—1982），河北丰南人。1927年北京大学地质系毕业后，入北平地质调查所从事古生代三叶虫的研究工作。自1928年起，参加周口店遗址的发掘工作。1935年赴法国留学，从师著名史前学家步日耶教授，专攻旧石器时代考古学。由于他留学期间刻苦学习，再加上他有丰富的实践经验，因此在辨别真伪石器方面取得优异成绩，于1937年获巴黎大学哲学博士学位。1937年学成回国，适值抗日战争爆发，为新生代研究室留驻北平负责人。新中国成立以后，裴文中任中国科学院地质学部委员、一级研究员、室主任等职。

裴文中早在1928年就参加了周口店遗址的正式发掘工作，1929年他与杨钟健就成为周口店遗址发掘工作的实际负责人。举世闻名的第一个中国猿人头骨，就是他在这一年发现的。1931年夏，裴文中发现了丰富的石器和用火痕迹，使周口店遗址的研究工作有了重大突破。他与德日进一起研究中国猿人石器，否定了关于周口店遗址存有"两种人"的臆说。自1932年起，裴文中对周口店遗址的考古发掘工作进行了重大的改革，即采用"打方格"和分"水平层"等科学严密的方法，把周口店遗址的发掘工作提高到一个新水平，标志中国旧石器时代考古学由"萌芽时期"到"形成时期"的完成。1934年，裴文中主持周口店第十五地点的发掘。1935年春天，裴文中在广西武鸣和桂林发现了中石器时代遗址四处。

抗日战争期间，裴文中留守北平。他在极端困难的情况下，完成了《山顶洞人文化》等专著三种，以及《周口店第十五地点初步研究》等论文，为建立我国旧石器时代文化发展序列作了开创性研究。他还去内蒙札赉诺尔、甘青等地调查研究，发现了上百处新石器时代遗址。裴文中对我国细石器起源及在我国的发展、西北史前考古等方面，做了不少开创性研究，其成果反映在《史前时期之研究》（1948年）等专著中。

新中国成立后，裴文中主持了著名的丁村文化遗址的发掘，并从石器的特征上，提出了我国旧石器时代存在区域文化的论断。1963年，裴文中主持了水洞沟遗址的再发掘和萨拉乌苏遗址的发掘，证明了他以前提出的两处遗址石器有"显著不同"和应对"河套文化"这一命名加以修正的意见是正确的。1965年冬，裴文中还主持了贵州省黔西县观音洞旧石器时代文化遗址的发掘工作。

裴文中倡导旧石器时代文化的研究，既要注重器物的分析描述，又要努力用研究成果进行原始社会史的研究。他1963年出版的《中国新石器时代文化》，就把考古学成果运用到原始社会史的探讨中去。与此同时，他也十分重视发掘材料的整理、分析。从 1977 年起，直到 1981 年完成的《中国猿人石器研究》，就是这方面的力作。

作为我国旧石器时代考古学的重要奠基人之一，裴文中在半个多世纪的研究工作中，为我国旧石器时代考古学从萌芽到形成，又从形成到成熟和发展等各个阶段都做出了重大贡献，并对世界学术界都有着重大的影响。因此，裴文中以他丰硕的研究成果和为科学献身的精神，深得国内外学术界的敬仰，被授予多种外国学术团体名誉会员、理事、委员等称号，成为世界著名的科学家（张森水《裴文中》，《中国历史学年鉴》[1984 年]，人民出版社 1984 年版。又，安志敏《裴文中》，《中国大百科全书·考古卷》，第 363 页）。

吴金鼎（1901—1948），山东安丘人。1926 年入清华大学国学研究院，从师李济，专攻人类学。1933 年去英国伦敦大学留学，从师英国著名考古学家颜慈教授。1937 年获博士学位后回国，时值抗日战争爆发，殷墟科学发掘暂告停止，受聘于中央博物院筹备处，后又回历史语言研究所工作。抗日战争结束后，受聘于齐鲁大学，曾任训导长、文学院长、国学研究所主任、图书馆主任等职。

吴金鼎去英国留学前，于 1928 年 4 月首先发现了山东历城城子崖龙山文化遗址，为中国新石器文化研究做出了贡献。1930 年春入中央研究院历史语言研究所考古组，秋季参加了城子崖遗址第一次发掘工作。1931 年春参加了殷墟第四次科学发掘工作，并协助梁思永发掘后冈。同年秋又参加了城子崖的第二次发掘工作。1932 年参加发掘浚县大赉店遗址。

吴金鼎在英国留学期间，曾随英国著名考古学家 F. 皮特里教授去巴勒斯坦进行田野考古实习。回国后，1942—1943 年期间，曾主持四川彭县汉代崖墓和成都蜀王建墓的考古发掘工作。

吴金鼎作为我国龙山文化的发现者（参阅王世民《吴金鼎》，《中国大百科全书·考古卷》，第 550 页）和殷墟科学发掘工作的参加者，为我国近代考古学的形成做出了重要贡献。他参加编写的《城子崖》（史语所，1934 年）一书，是我国龙山文化研究的奠基石。而吴金鼎是此书的主要执笔者（全书共七章，有五章为吴氏所撰），又成为我国龙山文化研究的先驱者。

夏鼐（1910—1985），浙江温州人。1934 年毕业于清华大学历史系并考取公费留学考古部门，为出国深造做准备。1935 年春（3 月 15 日—6 月 15 日），赴英留学前，曾以实习人员身份，参加了梁思永主持的第十一次发掘殷墟西北冈王陵的工作。1935年夏，赴英国伦敦大学，从师著名考古学家惠勒教授，专攻考古学。1941年回国，受聘为中央博物院筹备处专门委员，1943年被聘为中央研究院历史语言研究所副研究员、研究员。新中国成立以后，自1950年起，受聘为中国科学院考古研究所研究员，并历任副所长、所长、名誉所长、中国社会科学院副院长等职，成为新中国考古科学的主要组织者和指导者之一，为我国考古学的现代化做出了重大贡献。

夏鼐留学英国期间，曾参加过惠勒教授主持的梅登堡遗址的发掘工作。此外，他还参加过英国调查团在埃及和巴勒斯坦的考古调查和发掘工作，受到英国著名考古学家彼特利的指导。1940年，夏鼐在埃及开罗博物馆从事研究工作近一年。回国后，1941—1945年间，曾先后参加了四川彭山县东汉、六朝墓葬的发掘，以及在甘肃敦煌、宁定、民勤、武威、临洮、兰州等地调查和发掘新石器时代、汉唐遗址及墓葬。特别是1945年他在甘肃宁定进行齐家文化墓葬发掘，从地层学上论定仰韶文化早于齐家文化，发表了《齐家期墓葬的新发现及其年代的改定》，为甘肃新石器时代考古分期奠定了基础，并从根本上动摇了安特生的"六期说"，从而为中国近代考古学的"成熟时期"做出了贡献。

新中国成立以后，夏鼐主持了一系列的重大考古发掘工作，使田野考古水平有了很大提高，并为田野考古工作树立了科学的学风。他还倡办考古训练班，自1952—1954年，为新中国考古事业培养了四届亟需的人才，后成为中国现代考古队伍的中坚。

在50—70年代后期，夏鼐在完成繁忙的社会行政事务后，还努力进行科学研究工作，共计发表论文200多篇，出版专著有《考古学和科技史》、《中国文明的起源》等。正如有学者高度评价的："他从事考古研究，从调查研究出发，以实物资料为主要依据，同时对中国的（在一定程度上也包括外国的）各种古代文献又几乎无所不通。他将中国传统的文史学、金石学等与外国传入的近代考古学相结合起来，使他的研究工作具有广泛的深厚基础，既能追求现代化的国际水平，又能发挥中国的固有的学术传统"（参阅王仲殊《夏鼐》，《中国历史学年鉴》[1986]，人民出版社1986年版）。

不仅如此，夏鼐还十分注意在考古学研究中利用自然科学的最新成果。1965年，在他的倡议和指导下，考古研究所建立了实验室，并在几年内测定出上千个较为准确的年代数据。还进行化学分析、光谱分析、金相分析和热释光测定年代的研究等等。

夏鼐作为新中国考古工作的主要组织者和指导者，作为我国杰出的考古学家，被聘为多国最高学术机构的外籍院士，享有广泛的国际声誉。如今中国考古学"黄金时代"的到来，与夏鼐多年的努力与无私奉献是分不开的。

第三节 一部分金石学家接受了田野考古方法

在20世纪初，西方考古思想的传入，使我国一些金石学家和古器物学家，对西方先进的田野考古方法及其成果，诸如"三期说"、"湖居遗址"等开始有所了解和认识。而列强的探险"考古"，从我国西部地区掠得的一批重要文物材料的公布，使不少金石学家对田野考古调查是获取书本以外资料的重要手段，也逐渐有了一定的认识。前述罗振玉在搜求甲骨文的同时，大力搜集与甲骨同出的其他古代文物，应就是受西方考古思想影响的结果。

不少金石学家开始接受了近代考古学方法，或在研究工作中将文献与考古材料相结合，或直接参加田野考古实践，到书斋以外去寻找全新材料，从而使他们的研究别开生面，跃上全新的阶段，为我国近代考古学的形成和发展，也做出了应有的贡献。

马衡（1881—1955），浙江鄞县人，南洋公学肄业。1922年北京大学国学门成立以后，任考古学研究室主任兼导师，并在北京大学历史系讲授金石学。1925年任故宫博物院古物馆副馆长，1933年任故宫博物院院长。新中国成立以后，于1952年辞去院长职务，专任北京文物管理委员会主任委员。

马衡是我国著名的金石学家，毕生致力于金石学研究。"他继承了清代乾嘉学派的朴学传统，而又锐意采用科学的方法，使中国金石博古之学趋于近代化。"（郭沫若《凡将斋金石丛稿》序，中华书局1977年版）他对铜器的断代研究，作出了新的探索。在1927年，当殷墟科学发掘还未开始的时候，就提出我国青铜器以商代为最早的论断，发表了《中国铜器断代》一文。他从所记年月日、祖妣称谓、祭名等方面，论证他所列七器为商代物，开了铜器断代研究的先例。马衡还根据出土实物，在《戈戟之研究》文中校订了清人程瑶田的旧说。关于古代度量衡制度的研究，马衡也屡有创见。他的《新嘉量考释》、《隋唐律历志十五等尺》等，对我国古代度量制度研究有重要价值。此外，马衡还在石鼓文、汉魏石经、简牍等方面的研究，也造诣颇深。马衡还根据出土材料的不断增多，将传统金石学研究范围扩大到甲骨、竹木、砖瓦、陶玉等等方面，为推动金石学向考古学过渡做出了贡献。

马衡的有关金石考古学论著，主要收入《凡将斋金石丛稿》一书中。

马衡在研究工作中，还注意对古代遗址的发掘和研究。1930年，北京大学、北平研究院、古物保管委员会等学术团体联合发起"燕下都考古团"，由马衡主持调查河北易县燕下都故城遗址，并发掘了老姥台遗址，出土大批战国至汉代的建筑遗物和陶器（傅振伦《燕下都发掘品的初步整理与研究》，《考古通讯》1955年第4期），为中国近代考古学的形成也做出了成绩。

此外，马衡先生同时还是一位有力的文物保护者。1937年抗日战争爆发以后，身为故宫博物院院长的马衡，克服种种困难，千方百计将故宫的宝藏运往西南安全地区，从而免遭日本帝国主义者的抢掠，为保护我国古代文化艺术珍品做出了重大贡献（参阅《凡将斋金石丛稿》后记。又王世民《马衡》，《中国大百科全书·考古卷》，第300页）。

黄文弼（1893—1966），湖北汉川人。1915年入北京大学哲学门学习，1919年北大本科毕业后，入北大研究所国学门工作，从事宋明理学研究。在"五四"运动影响下，他改变了自己的治学方向。自1924年以后，专门研究目录校订之学。正在兴起的"西北之学"，使他最终转向了考古学研究。他是北大考古学会的最早参加者之一。1947年受聘北平研究院史学研究所。新中国成立以后，任中国科学院考古研究所研究员。

1927年，经过种种周折，与瑞典斯文赫定联合组成的中国西北科学考察团，由徐旭生和斯文赫定任团长，黄文弼等五名中国学者为团员，开始了历时三年多的蒙古、新疆等地的艰苦考察古代文化遗址活动。黄文弼离开北京，风餐露宿，投身到西北荒漠之中搜集新材料。在吐鲁番盆地周围，黄文弼探掘了焉耆、库尔勒、轮台、库车、沙雅、拜城、和阗、于阗、皮山、叶城、巴楚等遗址；他在汉代交河故城遗址进行了发掘，并于1930年春冒着生命危险，到达人迹罕至的罗布泊地区。黄文弼此行收获甚丰，采集古代文物标本八十余箱。他在北京团城将所获文物进行整理研究，1931年出版了《高昌砖集》，1932年出版了《高昌陶集》；1933年秋，第二次去新疆，并进入罗布泊地区调查遗址；1943年，第三次去新疆考察古遗址近一年。1948年，出版了《罗布淖尔考古记》；1965年，还不顾年老体弱，第四次赴新疆，特别是重点在以往考古工作较少的北疆进行调查和研究工作。

黄文弼的四次新疆考古调查研究工作，为我国近代考古学的发展，特别是新疆考古和西北史地的研究，做出了开创性的成绩（参阅黄烈《黄文弼传略》,《中国现代社会科学家传略》[第三辑])。

如此等等,不再列举。正是当年采自以上三方面的学者,构成了我国近代考古学队伍的中坚力量。他们筚路蓝缕,为近代考古学在中国的诞生奠定了基石。也正是他们,通过自己的考古实践和探索,并通过自己的研究和著述,各领风骚,堪称考古学各不同分支学科的一代宗师,并影响和造就了一批批中国考古学者。

特别应该指出的是,我国20世纪二三十年代形成的考古学队伍,是一支善于学习、富有开创性和探索精神,并具有相当高水平和良好素质的队伍。他们或在合作考古中,或在外国留学师从著名学者,从那里汲取世界各国有关学科的最新知识。他们又善于把国外最新考古方法与我国考古实际和金石学成果相结合,从而出手不凡,使我国近代考古学在"萌芽时期"就有了较高的起点。

在西欧各国,考古学的"萌芽时期",一般认为从1760—1840年,用了近80年的时光。而我国近代考古学的"萌芽时期",从1921—1931年、1932年(即以发掘安阳后冈"三层文化"和周口店遗址发掘的"改革"以前)前后即告完成,只用了十年左右的时光;西方国家近代考古学的"形成时期",从1840—1867年,用了近二十年的探索。而我国近代考古学的"形成时期",从1931年、1932年前后至1934年、1935年左右即告完成,才费时五六年。关于我国近代考古学的"形成时期"的具体成就,我们将在下章详述。这里所进行的简要对比,是为了说明,我国近代考古学发展之快,是与1840年以来经过的相当长"酝酿时期",以及年轻的高水平的考古队伍善于吸收和运用先进的欧美考古学理论和方法是分不开的。

下 篇

形成时期
（1931—1934 年）

  1928 年，作为全国性的最高学术机关——中央研究院成立。当年 5 月，傅斯年被任命为历史语言研究所代理所长，旋即派青年学者董作宾于 8 月去河南安阳小屯村调查甲骨埋藏情况，并自 1928 年 10 月起，直至 1937 年抗日战争爆发才暂告停止，费时十年之久，先后进行了 15 次大规模科学发掘工作。其持续时间之久、发掘规模之大、出土遗迹和遗物之精美和丰富，不仅在我国，而且在世界考古学史上也是所见不多的。

  就是在中央研究院科学发掘殷墟的过程中，我国近代科学意义的历史考古学由"萌芽"状态起步，经过不断地探索和总结，逐步"形成"了我国近代田野考古学的科学体系，并进一步走向了它的"成熟时期"。

  中国近代考古学的有机组成部分史前考古学，即新石器时代考古学和旧石器时代考古学，也与此同时基本上完成了它们的"萌芽时期"，并进入以"地层学"为标志的近代考古学"形成时期"。

  因此我们说，自 1840 年至 1919 年五四运动前的我国近代史时期，真正的科学意义的近代考古学，还处在"酝酿时期"之中。而到五四运动以后，即在我国历史进入了现代史的初期，在 20 世纪的 30 年代左右，我国的近代考古学（包括史前考古学和历史考古学作为一个整体），在我国已是水到渠成，经过"萌芽时期"，并很快地形成了。

第六章 殷墟科学发掘的第一阶段与我国历史考古学（即商周考古）的萌芽

所谓的殷墟科学发掘的第一阶段，指中央研究院在安阳小屯村所进行15次大规模发掘工作中的第一次、第二次、第三次工作期间。

1928年10月13日，中央研究院开始了第一次科学发掘安阳殷墟的工作。发掘工作由董作宾主持，参加发掘工作的主要成员有郭宝钧、王湘等六人。这次发掘的工作地点在小屯村北、村中和村东北洹河岸边等三处，发掘的主要目的是搜挖甲骨文。发掘时采用的方法是"轮廓之法，由外而内；集中之法，由内而外；打探之法，为可知一丈以内之土色计，作交叉形，盖犹是缩小范围之轮廓求法也"。但因这三种方法都不合殷墟实际，所获甲骨甚微。因而只得改为"利用村人之经验"，即经过"博访周咨"后，根据村人提供的过去出土甲骨之处的线索进行发掘，果然在村中、村北挖得甲骨。这次发掘面积约280平方米，共得甲骨854片，以及铜器、陶器、骨器、蚌器等遗物多种。通过第一次发掘，初步认识了殷墟范围"已自河畔直达村中，一里之内，皆殷墟遗物所在之地也"。并得出了殷墟为大水"漂没说"，其根据是"殷墟遗物如甲骨之类在地下之形状，又确可断定其为漂流淤积所致"（董作宾《民国十七年十月试掘安阳小屯报告书》，《安阳发掘报告》第一册，1929年）。

1928年12月，李济被任命为历史语言研究所考古组组长，全面负责安阳殷墟发掘事宜。1929年3月，由李济主持工作的第二次殷墟科学发掘工作开始，发掘地点在村北、村南和村中等三处，工作人员主要有董作宾、王湘、裴文中等。应该指出的是，自李济主持工作后，一些近代田野考古方法才开始在殷墟发掘工作中应用。诸如雇用一位有才干的测量员对遗址进行测绘，以便准确地绘出以小屯村为中心的详细地形图。在遗址内许多地点以挖探沟的方法进行试掘，主要是为了清楚地了解地表以下的地层情况，以便找出包含未触动过的甲骨堆积。要求发掘工作人员系统记录、登记发掘出的遗物确切出土地点、周围堆积情况、层次以及发现的时间,还要求发掘工作人员坚持记田野工作日记(参阅李济《安阳》,第48页)等等。这次发掘280平方米,发现了甲骨740片,以及陶器、兽骨及石器、铜器等遗物。虽然通过第二次发掘,明确了殷墟文化堆积情形,即现代耕土层下,为隋唐时代墓葬(有的稍早),其下为殷商文化层。但发掘过程中一些考古现象,经李济研究后,仍持"漂没说"。他曾认为:"我们这季找了几件具体的事实,可以证明地下的文化层是由洪水冲积成的。殷商人之所以放弃这个都城,也是因为这次的洪水。"(李济《小屯地面下情形分析初步》,《安阳发掘报告》第一册)

第三次殷墟科学发掘工作是在1929年秋季进行的。这次发掘工作仍由李济主持,参加工作的人员有董作宾、张蔚然、王湘等,发掘的地点在小屯村北高地及村西北的霸台。这次发掘,共开坑118个,面积836平方米。本次共获得甲骨3012片,其中有著名的"大龟四版"、牛头刻辞、鹿头刻辞等精品。此外,还发现有铜器、陶品、石器、骨器等遗物,最为珍贵的是石刻饕餮、白陶和彩陶片等遗物和居住遗址、墓葬等遗迹(参阅胡厚宣《殷墟发掘》,第55页)。这次发掘,认识了"出字骨的小屯只是殷都一个特别的区域,要定商都的范围,只可用陶片定。若以陶片为标准,我们至少可以说商都的面积远超过现在小屯的领土之外"。对第二次发掘时的"漂没说",通过这次发掘,使李济"增加了好多同类的观察,愈益证实上次的推论"(李济《民国十八年秋季发掘殷墟之经过及其重要发现》,《安阳发掘报告》第二册,1930年)。而张蔚然则进一步论断了殷墟文化层"不止为一次大水淤成"。"兹按文化层内遗留痕迹推测,约有四次。"(参阅张蔚然《殷墟地层研究》,《安阳发掘报告》第二册)关于这次发掘所得彩陶片,李济指出:"殷墟的工作可以确切证明仰韶文化不得晚过历史上的殷商,并且要早若干世纪。有些证据使我们相信这块陶器是殷商时代一件古董,好像现代人玩的唐宋瓷器似的。"(李济《小屯与仰韶》,《安阳发掘报告》第二册)

能不能说,自1928年10月起中央研究院开始大规模科学发掘殷墟,就标志我国近代考古学已经形成了呢?我们认为不能这样说。甚至直到1929年秋天殷墟第三次科学发掘工作以后;还不能说中国近代田野考古学已经形成。我们认为,1928年10月的第一次、1929年春季的第二次、1929年秋季的第三次科学发掘殷墟,应是殷墟大规模发掘的第一阶段。这一阶段的考古

第六章　殷墟科学发掘的第一阶段与我国历史考古学
（即商周考古）的萌芽

发掘工作，还处在我国历史时期考古学的初级阶段，即殷商考古学尚处于"萌芽时期"的水平。我们之所以这样说，是以以下理由为根据的：

首先，如所周知，以田野调查发掘工作为基础的近代考古学，应"包括史前考古学、历史考古学和田野考古学等分支学科"（参阅王仲殊《考古学》，《中国大百科全书·考古卷》，第1页）。"考古学所研究的'古代'，除了史前时代以外，还应该包括原史时代和历史时代。就中国考古学而言，历史时代不仅指商代和周代，而且还应包括秦汉及其以后各代"。所谓"古不考'三代'以下"，就是由于秦汉以降文献资料较多，而对秦汉以后考古资料在史学研究中的重要性有所忽视，是不正确的。"当然，历史越古老，文字记载越少，考古学研究的重要性也越显著。要究明人类没有文字记载的史前时代的社会历史，就必须在极大程度上依靠考古学，因而史前考古学与史前史就等同起来了。"（同上书，第2页）

1928年秋，作为我国第一次用近代考古方法发掘的历史遗址——安阳殷墟，标志我国近代的科学历史考古学的开始。殷墟遗址开展考古工作，要比史前遗址仰韶村（新石器时代）和周口店（旧石器时代）的发掘工作开始晚得多。当时的史前考古学尚处在"萌芽时期"的发掘水平（关于此，我们已在前面阐述），那么作为我国历史考古学的开端——殷墟的发掘工作，当也不会超过开展较早的史前考古学所达到的水平。因此不能说，1928年殷墟科学发掘是我国近代考古学形成的标志。即使殷墟科学发掘伊始，就应用了"地层学"的方法（实际并未如此，我们将在下面分析），历史考古学形成了，但作为我国近代考古学的形成，应是一个整体。原始社会的新石器时代考古、旧石器时代考古和历史考古鼎足而三，是近代考古学的三大支柱。只有在史前考古学也真正形成以后，才能说我国近代考古学已经形成。但实际情况是，殷墟的科学发掘，不仅第一次，而且第二次、第三次，还处在历史考古学的"萌芽时期"水平。

其二，我们之所以说殷墟科学发掘的第一阶段还处在历史考古学的"萌芽时期"，这是因为最初发掘殷墟的宗旨还没有脱离古器物学的范畴，即发掘的主要目的是为了搜求甲骨，而不是对殷墟文化进行全面考察。董作宾说，"吾人感于殷墟甲骨有大举发掘之必要，乃先从调查入手"。中央研究院委托董作宾赴安阳小屯村经过实地考察，发现的种种迹象"皆可为殷墟甲骨挖掘未尽之证"。"甲骨既尚有遗留，而近年之出土者又源源不绝，长此以往，关系吾国古代文化至巨之瑰宝，将为无知之土人私掘盗卖以尽，迟之一日，即有一日之损失。是则由国家学术机关以科学方法发掘之，实为刻不容缓之图"（董作宾《民国十七年试掘安阳小屯报告书》，《安阳发掘报告》第一册）。只是在第二次科学发掘李济主持工作以后，"李君最先要解决小屯地层一问题，以为解决其他一切问题之张本"（蔡元培《安阳发掘报告》[第一册]序，1929年）。才开始注意对殷墟甲骨文以外的遗迹、遗物的考古学考察。

其三，我们之所以说殷墟科学发掘的第一阶段还处在我国历史考古学的"萌芽时期"，发掘工作主持，者的水平和经验也反映了这一事实。在当时来说，"殷墟的挖掘，本是很难的一个题目。考古组同人谁也不敢说全具现代考古家的一切资格"（李济《现代考古学与殷墟发掘》，《安阳发掘报告》第二册，1930年）。作为第一次发掘工作的主持人董作宾，"1928年他30岁刚出头，是'五四'运动的天然追随者，富有新思想并急于为自己的研究搜集资料"。"他虽不是传统意识中的古物学家，但他理智灵活。"再加上他是河南人，"这在许多方面都将有利于他的工作"，因而成为第一次科学发掘殷墟工作的理想主持人选。但是，他和积极促成发掘工作进行的史语所所长傅斯年一样，"对现代考古学都没有任何实践经验"（李济《安阳》，第41页）。因此他发掘殷墟使用的方法，诸如"轮廓求法"、"集中求法"、"打探求法"和"村人经验"等，与私人挖掘甲骨无甚大别，只不过是由官方学术团体，即"公家"挖掘甲骨而已。诚如郭沫若1930年所批评的，"发掘上最关紧要的地层之研究丝毫未曾涉及，因而他所获得的比数百片零碎的卜辞还要重要的古物，却被他视为'副产物'而忽略了"（郭沫若《殷墟之发掘》，《中国古代社会研究》，人民出版社1954年版，第301页）；自第二次发掘以后，改由美国归来的李济博士负责。但在美国"原是接受人类学训练的，通过偶然的机会才成为考古学者"（李济《安阳》，第30页）的李济，虽然1926年与地质学家袁复礼一起经过西阴村史前遗址的考古实践，但"西阴村是一处单纯的仰韶文化遗址，不像仰韶村跨越很长的时间"（阎文明《仰韶文化研究中几个值得重视的问题》，《中原文物特刊》[总5号]，1986年）。因此对于文化堆积复杂、遗迹现象丰富的殷墟遗址，他也会有一个熟悉和认识的过程。尽管他主持工作以后，开始在发掘工作中使用一些近代考古方法，比第一次发掘有了一定的进步。而作为古生物学家的裴文中，也参加了第二次发掘殷墟工作。虽然他曾参加并主持过周口店遗址的发掘工作，但旧石器时代考古与历史时期考古的情况毕竟有很大不同。此外，这一时期周口店遗址

第六章 殷墟科学发掘的第一阶段与我国历史考古学
　　　　（即商周考古）的萌芽

的旧石器时代考古学，和新石器时代考古学一样，也尚处在"萌芽阶段"。中央研究院殷墟发掘团，集中了当时中国水平最高的田野考古专家，是不容置疑的。但限于时代和条件，他们不可能对殷墟的发掘，不经探索、修正，一下子就把历史考古学提高到"形成时期"的水平。

　　其四，我们之所以说殷墟科学发掘的第一阶段，还处在我国历史考古学的"萌芽时期"，这是因为田野考古的重要手段"地层学"，在殷墟还没有形成。已如前述，殷墟第一次发掘，董作宾依据甲骨在地下分布的情形，推断殷墟为大水"漂没说"。而第二次发掘，虽然李济立意要在发掘中"清楚了解地表下地层的情况"，并开始对遗址进行测绘、登记出土遗物、坚持田野工作日记等等，使发掘工作较第一次有了进步，但李济根据发掘现象判断，仍主殷墟"地下的文化层是由洪水冲积成的"。而李济主持的第三次发掘，尽管收获颇为丰富，并以陶片为"标志"，认识到商都面积要远远大于小屯村以外，但对殷墟文化层却未能判别清楚，仍持以前的"漂没说"。

　　所谓"漂没说"，是由于殷墟二、三次发掘，"所采的完全是长沟式的发掘，见了这种像聚墨的砚台似的无数凹痕，就设想了好些解释。张蔚然君特别研究这个问题的结果，偏重水淹遗迹说"（李济《安阳最近发掘报告及六次工作之总估计》，《安阳发掘报告》第四册，1933年）。直到1931年第四次发掘时，再把这种现象结合1930年对城子崖龙山文化夯土城址的经验分析、比较，才知道了殷墟文化层中的这一现象为建筑遗存的"夯土"，从而修正了"漂没说"。这标志殷墟遗址历史考古学"地层学"的形成，从而把殷墟发掘第一阶段"草创时期"的水平，推向了殷墟科学发掘的第二阶段（1931—1934年第四次至第九次发掘），即我国历史考古学的"形成时期"。关于此，我们将在下面详述，此处从略。

　　基于上述种种，我们不能同意学术界所说的，从1928年中央研究院进行第一次大规模科学发掘殷墟工作以后，中国近代考古学就"形成"了。而且就整个殷墟科学发掘的第一阶段，也还没有"形成"中国真正近代科学意义的历史考古学。而中国历史考古学的形成，要到殷墟科学发掘的第二阶段，即从第四次（1931年）至第九次（1934年）这一期间。

　　虽然第一阶段的殷墟发掘工作，还在我国近代考古学的"萌芽阶段"，但其重要意义是丝毫也不容忽视的。这就是：

　　第一，殷墟科学发掘工作是由当时中国国家级学术机构——中央研究院出面发起和组织的，反映了我国学术界对近代考古学这门新兴学科的迫切需要和大力提倡。正如当时的中央研究院院长蔡元培在《安阳发掘报告》[第一册]的"序"中所指出的:"中国的历史人文之学发达在自然科学未发达之前,西洋的历史人文之学则发达在自然科学既发达之后;所以他们现在的古学有其他科学可资凭藉,我们前代的古学没有其他科学可资凭证。"因此"我们现在从事此项工作者所凭借之不如人"。"若不扩充我们的凭藉,因以扩充或变易我们的立点和方法,哪里能够使我们的学问随着时代进步呢?"因而自1928年开始的安阳殷墟发掘,"确是因应上文所说的要求而生的"。中央研究院的考古发掘,推动了我国近代考古事业的发展。

也正因为中央研究院是国家级学术机关,所以当1929年与河南省地方当局发生纠纷时,才能通过中央政府与地方政府的协调,使纠纷得到妥善解决,并得以保障以后多次的殷墟发掘工作能安全、顺利地进行。也正因为中央研究院是国家级学术机关,所以才能使殷墟发掘团在各省能较为顺利地发掘重要遗址。就在与河南省方面协调纠纷的过程中,中央研究院与山东省政府合组山东古迹研究会,1930年发掘龙山镇的城子崖遗址,"这个发现,除了它自身的重要外,供给了我们研究殷墟问题的人一批极重要的比较资料"(同上)。至于集中人才、筹集经费等等方面,中央研究院也较地方研究团体更有优势。殷墟15次发掘工作以其取得的丰硕成果,"为中国古学开一个崭新的局面"(蔡元培《安阳发掘报告》(第一册)序,1929年)。这完全说明了重大遗址的考古发掘和重点研究课题的进行,由国家集中一批水平较高的科学家和物力进行攻关是十分必要的。这一点,直到今天对我们的考古科学研究工作仍有很大的启示。

其次,1928年开始的殷墟科学发掘,从始至终,先后15次的大规模发掘工作,既没有与外国学者合作,也没有外国学者参加,完全是由中国学者主持和参加工作的。当时主持发掘工作的年青学者先后有董作宾、李济、梁思永、郭宝钧、石璋如等人。在对殷墟遗址的发掘过程中,先后参加15次发掘工作的学者,诸如董作宾、李济、梁思永、郭宝钧、吴金鼎、刘耀、石璋如、李景聃、祁延霈、尹焕章、胡厚宣、高去寻、夏鼐等,后来都成为国内外著名的考古学家。他们对安阳殷墟以外的遗址,也进行了不少卓有成效的发掘与研究工作。就是他们,把我国历史考古学由萌芽时期推向逐步形成,再由形成阶段推向成熟时期并得到了发展,成为我国近代考古学的奠基者和一代宗师。老骥伏枥,壮心未已。他们中不少人,直到新中国成立以后,还奋战在考古发掘和研究工作的第一线。不少曾在这些大师指导下的年

第六章 殷墟科学发掘的第一阶段与我国历史考古学（即商周考古）的萌芽

青学子，也通过殷墟的发掘工作，扣开登上殷商考古殿堂的门扉，成为当今中国有成就的考古学家。可以毫不夸大地说，1928年开始的殷墟发掘，为我国培养了一代又一代的考古学专家。

其三，1928年开始的殷墟科学发掘工作，为殷商文化研究积累了大批资料。自第一阶段发掘就开始探索的殷墟范围，经过第二阶段的历史考古学形成时期的继续探索和第三阶段的考古学成熟时期全面发掘，发现了以小屯村建筑遗址为中心的宫殿区和侯家庄西北冈的王陵区以及大批精美文物和甲骨文，又经过新中国成立以后的继续科学发掘工作，基本上查清了殷墟的范围和布局（参阅王宇信《甲骨学通论》，第86页），为殷商时期的政治、经济和文化的研究，提供了大量珍贵的第一手资料。而90年来的甲骨学研究，也取得了举世瞩目的成就（参阅王宇信《甲骨学九十年》，《华夏文明》[第三辑]，北京大学出版社1993年版）。

其四，殷墟考古发掘工作，是我国近代科学意义的历史考古学的开端。从此以后，逐渐形成的一整套严格的科学发掘工作方法和有关商代遗物、遗迹的分析研究，奠定了我国历史考古学的基础。以殷墟文化分期为基础（参阅邹衡《试论殷墟文化分期》，《夏商周考古学论文集》，文物出版社1980年版），不仅可以对近年全国各地商代遗址的时代进行判断，又可进一步向上推断郑州二里冈期中商遗存（参阅邹衡《论郑州新发现的商代遗址》，《复商周考古学论文集》），并直至分布在豫西、晋南的二里头文化早商遗存（《新中国的考古发现与研究》，第215—219页）。应该说，这些成就韵取得，是1928年殷墟开始的15次大规模科学发掘工作的继续，实现了"殷墟知识不啻为其他古墟知识作度量"（傅斯年《本所发掘殷墟之经过》，《安阳发掘报告》[第二册]附录，1930年）的初衷。

其五，已如前述，1928年开始的殷墟科学发掘工作，本来是为了搜采甲骨文，但其学术意义却远远超出了甲骨学的范围。与大量科学发掘甲骨出土的同时，伴出的大量遗迹和遗物为我国殷商考古学奠定了基础。而田野考古学的科学方法被引入甲骨学研究领域，从而著名甲骨学大师董作宾得以完成了"分期断代"的创举，使甲骨学研究突破了传统金石学的藩篱，进入了历史考古研究的发展时期。关于此，我们将在后面加以详细叙述。

第七章 我国近代科学意义的历史考古学与史前考古学的形成

第一节 殷墟发掘的第二阶段与我国近代科学意义的历史考古学的形成

自1931年春天起，中央研究院继续进行第四次殷墟科学发掘工作。这次发掘，诚如发掘主持人李济所说，"在安阳发掘历史中算是最紧张的一幕"（李济《安阳最近发掘报告及六次工作之总估计》，《安阳发掘报告》第四册，1933年），在殷墟发掘史上有着划时代的意义。自此以后，我国近代科学意义的历史考古学，从第一阶段发掘工作的"萌芽时期"，进入了发掘工作的第二阶段（四至九次），是我国历史考古学的"形成时期"。

殷墟第四次科学发掘工作，自1931年3月至5月，共进行了52天。发掘工作仍由李济主持，成员主要有董作宾、梁思永、郭宝钧、刘耀、石璋如等16人。发掘地点仍在小屯村北，继续在第三次发掘区域工作。这次发掘，增加了新的成员。1930年"夏季梁思永君由美归国后，即接受中央研究院之聘，加入考古组的团体。梁君是一位有田野工作训练的考古家并且对东亚的考古问题作过特别的研究。两年来他对于考古组的组织上及方法上均有极重要的贡献"。而吴金鼎，"是山东黑陶文化第一个发现者。他对于安阳的问题独具一个看法，能于他人所不注意的事实中找出新意义"（同上）。第四次发掘工作，指导思想也与前一阶段有了显著的不同。即"于第一次发掘，颇注意甲骨文之搜集，于第二、三次发掘，颇注意其他遗物之网罗。而遗迹之特别注意，实以此次为始"（郭宝钧《B区发掘记之一》，《安阳发掘报告》第四册）。这次发掘工作的方法也有了较大的改进。"想找建筑遗址，不能用滚土的方法。换句话讲，一切起出来的土必须移到别处。"因此原拟"整个的翻"。但开工一周后，又作了调整，即"我们决定了留数米翻一米

第七章 我国近代科学意义的历史考古学与史前考古学的形成

的计划。如此做法，不但可以省工，并且可以省得移土。若某处认为有全翻的必要，仍可全翻"（李济《安阳最近发掘报告及六次工作之总估计》，《安阳发掘报告》第四册）。所以在郭宝钧、董作宾等学者负责的 B 区有了重大突破，即"版筑"遗存的发现。此外，在 C 区、D 区也有"版筑"遗存的发现。

郭宝钧根据 B 区发掘的版筑及穴居遗存的材料，并结合文献和用山东龙山镇城子崖遗址的材料进行比较分析，写出了《B 区发掘记之一》的论作（载《安阳发掘报告》第四册），指出："殷墟文化层内聚凹纹，确为殷人版筑迹无疑，与波浪遗痕无关。"并判断"居穴与堂基之关系，有时代先后之分"。"殷之末世，确为由穴居进而为宫室居住之过渡时代者此也。"他根据大量地层证据，论证了"殷墟非漂没说"。从此，关于殷墟文化层的形成，拨去了迷雾见青天，得出了正确的看法。其重大意义正如发掘主持人李济所充分评价的："这是我们发掘殷墟的历史中的一个极重要的转点。"（同上）

此外，这次发掘又获得了大批遗物，诸如甲骨 782 片，其中鹿头刻辞一件。还发现许多青铜器、陶器、骨器以及虎头骨、象牙床、鲸鱼骨、象骨等重要资料。

另外，1930 年山东城子崖龙山文化遗址的发掘，对学者们研究殷墟颇有启发。"要了解小屯，必须兼探四境。"大的方面讲，可将殷墟发掘的一些现象与山东城子崖遗址相比较。小的范围说，开始注意殷墟中心区小屯的文化现象与其周围的文化遗址的关系问题的探索。即"都想用由外求内的方法，发掘小屯四境，以解决小屯"（同上）的一些疑难问题。因此，在发掘小屯村遗址的同时，又发掘了殷墟的"外郊"四盘磨村"当时的平民之居址"（参阅吴金鼎《摘记小屯迤、西之三次小发掘》，《安阳发掘报告》第四册）。还发掘了后冈，发现了"白灰面"以及重要的"三层文化"遗址。其重要意义，我们将在下文专门叙述。

其后又进行的"第五次至九次发掘主要集中于小屯，发掘的宗旨仍是复原殷商朝的建筑基础"（李济《安阳》，第 57 页）。这一阶段的工作情形是：

1931 年秋进行了第五次发掘殷墟，主持人为董作宾，工作人员主要有梁思永、郭宝钧等。这次继续注意对殷墟文化层的研究，在"村中发掘证明地下堆积为废弃状况，不是如先前所说漂流来的。这当然又是洪水说的一个新的反证"。此外，还观察到"甲骨原在地，显系堆积而非漂没"。对建筑基址与窖穴的层位关系，也有了进一步的认识，"版筑为比较晚期的建筑，夯土下面，另有一种居住的遗址大圆坑"（李济《安阳最近发掘报告及六次工作之总估计》，《安阳发掘报告》第四册）。另外，还发现了"黄土台基"及骨料储存坑等。遗物方面，获得甲骨381片，以牛肋骨一片最为罕见。还发现有陶器、石器等文化遗物。

1932年春，开始第六次发掘殷墟，主持人为李济，参加工作的有董作宾、吴金鼎、石璋如等。这次发掘工作主要是在B区"整个的翻"和在E区密集开探坑，主要目的是为了探索"版筑下之方圆坑，它们的构造及排列"情形。在B区的方圆坑内，发现了前五次发掘从未见过的上下排列的脚窝。"黄土台与E区石蛋之排列，均准磁针之南北方向，亦为耐人寻味之事。"经研究，所谓"石蛋"实为建筑基址的柱础石。此外，"这季发掘所得，与殷墟历史最有关系的事实，为坑内套坑的现象。这是殷墟曾经过长久居住的物证"。

经过第四、五、六次殷墟发掘以后，不仅否定了"漂没说"和在地层学研究方面认识了"版筑的存在"，并进一步认识了"殷商时代在此开始版筑时，此地固已有若干方圆坑之旧建筑。单据此类遗迹说，殷商文化层可分为：a. 方圆坑时期 b. 版筑时期"。"从现在所知道的各种实物的演变本身说，两期的区分是再也不能少的了。"（同上）以地层为依据，开始了初期文化分期的探索。特别是第六次发掘，既"重视遗物的位置，兼注意遗址的范围。可以说由支离片断的寻找，走上系统发掘的道路"（石璋如《第七次发掘殷墟：E区工作报告》，《安阳发掘报告》第四册），考古的发掘水平有了较大的提高。

"从第七次至第九次，董作宾与郭宝钧两人轮流领导田野发掘，主要目的仍是继续复原建筑基础。""更集中深入研究'夯筑法'发展的不同阶段。"（李济《安阳》，第58页）这几次的发掘情形是：

1932年春，进行了第七次殷墟发掘，李济为主持人，工作人员主要有董作宾、石璋如等。发掘地点由B、E两区扩展到A、C两区。这次发掘，"注意在殷墟中找遗址，从遗址中觅遗物。远窥址与址的联络，近察物与物的关系，并详记物址个体所占的精确处所，作讨探他们彼此相互的深刻意义"（参阅石璋如《第七次发掘殷墟：E区工作报告》，《安阳发掘报告》第四册）。这次发现的建筑遗迹有矩形基、凹形基、条形基以及柱础和窖穴等和石、玉、陶、骨、角、贝、铜、金器等遗物和甲骨29片。

1933年秋，进行了第八次殷墟发掘，郭宝钧为主持人，参加人员有石璋

第七章　我国近代科学意义的历史考古学与史前考古学的形成

如、刘耀、李景聃等六人。发掘地点在小屯村北的 D 区，主要目的是沟通 B、E 两区，并观察黑陶、灰陶文化的关系。在遗迹方面的重要发现有东、西两座版筑基址，并发现铜柱础十个。在版筑基址之下，发现了龙山文化圆坑四个，发现小屯期商文化叠压在龙山文化之上的文化堆积层。此外，还获有甲骨 257 片，以及商和龙山遗物多种（石璋如《殷墟最近之重要发现附论小屯地层》，《中国考古学报》第二册，1947 年）。

1934 年春，进行了第九次殷墟发掘，主持人为董作宾，参加工作的有石璋如、李景聃、尹焕章等七人。发掘工作主要在村北 D、G 两区进行。这次发现了版筑基址、窖穴等，甲骨 441 片及其他遗物等。

如此等等，就是在 1931 年春至 1934 年春的殷墟发掘第二阶段，否定了大水"漂没说"，从而把殷墟发掘工作建立在可靠的地层学基础之上。此外，通过建筑遗存的发掘，发现了夯土基址晚于其下的居穴遗迹，再结合陶器进行文化层早晚的分期，直至剖明了殷商文化层下压龙山文化层，表明了在此期间"地层学"研究的进步。因此可以说，在殷墟科学发掘的第二阶段，我国近代科学的历史考古学形成了。

就是在第九次发掘期间，在侯家庄发现了商代居址和窖穴，并出土了"大龟七版"；而在后冈，发掘了带南北墓道的商代大墓。就是由后冈大墓的发现，"给我们以巨大的启示和肯定的信念，认识安阳这个地方不仅是殷都所在，而且也有为殷陵所在的可能。从此便精心调查，到处寻找，洹北侯家庄西北冈殷代墓地的发现与发掘，便是这个种子的萌芽"（石璋如《河南安阳后冈的商墓》，《史语所集刊》第十三本，1948 年）。从此，就又开始了殷墟科学发掘的第三阶段的前期（第十至十二次），即王陵区的发掘和后期（第十三至十五次发掘）的小屯村宫殿区的大规模发掘工作，达到了殷墟科学发掘的"顶峰"。中国近代科学意义的考古学，自殷墟发掘的第三阶段，进入了它的"成熟时期"了。

由于本编的论题，是中国近代考古学成果。而 1840—1919 年的中国近代史上，科学意义的中国近代考古学还没有产生。因而论述中国近代考古学的形成，已写至了 1931 年，这已经超出了"近代"的时间范围。因此再继续将中国近代考古学的"成熟时期"写出来，更会远远超出了近代的范围。但为了给读者关于殷墟 15 次科学发掘一个总的概念，不妨再用一些篇幅，在此把殷墟科学发掘的第三阶段成绩及意义，权作本节"附录"，作一简要介绍如下：

殷墟科学发掘第三阶段的前期（1934年秋至1935秋）共在侯家庄西北冈王陵区发掘了三次，即第十至十二次殷墟发掘工作。三次发掘工作主持人皆为梁思永，参加工作的人员先后有石璋如、刘耀、祁延霈、胡厚宣、尹焕章、高去寻、夏鼐等。

第十次（1934年秋）发掘，主要在西区发现四座大墓 M1001、M1002、M1003、M1004四座。在东区发现了小墓群，共发现63座，出土大批精美遗物和人殉、人祭现象。

第十一次（1935年春）发掘，继续清理西区四座大墓，又发现 M1217一座大墓。东区继续发掘小墓群，共411座。重要出土品甚丰，诸如 M1004大墓的牛鼎、鹿鼎及数百铜盔、10个一捆的铜矛等。其他如铜、石、玉、骨、牙、陶制品、仪杖等也很精美。著名的大理石断耳铭文簋于 M1003 大墓中出土。

第十二次（1935年秋）发掘，在西区新发现并发掘大墓三座（M1500、M1550、M1443）、假大墓一座（M1567）。在东区仍继续发掘上次及这次发现的大墓两座（M1400 为上次发现，M1443 为这次发现）。另外，在东、西两区共发掘小墓785座。诸墓出土了大批精美文物。

以上三次发掘，共发掘殷王大墓10座（其中假大墓一座），小墓1228座并出土大批精美遗物。因此，"这一阶段的发现，在中国考古学上，在殷墟学上，在中国古代史上，都是非常重要的发现"（参阅胡原宣《殷墟发掘》，第96页。及高去寻《安阳殷代王陵》，台湾大学）。殷王陵区的发现和发掘，是我国在殷墟开始萌芽并形成的近代历史考古学进入"成熟时期"的标志。有关殷王陵的发现与研究，见于李济总编辑的《侯家庄》，其中有梁思永、高去寻《1001号大墓》，于1962年出版；《1002号大墓》，1965年出版；《41003号大墓》，1967年出版；《41217号大墓》，1968年出版；41500号大墓》，1974年出版；《1550号大墓》，1967年出版。

后期（1936年春至1937年春），这一期间主要工作是"平翻"小屯村北宫殿遗址。第十三至十五次发掘工作，先后由郭宝钧、梁思永、石璋如等学者主持。参加工作的人员主要有石璋如、李景聃、祁延霈、高去寻、尹焕章、王湘、潘悫等。这次发掘工作，不仅发现了前所"未预料的发现物"，而且还由于资料的积累和观察，"也为解决一些老的历史问题提供新资料的发现物"（李济《安阳》，第78页）。

第十三次（1936年秋）发掘，主要在小屯村北 B、C 两区，采用大面积

第七章　我国近代科学意义的历史考古学与史前考古学的形成

"平翻法",从而打破了历次发掘所受坑位的局限。发现了版筑基址四处,窖穴127个,墓葬181座。基址之上排列有整齐的础石,基址之下有全长60米左右的水沟。还发现了战车和武士坑(石璋如《殷墟最近之重要发现附论小屯地层》,《中国考古学报》第二册,1947年)。最为重要的发现,是著名YH127坑整坑甲骨的出土,共出土甲骨17096片,完整龟甲近300版。这是在殷墟发掘史上罕见的发现,为甲骨学和殷商史研究,提供了大批珍贵资料(参阅王宇信《甲骨学通论》,第88—89页)。

第十四次(1936年秋)发掘,仍在小屯村北继第十三次发掘之未完工作。本次发现遗迹有版筑基址26处、窖穴122处、墓葬132座以及水沟遗迹。出土铜、陶、玉、石器等遗物多种。

第十五次(1937年春)发掘,仍在村北原十四次发掘处向南推进,集中于C区。"因这里是基址的中心区,所以希望在最短期间把这里弄清,找出基址和墓葬的关系"(胡厚宣《殷墟发掘》,第108页),仍采用"平翻法",获得重要基址20处、窖穴220处、墓葬103座,甲骨599片和大量遗物。

综上所述,殷墟科学发掘的第三阶段,继承和发展了第一阶段近代历史考古学的萌芽和第二阶段形成时期的发掘经验和成果,并参考了山东城子崖以及小屯周围遗址发掘的经验和资料,演出了一场殷墟发掘史上威武雄壮的考古史剧。才有可能在殷王陵区和宫殿中心区进行规模如此之大,现象如此错综复杂,出土物如此精美的连续六次富有成效的发掘工作,终于把殷墟考古推向了高潮。我国历史考古学自殷墟科学发掘第三阶段,进入了"成熟时期"。这一成熟时期的标志就是通过这一阶段的发掘工作,解决和提出了不少重大学术课题。这就是:

首先,历次发掘和积累的资料,使一些重要课题有了进展,诸如"1.'人牲';2.动植物;3.陶器收集;4.地下坑和住宅的进化阶段;5.地面建筑基址的方向和规模"等。

其次,就是一些新的重大发现,又给考古学提出了新的研究课题。这就是"1.车马坑;2.刻字甲骨档案的地下堆积(H127)"(参阅李济《安阳》,第78—88页)。

综上所述,诚如李济所指出的:"实际上,最后三次发掘积累的大量田野记录,以及以任何科学标准给予最高评价的重要发现和由野资料,为当今了解安阳文化的真实性质提供了基本材料"。而"H127明显居于整个发掘过程的最高点之一"（同上书，第 88 页），是我国历史考古学"成熟时期"的重大收获之一。

由李济总编辑的《中国考古报告集》，有关殷墟遗址的发掘报告《小屯》第一本，已出版了石璋如《殷代建筑遗存》（1959 年）、《北组墓葬》（1970 年）、《中组墓葬》（1972 年）、《南组墓葬》（1974 年）、《乙区墓葬》（1976 年）、《丙区墓葬》（1980 年）、《甲骨坑层》（1985 年）等等，为殷商文化和历史学研究提供了大批珍贵资料，在国内外学术界有着重大的影响。

第二节　我国近代新石器时代考古学的形成

我们前面已经谈过，自 1921 年安特生发掘仰韶文化遗址开始，直至 1926 年李济发掘仰韶文化西阴村遗址的这一期间，是中国新石器时代考古学的"萌芽时期"。而 1928 年开始的大规模殷墟科学发掘，其影响已超出了历史考古学本身，也直接促进了"萌芽时期"的新石器时代考古学的发展。随着中央研究院 1930 年发掘山东历城城子崖遗址和 1931 年安阳后冈"三叠层"的发现，我国近代新石器时代考古学也进入了它的"形成时期"。

1929 年秋，由于中央研究院与河南省地方当局就发掘殷墟的问题发生纠纷，在中央与地方各界人士协商、调解纠纷（参见傅斯年《本所发掘安阳殷墟之经过》，《安阳发掘报告》第二册）和 1930 年军阀混战的影响，当年秋中央研究院只得暂停发掘殷墟。在此期间，又与山东省政府联合组成了"山东省古迹研究会"，在山东济南东南的龙山镇城子崖遗址进行了第一次发掘，接着又在 1931 年秋进行第二次发掘工作。两次发掘收获经过整理，编为《城子崖》一书出版。

中央研究院的学者们在发掘安阳殷墟的过程中，逐渐形成了发展中国考古事业的共识，即："中国考古学如有大成就，决不能仅凭一个线路工作，也决不能但以外来物名为建设此土考古年代学之基础。因为中国的史前史原文化本不是一面的，而多面互相混合反映以成立在这文化的富土之上的。"原拟在发掘安阳殷墟的同时，再在山东临淄建立一个考古中心。由于吴金鼎发现了城子崖龙山文化遗址，遂在河南安阳殷墟发掘暂停的间隙，把发掘团的成员移往山东城子崖遗址继续进行考古发掘工作。这次发掘的目的很明确："第一是想在彩陶区域以外作一试验，第二是想看看中国古代文化之海滨性，第三是想探探比殷墟——有绝对年代知识的遗迹——更早的东方遗

第七章 我国近代科学意义的历史考古学与史前考古学的形成

址"(傅斯年《城子崖序一》,第 8 页,南京史语所,1934 年)。

可以说,城子崖遗址的发掘,是我国当时黄河上、中游发现的彩陶文化遗址以外,第一次在黄河下游发现了另一种新石器时代文化,所谓"黑陶文化",即龙山文化的存在。这在我国考古学史上,有着重大的学术意义。已如前述,安特生在发掘仰韶村遗址时,由于没有使用"地层学"的发掘方法,所以把仰韶文化与龙山文化混在一起,并得出了粗陶器要比着色陶器早的错误结论。虽然 1926 年李济发掘西阴村仰韶文化遗址比较单纯,但与山东发现的另一种新石器时代文化——龙山文化,二者之间孰早孰晚,因缺乏地层证据,仍无法进行比较。但城子崖发现的夯土遗迹,却对殷墟发掘大有启发,它促成了殷墟 1931 年春第四次发掘时,对有关"夯土"建筑遗迹的确认和殷墟文化层大水"漂没说"的动摇,推动了殷墟发掘地层学的科学化,从而使殷墟开始的中国历史考古学走向了"形成时期"。这一重大成果的取得,使学者们进一步认识到"要了解小屯,必须兼顾四境",即将殷墟文化与其他文化进行比较、分析是十分重要的。

1931 年,殷墟第四次科学发掘期间,梁思永、吴金鼎、刘耀发掘后冈,以期达到"发掘殷墟四境,以解决小屯"(李济《安阳最近发掘报告及六次工作之总估计》,《安阳发掘报告》第四册)遗址的疑难问题。梁思永等从冈顶起,向东西南北四方开掘纵横交叉的两道探沟,"以探视全冈遗存内容的大概"。这次最重要的发现,就是"三层文化"的堆积。发掘工作主持者梁思永在《后冈发掘小记》(载《安阳发掘报告》第四册)中记述说:

> 上层所包含的是白陶文化(即小屯文化)遗物;中层所包含的是黑陶文化(即龙山文化)的遗物;下层所包含的是彩陶文化(即仰韶文化)的遗物。每层所包含的遗物里,不但有他所代表的文化的普通器物,并且有那文化的特殊制品。如果把地层上下的次序依考古学的基本原则"翻译"成时间的先后,我们就可以知道冈上在白陶文化的人居住之前,黑陶文化的人曾在那里住过,在黑陶文化的人之前,又有彩陶文化的人在那里住过。这简单的事实是城子崖黑陶文化发现后,中国考古学上极重要的一个发现。在这发现之前,我们只知道中国新石器时代,东部曾有一种黑陶文化,而于这种文化与其他文化的关系是一无所知的。在这发现之后,我们才知道他的时代和地位,以及他与白陶文化和彩陶文化的关系。

后冈"三层文化"的发现和研究,第一次以地层学的证据,确立了仰韶文化与龙山文化的年代序列,即新石器时代的两种文化,仰韶文化要早于龙山文化;与此同时,也进一步确立了新石器时代两种文化与殷墟文化的年代序列,即仰韶文化→龙山文化→殷墟文化,而以殷墟文化为最晚。因此,后冈"三层文化"的发现,标志着自1921年仰韶文化发现以后,新石器时代考古学经过十多年的"萌芽时期"的探求,到1931年春后冈发掘,进入了它发展道路上的"形成时期"。自此以后,中央研究院在发掘殷墟的同时,也继续留意对仰韶文化和龙山文化遗址的发掘与研究。

1931年秋,又再一次发掘后冈,不仅"三层文化"更为清楚,而且还发现了龙山文化时期的"白灰面"居址和"夯土墙"。这是我国继最早发现的城子崖龙山文化城基以后的第二座龙山文化时期城址,对研究我国文明的出现和国家的起源,有着重要的参考价值。

1932年春,在后冈遗址以外的侯家庄高井台子遗址,由吴金鼎和王湘发掘,也发现了几层文化堆积的地层。在离河较近的"仰韶区"和离河较远的"黑陶区"之间,即为"灰陶、黑陶、红陶三层文化相压叠的'三层区'"(参阅吴金鼎《摘记小屯迤西之三处小发掘》,《安阳发掘报告》第四册)。"三层区"文化堆积的再一次发现,证明了后冈"三层文化"不是偶然、孤立的现象。

此外,1932年春第一次发掘调查辛村时,也发现了黑陶文化遗址一处、大赉店彩陶文化遗址一处。1933年第三次在浚县调查发掘时,发现了刘庄彩陶文化遗址一处。1934年春,中央研究院在广武陈沟还发掘彩陶文化遗址一处。与此同时,吴金鼎又发掘了巩县塌坡彩陶遗址一处。当年秋,又在青苔发现彩陶遗址一处和部分黑陶文化遗址。

1933年冬,由刘耀主持了第三次后冈遗址的发掘工作,发现了龙山文化版筑墙,并发现殷代大墓一座。

1934年春,又由刘耀主持进行了第四次后冈遗址发掘,"目的在找版筑土墙的尽端,并清理大墓"。"结果找清楚了龙山期的围墙,墙宽二至四公尺,长七十余公尺,围绕着黑陶遗址的西南两面。墙基版筑中有彩陶的遗存,其上多为铜器墓所破坏。(参阅胡厚宣《殷墟发掘》,第72页)此外,又由石璋如主持发掘了洹水北岸南霸台遗址,发现了龙山文化与殷商文化的两期文化堆积层。

1934年冬,由梁思永、石璋如、胡厚宣发掘同乐寨遗址,"结果发现了仰韶龙山小屯等期文化之堆积"，再一次证明了后冈发现"三层文化"的可靠性。这次在同乐寨龙山文化层中发现的"琢制石器"，是非常重要的发现和收获。它"不但增加了黑陶文化内容，并可进而研究长城南北琢制石器之文化及时代的关系"（同上书，第79页）。

直到1935年第十一次发掘王陵区以前，史语所在发掘殷墟的同时，对史前文化，即仰韶文化和龙山文化遗址进行了多次的调查和发掘工作。因此，1931年后冈发现的"三层文化"堆积，又得到了其他多处遗址的地层证据。如果说中国新石器时代考古学萌芽于安特生1921年的仰韶村发掘，那么1931年安阳后冈"三层文化"的发现，则是中国近代新石器时代考古学从殷墟走向它的"形成时期"的标志。

第三节 我国近代旧石器时代考古学的形成

旧石器时代考古学，与新石器时代考古学和历史考古学的关系，不如新石器时代考古学与历史考古学之间的关系那样密切。这是因为旧石器时代考古学与自然科学，诸如地质学、古生物学等学科有着十分密切联系的专业特点所决定的。在一定程度上可以说，旧石器时代考古学与新石器时代考古学、历史考古学走着不同的道路。诸如在周口店遗址进行发掘工作的学者，都是古生物学者和地质科学家。尽管如此，但作为我国近代考古学的一个有机组成部分，地层学和有关出土遗物的严密精确的发掘记录，也是"形成时期"旧石器时代考古学所必须的手段和恢复上古社会面貌的科学依据。

虽然1921年周口店猿人遗址进行了两次试掘和1927年、1928年进行了两次正式发掘工作，但我国旧石器时代考古学还处在"萌芽时期"。关于此，我们在前面已作过叙述。

1929年秋，周口店遗址的发掘工作由年青的中国学者裴文中负责。在12月2日下午4点多钟，周口店遗址获得了震惊世界学术界的重大成果，即发现了一个完整的北京人头盖骨标本。真是"一时间，这个消息成了当时最惹人兴趣的爆炸性新闻，北京城里大街小巷几乎无不谈论它"（贾兰坡《周口店发掘记》，第49页）。北京人头骨的发现者裴文中，也以他对旧石器时代考古学的这一卓越贡献而享誉海内外。但这位严肃的学者，在一片赞誉声中，却严格地反省自己的不足和缺憾。他在追述这颗完整的头骨发现经过时，曾十分坦诚地严责自己："我应该讲一讲我很抱歉的一件事，1930年春季，有一个技工从北平来，告诉我说，在北平研究室里修理去年从周口店运到北平的标本时，有一个技工修理出一件化石与去年发现的那个人的头盖骨相同。推测是从第8—9层下部发现的，把它定为'猿人丁地'，至于1929年发现的完整头骨则定为'猿人戊地'。丁地的头骨已经碎裂成了许多块，但把它们粘连起来，仍然得算是一个相当好的头骨，尽管有相当一部分缺片。1929年秋，也曾找到几个零星牙齿，丁地的头盖骨的具体的位置在所谓之'猿人洞'之上约三米。北平的朋友都说过这件标本，因为外面还有很厚的泥土包裹着，以致现场未被发现。我很明白他们在维护我的短处，掩盖我失查的罪名，但我无论如何也不能不承认我的疏忽。"（同上）如此严格的科学态度，为后世学人树立了榜样。

接着，1931年又开始发掘周口店"鸽子堂"遗址，年青学者贾兰坡就在这一年参加了周口店遗址的发掘工作。鸽子堂出石器的灰烬层（即石英二层）里的一切有使用痕迹的遗物，就是经过贾兰坡之手——编号的，从第一号编至8000多号。"认识北京人的石器，并非易事，从安特生提出石英碎块可能是古老的人类的石器之后，差不多经过十年的时间才得到证实。"（同上书，第51页）这反映了在"萌芽时期"，中国旧石器时代考古学所取得的进步。不过，科学的地层学还没有形成。当时的发掘现场，在管理方面存在着相当的混乱，因而也是使出土遗物层位不清的重要原因。裴文中追述当时的发掘现场情景时说，"我们的技工们，没有一定的地方，他们也与普通工人一样工作，如遇见化石，他们即动手去掘，或由我（按：即裴文中）临时派人去掘。我们规定的地方的界限之内，差不多都是工人，硬的地方放炮炸之，软的地方用镐挖之。这样的结果，工人们杂乱无章，所得的化石，也有时忘了从何处采的。最大的毛病，还是如见稍硬的地方，因为工人们挖掘费力，常常偷偷躲开，而跑到较软的地方去。所以那时，我们常常看见，软的地方已经挖得很深，而硬的地方却高高隆起。我们所写的号码，完全失去了作用，而难以知道一件标本究竟从哪一个层次掘出"（裴文中《周口店洞穴层采掘记》，《地质专报》乙种第7号，1934年）。

直到1931年，周口店猿人遗址的考古发掘工作，无论从方法上，还是从组织管理方面，都还很不完善，仍处在萌芽时期的水平，所以从1932年起，学者们对周口店遗址的发掘工作，进行了第一次改革。主要是在田野考古方法方面，作了一系列重大的改进。这就是：

首先，在发掘的地方先开掘一条"探沟"。探沟宽1.5米、长3米为一

第七章 我国近代科学意义的历史考古学与史前考古学的形成

段。共掘出四五段深为5米的探沟。经过对探沟地质构造和出土标本进行分析后，再进行正式发掘。

其次，就是划分"探方"。即把将要发掘的地面分成若干"方格"，每一方格就叫"一方"。原拟每平方米为一方，但因地层较坚硬，层内所含石块太多太大，竟有一块石头就达一立方米以上者，故划"方"太小不易发掘，就又改为长、宽各3米为"一方"。每发掘到5米深后，再挖新沟。

其三，每方由技工一人及具有发掘经验的工人一名负责发掘。每方还配备固定的工人清理该方所出土石。为避免遗漏出土标本，将这些清理出的土石分放指定地点，以便将来再进一步从其中筛拣被遗漏的出土文物标本。

"这种方法实行之后，给科学研究带来了很大的方便。东坡的发掘，虽然只是一种试验性质，但对标本和地层已经有了记录了。"（贾兰坡《周口店发掘记》，第57页）这一切表明，自1932年的改进以后，田野考古重要方法——地层学开始应用在旧石器时代遗址的发掘工作中了。因此，这一时期的考古工作与自1921至1930年的"萌芽时期"相比，发掘水平有了很大的进步。

1933年，在发掘周口店山顶洞遗址时，又在前一次考古方法改进的基础上，结合山顶洞遗址文化堆积的实际情况，对发掘工作进行了再一次的"改革"。即：

第一，因此处的堆积较细，没有1931年东坡遗址文化层中那样坚硬和巨大石块分布，因此把"探方"改为长、宽各1米，深0.5米为"一方"，并省去了"探沟"的工序。规定每个技工负责发掘四个"方"。发掘时，先挖其中的一方，以揭露地层的情况，然后再挖邻近的一方。这实际是把"探沟"的工序合并到发掘"探方"的工作中去了，而所得效果，却是和原来是一样的。

第二，平面图和剖面图的绘制。在发掘遗址之前，先绘制1:50的平面图。发掘过程中，每深0.5米为一水平层，，也都绘制同样比例的平面图；每隔2米，绘制南北向和东西向的剖面图，把自然层的情况绘在剖面图上。而重要的标本发现后，在测量其出土位置后，一一标在平面图和剖面图上。

第三，记录照相和例常照相资料的积累。所谓"记录照相"，是在发掘期间，每天都要坚持从南、东、西三个固定的角度，照相三张，实际是每天上午、中午、下午的工地情形，"以留待日后了解当时工作情形的参考"；而所谓"例常照相"，是每周两次从东、北、西三个固定方向，各照相一张。

"例常照相并非单一地拍照发掘地点而是全山，从照片上即可观察出整个龙骨山逐渐变化的情形。"（同上书，第58—59页）

如果说，1932年初步对周口店猿人遗址发掘方法的重大改进，是中国近代旧石器时代考古学地层学的革命，那么1933年发掘山顶洞遗址的继续"改革"，则是从资料方面保证了地层学科学成果得以积累。自此以后，我国旧石器时代考古学摆脱了萌芽状态，进入了"形成时期"。我国旧石器时代考古学1932和1933年期间形成的一个整套田野发掘方法、资料的记录整理等严密的规程，一直到今天，还在旧石器时代考古工作中有很大的影响。

就在1933年发掘周口店山顶洞时，在上室、下室共发现了七个（或八个）男女老少的不同个体。根据头骨和牙齿对他们的性别、年龄进行鉴定后可知，其中有四个成年人（二男二女）、一个少年和两个小孩。成年人中，有三人是在下室墓葬发现的，即一名60岁以上男性老人和两名年青女性（发掘下室时，因在尸骨上发现赤铁矿石和一些装饰品，因而判断为墓葬）。这是我国旧石器时代考古中第一次发现的古人类墓葬。学者们对山顶洞人的出土环境和人种展开了种种争论。"总之，山顶洞的下室是墓葬，山顶洞人又可看作是蒙古人种或黄种人的祖先"（同上书，第67页），为研究我国母系氏族社会初期的社会历史，提供了珍贵的资料。

1934年，裴文中、贾兰坡、卞美年等学者继续发掘北京人遗址时，就使用全新的发掘方法了。贾兰坡把清理出的发掘工作面，先定出南北的中线和东西的中线，然后根据划定出来的中线向外扩展。以南北和东西各面积2平方米为一方，深1米为一个层面。并把东西方向编号为A、B、C、D、E……南北方向编号为1、2、3、4、5……每方出现编有号码的（如A1、A2、A3、C3、D5等等）方格网，然后再进行发掘和采集标本。因此，直到若干年后"我们研究所保存的大量标本，只要看一看号码即可知道是从什么地点和什么层位以及从哪一方格之内发现的"（同上书，第60页）。因此，我国旧石器时代考古学形成以后，发掘工作继续进行的总结和改进使之进一步科学化了。

此后，周口店遗址还进行了几次发掘工作。主要有：

1933年11月至12月和1934年4月至7月，在发掘第一地点的东坡和顶部堆积以前，又在北京人遗址（第一地点）南部一里左右的第十三地点，发掘了早于北京人的遗址，化石标本共获161箱之多。经研究，这里发现的动物群，"绝种的动物占66.64%，比例数均大于周口店第一地点的动物群，

第七章　我国近代科学意义的历史考古学与史前考古学的形成

所以第十三地点的时代显然更加古老"。"虽然没有发现过人类化石，但发现了一件从两面加工的小型砍斫器。""此外还发现了少量被打制过的细石英块以及一些灰烬和烧骨，证明远在70万年前就已经有会用火的人来到周口店居住。"（同上书，第75页）

1935年4月，贾兰坡发掘了第十五地点。发掘时，采用了全新的田野考古方法，即先用石灰水把发掘面打成方格，然后绘成1:100的平面图，每发掘一米深，再画一张剖面图。每四米为一方，每方内配备一名熟练工人和普通工人负责发掘。另配备工人专门负责从方内向外运土。"惹人注意的是，6月22日在第十五地点首次发现了肿骨鹿的角，即可判定它和第一地点的上部堆积属于同时代。""在颜色发白的上部角砾岩层之下有相当厚的灰烬层。从灰烬层里发现了许多鼠类的骨骼。它们都是被火烧过。这一性质也与第一地点的相合。"（同上书，第82页）

第十五地点的发掘，一直持续到1937年的上半年。经研究，"第十五地点与第一地点顶部的发现物和堆积如此的一致，说明在距今大约30万年前，北京人的居住面积扩大了。或者由于北京人的人口增多；或者是原来居住的洞穴，由于洞顶的石块塌落和被风雨带进去的砂土逐渐把居住的地面垫高……使他们不得不迁移一部分人到其他地方去居住"。

不但北京人迁移到第十五地点，还可能迁移到第十五地点邻近的第四地点。第四地点也曾在1935年进行过发掘。

经过多次的发掘提供的种种迹象表明，"到了北京人时代的后半期，周口店的早期居民的居住面积不仅扩大到第十五地点，甚至可以说已分居到龙骨山他们所能居住的各个角落"（同上，第83页）。

综上所述，我们可以看到，我国近代旧石器时代考古学，作为一门全新的学科，自1921年试掘周口店遗址进入它的"萌芽时期"以后，在十多年的发掘实践中不断总结经验，终于在1932年对发掘方法进行了重大的改革，实现了"地层学"的革命。自此以后，我国近代旧石器时代的考古学进入了它的"形成时期"。由于1937年抗日战争爆发，被迫中断了周口店遗址的发掘工作，而中国猿人头骨的失踪，至今还是一个难解的谜团（同上书，第123—155页）。虽然如此，周口店中国猿人遗址的发掘，还是积累了大批科学资料和形成了一整套田野考古的科学方法，为我国今天的旧石器时代考古学研究奠定了坚实的基础。

我国旧石器时代考古学、新石器时代考古学和历史考古学，基本同时在

20 世纪 30 年代初进入了它们的"形成时期"。这说明，中国近代考古学作为一个整体，已经完全形成了。

第四节　考古学术机构团体与中国近代考古学的形成

我们通过以上的叙述，可以看出：由于地质调查所和中央研究院在北京的周口店石器时代遗址和中央研究院在河南安阳殷墟坚持大规模的、连续多年的发掘和研究工作，才把我国近代考古学由"萌芽时期"，在 1931 年、1932 年左右推向了它的"形成时期"。因此，北平地质调查所和中央研究院，是建设我国近代考古学的中坚力量和生力军，在我国考古学史上占有重要的地位。

与此同时，其他一些考古学术机构和团体，也与中央研究院一起或单独进行了一些安阳殷墟以外的古代遗址的调查和发掘工作。而一些博物馆的成立，也为搜集、保护我国古代文物，减少古代文化艺术珍品的损失，并对它们进行研究和宣传做出了不小贡献。因此，中国近代考古学的形成，也与其他各学术机构和团体所做出的种种努力是分不开的。

一　博物馆和考古学术机构的设立

1913 年，北京成立了历史博物馆，馆址设在故宫的午门。存放于端门的内阁大库档案即归其保管。因无处存放，1921 年历史博物馆将档案几千麻袋卖给故纸商人，后被罗振玉氏买回。关于此，我们前面已作过介绍。1928 年历史博物馆曾一度划归中央研究院管理，1933 年南迁南京合并于中央博物馆筹备处。

1917 年，南京古物保存所成立，1928 年改属教育部，1936 年改属南京市政府管辖。该馆藏品以南京地区所出文物为主。著名学者卫聚贤曾于 1928 年期间负责该所工作，大力搜集古代文物，并开展了一些考古发掘工作，因此入藏文物较前大大增加。

1916 年，天津筹办河北第一博物院，并于 1931 年开放全部展览。出版《河北第一博物院半月刊》杂志，发表了不少有关文物出土的消息和报道。甲骨学者王襄的《题所录贞卜文字册》及《题易栻园殷契拓册》等，就是在其上刊出的。

1925 年，故宫博物院正式成立，是全国最大的博物馆。该院的收藏品，

第七章　我国近代科学意义的历史考古学与史前考古学的形成

主要以历代皇室所集珍品。古物馆当时设乾清宫前后周廊房屋，开辟有陈列室几处。

1929年，浙江省成立西湖博物馆，并在1926年参加了杭州古荡新石器时代遗址的发掘工作，后出有专门的发掘报告。

1927年，成立了河南省博物馆。1928年一度改为民族博物院，1929年12月又改为河南省博物馆。该馆设保管部、陈列部，馆址设在开封（当时河南省会）。新郑出土大批铜器和洛阳出土墓志等珍品，就在馆内陈列展出。该馆也于1929年、1930年两度发掘安阳殷墟，获甲骨3656片及古器物标本等15箱。该馆于1936年7月加入中国博物馆协会。

上海市筹备成立上海市博物馆，叶恭绰任董事长，并于1937年1月开幕。

由于当时考古工作的开展和发掘所获丰硕成果，在社会上造成了一定的影响，所以愈益引起我国学术界对考古事业的关心和重视，不仅时有临时发起的合作考古团体的出现，就是较为固定的考古学术团体也纷纷正式成立。据卫聚贤《中国考古学史》所列，主要有：

1929年11月，北平研究院史学研究会（即北平研究院史学研究所前身）成立了考古组，主任为著名学者徐旭生。考古组曾进行不少田野考古发掘工作，我们将在下文叙述。1936年，在史学研究会的基础上，建立了北平研究院史学研究所。

1930年，山东省成立了山东省古迹研究会，并与中央研究院联合发掘城子崖遗址。

1932年2月，河南古迹研究会成立，会址设在开封。主要是由中央研究院与河南省有关单位联合组成，负责安阳殷墟以外的河南省境内的考古发掘工作。

1933年成立了中国考古会。1934年6月，成立了考古学社，社址设在北平燕京大学内。1936年推选叶恭绰为社长，社员141人。出版有《考古社刊》（1—6期），不少学者曾为此刊撰著考古论文。

1935年，成立了中国博物馆协会。当年7月在青岛与图书馆协会联合召开年会，马衡、叶恭绰等38名著名学者出席。会上，通过了发展中国博物馆事业的议案共23条（参阅卫聚贤《中国考古学史》，第138—140页）。

1936年8月，吴越史地研究会于上海成立。该会会长为蔡元培，于右任等为评议，董作宾等为理事，卫聚贤为总干事。吴越史地研究会曾对杭州一带古文化遗址进行发掘，出版有《杭州古荡新石器时代遗址之试掘报告》等专刊（同上书，第133—138页。及《中国大百科全书·考古卷》有关条目）。

这些考古学术团体的成立，不仅促进了学者间的切磋与交流，还推动了各地不少古代遗址的调查和考古发掘工作，为中国近代考古学的发展，也做出了一定的贡献。

二 周口店和安阳以外地区的考古发掘与研究

在周口店猿人遗址和安阳殷墟以外的全国各地区，中央研究院和其他学术机构或考古团体，也作了不少考古调查、发掘和研究工作。现分述如下：

（1）中央研究院所进行的考古调查与发掘工作。中央研究院在发掘安阳殷墟的过程中，也还分出了一定的研究力量，对殷墟以外的全国各地的古代文化遗址作了大量的调查与发掘工作。据统计，"从1928年3月到1937年12月，十年之间约共有50次调查，凡历八省一自治区，约60个县市"（胡厚宣《殷墟发掘》，第112页）。在此基础上，对一些重要古代文化遗址进行了发掘工作。主要有：

史前遗址

1930年9月，梁思永到黑龙江省昂昂溪遗址，进行细石器时代遗址调查并发掘了墓葬。这次调查，采集到细石器刀、锥、钻、镞等标本，其成果撰为《昂昂溪史前遗址》（载《史语所集刊》第四本）。10月末，又去热河省北部查不干庙、林西、赤峰等地调查。

1930年冬，中央研究院与山东省古迹研究会，联合发掘了著名的城子崖龙山文化遗址。其收获及其重大意义，我们已在前文叙述，此处从略。

1932年5月，中央研究院与河南古迹研究会联合发掘浚县大赉店遗址，发现"三层文化"堆积及袋状有白灰面的竖穴，其成果见刘耀《河南浚县大赉店史前遗址》（《田野考古报告》第一册）。

1934年11月，李景聃、王湘等去安徽寿县调查龙山文化遗址，其成果见李景聃《寿县史前遗址调查报告》（《中国考古学报》第二册）。

1936年冬，中央研究院李景聃与河南古迹研究会发掘永城造律台、黑孤堆等龙山文化遗址，发表有《豫东商丘、永城调查及造律台、黑孤堆、曹桥三处小发掘》（载《田野考古报告》第二册）。

第七章　我国近代科学意义的历史考古学与史前考古学的形成

历史时代遗址

1932—1933年间，中央研究院与河南古迹研究会联合发掘浚县辛村遗址。郭宝钧主持了前后共四次发掘工作，发掘墓葬82座。根据出土铜器铭文和其他遗物判断，此遗址应为从西周初年康叔受封至卫国灭亡（公元前11世纪—前8世纪）期间的卫侯墓地。其详情见郭宝钧氏所撰《河南浚县辛村古残墓之清理》（载《田野考古报告》第一册）及《浚县辛村》（科学出版社1964年版）。

1934年11月，李景聃、王湘在安徽寿县调查了被盗李三孤堆楚王墓的情况，查悉此为木椁并有耳室的大墓，收集漆棺残片，并得知此墓被盗出铜器达八百多件。李氏将此次调查的详细情况，撰为《寿县楚墓调查报告》（载《田野考古报告》第一册）。

1935年夏，郭宝钧与河南古迹研究会发掘汲县山彪镇大墓八座、车马坑一处。1935年冬，郭宝钧与河南古迹研究会再次发掘琉璃阁大墓。1937年，郭宝钧在琉璃阁共发掘战国大墓五座，一般墓葬四十四座，汉代及汉以后墓葬二十多座。所获出土文物甚丰，其成果见《辉县发掘中的历史参考资料》（载《新建设》1954年第3期）。

（2）北平研究院史学研究会的考古调查与发掘工作。北平研究院史学研究会，为中央研究院以外，在全国各地进行考古调查和发掘工作较多的一个考古研究单位。他们这一时期进行的考古工作主要有：

史前遗址

1933年，徐旭生曾参加了陕西考古会的古代遗址调查，发现了新石器时代遗址多处，其情形见《陕西最近发现之新石器时代遗址》（《北平研究院院务汇报》第七卷第六期）。

历史时期遗址

1930年春，与北京大学、古物保管委员会联合组成燕下都考察团，发掘了老姥台遗址。

1933年春，徐旭生等与陕西考古会调查古代遗址，主要调查了灵台遗址、丰镐遗址、犬丘遗址、雍城遗址、陈宝祠遗址、阿房宫遗址等周秦遗迹。这次调查，徐旭生撰有《陕西调查古迹报告（周秦）》（《北平研究院院务汇报》1933年第3期）。

1934至1937年，在宝鸡市东7.5公里的斗鸡台遗址进行了几次考古发掘工作。主要参加者有苏秉琦等学者。发掘地点一处是陈宝祠附近的"废堡区",发现了石器时代居住遗址及遗物,以及汉魏以后的砖、瓦、版筑城垣等;另一处是戴家沟东区的"沟东区",清理了墓葬56座,对探讨周、秦文化的渊源具有重要意义。这批墓葬都是长方形土坑竖空墓,其中西周和早于西周的周人墓葬56座,头向多朝北,仰身直肢。而东周墓多为屈肢,头向西。这批墓葬的发掘者苏秉琦,成功地运用考古"类型学"的方法,将出土陶鬲等遗物作排比分析,把先周及西周墓葬划分为有早晚关系的锥足鬲时期、折足鬲早中晚期和矮足鬲时期。在东周墓葬中,铲脚袋足鬲的年代要早于陶䰜出现的年代。

当年苏秉琦用类型学的科学方法对斗鸡台墓葬群进行分期,发现了以锥足鬲为代表的早于西周而与周文化有密切关系的文化遗存的特色,现已成为探索周文化渊源的重要线索。此外,对斗鸡台东周墓葬特点的认识,也对探索秦人早期文化有重要的启示(参阅苏秉琦《斗鸡台墓地》,《中国大百科全书·考古卷》,第111页)。苏秉琦有关斗鸡台陶器类型学研究的成果,发表在《斗鸡台沟东区墓葬》及《斗鸡台沟东区墓葬图说》(北平研究院,1948年)中。该书是我国考古类型学研究的奠基之作,标志着我国近代考古学研究已趋成熟,是我国考古学史上里程碑式的著作。

1934年,在西安市唐中书省旧址发现了宋人吕大防刻唐大明、兴庆两宫图的残石,为研究唐代长安提供了珍贵资料。

(3)其他学术机构进行的考古调查与发掘。除了中央研究院和北平研究院所作的考古调查和发掘以外,其他一些学术机构和团体也进行过考古调查与发掘。诸如:

史前遗址

1926年,清华大学国学研究院发掘山西夏县西阴村仰韶文化遗址,我们已在前面述及。李济撰有《西阴村史前的遗存》(清华研究院,1927年)。

1931年,北平师范大学研究院与山西图书馆联合发掘山西万泉县荆村新石器时代遗址,得石器、骨器及"彩陶有黑白红三种","粗陶"有鼎、鬲、甗、尊等器。

1935年,吴越史地研究会在常州的奄城、金山的戚家墩、苏州平湖、绍兴等地发现几何花纹陶器,并在杭州古荡、湖州钱山漾、杭县二区等地发现大批石器,出版有《奄城金山访古记》、《杭州古荡新石器时代遗址之试探报告》等。

第七章　我国近代科学意义的历史考古学与史前考古学的形成

历史时期遗址

1929年，南京古物保存所发掘明故宫侯家塘，探明此处遗存为明工部后面的燕省湖中楼阁，发现有木器上百件及琉璃砖瓦、磁器和木质腰牌等遗物。

1930年，北平女子师范大学与山西省图书馆联合发掘山西万泉县西林村岩子圪塔遗址，得五铢钱、铁刀、陶器及"千秋万岁"、"长生无极"、"长乐未央"瓦当等遗物。

1930年，南京古物保存所发掘三国时吴墓三座，出"大泉五百"钱纹砖及陶制的俑、猪、羊、磨等文物。

1931年，广东黄花考古学院发掘广州西郊大刀山下晋墓，出土铜镜、五铢钱等及有"大宁二年岁甲申宜子孙"、"大宁二年甲申八月一日造"字样的墓砖。

1931年，北平历史博物馆发掘河北巨鹿县的宋巨鹿城故址，发现木器多种及"长命富贵"铜镜、崇宁重宝钱币及古代瓷器等，其成果见裘善元撰《巨鹿宋代故城发掘记略》。

以上各学术单位发掘的历史时期遗址，涉及汉、三国、晋、唐、宋等不同朝代。

如果说，中央研究院的考古发掘侧重于商周，特别是商代遗址；那么其他各学术机构和团体的调查和发掘工作，则涉及到秦汉直至明的不同历史时期。这些学术团体的考古发掘工作，与中央研究院的考古调查与发掘工作互相补充和配合，使中国史前考古学，特别是历史考古学有了各个不同王朝时期的科学发掘品，从而构成了中国近代考古学的基本完整的年代序列。限于当时的发掘工作有限，虽然中间还有缺环，但作为中国历史考古学的总框架，可以说是基本构筑起来了。特别应该指出的是，苏秉琦有关宝鸡斗鸡台发掘的《斗鸡台沟东区墓葬》及《斗鸡台沟东区墓葬图说》，是我国最早系统进行出土遗物类型学研究的著作。它与中央研究院科学地发掘并成功地揭示殷墟王陵大墓和宫殿基址布局交相辉映，把我国的近代考古学推向了"成熟时期"。

因此我们说，各地的博物馆和考古学术机构，也为我国近代考古学的发展，做出了应有的贡献。关于此，卫聚贤《中国考古学史》有较为全面的记述。

第八章　近代考古学对其他学科的影响

中国近代考古学的发掘成果，不仅为历史研究提供了真实可靠的重要资料，而且近代考古学方法的引入，也使甲骨学和青铜器的分期断代研究取得了突破。

第一节　殷墟的科学发掘使卜辞研究
进入断代研究的一步

自 1899 年甲骨文被发现以后，经过王懿荣、刘鹗、罗振玉等学者的考订，"甲骨文'殷室王朝之遗物'的确定，大大提高了它的学术价值，从而为史料较少的殷商文化研究提供了一批时代明确的珍贵史料"（王宇信《甲骨学通论》，第 57 页）。尽管如此，还不能满足甲骨学和殷商史研究的需要。

众所周知，甲骨文是商代晚期自盘庚迁殷至纣辛灭国的 273 年之遗物。而在晚商 273 年间，社会的政治、经济和文化是处在不断的发展变化之中的。只有将这一时期的甲骨文材料进行分期处理，也就是将出土 15 万片甲骨分别划归它所应处的王世时期之下，才能把商代社会的历史研究置于可靠的材料基础之上；此外，这 15 万片晚商甲骨文本身，在文字、礼制、经济、政治等各个方面的内容，每个时期也有其各自不同的特点。因此，甲骨文研究在判明它的大时代，即为我国历史上殷商王朝晚期以后，还需要判明每一片甲骨的具体时代，即"把每一时代的卜辞，还它个原有的时代，那么，卜辞的价值便更要提高，由笼统的殷人二百年间卜辞，一跃而为某一帝王时代的直接史料了"（董作宾《大龟四版考释》，《安阳发掘报告》第三册）。因此，甲骨文的分期断代研究，就成了推动甲骨学继续向前发展的关键性课题。

早在 1917 年前后，王国维、罗振玉等学者就开了以"称谓"定卜辞时代的先河。但"由于王国维生活的时代，殷墟科学发掘工作还没有进行，所以完成甲骨文分期断代并使之系统化的使命，是不可能由他们完成的"（参阅王宇信《甲骨学通论》，第 157 页）。1928 年左右，明义士也曾"用甲骨文中的'称谓'，并较早地注意到'字体'，力图对 1924 年小屯村中出土的一批甲骨进行分期处理"。明义士的分期断代尝试，"无疑对后来的分期断代研究是很有意义的"。

而甲骨文"真正较为缜密系统的分期断代研究，是在 1928 年殷墟科学发掘工作开始以后，由甲骨学大师董作宾进行的"（同上书，第 159 页）。作为 1928 年第一次殷墟科学发掘工作的主持人和多次发掘工作的重要参加者董作宾，是我国近代考古学的奠基人之一。就是他把近代考古学的科学方法引入甲骨学研究领域，创造性地完成了分期断代体系，"才有可能凿破鸿濛，把甲骨学商史研究推向一个新高峰"（同上书，第 182 页）。

1928 年第一次殷墟科学发掘工作开始以后，"开工的第一天，是 10 月 13 日，在相距甚远的地方，挖了四个新坑，结果是大失所望，一片甲骨也没有找到"。第二天只好改变原来的方案，依照本村工人的经验，在"第一区"第九坑，即"村北靠近洹水南岸的朱姓地内，翻挖曾经挖过多次的旧坑，找到许多破碎腐朽的甲骨文字"。又在所谓的"第二区"第二十六坑，即"朱姓地的西南，刘姓地内，也找到了旧坑"，出土一些甲骨。还在所谓的"第三区"第二十四坑，即"小屯村中张姓菜园里，又找到了一个未经挖过的新坑"，也出土了甲骨若干。当主持这次发掘工作的董作宾把上述三个不同地点出土的甲骨进行整理、分析时，他发现了这些甲骨"三区各自成为一组，各有特异之点"。这就是：第一区第九坑出土许多规整小字，也有雄伟大字的甲骨；第二区第二十六坑没有一块小字的甲骨，但有一种较为细弱书体的甲骨；第三区第二十四坑所出甲骨的书体和一、二两区所出者大不相同。董作宾正是由于三个地方出土的甲骨文字的不同"，才使他得到了"一个很大的启示"的。从而使他抓住了 273 年"一团浑沌"的甲骨文中透出的这个"闪光点"不放，"使我时时刻刻在苦思冥索，要找出一个可以判别卜辞时代的方法"（董作宾《殷墟文字甲编》自序，1948 年）。

董作宾发现，甲骨文有"字形之演变，契刻方法与材料之更易"，认为这些变化是"决非短时期内所能有"的。因此，他在 1933 年发表《甲骨文断代研究例》的以前，就开始酝酿分期断代的标准和方法了。1931 年，他在《大龟四版考释》（《安阳发掘报告》第三册）一文中，就最早进行了甲骨文分期断代的尝试。他创造性地设想，分期断代工作"应从各方面观察而求其会通，大要不外下列数种"，就拟定初步的八项标准，即："一、坑层，二、同出器物，三、贞卜事类，四、所祀帝王，五、贞人，六、文体，七、用字，八、书法"等项。特别是其中"贞人"一项的提出，是受1929年第三次科学发掘殷墟时，著名的"大连坑"南段的长方形坑内，同时发现四版大龟甲的启示。因为它们"是同时同地出土，又比较的完全，所以同时来研究它们，就称它们为大龟四版"。

董作宾受"大龟四版"的启示，第一个提出了"贞人说"。所谓"贞人"，即"贞卜命龟之人"。贞人在卜辞中，位于叙辞干支之后，命辞贞字之前的一个字，即为贞人之名。这个字，学者众说纷纭，或疑为官名，或释为地名，或疑为占卜事类，但在辞中都扦格难解。至董作宾依据"大龟四版"中的第四版（即《甲》$_{2122}$）的研究，才确定此字为人名。这是因为，如果"贞"字之前的这个字为地名，其前就必须加"在"字方才合理，如甲骨文中不乏"在向贞"、"在潢贞"等等。因此他断言，"只言'某某卜某贞'者，决非地名"。此外，这一版（即《甲》$_{2122}$）全都是卜旬之辞，如果"贞"字之前的这个字为卜贞"事类"或"职官名"，"则应全版一致"方才合理。但这一"卜旬之版，贞上一字不同者六，则非事与官可知"。因此他论断说，"可知其决为卜问命龟之人，有时此人名甚似官，则因古人多有以官为名者。又卜辞多'某某王卜贞'及'王卜贞'之例，可知贞卜命龟之辞，有时王亲为之，有时使史臣为之，其为书贞卜的人名，则无足疑"（参阅董作宾《大龟四版考释》，《安阳发掘报削第三册》。董作宾"贞人说"的提出，对甲骨文的分期断代有着重要的意义。

众所周知，"凡见于同一版上的贞人，他们差不多可以说是同时"的，这在学术界已被人们普遍接受。"大龟四版"之一的卜旬版，即《甲》$_{2122}$共有六名贞人。他们在九个月的时间内，轮流贞旬。但"他们的年龄无论如何，必须在九个月内是生存着的，最老韵和最少的，相差也不能过五十年。因此，可由贞人以定时代"。

董作宾在《大龟四版考释》一文中所拟定的分期断代"八项标准"，是他1933年构筑的"十项标准"的雏型。特别是当董作宾将著录传世甲骨《铁云藏龟》、《殷墟书契菁华》等书中出现的同版贞人材料，选出有关卜辞与科学发掘所得甲骨"大龟四版"中出现的贞人相比较、印证后，"已略可知四版的贞人，大概是武丁、祖庚之世"。不宁唯是，就是从"帝王、书体、同时人名等都可以互证的"（同上）。因此，董作宾"贞人说"的提出，使甲骨文分期断代的解决始露端倪。

《大龟四版考释》一文所设想的"贞人"等"八项标准"，为董作宾的甲骨文分期断代研究奠定了基础。他又进一步研究了安阳殷墟五次科学发掘所得甲骨材料，并"因坑位及出土的甲骨文字的差别，于是更有从文法、词句、书体、字形等方面区分时期的标准"的得出（董作宾《甲骨文断代研究例》，《庆祝蔡元培先生六十五岁论文集》上册，中研院历史语言研究所，1933年），遂把他在《大龟四版考释》中设想的分期断代"八项标准"加以补充、修正，取精用弘，终于使他的分期断代体系日臻缜密和成熟。这就是董作宾1932年写出，并于1933年发表的《甲骨文断代研究例》这篇在甲骨学史上划时代的名著。

董作宾在《甲骨文断代研究例》中，把盘庚迁殷至纣辛灭国273年、8世12王的晚商时期甲骨文，厘然划为下述五个不同时期，即：

第一期，武丁及其以前（盘庚、小辛、小乙。二世四王）；
第二期，祖庚、祖甲（一世二王）；
第三期，廪辛、康丁（一世二王）；
第四期，武乙、文丁（二世二王）；
第五期，帝乙、帝辛（二世二王）。

这五个不同时期甲骨文，是用以下"十项"标准研究确定的：

一、世系，二、称谓，三、贞人，四、坑位，五、方国，六、人物，七、事类，八、文法，九、字形，十、书体。

"这'十项标准'犹如一把钥匙，为我们打开了看来似是'浑沌'一团的15万片甲骨时代先后的大门，使其'各归其主'，有条不紊地划归五个不同时期，隶属八世十二王的名下"（参阅王宇信《甲骨学通论》，第163页）。

在董作宾构筑的甲骨文分期断代体系的"十项标准"中，其中世系、称谓、贞人这三项标准三位一体，是甲骨文分期断代的基础，被学者们称之为"第一标准"。依据"第一标准"，我们就可以定出时代明确的标准甲骨片，再通过对这些标准甲骨片的归纳整理，还可以派生出其他各项标准，诸如方国、人物、事类、文法、字形、书体等等。但这些已是分期断代的"第二标准"了。

综上所述，我们可以看到，董作宾把近代考古学方法引入甲骨学研究领域，从而使分期断代研究有了重大的突破。他的《甲骨文断代研究例》构筑的"十项标准"和"五期"分法，至今还是国内外甲骨学界和商文化研究中所普遍采用和承认的基本原则。"这篇甲骨学史上的名作，振聋发聩，钩深致远，为甲骨学商史研究开辟了一个全新时期。五十多年来，历年常新，是几代甲骨学者的基本入门教科书。所谓甲骨文的分期断代研究，就是董作宾分期断代学说的继承和发展"（参阅王宇信《甲骨学通论》，第162页）近年在董作宾大师分期断代学说的基础上，又有新的探索与进展。可参阅本编第七章第三、四节及第八章所述）。

就在董作宾进行甲骨文分期断代创造性研究的同时，郭沫若在日本正潜心编纂《卜辞通纂》一书并为之考释。董作宾1931年发表的《大龟四版考释》一文关于分期断代的论述和"贞人说"的提出，对郭沫若的甲骨学研究有很大启示。诚如郭沫若自己所说，"曩于卜贞之间一字未明其意。近时董氏彦堂解为贞人之名，遂颇若凿破鸿濛。今据其说诠之，乃谓于某日卜，卜者某，贞问某事之吉凶；贞下辞语当付以问符。且贞人之说创通，于卜辞断代遂多一线索"。于是郭沫若也进行了甲骨文分期断代的研究，并拟在《卜辞通纂》"书后附以卜辞断代表，凡编中所列，就其世代可知者，一一表出之"。其后不久，郭沫若在与董作宾的通信中，得知董氏有关分期断代的《甲骨文断代研究例》已写出并提出"十项标准"后，郭沫若赞许十项标准"体例綦密"。"贞人本董氏所揭发，坑位一项尤非身亲发掘者不能为。文虽未见，知必大有可观。故兹亦不复论列。"（郭沫若《卜辞通纂》序，文求堂印行，1933年）

就在《卜辞通纂》一书录就付梓以后，郭沫若在日本收到了董作宾寄来的《甲骨文断代研究例》三校稿本。郭沫若对此文评价极高，"复惊佩其卓识。如是有系统之综合研究，实自甲骨文出土以来所未有。文分十项，如前序中所言，其全体几为创见所充满"。"多数贞人之年代既明，则多数卜辞之年代直如探囊取物，董氏之贡献诚非浅鲜。"

虽然董作宾以亲身参加殷墟科学发掘的有利条件，先郭沫若完成了甲骨文分期断代的严密体系。但郭沫若在日本，也非常重视殷墟考古的每一进展并较早接受了西方考古学的影响。因此他在进行甲骨文研究时，才会对分期断代有所贡献。正如郭沫若所说："余尤私自庆幸者，在所见多相暗合，亦有余期然而苦无实证者，已由董氏由坑位贞人等证实之。"郭沫若对董作宾

《甲骨文断代研究例》所创立的分期断代标准和科学方法非常赞许。他说，"董氏之创见，其最主要者仍当推数'贞人'，其它均由此所追溯或派演而出。氏由贞人之同见于一片及辞中之称谓或坑位等，得以判定多数贞人之时代。""此中旅、即、行三名与余所见同，其它就余所能复核者，均确无可易。"此外，郭沫若还对贞人有所补充和发现，"另有名尹者，董氏未能考定，今据其例知亦祖庚、祖甲时人，其用字与文例与行、即等同"（郭沫若《卜辞通纂》后记）。

郭沫若与董作宾殊途同归，基本上在相同的时间，不约而同地对甲骨分期断代研究进行了创造性的探索。正是甲骨学的发展，已经是到了有可能而必须解决这一问题的时候了。而1928年开始的殷墟科学发掘工作，为董作宾创造性地解决这一问题提供了契机。

虽然郭沫若没有参加过殷墟的发掘工作，但他整理传世甲骨并进行分期断代探索，也是与近代考古学的科学方法分不开的。1929年，郭沫若就开始注意了近代考古学。他研究中国古代社会时，"除了要把先秦的典籍作为资料之外，不能不涉及到殷墟卜辞和殷周两代的青铜器铭刻。就这样我感觉到有关于考古学上智识的必要"。因此，他阅读并翻译了日文版米海里斯的《美术考古发展史》（郭译本此书亦此名，上海新文艺出版社1952年版易名为《美术考古一世纪》）。郭沫若从此书受到了很大启示。"我的关于殷墟卜辞和青铜器铭文的研究，主要是这部书把方法告诉我，因而我关于古代社会的研究，如果多少有些成绩的话，也是这本书赐给我的。"（郭沫若《美术考古一世纪》前言［1946年］，上海新文艺出版社1952年版）

我们通过上面的叙述可以看到，近代考古学方法的引入，使在金石文字之学影响下形成的甲骨学发生了一场深刻的变革，即《甲骨文断代研究例》把甲骨学研究纳入了历史考古学范畴，从而使甲骨学由金石学的附庸，成为中国考古学的一门分支学科。

第二节 郭沫若凿破了青铜器两周八百年的浑沌

自1921年以后，中国学术团体开始了田野考古发掘工作，特别是1928年中央研究院科学发掘殷墟以后，结束了对重要的古代文化遗址——安阳殷墟的"盗掘时期"。而且在学者们保护祖国优秀文化遗产的强烈呼吁和有识之士的大力支持下，国民政府于1930年制定了《古物保管法》、1915年公布了《采掘古物规则》等等。但在 20 世纪二三十年代，中国政治腐败，军阀混战不已，真是令不行、禁不止，有关古迹保护的法律如同一纸空文。各地时有盗掘古墓和破坏重要遗址的现象发生，出土的不少珍贵文物，特别是青铜器，不断流往海外。

不少学者为抢救这批珍贵的资料，费尽心力搜集那些被盗掘出青铜器的有关资料，并使其著录出版。与此同时，一些传世铜器的资料也陆续结集刊出。这就为青铜器的研究深入，从资料方面打下了基础。郭沫若等学者，把近代考古学方法引入青铜器研究领域，从而超越前贤，形成了严密的青铜器断代体系，把传统金石学的核心——青铜器铭文研究也纳入了历史考古学的领域。

一　青铜器的新发现与青铜器的著录为断代研究提供了新资料

1921 年以后，虽然开始由学术团体出面，进行有组织的考古发掘工作，但在全国各地，私人盗墓之风仍时有发生，从而使不少重要遗址受到破坏，而被盗出的珍贵文物流散四方，给学术研究造成了很大损失。19 世纪二三十年代，较为重大的盗掘就有：

1923 年 8 月，河南新郑县李姓农民在菜园挖井，掘得大鼎一个、中鼎两个，后被许昌张庆麟氏以高价买去。不久，新郑县的驻军知道了这一消息，他们便强行在此地划定范围，兴师动众"挖宝"。兵众们开挖了一个深近三丈，直径达十多丈的大土坑，挖掘出各种文物和铜器上百件，就更不知被其破坏了的还有几许了。几经辗转，这批铜器为河南省博物馆入藏。新郑铜器，花纹精美，造型新颖，精品有莲鹤方壶等多件，但有铭铜器只一鼎和一王子婴次炉。此被盗掘处，当是春秋时郑国的王族墓地（参阅顾颉刚《当代中国史学》，第 51 页）。

同年正月十三日晚，山西省浑源县西南 15 华里的东峪村农民高某，在自家山田内发现了古物。又经全力搜掘，挖出古代铜器和金、珠等数十件。高姓农民不知这些文物价值连城，便把若干文物信手假人了，他只留下一品些认为容易卖出手的好东西。后来，有一件铜器被人高价买去，这件事情才被当时的浑源县县长所知。他马上派手下人去东峪村调查，并从民众手中强行追得铜器 36 件。北平、天津的古董商闻讯后，1924 年至 1925 年间，纷纷前往收购。传闻法国美术商王涅克出价四万，欲买这批文物，因蒋冯大战干扰，没有买成。1925 年被本县某大户以四万元买去，但其人死后，因子孙不

第八章　近代考古学对其他学科的影响　　439

愿交清所欠款项，1932年又将这批铜器索回。浑源县各界视这批铜器为无价之宝，议定：非五万元不能卖出。因此，北平的古董商曾将价哄抬至十万。另有人愿出30万元，都没有成交（参阅《申报》1935年5月17日）。应该说，法国人王涅克已买走这批铜器中的一部分，并"采用当地土人的说法，认为系秦始皇巡狩所遗，于是在欧美流行一种'秦式'的说法，认为这些铜器受着秦文化的影响"（参阅顾颉刚《当代中国史学》，第52页）。据学者研究，山西浑源所出铜器，多为春秋末至战国早期之物。

1929至1930年间，洛阳金村有六座战国时韩国国君大墓被盗。1934年，仅余的另两座大墓又被盗掘一空。此处韩国王室大墓，藏品极为丰富精美，被盗出珍贵文物达五六百件之多。除著名的骉羌钟一套12件为著名收藏家刘体智重金购得外，其他都被加拿大人怀履光收得，现藏加拿大多伦多博物院。

1922年，安徽寿县出土一批铜器，较大的有鼎、壶、簋等，全都被瑞典人加尔白克所得，运至瑞典。1933年，寿县第二次出土铜器。出土铜器的地点在寿县东南30华里，名朱家集。1931年这一带闹水灾时，村民为修筑河堤，在距村四里许的李三孤堆挖土，就发现了铜器，但村人对此事秘而不宣。直到1933年，朱姓聚族人盗挖李三孤堆古物，深挖四丈深后，"见木格无数，排比如药厨，占地宽约五丈，格中分皮金石器，以类相从，不相杂，亦有空无所皮者"。后来，朱姓的仇家将此事密告县府，被勒令停止私掘。但盗掘者都"各匿其所得器。一鼎绝大而重，不及舁藏，忿而折其一足，权之七十余斤，盖重二百余斤"（参阅《北平晨报》1934年12月20日），即现藏安徽省博物馆的楚王酓忎鼎。虽然农民的盗挖被禁止了，"不许百姓点灯"。但"州官"却大放其火，县教育局又私自继续挖掘。因没有发掘经验，致使不少遗物被毁。县教育局发掘所得连同从农民手中追缴的铜器等文物，共800件以上。这批铜器为战国晚期楚王室物，现分藏安徽省博物馆、上海博物馆、天津艺术博物馆、故宫博物院和中国历史博物馆等处。

在1934年中央研究院发掘浚县墓地以前，此地卫国大墓已多被人盗掘，掘者最多时可达千人之众。因此，墓内大批铜器早已散失。因此，中央研究院在此所作的发掘工作，堪称"浚县辛村古残墓之清理"而已（载《田野考古报告》第一集）。

有关这一时期古墓被盗和古遗址被破坏的情况，报刊时有报道。卫聚贤把所能搜集到的消息加以搜集，收到《中国考古学史》的"附录一"之中，可参看。

这批新出土的铜器，引起了海内外学术界的注意。为了把这批资料提供给学者研究，经过努力，陆续结集出版。与此同时，一些传世重要铜器著录集，也陆续编辑完成。历年出版金文著录的情况是：

1928年，罗福成编成《传古别录》二集出版，书中选印殷墟所出纹饰、文字较为精美的青铜器等文物13件。

1929年，河南省博物馆关百益出版了《新郑古器图录》（二卷），著录铜器93件。此书照相玻璃版印制，较1923年吴鸿元《新郑出土古器图志》（初、一、续、附四卷）印刷为精。1937年孙海波《新郑彝器》出版，著录铜器等遗物95件。书中不仅收有器物图像，而且还录有纹饰。有关新郑出土铜器群发现的介绍有1924年王幼侨编《新郑古器发见记》（一卷附录卷）；此外，这一年出版了著录沈阳清故宫所藏铜器92件的《宝蕴楼彝器图录》，也由容庚编成。

1930年，罗振玉选辑铜器铭文1525件，编为《贞松堂集古遗文》（十六卷）出版。

1932年，徐中舒著有《鬲氏编钟图录附考释》（史语所影印本），把洛阳金村所出编钟（被刘体智收得的）著录出版。金村所出其他文物，因被怀履光运往加拿大，只能据其1934年所著《洛阳故都古墓考》（英文本）而略知其情了，共刊布出土遗物500多件；此外，日本人梅原末治出版的《洛阳金村古墓聚英》，所著录器物共分七类，附器物图版达120页，也是研究金村墓葬的重要参考资料。

1933年，容庚编有《颂斋吉金图录》一卷出版，共收入铜器93件，多为前人未著录者。

1934年，刘体智编成《善斋吉金录》（28册）石印出版。全书共十录，即乐器、礼器、古兵、度量衡、符牌、玺印、泉、镜、梵像、任器等十种，共收入铜器5728件。其中伪器上百件，但精品也颇为不少；当年，容庚述编成《武英殿彝器图录》（二册），乃选清室原承德避暑山庄所藏铜器百件辑成，颂壶等即为此书所收精品；这一年，于省吾《双剑誃吉金图录》（二卷）也编成出版，共收铜器115件，多为近代新出土品。

1935年，刘节将寿县出土铜器辑为《寿县所出古器图释》（一卷）出版；商承祚也出版有《十二家吉金图录》（二册），乃集12家彝器169件而成，其中有一部分铜器为寿县所出者；此外，传世铜器的著录，容庚有《海外吉金图录》（三册）出版，主要收入日本所藏中国铜器158件；这一年，罗振玉还编纂了《贞松堂吉金图》（三卷），共收铜器198件。刘体智也石印出版《小校经阁金文拓本》（18册），共收铜器铭文2217件；这一年还出版有专门关于殷墟铜器的著录，北平王辰《续殷文存》（二卷），主要依罗振玉1917年影印出版的《殷文存》（二卷）之例，继续结集收集到的商代铜器。黄百川（浚）的《邺中片羽》，所收除甲骨外，还有近年收集到的殷墟出土铜器32件。

1936年，商承祚将他收集到的浑源铜器照片18张及日本《支那古铜精华》一书的9件浑源铜器照片编成《浑源彝器》出版。

虽然被盗掘出来的铜器失去了科学的地层依据，但毕竟能确知其出土地点了。这批被盗铜器与传世铜器的继续著录出版，为青铜器研究提供了大批资料。诚如郭沫若所指出的，"自北宋以来无论仅存于著录或尚流传于人间"的将近万件商周青铜器，"在古代研究上与卜辞有同等的价值或甚至超过它"。"因为它也是第一手的资料，数量既多，而且铭文有长至四五百字的，与卜辞的简短而几乎千篇一律的情形不同。"这就为郭沫若进行创造性的青铜器分期断代体系研究，即"凿破"彝铭"两周八百年的浑沌"，打下了坚实的基础。

二 考古学方法使郭沫若"创通"了青铜器分期断代体系的"条例"

历年出土的青铜器，虽然为研究工作提供了大批第一手资料。但在利用这些传世的资料时，除了注意剔除伪器以外，第一要紧事就是分清每一件铜器的具体时代。由于这些传世品是非科学发掘所得，出土地多不明确，因而失去了藉出土地推证其时代的线索。此外，"殷周两代千有余年"，从大的时间段落来说，是商器乎？抑或周器乎？商器为早、为晚乎？周器为西周抑或东周乎？西周、东周又各历四百余年，还可各分为早中晚的不同阶段，就不用说还需了解每件铜器的具体王世了。凡此种种，是研究时首先要搞清的。这是因为"时代没有分划明白，铜器本身的进展无从探索，更进一步的作为史料的利用尤其是不可能。就这样，器物愈多便愈感觉着浑沌，而除作为古玩之外，无益于历史科学研讨，也愈感觉着可惜"（郭沫若《青铜时代》，人民出版社1954年版，第301页）。

早在金石学形成之初的宋代，就有学者对某些铜器的时代作了一些探索工作。吕大临把《考古图》中的《庚鼎》、《辛鼎》、《癸鼎》断为夏商之器，方法是"他根据《史记》夏商没有谥法，皆以十干甲乙命名"。此外，他又根据《兄癸彝》传出土于邺郡，乃河直甲居相之地。此器称"王九祀"，与商称年为"祀"同。而"兄癸"，也符商代兄终弟及之制。兄癸无谥，以天干癸为名，又合商代名制。因此他也把这件器物定为商代。但其后《博古图》以齐有丁公、乙公、癸公、幽公的弟弟名乙，悼公儿子名壬，周大夫有嘉父，宋大夫有孔父，齐顷公之臣有丑父，召公之后有父乙等等，认为"以十干命名而加之以父"的铜器，未必都是夏商时代的。也举出一些方法，即"以铭识、形制、纹饰来考订时代"，但皆"又空疏不足据"和"难以遵循"；薛尚功曾把《历代钟鼎彝器款识》中的鸟虫书珊戈、带钩定为夏代物。"其实这二器上的文字是春秋、战国间吴、越两国通行的鸟书。"（参阅容庚《殷周青铜器通论》，文物出版社 1984 年版，第 11 页）此外，吕大临还力图用铭文的历日，来推断《散季敦》的年代，即用所谓"长历逆行推算方法"。但"中国历史由西周共和元年（公元前 841 年）以下是有明确年岁记载的，以前则未有确实的记载，故只得大体上推定年月"（同上书，第 14 页）。

清代中后期是我国金石学的鼎盛时期，但在一些金石著作中，只是"将古铜器年代考订在殷周以下"。著名金石学家阮元的《积古斋钟鼎彝器款识》一书，所收铜器只"分商、周、秦、汉"四代，"但对于年代考订的方法则未有阐述"。到清朝末年，所出的"铜器著录，更不分商周。关于商周铜器的鉴别和年代的考订，除古法外，更无创立条例"（同上书，第 12 页）。

清朝覆灭和民国初年以后，关于商周铜器的断代问题又有人进行探索。首先，是在商代铜器断代研究方面。由于甲骨文的出土和殷墟为小屯村的确定，证明了商器的存在。因此罗振玉根据"殷人以日为名，通乎上下，此篇集录即以此为埻的。其中象形文字或上及于夏器；日名之制，亦沿用于周初，要之不离殷文者近是"（罗振玉《殷文存》序，1917 年）的原则，搜集"以日为名"和"象形文字"铭文铜器编为《殷文存》于 1917 年出版。后来，1935 年王辰《续殷文存》所收商器，也是依此原则的。

1928 年，马衡《中国之铜器时代》（收入马衡《凡将斋金石丛稿》）一文，则依据铜器铭文与甲骨文中的记时法、所祭先王先妣及祭法、方名、文字成语等方面的对比，来判定商代铜器。此外，有关传世铜器出土于殷墟的记载。也可做为判定商朝铜器的依据。由此可见，马衡的判断商代铜器的方法，与殷墟考古学应有一定的关系，因而"这种方法比罗振玉所用方法更前进了一步"。但仍有一定的局限。就是"不能应用到所有殷墟出土的铜器，因为很多殷器不符合于特定的记铭方式"（参阅容庚《殷周青铜器通论》，第15页）。所以关于商代铜器的断代，尚需深入探讨，以建立更科学完整的体系。

其次，在两周铜器研究方面，虽然清末和民国初年又有学者力图沿用历法来解决铜器断代，但这些都是"用历法来考察一二器物，并未制作一个标尺来衡量大量周器"。这是因为"金文中的历日推定法根本就无足取，只可作为参考旁证，不能作为主要标准。周初有无一定的历法，当时所行的是什么历法，及西周各王的年数，是不大清楚的。就是周初所采用的月相也不大明确，徒以后人制作的标准作主观的忖测，故至异说纷纭"（同上）。

上述种种，就是郭沫若1928年开始研究青铜器铭文以前的分期断代研究情况。因此，1928年以后，郭沫若面临"将近万件"的青铜器，"亘殷周两代千有余年，各器的时代相当混沌"。而"殷周的年代太长，浑而言之曰殷周，或分而言之曰殷曰周，都太含混了"（郭沫若《古代研究的自我批判》，《十批判书》，第6页）。特别是"周代的铜器很多，在前依然是一片混沌，即使偶有年代划分也是漫无标准"。例如著名的《毛公鼎》，"以前的人便认为是周文王的儿子毛叔的东西，但近年已经知道它是周宣王时代的作品了"（同上书，第7页）。因此，"创通条例，开创阃奥"，建立青铜器的分期断代体系，是青铜器研究科学化的需要。这个问题的解决，历史地落到郭沫若的肩上。

郭沫若没有参加过殷墟发掘工作。但是他在开始自己的中国古代社会研究工作以后，十分重视考古材料和近代考古学。他认为，要"真实地阐明中国古代社会还需要大规模地做地下的挖掘，就是要仰仗'锄头考古学'的力量"（郭沫若《周代彝铭中的社会史观》，《中国古代社会研究》，第27页）。他在1930年写的《殷墟之发掘》一文中，充分评价1928年开始的殷墟发掘工作"足为中国考古学上之一新纪元"。而且他较早就注意考古学发掘地层之重要，指出第一次殷墟工作中的不足，即"发掘上所最关紧要的地层之研究丝毫未曾涉及"（同上书，第301）。当郭沫若得知董作宾《甲骨文断代研究例》写成，以及"十项标准"中有"坑位"一项时，深知近代考古学方法对甲骨学研究产生的巨大影响，尤其感到"坑位一项尤非身亲发掘者不能为"（郭沫若《卜辞通纂》序，1933年）。因此，虽然郭沫若身在日本，但时时关心着殷墟科学发掘的最新成果。殷墟的科学发掘工作，对他的甲骨文和金文研究产生了一定的影响。

但是，近代考古学方法最直接影响郭沫若研究工作的，还是1929年他翻译德国著名学者米海里斯的重要著作《美术考古学发现史》（滨田耕作日译本）。可以说，郭沫若在翻译此书为汉语的过程中，使他认识和接受了近代考古学的研究方法。郭沫若在该书的中译本《序》中很有感受地说：

> 我的关于殷墟卜辞和青铜器铭文的研究，主要是从这部书把方法告诉我，因而我关于古代社会的研究，如果多少有些成绩的话，也多是本书赐给我的。这书实在是一本好书，它把19世纪欧洲方面考古学上的发掘成绩叙述得头头是道。因为站在美术考古的立场，令人读起来只是感觉兴趣，而一点也不感觉枯燥。最要紧的是它对于历史研究的方法，真是勤勤恳恳地说得非常动人。作者不惜辞句地教人要注意历史的发展，要实事求是做好科学的观察，要精细地分析考证而且留心着全体。这些方法在本书的叙述上也正是很成功地运用着的，本书不啻为这些方法提供了良好的范本。我受了很大的教益的，主要在这儿。我自己要坦白的承认，假如我没有译读这本书，我一定没有本领把殷墟卜辞和殷周青铜器整理得出一个头绪来。因而我的古代研究也就会成为沙上的楼台的。我得的教益、太深，故我不能忘情这本书，而希望和我有同好的初学者也能从这儿得到深厚的教益。

郭沫若把从《美术考古发现史》（即《美术考古一世纪》）一书中所学到的通过类型学分析，判别各类文物年代的科学方法，应用到青铜器的整理和研究领域，形成了他的青铜器断代体系。1932年，日本文求堂出版了郭沫若根据35种金文著录中的精华251器，编纂而成的《两周金文辞大系》初版上、下两编。1934年，郭沫若对《大系》初版进行了较多的增订后，出版了《两周金文辞大系图录》，1935年完成了《两周金文辞大系考释》。从此，我国青铜器断代研究进入了一个新时期。

郭沫若所开创的我国青铜器分期断代研究的新体系，在《两周金文辞大系·序》及《古代研究的自我批判》中，都有所阐述。郭沫若在进行青铜器的分期断代探索时，"专就彝铭器物本身以求之，不怀若何之成见，亦不据外在之尺度"，主要的根据和方法是：

（1）先寻到一些自身表明了年代的标准器，把它们作为联络站。人们从考古发掘的器物中所见乃是活的历史见证，它们明白无误地表现出某种历史的现象，这是最具有说服力的历史证据。

（2）再就人名、事迹、文辞的格调、字体的结构、器物的花纹形式等以为参验，便寻出了一个至少比较近是的条贯。

（3）凡有国度表明了的，也在国别中再求出时代的先后。

郭沫若的《图录·考释》，共著录323件铭文比较长而史料价值比较高的东西，他说，"两周八百年的浑沌似乎被我凿破了"。就两周的铜器而言，自北宋金石学诞生以来，直至这时候学术界方才知道这一团"浑沌"，原来如此：即在"武王以前的器物无所发现，武王以后的则逐代增多。但西周的多是主室及王臣之器，诸侯国别之器极其罕见，到了东周则王室王臣之器匿迹，而诸侯国别之器极其盛行"（郭沫若《古代研究的自我批判》，《十批判书》，第8页）。《两周金文辞大系图录·考释》共著录西周铜器162件，东周铜器161件（其中国别之器32件），"此可考见两周之政治情形与文化状况之演进矣"（郭沫若《两周金文辞大系》序，1943年）。

郭沫若的两周青铜器断代研究体系，特别是他创立的"标准器断代法"，钩深致远，直到今天仍是青铜器断代研究的重要方法和手段。

郭沫若以时代明确的两周有铭铜器为基点，又进一步对中国青铜器的发展序列进行考古学研究。他在1934年写的《彝铭形象学试探》（《两周金文辞大系图编序说》）中推断"中国青铜器时代大率含盖殷周二代。殷之末期铜器制作已臻美善，则其滥觞时期必尚在远古，或者在夏殷之际亦未可知"。"盖铜器脱胎于陶器石器等之幼稚时期也。此期有待于将来之发掘"，研究中国青铜器的起源。郭沫若高屋建瓴，把研究有铭两周青铜器断代的成功方法，应用于历年著录的所有青铜器，整理出了一个条贯，把中国青铜器时代分为"四大期"，即：

第一，滥觞期——大率相当于殷商前期。

第二，勃古期——殷商后期及周初成康昭穆之世。

第三，开放期——恭懿以后至春秋中叶。

第四，新式期——春秋中叶至战国末年（此分期称法在1945年又略作调整，即：一、鼎盛期，二、颓败期，三、中兴期，四、衰落期。见郭沫若《青铜器时代》，《青铜时代》，第304—305页）。

郭沫若在《彝器形象学试探》中，从共存的铜器群、铜器的形制、纹饰以及文字书体等方面的发展变化，全面系统地论述了各期青铜器的时代特征。可以说，郭沫若的中国青铜器断代研究，是考古类型学对古代青铜器进行分析、排比的应用。虽然他没有参加过科学发掘工作和考察出土古代遗物，但他对确知出土地的被盗挖出来的铜器，诸如山西浑源李峪村所出铜器、河南洛阳金村所出铜器、安徽寿县李三孤堆所出铜器等，都非常重视，并对这些最新出土材料进行过类型学分析研究。他总结自己对青铜器进行类型学分析研究时说，"盖余之法，乃先让铭辞史实自述其年代，年代既明，形制与纹绩，随即自呈其条贯也。形制与纹绩如是，即铭辞之文章与字体亦莫不如是"（参阅郭沫若《彝器形象学试探》[1934年]，《青铜时代》，第322页）。

郭沫若就是这样把近代考古学的方法引入青铜器研究领域，使传统金石学发生了一场深刻的变革。他的殷周青铜断代研究体系与董作宾的甲骨断代"十项标准"交相辉映，标志着我国传统金石学研究被纳入了我国近代科学意义的历史考古学轨道。

后　　记

　　时间跨进了1996年，现在已进入春季。我在阅读《中国近代史学学术史》校样的时候，觉得有些话还想说一说，于是来写"后记"。

　　我在《序》中说，在学术史的著作中需要研究学术成果，并估量其学术价值。做好这件工作颇不容易。搜集大量资料虽有难度，但在估量学术价值方面尤其不易。有些论著的学术价值和影响不是短时间内可以看出的，而要经历较长的时间才能显示它们的作用。因此编著学术史，需要从较长的历史跨度去观察问题。这样做虽有困难，但又必须这样做。我们试着在这本书里这样探索，是否得当，还要请史学界的朋友们给予指正。

　　在研究的选题上，我觉得宁可选择难题。所谓难题就是就不是一下就能得出题目的答案，而要经过相当长时间的研究，也许才能多少有所得。同时也存在这种情况：长时间的投入，效果并不明显。尽管如此，选择难题还是应当做的。所谓"难"并非说钻牛角尖，主要是指它的学术意义和学术价值；而从广度和深度来说，不是很容易得出应有的结论的。对于这样的所谓难题，需要有毅力和恒心，大约还要排除一些急躁不安的心理状态。我在这本书的《序》里说过，我们做学术史这个题目，走过不少的弯路。尽管拿出了一份答案，但缺点是肯定存在的。今后要做的工作还很多。而专家和读者的批评指正，才能帮助我们克服不足而继续前进。

　　新中国建立以来，用学术史作为书名的似不多见。近年来人文社会科学界的专家们开始对于这样的课题感到兴趣，并从事研究。尽管人们对于什么是学术史，理解各有不同，但是，从学术的角度来研究学术遗产，作为发展今天学术的借鉴，无疑是大家的共识。特别是文、史、哲基础学科，我国古代和近代有丰富的学术成果，对它们从学术价值上进行分析和总结，这在今天不是做得太多，而是做得太少了。我衷心希望这方面的著作能够日益增多。文、史、哲的学术成果,虽然没有明显的实用价值,但是它们代表着中华民族为人类文明所做出的重要贡献,在今天和未来长远的岁月里用来提高全民族的思想道德文化素质都是不可或缺的。

张岂之

1996 年 2 月 24 日于北京